행시 최종합격생 7인의

민간경력자
PSAT

고난도
최종모의고사

SD에듀
(주)시대고시기획

머리말

5 · 7급 민간경력자는 민간 현장의 경력을 지닌 인재를 공직에 유치하여 각종 정책 개발에 현장성을 접목하고 행정의 전문성을 높이기 위해 2011년 도입되었습니다. 처음에는 5급을 대상으로 선발하였으나 현재에는 선발 대상이 7급까지 확대된 상태입니다.

정부에서 지속적으로 공공 · 사회적 경제 · 민간일자리를 확대하고 있고, 민간의 유능한 경력자를 채용하여 공직사회에 활력을 불어넣음과 동시에 업무의 전문성을 제고하고자 하는 움직임이 꾸준히 이어지고 있다는 점에서 민간경력자를 통한 공직자를 선발하는 흐름은 계속 유지될 것으로 보입니다.

이에 본서는 민간경력자 제1차 필기시험(PSAT) 과목인 언어논리 · 자료해석 · 상황판단을 대비하기 위해 2022~2021년 최신기출문제와 더불어 2021~2016년 5급 PSAT 기출문제 중 행시 최종합격자 7인이 직접 선별한 고난도 문항으로 최종모의고사 3회분을 구성하였습니다.

PSAT의 효율적인 학습을 위해서는 기출문제를 무작정 풀어보는 것이 아니라, 과목별 기출유형을 꼼꼼히 파악하고 정리해두는 것이 필요합니다. 더불어 신(新)유형이 등장했을 때에는 유형에 맞는 접근법을 생각해보고 신속한 문제해결을 위한 자신만의 풀이법을 찾는 것이 필요합니다.

본서는 이러한 점에 주안점을 두고 가장 효과적인 기출정리와 응용력 향상을 위해 빠른 해법의 모범을 보이고자 노력했습니다. 자신이 생각하고 있는 접근법과 해설에 기재되어 있는 접근법이 일치하는지를 확인하고, 만약 일치하지 않는다면 어떤 방법이 더 신속하고 본인에게 맞는 방법인지를 정리하는 학습을 하시기 바랍니다.

SD에듀는 수험생 여러분의 지치지 않는 노력을 응원하며 합격에 도달하는 가장 빠르고 정확한 길을 제시하고자 힘쓰고 있습니다. 수험생 여러분이 합격의 결승선에 도달하는 그날까지 언제나 함께 응원하겠습니다.

자격증 · 공무원 · 금융/보험 · 면허증 · 언어/외국어 · 검정고시/독학사 · 기업체/취업
이 시대의 모든 합격! SD에듀에서 합격하세요!
www.youtube.com ➜ SD에듀 ➜ 구독

민간경력자 일괄채용시험 개요

응시자격

❶ 공통

- 국가공무원법 제33조, 외무공무원법 제9조의 결격사유 및 국가공무원법 제74조, 외무공무원법 제27조의 정년에 해당하지 않으며, 공무원임용시험령 등 관계법령에 의하여 응시자격이 정지되지 않은 사람
- 대한민국 국적 소지자, 20세 이상의 연령에 해당하는 사람
- 남자의 경우 병역을 필하였거나 면제된 사람 또는 최종시험 예정일 기준 6개월 내 전역이 가능한 사람

❷ 선발단위별 기본사항

응시자격요건(경력, 학위, 자격증)에 기재된 사항 중 1개 이상에 해당되면 응시 가능
(단, 응시원서 작성시에는 경력, 학위, 자격증 중 하나만 선택)

전형단계별 세부내용

❶ 필기시험(PSAT, 공직적격성평가)

- 과목 : 언어논리 / 자료해석 / 상황판단
- 문항 및 시간 : 과목별 25문항/언어논리 · 상황판단 과목별 시간 구분 없이 120분, 자료해석 60분
- 최종 선발 예정 인원의 10배수 범위에서 고득점자 순으로 합격자 결정
- 과락과목(만점의 40% 미만을 득점한 과목)이 없어야 함

❷ 서류전형

- 필기시험 합격자를 대상으로 응시자격요건 적합 여부 및 직무적격성을 서면으로 심사
- 최종 선발 예정 인원의 3배수 범위에서 합격자 결정
- 한국사능력검정시험 3급 이상 우대(5/100의 범위에서 가점 부여)
- 외국어능력검정시험은 선발단위별 우대요건으로 기재된 선발단위에 한하여 우대

❸ 면접시험

- 서류전형 합격자를 대상으로 공무원으로서의 정신자세, 전문지식과 그 응용능력 등 직무수행에 필요한 능력 및 적격성을 종합적으로 평가

❹ 2023년 예상 시험일정

구분	원서접수	시험장소 공고	필기 시험일	필기 합격자발표	서류전형 합격자발표	면접시험	최종 합격자발표
5 · 7급	6월경	7월경	7월경	8월경	10월경	11월경	12월경

※ 시험일정은 변경될 수 있으니 반드시 사이버국가고시센터 홈페이지(www.gosi.go.kr)를 통해 확인하시기 바랍니다.

시험경향분석 2022년 민간경력자 PSAT 총평

언어논리 총평

전체적으로 무난한 문제들이 출제되었습니다. 때문에 언어논리에서 시간을 어느 정도 벌어놓았다면 크게 어렵지 않았던 상황판단에서도 고득점이 가능했을 것이라고 생각됩니다.

구체적으로 일치부합형 문제들은 전체적으로 낮은 난도로 출제되었으며 공공재 문제는 사전지식의 도움을 받는다면 아주 빠르게 풀이가 가능하기도 했습니다. 논지찾기형 · 빈칸 채우기형 · 내용 수정형은 기존에 출제되던 틀을 벗어나지 않았으며 논리적인 내용과 결합되지 않아 체감 난도를 더 떨어뜨렸습니다.

추론형 문제들은 제시문의 길이가 길지 않았고 다소 복잡할 수 있었던 내용이 표로 정리되어 어렵지 않게 풀이가 가능했으나, ISBN 문제는 함정들이 숨어 있었기에 주의가 필요했습니다. 일반적으로 체감난도를 높이는 주범인 강화−약화형과 논증 분석형 문제들은 기본적인 삼단논법과 제시문의 이해만으로도 풀이가 가능했습니다. 다만, 증거와 가설에 대한 문제는 내용 자체는 어렵지 않았으나 제시문이 논리학적인 내용을 담고 있어 이에 대한 심리적 허들을 넘을 수 있었는지가 관건이었습니다.

논리퀴즈형은 주어진 전제에서 나타나지 않은 제3의 존재를 찾아내는 것이 중요했습니다. 주어진 조건 안에서 풀이하는 것에 익숙했던 수험생이라면 다소 고전했을 것으로 판단됩니다. 심리적으로 가장 까다롭게 느껴지는 과학지문 문제들은 제시문에 등장하는 항목이 많았고, 또 그 항목간의 관계들을 잘 설정할 수 있었는지가 관건이었기에 후반부에 복병으로 작용했을 것으로 생각됩니다. 마지막으로 공직실무에 관한 문제들은 대화체, 빈칸 채우기, 법조문형 문제 등으로 골고루 출제되었는데 특히, 보조금 문제는 신청절차를 순서대로 작성할 수 있었는지를 묻는 유형이었으며 이 유형은 추후에도 출제가 가능할 것으로 판단됩니다.

자료해석 총평

'시간이 조금만 더 있었더라면...'

이번 자료해석 과목에 대해서 수험생들이 대체적으로 보인 반응입니다. 전체적으로 생소한 유형의 문제는 없었으나 복잡한 계산을 필요로 하는 것들이 많았고, 몇몇 문제들은 문제에 대한 접근법을 곧바로 찾지 못했다면 아까운 시간을 허비할 수도 있었기 때문입니다.

단순자료형 문제들은 산수문제나 다름없던 1번 문제를 필두로 모두 쉽게 풀이가 가능했으며, 보고서형 문제들은 보고서 자체의 길이가 짧은데다가 계산이 거의 필요 없는 선택지가 대부분이었기에 쉽게 접근이 가능했습니다. 다만, 이 유형들에서는 함정이 다소 숨어있었기에 주의가 필요했습니다. 매칭형 문제는 주어진 조건을 통해 항목을 명확하게 제거 가능했기에 쉽게 풀이가 가능했으며 2개의 자료를 결합하여 계산해야 하는 복합형도 계산의 난도가 높지 않았습니다. 다만, 증가율과 분수를 비교해야 하는 유형들은 이번에도 제시된 수치들이 복잡하여 시간 소모가 많았을 것이며 최적대안을 찾는 유형의 문제들은 시간 소모가 많을 뿐만 아니라 접근방법을 찾는 것 자체가 어렵기도 했습니다. 특히, 공유킥보드 문제는 이번 시험에서 가장 까다로웠던 문제였으며 이 문제를 잘 해결했는지 여부가 자료해석 전체의 점수를 좌우했을 것입니다.

각주의 산식을 결합해 제3의 결괏값을 판단하는 문제들은 의외로 간단하게 출제되었습니다. 올해는 표와 그래프를 결합하여 해당되는 항목들을 판단하는 형태로 출제되었는데 계산이 거의 필요 없는 수준으로 출제되어 체감난도를 낮췄습니다. 하지만 빈칸을 모두 채워야했던 철인 3종 경기 문제, 방위산업과 관련된 세트 문제들은 계산이 다소 복잡해 시간 소모가 컸을 것으로 생각됩니다. 특히, 이산화탄소 배출량 문제 등과 같은 슬림형 문제는 이번 시험에서도 복잡한 계산을 요구하여 과감한 어림산이 요구되었습니다.

상황판단 총평

전체적으로 크게 까다롭지 않았으나 언어논리에서 얼마나 시간을 확보할 수 있었는지에 따라 상대적인 체감난이도가 다르게 느껴졌을 것으로 생각됩니다. 단골로 출제되는 법조문 유형은 예외항목만 잘 체크하면 쉽게 풀이가 가능하게끔 출제되었고, 곡식의 재배를 다룬 설명문 유형 문제 역시 제시문이 어렵지 않고 등장하는 항목도 많지 않았습니다. 항상 과도한 시간소모를 유발하는 계산형 문제는 증원요청 인원문제를 제외하고는 까다롭지 않게 풀이가 가능했으며, 규정과 실제 대상들의 데이터를 판단하는 대상선정 유형 역시 규정들이 짧게 제시되어 무난하게 출제되었습니다. 항상 변수가 되는 세트문제는 예상과 다르게 제시문의 이해와 간단한 계산만으로 2문제 모두 쉽게 풀이가 가능했습니다.

특히, 증가율이 25%라는 매우 쉬운 수치로 제시되어 관련된 수치들을 큰 고민 없이 이끌어 낼 수 있었습니다. 상황판단의 꽃인 퍼즐형은 수험생에 따라 편차가 심했을 것이라 생각됩니다. 신입사원 선발시험 문제는 문제의 구조가 매우 참신했던 반면 난도는 높지 않았고 3점 슛 문제는 문제 자체는 어렵지 않았으나 가능한 경우를 바로 떠올리지 못했다면 멈칫했을 가능성이 높습니다. 반면, 생년월일 문제는 복잡하게 논리적인 틀을 만들려고 했던 수험생의 경우 매우 고전했을 가능성이 높지만, 반대로 직관적으로 접근했다면 의외로 매우 쉽게 풀이가 가능했을 것입니다.

마지막으로 두 명이 복도에서 마주치는 상황이 주어진 문제는 간단하게 생각하면 매우 쉽지만 극도의 긴장감 속에서 치러지는 시험장에서 특히나 종료시간이 임박한 후반부 문제로 출제되었다는 점에서 빠른 접근법을 찾아내기가 쉽지 않았을 것으로 생각됩니다.

구성과 특징

ANALYSIS **시험경향분석** 2022년 민간경력자 PSAT 총평

언어논리 총평

전체적으로 무난한 문제들이 출제되었습니다. 때문에 언어논리에서 시간을 어느 정도 벌어놓았다면 크게 어렵지 않았던 상황판단에서도 고득점이 가능할 것이라고 생각됩니다.

구체적으로 일치부합형 문제들은 전체적으로 낮은 난도로 출제되었으며 공공재 문제는 사전지식의 도움을 받는다면 아주 빠르게 풀이가 가능하기도 했습니다. 논지찾기형·빈칸 채우기형·내용 수정형은 기존에 출제되던 틀을 벗어나지 않았으며 논리적인 내용과 결합되지 않아 체감 난도를 더 떨어뜨렸습니다.

추론형 문제들은 제시문의 길이가 길지 않았고 다소 복잡할 수 있었던 내용이 표로 정리되어 어렵지 않게 풀이가 가능했으나, ISBN 문제는 함정들이 숨어 있었기에 주의가 필요했습니다. 일반적으로 체감난도를 높이는 주범인 강화·약화형과 논증 분석형 문제들은 기본적인 상식논법과 제시문의 이해만으로도 풀이가 가능했습니다. 다만, 증거나 가설에 대한 문제는 내용 자체는 어렵지 않았으나 제시문이 논리학적인 내용을 담고 있어 이에 대한 심리적 허들을 넘을 수 있었는지가 관건이었습니다.

논리퀴즈형은 주어진 전제에서 나타나지 않은 제의 존재를 찾아내는 것이 중요했습니다. 주어진 조건 안에서 풀이하는 것에 익숙했던 수험생이라면 다소 고전했을 것으로 판단됩니다. 심리적으로 가장 까다롭게 느껴지는 과학지문 문제들은 제시문에 등장하는 항목이 많았고, 또 그 항목간의 관계를 잘 설정할 수 있었는지가 관건이었기에 후반부에 복병으로 작용했을 것으로 생각됩니다. 마지막으로 공직실무에 관한 문제들은 대화체, 빈칸 채우기, 법조문형 문제 등으로 골고루 출제되었는데 특히 보조금 문제는 신청절차를 순서대로 작성할 수 있었는지를 묻는 유형이었으며 이 유형은 추후에도 출제가 가능할 것으로 판단됩니다.

2022년 민간경력자 채용 PSAT 총평

2022년 7월 23일에 시행된 민간경력자 채용 PSAT에 대한 총평을 수록하였습니다.
각 영역별 문제를 철저하게 분석하여 작성된 총평을 통해 내년 시험을 대비할 수 있도록 하였습니다.

CHAPTER **01** **2022년 민간경력자 PSAT 기출문제 언어논리**

문 1. 다음 글의 내용과 부합하는 것은?

979년 송 태종은 거란을 공격하러 가는 길에 고려에 원병을 요청했다. 거란은 강성할 수도 있다는 염려에서 크게 요청했다. 하지만 고려는 송 태종의 요청에 응하지 않았다. 이후 거란은 송에 보복할 기회를 엿보는 한편, 송과 다시 싸우기 전에 고려를 압박해 앞으로도 송을 군사적으로 돕지 않겠다는 약속을 받아내고자 했다.

① 거란은 압록강 유역에 살던 여진족이 고려의 백성이라고 주장하였다.
② 여진족은 발해의 지배에서 벗어나기 위해 거란과 함께 고려를 공격하였다.
③ 소손녕은 압록강 유역의 여진족 땅을 빼앗아 강동 6주를 둔 후 그곳을 고려에 넘겼다.
④ 고려는 압록강 하류 유역에 있는 여진족의 땅으로 세력을 확대한 거란을 공격하고자 송 태종과 군사동맹을 맺었다.
⑤ 서희는 고려가 거란에 군사적 적대 행위를 하지 않겠다고 약속하면 소손녕이 군대를 이끌고 돌아갈 것이라고 보았다.

문 2. 다음 글에서 알 수 있는 것은?

세종이 즉위한 이듬해 5월에 대마도의 왜구가 충청도 해안에 와서 노략질하는 일이 벌어졌다. 이 왜구는 황해도 해주 앞바다에도 나타나 조선군과 교전을 벌인 후 명의 땅인 요동반도 방향으로 북상했다.

① 해주 앞바다에 나타나 조선군과 싸운 대마도의 왜구가 요동반도를 향해 북상한 뒤 이종무의 군대가 대마도로 건너갔다.
② 조선이 왜구의 본거지인 대마도를 공격하기로 하자 명의 군대도 대마도까지 가서 정벌에 참여하였다.
③ 이종무는 세종이 대마도에 보내는 사절단에 포함되어 대마도를 여러 차례 방문하였다.
④ 태종은 대마도 정벌을 준비하였지만, 세종의 반대로 뜻을 이루지 못하였다.
⑤ 조선군이 대마도주를 사로잡기 위해 상륙하였다가 패배한 곳은 견내량이다.

민간경력자 채용 PSAT 기출문제 & 해설

2022~2021년에 시행된 민간경력자 채용 PSAT 기출문제 및 해설을 수록하였습니다.
최신기출문제 및 상세한 해설을 제공함으로써 민간경력자 채용 PSAT 시험의 최근 출제경향을 파악하고, 이에 대한 충분한 대비가 될 수 있도록 하였습니다.

고난도 최종모의고사 3회분

2021 ~ 2016년 5급 PSAT 기출문제를 분석하여 난이도가 중~상인 문제로 최종모의고사 3회분을 구성하였습니다.

자신의 실력을 완성하고 더욱 향상시키기 위해서는 고난도 문제를 풀어보는 것이 중요합니다.

본 도서에 수록된 고난도 최종모의고사를 정복한다면 민간경력자 채용 PSAT를 더욱 완벽하게 대비할 수 있을 것입니다.

상세한 해설

단순히 왜 옳고 그른지에 그치지 않고 숨겨진 출제의도까지 파악하기 위해 노력하였습니다.

행시 최종합격생들이 직접 쓴 문항별 노하우를 '합격생 가이드'를 통해 제시하였습니다.

최신기출문제

PART 01

민간경력자 PSAT 최종모의고사

PART 02

민간경력자 PSAT 최종모의고사 정답 및 해설 (책속의 책)

2023 행시 최종합격생 7인의

민간경력자 PSAT

고난도 최종모의고사

PSAT

22
~21

민간경력자 PSAT
최신기출문제

합격의 공식
시대에듀

2022년 민간경력자 PSAT 기출문제 언어논리

문 1. 다음 글의 내용과 부합하는 것은?

979년 송 태종은 거란을 공격하러 가는 길에 고려에 원병을 요청했다. 거란은 고려가 참전할 수도 있다는 염려에서 크게 동요했다. 하지만 고려는 송 태종의 요청에 응하지 않았다. 이후 거란은 송에 보복할 기회를 엿보는 한편, 송과 다시 싸우기 전에 고려를 압박해 앞으로도 송을 군사적으로 돕지 않겠다는 약속을 받아내고자 했다.

당시 거란과 고려 사이에는 압록강이 있었는데, 그 하류 유역에는 여진족이 살고 있었다. 이 여진족은 발해의 지배를 받았지만, 발해가 거란에 의해 멸망한 후에는 어느 나라에도 속하지 않은 채 독자적 세력을 이루고 있었다. 거란은 이 여진족이 사는 땅을 여러 차례 침범해 대군을 고려로 보내는 데 적합한 길을 확보했다. 이후 993년에 거란 장수 소손녕은 군사를 이끌고 고려에 들어와 몇 개의 성을 공격했다. 이때 소손녕은 "고구려 옛 땅은 거란의 것인데 고려가 감히 그 영역을 차지하고 있으니 군사를 일으켜 그 땅을 찾아가고자 한다."라는 내용의 서신을 보냈다. 이 서신이 오자 고려 국왕 성종과 대다수 대신은 "옛 고구려의 영토에 해당하는 땅을 모두 내놓아야 군대를 거두겠다는 뜻이 아니냐?"라며 놀랐다. 하지만 서희는 소손녕이 보낸 서신의 내용은 핑계일 뿐이라고 주장했다. 그는 고려가 병력을 동원해 거란을 치는 일이 없도록 하겠다는 언질을 주면 소손녕이 철군할 것이라고 말했다. 이렇게 논의가 이어지고 있을 때 안융진에 있는 고려군이 소손녕과 싸워 이겼다는 보고가 들어왔다.

패배한 소손녕은 진군을 멈추고 협상을 원한다는 서신을 보내왔다. 이 서신을 받은 성종은 서희를 보내 협상하게 했다. 소손녕은 서희가 오자 "실은 고려가 송과 친하고 우리와는 소원하게 지내고 있어 침입하게 되었다."라고 했다. 이에 서희는 압록강 하류의 여진족 땅을 고려가 지배할 수 있게 묵인해 준다면, 거란과 국교를 맺을 뿐 아니라 거란과 송이 싸울 때 송을 군사적으로 돕지 않겠다는 뜻을 내비쳤다. 이 말을 들은 소손녕은 서희의 요구를 수용하기로 하고 퇴각했다. 이후 고려는 북쪽 국경 너머로 병력을 보내 압록강 하류의 여진족 땅까지 밀고 들어가 영토를 넓혔으며, 그 지역에 강동 6주를 두었다.

① 거란은 압록강 유역에 살던 여진족이 고려의 백성이라고 주장하였다.

② 여진족은 발해의 지배에서 벗어나기 위해 거란과 함께 고려를 공격하였다.

③ 소손녕은 압록강 유역의 여진족 땅을 빼앗아 강동 6주를 둔 후 그곳을 고려에 넘겼다.

④ 고려는 압록강 하류 유역에 있는 여진족의 땅으로 세력을 확대한 거란을 공격하고자 송 태종과 군사동맹을 맺었다.

⑤ 서희는 고려가 거란에 군사적 적대 행위를 하지 않겠다고 약속하면 소손녕이 군대를 이끌고 돌아갈 것이라고 보았다.

문 2. 다음 글에서 알 수 있는 것은?

세종이 즉위한 이듬해 5월에 대마도의 왜구가 충청도 해안에 와서 노략질하는 일이 벌어졌다. 이 왜구는 황해도 해주 앞바다에도 나타나 조선군과 교전을 벌인 후 명의 땅인 요동반도 방향으로 북상했다. 세종에게 왕위를 물려주고 상왕으로 있던 태종은 이종무에게 "북상한 왜구가 본거지로 되돌아가기 전에 대마도를 정벌하라!"라고 명했다. 이에 따라 이종무는 군사를 모아 대마도 정벌에 나섰다.

남북으로 긴 대마도에는 섬을 남과 북의 두 부분으로 나누는 중간에 아소만이라는 곳이 있는데, 이 만의 초입에 두지포라는 요충지가 있었다. 이종무는 이곳을 공격한 후 귀순을 요구하면 대마도주가 응할 것이라 보았다. 그는 6월 20일 두지포에 상륙해 왜인 마을을 불사른 후 계획대로 대마도주에게 서신을 보내 귀순을 요구했다. 하지만 대마도주는 이에 반응을 보이지 않았다. 분노한 이종무는 대마도주를 사로잡아 항복을 받아내기로 하고, 니로라는 곳에 병력을 상륙시켰다. 하지만 그곳에서 조선군은 매복한 적의 공격으로 크게 패했다. 이에 이종무는 군사를 거두어 거제도 견내량으로 돌아왔다.

이종무가 견내량으로 돌아온 다음 날, 태종은 요동반도로 북상했던 대마도의 왜구가 그곳으로부터 남하하던 도중 충청도에서 조운선을 공격했다는 보고를 받았다. 이 사건이 일어난 지 며칠 지나지 않았음을 알게 된 태종은 왜구가 대마도에 당도하기 전에 바다에서 격파해야 한다고 생각하고, 이종무에게 그들을 공격하라고 명했다. 그런데 이 명이 내려진 후에 새로운 보고가 들어왔다. 대마도의 왜구가 요동반도에 상륙했다가 크게 패배하는 바람에 살아남은 자가 겨우 300여 명에 불과하다는 것이었다. 이 보고를 접한 태종은 대마도주가 거느린 병사가 많이 죽어 그 세력이 꺾였으니 그에게 다시금 귀순을 요구하면 응할 것으로 판단했다. 이에 그는 이종무에게 내린 출진 명령을 취소하고, 측근 중 적임자를 골라 대마도주에게 귀순을 요구하는 사신으로 보냈다. 이 사신을 만난 대마도주는 고심 끝에 조선에 귀순하기로 했다.

① 해주 앞바다에 나타나 조선군과 싸운 대마도의 왜구가 요동반도를 향해 북상한 뒤 이종무의 군대가 대마도로 건너갔다.

② 조선이 왜구의 본거지인 대마도를 공격하기로 하자 명의 군대도 대마도까지 가서 정벌에 참여하였다.

③ 이종무는 세종이 대마도에 보내는 사절단에 포함되어 대마도를 여러 차례 방문하였다.

④ 태종은 대마도 정벌을 준비하였지만, 세종의 반대로 뜻을 이루지 못하였다.

⑤ 조선군이 대마도주를 사로잡기 위해 상륙하였다가 패배한 곳은 견내량이다.

문 3. 다음 글에서 알 수 없는 것은?

인간에 대한 혐오의 감정을 긍정적으로 바라보는 인식을 바탕으로, 이를 사회 안정의 도구로 활용해야 한다거나 법적 판단의 근거로 삼아야 한다는 주장은 영미법의 오래된 역사에서 그리 낯설지 않다. 그러나 혐오의 감정이 특정 개인과 집단을 배척하기 위한 강력한 무기로 이용되었다는 사실을 고려하면 이러한 주장이 얼마나 그릇된 것인지 이해할 수 있다.

일반적으로 우리는 분비물이나 배설물, 악취 등에 대해 그리고 시체와 같이 부패하고 퇴화하는 것들에 대해 혐오의 감정을 갖는다. 인간은 타자를 공격하는 데 이러한 오염물의 이미지를 사용한다. 이때 혐오는 특정 집단을 오염물인 것처럼 취급하고 자신은 오염되지 않은 쪽에 속함으로써 얻게 되는 심리적인 우월감 및 만족감과 연결되어 있다. 역사적으로 볼 때 이런 과정을 거쳐 오염물로 취급된 집단 중 하나가 유대인이다.

중세 이후 반유대주의 세력이 유대인에게 부여한 부정적 이미지는 점액성, 악취, 부패, 불결함과 같은 혐오스러운 것들과 결부되어 있다. 히틀러는 유대인을 깨끗하고 건강한 독일 민족의 몸속에 숨겨진, 썩어 가는 시체 속의 구더기라고 표현했다. 혐오스러운 적대자를 설정함으로써 자신의 야욕을 달성하려 했던 것이다. 불행하게도 대다수의 독일인은 이러한 야만적인 정치적 선동에 동의를 표했다. 심지어 유대인을 암세포, 종양, 세균 등으로 묘사하면서 이들을 비인간적 존재로 전락시키는 의학적 담론이 유행하기도 했다. 비인간적으로 묘사되는 유대인의 이미지는 나치가 만든 허상이었음에도 불구하고, 유대인과 연관된 혐오의 이미지는 아이들이 보는 당대의 동화 속에 담겨 있을 정도로 널리 퍼져 있었다.

① 혐오는 정치적 선동의 도구로 이용되지 않았다.
② 개인뿐만 아니라 집단도 혐오의 대상이 될 수 있다.
③ 혐오의 대상이 되는 집단은 비인간적으로 묘사되기도 한다.
④ 혐오의 감정을 법적 판단의 근거로 삼아야 한다는 입장이 있었다.
⑤ 인간에 대한 혐오의 감정은 타자를 혐오함으로써 주체가 얻을 수 있는 심리적인 만족감과 연관되어 있다.

문 4. 다음 글에서 알 수 없는 것은?

'계획적 진부화'는 의도적으로 수명이 짧은 제품이나 서비스를 생산함으로써 소비자들이 새로운 제품을 구매하도록 유도하는 마케팅 전략 중 하나이다. 여기에는 단순히 부품만 교체하는 것이 가능함에도 불구하고 새로운 제품을 구매하도록 유도하는 것도 포함된다.

계획적 진부화의 이유는 무엇일까? 첫째, 기업이 기존 제품의 가격을 인상하기 곤란한 경우, 신제품을 출시한 뒤 여기에 인상된 가격을 매길 수 있기 때문이다. 특히 제품의 기능은 거의 변함없이 디자인만 약간 개선한 신제품을 내놓고 가격을 인상하는 경우도 쉽게 볼 수 있다. 둘째, 중고품 시장에서 거래되는 기존 제품과의 경쟁을 피할 수 있기 때문이다. 자동차처럼 사용 기간이 긴 제품의 경우, 기업은 동일 유형의 제품을 팔고 있는 중고품 판매 업체와 경쟁해야만 한다. 그러나 기업이 새로운 제품을 출시하면, 중고품 시장에서 판매되는 기존 제품은 진부화되고 그 경쟁력도 하락한다. 셋째, 소비자들의 취향이 급속히 변화하는 상황에서 계획적 진부화로 소비자들의 만족도를 높일 수 있기 때문이다. 전통적으로 제품의 사용 기간을 결정짓는 요인은 기능적 특성이나 노후화·손상 등 물리적 특성이 주를 이루었지만, 최근에는 심리적 특성에도 많은 영향을 받고 있다. 이처럼 소비자들의 요구가 다양해지고 그 변화 속도도 빨라지고 있어, 기업들은 이에 대응하기 위해 계획적 진부화를 수행하기도 한다.

기업들은 계획적 진부화를 통해 매출을 확대하고 이익을 늘릴 수 있다. 기존 제품이 사용 가능한 상황에서도 신제품에 대한 소비자들의 수요를 자극하면 구매 의사가 커지기 때문이다. 반면, 기존 제품을 사용하는 소비자 입장에서는 크게 다를 것 없는 신제품 구입으로 불필요한 지출과 실질적인 손실이 발생할 수 있다는 점에서 계획적 진부화는 부정적으로 인식된다. 또한 환경이나 생태를 고려하는 거시적 관점에서도, 계획적 진부화는 소비자들에게 제공하는 가치에 비해 에너지나 자원의 낭비가 심하다는 비판을 받고 있다.

① 계획적 진부화로 소비자들은 불필요한 지출을 할 수 있다.
② 계획적 진부화는 기존 제품과 동일한 중고품의 경쟁력을 높인다.
③ 계획적 진부화는 소비자들의 요구에 대응하기 위하여 수행되기도 한다.
④ 계획적 진부화를 통해 기업은 기존 제품보다 비싼 신제품을 출시할 수 있다.
⑤ 계획적 진부화로 인하여 제품의 실제 사용 기간은 물리적으로 사용 가능한 수명보다 짧아질 수 있다.

문 5. 다음 글에서 알 수 없는 것은?

재화나 용역 중에는 비경합적이고 비배제적인 방식으로 소비되는 것들이 있다. 먼저 재화나 용역이 비경합적으로 소비된다는 말은, 그 것에 대한 누군가의 소비가 다른 사람의 소비 가능성을 줄어들게 하지 않는다는 것을 뜻한다. 예컨대 10개의 사탕이 있는데 내가 8개를 먹어 버리면 다른 사람이 그 사탕을 소비할 가능성은 그만큼 줄어들게 된 다. 반면에 라디오 방송 서비스 같은 경우는 내가 그것을 이용한다고 해서 다른 사람의 소비 가능성이 줄어들게 되지 않는다는 점에서 비경 합적이다.

재화나 용역이 비배제적으로 소비된다는 말은, 그것이 공급되었을 때 누군가 그 대가를 지불하지 않았다고 해서 그 사람이 그 재화나 용 역을 소비하지 못하도록 배제할 수 없다는 것을 뜻한다. 이러한 의미 에서 국방 서비스는 비배제적으로 소비된다. 정부가 국방 서비스를 제 공받는 모든 국민에게 그 비용을 지불하도록 하는 정책을 채택했다고 하자. 이때 어떤 국민이 이런 정책에 불만을 표하며 비용 지불을 거부 한다고 해도 정부는 그를 국방 서비스의 수혜에서 배제하기 어렵다. 설령 그를 구속하여 감옥에 가두더라도 그는 국방 서비스의 수혜자 범 위에서 제외되지 않는다.

비경합적이고 비배제적인 방식으로 소비되는 재화와 용역의 생산과 배분이 시장에서 제대로 이루어질 수 있을까? 국방의 예를 이어나가 보자. 대부분의 국민은 자신의 생명과 재산을 보호받고자 하는 욕구가 있고 국방 서비스에 대한 수요도 있기 마련이다. 그러나 만약 국방 서 비스를 시장에서 생산하여 판매한다면, 경제적으로 합리적인 국민은 국방 서비스를 구매하지 않을 것이다. 왜냐하면 다른 이가 구매하는 국방 서비스에 자신도 무임승차할 수 있기 때문이다. 결과적으로 국방 서비스는 과소 생산되는 문제가 발생하고, 그 피해는 모든 국민에게 돌아가게 될 것이다. 따라서 이와 같은 유형의 재화나 용역을 사회적 으로 필요한 만큼 생산하기 위해서는 국가가 개입해야 하기에 이런 재 화나 용역에는 공공재라는 이름을 붙이는 것이다.

① 유료 공연에서 일정한 돈을 지불하지 않은 사람의 공연장 입장을 차단한다면, 그 공연은 배제적으로 소비될 수 있다.
② 국방 서비스를 소비하는 모든 국민에게 그 비용을 지불하도록 한 다면, 그 서비스는 비경합적으로 소비될 수 없다.
③ 이용할 수 있는 수가 한정된 여객기 좌석은 경합적으로 소비될 수 있다.
④ 무임승차를 쉽게 방지할 수 없는 재화나 용역은 과소 생산될 수 있다.
⑤ 라디오 방송 서비스는 여러 사람이 비경합적으로 소비할 수 있다.

문 6. 다음 글의 핵심 논지로 가장 적절한 것은?

독일 통일을 지칭하는 '흡수 통일'이라는 용어는 동독이 일방적으로 서독에 흡수되었다는 인상을 준다. 그러나 통일 과정에서 동독 주민들 이 보여준 행동을 고려하면 흡수 통일은 오해의 여지를 주는 용어일 수 있다.

1989년에 동독에서는 지방선거 부정 의혹을 둘러싼 내부 혼란이 발 생했다. 그 과정에서 체제에 환멸을 느낀 많은 동독 주민들이 서독으 로 탈출했고, 동독 곳곳에서 개혁과 개방을 주장하는 시위의 물결이 일어나기 시작했다. 초기 시위에서 동독 주민들은 여행·신앙·언론 의 자유를 중심에 둔 내부 개혁을 주장했지만 이후 "우리는 하나의 민 족이다!"라는 구호와 함께 동독과 서독의 통일을 요구하기 시작했다. 그렇게 변화하는 사회적 분위기 속에서 1990년 3월 18일에 동독 최초 이자 최후의 자유총선거가 실시되었다.

동독 자유총선거를 위한 선거운동 과정에서 서독과 협력하는 동독 정당들이 생겨났고, 이들 정당의 선거운동에 서독 정당과 정치인들이 적극적으로 유세 지원을 하기도 했다. 초반에는 서독 사민당의 지원을 받으며 점진적 통일을 주장하던 동독 사민당이 우세했지만, 실제 선거 에서는 서독 기민당의 지원을 받으며 급속한 통일을 주장하던 독일동 맹이 승리하게 되었다. 동독 주민들이 자유총선거에서 독일동맹을 선 택한 것은 그들 스스로 급속한 통일을 지지한 것이라고 할 수 있다. 이 후 동독은 서독과 1990년 5월 18일에 「통화·경제·사회보장동맹의 창설에 관한 조약」을, 1990년 8월 31일에 「통일조약」을 체결했고, 마 침내 1990년 10월 3일에 동서독 통일을 이루게 되었다.

이처럼 독일 통일의 과정에서 동독 주민들의 주체적인 참여를 확인 할 수 있다. 독일 통일을 단순히 흡수 통일이라고 부른다면, 통일 과정 에서 중요한 역할을 담당했던 동독 주민들을 배제한다는 오해를 불러 일으킬 수 있다. 독일 통일의 과정을 온전히 이해하기 위해서는 동독 주민들의 활동에도 주목할 필요가 있다.

① 자유총선거에서 동독 주민들은 점진적 통일보다 급속한 통일을 지지하는 모습을 보여주었다.
② 독일 통일은 동독이 일방적으로 서독에 흡수되었다는 점에서 흔 히 흡수 통일이라고 부른다.
③ 독일 통일은 분단국가가 합의된 절차를 거쳐 통일을 이루었다는 점에서 의의가 있다.
④ 독일 통일 전부터 서독의 정당은 물론 개인도 동독의 선거에 개입 할 수 있었다.
⑤ 독일 통일의 과정에서 동독 주민들의 주체적 참여가 큰 역할을 하 였다.

문 7. 다음 글의 (가)와 (나)에 들어갈 말을 적절하게 나열한 것은?

> 서양 사람들은 옛날부터 신이 자연 속에 진리를 감추어 놓았다고 믿고 그 진리를 찾기 위해 노력했다. 그들은 숨겨진 진리가 바로 수학이며 자연물 속에 비례의 형태로 숨어 있다고 생각했다. 또한 신이 자연물에 숨겨 놓은 수많은 진리 중에서도 인체 비례야말로 가장 아름다운 진리의 정수로 여겼다. 그래서 서양 사람들은 예로부터 이러한 신의 진리를 드러내기 위해서 완벽한 인체를 구현하는 데 몰두했다. 레오나르도 다빈치의 「인체 비례도」를 보면, 원과 정사각형을 배치하여 사람의 몸을 표현하고 있다. 가장 기본적인 기하 도형이 인체 비례와 관련 있다는 점에 착안하였던 것이다. 르네상스 시대 건축가들은 이러한 기본 기하 도형으로 건축물을 디자인하면 [(가)] 위대한 건물을 지을 수 있다고 생각했다.
> 건축에서 미적 표준으로 인체 비례를 활용하는 조형적 안목은 서양뿐 아니라 동양에서도 찾을 수 있다. 고대부터 중국이나 우리나라에서도 인체 비례를 건축물 축조에 활용하였다. 불국사의 청운교와 백운교는 3 : 4 : 5 비례의 직각삼각형으로 이루어져 있다. 이와 같은 비례로 건축하는 것을 '구고현(勾股弦)법'이라 한다. 뒤꿈치를 바닥에 대고 무릎을 직각으로 구부린 채 누우면 바닥과 다리 사이에 삼각형이 이루어지는데, 이것이 구고현법의 삼각형이다. 짧은 변인 구(勾)는 넓적다리에, 긴 변인 고(股)는 장딴지에 대응하고, 빗변인 현(弦)은 바닥의 선에 대응한다. 이 삼각형은 고대 서양에서 신성불가침의 삼각형이라 불렀던 것과 동일한 비례를 가지고 있다. 동일한 비례를 아름다움의 기준으로 삼았다는 점에서 [(나)]는 것을 알 수 있다.

① (가): 인체 비례에 숨겨진 신의 진리를 구현한
　(나): 조형미에 대한 동서양의 안목이 유사하였다
② (가): 신의 진리를 넘어서는 인간의 진리를 구현한
　(나): 인체 실측에 대한 동서양의 계산법이 동일하였다
③ (가): 인체 비례에 숨겨진 신의 진리를 구현한
　(나): 건축물에 대한 동서양의 공간 활용법이 유사하였다
④ (가): 신의 진리를 넘어서는 인간의 진리를 구현한
　(나): 조형미에 대한 동서양의 안목이 유사하였다
⑤ (가): 인체 비례에 숨겨진 신의 진리를 구현한
　(나): 인체 실측에 대한 동서양의 계산법이 동일하였다

문 8. 다음 글의 ㉠~㉤에서 문맥에 맞지 않는 곳을 찾아 적절하게 수정한 것은?

> 반세기 동안 지속되던 냉전 체제가 1991년을 기점으로 붕괴되면서 동유럽 체제가 재편되었다. 동유럽에서는 연방에서 벗어나 많은 국가들이 독립하였다. 이 국가들은 자연스럽게 자본주의 시장경제를 받아들였는데, 이후 몇 년 동안 공통적으로 극심한 경제 위기를 경험하게 되었다. 급기야 IMF(국제통화기금)의 자금 지원을 받게 되는데, 이는 ㉠ 갑작스럽게 외부로부터 도입한 자본주의 시스템에 적응하는 일이 결코 쉽지 않다는 점을 보여준다.
> 이 과정에서 해당 국가 국민의 평균 수명이 급격하게 줄어들었는데, 이는 같은 시기 미국, 서유럽 국가들의 평균 수명이 꾸준히 늘었다는 것과 대조적이다. 이러한 현상에 대해 ㉡ 자본주의 시스템 도입을 적극적으로 지지했던 일부 경제학자들은 오래전부터 이어진 ㉢ 동유럽 지역 남성들의 과도한 음주와 흡연, 폭력과 살인 같은 비경제적 요소를 주된 원인으로 꼽았다. 즉 경제 체제의 변화와는 관련이 없다는 것이다.
> 이러한 주장에 의문을 품은 영국의 한 연구자는 해당 국가들의 건강 지표가 IMF의 자금 지원 전후로 어떻게 달라졌는지를 살펴보았다. 여러 사회적 상황을 고려하여 통계 모형을 만들고, ㉣ IMF의 자금 지원을 받은 국가와 다른 기관에서 자금 지원을 받은 국가를 비교하였다. 같은 시기 독립한 동유럽 국가 중 슬로베니아만 유일하게 IMF가 아닌 다른 기관에서 돈을 빌렸다. 이때 두 곳의 차이는, IMF는 자금을 지원 받은 국가에게 경제와 관련된 구조조정 프로그램을 실시하게 한 반면, 슬로베니아를 지원한 곳은 그렇게 하지 않았다는 점이다. IMF 구조조정 프로그램을 실시한 국가들은 ㉤ 실시 이전부터 결핵 발생률이 크게 증가했던 것으로 나타났다. 그러나 슬로베니아는 같은 기간에 오히려 결핵 사망률이 감소했다. IMF 구조조정 프로그램의 실시 여부는 국가별 결핵 사망률과 일정한 상관관계가 있었던 것이다.

① ㉠을 "자본주의 시스템을 갖추지 않고 지원을 받는 일"로 수정한다.
② ㉡을 "자본주의 시스템 도입을 적극적으로 반대했던"으로 수정한다.
③ ㉢을 "수출입과 같은 국제 경제적 요소"로 수정한다.
④ ㉣을 "IMF의 자금 지원 직후 경제 성장률이 상승한 국가와 하락한 국가"로 수정한다.
⑤ ㉤을 "실시 이후부터 결핵 사망률이 크게 증가했던 것"으로 수정한다.

문 9. 다음 글에서 추론할 수 없는 것은?

감염병 우려로 인해 △△시험 관리본부가 마련한 대책은 다음과 같다. 먼저 모든 수험생을 확진, 자가격리, 일반 수험생의 세 유형으로 구분한다. 그리고 수험생 유형별로 시험 장소를 안내하고 마스크 착용 규정을 준수하도록 한다.

〈표〉 수험생 유형과 증상에 따른 시험장의 구분

수험생	시험장	증상	세부 시험장
확진 수험생	생활치료센터	유·무 모두	센터장이 지정한 센터 내 장소
자가격리 수험생	특별 방역 시험장	유	외부 차단 1인용 부스
		무	회의실
일반 수험생	최초 공지한 시험장	유	소형 강의실
		무	중대형 강의실

모든 시험장에 공통적으로 적용되는 마스크 착용 규정은 다음과 같다. 첫째, 모든 수험생은 입실부터 퇴실 시점까지 의무적으로 마스크를 착용해야 한다. 둘째, 마스크는 KF99, KF94, KF80의 3개 등급만 허용한다. 마스크 등급을 표시하는 숫자가 클수록 방역 효과가 크다. 셋째, 마스크 착용 규정에서 특정 등급의 마스크 의무 착용을 명시한 경우, 해당 등급보다 높은 등급의 마스크 착용은 가능하지만 낮은 등급의 마스크 착용은 허용되지 않는다.

시험장에 따라 달리 적용되는 마스크 착용 규정은 다음과 같다. 첫째, 생활치료센터에서는 각 센터장이 내린 지침을 의무적으로 따라야 한다. 둘째, 특별 방역 시험장에서는 KF99 마스크를 의무적으로 착용해야 한다. 셋째, 소형 강의실과 중대형 강의실에서는 각각 KF99와 KF94 마스크 착용을 권장하지만 의무 사항은 아니다.

① 일반 수험생 중 유증상자는 KF80 마스크를 착용하고 시험을 치를 수 없다.
② 일반 수험생 중 무증상자는 KF80 마스크를 착용하고 시험을 치를 수 있다.
③ 자가격리 수험생 중 유증상자는 KF99 마스크를 착용하고 시험을 치를 수 있다.
④ 자가격리 수험생 중 무증상자는 KF94 마스크를 착용하고 시험을 치를 수 없다.
⑤ 확진 수험생은 생활치료센터장이 허용하는 경우 KF80 마스크를 착용하고 시험을 치를 수 있다.

문 10. 다음 글의 〈표〉를 수정한 것으로 적절한 것만을 〈보기〉에서 모두 고르면?

○○부는 철새로 인한 국내 야생 조류 및 가금류 조류인플루엔자(Avian Influenza, AI) 바이러스 감염 확산 여부를 추적 조사하고 있다. AI 바이러스는 병원성 정도에 따라 고병원성과 저병원성 AI 바이러스로 구분한다. 발표 자료에 따르면, 2020년 10월 25일 충남 천안시에서는 야생 조류 분변에서 고병원성 AI 바이러스가 검출되었으며 이는 2018년 2월 1일 충남 아산시에서 검출된 이래 2년 8개월 만의 검출 사례였다.

최근 야생 조류 고병원성 AI 바이러스 검출 사례는 2020년 10월 25일부터 11월 21일까지 경기도에서 3건, 충남에서 2건이 발표되었고, 가금류 고병원성 AI 바이러스 검출 사례는 전국에서 총 3건이 발표되었다. 같은 기간에 야생 조류 저병원성 AI 바이러스 검출 후 발표된 사례는 전국에 총 8건이다. 또한 채집된 의심 야생 조류의 분변 검사 결과, 고병원성·저병원성 AI 바이러스 모두에 해당하지 않아 바이러스 미분리로 분류된 사례는 총 7건이다. 야생 조류 AI 바이러스 검출 현황은 고병원성 AI, 저병원성 AI, 검사 중으로 분류하고 바이러스 미분리는 야생 조류 AI 바이러스 검출 현황에 포함하지 않는다. 야생 조류 AI 바이러스가 검출되고 나서 고병원성 여부를 확인하기 위해 정밀 검사를 하는 데 상당한 기간이 소요되므로, 아직 검사 중인 것이 9건이다. 그중 하나인 제주도 하도리의 경우 11월 22일 고병원성 AI 바이러스 검출 여부를 발표할 예정이다.

○○부 주무관 갑은 2020년 10월 25일부터 11월 21일까지 발표된 야생 조류 AI 바이러스 검출 현황을 아래와 같이 〈표〉로 작성하였으나 검출 현황을 적절히 반영하지 않아 수정이 필요하다.

〈표〉 야생 조류 AI 바이러스 검출 현황
(기간: 2020년 10월 25일~2020년 11월 21일)

고병원성 AI	저병원성 AI	검사 중	바이러스 미분리
8건	8건	9건	7건

─〈보 기〉─
ㄱ. 고병원성 AI 항목의 "8건"을 "5건"으로 수정한다.
ㄴ. 검사 중 항목의 "9건"을 "8건"으로 수정한다.
ㄷ. "바이러스 미분리" 항목을 삭제한다.

① ㄱ
② ㄴ
③ ㄱ, ㄷ
④ ㄴ, ㄷ
⑤ ㄱ, ㄴ, ㄷ

문 11. 다음 글의 A~C에 대한 평가로 적절한 것만을 〈보기〉에서 모두 고르면?

인간 존엄성은 모든 인간이 단지 인간이기 때문에 갖는 것으로서, 인간의 숭고한 도덕적 지위나 인간에 대한 윤리적 대우의 근거로 여겨진다. 다음은 인간 존엄성 개념에 대한 A~C의 비판이다.

A: 인간 존엄성은 그 의미가 무엇인지에 대해 사람마다 생각이 달라서 불명료할 뿐 아니라 무용한 개념이다. 가령 존엄성은 존엄사를 옹호하거나 반대하는 논증 모두에서 각각의 주장을 정당화하는 데 사용된다. 어떤 이는 존엄성이란 말을 '자율성의 존중'이라는 뜻으로, 어떤 이는 '생명의 신성함'이라는 뜻으로 사용한다. 결국 쟁점은 존엄성이 아니라 자율성의 존중이나 생명의 가치에 관한 문제이며, 존엄성이란 개념 자체는 그 논의에서 실질적으로 중요한 기여를 하지 않는다.

B: 인간의 권리에 대한 문서에서 존엄성이 광범위하게 사용되는 것은 기독교 신학과 같이 인간 존엄성을 언급하는 많은 종교적 문헌의 영향으로 보인다. 이러한 종교적 뿌리는 어떤 이에게는 가치 있는 것이지만, 다른 이에겐 그런 존엄성 개념을 의심할 근거가 되기도 한다. 특히 존엄성을 신이 인간에게 부여한 독특한 지위로 생각함으로써 인간이 스스로를 지나치게 높게 보도록 했다는 점은 비판을 받아 마땅하다. 이는 인간으로 하여금 인간이 아닌 종과 환경에 대해 인간 자신들이 원하는 것을 마음대로 해도 된다는 오만을 낳았다.

C: 인간 존엄성은 인간이 이성적 존재임을 들어 동물이나 세계에 대해 인간 중심적인 견해를 옹호해 온 근대 휴머니즘의 유산이다. 존엄성은 인간종이 그 자체로 다른 종이나 심지어 환경 자체보다 더 큰 가치가 있다고 생각하는 종족주의의 한 표현에 불과하다. 인간 존엄성은 우리가 서로를 가치 있게 여기도록 만들기도 하지만, 인간 외의 다른 존재에 대해서는 그 대상이 인간이라면 결코 용납하지 않았을 폭력적 처사를 정당화하는 근거로 활용된다.

─── 〈보 기〉 ───

ㄱ. 많은 논란에도 불구하고 존엄사를 인정한 연명의료결정법의 시행은 A의 주장을 약화시키는 사례이다.

ㄴ. C의 주장은 화장품의 안전성 검사를 위한 동물실험의 금지를 촉구하는 캠페인의 근거로 활용될 수 있다.

ㄷ. B와 C는 인간에게 특권적 지위를 부여하는 인간 중심적인 생각을 비판한다는 점에서 공통적이다.

① ㄱ
② ㄷ
③ ㄱ, ㄴ
④ ㄴ, ㄷ
⑤ ㄱ, ㄴ, ㄷ

문 12. 다음 글의 〈논증〉에 대한 분석으로 적절한 것만을 〈보기〉에서 모두 고르면?

우리는 죽음이 나쁜 것이라고 믿는다. 죽고 나면 우리가 존재하지 않기 때문이다. 루크레티우스는 우리가 존재하지 않기 때문에 죽음이 나쁜 것이라면 우리가 태어나기 이전의 비존재도 나쁘다고 말해야 한다고 생각했다. 그러나 우리는 태어나기 이전에 우리가 존재하지 않았다는 사실에 대해서 애석해 하지 않는다. 따라서 루크레티우스는 죽음 이후의 비존재에 대해서도 애석해 할 필요가 없다고 주장했다. 다음은 이러한 루크레티우스의 주장을 반박하는 논증이다.

〈논 증〉

우리는 죽음의 시기가 뒤로 미루어짐으로써 더 오래 사는 상황을 상상해 볼 수 있다. 예를 들어, 50살에 교통사고로 세상을 떠난 누군가를 생각해 보자. 그 사고가 아니었다면 그는 70살이나 80살까지 더 살 수도 있었을 것이다. 그렇다면 50살에 그가 죽은 것은 그의 인생에 일어날 수 있는 여러 가능성 중에 하나였다. 그런데 ㉠ 내가 더 일찍 태어나는 것은 상상할 수 없다. 물론, 조산이나 제왕절개로 내가 조금 더 일찍 세상에 태어날 수도 있었을 것이다. 하지만 여기서 고려해야 할 것은 나의 존재의 시작이다. 나를 있게 하는 것은 특정한 정자와 난자의 결합이다. 누군가는 내 부모님이 10년 앞서 임신할 수 있었다고 주장할 수도 있다. 그러나 그랬다면 내가 아니라 나의 형제가 태어났을 것이다. 그렇기 때문에 '더 일찍 태어났더라면'이라고 말해도 그것이 실제로 내가 더 일찍 태어났을 가능성을 상상한 것은 아니다. 나의 존재는 내가 수정된 바로 그 특정 정자와 난자의 결합에 기초한다. 그러므로 ㉡ 내가 더 일찍 태어나는 일은 불가능하다. 나의 사망 시점은 달라질 수 있지만, 나의 출생 시점은 그렇지 않다. 그런 의미에서 출생은 내 인생 전체를 놓고 볼 때 하나의 필연적인 사건이다. 결국 죽음의 시기를 뒤로 미뤄 더 오래 사는 것은 가능하지만, 출생의 시기를 앞당겨 더 오래 사는 것은 불가능하다. 따라서 내가 더 일찍 태어나지 않은 것은 나쁜 일이 될 수 없다. 즉 죽음 이후와는 달리 ㉢ 태어나기 이전의 비존재는 나쁘다고 말할 수 없다.

─── 〈보 기〉 ───

ㄱ. 냉동 보관된 정자와 난자가 수정되어 태어난 사람의 경우를 고려하면, ㉠은 거짓이다.

ㄴ. ㉠에 "어떤 사건이 가능하면, 그것의 발생을 상상할 수 있다."라는 전제를 추가하면, ㉡을 이끌어 낼 수 있다.

ㄷ. ㉢에 "태어나기 이전의 비존재가 나쁘다면, 내가 더 일찍 태어나는 것이 가능하다."라는 전제를 추가하면, ㉡의 부정을 이끌어 낼 수 있다.

① ㄱ
② ㄷ
③ ㄱ, ㄴ
④ ㄴ, ㄷ
⑤ ㄱ, ㄴ, ㄷ

※ 다음 글을 읽고 물음에 답하시오. [13~14]

인간은 지구상의 생명이 대량 멸종하는 사태를 맞이하고 있지만, 다른 한편으로는 실험실에서 인공적으로 새로운 생명체를 창조하고 있다. 이런 상황에서, 자연적으로 존재하는 종을 멸종으로부터 보존해야 한다는 생물 다양성의 보존 문제를 어떤 시각으로 바라보아야 할까? A는 생물 다양성을 보존해야 한다고 주장한다. 이를 위해 A는 다음과 같은 도구적 정당화를 제시한다. 우리는 의학적, 농업적, 경제적, 과학적 측면에서 이익을 얻기를 원한다. '생물 다양성 보존'은 이를 위한 하나의 수단으로 간주될 수 있다. 바로 그 수단이 우리가 원하는 이익을 얻는 최선의 수단이라는 것이 A의 첫 번째 전제이다. 그리고 　(가)　는 것이 A의 두 번째 전제이다. 이 전제들로부터 우리에게는 생물 다양성을 보존할 의무와 필요성이 있다는 결론이 나온다.

이에 대해 B는 생물 다양성 보존이 우리가 원하는 이익을 얻는 최선의 수단이 아님을 지적한다. 특히 합성 생물학은 자연에 존재하는 DNA, 유전자, 세포 등을 인공적으로 합성하고 재구성해 새로운 생명체를 창조하는 것을 목표로 한다. B는 우리가 원하는 이익을 얻고자 한다면, 자연적으로 존재하는 생명체들을 대상으로 보존에 애쓰는 것보다는 합성 생물학을 통해 원하는 목표를 더 합리적이고 체계적으로 성취할 수 있을 것이라고 주장한다. 인공적인 생명체의 창조가 우리가 원하는 이익을 얻는 더 좋은 수단이므로, 생물 다양성 보존을 지지하는 도구적 정당화는 설득력을 잃는다는 것이다. 그래서 B는 A가 제시하는 도구적 정당화에 근거하여 생물 다양성을 보존하자고 주장하는 것은 옹호될 수 없다고 말한다.

한편 C는 모든 종은 보존되어야 한다고 주장하면서 생물 다양성 보존을 옹호한다. C는 대상의 가치를 평가할 때 그 대상이 갖는 도구적 가치와 내재적 가치를 구별한다. 대상의 도구적 가치란 그것이 특정 목적을 달성하는 데 얼마나 쓸모가 있느냐에 따라 인정되는 가치이며, 대상의 내재적 가치란 그 대상이 그 자체로 본래부터 갖고 있다고 인정되는 고유한 가치를 말한다. C에 따르면 생명체는 단지 도구적 가치만을 갖는 것이 아니다. 생명체를 오로지 도구적 가치로만 평가하는 것은 생명체를 그저 인간의 목적을 위해 이용되는 수단으로 보는 인간 중심적 태도이지만, C는 그런 태도는 받아들일 수 없다고 본다. 생명체의 내재적 가치 또한 인정해야 한다는 것이다. 그 생명체들이 속한 종 또한 그 쓸모에 따라서만 가치가 있는 것이 아니다. 그리고 내재적 가치를 지니는 것은 모두 보존되어야 한다. 이로부터 모든 종은 보존되어야 한다는 결론에 다다른다. 왜냐하면 　(나)　 때문이다.

문 13. 위 글의 (가)와 (나)에 들어갈 내용을 적절하게 나열한 것은?

① (가): 어떤 것이 우리가 원하는 이익을 얻는 최선의 수단이라면 우리에게는 그것을 실행할 의무와 필요성이 있다
　 (나): 생명체의 내재적 가치는 종의 다양성으로부터 비롯되기

② (가): 어떤 것이 우리가 원하는 이익을 얻는 최선의 수단이 아니라면 우리에게는 그것을 실행할 의무와 필요성이 없다
　 (나): 생명체의 내재적 가치는 종의 다양성으로부터 비롯되기

③ (가): 어떤 것이 우리가 원하는 이익을 얻는 최선의 수단이라면 우리에게는 그것을 실행할 의무와 필요성이 있다
　 (나): 모든 종은 그 자체가 본래부터 고유의 가치를 지니기

④ (가): 어떤 것이 우리가 원하는 이익을 얻는 최선의 수단이 아니라면 우리에게는 그것을 실행할 의무와 필요성이 없다
　 (나): 모든 종은 그 자체가 본래부터 고유의 가치를 지니기

⑤ (가): 우리에게 이익을 제공하는 수단 가운데 생물 다양성의 보존보다 더 나은 수단은 없다
　 (나): 모든 종은 그 자체가 본래부터 고유의 가치를 지니기

문 14. 위 글에 대한 분석으로 적절한 것만을 〈보기〉에서 모두 고르면?

〈보 기〉

ㄱ. A는 생물 다양성을 보존해야 한다고 주장하지만, B는 보존하지 않아도 된다고 주장한다.
ㄴ. B는 A의 두 전제가 참이더라도 A의 결론이 반드시 참이 되지는 않는다고 비판한다.
ㄷ. 자연적으로 존재하는 생명체가 도구적 가치를 가지느냐에 대한 A와 C의 평가는 양립할 수 있다.

① ㄱ
② ㄷ
③ ㄱ, ㄴ
④ ㄴ, ㄷ
⑤ ㄱ, ㄴ, ㄷ

문 15. 다음 논쟁에 대한 분석으로 적절한 것만을 〈보기〉에서 모두 고르면?

갑: 입증은 증거와 가설 사이의 관계에 대한 것이다. 내가 받아들이는 입증에 대한 입장은 다음과 같다. 증거 발견 후 가설의 확률 증가분이 있다면, 증거가 가설을 입증한다. 즉 증거 발견 후 가설이 참일 확률에서 증거 발견 전 가설이 참일 확률을 뺀 값이 0보다 크다면, 증거가 가설을 입증한다. 예를 들어보자. 사건 현장에서 용의자 X의 것과 유사한 발자국이 발견되었다. 그럼 발자국이 발견되기 전보다 X가 해당 사건의 범인일 확률은 높아질 것이다. 그렇다면 발자국 증거는 X가 범인이라는 가설을 입증한다. 그리고 증거 발견 후 가설의 확률 증가분이 클수록, 증거가 가설을 입증하는 정도가 더 커진다.

을: 증거가 가설이 참일 확률을 높인다고 하더라도, 그 증거가 해당 가설을 입증하지 못할 수 있다. 가령, X에게 강력한 알리바이가 있다고 해보자. 사건이 일어난 시간에 사건 현장과 멀리 떨어져 있는 X의 모습이 CCTV에 포착된 것이다. 그러면 발자국 증거가 X가 범인일 확률을 높인다고 하더라도, 그가 범인일 확률은 여전히 높지 않을 것이다. 그럼에도 불구하고 갑의 입장은 이러한 상황에서 발자국 증거가 X가 범인이라는 가설을 입증한다고 보게 만드는 문제가 있다. 이 문제는 내가 받아들이는 입증에 대한 다음 입장을 통해 해결될 수 있다. 증거 발견 후 가설의 확률 증가분이 있고 증거 발견 후 가설이 참일 확률이 1/2보다 크다면, 그리고 그런 경우에만 증거가 가설을 입증한다. 가령, 발자국 증거가 X가 범인일 확률을 높이더라도 증거 획득 후 확률이 1/2보다 작다면 발자국 증거는 X가 범인이라는 가설을 입증하지 못한다.

〈보 기〉

ㄱ. 갑의 입장에서, 증거 발견 후 가설의 확률 증가분이 없다면 그 증거가 해당 가설을 입증하지 못한다.

ㄴ. 을의 입장에서, 어떤 증거가 주어진 가설을 입증할 경우 그 증거 획득 이전 해당 가설이 참일 확률은 1/2보다 크다.

ㄷ. 갑의 입장에서 어떤 증거가 주어진 가설을 입증하는 정도가 작더라도, 을의 입장에서 그 증거가 해당 가설을 입증할 수 있다.

① ㄴ
② ㄷ
③ ㄱ, ㄴ
④ ㄱ, ㄷ
⑤ ㄱ, ㄴ, ㄷ

문 16. 다음 글에서 추론할 수 있는 것은?

국제표준도서번호(ISBN)는 전세계에서 출판되는 각종 도서에 부여하는 고유한 식별 번호이다. 2007년부터는 13자리의 숫자로 구성된 ISBN인 ISBN-13이 부여되고 있지만, 2006년까지 출판된 도서에는 10자리의 숫자로 구성된 ISBN인 ISBN-10이 부여되었다.

ISBN-10은 네 부분으로 되어 있다. 첫 번째 부분은 책이 출판된 국가 또는 언어 권역을 나타내며 1~5자리를 가질 수 있다. 예를 들면, 대한민국은 89, 영어권은 0, 프랑스어권은 2, 중국은 7 그리고 부탄은 99936을 쓴다. 두 번째 부분은 국가별 ISBN 기관에서 그 국가에 있는 각 출판사에 할당한 번호를 나타낸다. 세 번째 부분은 출판사에서 그 책에 임의로 붙인 번호를 나타낸다. 마지막 네 번째 부분은 확인 숫자이다. 이 숫자는 0에서 10까지의 숫자 중 하나가 되는데, 10을 써야 할 때는 로마 숫자인 X를 사용한다. 부여된 ISBN-10이 유효한 것이라면 이 ISBN-10의 열 개 숫자에 각각 순서대로 10, 9, …, 2, 1의 가중치를 곱해서 각 곱셈의 값을 모두 더한 값이 반드시 11로 나누어 떨어져야 한다. 예를 들어, 어떤 책에 부여된 ISBN-10인 '89 - 89422 - 42 - 6'이 유효한 것인지 검사해 보자. $(8 \times 10)+(9 \times 9)+(8 \times 8)+(9 \times 7)+(4 \times 6)+(2 \times 5)+(2 \times 4)+(4 \times 3)+(2 \times 2)+(6 \times 1)=352$이고, 이 값은 11로 나누어 떨어지기 때문에 이 ISBN-10은 유효한 번호이다. 만약 어떤 ISBN-10의 숫자 중 어느 하나를 잘못 입력했다면 서점에 있는 컴퓨터는 즉시 오류 메시지를 화면에 보여줄 것이다.

① ISBN-10의 첫 번째 부분에 있는 숫자가 같으면 같은 나라에서 출판된 책이다.

② 임의의 책의 ISBN-10에 숫자 3자리를 추가하면 그 책의 ISBN-13을 얻는다.

③ ISBN-10이 '0 - 285 - 00424 - 7'인 책은 해당 출판사에서 424번째로 출판한 책이다.

④ ISBN-10의 두 번째 부분에 있는 숫자가 같은 서로 다른 두 권의 책은 동일한 출판사에서 출판된 책이다.

⑤ 확인 숫자 앞의 아홉 개의 숫자에 정해진 가중치를 곱하여 합한 값이 11의 배수인 ISBN-10이 유효하다면 그 확인 숫자는 반드시 0이어야 한다.

문 17. 다음 글의 내용이 참일 때, 갑이 반드시 수강해야 할 과목은?

갑은 A~E 과목에 대해 수강신청을 준비하고 있다. 갑이 수강하기 위해 충족해야 하는 조건은 다음과 같다.

• A를 수강하면 B를 수강하지 않고, B를 수강하지 않으면 C를 수강하지 않는다.

• D를 수강하지 않으면 C를 수강하고, A를 수강하지 않으면 E를 수강하지 않는다.

• E를 수강하지 않으면 C를 수강하지 않는다.

① A
② B
③ C
④ D
⑤ E

문 18. 다음 글의 내용이 참일 때, 반드시 참인 것만을 〈보기〉에서 모두 고르면?

> △△처에서는 채용 후보자들을 대상으로 A, B, C, D 네 종류의 자격증 소지 여부를 조사하였다. 그 결과 다음과 같은 사실이 밝혀졌다.
> • A와 D를 둘 다 가진 후보자가 있다.
> • B와 D를 둘 다 가진 후보자는 없다.
> • A나 B를 가진 후보자는 모두 C는 가지고 있지 않다.
> • A를 가진 후보자는 모두 B는 가지고 있지 않다는 것은 사실이 아니다.

〈보 기〉

ㄱ. 네 종류 중 세 종류의 자격증을 가지고 있는 후보자는 없다.
ㄴ. 어떤 후보자는 B를 가지고 있지 않고, 또 다른 후보자는 D를 가지고 있지 않다.
ㄷ. D를 가지고 있지 않은 후보자는 누구나 C를 가지고 있지 않다면, 네 종류 중 한 종류의 자격증만 가지고 있는 후보자가 있다.

① ㄱ
② ㄷ
③ ㄱ, ㄴ
④ ㄴ, ㄷ
⑤ ㄱ, ㄴ, ㄷ

문 19. 다음 글의 내용이 참일 때, 반드시 참인 것만을 〈보기〉에서 모두 고르면?

> 신입사원을 대상으로 민원, 홍보, 인사, 기획 업무에 대한 선호를 조사하였다. 조사 결과 민원 업무를 선호하는 신입사원은 모두 홍보 업무를 선호하였지만, 그 역은 성립하지 않았다. 모든 업무 중 인사 업무만을 선호하는 신입사원은 있었지만, 민원 업무와 인사 업무를 모두 선호하는 신입사원은 없었다. 그리고 넷 중 세 개 이상의 업무를 선호하는 신입사원도 없었다. 신입사원 갑이 선호하는 업무에는 기획 업무가 포함되어 있었으며, 신입사원 을이 선호하는 업무에는 민원 업무가 포함되어 있었다.

〈보 기〉

ㄱ. 어떤 업무는 갑도 을도 선호하지 않는다.
ㄴ. 적어도 두 명 이상의 신입사원이 홍보 업무를 선호한다.
ㄷ. 조사 대상이 된 업무 중에, 어떤 신입사원도 선호하지 않는 업무는 없다.

① ㄱ
② ㄷ
③ ㄱ, ㄴ
④ ㄴ, ㄷ
⑤ ㄱ, ㄴ, ㄷ

문 20. 다음 글에서 추론할 수 있는 것만을 〈보기〉에서 모두 고르면?

> 식물의 잎에 있는 기공은 대기로부터 광합성에 필요한 이산화탄소를 흡수하는 통로이다. 기공은 잎에 있는 세포 중 하나인 공변세포의 부피가 커지면 열리고 부피가 작아지면 닫힌다.
> 그렇다면 무엇이 공변세포의 부피에 변화를 일으킬까? 햇빛이 있는 낮에, 햇빛 속에 있는 청색광이 공변세포에 있는 양성자 펌프를 작동시킨다. 양성자 펌프의 작동은 공변세포 밖에 있는 칼륨이온과 염소이온이 공변세포 안으로 들어오게 한다. 공변세포 안에 이 이온들의 양이 많아짐에 따라 물이 공변세포 안으로 들어오고, 그 결과로 공변세포의 부피가 커져서 기공이 열린다. 햇빛이 없는 밤이 되면, 공변세포에 있는 양성자 펌프가 작동하지 않고 공변세포 안에 있던 칼륨이온과 염소이온은 밖으로 빠져나간다. 이에 따라 공변세포 안에 있던 물이 밖으로 나가면서 세포의 부피가 작아져서 기공이 닫힌다.
> 공변세포의 부피는 식물이 겪는 수분스트레스 반응에 의해 조절될 수도 있다. 식물 안의 수분량이 줄어듦으로써 식물이 수분스트레스를 받는다. 수분스트레스를 받은 식물은 호르몬 A를 분비한다. 호르몬 A는 공변세포에 있는 수용체에 결합하여 공변세포 안에 있던 칼륨이온과 염소이온이 밖으로 빠져나가게 한다. 이에 따라 공변세포 안에 있던 물이 밖으로 나가면서 세포의 부피가 작아진다. 결국 식물이 수분스트레스를 받으면 햇빛이 있더라도 기공이 열리지 않는다.
> 또한 기공의 여닫힘은 미생물에 의해 조절되기도 한다. 예를 들면, 식물을 감염시킨 병원균은 공변세포의 양성자 펌프를 작동시키는 독소 B를 만든다. 이 독소 B는 공변세포의 부피를 늘려 기공이 닫혀 있어야 하는 때에도 열리게 하고, 결국 식물은 물을 잃어 시들게 된다.

〈보 기〉

ㄱ. 한 식물의 동일한 공변세포 안에 있는 칼륨이온의 양은, 햇빛이 있는 낮에 햇빛의 청색광만 차단하는 필름으로 식물을 덮은 경우가 덮지 않은 경우보다 적다.
ㄴ. 수분스트레스를 받은 식물에 양성자 펌프의 작동을 못하게 하면 햇빛이 있는 낮에 기공이 열린다.
ㄷ. 호르몬 A를 분비하는 식물이 햇빛이 있는 낮에 보이는 기공 개폐 상태와 병원균에 감염된 식물이 햇빛이 없는 밤에 보이는 기공 개폐 상태는 다르다.

① ㄱ
② ㄴ
③ ㄱ, ㄷ
④ ㄴ, ㄷ
⑤ ㄱ, ㄴ, ㄷ

문 21. 다음 글의 ㉠과 ㉡에 대한 평가로 적절한 것만을 〈보기〉에서 모두 고르면?

진화론에 따르면 개체는 배우자 선택에 있어서 생존과 번식에 유리한 개체를 선호할 것으로 예측된다. 그런데 생존과 번식에 유리한 능력은 한 가지가 아니므로 합리적 선택은 단순하지 않다. 예를 들어 배우자 후보 α와 β가 있는데, 사냥 능력은 α가 우수한 반면, 위험 회피 능력은 가 우수하다고 하자. 이 경우 개체는 더 중요하다고 판단하는 능력에 기초하여 배우자를 선택하는 것이 합리적이다. 이를테면 사냥 능력에 가중치를 둔다면 α를 선택하는 것이 합리적이라는 것이다. 그런데 α와 β보다 사냥 능력은 떨어지나 위험 회피 능력은 β와 α의 중간쯤 되는 새로운 배우자 후보 γ가 나타난 경우를 생각해 보자. 이때 개체는 애초의 판단 기준을 유지할 수도 있고 변경할 수도 있다. 즉 애초의 판단 기준에 따르면 선택이 바뀔 이유가 없음에도 불구하고, 새로운 후보의 출현에 의해 판단 기준이 바뀌어 위험 회피 능력이 우수한 를 선택할 수 있다.

한 과학자는 동물의 배우자 선택에 있어 새로운 배우자 후보가 출현하는 경우, ㉠ 애초의 판단 기준을 유지한다는 가설과 ㉡ 판단 기준에 변화가 발생한다는 가설을 검증하기 위해 다음과 같은 실험을 수행하였다.

〈실 험〉

X 개구리의 경우, 암컷은 두 가지 기준으로 수컷을 고르는데, 수컷의 울음소리 톤이 일정할수록 선호하고 울음소리 빈도가 높을수록 선호한다. 세 마리의 수컷 A~C는 각각 다른 소리를 내는데, 울음소리 톤은 C가 가장 일정하고 B가 가장 일정하지 않다. 울음소리 빈도는 A가 가장 높고 C가 가장 낮다. 과학자는 A~C의 울음소리를 발정기의 암컷으로부터 동일한 거리에 있는 서로 다른 위치에서 들려주었다. 상황 1에서는 수컷 두 마리의 울음소리만을 들려주었으며, 상황 2에서는 수컷 세 마리의 울음소리를 모두 들려주고 각 상황에서 암컷이 어느 쪽으로 이동하는지 비교하였다. 암컷은 들려준 울음소리 중 가장 선호하는 쪽으로 이동한다.

〈보 기〉

ㄱ. 상황 1에서 암컷에게 들려준 소리가 A, B인 경우 암컷이 A로, 상황 2에서는 C로 이동했다면, ㉠은 강화되지 않지만 ㉡은 강화된다.

ㄴ. 상황 1에서 암컷에게 들려준 소리가 B, C인 경우 암컷이 B로, 상황 2에서는 A로 이동했다면, ㉠은 강화되지만 ㉡은 강화되지 않는다.

ㄷ. 상황 1에서 암컷에게 들려준 소리가 A, C인 경우 암컷이 C로, 상황 2에서는 A로 이동했다면, ㉠은 강화되지 않지만 ㉡은 강화된다.

① ㄱ
② ㄷ
③ ㄱ, ㄴ
④ ㄴ, ㄷ
⑤ ㄱ, ㄴ, ㄷ

문 22. 다음 글의 ㉠과 ㉡에 대한 평가로 적절한 것만을 〈보기〉에서 모두 고르면?

18세기에는 빛의 본성에 관한 두 이론이 경쟁하고 있었다. ㉠ 입자이론은 빛이 빠르게 운동하고 있는 아주 작은 입자들의 흐름으로 구성되어 있다고 설명한다. 이에 따르면, 물속에서 빛이 굴절하는 것은 물이 빛을 끌어당기기 때문이며, 공기 중에서는 이런 현상이 발생하지 않기 때문에 결과적으로 물속에서의 빛의 속도가 공기 중에서보다 더 빠르다. 한편 ㉡ 파동이론은 빛이 매질을 통하여 파동처럼 퍼져 나간다는 가설에 기초한다. 이에 따르면, 물속에서 빛이 굴절하는 것은 파동이 전파되는 매질의 밀도가 달라지기 때문이며, 밀도가 높아질수록 파동의 속도는 느려지므로 결과적으로 물속에서의 빛의 속도가 공기 중에서보다 더 느리다.

또한 파동이론에 따르면 빛의 색깔은 파장에 따라 달라진다. 공기 중에서는 파장에 따라 파동의 속도가 달라지지 않지만, 물속에서는 파장에 따라 파동의 속도가 달라진다. 반면 입자이론에 따르면 공기 중에서건 물속에서건 빛의 속도는 색깔에 따라 달라지지 않는다.

두 이론을 검증하기 위해 다음과 같은 실험이 고안되었다. 두 빛이 같은 시점에 발진하여 경로 1 또는 경로 2를 통과한 뒤 빠른 속도로 회전하는 평면거울에 도달한다. 두 개의 경로에서 빛이 진행하는 거리는 같으나, 경로 1에서는 물속을 통과하고, 경로 2에서는 공기만을 통과한다. 평면거울에서 반사된 빛은 반사된 빛이 향하는 방향에 설치된 스크린에 맺힌다. 평면거울에 도달한 빛 중 속도가 빠른 빛은 먼저 도달하고 속도가 느린 빛은 나중에 도달하게 되는데, 평면거울이 빠르게 회전하고 있으므로 먼저 도달한 빛과 늦게 도달한 빛은 반사 각도에 차이가 생기게 된다. 따라서 두 빛이 서로 다른 속도를 가진다면 반사된 두 빛이 도착하는 지점이 서로 달라지며, 더 빨리 평면거울에 도달한 빛일수록 스크린의 오른쪽에, 더 늦게 도달한 빛일수록 스크린의 왼쪽에 맺히게 된다.

〈보 기〉

ㄱ. 색깔이 같은 두 빛이 각각 경로 1과 2를 통과했을 때, 경로 1을 통과한 빛이 경로 2를 통과한 빛보다 스크린의 오른쪽에 맺힌다면 ㉠은 강화되고 ㉡은 약화된다.

ㄴ. 색깔이 다른 두 빛 중 하나는 경로 1을, 다른 하나는 경로 2를 통과했을 때, 경로 1을 통과한 빛이 경로 2를 통과한 빛보다 스크린의 왼쪽에 맺힌다면 ㉠은 약화되고 ㉡은 강화된다.

ㄷ. 색깔이 다른 두 빛이 모두 경로 1을 통과했을 때, 두 빛이 스크린에 맺힌 위치가 다르다면 ㉠은 약화되고 ㉡은 강화된다.

① ㄱ
② ㄴ
③ ㄱ, ㄷ
④ ㄴ, ㄷ
⑤ ㄱ, ㄴ, ㄷ

문 23. 다음 대화의 빈칸에 들어갈 내용으로 가장 적절한 것은?

갑: 2022년에 A 보조금이 B 보조금으로 개편되었다고 들었습니다. 2021년에 A 보조금을 수령한 민원인이 B 보조금의 신청과 관련하여 문의하였습니다. 민원인이 중앙부처로 바로 연락하였다는데 B 보조금 신청 자격을 알 수 있을까요?

을: B 보조금 신청 자격은 A 보조금과 같습니다. 해당 지자체에 농업 경영정보를 등록한 농업인이어야 하고 지급 대상 토지도 해당 지자체에 등록된 농지 또는 초지여야 합니다.

갑: 네. 민원인의 자격 요건에 변동 사항은 없다는 것을 확인했습니다. 그 외에 다른 제한 사항은 없을까요?

을: 대상자 및 토지 요건을 모두 충족하더라도 전년도에 A 보조금을 부정한 방법으로 수령했다고 판정된 경우에는 B 보조금을 신청할 수가 없어요. 다만 부정한 방법으로 수령했다고 해당 지자체에서 판정하더라도 수령인은 일정 기간 동안 중앙부처에 이의를 제기할 수 있습니다. 이의 제기 심의 기간에는 수령인이 부정한 방법으로 수령하지 않은 것으로 봅니다.

갑: 우리 중앙부처의 2021년 A 보조금 부정 수령 판정 현황이 어떻게 되죠?

을: 2021년 A 보조금 부정 수령 판정 이의 제기 신청 기간은 만료되었습니다. 부정 수령 판정이 총 15건이 있었는데, 그중 11건에 대한 이의 제기 신청이 들어왔고 1건은 심의 후 이의 제기가 받아들여져 인용되었습니다. 9건은 이의 제기가 받아들여지지 않아 기각되었고 나머지 1건은 아직 이의 제기 심의 절차가 진행 중입니다.

갑: 그렇다면 제가 추가로 ____만 확인하고 나면 다른 사유를 확인하지 않고서도 민원인이 현재 B 보조금 신청 자격이 되는지를 바로 알 수 있겠네요.

① 민원인의 부정 수령 판정 여부, 민원인의 이의 제기 여부, 이의 제기 심의 절차 진행 중인 건이 민원인이 제기한 건인지 여부

② 민원인의 부정 수령 판정 여부, 민원인의 이의 제기 여부, 이의 제기 기각 건에 민원인이 제기한 건이 포함되었는지 여부

③ 민원인의 농업인 및 농지 등록 여부, 민원인의 이의 제기 여부, 이의 제기 심의 절차 진행 중인 건의 심의 완료 여부

④ 민원인의 부정 수령 판정 여부, 민원인의 이의 제기 여부, 이의 제기 인용 건이 민원인이 제기한 건인지 여부

⑤ 민원인의 농업인 및 농지 등록 여부, 민원인의 부정 수령 판정 여부, 민원인의 이의 제기 여부

문 24. 다음 대화의 빈칸에 들어갈 내용으로 가장 적절한 것은?

갑: 안녕하십니까? 저는 공립학교인 A 고등학교 교감입니다. 우리 학교의 교육 방침을 명확히 밝히는 조항을 학교 규칙(이하 '학칙')에 새로 추가하려고 합니다. 이때 준수해야 할 것이 무엇입니까?

을: 네. 학교에서 학칙을 제정하고자 할 때에는 「초·중등교육법」(이하 '교육법')에 어긋나지 않는 범위에서 제정이 이루어져야 합니다.

갑: 그렇군요. 그래서 교육법 제8조제1항의 학교의 장은 '법령'의 범위에서 학칙을 제정할 수 있다는 규정에 근거해서 학칙을 만들고 있습니다. 그런데 최근 우리 도(道) 의회에서 제정한 「학생인권조례」의 내용을 보니, 우리 학교에서 만들고 있는 학칙과 어긋나는 것이 있습니다. 이러한 경우에 법적 판단은 어떻게 됩니까?

을: _____.

갑: 교육법 제8조제1항에서는 '법령'이라는 용어를 사용하고, 제10조제2항에서는 '조례'라는 용어를 사용하고 있으니 교육법에서는 법령과 조례를 구분하는 것으로 보입니다.

을: 그것은 다른 문제입니다. 교육법 제10조제2항의 조례는 법령의 위임을 받아 제정되는 위임 입법입니다. 제8조제1항에서의 법령에는 조례가 포함된다고 해석하고 있으며, 이 경우에 제10조제2항의 조례와는 그 성격이 다르다고 할 수 있습니다.

갑: 교육법 제8조제1항은 초·중등학교 운영의 자율과 책임을 위한 것인데 이러한 조례로 인해서 오히려 학교 교육과 운영이 침해당하는 것 아닙니까?

을: 교육법 제8조제1항의 목적은 학교의 자율과 책임을 당연히 존중하는 것입니다. 다만 학칙을 제정할 때에도 국가나 지자체에서 반드시 지킬 것을 요구하는 최소한의 한계를 법령의 범위라는 말로 표현한 것입니다. 더욱이 학생들의 학습권, 개성을 실현할 권리 등은 헌법에서 보장된 기본권에서 나오고 교육법 제18조의4에서도 학생의 인권을 보장하도록 규정하고 있습니다. 최근 「학생인권조례」도 이러한 취지에서 제정되었습니다.

① 학칙의 제정을 통하여 학교 운영의 자율과 책임뿐 아니라 학생들의 학습권과 개성을 실현할 권리가 제한될 수 있습니다

② 법령에 조례가 포함된다고 해석할 여지는 없지만 교육법의 체계상 「학생인권조례」를 따라야 합니다

③ 교육법 제10조제2항에 따라 조례는 입법 목적이나 취지와 관계없이 법령에 포함됩니다

④ 「학생인권조례」에는 교육법에 어긋나는 규정이 있지만 학칙은 이 조례를 따라야 합니다

⑤ 법령의 범위에 있는 「학생인권조례」의 내용에 반하는 학칙은 교육법에 저촉됩니다

문 25. 다음 글의 〈논쟁〉에 대한 분석으로 적절한 것만을 〈보기〉에서 모두 고르면?

> 갑과 을은 △△국 「주거법」 제○○조의 해석에 대해 논쟁하고 있다. 그 조문은 다음과 같다.
>
> > 제○○조(비거주자의 구분) ① 다음 각 호에 해당하는 △△국 국민은 비거주자로 본다.
> > 1. 외국에서 영업활동에 종사하고 있는 사람
> > 2. 2년 이상 외국에 체재하고 있는 사람. 이 경우 일시 귀국하여 3개월 이내의 기간 동안 체재한 경우 그 기간은 외국에 체재한 기간에 포함되는 것으로 본다.
> > 3. 외국인과 혼인하여 배우자의 국적국에 6개월 이상 체재하는 사람
> > ② 국내에서 영업활동에 종사하였거나 6개월 이상 체재하였던 외국인으로서 출국하여 외국에서 3개월 이상 체재 중인 사람의 경우에도 비거주자로 본다.

〈논 쟁〉

쟁점 1: △△국 국민인 A는 일본에서 2년 1개월째 학교에 다니고 있다. A는 매년 여름방학과 겨울방학 기간에 일시 귀국하여 2개월씩 체재하였다. 이에 대해, 갑은 A가 △△국 비거주자로 구분된다고 주장하는 반면, 을은 그렇지 않다고 주장한다.

쟁점 2: △△국과 미국 국적을 모두 보유한 복수 국적자 B는 △△국 C 법인에서 임원으로 근무하였다. B는 올해 C 법인의 미국 사무소로 발령받아 1개월째 영업활동에 종사 중이다. 이에 대해, 갑은 B가 △△국 비거주자로 구분된다고 주장하는 반면, 을은 그렇지 않다고 주장한다.

쟁점 3: △△국 국민인 D는 독일 국적의 E와 결혼하여 독일에서 체재 시작 직후부터 5개월째 길거리 음악 연주를 하고 있다. 이에 대해, 갑은 D가 △△국 비거주자로 구분된다고 주장하는 반면, 을은 그렇지 않다고 주장한다.

〈보 기〉

ㄱ. 쟁점 1과 관련하여, 일시 귀국하여 체재한 '3개월 이내의 기간'이 귀국할 때마다 체재한 기간의 합으로 확정된다면, 갑의 주장은 옳고 을의 주장은 그르다.

ㄴ. 쟁점 2와 관련하여, 갑은 B를 △△국 국민이라고 생각하지만 을은 외국인이라고 생각하기 때문이라고 하면, 갑과 을 사이의 주장 불일치를 설명할 수 있다.

ㄷ. 쟁점 3과 관련하여, D의 길거리 음악 연주가 영업활동이 아닌 것으로 확정된다면, 갑의 주장은 그르고 을의 주장은 옳다.

① ㄱ
② ㄷ
③ ㄱ, ㄴ
④ ㄴ, ㄷ
⑤ ㄱ, ㄴ, ㄷ

문 1. 다음 〈그림〉은 2021년 7월 '갑'지역의 15세 이상 인구를 대상으로 한 경제활동인구조사 결과를 정리한 자료이다. 〈그림〉의 A, B에 해당하는 값을 바르게 나열한 것은?

〈그림〉 2021년 7월 경제활동인구조사 결과

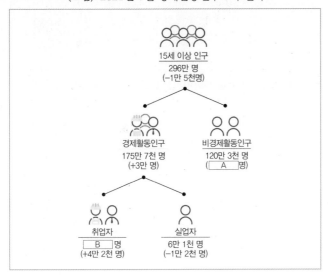

※ (   )는 2020년 7월 대비 증감 인구수임.

	A	B
①	−4만 5천	169만 6천
②	−4만 5천	165만 4천
③	−1만 2천	172만 7천
④	−1만 2천	169만 6천
⑤	+4만 2천	172만 7천

문 2. 다음 〈표〉는 2017~2021년 '갑'국의 청구인과 피청구인에 따른 특허심판 청구건수에 관한 자료이다. 이에 대한 〈보기〉의 설명 중 옳은 것만을 모두 고르면?

〈표〉 청구인과 피청구인에 따른 특허심판 청구건수

(단위: 건)

| 청구인
연도 / 피청구인 | 내국인 | | 외국인 | |
	내국인	외국인	내국인	외국인
2017	765	270	204	172
2018	889	1,970	156	119
2019	795	359	191	72
2020	771	401	93	230
2021	741	213	152	46

── 〈보 기〉 ──

ㄱ. 2019년 청구인이 내국인인 특허심판 청구건수의 전년 대비 감소율은 50 % 이상이다.
ㄴ. 2021년 피청구인이 내국인인 특허심판 청구건수는 피청구인이 외국인인 특허심판 청구건수의 3배 이상이다.
ㄷ. 2017년 내국인이 외국인에게 청구한 특허심판 청구건수는 2020년 외국인이 외국인에게 청구한 특허심판 청구건수보다 많다.

① ㄱ
② ㄷ
③ ㄱ, ㄴ
④ ㄴ, ㄷ
⑤ ㄱ, ㄴ, ㄷ

문 3. 다음 〈보고서〉는 2018~2021년 '갑'국의 생활밀접업종 현황에 대한 자료이다. 〈보고서〉의 내용과 부합하지 않는 자료는?

〈보고서〉

생활밀접업종은 소매, 음식, 숙박, 서비스 등과 같이 일상생활과 밀접하게 관련된 재화 또는 용역을 공급하는 업종이다. 생활밀접업종 사업자 수는 2021년 현재 2,215천 명으로 2018년 대비 10 % 이상 증가하였다. 2018년 대비 2021년 생활밀접업종 중 73개 업종에서 사업자 수가 증가하였는데, 이 중 스포츠시설운영업이 가장 높은 증가율을 기록하였고 펜션·게스트하우스, 애완용품점이 그 뒤를 이었다.

그러나 혼인건수와 출생아 수가 줄어드는 사회적 현상은 관련 업종에도 직접 영향을 미친 것으로 나타났다. 산부인과 병·의원 사업자 수는 2018년 이후 매년 감소하였다. 또한, 2018년 이후 예식장과 결혼상담소의 사업자 수도 각각 매년 감소하는 것으로 나타났다.

한편 복잡한 현대사회에서 전문직에 대한 수요는 꾸준히 증가하고 있다. 생활밀접업종을 소매, 음식, 숙박, 병·의원, 전문직, 교육, 서비스의 7개 그룹으로 분류했을 때 전문직 그룹의 2018년 대비 2021년 사업자 수 증가율이 17.6 %로 가장 높았다.

① 생활밀접업종 사업자 수

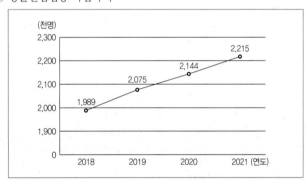

② 2018년 대비 2021년 생활밀접업종 사업자 수 증가율 상위 10개 업종

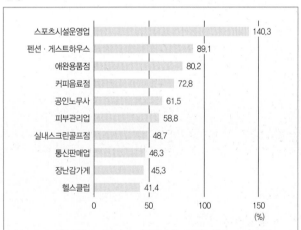

③ 주요 진료과목별 병·의원 사업자 수

(단위: 명)

진료과목 \ 연도	2018	2019	2020	2021
신경정신과	1,270	1,317	1,392	1,488
가정의학과	2,699	2,812	2,952	3,057
피부과·비뇨의학과	3,267	3,393	3,521	3,639
이비인후과	2,259	2,305	2,380	2,461
안과	1,485	1,519	1,573	1,603
치과	16,424	16,879	17,217	17,621
일반외과	4,282	4,369	4,474	4,566
성형외과	1,332	1,349	1,372	1,414
내과·소아과	10,677	10,861	10,975	11,130
산부인과	1,726	1,713	1,686	1,663

④ 예식장 및 결혼상담소 사업자 수

⑤ 2018년 대비 2021년 생활밀접업종의 7개 그룹별 사업자 수 증가율

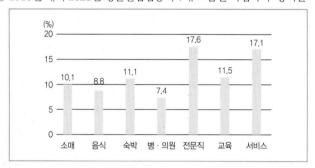

문 4. 다음 〈표〉는 '갑'국 A 위원회의 24~26차 회의 심의결과에 관한 자료이다. 이에 대한 〈보기〉의 설명 중 옳은 것만을 모두 고르면?

〈표〉 A 위원회의 24~26차 회의 심의결과

회차	24		25		26	
위원 \ 동의 여부	동의	부동의	동의	부동의	동의	부동의
기획재정부장관	○		○		○	
교육부장관	○			○	○	
과학기술정보통신부장관	○		○			○
행정안전부장관	○			○	○	
문화체육관광부장관	○			○	○	
농림축산식품부장관		○	○			
산업통상자원부장관		○		○		○
보건복지부장관	○		○		○	
환경부장관		○	○			○
고용노동부장관		○		○	○	
여성가족부장관	○		○		○	
국토교통부장관	○		○		○	
해양수산부장관	○		○		○	
중소벤처기업부장관		○	○			○
문화재청장	○		○		○	
산림청장	○				○	

※ 1) A 위원회는 〈표〉에 제시된 16명의 위원으로만 구성됨.
2) A 위원회는 매 회차 개최 시 1건의 안건만을 심의함.

〈보 기〉

ㄱ. 24~26차 회의의 심의안건에 모두 동의한 위원은 6명이다.

ㄴ. 심의안건에 부동의한 위원 수는 매 회차 증가하였다.

ㄷ. 전체 위원의 $\frac{2}{3}$ 이상이 동의해야 심의안건이 의결된다면, 24~26차 회의의 심의안건은 모두 의결되었다.

① ㄱ
② ㄴ
③ ㄱ, ㄷ
④ ㄴ, ㄷ
⑤ ㄱ, ㄴ, ㄷ

문 5. 다음 〈표〉는 1990년대 이후 A~E 도시의 시기별 및 자본금액별 창업 건수에 관한 자료이고, 〈보고서〉는 A~E 중 한 도시의 창업 건수에 관한 설명이다. 이를 근거로 판단할 때, 〈보고서〉의 내용에 부합하는 도시는?

〈표〉 A~E 도시의 시기별 및 자본금액별 창업 건수

(단위: 건)

시기 자본금액 \ 도시	1990년대		2000년대		2010년대		2020년 이후	
	1천만 원 미만	1천만 원 이상	1천만 원 미만	1천만 원 이상	1천만 원 미만	1천만 원 이상	1천만 원 미만	1천만 원 이상
A	198	11	206	32	461	26	788	101
B	46	0	101	5	233	4	458	16
C	12	2	19	17	16	17	76	14
D	27	3	73	34	101	24	225	27
E	4	0	25	0	53	3	246	7

〈보고서〉

이 도시의 시기별 및 자본금액별 창업 건수는 다음과 같은 특징이 있다. 첫째, 1990년대 이후 모든 시기에서 자본금액 1천만 원 미만 창업 건수가 자본금액 1천만 원 이상 창업 건수보다 많다. 둘째, 자본금액 1천만 원 미만 창업 건수와 1천만 원 이상 창업 건수의 차이는 2010년대가 2000년대의 2배 이상이다. 셋째, 2020년 이후 전체 창업 건수는 1990년대 전체 창업 건수의 10배 이상이다. 넷째, 2020년 이후 전체 창업 건수 중 자본금액 1천만 원 이상 창업 건수의 비중은 3 % 이상이다.

① A
② B
③ C
④ D
⑤ E

문 6. 다음 〈표〉는 '갑'국의 원료곡종별 및 등급별 가공단가와 A~C 지역의 가공량에 관한 자료이다. 이에 대한 〈보기〉의 설명 중 옳은 것만을 모두 고르면?

〈표 1〉 원료곡종별 및 등급별 가공단가

(단위: 천 원/톤)

원료곡종 \ 등급	1등급	2등급	3등급
쌀	118	109	100
현미	105	97	89
보리	65	60	55

〈표 2〉 A~C 지역의 원료곡종별 및 등급별 가공량

(단위: 톤)

지역	원료곡종 \ 등급	1등급	2등급	3등급	합계
A	쌀	27	35	25	87
	현미	43	20	10	73
	보리	5	3	7	15
B	쌀	23	25	55	103
	현미	33	25	21	79
	보리	9	9	5	23
C	쌀	30	35	20	85
	현미	30	37	25	92
	보리	8	30	2	40
전체	쌀	80	95	100	275
	현미	106	82	56	244
	보리	22	42	14	78

※ 가공비용=가공단가×가공량

─── 〈보 기〉 ───

ㄱ. A 지역의 3등급 쌀 가공비용은 B 지역의 2등급 현미 가공비용보다 크다.

ㄴ. 1등급 현미 전체의 가공비용은 2등급 현미 전체 가공비용의 2배 이상이다.

ㄷ. 3등급 쌀과 3등급 보리의 가공단가가 각각 90천 원/톤, 50천 원/톤으로 변경될 경우, 지역별 가공비용 총액 감소폭이 가장 작은 지역은 A이다.

① ㄱ
② ㄷ
③ ㄱ, ㄴ
④ ㄱ, ㄷ
⑤ ㄴ, ㄷ

문 7. 다음 〈표〉는 재해위험지구 '갑', '을', '병'지역을 대상으로 정비사업 투자의 우선순위를 결정하기 위한 자료이다. '편익', '피해액', '재해발생위험도' 3개 평가 항목 점수의 합이 큰 지역일수록 우선순위가 높다. 이에 대한 〈보기〉의 설명 중 옳은 것만을 모두 고르면?

〈표 1〉 '갑'~'병'지역의 평가 항목별 등급

지역 \ 평가 항목	편익	피해액	재해발생위험도
갑	C	A	B
을	B	D	A
병	A	B	C

〈표 2〉 평가 항목의 등급별 배점

(단위: 점)

등급 \ 평가 항목	편익	피해액	재해발생위험도
A	10	15	25
B	8	12	17
C	6	9	10
D	4	6	0

─── 〈보 기〉 ───

ㄱ. '재해발생위험도' 점수가 높은 지역일수록 우선순위가 높다.

ㄴ. 우선순위가 가장 높은 지역과 가장 낮은 지역의 '피해액' 점수 차이는 '재해발생위험도' 점수 차이보다 크다.

ㄷ. '피해액' 점수와 '재해발생위험도' 점수의 합이 가장 큰 지역은 '갑' 이다.

ㄹ. '갑'지역의 '편익' 등급이 B로 변경되면, 우선순위가 가장 높은 지역은 '갑'이다.

① ㄱ, ㄴ
② ㄱ, ㄷ
③ ㄴ, ㄹ
④ ㄱ, ㄷ, ㄹ
⑤ ㄴ, ㄷ, ㄹ

문 8. 다음 〈그림〉은 2017~2021년 '갑'국의 반려동물 사료 유형별 특허 출원건수에 관한 자료이다. 이에 대한 〈보기〉의 설명 중 옳은 것만을 모두 고르면?

〈그림〉 반려동물 사료 유형별 특허 출원건수

※ 반려동물 사료 유형은 식물기원, 동물기원, 미생물효소로만 구분함.

─────〈보 기〉─────

ㄱ. 2017~2021년 동안의 특허 출원건수 합이 가장 작은 사료 유형은 '미생물효소'이다.
ㄴ. 연도별 전체 특허 출원건수 대비 각 사료 유형의 특허 출원건수 비율은 '식물기원'이 매년 가장 높다.
ㄷ. 2021년 특허 출원건수의 전년 대비 증가율이 가장 높은 사료 유형은 '식물기원'이다.

① ㄱ
② ㄷ
③ ㄱ, ㄴ
④ ㄱ, ㄷ
⑤ ㄴ, ㄷ

문 9. 다음 〈표〉는 2019년과 2020년 지역별 전체주택 및 빈집 현황에 관한 자료이다. 이를 바탕으로 작성한 〈보고서〉의 A~C에 해당하는 내용을 바르게 나열한 것은?

〈표〉 2019년과 2020년 지역별 전체주택 및 빈집 현황

(단위: 호, %)

연도	2019			2020		
지역 \ 구분	전체주택	빈집	빈집 비율	전체주택	빈집	빈집 비율
서울특별시	2,953,964	93,402	3.2	3,015,371	96,629	3.2
부산광역시	1,249,757	109,651	8.8	1,275,859	113,410	8.9
대구광역시	800,340	40,721	5.1	809,802	39,069	4.8
인천광역시	1,019,365	66,695	6.5	1,032,774	65,861	6.4
광주광역시	526,161	39,625	7.5	538,275	41,585	7.7
대전광역시	492,797	29,640	6.0	496,875	26,983	5.4
울산광역시	391,596	33,114	8.5	394,634	30,241	7.7
세종특별자치시	132,257	16,437	12.4	136,887	14,385	10.5
경기도	4,354,776	278,815	6.4	4,495,115	272,358	6.1
강원도	627,376	84,382	13.4	644,023	84,106	13.1
충청북도	625,957	77,520	12.4	640,256	76,877	12.0
충청남도	850,525	107,609	12.7	865,008	106,430	12.3
전라북도	724,524	91,138	12.6	741,221	95,412	12.9
전라남도	787,816	121,767	15.5	802,043	122,103	15.2
경상북도	1,081,216	143,560	13.3	1,094,306	139,770	12.8
경상남도	1,266,739	147,173	11.6	1,296,944	150,982	11.6
제주특별자치도	241,788	36,566	15.1	246,451	35,105	14.2
전국	18,126,954	1,517,815	8.4	18,525,844	1,511,306	8.2

※ 빈집비율(%)=$\frac{빈집}{전체주택}$×100

─────〈보고서〉─────

　2020년 우리나라 전체주택 수는 전년 대비 39만 호 이상 증가하였으나 빈집 수는 6천 호 이상 감소하여 빈집비율은 전년 대비 감소하였다. 특히 세종특별자치시의 빈집비율이 가장 큰 폭으로 감소하였다.
　하지만 2020년에는 [A]개 지역에서 빈집 수가 전년 대비 증가하였고, 전년 대비 빈집비율이 가장 큰 폭으로 증가한 지역은 [B]였다. 빈집비율이 가장 높은 지역과 가장 낮은 지역의 빈집비율 차이는 2019년에 비해 2020년이 [C]하였다.

	A	B	C
①	5	광주광역시	감소
②	5	전라북도	증가
③	6	광주광역시	증가
④	6	전라북도	증가
⑤	6	전라북도	감소

문 10. 다음 〈표〉와 〈보고서〉는 2021년 '갑'국의 초등돌봄교실에 관한 자료이다. 제시된 〈표〉 이외에 〈보고서〉를 작성하기 위해 추가로 필요한 자료만을 〈보기〉에서 모두 고르면?

〈표 1〉 2021년 초등돌봄교실 이용학생 현황

(단위: 명, %)

구분	학년	1	2	3	4	5	6	합
오후돌봄교실	학생 수	124,000	91,166	16,421	7,708	3,399	2,609	245,303
	비율	50.5	37.2	6.7	3.1	1.4	1.1	100.0
저녁돌봄교실	학생 수	5,215	3,355	772	471	223	202	10,238
	비율	50.9	32.8	7.5	4.6	2.2	2.0	100.0

〈표 2〉 2021년 지원대상 유형별 오후돌봄교실 이용학생 현황

(단위: 명, %)

구분	지원대상 유형	우선지원대상					일반지원대상	합
		저소득층	한부모	맞벌이	기타	소계		
오후돌봄교실	학생 수	23,066	6,855	174,297	17,298	221,516	23,787	245,303
	비율	9.4	2.8	71.1	7.1	90.3	9.7	100.0

─────── 〈보고서〉 ───────

2021년 '갑'국의 초등돌봄교실 이용학생은 오후돌봄교실 245,303명, 저녁돌봄교실 10,238명이다. 오후돌봄교실의 경우 2021년 기준 전체 초등학교의 98.9%가 참여하고 있다.

오후돌봄교실의 우선지원대상은 저소득층 가정, 한부모 가정, 맞벌이 가정, 기타로 구분되며, 맞벌이 가정이 전체 오후돌봄교실 이용학생의 71.1%로 가장 많고 다음으로 저소득층 가정이 9.4%로 많다.

저녁돌봄교실의 경우 17시부터 22시까지 운영하고 있으나, 19시를 넘는 늦은 시간까지 이용하는 학생 비중은 11.2%에 불과하다. 2021년 현재 저녁돌봄교실 이용학생은 1~2학년이 8,570명으로 전체 저녁돌봄교실 이용학생의 83.7%를 차지한다.

초등돌봄교실 담당인력은 돌봄전담사, 현직교사, 민간위탁업체로 다양하다. 담당인력 구성은 돌봄전담사가 10,237명으로 가장 많고, 다음으로 현직교사 1,480명, 민간위탁업체 565명 순이다. 그중 돌봄전담사는 무기계약직이 6,830명이고 기간제가 3,407명이다.

─────── 〈보 기〉 ───────

ㄱ. 연도별 오후돌봄교실 참여 초등학교 수 및 참여율

(단위: 개, %)

구분	연도	2016	2017	2018	2019	2020	2021
학교 수		5,652	5,784	5,938	5,972	5,998	6,054
참여율		96.0	97.3	97.3	96.9	97.0	98.9

ㄴ. 2021년 저녁돌봄교실 이용학생의 이용시간별 분포

(단위: 명, %)

구분	이용시간	17~18시	17~19시	17~20시	17~21시	17~22시	합
이용학생 수		6,446	2,644	1,005	143	0	10,238
비율		63.0	25.8	9.8	1.4	0.0	100.0

ㄷ. 2021년 저녁돌봄교실 이용학생의 학년별 분포

(단위: 명, %)

구분	학년	1~2	3~4	5~6	합
이용학생 수		8,570	1,243	425	10,238
비율		83.7	12.1	4.2	100.0

ㄹ. 2021년 초등돌봄교실 담당인력 현황

(단위: 명, %)

구분	돌봄전담사			현직교사	민간위탁업체	합
	무기계약직	기간제	소계			
인력	6,830	3,407	10,237	1,480	565	12,282
비율	55.6	27.7	83.3	12.1	4.6	100.0

① ㄱ, ㄴ
② ㄱ, ㄷ
③ ㄷ, ㄹ
④ ㄱ, ㄴ, ㄹ
⑤ ㄴ, ㄷ, ㄹ

문 11. 다음 〈표〉는 2016~2020년 '갑'국의 해양사고 심판현황이다. 이에 대한 〈보기〉의 설명 중 옳은 것만을 모두 고르면?

〈표〉 2016~2020년 해양사고 심판현황

(단위: 건)

구분	연도	2016	2017	2018	2019	2020
전년 이월		96	100	( )	71	89
해당 연도 접수		226	223	168	204	252
심판대상		322	( )	258	275	341
재결		222	233	187	186	210

※ '심판대상' 중 '재결'되지 않은 건은 다음 연도로 이월함.

─────── 〈보 기〉 ───────

ㄱ. '심판대상' 중 '전년 이월'의 비중은 2018년이 2016년보다 높다.

ㄴ. 다음 연도로 이월되는 건수가 가장 많은 연도는 2016년이다.

ㄷ. 2017년 이후 '해당 연도 접수' 건수의 전년 대비 증가율이 가장 높은 연도는 2020년이다.

ㄹ. '재결' 건수가 가장 적은 연도에는 '해당 연도 접수' 건수도 가장 적다.

① ㄱ, ㄴ
② ㄱ, ㄷ
③ ㄴ, ㄷ
④ ㄴ, ㄹ
⑤ ㄷ, ㄹ

문 12. 다음 〈표〉는 '갑'주무관이 해양포유류 416종을 4가지 부류(A~D)로 나눈 후 2022년 기준 국제자연보전연맹(IUCN) 적색 목록 지표에 따라 분류한 자료이다. 이를 근거로 작성한 〈보고서〉의 A, B에 해당하는 해양포유류 부류를 바르게 연결한 것은?

〈표〉 해양포유류의 IUCN 적색 목록 지표별 분류 현황

(단위: 종)

지표 \ 해양포유류 부류	A	B	C	D	합
절멸종(EX)	3	–	2	8	13
야생절멸종(EW)	–	–	–	2	2
심각한위기종(CR)	–	–	–	15	15
멸종위기종(EN)	11	1	–	48	60
취약종(VU)	7	2	8	57	74
위기근접종(NT)	2	–	–	38	40
관심필요종(LC)	42	2	1	141	186
자료부족종(DD)	2	–	–	24	26
미평가종(NE)	–	–	–	–	0
계	67	5	11	333	416

─── 〈보고서〉 ───

국제자연보전연맹(IUCN)의 적색 목록(Red List)은 지구 동식물종의 보전 상태를 나타내며, 각 동식물종의 보전 상태는 9개의 지표 중 1개로만 분류된다. 이 중 심각한위기종(CR), 멸종위기종(EN), 취약종(VU) 3개 지표 중 하나로 분류되는 동식물종을 멸종우려종(threatened species)이라 한다.

조사대상 416종의 해양포유류를 '고래류', '기각류', '해달류 및 북극곰', '해우류' 4가지 부류로 나눈 후, IUCN의 적색 목록 지표에 따라 분류해 보면 전체 조사대상의 약 36 %가 멸종우려종에 속하고 있다. 특히, 멸종우려종 중 '고래류'가 차지하는 비중은 80 % 이상이다. 또한 '해달류 및 북극곰'은 9개의 지표 중 멸종우려종 또는 관심필요종(LC)으로만 분류된 것으로 나타났다.

한편 해양포유류에 대한 과학적인 이해가 부족하여 26종은 자료부족종(DD)으로 분류되고 있다. 다만 '해달류 및 북극곰'과 '해우류'는 자료부족종(DD)으로 분류된 종이 없다.

	A	B
①	고래류	기각류
②	고래류	해우류
③	기각류	해달류 및 북극곰
④	기각류	해우류
⑤	해우류	해달류 및 북극곰

문 13. 다음 〈표〉와 〈조건〉은 공유킥보드 운영사 A~D의 2022년 1월 기준 대여요금제와 대여방식이고 〈보고서〉는 공유킥보드 대여요금제 변경 이력에 관한 자료이다. 〈보고서〉에서 (다)에 해당하는 값은?

〈표〉 공유킥보드 운영사 A~D의 2022년 1월 기준 대여요금제

(단위: 원)

구분 \ 운영사	A	B	C	D
잠금해제료	0	250	750	1,600
분당대여료	200	150	120	60

─── 〈조 건〉 ───

• 대여요금＝잠금해제료＋분당대여료×대여시간
• 공유킥보드 이용자는 공유킥보드 대여시간을 분단위로 미리 결정하고 운영사 A~D의 대여요금을 산정한다.
• 공유킥보드 이용자는 산정된 대여요금이 가장 낮은 운영사의 공유킥보드를 대여한다.

─── 〈보고서〉 ───

2022년 1월 기준 대여요금제에 따르면 운영사 (가) 는 이용자의 대여시간이 몇 분이더라도 해당 대여시간에 대해 운영사 A~D 중 가장 낮은 대여요금을 제공하지 못하는 것으로 나타났다. 자사 공유킥보드가 1대도 대여되지 않고 있음을 확인한 운영사 (가) 는 2월부터 잠금해제 이후 처음 5분간 분당대여료를 면제하는 것으로 대여요금제를 변경하였다.

운영사 (나) 가 2월 기준 대여요금제로 운영사 A~D의 대여요금을 재산정한 결과, 이용자의 대여시간이 몇 분이더라도 해당 대여시간에 대해 운영사 A~D 중 가장 낮은 대여요금을 제공하지 못하는 것을 파악하였다. 이에 운영사 (나) 는 3월부터 분당대여료를 50원 인하하는 것으로 대여요금제를 변경하였다.

그 결과 대여시간이 20분일 때, 3월 기준 대여요금제로 산정된 운영사 (가) 와 (나) 의 공유킥보드 대여요금 차이는 (다) 원이다.

① 200
② 250
③ 300
④ 350
⑤ 400

문 14. 다음 〈보고서〉는 2021년 '갑'국 사교육비 조사결과에 대한 자료이다. 〈보고서〉의 내용과 부합하지 않는 자료는?

〈보고서〉

2021년 전체 학생 수는 532만 명으로 전년보다 감소하였지만, 사교육비 총액은 23조 4천억 원으로 전년 대비 20 % 이상 증가하였다. 또한, 사교육의 참여율과 주당 참여시간도 전년 대비 증가한 것으로 나타났다.

2021년 전체 학생의 1인당 월평균 사교육비는 전년 대비 20 % 이상 증가하였고, 사교육 참여학생의 1인당 월평균 사교육비 또한 전년 대비 6 % 이상 증가하였다. 2021년 전체 학생 중 월평균 사교육비를 20만 원 미만 지출한 학생의 비중은 전년 대비 감소하였으나, 60만 원 이상 지출한 학생의 비중은 전년 대비 증가한 것으로 나타났다.

한편, 2021년 방과후학교 지출 총액은 4,434억 원으로 2019년 대비 50 % 이상 감소하였으며, 방과후학교 참여율 또한 28.9 %로 2019년 대비 15.0 %p 이상 감소하였다.

① 전체 학생 수와 사교육비 총액

(단위: 만 명, 조 원)

구분＼연도	2020	2021
전체 학생 수	535	532
사교육비 총액	19.4	23.4

② 사교육의 참여율과 주당 참여시간

(단위: %, 시간)

구분＼연도	2020	2021
참여율	67.1	75.5
주당 참여시간	5.3	6.7

③ 학생 1인당 월평균 사교육비

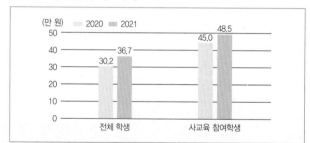

④ 전체 학생의 월평균 사교육비 지출 수준에 따른 분포

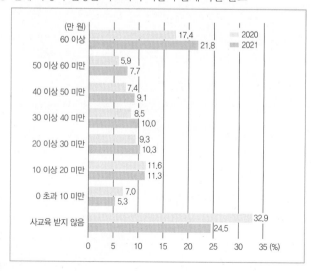

⑤ 방과후학교의 지출 총액과 참여율

(단위: 억 원, %)

구분＼연도	2019	2021
지출 총액	8,250	4,434
참여율	48.4	28.9

문 15. 다음 〈표〉는 '갑'국의 학교급별 여성 교장 수와 비율을 1980년부터 5년마다 조사한 자료이다. 이에 대한 설명으로 옳은 것은?

〈표〉 학교급별 여성 교장 수와 비율

(단위: 명, %)

학교급＼조사연도	초등학교 여성 교장 수	비율	중학교 여성 교장 수	비율	고등학교 여성 교장 수	비율
1980	117	1.8	66	3.6	47	3.4
1985	122	1.9	98	4.9	60	4.0
1990	159	2.5	136	6.3	64	4.0
1995	222	3.8	181	7.6	66	3.8
2000	490	8.7	255	9.9	132	6.5
2005	832	14.3	330	12.0	139	6.4
2010	1,701	28.7	680	23.2	218	9.5
2015	2,058	34.5	713	24.3	229	9.9
2020	2,418	40.3	747	25.4	242	10.4

※ 1) 학교급별 여성 교장 비율(%)= $\frac{\text{학교급별 여성 교장 수}}{\text{학교급별 전체 교장 수}} \times 100$

2) 교장이 없는 학교는 없으며, 각 학교의 교장은 1명임.

① 2000년 이후 중학교 여성 교장 비율은 매년 증가한다.
② 초등학교 수는 2020년이 1980년보다 많다.
③ 고등학교 남성 교장 수는 1985년이 1990년보다 많다.
④ 1995년 초등학교 수는 같은 해 중학교 수와 고등학교 수의 합보다 많다.
⑤ 초등학교 여성 교장 수는 2020년이 2000년의 5배 이상이다.

문 16. 다음 〈표〉는 도지사 선거 후보자 A와 B의 TV 토론회 전후 '가'~'마'지역 유권자의 지지율에 대한 자료이고, 〈보고서〉는 이 중 한 지역의 지지율 변화를 분석한 자료이다. 〈보고서〉의 내용에 해당하는 지역을 '가'~'마' 중에서 고르면?

〈표〉 도지사 선거 후보자 TV 토론회 전후 지지율

(단위: %)

시기	TV 토론회 전		TV 토론회 후	
지역 \ 후보자	A	B	A	B
가	38	52	50	46
나	28	40	39	41
다	31	59	37	36
라	35	49	31	57
마	29	36	43	41

※ 1) 도지사 선거 후보자는 A와 B뿐임.
  2) 응답자는 '후보자 A 지지', '후보자 B 지지', '지지 후보 없음' 중 하나만 응답하고, 무응답은 없음.

〈보고서〉

도지사 선거 후보자 TV 토론회를 진행하기 전과 후에 실시한 이 지역의 여론조사 결과, 도지사 후보자 지지율 변화는 다음과 같다. TV 토론회 전에는 B 후보자에 대한 지지율이 A 후보자보다 10 %p 이상 높게 집계되어 B 후보자가 선거에 유리한 것으로 보였으나, TV 토론회 후에는 지지율 양상에 변화가 있는 것으로 분석된다.

TV 토론회 후 '지지 후보자 없음'으로 응답한 비율이 줄어 TV 토론회가 그동안 어떤 후보자에 투표할지 고민하던 유권자의 선택에 영향을 미친 것으로 판단된다. 또한, A 후보자에 대한 지지율 증가폭이 B 후보자보다 큰 것으로 나타나 TV 토론회를 통해 A 후보자의 강점이 더 잘 드러났던 것으로 분석된다. 그러나 TV 토론회 후 두 후보자간 지지율 차이가 3 %p 이내에 불과하여 이 지역에서 선거의 결과는 예측하기 어렵다.

① 가
② 나
③ 다
④ 라
⑤ 마

문 17. 다음 〈그림〉은 '갑'공업단지 내 8개 업종 업체 수와 업종별 스마트시스템 도입률 및 고도화율에 관한 자료이다. 이에 대한 〈보기〉의 설명 중 옳은 것만을 모두 고르면?

〈그림 1〉 업종별 업체 수

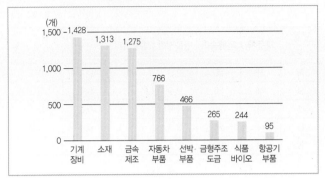

〈그림 2〉 업종별 스마트시스템 도입률 및 고도화율

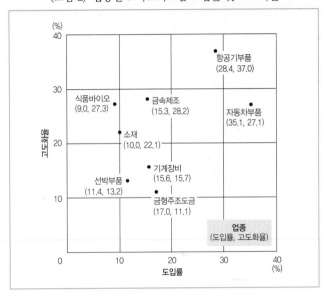

※ 1) 도입률(%) = (업종별 스마트시스템 도입 업체 수 / 업종별 업체 수) × 100
  2) 고도화율(%) = (업종별 스마트시스템 고도화 업체 수 / 업종별 스마트시스템 도입 업체 수) × 100

〈보 기〉

ㄱ. 스마트시스템 도입 업체 수가 가장 많은 업종은 '자동차부품'이다.
ㄴ. 고도화율이 가장 높은 업종은 스마트시스템 고도화 업체 수도 가장 많다.
ㄷ. 업체 수 대비 스마트시스템 고도화 업체 수가 가장 높은 업종은 '항공기부품'이다.
ㄹ. 도입률이 가장 낮은 업종은 고도화율도 가장 낮다.

① ㄱ, ㄴ
② ㄱ, ㄷ
③ ㄱ, ㄹ
④ ㄴ, ㄷ
⑤ ㄴ, ㄹ

문 18. 다음 〈표〉는 운전자 A~E의 정지시거 산정을 위해 '갑'시험장에서 측정한 자료이다. 〈표〉와 〈정보〉에 근거하여 맑은 날과 비 오는 날의 운전자별 정지시거를 바르게 연결한 것은?

〈표〉 운전자 A~E의 정지시거 산정을 위한 자료

(단위: m/초, 초, m)

구분 운전자	자동차	운행속력	반응시간	반응거리	마찰계수 맑은 날	마찰계수 비 오는 날
A	가	20	2.0	40	0.4	0.1
B	나	20	2.0	( )	0.4	0.2
C	다	20	1.6	( )	0.8	0.4
D	나	20	2.4	( )	0.4	0.2
E	나	20	1.4	( )	0.4	0.2

─────〈정 보〉─────

• 정지시거＝반응거리＋제동거리
• 반응거리＝운행속력×반응시간
• 제동거리＝$\dfrac{(운행속력)^2}{2×마찰계수×g}$ (단, g는 중력가속도이며 10 m/초^{2}으로 가정함)

	운전자	맑은 날 정지시거[m]	비 오는 날 정지시거[m]
①	A	120	240
②	B	90	160
③	C	72	82
④	D	98	158
⑤	E	78	128

문 19. 다음 〈표〉와 〈그림〉은 '갑'국 8개 어종의 2020년 어획량에 관한 자료이다. 이에 대한 〈보기〉의 설명 중 옳은 것만을 모두 고르면?

〈표〉 8개 어종의 2020년 어획량

(단위: 톤)

어종	갈치	고등어	광어	멸치	오징어	전갱이	조기	참다랑어
어획량	20,666	64,609	5,453	26,473	23,703	19,769	23,696	482

〈그림〉 8개 어종 2020년 어획량의 전년비 및 평년비

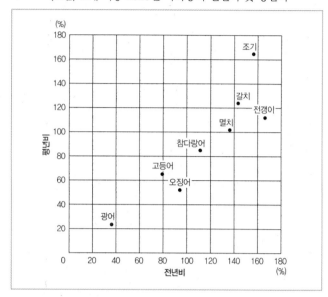

※ 1) 전년비(%)＝$\dfrac{2020년\ 어획량}{2019년\ 어획량}×100$

　　2) 평년비(%)＝$\dfrac{2020년\ 어획량}{2011\sim2020년\ 연도별\ 어획량의\ 평균}×100$

─────〈보 기〉─────

ㄱ. 8개 어종 중 2019년 어획량이 가장 많은 어종은 고등어이다.
ㄴ. 8개 어종 각각의 2019년 어획량은 해당 어종의 2011~2020년 연도별 어획량의 평균보다 적다.
ㄷ. 2021년 갈치 어획량이 2020년과 동일하다면, 갈치의 2011~2021년 연도별 어획량의 평균은 2011~2020년 연도별 어획량의 평균보다 크다.

① ㄱ
② ㄴ
③ ㄱ, ㄷ
④ ㄴ, ㄷ
⑤ ㄱ, ㄴ, ㄷ

문 20. 다음 〈표〉는 2021년 A 시에서 개최된 철인3종경기 기록이다. 이에 대한 〈보기〉의 설명 중 옳은 것만을 모두 고르면?

〈표〉 A 시 개최 철인3종경기 기록

(단위: 시간)

종합기록 순위	국적	종합	수영	T1	자전거	T2	달리기
1	러시아	9:22:28	0:48:18	0:02:43	5:04:50	0:02:47	3:23:50
2	브라질	9:34:36	0:57:44	0:02:27	5:02:30	0:01:48	3:30:07
3	대한민국	9:37:41	1:04:14	0:04:08	5:04:21	0:03:05	3:21:53
4	대한민국	9:42:03	1:06:34	0:03:33	5:11:01	0:03:33	3:17:22
5	대한민국	9:43:50	( )	0:03:20	5:00:33	0:02:14	3:17:24
6	일본	9:44:34	0:52:01	0:03:28	5:25:59	0:02:56	3:20:10
7	러시아	9:45:06	1:08:32	0:03:55	5:07:46	0:03:02	3:21:51
8	독일	9:46:48	1:03:49	0:03:53	4:59:20	0:03:00	( )
9	영국	( )	1:07:01	0:03:37	5:07:07	0:03:55	3:26:27
10	중국	9:48:18	1:02:28	0:03:29	5:16:09	0:03:47	3:22:25

※ 1) 기록 '1:01:01'은 1시간 1분 1초를 의미함.
2) 'T1', 'T2'는 각각 '수영'에서 '자전거', '자전거'에서 '달리기'로 전환하는 데 걸리는 시간임.
3) 경기 참가 선수는 10명뿐이고, 기록이 짧을수록 순위가 높음.

〈보 기〉

ㄱ. '수영'기록이 한 시간 이하인 선수는 'T2'기록이 모두 3분 미만이다.
ㄴ. 종합기록 순위 2~10위인 선수 중, 종합기록 순위가 한 단계 더 높은 선수와의 '종합'기록 차이가 1분 미만인 선수는 3명뿐이다.
ㄷ. '달리기'기록 상위 3명의 국적은 모두 대한민국이다.
ㄹ. 종합기록 순위 10위인 선수의 '수영'기록 순위는 '수영'기록과 'T1'기록의 합산 기록 순위와 다르다.

① ㄱ, ㄴ
② ㄱ, ㄷ
③ ㄷ, ㄹ
④ ㄱ, ㄴ, ㄹ
⑤ ㄴ, ㄷ, ㄹ

문 21. 다음 〈표〉는 제품 A~E의 제조원가에 관한 자료이다. 제품 A~E 중 매출액이 가장 작은 제품은?

〈표〉 제품 A~E의 고정원가, 변동원가율, 제조원가율

(단위: 원, %)

제품 \ 구분	고정원가	변동원가율	제조원가율
A	60,000	40	25
B	36,000	60	30
C	33,000	40	30
D	50,000	20	10
E	10,000	50	10

※ 1) 제조원가=고정원가+변동원가
2) 고정원가율(%)=$\frac{고정원가}{제조원가}\times100$
3) 변동원가율(%)=$\frac{변동원가}{제조원가}\times100$
4) 제조원가율(%)=$\frac{제조원가}{매출액}\times100$

① A
② B
③ C
④ D
⑤ E

※ 다음 〈표〉는 2018~2020년 '갑'국 방위산업의 매출액 및 종사자 수에 관한 자료이다. 다음 물음에 답하시오. [22~23]

〈표 1〉 2018~2020년 '갑'국 방위산업의 국내외 매출액

(단위: 억 원)

구분 \ 연도	2018	2019	2020
총매출액	136,493	144,521	153,867
국내 매출액	116,502	( )	( )
국외 매출액	19,991	21,048	17,624

〈표 2〉 2020년 '갑'국 방위산업의 기업유형별 매출액 및 종사자 수

(단위: 억 원, 명)

구분 \ 기업유형	총매출액	국내 매출액	국외 매출액	종사자 수
대기업	136,198	119,586	16,612	27,249
중소기업	17,669	16,657	1,012	5,855
전체	153,867	( )	17,624	33,104

〈표 3〉 2018~2020년 '갑'국 방위산업의 분야별 매출액

(단위: 억 원)

분야 \ 연도	2018	2019	2020
항공유도	41,984	45,412	49,024
탄약	24,742	21,243	25,351
화력	20,140	20,191	21,031
함정	18,862	25,679	20,619
기동	14,027	14,877	18,270
통신전자	14,898	15,055	16,892
화생방	726	517	749
기타	1,114	1,547	1,931
전체	136,493	144,521	153,867

〈표 4〉 2018~2020년 '갑'국 방위산업의 분야별 종사자 수

(단위: 명)

분야 \ 연도	2018	2019	2020
A	9,651	10,133	10,108
B	6,969	6,948	6,680
C	3,996	4,537	4,523
D	3,781	3,852	4,053
E	3,988	4,016	3,543
화력	3,312	3,228	3,295
화생방	329	282	228
기타	583	726	674
전체	32,609	33,722	33,104

※ '갑'국 방위산업 분야는 기타를 제외하고 항공유도, 탄약, 화력, 함정, 기동, 통신전자, 화생방으로만 구분함.

문 22. 위 〈표〉에 근거한 〈보기〉의 설명 중 옳은 것만을 모두 고르면?

─── 〈보 기〉 ───

ㄱ. 방위산업의 국내 매출액이 가장 큰 연도에 방위산업 총매출액 중 국외 매출액 비중이 가장 작다.

ㄴ. '기타'를 제외하고, 2018년 대비 2020년 매출액 증가율이 가장 낮은 방위산업 분야는 '탄약'이다.

ㄷ. 2020년 방위산업의 기업유형별 종사자당 국외 매출액은 대기업이 중소기업의 4배 이상이다.

ㄹ. 2020년 '항공유도' 분야 대기업 국내 매출액은 14,500억 원 이상이다.

① ㄱ, ㄴ
② ㄱ, ㄷ
③ ㄴ, ㄹ
④ ㄷ, ㄹ
⑤ ㄱ, ㄴ, ㄹ

문 23. 위 〈표〉와 다음 〈보고서〉를 근거로 '항공유도'에 해당하는 방위산업 분야를 〈표 4〉의 A~E 중에서 고르면?

─── 〈보고서〉 ───

2018년 대비 2020년 '갑'국 방위산업의 총매출액은 약 12.7 % 증가하였으나 방위산업 전체 종사자 수는 약 1.5 % 증가하는 데 그쳤다. '기타'를 제외한 7개 분야에 대해 이를 구체적으로 분석하면 다음과 같다.

2018년 대비 2020년 방위산업 분야별 매출액은 모두 증가하였으나 종사자 수는 '통신전자', '함정', '항공유도' 분야만 증가하고 나머지 분야는 감소한 것으로 나타났다. 2018~2020년 동안 매출액과 종사자 수 모두 매년 증가한 방위산업 분야는 '통신전자'뿐이고, '탄약'과 '화생방' 분야는 종사자 수가 매년 감소하였다. 특히, '기동' 분야는 2018년 대비 2020년 매출액 증가율이 방위산업 분야 중 가장 높았지만 종사자 수는 가장 많이 감소하였다. 2018년 대비 2020년 '함정' 분야 매출액 증가율은 방위산업 전체 매출액 증가율보다 낮았으나 종사자 수는 방위산업 분야 중 가장 많이 증가하였다. 이에 따라 방위산업의 분야별 종사자당 매출액 순위에도 변동이 있었다. 2018년에는 '화력' 분야의 종사자당 매출액이 가장 컸고, 다음으로 '함정', '항공유도' 순으로 컸다. 한편, 2020년에는 '화력' 분야의 종사자당 매출액이 가장 컸고, 다음으로 '기동', '항공유도' 순으로 컸다.

① A
② B
③ C
④ D
⑤ E

문 24. 다음 〈표〉는 2021년 국가 A~D의 국내총생산, 1인당 국내총생산, 1인당 이산화탄소 배출량에 관한 자료이다. 이를 근거로 국가 A~D를 이산화탄소 총배출량이 가장 적은 국가부터 순서대로 바르게 나열한 것은?

〈표〉 국가별 국내총생산, 1인당 국내총생산,
1인당 이산화탄소 배출량

(단위: 달러, 톤CO2eq.)

구분 국가	국내총생산	1인당 국내총생산	1인당 이산화탄소 배출량
A	20조 4,941억	62,795	16.6
B	4조 9,709억	39,290	9.1
C	1조 6,194억	31,363	12.4
D	13조 6,082억	9,771	7.0

※ 1) 1인당 국내총생산 = $\dfrac{\text{국내총생산}}{\text{총인구}}$

2) 1인당 이산화탄소 배출량 = $\dfrac{\text{이산화탄소 총배출량}}{\text{총인구}}$

① A, C, B, D
② A, D, C, B
③ C, A, D, B
④ C, B, A, D
⑤ D, B, C, A

문 25. 다음 〈표〉는 2019~2021년 '갑'국의 장소별 전기차 급속충전기 수에 관한 자료이다. 이에 대한 〈보기〉의 설명 중 옳은 것만을 모두 고르면?

〈표〉 장소별 전기차 급속충전기 수

(단위: 대)

구분	연도 장소	2019	2020	2021
다중이용 시설	쇼핑몰	807	1,701	2,701
	주유소	125	496	( )
	휴게소	( )	( )	2,099
	문화시설	757	1,152	1,646
	체육시설	272	498	604
	숙박시설	79	146	227
	여객시설	64	198	378
	병원	27	98	152
	소계	2,606	5,438	8,858
일반시설	공공시설	1,595	( )	( )
	주차전용시설	565	898	1,275
	자동차정비소	119	303	375
	공동주택	( )	102	221
	기타	476	499	522
	소계	2,784	4,550	6,145
전체		5,390	9,988	15,003

─── 〈보 기〉 ───

ㄱ. 전체 급속충전기 수 대비 '다중이용시설' 급속충전기 수의 비율은 매년 증가한다.

ㄴ. '공공시설' 급속충전기 수는 '주차전용시설'과 '쇼핑몰' 급속충전기 수의 합보다 매년 많다.

ㄷ. '기타'를 제외하고, 2019년 대비 2021년 급속충전기 수의 증가율이 가장 큰 장소는 '주유소'이다.

ㄹ. 급속충전기 수는 '휴게소'가 '문화시설'보다 매년 많다.

① ㄱ, ㄴ
② ㄱ, ㄷ
③ ㄱ, ㄹ
④ ㄴ, ㄷ
⑤ ㄴ, ㄹ

문 1. 다음 글을 근거로 판단할 때 옳은 것은?

> 제00조 재해경감 우수기업(이하 '우수기업'이라 한다)이란 재난으로부터 피해를 최소화하기 위한 재해경감활동으로 우수기업 인증을 받은 기업을 말한다.
> 제00조 ① 우수기업으로 인증받고자 하는 기업은 A부 장관에게 신청하여야 한다.
> ② A부 장관은 제1항에 따라 신청한 기업의 재해경감활동에 대하여 다음 각 호의 기준에 따라 평가를 실시하고 우수기업으로 인증할 수 있다.
>   1. 재난관리 전담조직을 갖출 것
>   2. 매년 1회 이상 종사자에게 재난관리 교육을 실시할 것
>   3. 재해경감활동 비용으로 총 예산의 5 % 이상 할애할 것
>   4. 방재관련 인력을 총 인원의 2 % 이상 갖출 것
> ③ 제2항 각 호의 충족 여부는 매년 1월 말을 기준으로 평가하며, 모든 요건을 갖춘 경우 우수기업으로 인증한다. 다만 제3호의 경우 최초 평가에 한하여 해당 기준을 3개월 내에 충족할 것을 조건으로 인증할 수 있다.
> ④ 제3항에서 정하는 평가 및 인증에 소요되는 비용은 신청하는 자가 부담한다.
> 제00조 A부 장관은 인증받은 우수기업을 6개월마다 재평가하여 다음 각 호의 어느 하나에 해당하는 때에는 인증을 취소할 수 있다. 다만 제1호의 경우에는 인증을 취소하여야 한다.
>   1. 거짓이나 그 밖의 부정한 방법으로 인증을 받은 경우
>   2. 인증 평가기준에 미달되는 경우
>   3. 양도 · 양수 · 합병 등에 의하여 인증받은 요건이 변경된 경우

① 처음 우수기업 인증을 받고자 하는 甲기업이 총 예산의 4 %를 재해경감활동 비용으로 할애하였다면, 다른 모든 기준을 충족하였더라도 우수기업으로 인증받을 여지가 없다.

② A부 장관이 乙기업을 평가하여 2022. 2. 25. 우수기업으로 인증한 경우, A부 장관은 2022. 6. 25.까지 재평가를 해야 한다.

③ 丙기업이 우수기업 인증을 신청하는 경우, 인증에 소요되는 비용은 A부 장관이 부담한다.

④ 丁기업이 재난관리 전담조직을 갖춘 것처럼 거짓으로 신청서를 작성하여 우수기업으로 인증을 받은 경우라도, A부 장관은 인증을 취소하지 않을 수 있다.

⑤ 우수기업인 戊기업이 己기업을 흡수합병하면서 재평가 당시 일시적으로 방재관련 인력이 총 인원의 1.5 %가 되었더라도, A부 장관은 戊기업의 인증을 취소하지 않을 수 있다.

문 2. 다음 글과 〈상황〉을 근거로 판단할 때, 김가을의 가족관계등록부에 기록해야 하는 내용이 아닌 것은?

> 제○○조 ① 가족관계등록부는 전산정보처리조직에 의하여 입력 · 처리된 가족관계 등록사항에 관한 전산정보자료를 제ㅁ□조의 등록기준지에 따라 개인별로 구분하여 작성한다.
> ② 가족관계등록부에는 다음 사항을 기록하여야 한다.
>   1. 등록기준지
>   2. 성명 · 본 · 성별 · 출생연월일 및 주민등록번호
>   3. 출생 · 혼인 · 사망 등 가족관계의 발생 및 변동에 관한 사항
> 제ㅁ□조 출생을 사유로 처음 등록을 하는 경우에는 등록기준지를 자녀가 따르는 성과 본을 가진 부 또는 모의 등록기준지로 한다.

> ──────── 〈상 황〉 ────────
> 경기도 과천시 ☆☆로 1-11에 거주하는 김여름(金海 김씨)과 박겨울(密陽 박씨) 부부 사이에 2021년 10월 10일 경기도 수원시 영통구 소재 병원에서 남자아이가 태어났다. 이 부부는 태어난 아이의 이름을 김가을로 하고 과천시 ▽▽주민센터에 출생신고를 하였다. 김여름의 등록기준지는 부산광역시 남구 ◇◇로 2-22이며, 박겨울은 서울특별시 마포구 △△로 3-33이다.

① 서울특별시 마포구 △△로 3-33

② 부산광역시 남구 ◇◇로 2-22

③ 2021년 10월 10일

④ 金海

⑤ 남

문 3. 다음 글을 근거로 판단할 때 옳은 것은?

제00조 정비사업이란 도시기능을 회복하기 위하여 정비구역에서 정비사업시설을 정비하거나 주택 등 건축물을 개량 또는 건설하는 주거환경개선사업, 재개발사업, 재건축사업 등을 말한다.

제00조 특별자치시장·특별자치도지사·시장·군수·구청장(이하 '시장 등'이라 한다)은 노후불량건축물이 밀집하는 구역에 대하여 정비계획에 따라 정비구역을 지정할 수 있다.

제00조 시장 등이 아닌 자가 정비사업을 시행하려는 경우에는 토지 등 소유자로 구성된 조합을 설립해야 한다.

제00조 ① 시장 등이 아닌 사업시행자가 정비사업 공사를 완료한 때에는 시장 등의 준공인가를 받아야 한다.

② 제1항에 따라 준공인가신청을 받은 시장 등은 지체 없이 준공검사를 실시해야 한다.

③ 시장 등은 제2항에 따른 준공검사를 실시한 결과 정비사업이 인가받은 사업시행 계획대로 완료되었다고 인정되는 때에는 준공인가를 하고 공사의 완료를 해당 지방자치단체의 공보에 고시해야 한다.

④ 시장 등은 직접 시행하는 정비사업에 관한 공사가 완료된 때에는 그 완료를 해당 지방자치단체의 공보에 고시해야 한다.

제00조 ① 정비구역의 지정은 공사완료의 고시가 있는 날의 다음 날에 해제된 것으로 본다.

② 제1항에 따른 정비구역의 해제는 조합의 존속에 영향을 주지 않는다.

① 甲특별자치시장이 직접 정비사업을 시행하려는 경우에는 토지 등 소유자로 구성된 조합을 설립해야 한다.

② A도 乙군수가 직접 시행하는 정비사업에 관한 공사가 완료된 때에는 A도지사에게 준공인가신청을 해야 한다.

③ 丙시장이 사업시행자 B의 정비사업에 관해 준공인가를 하면, 토지 등 소유자로 구성된 조합은 해산된다.

④ 丁시장이 사업시행자 C의 정비사업에 관해 공사완료를 고시하면, 정비구역의 지정은 고시한 날 해제된다.

⑤ 戊시장이 직접 시행하는 정비사업에 관한 공사가 완료된 때에는 그 완료를 戊시의 공보에 고시해야 한다.

문 4. 다음 글을 근거로 판단할 때 옳은 것은?

제00조 ① 선박이란 수상 또는 수중에서 항행용으로 사용하거나 사용할 수 있는 배 종류를 말하며 그 구분은 다음 각 호와 같다.
  1. 기선: 기관(機關)을 사용하여 추진하는 선박과 수면비행선박(표면효과 작용을 이용하여 수면에 근접하여 비행하는 선박)
  2. 범선: 돛을 사용하여 추진하는 선박
  3. 부선: 자력(自力) 항행능력이 없어 다른 선박에 의하여 끌리거나 밀려서 항행되는 선박

② 소형선박이란 다음 각 호의 어느 하나에 해당하는 선박을 말한다.
  1. 총톤수 20톤 미만인 기선 및 범선
  2. 총톤수 100톤 미만인 부선

제00조 ① 매매계약에 의한 선박 소유권의 이전은 계약당사자 사이의 양도합의만으로 효력이 생긴다. 다만 소형선박 소유권의 이전은 계약당사자 사이의 양도합의와 선박의 등록으로 효력이 생긴다.

② 선박의 소유자(제1항 단서의 경우에는 선박의 매수인)는 선박을 취득(제1항 단서의 경우에는 매수)한 날부터 60일 이내에 선적항을 관할하는 지방해양수산청장에게 선박의 등록을 신청하여야 한다. 이 경우 총톤수 20톤 이상인 기선과 범선 및 총톤수 100톤 이상인 부선은 선박의 등기를 한 후에 선박의 등록을 신청하여야 한다.

③ 지방해양수산청장은 제2항의 등록신청을 받으면 이를 선박원부(船舶原簿)에 등록하고 신청인에게 선박국적증서를 발급하여야 한다.

제00조 선박의 등기는 등기할 선박의 선적항을 관할하는 지방법원, 그 지원 또는 등기소를 관할 등기소로 한다.

① 총톤수 80톤인 부선의 매수인 甲이 선박의 소유권을 취득하기 위해서는 매도인과 양도합의를 하고 선박을 등록해야 한다.

② 총톤수 100톤인 기선의 소유자 乙이 선박의 등기를 하기 위해서는 먼저 관할 지방해양수산청장에게 선박의 등록을 신청해야 한다.

③ 총톤수 60톤인 기선의 소유자 丙은 선박을 매수한 날부터 60일 이내에 해양수산부장관에게 선박의 등록을 신청해야 한다.

④ 총톤수 200톤인 부선의 소유자 丁이 선적항을 관할하는 등기소에 선박의 등기를 신청하면, 등기소는 丁에게 선박국적증서를 발급해야 한다.

⑤ 총톤수 20톤 미만인 범선의 매수인 戊가 선박의 등록을 신청하면, 관할 법원은 이를 선박원부에 등록하고 戊에게 선박국적증서를 발급해야 한다.

문 5. 다음 글을 근거로 판단할 때 옳은 것은?

조선 시대 쌀의 종류에는 가을철 논에서 수확한 벼를 가공한 흰색 쌀 외에 밭에서 자란 곡식을 가공함으로써 얻게 되는 회색 쌀과 노란색 쌀이 있었다. 회색 쌀은 보리의 껍질을 벗긴 보리쌀이었고, 노란색 쌀은 조의 껍질을 벗긴 좁쌀이었다.

남부 지역에서는 보리가 특히 중요시되었다. 가을 곡식이 바닥을 보이기 시작하는 봄철, 농민들의 희망은 들판에 넘실거리는 보리뿐이었다. 보리가 익을 때까지는 주린 배를 움켜쥐고 생활할 수밖에 없었고, 이를 보릿고개라 하였다. 그것은 보리를 수확하는 하지, 즉 낮이 가장 길고 밤이 가장 짧은 시기까지 지속되다가 사라지는 고개였다. 보리 수확기는 여름이었지만 파종 시기는 보리 종류에 따라 달랐다. 가을철에 파종하여 이듬해 수확하는 보리는 가을보리, 봄에 파종하여 그해 수확하는 보리는 봄보리라고 불렀다.

적지 않은 농부들은 보리를 수확하고 그 자리에 다시 콩을 심기도 했다. 이처럼 같은 밭에서 1년 동안 보리와 콩을 교대로 경작하는 방식을 그루갈이라고 한다. 그렇지만 모든 콩이 그루갈이로 재배된 것은 아니었다. 콩 수확기는 가을이었으나, 어떤 콩은 봄철에 파종해야만 제대로 자랄 수 있었고 어떤 콩은 여름에 심을 수도 있었다. 한편 조는 보리, 콩과 달리 모두 봄에 심었다. 그래서 봄철 밭에서는 보리, 콩, 조가 함께 자라는 것을 볼 수 있었다.

① 흰색 쌀과 여름에 심는 콩은 서로 다른 계절에 수확했다.
② 봄보리의 재배 기간은 가을보리의 재배 기간보다 짧았다.
③ 흰색 쌀과 회색 쌀은 논에서 수확된 곡식을 가공한 것이었다.
④ 남부 지역의 보릿고개는 가을 곡식이 바닥을 보이는 하지가 지나면서 더 심해졌다.
⑤ 보리와 콩이 함께 자라는 것은 볼 수 있었지만, 조가 이들과 함께 자라는 것은 볼 수 없었다.

문 6. 다음 글을 근거로 판단할 때, 〈보기〉에서 옳은 것만을 모두 고르면?

甲의 자동차에 장착된 내비게이션 시스템은 목적지까지 운행하는 도중 대안경로를 제안하는 경우가 있다. 이때 이 시스템은 기존경로와 비교하여 남은 거리와 시간이 어떻게 달라지는지 알려준다. 즉 목적지까지의 잔여거리(A)가 몇 km 증가 · 감소하는지, 잔여시간(B)이 몇 분 증가 · 감소하는지 알려준다. 甲은 기존경로와 대안경로 중 출발지부터 목적지까지의 평균속력이 더 높을 것으로 예상되는 경로를 항상 선택한다.

〈보 기〉

ㄱ. A가 증가하고 B가 감소하면 甲은 항상 대안경로를 선택한다.
ㄴ. A와 B가 모두 증가하면 甲은 항상 대안경로를 선택한다.
ㄷ. A와 B가 모두 감소할 때 甲이 대안경로를 선택하는 경우가 있다.
ㄹ. A가 감소하고 B가 증가할 때 甲이 대안경로를 선택하는 경우가 있다.

① ㄱ, ㄴ
② ㄱ, ㄷ
③ ㄴ, ㄷ
④ ㄴ, ㄹ
⑤ ㄷ, ㄹ

문 7. 다음 글을 근거로 판단할 때 옳은 것은?

甲은 정기모임의 간식을 준비하기 위해 과일 가게에 들렀다. 甲이 산 과일의 가격과 수량은 아래 표와 같다. 과일 가게 사장이 준 영수증을 보니, 총 228,000원이어야 할 결제 금액이 총 237,300원이었다.

구분	사과	귤	복숭아	딸기
1상자 가격(원)	30,700	25,500	14,300	23,600
구입 수량(상자)	2	3	3	2

① 한 과일이 2상자 더 계산되었다.
② 두 과일이 각각 1상자 더 계산되었다.
③ 한 과일이 1상자 더 계산되고, 다른 한 과일이 1상자 덜 계산되었다.
④ 한 과일이 1상자 더 계산되고, 다른 두 과일이 각각 1상자 덜 계산되었다.
⑤ 두 과일이 각각 1상자 더 계산되고, 다른 두 과일이 각각 1상자 덜 계산되었다.

문 8. 다음 글과 〈상황〉을 근거로 판단할 때, 甲~戊 중 휴가지원사업에 참여할 수 있는 사람만을 모두 고르면?

〈2023년 휴가지원사업 모집 공고〉

□ 사업 목적
- 직장 내 자유로운 휴가문화 조성 및 국내 여행 활성화

□ 참여 대상
- 중소기업 · 비영리민간단체 · 사회복지법인 · 의료법인 근로자. 단, 아래 근로자는 참여 제외
  - 병 · 의원 소속 의사
  - 회계법인 및 세무법인 소속 회계사 · 세무사 · 노무사
  - 법무법인 소속 변호사 · 변리사
- 대표 및 임원은 참여 대상에서 제외하나, 아래의 경우는 참여 가능
  - 중소기업 및 비영리민간단체의 임원
  - 사회복지법인의 대표 및 임원

〈상황〉

甲~戊의 재직정보는 아래와 같다.

구분	직장명	직장 유형	비고
간호사 甲	A병원	의료법인	근로자
노무사 乙	B회계법인	중소기업	근로자
사회복지사 丙	C복지센터	사회복지법인	대표
회사원 丁	D물산	대기업	근로자
의사 戊	E재단	비영리민간단체	임원

① 甲, 丙
② 甲, 戊
③ 乙, 丁
④ 甲, 丙, 戊
⑤ 乙, 丙, 丁

※ 다음 글을 읽고 물음에 답하시오. [9~10]

'국민참여예산제도'는 국가 예산사업의 제안, 심사, 우선순위 결정 과정에 국민을 참여케 함으로써 예산에 대한 국민의 관심도를 높이고 정부 재정운영의 투명성을 제고하기 위한 제도이다. 이 제도는 정부의 예산편성권과 국회의 예산심의 · 의결권 틀 내에서 운영된다.

국민참여예산제도는 기존 제도인 국민제안제도나 주민참여예산제도와 차이점을 지닌다. 먼저 '국민제안제도'가 국민들이 제안한 사항에 대해 관계부처가 채택 여부를 결정하는 방식이라면, 국민참여예산제도는 국민의 제안 이후 사업심사와 우선순위 결정과정에도 국민의 참여를 가능하게 함으로써 국민의 역할을 확대하는 방식이다. 또한 '주민참여예산제도'가 지방자치단체의 사무를 대상으로 하는 반면, 국민참여예산제도는 중앙정부가 재정을 지원하는 예산사업을 대상으로 한다.

국민참여예산제도에서는 3~4월에 국민사업제안과 제안사업 적격성 검사를 실시하고, 이후 5월까지 각 부처에 예산안을 요구한다. 6월에는 예산국민참여단을 발족하여 참여예산 후보사업을 압축한다. 7월에는 일반국민 설문조사와 더불어 예산국민참여단 투표를 통해 사업 선호도 조사를 한다. 이러한 과정을 통해 선호순위가 높은 후보사업은 국민참여예산사업으로 결정되며, 8월에 재정정책자문회의의 논의를 거쳐 국무회의에서 정부예산안에 반영된다. 정부예산안은 국회에 제출되며, 국회는 심의 · 의결을 거쳐 12월까지 예산안을 확정한다.

예산국민참여단은 일반국민을 대상으로 전화를 통해 참여의사를 타진하여 구성한다. 무작위로 표본을 추출하되 성 · 연령 · 지역별 대표성을 확보하는 통계적 구성방법이 사용된다. 예산국민참여단원은 예산학교를 통해 국가재정에 대한 교육을 이수한 후, 참여예산 후보사업을 압축하는 역할을 맡는다. 예산국민참여단이 압축한 후보사업에 대한 일반국민의 선호도는 통계적 대표성이 확보된 표본을 대상으로 한 설문을 통해, 예산국민참여단의 사업선호도는 오프라인 투표를 통해 조사한다.

정부는 2017년에 2018년도 예산을 편성하면서 국민참여예산제도를 시범 도입하였는데, 그 결과 6개의 국민참여예산사업이 선정되었다. 2019년도 예산에는 총 39개 국민참여예산사업에 대해 800억 원이 반영되었다.

문 9. 윗글을 근거로 판단할 때 옳은 것은?

① 국민제안제도에서는 중앙정부가 재정을 지원하는 예산사업의 우선순위를 국민이 정할 수 있다.
② 국민참여예산사업은 국회 심의 · 의결 전에 국무회의에서 정부예산안에 반영된다.
③ 국민참여예산제도는 정부의 예산편성권 범위 밖에서 운영된다.
④ 참여예산 후보사업은 재정정책자문회의의 논의를 거쳐 제안된다.
⑤ 예산국민참여단의 사업선호도 조사는 전화설문을 통해 이루어진다.

문 10. 윗글과 〈상황〉을 근거로 판단할 때, 甲이 보고할 수치를 옳게 짝지은 것은?

───── 〈상 황〉 ─────

2019년도 국민참여예산사업 예산 가운데 688억 원이 생활밀착형사업 예산이고 나머지는 취약계층지원사업 예산이었다. 2020년도 국민참여예산사업 예산 규모는 2019년도에 비해 25 % 증가했는데, 이 중 870억 원이 생활밀착형사업 예산이고 나머지는 취약계층지원사업 예산이었다. 국민참여예산제도에 관한 정부부처 담당자 甲은 2019년도와 2020년도 각각에 대해 국민참여예산사업 예산에서 취약계층지원사업 예산이 차지한 비율을 보고하려고 한다.

	2019년도	2020년도
①	13 %	12 %
②	13 %	13 %
③	14 %	13 %
④	14 %	14 %
⑤	15 %	14 %

문 11. 다음 글을 근거로 판단할 때, 네 번째로 보고되는 개정안은?

△△처에서 소관 법규 개정안 보고회를 개최하고자 한다. 보고회는 아래와 같은 기준에 따라 진행한다.
• 법규 체계 순위에 따라 법 – 시행령 – 시행규칙의 순서로 보고한다. 법규 체계 순위가 같은 개정안이 여러 개 있는 경우 소관 부서명의 가나다순으로 보고한다.
• 한 부서에서 보고해야 하는 개정안이 여럿인 경우, 해당 부서의 첫 번째 보고 이후 위 기준에도 불구하고 그 부서의 나머지 소관 개정안을 법규 체계 순위에 따라 연달아 보고한다.
• 이상의 모든 기준과 무관하게 보고자가 국장인 경우 가장 먼저 보고한다.
보고 예정인 개정안은 다음과 같다.

개정안명	소관 부서	보고자
A법 개정안	예산담당관	甲사무관
B법 개정안	기획담당관	乙과장
C법 시행령 개정안	기획담당관	乙과장
D법 시행령 개정안	국제화담당관	丙국장
E법 시행규칙 개정안	예산담당관	甲사무관

① A법 개정안
② B법 개정안
③ C법 시행령 개정안
④ D법 시행령 개정안
⑤ E법 시행규칙 개정안

문 12. 다음 글과 〈상황〉을 근거로 판단할 때, 甲이 선택할 사업과 받을 수 있는 지원금을 옳게 짝지은 것은?

○○군은 집수리지원사업인 A와 B를 운영하고 있다. 신청자는 하나의 사업을 선택하여 지원받을 수 있다. 수리 항목은 외부(방수, 지붕, 담장, 쉼터)와 내부(단열, 설비, 창호)로 나누어진다.

〈사업 A의 지원기준〉
• 외부는 본인부담 10 %를 제외한 나머지 소요비용을 1,250만 원 한도 내에서 전액 지원
• 내부는 지원하지 않음

〈사업 B의 지원기준〉
• 담장과 쉼터는 둘 중 하나의 항목만 지원하며, 각각 300만 원과 50만 원 한도 내에서 소요비용 전액 지원
• 담장과 쉼터를 제외한 나머지 항목은 내·외부와 관계없이 본인부담 50 %를 제외한 나머지 소요비용을 1,200만 원 한도 내에서 전액 지원

───── 〈상 황〉 ─────

甲은 본인 집의 창호와 쉼터를 수리하고자 한다. 소요비용은 각각 500만 원과 900만 원이다. 甲은 사업 A와 B 중 지원금이 더 많은 사업을 선택하여 신청하려고 한다.

	사업	지원금
①	A	1,250만 원
②	A	810만 원
③	B	1,250만 원
④	B	810만 원
⑤	B	300만 원

문 13. 다음 글을 근거로 판단할 때, 〈보기〉에서 옳은 것만을 모두 고르면?

이번 주 甲의 요일별 기본업무량은 다음과 같다.

요일	월	화	수	목	금
기본업무량	60	50	60	50	60

甲은 기본업무량을 초과하여 업무를 처리한 날에 '칭찬'을, 기본업무량 미만으로 업무를 처리한 날에 '꾸중'을 듣는다. 정확히 기본업무량만큼 업무를 처리한 날에는 칭찬도 꾸중도 듣지 않는다.

이번 주 甲은 방식1~방식3 중 하나를 선택하여 업무를 처리한다.

방식1: 월요일에 100의 업무량을 처리하고, 그다음 날부터는 매일 전날 대비 20 적은 업무량을 처리한다.

방식2: 월요일에 0의 업무량을 처리하고, 그다음 날부터는 매일 전날 대비 30 많은 업무량을 처리한다.

방식3: 매일 60의 업무량을 처리한다.

〈보 기〉

ㄱ. 방식1을 선택할 경우 화요일에 꾸중을 듣는다.

ㄴ. 어느 방식을 선택하더라도 수요일에는 칭찬도 꾸중도 듣지 않는다.

ㄷ. 어느 방식을 선택하더라도 칭찬을 듣는 날수는 동일하다.

ㄹ. 칭찬을 듣는 날수에서 꾸중을 듣는 날수를 뺀 값을 최대로 하려면 방식2를 선택하여야 한다.

① ㄱ, ㄷ
② ㄱ, ㄹ
③ ㄴ, ㄷ
④ ㄴ, ㄹ
⑤ ㄴ, ㄷ, ㄹ

문 14. 다음 글을 근거로 판단할 때, 〈보기〉에서 옳은 것만을 모두 고르면?

○○부의 甲국장은 직원 연수 프로그램을 마련하기 위하여 乙주무관에게 직원 1,000명 전원을 대상으로 연수 희망 여부와 희망 지역에 대한 의견을 수렴할 것을 요청하였다. 이에 따라 乙은 설문조사를 실시하였고, 甲과 乙은 그 결과에 대해 대화를 나누고 있다.

甲: 설문조사는 잘 시행되었나요?

乙: 예. 직원 1,000명 모두 연수 희망 여부에 대해 응답하였습니다. 연수를 희망하는 응답자는 43 %였으며, 남자직원의 40 %와 여자직원의 50 %가 연수를 희망하는 것으로 나타났습니다.

甲: 연수 희망자 전원이 희망 지역에 대해 응답했나요?

乙: 예. A지역과 B지역 두 곳 중에서 희망하는 지역을 선택하라고 했더니 B지역을 희망하는 비율이 약간 더 높았습니다. 그리고 연수를 희망하는 여자직원 중 B지역 희망 비율은 연수를 희망하는 남자직원 중 B지역 희망 비율의 2배인 80 %였습니다.

〈보 기〉

ㄱ. 전체 직원 중 남자직원의 비율은 50 %를 넘는다.

ㄴ. 연수 희망자 중 여자직원의 비율은 40 %를 넘는다.

ㄷ. A지역 연수를 희망하는 직원은 200명을 넘지 않는다.

ㄹ. B지역 연수를 희망하는 남자직원은 100명을 넘는다.

① ㄱ, ㄷ
② ㄴ, ㄷ
③ ㄴ, ㄹ
④ ㄱ, ㄴ, ㄹ
⑤ ㄱ, ㄷ, ㄹ

문 15. 다음 글을 근거로 판단할 때, 〈보기〉에서 甲이 지원금을 받는 경우만을 모두 고르면?

- 정부는 자영업자를 지원하기 위하여 2020년 대비 2021의 이익이 감소한 경우 이익 감소액의 10 %를 자영업자에게 지원금으로 지급하기로 하였다.
- 이익은 매출액에서 변동원가와 고정원가를 뺀 금액으로, 자영업자 甲의 2020년 이익은 아래와 같이 계산된다.

구분	금액	비고
매출액	8억 원	판매량(400,000단위)× 판매가격(2,000원)
변동원가	6.4억 원	판매량(400,000단위)× 단위당 변동원가(1,600원)
고정원가	1억 원	판매량과 관계없이 일정함
이익	0.6억 원	8억 원 − 6.4억 원 − 1억 원

〈보 기〉

ㄱ. 2021년의 판매량, 판매가격, 단위당 변동원가, 고정원가는 모두 2020년과 같았다.

ㄴ. 2020년에 비해 2021년에 판매가격을 5 % 인하하였고, 판매량, 단위당 변동원가, 고정원가는 2020년과 같았다.

ㄷ. 2020년에 비해 2021년에 판매량은 10 % 증가하고 고정원가는 5 % 감소하였으나, 판매가격과 단위당 변동원가는 2020년과 같았다.

ㄹ. 2020년에 비해 2021년에 판매가격을 5 % 인상했음에도 불구하고 판매량이 25 % 증가하였고, 단위당 변동원가와 고정원가는 2020년과 같았다.

① ㄴ
② ㄹ
③ ㄱ, ㄴ
④ ㄴ, ㄷ
⑤ ㄷ, ㄹ

문 16. 다음 글과 〈상황〉을 근거로 판단할 때 옳지 않은 것은?

- □□시는 부서 성과 및 개인 성과에 따라 등급을 매겨 직원들에게 성과급을 지급하고 있다.
- 부서 등급과 개인 등급은 각각 S, A, B, C로 나뉘고, 등급별 성과급 산정비율은 다음과 같다.

성과 등급	S	A	B	C
성과급 산정비율(%)	40	20	10	0

- 작년까지 부서 등급과 개인 등급에 따른 성과급 산정비율의 산술평균을 연봉에 곱해 직원의 성과급을 산정해왔다.

성과급＝연봉×{(부서 산정비율＋개인 산정비율) / 2}

- 올해부터 부서 등급과 개인 등급에 따른 성과급 산정비율 중 더 큰 값을 연봉에 곱해 성과급을 산정하도록 개편하였다.

성과급＝연봉×max{부서 산정비율, 개인 산정비율}

※ max{a, b}＝a와 b 중 더 큰 값

〈상 황〉

작년과 올해 □□시 소속 직원 甲~丙의 연봉과 성과 등급은 다음과 같다.

구분	작년			올해		
	연봉 (만 원)	성과 등급		연봉 (만 원)	성과 등급	
		부서	개인		부서	개인
甲	3,500	S	A	4,000	A	S
乙	4,000	B	S	4,000	S	A
丙	3,000	B	A	3,500	C	B

① 甲의 작년 성과급은 1,050만 원이다.
② 甲과 乙의 올해 성과급은 동일하다.
③ 甲~丙 모두 작년 대비 올해 성과급이 증가한다.
④ 올해 연봉과 성과급의 합이 가장 작은 사람은 丙이다.
⑤ 작년 대비 올해 성과급 상승률이 가장 큰 사람은 乙이다.

문 17. 다음 글을 근거로 판단할 때 옳은 것은?

> 甲부처 신입직원 선발시험은 전공, 영어, 적성 3개 과목으로 이루어
> 진다. 3개 과목 합계 점수가 높은 사람순으로 정원까지 합격한다. 응
> 시자는 7명(A~G)이며, 7명의 각 과목 성적에 대해서는 다음과 같은
> 사실이 알려졌다.
> • 전공시험 점수: A는 B보다 높고, B는 E보다 높고, C는 D보다 높다.
> • 영어시험 점수: E는 F보다 높고, F는 G보다 높다.
> • 적성시험 점수: G는 B보다도 높고 C보다도 높다.
>   합격자 선발 결과, 전공시험 점수가 일정 점수 이상인 응시자는 모
> 두 합격한 반면 그 점수에 달하지 않은 응시자는 모두 불합격한 것으
> 로 밝혀졌고, 이는 영어시험과 적성시험에서도 마찬가지였다.

① A가 합격하였다면, B도 합격하였다.
② G가 합격하였다면, C도 합격하였다.
③ A와 B가 합격하였다면, C와 D도 합격하였다.
④ B와 E가 합격하였다면, F와 G도 합격하였다.
⑤ B가 합격하였다면, B를 포함하여 적어도 6명이 합격하였다.

문 18. 다음 글을 근거로 판단할 때, ⟨보기⟩에서 옳은 것만을 모두 고르면?

> • 甲과 乙이 아래와 같은 방식으로 농구공 던지기 놀이를 하였다.
>   – 甲과 乙은 각 5회씩 도전하고, 합계 점수가 더 높은 사람이 승리
>   한다.
>   – 2점 슛과 3점 슛을 자유롭게 선택하여 도전할 수 있으며, 성공하
>   면 해당 점수를 획득한다.
>   – 5회의 도전 중 4점 슛 도전이 1번 가능한데, '4점 도전'이라고 외
>   친 후 뒤돌아서서 슛을 하여 성공하면 4점을 획득하고, 실패하면
>   1점을 잃는다.
> • 甲과 乙의 던지기 결과는 다음과 같았다.
>
> (성공: ○, 실패: ×)

구분	1회	2회	3회	4회	5회
甲	○	×	○	○	○
乙	○	○	×	×	○

⟨보 기⟩

ㄱ. 甲의 합계 점수는 8점 이상이었다.
ㄴ. 甲이 3점 슛에 2번 도전하였고 乙이 승리하였다면, 乙은 4점 슛에
   도전하였을 것이다.
ㄷ. 4점 슛뿐만 아니라 2점 슛, 3점 슛에 대해서도 실패 시 1점을 차감
   하였다면, 甲이 승리하였을 것이다.

① ㄱ
② ㄴ
③ ㄱ, ㄴ
④ ㄱ, ㄷ
⑤ ㄴ, ㄷ

문 19. 다음 글을 근거로 판단할 때, A군 양봉농가의 최대 수는?

> • A군청은 양봉농가가 안정적으로 꿀을 생산할 수 있도록 양봉농가
>   간 거리가 12 km 이상인 경우에만 양봉을 허가하고 있다.
> • A군은 반지름이 12 km인 원 모양의 평지이며 군 경계를 포함한다.
> • A군의 외부에는 양봉농가가 존재하지 않는다.

※ 양봉농가의 면적은 고려하지 않음

① 5개
② 6개
③ 7개
④ 8개
⑤ 9개

문 20. 다음 글을 근거로 판단할 때, ㉠에 해당하는 수는?

> 甲: 그저께 나는 만 21살이었는데, 올해 안에 만 23살이 될 거야.
> 乙: 올해가 몇 년이지?
> 甲: 올해는 2022년이야.
> 乙: 그러면 네 주민등록번호 앞 6자리의 각 숫자를 모두 곱하면
>   ⟨ ㉠ ⟩이구나.
> 甲: 그래, 맞아!

① 0
② 81
③ 486
④ 648
⑤ 2,916

문 21. 다음 글과 〈상황〉을 근거로 판단할 때, 올해 말 A검사국이 인사부서에 증원을 요청할 인원은?

농식품 품질 검사를 수행하는 A검사국은 매년 말 다음과 같은 기준에 따라 인사부서에 인력 증원을 요청한다.
• 다음 해 A검사국의 예상 검사 건수를 모두 검사하는 데 필요한 최소 직원 수에서 올해 직원 수를 뺀 인원을 증원 요청한다.
• 직원별로 한 해 동안 수행할 수 있는 최대 검사 건수는 매년 정해지는 '기준 검사 건수'에서 아래와 같이 차감하여 정해진다.
 – 국장은 '기준 검사 건수'의 100 %를 차감한다.
 – 사무 처리 직원은 '기준 검사 건수'의 100 %를 차감한다.
 – 국장 및 사무 처리 직원을 제외한 모든 직원은 매년 근무시간 중에 품질 검사 교육을 이수해야 하므로, '기준 검사 건수'의 10 %를 차감한다.
 – 과장은 '기준 검사 건수'의 50 %를 추가 차감한다.

─────────── 〈상 황〉 ───────────

• 올해 A검사국에는 국장 1명, 과장 9명, 사무 처리 직원 10명을 포함하여 총 100명의 직원이 있다.
• 내년에도 국장, 과장, 사무 처리 직원의 수는 올해와 동일하다.
• 올해 '기준 검사 건수'는 100건이나, 내년부터는 검사 품질 향상을 위해 90건으로 하향 조정한다.
• A검사국의 올해 검사 건수는 현 직원 모두가 한 해 동안 수행할 수 있는 최대 검사 건수와 같다.
• 내년 A검사국의 예상 검사 건수는 올해 검사 건수의 120 %이다.

① 10명
② 14명
③ 18명
④ 21명
⑤ 28명

문 22. 다음 글을 근거로 판단할 때, 〈보기〉에서 옳은 것만을 모두 고르면?

• 甲, 乙, 丙 세 사람은 25개 문제(1~25번)로 구성된 문제집을 푼다.
• 1회차에는 세 사람 모두 1번 문제를 풀고, 2회차부터는 직전 회차 풀이 결과에 따라 풀 문제가 다음과 같이 정해진다.
 – 직전 회차가 정답인 경우: 직전 회차의 문제 번호에 2를 곱한 후 1을 더한 번호의 문제
 – 직전 회차가 오답인 경우: 직전 회차의 문제 번호를 2로 나누어 소수점 이하를 버린 후 1을 더한 번호의 문제
• 풀 문제의 번호가 25번을 넘어갈 경우, 25번 문제를 풀고 더 이상 문제를 풀지 않는다.
• 7회차까지 문제를 푼 결과, 세 사람이 맞힌 정답의 개수는 같았고 한 사람이 같은 번호의 문제를 두 번 이상 푼 경우는 없었다.
• 4, 5회차를 제외한 회차별 풀이 결과는 아래와 같다.

(정답: ○, 오답: ×)

구분	1	2	3	4	5	6	7
甲	○	○	×			○	×
乙	○	○	○			×	○
丙	○	×	○			○	×

─────────── 〈보 기〉 ───────────

ㄱ. 甲과 丙이 4회차에 푼 문제 번호는 같다.
ㄴ. 4회차에 정답을 맞힌 사람은 2명이다.
ㄷ. 5회차에 정답을 맞힌 사람은 없다.
ㄹ. 乙은 7회차에 9번 문제를 풀었다.

① ㄱ, ㄴ
② ㄱ, ㄷ
③ ㄴ, ㄷ
④ ㄴ, ㄹ
⑤ ㄷ, ㄹ

문 23. 다음 글을 근거로 판단할 때 옳지 않은 것은?

> △△팀원 7명(A~G)은 새로 부임한 팀장 甲과 함께 하는 환영식사를 계획하고 있다. 모든 팀원은 아래 조건을 전부 만족시키며 甲과 한 번씩만 식사하려 한다.
> • 함께 식사하는 총 인원은 4명 이하여야 한다.
> • 단둘이 식사하지 않는다.
> • 부팀장은 A, B뿐이며, 이 둘은 함께 식사하지 않는다.
> • 같은 학교 출신인 C, D는 함께 식사하지 않는다.
> • 입사 동기인 E, F는 함께 식사한다.
> • 신입사원 G는 부팀장과 함께 식사한다.

① A는 E와 함께 환영식사에 참석할 수 있다.
② B는 C와 함께 환영식사에 참석할 수 있다.
③ C는 G와 함께 환영식사에 참석할 수 있다.
④ D가 E와 함께 환영식사에 참석하는 경우, C는 부팀장과 함께 환영식사에 참석하게 된다.
⑤ G를 포함하여 총 4명이 함께 환영식사에 참석하는 경우, F가 참석하는 환영식사의 인원은 총 3명이다.

문 24. 다음 글을 근거로 판단할 때, ㉠에 해당하는 수는?

> 甲과 乙은 같은 층의 서로 다른 사무실에서 근무하고 있다. 각 사무실은 일직선 복도의 양쪽 끝에 위치하고 있으며, 두 사람은 복도에서 항상 자신만의 일정한 속력으로 걷는다.
> 甲은 약속한 시각에 乙에게 서류를 직접 전달하기 위해 자신의 사무실을 나섰다. 甲은 乙의 사무실에 도착하여 서류를 전달하고 곧바로 자신의 사무실로 돌아올 계획이었다.
> 한편 甲을 기다리고 있던 乙에게 甲의 사무실 쪽으로 가야 할 일이 생겼다. 그래서 乙은 甲이 도착하기로 약속한 시각보다 ㉠ 분 일찍 자신의 사무실을 나섰다. 乙은 출발한 지 4분 뒤 복도에서 甲을 만나 서류를 받았다. 서류 전달 후 곧바로 사무실로 돌아온 甲은 원래 예상했던 시각보다 2분 일찍 사무실로 복귀한 사실을 알게 되었다.

① 2
② 3
③ 4
④ 5
⑤ 6

문 25. 다음 글과 〈상황〉을 근거로 판단할 때 옳은 것은?

> 제00조 ① 재외공관에 근무하는 공무원(이하 '재외공무원'이라 한다)이 공무로 일시귀국하고자 하는 경우에는 장관의 허가를 받아야 한다.
> ② 공관장이 아닌 재외공무원이 공무 외의 목적으로 일시귀국하려는 경우에는 공관장의 허가를, 공관장이 공무 외의 목적으로 일시귀국하려는 경우에는 장관의 허가를 받아야 한다. 다만 재외공무원 또는 그 배우자의 직계존·비속이 사망하거나 위독한 경우에는 공관장이 아닌 재외공무원은 공관장에게, 공관장은 장관에게 각각 신고하고 일시귀국할 수 있다.
> ③ 재외공무원이 공무 외의 목적으로 일시귀국할 수 있는 기간은 연 1회 20일 이내로 한다. 다만 다음 각 호의 어느 하나에 해당하는 경우에는 이를 일시귀국의 횟수 및 기간에 산입하지 아니한다.
> 　1. 재외공무원의 직계존·비속이 사망하거나 위독하여 일시귀국하는 경우
> 　2. 재외공무원 또는 그 동반가족의 치료를 위하여 일시귀국하는 경우
> ④ 제2항에도 불구하고 다음 각 호의 어느 하나에 해당하는 경우에는 장관의 허가를 받아야 한다.
> 　1. 재외공무원이 연 1회 또는 20일을 초과하여 공무 외의 목적으로 일시귀국하려는 경우
> 　2. 재외공무원이 일시귀국 후 국내 체류기간을 연장하는 경우

> ─── 〈상 황〉 ───
> A국 소재 대사관에는 공관장 甲을 포함하여 총 3명의 재외공무원(甲~丙)이 근무하고 있다. 아래는 올해 1월부터 7월 현재까지 甲~丙의 일시귀국 현황이다.
> • 甲: 공무상 회의 참석을 위해 총 2회(총 25일)
> • 乙: 동반자녀의 관절 치료를 위해 총 1회(치료가 더 필요하여 국내 체류기간 1회 연장, 총 17일)
> • 丙: 직계존속의 회갑으로 총 1회(총 3일)

① 甲은 일시귀국 시 장관에게 신고하였을 것이다.
② 甲은 배우자의 직계존속이 위독하여 올해 추가로 일시귀국하기 위해서는 장관의 허가를 받아야 한다.
③ 乙이 직계존속의 회갑으로 인해 올해 3일간 추가로 일시귀국하기 위해서는 장관의 허가를 받아야 한다.
④ 乙이 공관장의 허가를 받아 일시귀국하였더라도 국내 체류기간을 연장하였을 때에는 장관의 허가를 받았을 것이다.
⑤ 丙이 자신의 혼인으로 인해 올해 추가로 일시귀국하기 위해서는 공관장의 허가를 받아야 한다.

CHAPTER 04

2021년 민간경력자 PSAT 기출문제 언어논리

문 1. 다음 글의 내용과 부합하는 것은?

고려 초기에는 지방 여러 곳에 불교 신자들이 모여 활동하는 '향도(香徒)'라는 이름의 단체가 있었다. 당시에 향도는 석탑을 만들어 사찰에 기부하는 활동과 '매향(埋香)'이라고 불리는 일을 했다. 매향이란 향나무를 갯벌에 묻어두는 행위를 뜻한다. 오랫동안 묻어둔 향나무를 침향이라고 하는데, 그 향이 특히 좋았다. 불교 신자들은 매향한 자리에서 나는 침향의 향기를 미륵불에게 바치는 제물이라고 여겼다. 매향과 석탑 조성에는 상당한 비용이 들어갔는데, 향도는 그 비용을 구성원으로부터 거두어들여 마련했다. 고려 초기에는 향도가 주도하는 매향과 석탑 조성 공사가 많았으며, 지방 향리들이 향도를 만들어 운영하는 것이 일반적이었다. 향리가 지방에 거주하는 사람들 가운데 비교적 재산이 많았기 때문이다. 고려 왕조는 건국 초에 불교를 진흥했는데, 당시 지방 향리들도 불교 신앙을 갖고 자기 지역의 불교 진흥을 위해 향도 활동에 참여했다.

향리들이 향도의 운영을 주도하던 때에는 같은 군현에 속한 향리들이 모두 힘을 합쳐 그 군현 안에 하나의 향도만 만드는 경우가 대다수였다. 그러한 곳에서는 향리들이 자신이 속한 향도가 매향과 석탑 조성 공사를 할 때마다 군현 내 주민들을 마음대로 동원해 필요한 노동을 시키는 일이 자주 벌어졌다. 그런데 12세기에 접어들어 향도가 주도하는 공사의 규모가 이전에 비해 작아지고 매향과 석탑 조성 공사의 횟수도 줄었다. 이러한 분위기 속에서도 하나의 군현 안에 여러 개의 향도가 만들어져 그 숫자가 늘었는데, 그 중에는 같은 마을 주민들만을 구성원으로 한 것도 있었다. 13세기 이후를 고려 후기라고 하는데, 그 시기에는 마을마다 향도가 만들어졌다. 마을 단위로 만들어진 향도는 주민들이 자발적으로 만든 것으로서 그 대부분은 해당 마을의 모든 주민을 구성원으로 한 것이었다. 이런 향도들은 마을 사람들이 관혼상제를 치를 때 그것을 지원했으며 자기 마을 사람들을 위해 하천을 정비하거나 다리를 놓는 등의 일까지 했다.

① 고려 왕조는 불교 진흥을 위해 지방 각 군현에 향도를 조직하였다.
② 향도는 매향으로 얻은 침향을 이용해 향을 만들어 판매하는 일을 하였다.
③ 고려 후기에는 구성원이 장례식을 치를 때 그것을 돕는 일을 하는 향도가 있었다.
④ 고려 초기에는 지방 향리들이 자신이 관할하는 군현의 하천 정비를 위해 향도를 조직하였다.
⑤ 고려 후기로 갈수록 석탑 조성 공사의 횟수가 늘었으며 그로 인해 같은 마을 주민을 구성원으로 하는 향도가 나타났다.

문 2. 다음 글에서 알 수 있는 것은?

1883년에 조선과 일본이 맺은 조일통상장정 제41관에는 "일본인이 조선의 전라도, 경상도, 강원도, 함경도 연해에서 어업 활동을 할 수 있도록 허용한다."라는 내용이 있다. 당시 양측은 이 조항에 적시되지 않은 지방 연해에서 일본인이 어업 활동을 하는 것은 금하기로 했다. 이 장정 체결 직후에 일본은 자국의 각 부·현에 조선해통어조합을 만들어 조선 어장에 대한 정보를 제공하기 시작했다. 이러한 지원으로 조선 연해에서 조업하는 일본인이 늘었는데, 특히 제주도에는 일본인들이 많이 들어와 전복을 마구 잡는 바람에 주민들의 전복 채취량이 급감했다. 이에 제주목사는 1886년 6월에 일본인의 제주도 연해 조업을 금했다. 일본은 이 조치가 조일통상장정 제41관을 위반한 것이라며 항의했고, 조선도 이를 받아들여 조업 금지 조치를 철회하게 했다. 이후 조선은 일본인이 아무런 제약 없이 어업 활동을 하게 해서는 안 된다고 여기게 되었으며, 일본과 여러 차례 협상을 벌여 1889년에 조일통어장정을 맺었다.

조일통어장정에는 일본인이 조일통상장정 제41관에 적시된 지방의 해안선으로부터 3해리 이내 해역에서 어업 활동을 하고자 할 때는 조업하려는 지방의 관리로부터 어업준단을 발급받아야 한다는 내용이 있다. 어업준단의 유효기간은 발급일로부터 1년이었으며, 이를 받고자 하는 자는 소정의 어업세를 먼저 내야 했다. 이 장정 체결 직후에 일본은 조선해통어조합연합회를 만들어 자국민의 어업준단 발급 신청을 지원하게 했다. 이후 일본은 1908년에 '어업에 관한 협정'을 강요해 맺었다. 여기에는 앞으로 한반도 연해에서 어업 활동을 하려는 일본인은 대한제국 어업 법령의 적용을 받도록 한다는 조항이 있다. 대한제국은 이듬해에 한반도 해역에서 어업을 영위하고자 하는 자는 먼저 어업 면허를 취득해야 한다는 내용의 어업법을 공포했고, 일본은 자국민도 이 법의 적용을 받게 해야 한다는 입장을 관철했다. 일본은 1902년에 조선해통어조합연합회를 없애고 조선해수산조합을 만들었는데, 이 조합은 어업법 공포 후 일본인의 어업 면허 신청을 대행하는 등의 일을 했다.

① 조선해통어조합은 '어업에 관한 협정'에 따라 일본인의 어업 면허 신청을 대행하는 업무를 보았다.
② 조일통어장정에는 제주도 해안선으로부터 3해리 밖에서 조선인이 어업 활동을 하는 것을 모두 금한다는 조항이 있다.
③ 조선해통어조합연합회가 만들어져 활동하던 당시에 어업준단을 발급받고자 하는 일본인은 어업세를 내도록 되어 있었다.
④ 조일통상장정에는 조선해통어조합연합회를 조직해 일본인이 한반도 연해에서 조업할 수 있도록 지원한다는 내용이 있다.
⑤ 한반도 해역에서 조업하는 일본인은 조일통상장정 제41관에 따라 조선해통어조합으로부터 어업 면허를 발급받아야 하였다.

문 3. 다음 글에서 알 수 있는 것은?

비정규직 근로자들이 늘어나면서 '프레카리아트'라고 불리는 새로운 계급이 형성되고 있다. 프레카리아트란 '불안한(precarious)'이라는 단어와 '무산계급(proletariat)'이라는 단어를 합친 용어로 불안정한 고용 상태에 놓여 있는 사람들을 의미한다. 프레카리아트에 속한 사람들은 직장 생활을 하다가 쫓겨나 실업자가 되었다가 다시 직장에 복귀하기를 반복한다. 이들은 고용 보장, 직무 보장, 근로안전 보장 등 노동 보장을 받지 못하며, 직장 소속감도 없을 뿐만 아니라, 자신의 직업에 대한 전망이나 직업 정체성도 결여되어있다. 프레카리아트는 분노, 무력감, 걱정, 소외를 경험할 수밖에 없는 '위험한 계급'으로 전락한다. 이는 의미 있는 삶의 길이 막혀 있다는 좌절감과 상대적 박탈감, 계속된 실패의 반복 때문이다. 이러한 사람들이 늘어나면 자연히 갈등, 폭력, 범죄와 같은 사회적 병폐들이 성행하여 우리 사회는 점점 더 불안해지게 된다.

프레카리아트와 비슷하지만 약간 다른 노동자 집단이 있다. 이른바 '긱 노동자'다. '긱(gig)'이란 기업들이 필요에 따라 단기 계약 등을 통해 임시로 인력을 충원하고 그때그때 대가를 지불하는 것을 의미한다. 예를 들어 방송사에서는 드라마를 제작할 때마다 적합한 사람들을 섭외하여 팀을 꾸리고 작업에 착수한다. 긱 노동자들은 고용주가 누구든 간에 자신이 보유한 고유의 직업 역량을 고용주에게 판매하면서, 자신의 직업을 독립적인 '프리랜서' 또는 '개인 사업자' 형태로 인식한다. 정보통신 기술의 발달은 긱을 더욱더 활성화한다. 정보통신 기술을 이용하면 긱 노동자의 모집이 아주 쉬워진다. 기업은 사업 아이디어만 좋으면 인터넷을 이용하여 필요한 긱 노동자를 모집할 수 있다. 기업이 긱을 잘 활용하면 경쟁력을 높여 정규직 위주의 기존 기업들을 앞서나갈 수 있다.

① 긱 노동자가 자신의 직업 형태에 대해 갖는 인식은 자신을 고용한 기업에 따라 달라지지 않는다.
② 정보통신 기술의 발달은 프레카리아트 계급과 긱 노동자 집단을 확산시킨다.
③ 긱 노동자 집단이 확산하면 프레카리아트 계급은 축소된다.
④ '위험한 계급'이 겪는 부정적인 경험이 적은 프레카리아트일수록 정규직 근로자로 변모할 가능성이 크다.
⑤ 비정규직 근로자에 대한 노동 보장의 강화는 프레카리아트 계급을 축소시키고 긱 노동자 집단을 확산시킨다.

문 4. 다음 글에서 알 수 없는 것은?

1859년에 프랑스의 수학자인 르베리에는 태양과 수성 사이에 미지의 행성이 존재한다는 가설을 세웠고, 그 미지의 행성을 '불칸'이라고 이름 붙였다. 당시의 천문학자들은 르베리에를 따라 불칸의 존재를 확신하고 그 첫 번째 관찰자가 되기 위해서 노력했다. 이렇게 확신한 이유는 르베리에가 불칸을 예측하는 데 사용한 방식이 해왕성을 성공적으로 예측하는 데 사용한 방식과 동일했기 때문이다. 해왕성 예측의 성공으로 인해 르베리에에 대한, 그리고 불칸의 예측 방법에 대한 신뢰가 높았던 것이다.

르베리에 또한 죽을 때까지 불칸의 존재를 확신했는데, 그가 그렇게 확신할 수 있었던 것 역시 해왕성 예측의 성공 덕분이었다. 1781년에 천왕성이 처음 발견된 뒤, 천문학자들은 천왕성보다 더 먼 위치에 다른 행성이 존재할 경우에만 천왕성의 궤도에 대한 관찰 결과가 뉴턴의 중력 법칙에 따라 설명될 수 있다고 생각했다. 이에 르베리에는 관찰을 통해 얻은 천왕성의 궤도와 뉴턴의 중력 법칙에 따라 산출한 궤도 사이의 차이를 수학적으로 계산하여 해왕성의 위치를 예측했다. 천문학자인 갈레는 베를린 천문대에서 르베리에의 편지를 받은 그날 밤, 르베리에가 예측한 바로 그 위치에 해왕성이 존재한다는 사실을 확인하였다.

르베리에는 수성의 운동에 대해서도 일찍부터 관심을 가지고 있었다. 르베리에는 수성의 궤도에 대한 관찰 결과 역시 뉴턴의 중력 법칙으로 예측한 궤도와 차이가 있음을 제일 먼저 밝힌 뒤, 1859년에 그 이유를 천왕성-해왕성의 경우와 마찬가지로 수성의 궤도에 미지의 행성이 영향을 끼치기 때문이라는 가설을 세운다. 르베리에는 이 미지의 행성에 '불칸'이라는 이름까지 미리 붙였던 것이며, 마침 르베리에의 가설에 따라 이 행성을 발견했다고 주장하는 천문학자까지 나타났던 것이다. 하지만 불칸의 존재에 대해 의심하는 천문학자들 또한 있었고, 이후 아인슈타인의 상대성이론을 이용해 수성의 궤도를 정확하게 설명하는 데 성공함으로써 가상의 행성인 불칸을 상정해야 할 이유는 사라졌다.

① 르베리에에 의하면 수성의 궤도를 정확하게 설명하기 위해서는 뉴턴의 중력 법칙을 대신할 다른 법칙이 필요하지 않다.
② 르베리에에 의하면 천왕성의 궤도를 정확하게 설명하기 위해서는 뉴턴의 중력 법칙을 대신할 다른 법칙이 필요하다.
③ 수성의 궤도에 대한 르베리에의 가설에 기반하여 연구한 천문학자가 있었다.
④ 르베리에는 해왕성의 위치를 수학적으로 계산하여 추정하였다.
⑤ 르베리에는 불칸의 존재를 수학적으로 계산하여 추정하였다.

문 5. 다음 글의 빈칸에 들어갈 말로 가장 적절한 것은?

서구사회의 기독교적 전통 하에서 이 전통에 속하는 이들은 자신들을 정상적인 존재로, 이러한 전통에 속하지 않는 이들을 비정상적인 존재로 구별하려 했다. 후자에 해당하는 대표적인 것이 적그리스도, 이교도들, 그리고 나병과 흑사병에 걸린 환자들이었는데, 그들에게 부과한 비정상성을 구체적인 형상을 통해 재현함으로써 그들이 전통 바깥의 존재라는 사실을 명확히 했다.

당연하게도 기독교에서 가장 큰 적으로 꼽는 것은 사탄의 대리자인 적그리스도였다. 기독교 초기, 몽테에랑데르나 힐데가르트 등이 쓴 유명한 저서들뿐만 아니라 적그리스도의 얼굴이 묘사된 모든 종류의 텍스트들에서 그의 모습은 충격적일 정도로 외설스러울 뿐만 아니라 받아들이기 힘들 정도로 추악하게 나타난다.

두 번째는 이교도들이었는데, 서유럽과 동유럽의 기독교인들이 이교도들에 대해 사용했던 무기 중 하나가 그들을 추악한 얼굴의 악마로 묘사하는 것이었다. 또한 이교도들이 즐겨 입는 의복이나 진미로 여기는 음식을 끔찍하게 묘사하여 이교도들을 자신들과는 분명히 구분되는 존재로 만들었다.

마지막으로, 나병과 흑사병에 걸린 환자들을 꼽을 수 있다. 당시의 의학 수준으로 그런 병들은 치료가 불가능했으며, 전염성이 있다고 믿어졌다. 때문에 자신을 정상적 존재라고 생각하는 사람들은 해당 병에 걸린 불행한 사람들을 신에게서 버림받은 죄인이자 공동체에서 추방해야 할 공공의 적으로 여겼다. 그들의 외모나 신체 또한 실제 여부와 무관하게 항상 뒤틀어지고 지극히 흉측한 모습으로 형상화되었다.

정리하자면, _____

① 서구의 종교인과 예술가들은 이방인을 추악한 이미지로 각인시키는 데 있어 중심적인 역할을 하였다.
② 서구의 기독교인들은 자신들보다 강한 존재를 추악한 존재로 묘사함으로써 심리적인 우월감을 확보하였다.
③ 정상적 존재와 비정상적 존재의 명확한 구별을 위해 추악한 형상을 활용하는 것은 동서고금을 막론하고 지속되어 왔다.
④ 서구의 기독교적 전통 하에서 추악한 형상은 그 전통에 속하지 않는 이들을 전통에 속한 이들과 구분짓기 위해 활용되었다.
⑤ 서구의 기독교인들이 자신들과는 다른 타자들을 추악하게 묘사했던 것은 다른 종교에 의해 자신들의 종교가 침해되는 것을 두려워했기 때문이다.

문 6. 다음 글의 흐름에 맞지 않는 곳을 ㉠~㉤에서 찾아 수정할 때 가장 적절한 것은?

에르고딕 이론에 따르면 그룹의 평균을 활용해 개인에 대한 예측치를 이끌어낼 수 있는데, 이를 위해서는 다음의 두 가지 조건을 먼저 충족해야 한다. 첫째는 그룹의 모든 구성원이 ㉠ 질적으로 동일해야 하며, 둘째는 그 그룹의 모든 구성원이 미래에도 여전히 동일해야 한다는 것이다. 특정 그룹이 이 두 가지 조건을 충족하면 해당 그룹은 '에르고딕'으로 인정되면서, ㉡ 그룹의 평균적 행동을 통해 해당 그룹에 속해 있는 개인에 대한 예측을 이끌어낼 수 있다.

그런데 이 이론에 대해 심리학자 몰레나는 다음과 같은 설명을 덧붙였다. "그룹 평균을 활용해 개인을 평가하는 것은 인간이 모두 동일하고 변하지 않는 냉동 클론이어야만 가능하겠지요? 그런데 인간은 냉동 클론이 아닙니다." 그런데도 등급화와 유형화 같은 평균주의의 결과물들은 정책 결정의 과정에서 중요한 근거로 쓰였다. 몰레나는 이와 같은 위험한 가정을 '에르고딕 스위치'라고 명명했다. 이는 평균주의의 유혹에 속아 집단의 평균에 의해 개인을 파악함으로써 ㉢ 실재하는 개인적 특성을 모조리 무시하게 되는 것을 의미한다.

지금 타이핑 실력이 뛰어나지 않은 당신이 타이핑 속도의 변화를 통해 오타를 줄이고 싶어 한다고 가정해 보자. 평균주의식으로 접근할 경우 여러 사람의 타이핑 실력을 측정한 뒤에 평균 타이핑 속도와 평균 오타 수를 비교하게 된다. 그 결과 평균적으로 타이핑 속도가 더 빠를수록 오타 수가 더 적은 것으로 나타났다고 하자. 이때 평균주의자는 당신이 타이핑의 오타 수를 줄이고 싶다면 ㉣ 타이핑을 더 빠른 속도로 해야 한다고 말할 것이다. 바로 여기가 '에르고딕 스위치'에 해당하는 지점인데, 사실 타이핑 속도가 빠른 사람들은 대체로 타이핑 실력이 뛰어난 편이며 그만큼 오타 수는 적을 수밖에 없다. 더구나 ㉤ 타이핑 실력이라는 요인이 통제된 상태에서 도출된 평균치를 근거로 당신에게 내린 처방은 적절하지 않을 가능성이 높다.

① ㉠을 '질적으로 다양해야 하며'로 고친다.
② ㉡을 '개인의 특성을 종합하여 집단의 특성에 대한 예측'으로 고친다.
③ ㉢을 '실재하는 그룹 간 편차를 모조리 무시'로 고친다.
④ ㉣을 '타이핑을 더 느린 속도로 해야 한다'로 고친다.
⑤ ㉤을 '타이핑 실력이라는 요인이 통제되지 않은 상태에서'로 고친다.

문 7. 다음 대화의 빈칸에 들어갈 내용으로 가장 적절한 것은?

갑 : 이번 프로젝트는 정보 보안이 매우 중요해서 1인당 2대의 업무용 PC를 사용하기로 하였습니다. 원칙적으로, 1대는 외부 인터넷 접속만 할 수 있는 외부용 PC이고 다른 1대는 내부 통신망만 이용할 수 있는 내부용 PC입니다. 둘 다 통신을 제외한 다른 기능을 사용하는 데는 아무런 제한이 없습니다.

을 : 외부용 PC와 내부용 PC는 각각 별도의 저장 공간을 사용하나요?

갑 : 네, 맞습니다. 그러나 두 PC 간 자료를 공유하려면 두 가지 방법만 쓰도록 되어 있습니다. 첫 번째 방법은 이메일을 이용하는 것입니다. 본래 내부용 PC는 내부 통신망이라 이메일 계정에 접속할 수 없지만, 프로젝트 팀장의 승인을 받아 ○○메일 계정에 접속한 뒤 자신의 ○○메일 계정으로 자료를 보내는 것만 허용하였습니다.

을 : 그러면 첫 번째 방법은 내부용 PC에서 외부용 PC로 자료를 보낼 때만 가능하겠군요. 두 번째 방법을 이용하면 외부용 PC에서 내부용 PC로도 자료를 보낼 수 있나요?

갑 : 물론입니다. 두 번째 방법은 내부용 PC와 외부용 PC에 설치된 자료 공유 프로그램을 이용하는 것인데, 이를 이용하면 두 PC 간 자료의 상호 공유가 가능합니다.

을 : 말씀하신 자료 공유 프로그램을 이용하면 두 PC 사이에 자료를 자유롭게 공유할 수 있는 건가요?

갑 : 파일 개수, 용량, 공유 횟수에는 제한이 없습니다. 다만, 이 프로그램을 사용할 때는 보안을 위해 프로젝트 팀장이 비밀번호를 입력해 주어야만 합니다.

을 : 그렇군요. 그런데 외부용 PC로 ○○메일이 아닌 일반 이메일 계정에도 접속할 수 있나요?

갑 : 아닙니다. 원칙적으로는 외부용 PC에서 자료를 보내거나 받기 위하여 사용 가능한 이메일 계정은 ○○메일 뿐입니다. 그러나 예외적으로 필요한 경우에 한해 보안 부서에 공문으로 요청하여 승인을 받으면, 일반 이메일 계정에 접속하여 자료를 보내거나 받을 수 있습니다.

을 : 아하! 외부 자문위원의 자료를 전달 받아 내부용 PC에 저장하기 위해서는 _____

① 굳이 프로젝트 팀장이 비밀번호를 입력할 필요가 없겠군요.

② 사전에 보안 부서에 요청하여 외부용 PC로 일반 이메일 계정에 접속할 수 있는 권한을 부여받는 방법밖에 없겠네요.

③ 외부 자문위원의 PC에서 ○○메일 계정으로 자료를 보낸 뒤, 내부용 PC로 ○○메일 계정에 접속하여 자료를 내려받으면 되겠군요.

④ 외부 자문위원의 PC에서 일반 이메일 계정으로 자료를 보낸 뒤, 사전에 보안 부서의 승인을 받아 내부용 PC로 일반 이메일 계정에 접속하여 자료를 내려받으면 되겠네요.

⑤ 외부 자문위원의 PC에서 ○○메일 계정으로 자료를 보낸 뒤, 외부용 PC로 ○○메일 계정에 접속해 자료를 내려받아 자료 공유 프로그램을 이용하여 내부용 PC로 보내면 되겠네요.

문 8. 다음 글에 비추어 볼 때, 아래 〈그림〉의 ㉠~㉣에 들어갈 말을 적절하게 나열한 것은?

도시재생 사업의 목표는 지역 역량의 강화와 지역 가치의 제고라는 두 마리 토끼를 잡는 것이다. 그 결과, 아래 〈그림〉에서 지역의 상태는 A에서 A'으로 변화한다. 둘 중 하나라도 이루어지지 않는다면 도시재생 사업의 목표가 달성되었다고 볼 수 없다. 그러한 실패 사례의 하나가 젠트리피케이션이다. 이는 지역 역량이 강화되지 않은 채 지역 가치만 상승하는 현상을 의미한다.

도시재생 사업의 모범적인 양상은 지역 자산화이다. 지역 자산화는 두 단계로 이루어진다. 첫 번째 단계는 공동체 역량 강화 과정이다. 이는 지역 문제 해결을 위한 프로그램 및 정책 수립, 물리적 시설의 개선, 운영 관리 등으로 구성된 공공 주도 과정이다. 이를 통해 지역 가치와 지역 역량이 모두 낮은 상태에서 일단 지역 역량을 키워 지역 기반의 사회적 자본을 형성하게 된다. 그 다음 두 번째 단계로 전문화 과정이 이어진다. 전문화는 민간의 전문성과 창의성을 적극적으로 활용함으로써, 강화된 지역 역량의 토대 위에서 지역 가치 제고를 이끌어낸다. 이 과정에서 주민과 민간 조직의 전문성에 대한 신뢰를 바탕으로, 공유 시설이나 공간의 설계, 관리, 운영 등 많은 권한이 시민단체를 비롯한 중간 지원 조직에 통합적으로 위임된다.

〈그 림〉

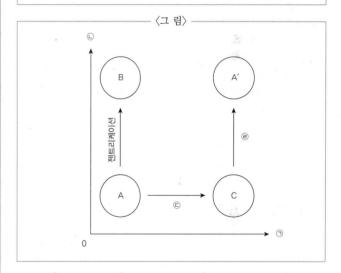

	㉠	㉡	㉢	㉣
①	지역 역량	지역 가치	공동체 역량 강화	전문화
②	지역 역량	지역 가치	공동체 역량 강화	지역 자산화
③	지역 역량	지역 가치	지역 자산화	전문화
④	지역 가치	지역 역량	공동체 역량 강화	지역 자산화
⑤	지역 가치	지역 역량	지역 자산화	전문화

문 9. 다음 글의 (가)와 (나)에 대한 판단으로 적절한 것만을 〈보기〉에서 모두 고르면?

확률적으로 가능성이 희박한 사건이 우리 주변에서 생각보다 자주 일어나는 것처럼 보인다. 왜 이러한 현상이 발생하는지를 설명하는 다음과 같은 두 입장이 있다.

(가) 만일 당신이 가능한 모든 결과들의 목록을 완전하게 작성한다면, 그 결과들 중 하나는 반드시 나타난다. 표준적인 정육면체 주사위를 던지면 1에서 6까지의 수 중 하나가 나오거나 어떤 다른 결과, 이를테면 주사위가 탁자 아래로 떨어져 찾을 수 없게 되는 일 등이 벌어질 수 있다. 동전을 던지면 앞면 또는 뒷면이 나오거나, 동전이 똑바로 서는 등의 일이 일어날 수 있다. 아무튼 가능한 결과 중 하나가 일어나리라는 것만큼은 확실하다.

(나) 한 사람에게 특정한 사건이 발생할 확률이 매우 낮더라도, 충분히 많은 사람에게는 그 사건이 일어날 확률이 매우 높을 수 있다. 예컨대 어떤 불행한 사건이 당신에게 일어날 확률은 낮을지 몰라도, 지구에 현재 약 70억 명이 살고 있으므로, 이들 중 한두 사람이 그 불행한 일을 겪고 있다는 것은 이상한 일이 아니다.

〈보 기〉

ㄱ. 로또 복권 1장을 살 경우 1등에 당첨될 확률은 낮지만, 모든 가능한 숫자의 조합을 모조리 샀을 때 추첨이 이루어진다면 무조건 당첨된다는 사례는 (가)로 설명할 수 있다.

ㄴ. 어떤 사람이 교통사고를 당할 확률은 매우 낮지만, 대한민국에서 교통사고는 거의 매일 발생한다는 사례는 (나)로 설명할 수 있다.

ㄷ. 주사위를 수십 번 던졌을 때 1이 연속으로 여섯 번 나올 확률은 매우 낮지만, 수십만 번 던졌을 때는 이런 사건을 종종 볼 수 있다는 사례는 (가)로 설명할 수 있으나 (나)로는 설명할 수 없다.

① ㄱ
② ㄷ
③ ㄱ, ㄴ
④ ㄴ, ㄷ
⑤ ㄱ, ㄴ, ㄷ

문 10. 다음 논쟁에 대한 평가로 적절한 것만을 〈보기〉에서 모두 고르면?

A : 현실적으로 과학 연구를 위해서는 상당한 규모의 연구비가 필요하기 때문에, 연구자들에게 공공 자원을 배분하는 역할을 하는 사람들은 자신들의 결정이 해당 분야의 발전에 큰 영향을 미친다는 사실을 유념해야 한다. 그들의 의사결정에서 가장 중요한 문제는 공공 자원을 어떤 원칙에 따라 배분할 것인가이다. 각 분야의 주류 견해를 형성하고 있는 연구자들에게만 자원이 편중되어 비주류 연구들이 고사된다면, 그 결과 해당 분야 전체의 발전은 저해될 것이다.

B : 과학 연구에 공공 자원을 배분하는 기준으로는 무엇보다 연구 성과가 우선되어야 한다. 객관적으로 드러난 연구 성과가 가장 우수한 연구자에게 자원을 우선 배분하는 것이 공정성에도 부합할 뿐 아니라, 투자의 사회적 효율성도 높일 수 있다.

A : 그와 같은 원칙으로는 한 분야의 주류 연구자들이 자원을 독점하게 될 가능성이 높다. 비주류 연구에서 우수한 연구 성과가 나오는 일은 상대적으로 드물거나 오랜 시간이 걸리기 때문이다. 특정 분야 내에 상충되는 내용을 가진 연구들이 많을수록 그 분야의 발전 가능성도 커진다. 이는 한 연구의 문제점을 파악하는 것이 자체 시각만으로는 쉽지 않으며, 문제가 감지되더라도 다른 연구자의 관점이 개입되어야 그 문제의 성격이 명확히 파악될 수 있다는 것을 뜻한다.

B : 우수한 연구에 자원을 집중하는 것이 효율성 측면에서 바람직하다. 최근의 과학 연구에서는 연구비 규모가 큰 과제일수록 더 우수한 성과를 얻는 경향이 강해지고 있기 때문이다. 과학의 발전을 위해 성과가 저조한 연구자들이 난립하는 것보다 우수한 연구자에게 자원을 집중적으로 투입하는 것이 낫다.

〈보 기〉

ㄱ. 공공 자원을 연구 성과에 따라 배분하지 않으면 도덕적 해이가 발생할 가능성이 커진다는 사실은 A의 주장을 강화한다.

ㄴ. 연구 성과에 대한 평가가 시간이 지나 뒤집히는 경우가 자주 있다는 사실은 B의 주장을 강화한다.

ㄷ. 성과만을 기준으로 연구자들을 차등 대우하면 연구자들의 사기가 저하되어 해당 분야 전체의 발전이 저해된다는 사실은 A의 주장을 강화하지만 B의 주장은 강화하지 않는다.

① ㄴ
② ㄷ
③ ㄱ, ㄴ
④ ㄱ, ㄷ
⑤ ㄱ, ㄴ, ㄷ

문 11. 다음 글에서 알 수 있는 것은?

우리나라 국기인 태극기에는 태극 문양과 4괘가 그려져 있는데, 중앙에 있는 태극 문양은 만물이 음양 조화로 생장한다는 것을 상징한다. 또 태극 문양의 좌측 하단에 있는 이괘는 불, 우측 상단에 있는 감괘는 물, 좌측 상단에 있는 건괘는 하늘, 우측 하단에 있는 곤괘는 땅을 각각 상징한다. 4괘가 상징하는 바는 그것이 처음 만들어질 때부터 오늘날까지 변함이 없다.

태극 문양을 그린 기는 개항 이전에도 조선 수군이 사용한 깃발 등 여러 개가 있는데, 태극 문양과 4괘만 사용한 기는 개항 후에 처음 나타났다. 1882년 5월 조미수호조규 체결을 위한 전권대신으로 임명된 이응준은 회담 장소에 내걸 국기가 없어 곤란해 하다가 회담 직전 태극 문양을 활용해 기를 만들고 그것을 회담장에 걸어두었다. 그 기에 어떤 문양이 담겼는지는 오랫동안 알려지지 않았다. 그런데 2004년 1월 미국 어느 고서점에서 미국 해군부가 조미수호조규 체결 한 달 후에 만든 『해상 국가들의 깃발들』이라는 책이 발견되었다. 이 책에는 이응준이 그린 것으로 짐작되는 '조선의 기'라는 이름의 기가 실려 있다. 그 기의 중앙에는 태극 문양이 있으며 네 모서리에 괘가 하나씩 있는데, 좌측 상단에 감괘, 우측 상단에 건괘, 좌측 하단에 곤괘, 우측 하단에 이괘가 있다.

조선이 국기를 공식적으로 처음 정한 것은 1883년의 일이다. 1882년 9월에 고종은 박영효를 수신사로 삼아 일본에 보내면서, 그에게 조선을 상징하는 기를 만들어 사용해본 다음 귀국하는 즉시 제출하게 했다. 이에 박영효는 태극 문양이 가운데 있고 4개의 모서리에 각각 하나씩 괘가 있는 기를 만들어 사용한 후 그것을 고종에게 바쳤다. 고종은 이를 조선 국기로 채택하고 통리교섭사무아문으로 하여금 각국 공사관에 배포하게 했다. 이 기는 일본에 의해 강제 병합되기까지 국기로 사용되었는데, 언뜻 보기에 『해상 국가들의 깃발들』에 실린 '조선의 기'와 비슷하다. 하지만 자세히 보면 두 기는 서로 다르다. 조선 국기 좌측 상단에 있는 괘가 '조선의 기'에는 우측 상단에 있고, '조선의 기'의 좌측 상단에 있는 괘는 조선 국기의 우측 상단에 있다. 또 조선 국기의 좌측 하단에 있는 괘는 '조선의 기'의 우측 하단에 있고, '조선의 기'의 좌측 하단에 있는 괘는 조선 국기의 우측 하단에 있다.

① 미국 해군부는 통리교섭사무아문이 각국 공사관에 배포한 국기를 『해상 국가들의 깃발들』에 수록하였다.

② 조미수호조규 체결을 위한 회담 장소에서 사용하고자 이응준이 만든 기는 태극 문양이 담긴 최초의 기다.

③ 통리교섭사무아문이 배포한 기의 우측 상단에 있는 괘와 '조선의 기'의 좌측 하단에 있는 괘가 상징하는 것은 같다.

④ 오늘날 태극기의 우측 하단에 있는 괘와 고종이 조선 국기로 채택한 기의 우측 하단에 있는 괘는 모두 땅을 상징한다.

⑤ 박영효가 그린 기의 좌측 상단에 있는 괘는 물을 상징하고 이응준이 그린 기의 좌측 상단에 있는 괘는 불을 상징한다.

문 12. 다음 대화의 빈칸에 들어갈 내용으로 가장 적절한 것은?

갑 : 국회에서 법률들을 제정하거나 개정할 때, 법률에서 조례를 제정하여 시행하도록 위임하는 경우가 있습니다. 그리고 이런 위임에 따라 지방자치단체에서는 조례를 새로 제정하게 됩니다. 각 지방자치단체가 법률의 위임에 따라 몇 개의 조례를 제정했는지 집계하여 '조례 제정 비율'을 계산하는데, 이 지표는 작년에 이어 올해도 지방자치단체의 업무 평가 기준에 포함되었습니다.

을 : 그렇군요. 그 평가 방식이 구체적으로 어떻게 되고, A 시의 작년 평가 결과는 어땠는지 말씀해 주세요.

갑 : 먼저 그 해 1월 1일부터 12월 31일까지 법률에서 조례를 제정하도록 위임한 사항이 몇 건인지 확인한 뒤, 그 중 12월 31일까지 몇 건이나 조례로 제정되었는지로 평가합니다. 작년에는 법률에서 조례를 제정하도록 위임한 사항이 15건이었는데, 그 중 A 시에서 제정한 조례는 9건으로 그 비율은 60%였습니다.

을 : 그러면 올해는 조례 제정 상황이 어떻습니까?

갑 : 1월 1일부터 7월 10일 현재까지 법률에서 조례를 제정하도록 위임한 사항은 10건인데, A 시는 이 중 7건을 조례로 제정하였으며 조례로 제정하기 위하여 입법 예고 중인 것은 2건입니다. 현재 시의회에서 조례로 제정되기를 기다리며 계류 중인 것은 없습니다.

을 : 모든 조례는 입법 예고를 거친 뒤 시의회에서 제정되므로, 현재 입법 예고 중인 2건은 입법 예고 기간이 끝나야만 제정될 수 있겠네요. 이 2건의 제정 가능성은 예상할 수 있나요?

갑 : 어떤 조례는 신속히 제정되기도 합니다. 그러나 때로는 시의회가 계속 파행하기도 하고 의원들의 입장에 차이가 커 공전될 수도 있기 때문에 현재 시점에서 조례 제정 가능성을 단정하기는 어렵습니다.

을 : 그러면 A 시의 조례 제정 비율과 관련하여 알 수 있는 것은 무엇이 있을까요?

갑 : A 시는 ▢▢▢▢▢▢▢

① 현재 조례로 제정하기 위하여 입법 예고가 필요한 것이 1건입니다.

② 올 한 해의 조례 제정 비율이 작년보다 높아집니다.

③ 올 한 해 총 9건의 조례를 제정하게 됩니다.

④ 현재 시점을 기준으로 평가를 받으면 조례 제정 비율이 90%입니다.

⑤ 올 한 해 법률에서 조례를 제정하도록 위임 받은 사항이 작년보다 줄어듭니다.

문 13. 다음 글의 A~C에 대한 판단으로 가장 적절한 것은?

정책 네트워크는 다원주의 사회에서 정책 영역에 따라 실질적인 정책 결정권을 공유하고 있는 집합체이다. 정책 네트워크는 구성원 간의 상호 의존성, 외부로부터 다른 사회 구성원들의 참여 가능성, 의사결정의 합의 효율성, 지속성의 특징을 고려할 때 다음 세 가지 모형으로 분류될 수 있다.

특징 모형	상호 의존성	외부 참여 가능성	합의 효율성	지속성
A	높음	낮음	높음	높음
B	보통	보통	보통	보통
C	낮음	높음	낮음	낮음

A는 의회의 상임위원회, 행정 부처, 이익집단이 형성하는 정책 네트워크로서 안정성이 높아 마치 소정부와 같다. 행정부 수반의 영향력이 작은 정책 분야에서 집중적으로 나타나는 형태이다. A에서는 참여자 간의 결속과 폐쇄적 경계를 강조하며, 배타성이 매우 강해 다른 이익집단의 참여를 철저하게 배제하는 것이 특징이다.

B는 특정 정책과 관련해 이해관계를 같이하는 참여자들로 구성된다. B가 특정 이슈에 대해 유기적인 연계 속에서 기능하면, 전통적인 관료제나 A의 방식보다 더 효과적으로 정책 목표를 달성할 수 있다. B의 주요 참여자는 정치인, 관료, 조직화된 이익집단, 전문가 집단이며, 정책 결정은 주요 참여자 간의 합의와 협력에 의해 일어난다.

C는 특정 이슈를 중심으로 이해관계나 전문성을 가진 이익집단, 개인, 조직으로 구성되고, 참여자는 매우 자율적이고 주도적인 행위자이며 수시로 변경된다. 배타성이 강한 A만으로 정책을 모색하면 정책 결정에 영향을 미칠 수 있는 C와 같은 개방적 참여자들의 네트워크를 놓치기 쉽다. C는 관료제의 영향력이 작고 통제가 약한 분야에서 주로 작동하는데, 참여자가 많아 합의가 어려워 결국 정부가 위원회나 청문회를 활용하여 의견을 조정하려는 경우가 종종 발생한다.

① 외부 참여 가능성이 높은 모형은 관료제의 영향력이 작고 통제가 약한 분야에서 나타나기 쉽다.

② 상호 의존성이 보통인 모형에서는 배타성이 강해 다른 이익집단의 참여를 철저하게 배제한다.

③ 합의 효율성이 높은 모형이 가장 효과적으로 정책 목표를 달성할 수 있다.

④ A에 참여하는 이익집단의 정책 결정 영향력이 B에 참여하는 이익집단의 정책 결정 영향력보다 크다.

⑤ C에서는 참여자의 수가 많아질수록 네트워크의 지속성이 높아진다.

문 14. 다음 글에서 추론할 수 있는 것만을 〈보기〉에서 모두 고르면?

두 입자만으로 이루어지고 이들이 세 가지의 양자 상태 1, 2, 3 중 하나에만 있을 수 있는 계(system)가 있다고 하자. 여기서 양자 상태란 입자가 있을 수 있는 구별 가능한 어떤 상태를 지시하며, 입자는 세 가지 양자 상태 중 하나에 반드시 있어야 한다. 이때 그 계에서 입자들이 어떻게 분포할 수 있는지 경우의 수를 세는 문제는, 각 양자 상태에 대응하는 세 개의 상자 ①②③에 두 입자가 있는 경우의 수를 세는 것과 같다. 경우의 수는 입자들끼리 서로 구별 가능한지와 여러 개의 입자가 하나의 양자 상태에 동시에 있을 수 있는지에 따라 달라진다.

두 입자가 구별 가능하고, 하나의 양자 상태에 여러 개의 입자가 있을 수 있다고 가정하자. 이것을 'MB 방식'이라고 부르며, 두 입자는 각각 a, b로 표시할 수 있다. a가 1의 양자 상태에 있는 경우는 |ab| | |, | a|b| |, | a| |b|의 세 가지이고, a가 2의 양자 상태에 있는 경우와 a가 3의 양자 상태에 있는 경우도 각각 세 가지이다. 그러므로 MB 방식에서 경우의 수는 9이다.

두 입자가 구별되지 않고, 하나의 양자 상태에 여러 개의 입자가 있을 수 있다고 가정하자. 이것을 'BE 방식'이라고 부른다. 이때에는 두 입자 모두 a로 표시하게 되므로 |aa| | |, | |aa| |, | | |aa|, |a|a| |, |a| |a|, | |a|a|가 가능하다. 그러므로 BE 방식에서 경우의 수는 6이다.

두 입자가 구별되지 않고, 하나의 양자 상태에 하나의 입자만 있을 수 있다고 가정하자. 이것을 'FD 방식'이라고 부른다. 여기에서는 BE 방식과 달리 하나의 양자 상태에 두 개의 입자가 동시에 있는 경우는 허용되지 않으므로 |a|a| |, |a| |a|, | |a|a|만 가능하다. 그러므로 FD 방식에서 경우의 수는 3이다.

양자 상태의 가짓수가 다를 때에도 MB, BE, FD 방식 모두 위에서 설명한 대로 입자들이 놓이게 되고, 이때 경우의 수는 달라질 수 있다.

─〈보 기〉─

ㄱ. 두 개의 입자에 대해, 양자 상태가 두 가지이면 BE 방식에서 경우의 수는 2이다.

ㄴ. 두 개의 입자에 대해, 양자 상태의 가짓수가 많아지면 FD 방식에서 두 입자가 서로 다른 양자 상태에 각각 있는 경우의 수는 커진다.

ㄷ. 두 개의 입자에 대해, 양자 상태가 두 가지 이상이면 경우의 수는 BE 방식에서보다 MB 방식에서 언제나 크다.

① ㄱ

② ㄷ

③ ㄱ, ㄴ

④ ㄴ, ㄷ

⑤ ㄱ, ㄴ, ㄷ

문 15. 다음 글에서 추론할 수 있는 것은?

생쥐가 새로운 소리 자극을 받으면 이 자극 신호는 뇌의 시상에 있는 청각시상으로 전달된다. 청각시상으로 전달된 자극 신호는 뇌의 편도에 있는 측핵으로 전달된다. 측핵에 전달된 신호는 편도의 중핵으로 전달되고, 중핵은 신체의 여러 기관에 전달할 신호를 만들어서 반응이 일어나게 한다.

연구자 K는 '공포' 또는 '안정'을 학습시켰을 때 나타나는 신경생물학적 특징을 탐구하기 위해 두 개의 실험을 수행했다.

첫 번째 실험에서 공포를 학습시켰다. 이를 위해 K는 생쥐에게 소리 자극을 준 뒤에 언제나 공포를 일으킬 만한 충격을 가하여, 생쥐에게 이 소리가 충격을 예고한다는 것을 학습시켰다. 이렇게 학습된 생쥐는 해당 소리 자극을 받으면 방어적인 행동을 취했다. 이 생쥐의 경우, 청각시상으로 전달된 소리 자극 신호는 학습을 수행하기 전 상태에서 전달되는 것보다 훨씬 센 강도의 신호로 증폭되어 측핵으로 전달된다. 이 증폭된 강도의 신호는 중핵을 거쳐 신체의 여러 기관에 전달되고 이는 학습된 공포 반응을 일으킨다.

두 번째 실험에서는 안정을 학습시켰다. 이를 위해 K는 다른 생쥐에게 소리 자극을 준 뒤에 항상 어떤 충격도 주지 않아, 생쥐에게 이 소리가 안정을 예고한다는 것을 학습시켰다. 이렇게 학습된 생쥐는 이 소리를 들어도 방어적인 행동을 전혀 취하지 않았다. 이 경우 소리 자극 신호를 받은 청각시상에서 만들어진 신호가 측핵으로 전달되는 것이 억제되기 때문에 측핵에 전달된 신호는 매우 미약해진다. 대신 청각시상은 뇌의 선조체에서 반응을 일으킬 수 있는 자극 신호를 만들어서 선조체에 전달한다. 선조체는 안정 상태와 같은 긍정적이고 좋은 느낌을 느낄 수 있게 하는 것에 관여하는 뇌 영역인데, 선조체에서 반응이 세게 나타나면 안정감을 느끼게 되어 학습된 안정 반응을 일으킨다.

① 중핵에서 만들어진 신호의 세기가 강한 경우에는 학습된 안정 반응이 나타난다.

② 학습된 공포 반응을 일으키지 않는 소리 자극은 선조체에서 약한 반응이 일어나게 한다.

③ 학습된 공포 반응을 일으키는 소리 자극은 청각시상에서 선조체로 전달되는 자극 신호를 억제한다.

④ 학습된 안정 반응을 일으키는 청각시상에서 받는 소리 자극 신호는 학습된 공포 반응을 일으키는 청각시상에서 받는 소리 자극 신호보다 약하다.

⑤ 학습된 안정 반응을 일으키는 경우와 학습된 공포 반응을 일으키는 경우 모두, 청각시상에서 측핵으로 전달되는 신호의 세기가 학습하기 전과 달라진다.

문 16. 다음 글의 빈칸에 들어갈 내용으로 가장 적절한 것은?

민간 문화 교류 증진을 목적으로 열리는 국제 예술 공연의 개최가 확정되었다. 이번 공연이 민간 문화 교류 증진을 목적으로 열린다면, 공연 예술단의 수석대표는 정부 관료가 맡아서는 안 된다. 만일 공연이 민간 문화 교류 증진을 목적으로 열리고 공연 예술단의 수석대표는 정부 관료가 맡아서는 안 된다면, 공연 예술단의 수석대표는 고전음악 지휘자나 대중음악 제작자가 맡아야 한다. 현재 정부 관료 가운데 고전음악 지휘자나 대중음악 제작자는 없다. 예술단에 수석대표는 반드시 있어야 하며 두 사람 이상이 공동으로 맡을 수도 있다. 전체 세대를 아우를 수 있는 사람이 아니라면 수석대표를 맡아서는 안 된다. 전체 세대를 아우를 수 있는 사람이 극히 드물기에, 위에 나열된 조건을 다 갖춘 사람은 모두 수석대표를 맡는다.

누가 공연 예술단의 수석대표를 맡을 것인가와 더불어, 참가하는 예술인이 누구인가도 많은 관심의 대상이다. 그런데 아이돌 그룹 A가 공연 예술단에 참가하는 것은 분명하다. 왜냐하면 만일 갑이나 을이 수석대표를 맡는다면 A가 공연 예술단에 참가하는데, ☐☐☐☐☐☐ 때문이다.

① 갑은 고전음악 지휘자이며 전체 세대를 아우를 수 있기

② 갑이나 을은 대중음악 제작자 또는 고전음악 지휘자이기

③ 갑과 을은 둘 다 정부 관료가 아니며 전체 세대를 아우를 수 있기

④ 을이 대중음악 제작자가 아니라면 전체 세대를 아우를 수 없을 것이기

⑤ 대중음악 제작자나 고전음악 지휘자라면 누구나 전체 세대를 아우를 수 있기

문 17. 다음 글의 내용이 참일 때, 반드시 참인 것만을 〈보기〉에서 모두 고르면?

A기술원 해수자원화기술 연구센터는 2014년 세계 최초로 해수전지 원천 기술을 개발한 바 있다. 연구센터는 해수전지 상용화를 위한 학술대회를 열었는데 학술대회로 연구원들이 자리를 비운 사이 누군가 해수전지 상용화를 위한 핵심 기술이 들어 있는 기밀 자료를 훔쳐 갔다. 경찰은 수사 끝에 바다, 다은, 은경, 경아를 용의자로 지목해 학술대회 당일의 상황을 물으며 이들을 심문했는데 이들의 답변은 아래와 같았다.

바다 : 학술대회에서 발표된 상용화 아이디어 중 적어도 하나는 학술대회에 참석한 모든 사람들의 관심을 받았어요. 다은은 범인이 아니에요.
다은 : 학술대회에 참석한 사람들은 누구나 학술대회에서 발표된 하나 이상의 상용화 아이디어에 관심을 가졌어요. 범인은 은경이거나 경아예요.
은경 : 학술대회에 참석한 몇몇 사람은 학술대회에서 발표된 상용화 아이디어 중 적어도 하나에 관심이 있었어요. 경아는 범인이 아니에요.
경아 : 학술대회에 참석한 모든 사람들이 어떤 상용화 아이디어에도 관심이 없었어요. 범인은 바다예요.

수사 결과 이들은 각각 참만을 말하거나 거짓만을 말한 것으로 드러났다. 그리고 네 명 중 한 명만 범인이었다는 것이 밝혀졌다.

〈보 기〉

ㄱ. 바다와 은경의 말이 모두 참일 수 있다.
ㄴ. 다은과 은경의 말이 모두 참인 것은 가능하지 않다.
ㄷ. 용의자 중 거짓말한 사람이 단 한 명이면, 은경이 범인이다.

① ㄱ
② ㄴ
③ ㄱ, ㄷ
④ ㄴ, ㄷ
⑤ ㄱ, ㄴ, ㄷ

문 18. 다음 글의 내용이 참일 때, 반드시 참인 것만을 〈보기〉에서 모두 고르면?

최근 두 주 동안 직원들은 다음 주에 있을 연례 정책 브리핑을 준비해 왔다. 브리핑의 내용과 진행에 관해 알려진 바는 다음과 같다. 개인건강정보 관리 방식 변경에 관한 가안이 정책제안에 포함된다면, 보건정보의 공적 관리에 관한 가안도 정책제안에 포함될 것이다. 그리고 정책제안을 위해 구성되었던 국민건강 2025팀이 재편된다면, 앞에서 언급한 두 개의 가안이 모두 정책제안에 포함될 것이다. 개인건강정보 관리 방식 변경에 관한 가안이 정책제안에 포함되고 국민건강 2025팀 리더인 최팀장이 다음 주 정책 브리핑을 총괄한다면, 프레젠테이션은 국민건강 2025팀의 팀원인 손공정씨가 맡게 될 것이다. 그런데 보건정보의 공적 관리에 관한 가안이 정책제안에 포함될 경우, 국민건강 2025팀이 재편되거나 다음 주 정책 브리핑을 위해 준비한 보도자료가 대폭 수정될 것이다. 한편, 직원들 사이에서는, 최팀장이 다음 주 정책 브리핑을 총괄하면 팀원 손공정씨가 프레젠테이션을 담당한다는 말이 돌았는데 그 말은 틀린 것으로 밝혀졌다.

〈보 기〉

ㄱ. 개인건강정보 관리 방식 변경에 관한 가안과 보건정보의 공적 관리에 관한 가안 중 어느 것도 정책제안에 포함되지 않는다.
ㄴ. 국민건강 2025팀은 재편되지 않고, 이 팀의 최팀장이 다음 주 정책 브리핑을 총괄한다.
ㄷ. 보건정보의 공적 관리에 관한 가안이 정책제안에 포함된다면, 다음 주 정책 브리핑을 위해 준비한 보도자료가 대폭 수정될 것이다.

① ㄱ
② ㄴ
③ ㄱ, ㄷ
④ ㄴ, ㄷ
⑤ ㄱ, ㄴ, ㄷ

문 19. 다음 글의 내용이 참일 때, 반드시 참인 것은?

A, B, C, D를 포함해 총 8명이 학회에 참석했다. 이들에 관해서 알려진 정보는 다음과 같다.

- 아인슈타인 해석, 많은 세계 해석, 코펜하겐 해석, 보른 해석 말고도 다른 해석들이 있고, 학회에 참석한 이들은 각각 하나의 해석만을 받아들인다.
- 상태 오그라듦 가설을 받아들이는 이들은 모두 5명이고, 나머지는 이 가설을 받아들이지 않는다.
- 상태 오그라듦 가설을 받아들이는 이들은 코펜하겐 해석이나 보른 해석을 받아들인다.
- 코펜하겐 해석이나 보른 해석을 받아들이는 이들은 상태 오그라듦 가설을 받아들인다.
- B는 코펜하겐 해석을 받아들이고, C는 보른 해석을 받아들인다.
- A와 D는 상태 오그라듦 가설을 받아들인다.
- 아인슈타인 해석을 받아들이는 이가 있다.

① 적어도 한 명은 많은 세계 해석을 받아들인다.
② 만일 보른 해석을 받아들이는 이가 두 명이면, A와 D가 받아들이는 해석은 다르다.
③ 만일 A와 D가 받아들이는 해석이 다르다면, 적어도 두 명은 코펜하겐 해석을 받아들인다.
④ 만일 오직 한 명만이 많은 세계 해석을 받아들인다면, 아인슈타인 해석을 받아들이는 이는 두 명이다.
⑤ 만일 코펜하겐 해석을 받아들이는 이가 세 명이면, A와 D 가운데 적어도 한 명은 보른 해석을 받아들인다.

문 20. 다음 글의 〈실험 결과〉에서 추론할 수 있는 것은?

연구자 K는 동물의 뇌 구조 변화가 일어나는 방식을 규명하기 위해 다음의 실험을 수행했다. 실험용 쥐를 총 세 개의 실험군으로 나누었다. 실험군1의 쥐에게는 운동은 최소화하면서 학습을 시키는 '학습 위주 경험'을 하도록 훈련시켰다. 실험군2의 쥐에게는 특별한 기술을 학습할 필요 없이 수행할 수 있는 쳇바퀴 돌리기를 통해 '운동 위주 경험'을 하도록 훈련시켰다. 실험군3의 쥐에게는 어떠한 학습이나 운동도 시키지 않았다.

〈실험 결과〉
- 뇌 신경세포 한 개당 시냅스의 수는 실험군1의 쥐에서 크게 증가했고 실험군2와 3의 쥐에서는 거의 변하지 않았다.
- 뇌 신경세포 한 개당 모세혈관의 수는 실험군2의 쥐에서 크게 증가했고 실험군1과 3의 쥐에서는 거의 변하지 않았다.
- 실험군1의 쥐에서는 대뇌 피질의 지각 영역에서 구조 변화가 나타났고, 실험군2의 쥐에서는 대뇌 피질의 운동 영역과 더불어 운동 활동을 조절하는 소뇌에서 구조 변화가 나타났다. 실험군3의 쥐에서는 뇌 구조 변화가 거의 나타나지 않았다.

① 대뇌 피질의 구조 변화는 학습 위주 경험보다 운동 위주 경험에 더 큰 영향을 받는다.
② 학습 위주 경험은 뇌의 신경세포당 시냅스의 수에, 운동 위주 경험은 뇌의 신경세포당 모세혈관의 수에 영향을 미친다.
③ 학습 위주 경험과 운동 위주 경험은 뇌의 특정 부위에 있는 신경세포의 수를 늘려 그 부위의 뇌 구조를 변하게 한다.
④ 특정 형태의 경험으로 인해 뇌의 특정 영역에 발생한 구조 변화가 뇌의 신경세포당 모세혈관 또는 시냅스의 수를 변화시킨다.
⑤ 뇌가 영역별로 특별한 구조를 갖는 것이 그 영역에서 신경세포당 모세혈관 또는 시냅스의 수를 변화시켜 특정 형태의 경험을 더 잘 수행할 수 있게 한다.

문 21. 다음 글의 〈실험 결과〉에 대한 판단으로 적절한 것만을 〈보기〉에서 모두 고르면?

박쥐 X가 잡아먹을 수컷 개구리의 위치를 찾기 위해 사용하는 방법에는 두 가지가 있다. 하나는 수컷 개구리의 울음소리를 듣고 위치를 찾아내는 '음탐지' 방법이다. 다른 하나는 X가 초음파를 사용하여, 울음소리를 낼 때 커졌다 작아졌다 하는 울음주머니의 움직임을 포착하여 위치를 찾아내는 '초음파탐지' 방법이다. 울음주머니의 움직임이 없으면 이 방법으로 수컷 개구리의 위치를 찾을 수 없다.

〈실 험〉

한 과학자가 수컷 개구리를 모방한 두 종류의 로봇개구리를 제작했다. 로봇개구리 A는 수컷 개구리의 울음소리를 내고, 커졌다 작아졌다 하는 울음주머니도 가지고 있다. 로봇개구리 B는 수컷 개구리의 울음소리만 내고, 커졌다 작아졌다 하는 울음주머니는 없다. 같은 수의 A 또는 B를 크기는 같지만 서로 다른 환경의 세 방 안에 같은 위치에 두었다. 세 방의 환경은 다음과 같다.

· 방1 : 로봇개구리 소리만 들리는 환경
· 방2 : 로봇개구리 소리뿐만 아니라, 로봇개구리가 있는 곳과 다른 위치에서 로봇개구리 소리와 같은 소리가 추가로 들리는 환경
· 방3 : 로봇개구리 소리뿐만 아니라, 로봇개구리가 있는 곳과 다른 위치에서 로봇개구리 소리와 전혀 다른 소리가 추가로 들리는 환경

각 방에 같은 수의 X를 넣고 실제로 로봇개구리를 잡아먹기 위해 공격하는 데 걸리는 평균 시간을 측정했다. X가 로봇개구리의 위치를 빨리 알아낼수록 공격하는 데 걸리는 시간은 짧다.

〈실험 결과〉

· 방1 : A를 넣은 경우는 3.4초였고 B를 넣은 경우는 3.3초로 둘 사이에 유의미한 차이는 없었다.
· 방2 : A를 넣은 경우는 8.2초였고 B를 넣은 경우는 공격하지 않았다.
· 방3 : A를 넣은 경우는 3.4초였고 B를 넣은 경우는 3.3초로 둘 사이에 유의미한 차이는 없었다.

〈보 기〉

ㄱ. 방1과 2의 〈실험 결과〉는, X가 음탐지 방법이 방해를 받는 환경에서는 초음파탐지 방법을 사용한다는 가설을 강화한다.
ㄴ. 방2와 3의 〈실험 결과〉는, X가 소리의 종류를 구별할 수 있다는 가설을 강화한다.
ㄷ. 방1과 3의 〈실험 결과〉는, 수컷 개구리의 울음소리와 전혀 다른 소리가 들리는 환경에서는 X가 초음파탐지 방법을 사용한다는 가설을 강화한다.

① ㄱ
② ㄷ
③ ㄱ, ㄴ
④ ㄴ, ㄷ
⑤ ㄱ, ㄴ, ㄷ

문 22. 다음 글에 대한 분석으로 적절한 것만을 〈보기〉에서 모두 고르면?

'자연화'란 자연과학의 방법론에 따라 자연과학이 수용하는 존재론을 토대 삼아 연구를 수행한다는 의미이다. 심리학을 자연과학의 하나라고 생각하는 철학자 A는, 인식론의 자연화를 주장하기 위해 다음의 〈논증〉을 제시하였다.

〈논 증〉

(1) 전통적 인식론은 적어도 다음의 두 가지 목표를 가진다. 첫째, 세계에 관한 믿음을 정당화하는 것이고, 둘째, 세계에 관한 믿음을 나타내는 문장을 감각 경험을 나타내는 문장으로 번역하는 것이다.
(2) 전통적 인식론은 첫째 목표도 달성할 수 없고 둘째 목표도 달성할 수 없다.
(3) 만약 전통적 인식론이 이 두 가지 목표 중 어느 하나라도 달성할 수가 없다면, 전통적 인식론은 폐기되어야 한다.
(4) 전통적 인식론은 폐기되어야 한다.
(5) 만약 전통적 인식론이 폐기되어야 한다면, 인식론자는 전통적 인식론 대신 심리학을 연구해야 한다.
(6) 인식론자는 전통적 인식론 대신 심리학을 연구해야 한다.

〈보 기〉

ㄱ. 전통적 인식론의 목표에 (1)의 '두 가지 목표' 외에 "세계에 관한 믿음이 형성되는 과정을 규명하는 것"이 추가된다면, 위 논증에서 (6)은 도출되지 않는다.
ㄴ. (2)를 "전통적 인식론은 첫째 목표를 달성할 수 없거나 둘째 목표를 달성할 수 없다."로 바꾸어도 위 논증에서 (6)이 도출된다.
ㄷ. (4)는 논증 안의 어떤 진술들로부터 나오는 결론일 뿐만 아니라 논증 안의 다른 진술의 전제이기도 하다.

① ㄱ
② ㄷ
③ ㄱ, ㄴ
④ ㄴ, ㄷ
⑤ ㄱ, ㄴ, ㄷ

문 23. 다음 글에 대한 분석으로 적절한 것만을 〈보기〉에서 모두 고르면?

어떤 사람이 당신에게 다음과 같이 제안했다고 하자. 당신은 호화 여행을 즐기게 된다. 다만 먼저 10만 원을 내야 한다. 여기에 하나의 추가 조건이 있다. 그것은 제안자의 말인 아래의 (1)이 참이면 그는 10만 원을 돌려주지 않고 약속대로 호화 여행은 제공하는 반면, (1)이 거짓이면 그는 10만 원을 돌려주고 약속대로 호화 여행도 제공한다는 것이다.

(1) 나는 당신에게 10만 원을 돌려주거나 ⓐ 당신은 나에게 10억 원을 지불한다.

당신은 이 제안을 받아들였고 10만 원을 그에게 주었다.

이때 어떤 결과가 따를지 검토해 보자. (1)은 참이거나 거짓일 것이다. (1)이 거짓이라고 가정해 보자. 그러면 추가 조건에 따라 그는 당신에게 10만 원을 돌려준다. 또한 가정상 (1)이 거짓이므로, ㉠ 그는 당신에게 10만 원을 돌려주지 않는다. 결국 (1)이 거짓이라고 가정하면 그는 당신에게 10만 원을 돌려준다는 것과 돌려주지 않는다는 것이 모두 성립한다. 이는 가능하지 않다. 따라서 ㉡ (1)은 참일 수밖에 없다. 그런데 (1)이 참이라면 추가 조건에 따라 그는 당신에게 10만 원을 돌려주지 않는다. 따라서 ⓐ가 반드시 참이어야 한다. 즉, ㉢ 당신은 그에게 10억 원을 지불한다.

〈보 기〉

ㄱ. ㉠을 추론하는 데는 'A이거나 B'의 형식을 가진 문장이 거짓이면 A도 B도 모두 반드시 거짓이라는 원리가 사용되었다.

ㄴ. ㉡을 추론하는 데는 어떤 가정 하에서 같은 문장의 긍정과 부정이 모두 성립하는 경우 그 가정의 부정은 반드시 참이라는 원리가 사용되었다.

ㄷ. ㉢을 추론하는 데는 'A이거나 B'라는 형식의 참인 문장에서 A가 거짓인 경우 B는 반드시 참이라는 원리가 사용되었다.

① ㄱ
② ㄷ
③ ㄱ, ㄴ
④ ㄴ, ㄷ
⑤ ㄱ, ㄴ, ㄷ

문 24. 다음 글의 ㉠과 ㉡에 대한 평가로 적절한 것만을 〈보기〉에서 모두 고르면?

연역과 귀납, 이 두 종류의 방법은 지적 작업에서 사용될 수 있는 모든 추론을 포괄한다. 철학과 과학을 비롯한 모든 지적 작업에 연역적 방법이 필수적이라는 것을 부정하는 사람은 아무도 없다. 귀납적 방법의 경우 사정은 크게 다르다. 귀납적 방법이 철학적 작업에 들어설 여지가 없다고 믿는 사람이 있는가 하면, 한 걸음 더 나아가 어떠한 지적 작업에도 귀납적 방법이 불필요하다고 주장하는 사람들도 있다.

㉠ 귀납적 방법이 철학이라는 지적 작업에서 불필요하다는 견해는 독단적인 철학관에 근거한다. 이런 견해에 따르면 철학적 주장의 정당성은 선험적인 것으로, 경험적 지식을 확장하기 위해 사용되는 귀납적 방법에 의존할 수 없다. 그러나 이런 견해는 철학적 주장이 경험적 가설에 의존해서는 안 된다는 부당하게 편협한 철학관과 '귀납적 방법'의 모호성을 딛고 서 있다. 실제로 철학사에 나타나는 목적론적 신 존재 증명이나 외부 세계의 존재에 관한 형이상학적 논증 가운데는 귀납적 방법인 유비 논증과 귀추법을 교묘히 적용하고 있는 것도 있다.

㉡ 모든 지적 작업에서 귀납적 방법의 필요성을 부정하는 견해는 중요한 철학적 성과를 낳기도 하였다. 포퍼의 철학이 그런 사례 가운데 하나이다. 포퍼는 귀납적 방법의 정당화 가능성에 관한 회의적 결론을 받아들이고, 과학의 탐구가 귀납적 방법으로 진행된다는 견해는 근거가 없음을 보인다. 그에 따르면, 과학의 탐구 과정은 연역 논리 법칙에 따라 전개되는 추측과 반박의 작업으로 이루어진다. 이런 포퍼의 이론은 귀납적 방법의 필요성에 대한 전면적인 부정이 낳을 수 있는 흥미로운 결과 가운데 하나라고 할 수 있다.

〈보 기〉

ㄱ. 과학의 탐구가 귀납적 방법에 의해 진행된다는 주장은 ㉠을 반박한다.

ㄴ. 철학의 일부 논증에서 귀추법의 사용이 불가피하다는 주장은 ㉡을 반박한다.

ㄷ. 연역 논리와 경험적 가설 모두에 의존하는 지적 작업이 있다는 주장은 ㉠과 ㉡을 모두 반박한다.

① ㄱ
② ㄴ
③ ㄱ, ㄷ
④ ㄴ, ㄷ
⑤ ㄱ, ㄴ, ㄷ

문 25. 다음 글의 갑~병에 대한 판단으로 적절한 것만을 〈보기〉에서 모두 고르면?

> 다음 두 삼단논법을 보자.
> (1) 모든 춘천시민은 강원도민이다.
>   모든 강원도민은 한국인이다.
>   따라서 모든 춘천시민은 한국인이다.
> (2) 모든 수학 고득점자는 우등생이다.
>   모든 과학 고득점자는 우등생이다.
>   따라서 모든 수학 고득점자는 과학 고득점자이다.
>
> (1)은 타당한 삼단논법이지만 (2)는 부당한 삼단논법이다. 하지만 어떤 사람들은 (2)도 타당한 논증이라고 잘못 판단한다. 왜 이런 오류가 발생하는지 설명하기 위해 세 가지 입장이 제시되었다.
>
> 갑 : 사람들은 '모든 A는 B이다'를 '모든 B는 A이다'로 잘못 바꾸는 경향이 있다. '어떤 A도 B가 아니다'나 '어떤 A는 B이다'라는 형태에서는 A와 B의 자리를 바꾸더라도 아무런 문제가 없다. 하지만 '모든 A는 B이다'라는 형태에서는 A와 B의 자리를 바꾸면 논리적 오류가 생겨난다.
> 을 : 사람들은 '모든 A는 B이다'를 약한 의미로 이해해야 하는데도 강한 의미로 이해하는 잘못을 저지르는 경향이 있다. 여기서 약한 의미란 그것을 'A는 B에 포함된다'로 이해하는 것이고, 강한 의미란 그것을 'A는 B에 포함되고 또한 B는 A에 포함된다'는 뜻에서 'A와 B가 동일하다'로 이해하는 것이다.
> 병 : 사람들은 전제가 모두 '모든 A는 B이다'라는 형태의 명제로 이루어진 것일 경우에는 결론도 그런 형태이기만 하면 타당하다고 생각하고, 전제 가운데 하나가 '어떤 A는 B이다'라는 형태의 명제로 이루어진 것일 경우에는 결론도 그런 형태이기만 하면 타당하다고 생각하는 경향이 있다.

> ─────── 〈보 기〉 ───────
>
> ㄱ. 대다수의 사람이 "어떤 과학자는 운동선수이다. 어떤 철학자도 과학자가 아니다."라는 전제로부터 "어떤 철학자도 운동선수가 아니다."를 타당하게 도출할 수 있는 결론이라고 응답했다는 심리 실험 결과는 갑에 의해 설명된다.
> ㄴ. 대다수의 사람이 "모든 적색 블록은 구멍이 난 블록이다. 모든 적색 블록은 삼각 블록이다."라는 전제로부터 "모든 구멍이 난 블록은 삼각 블록이다."를 타당하게 도출할 수 있는 결론이라고 응답했다는 심리 실험 결과는 을에 의해 설명된다.
> ㄷ. 대다수의 사람이 "모든 물리학자는 과학자이다. 어떤 컴퓨터 프로그래머는 과학자이다."라는 전제로부터 "어떤 컴퓨터 프로그래머는 물리학자이다."를 타당하게 도출할 수 있는 결론이라고 응답했다는 심리 실험 결과는 병에 의해 설명된다.

① ㄱ
② ㄷ
③ ㄱ, ㄴ
④ ㄴ, ㄷ
⑤ ㄱ, ㄴ, ㄷ

CHAPTER 05

2021년 민간경력자 PSAT 기출문제 자료해석

문 1. 다음 〈표〉는 2021년 우리나라 17개 지역의 도시재생사업비이다. 이에 대한 〈보기〉의 설명 중 옳은 것만을 모두 고르면?

〈표〉 지역별 도시재생사업비

(단위 : 억 원)

지역	사업비
서울	160
부산	240
대구	200
인천	80
광주	160
대전	160
울산	120
세종	0
경기	360
강원	420
충북	300
충남	320
전북	280
전남	320
경북	320
경남	440
제주	120
전체	( )

─── 〈보 기〉 ───

ㄱ. 부산보다 사업비가 많은 지역은 8개이다.
ㄴ. 사업비 상위 2개 지역의 사업비 합은 사업비 하위 4개 지역의 사업비 합의 2배 이상이다.
ㄷ. 사업비가 전체 사업비의 10% 이상인 지역은 2개이다.

① ㄱ
② ㄷ
③ ㄱ, ㄴ
④ ㄴ, ㄷ
⑤ ㄱ, ㄴ, ㄷ

문 2. 다음 〈표〉는 전분기 대비 2분기의 권역별 지역경제 동향을 부문별로 정리한 자료이다. 이에 대한 〈보고서〉의 내용이 〈표〉와 부합하지 않는 부문은?

〈표〉 전분기 대비 2분기의 권역별 지역경제 동향

부문 \ 권역	수도권	동남권	충청권	호남권	대경권	강원권	제주권
제조업 생산	▲	−	▲	▲	▲	−	▽
서비스업 생산	−	▽	−	▽	−	−	▲
소비	▲	▽	−	−	−	−	−
설비투자	▲	−	▲	▲	▲	−	−
건설투자	−	▲	▽	▽	−	▽	▽
수출	▲	▽	▲	▲	▲	▲	−

※ 전분기 대비 경제동향은 ▲(증가), −(보합), ▽(감소)로만 구분됨

─── 〈보고서〉 ───

제조업 생산은 수도권과 충청권, 호남권, 대경권이 '증가'이고, 동남권 및 강원권이 '보합', 제주권이 '감소'였다. 서비스업 생산은 제주권이 '증가'이고, 동남권과 호남권이 '감소'인 가운데 나머지 권역이 '보합'이었다. 소비는 수도권이 '증가'이고 동남권이 '감소'였으며, 나머지 권역의 소비는 모두 '보합'이었다. 설비투자는 수도권과 충청권, 호남권, 대경권이 '증가'이고 나머지 권역이 '보합'이었다. 건설투자는 동남권만 '증가'인 반면, 수출은 동남권을 제외한 모든 권역이 '증가'였다.

① 제조업 생산
② 서비스업 생산
③ 소비
④ 건설투자
⑤ 수출

문 3. 다음 〈표〉는 2014~2018년 독립유공자 포상 인원에 관한 자료이다. 이에 대한 〈보기〉의 설명 중 옳은 것만을 모두 고르면?

〈표〉 연도별 독립유공자 포상 인원

(단위 : 명)

훈격 연도	전체	건국 훈장	독립장	애국장	애족장	건국 포장	대통령 표창
2014	341(10)	266(2)	4(0)	111(1)	151(1)	30(2)	45(6)
2015	510(21)	326(3)	2(0)	130(0)	194(3)	74(5)	110(13)
2016	312(14)	204(4)	0(0)	87(0)	117(4)	36(2)	72(8)
2017	269(11)	152(8)	1(0)	43(0)	108(8)	43(1)	74(2)
2018	355(60)	150(11)	0(0)	51(2)	99(9)	51(9)	154(40)

※ ( )안은 포상 인원 중 여성 포상 인원임

〈보 기〉

ㄱ. 여성 건국훈장 포상 인원은 매년 증가한다.
ㄴ. 매년 건국훈장 포상 인원은 전체 포상 인원의 절반 이상이다.
ㄷ. 남성 애국장 포상 인원과 남성 애족장 포상 인원의 차이가 가장 큰 해는 2015년이다.
ㄹ. 건국포장 포상 인원 중 여성 비율이 가장 낮은 해에는 대통령표창 포상 인원 중 여성 비율도 가장 낮다.

① ㄱ, ㄴ
② ㄱ, ㄹ
③ ㄴ, ㄷ
④ ㄱ, ㄷ, ㄹ
⑤ ㄴ, ㄷ, ㄹ

문 4. 다음 〈표〉는 2020년 '갑'국 관세청의 민원 상담 현황에 관한 자료이고, 〈그림〉은 상담내용 A와 B의 민원인별 상담건수 구성비를 나타낸 자료이다. 이를 근거로 A와 B를 바르게 나열한 것은?

〈표〉 2020년 민원 상담 현황

(단위 : 건)

민원인 상담 내용	관세사	무역 업체	개인	세관	선사/ 항공사	기타	합계
전산처리	24,496	63,475	48,658	1,603	4,851	4,308	147,391
수입	24,857	5,361	4,290	7,941	400	664	43,513
사전검증	22,228	5,179	1,692	241	2,247	3,586	35,173
징수	9,948	5,482	3,963	3,753	182	476	23,804
요건신청	4,944	12,072	380	37	131	251	17,815
수출	6,678	4,196	3,053	1,605	424	337	16,293
화물	3,846	896	36	3,835	2,619	3,107	14,339
환급	3,809	1,040	79	1,815	13	101	6,857

〈그림〉 상담내용 A와 B의 민원인별 상담건수 구성비(2020년)

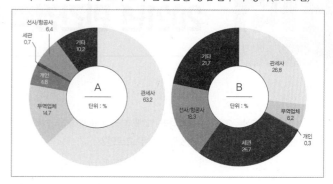

	A	B
①	수입	요건신청
②	사전검증	화물
③	사전검증	환급
④	환급	요건신청
⑤	환급	화물

문 5. 다음 〈표〉는 '갑'잡지가 발표한 세계 스포츠 구단 중 2020년 가치액 기준 상위 10개 구단에 관한 자료이다. 이에 대한 〈보기〉의 설명 중 옳은 것만을 모두 고르면?

〈표〉 2020년 가치액 상위 10개 스포츠 구단

(단위 : 억 달러)

순위	구단	종목	가치액
1(1)	A	미식축구	58(58)
2(2)	B	야구	50(50)
3(5)	C	농구	45(39)
4(8)	D	농구	44(36)
5(9)	E	농구	42(33)
6(3)	F	축구	41(42)
7(7)	G	미식축구	40(37)
8(4)	H	축구	39(41)
9(11)	I	미식축구	37(31)
10(6)	J	축구	36(38)

※ ( )안은 2019년도 값임

〈보 기〉

ㄱ. 2020년 상위 10개 스포츠 구단 중 전년보다 순위가 상승한 구단이 순위가 하락한 구단보다 많다.
ㄴ. 2020년 상위 10개 스포츠 구단 중 미식축구 구단 가치액 합은 농구 구단 가치액 합보다 크다.
ㄷ. 2020년 상위 10개 스포츠 구단 중 전년 대비 가치액 상승률이 가장 큰 구단의 종목은 미식축구이다.
ㄹ. 연도별 상위 10개 스포츠 구단의 가치액 합은 2019년이 2020년보다 크다.

① ㄱ, ㄴ
② ㄱ, ㄹ
③ ㄷ, ㄹ
④ ㄱ, ㄴ, ㄷ
⑤ ㄴ, ㄷ, ㄹ

문 6. 다음 〈표〉와 〈보고서〉는 A시 청년의 희망직업 취업 여부에 관한 조사 결과이다. 제시된 〈표〉 이외에 〈보고서〉를 작성하기 위해 추가로 이용한 자료만을 〈보기〉에서 모두 고르면?

〈표〉 전공계열별 희망직업 취업 현황

(단위: 명, %)

구분 \ 전공계열	전체	인문 사회계열	이공계열	의약/교육 /예체능계열
취업자 수	2,988	1,090	1,054	844
희망직업 취업률	52.3	52.4	43.0	63.7
희망직업 외 취업률	47.7	47.6	57.0	36.3

─── 〈보고서〉 ───

　A시의 취업한 청년 2,988명을 대상으로 조사한 결과 52.3%가 희망직업에 취업했다고 응답하였다. 전공계열별로 살펴보면 의약/교육/예체능계열, 인문사회계열, 이공계열 순으로 희망직업 취업률이 높게 나타났다.

　전공계열별로 희망직업을 선택한 동기를 살펴보면 이공계열과 의약/교육/예체능계열의 경우 '전공분야'라고 응답한 비율이 각각 50.3%와 49.9%였고, 인문사회계열은 그 비율이 33.3%였다. 전공계열별 희망직업의 선호도 분포를 분석한 결과, 인문사회계열은 '경영', 이공계열은 '연구직', 그리고 의약/교육/예체능계열은 '보건·의료·교육'에 대한 선호도가 가장 높았다.

　한편, 전공계열별로 희망직업에 취업한 청년과 희망직업 외에 취업한 청년의 직장만족도를 살펴보면 차이가 가장 큰 계열은 이공계열로 0.41점이었다.

─── 〈보 기〉 ───

ㄱ. 구인·구직 추이

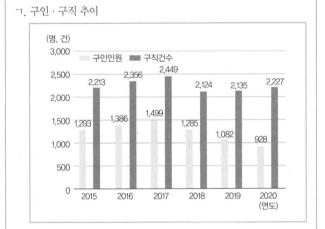

ㄴ. 전공계열별 희망직업 선호도 분포

(단위: %)

희망직업 \ 전공계열	전체	인문사회 계열	이공계열	의약/교육/ 예체능계열
경영	24.2	47.7	15.4	5.1
연구직	19.8	1.9	52.8	1.8
보건· 의료·교육	33.2	28.6	14.6	62.2
예술·스포츠	10.7	8.9	4.2	21.2
여행·요식	8.7	12.2	5.5	8.0
생산· 농림어업	3.4	0.7	7.5	1.7

ㄷ. 전공계열별 희망직업 선택 동기 구성비

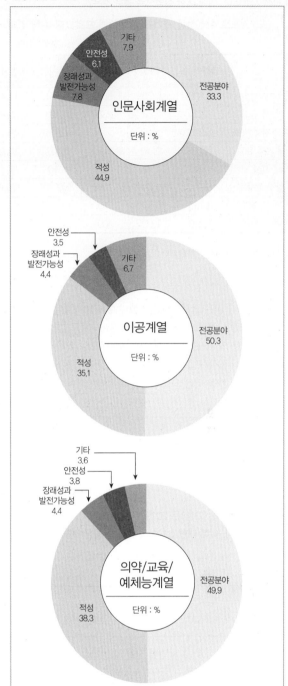

ㄹ. 희망직업 취업여부에 따른 항목별 직장 만족도(5점 만점)

(단위: 점)

희망직업 취업여부 \ 항목	업무내용	소득	고용안정
전체	3.72	3.57	3.28
희망직업 취업	3.83	3.70	3.35
희망직업 외 취업	3.59	3.42	3.21

① ㄱ, ㄷ
② ㄱ, ㄹ
③ ㄴ, ㄷ
④ ㄱ, ㄴ, ㄹ
⑤ ㄴ, ㄷ, ㄹ

문 7.   다음 〈표〉는 A프로세서 성능 평가를 위한 8개 프로그램 수행 결과에 관한 자료이다. 이에 대한 설명으로 옳은 것은?

〈표〉 A프로세서 성능 평가를 위한 8개 프로그램 수행 결과

(단위: 십억 개, 초)

항목 프로그램	명령어 수	CPI	수행시간	기준시간	성능지표
숫자 정렬	2,390	0.70	669	9,634	14.4
문서 편집	221	2.66	235	9,120	38.8
인공지능 바둑	1,274	1.10	( )	10,490	18.7
유전체 분석	2,616	0.60	628	9,357	14.9
인공지능 체스	1,948	0.80	623	12,100	19.4
양자 컴퓨팅	659	0.44	116	20,720	178.6
영상 압축	3,793	0.50	759	22,163	29.2
내비게이션	1,250	1.00	500	7,020	( )

※ 1) CPI(clock cycles per instruction) = $\dfrac{\text{클럭 사이클 수}}{\text{명령어 수}}$

   2) 성능지표 = $\dfrac{\text{기준시간}}{\text{수행시간}}$

① 명령어 수가 많은 프로그램일수록 수행시간이 길다.
② CPI가 가장 낮은 프로그램은 기준시간이 가장 길다.
③ 수행시간은 인공지능 바둑이 내비게이션보다 짧다.
④ 기준시간이 짧은 프로그램일수록 클럭 사이클 수가 적다.
⑤ 성능지표가 가장 낮은 프로그램은 내비게이션이다.

문 8.   다음 〈표〉와 〈그림〉은 2019년 '갑'국의 A~J 지역별 산불피해 현황에 관한 자료이다. 이에 대한 〈보기〉의 설명 중 옳은 것만을 모두 고르면?

〈표〉 A~J 지역별 산불 발생건수

(단위: 건)

지역	A	B	C	D	E	F	G	H	I	J
산불 발생건수	516	570	350	277	197	296	492	623	391	165

〈그림 1〉 A~J 지역별 산불 발생건수 및 피해액

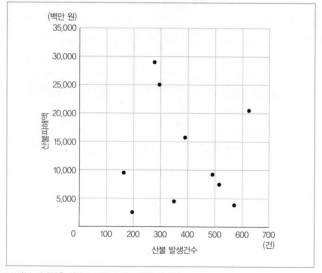

※ 산불 피해액은 산불로 인한 손실 금액을 의미함

〈그림 2〉 A~J 지역별 산불 발생건수 및 피해재적

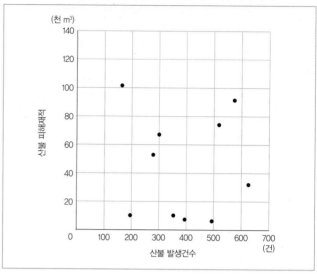

※ 산불 피해재적은 산불 피해를 입은 입목의 재적을 의미함

〈그림 3〉 A~J 지역별 산불 발생건수 및 발생건당 피해면적

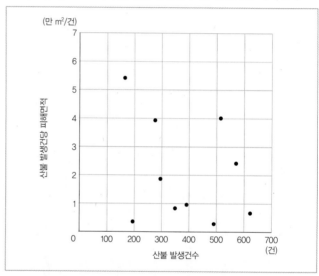

※ 산불 피해면적은 산불이 발생하여 지상입목, 관목, 시초 등을 연소시키면서 지나간 면적을 의미함

── 〈보 기〉 ──

ㄱ. 산불 발생건당 피해면적은 J 지역이 가장 크다.
ㄴ. 산불 발생건당 피해재적은 B 지역이 가장 크고 E 지역이 가장 작다.
ㄷ. 산불 발생건당 피해액은 D 지역이 가장 크고 B 지역이 가장 작다.
ㄹ. 산불 피해면적은 H 지역이 가장 크고 E 지역이 가장 작다.

① ㄱ, ㄴ
② ㄱ, ㄷ
③ ㄱ, ㄹ
④ ㄴ, ㄷ
⑤ ㄷ, ㄹ

문 9. 다음 〈표〉는 2020년 '갑'국 A~E 지역의 월별 최대 순간 풍속과 타워크레인 작업 유형별 작업제한 기준 순간 풍속에 관한 자료이다. 〈표〉와 〈정보〉에 근거하여 '가'~'다'를 큰 것부터 순서대로 나열한 것은?

〈표 1〉 A~E지역의 월별 최대 순간 풍속

(단위: m/s)

월 \ 지역	A	B	C	D	E
1	15.7	12.8	18.4	26.9	23.4
2	14.5	13.5	19.0	25.7	(다)
3	19.5	17.5	21.5	23.5	24.5
4	18.9	16.7	19.8	24.7	26.0
5	13.7	21.0	14.1	22.8	21.5
6	16.5	18.8	17.0	29.0	24.0
7	16.8	22.0	25.0	32.3	31.5
8	15.8	29.6	25.2	33.0	31.6
9	21.5	19.9	(나)	32.7	34.2
10	18.2	16.3	19.5	21.4	28.8
11	12.0	17.3	20.1	22.2	19.2
12	19.4	(가)	20.3	26.0	23.9

〈표 2〉 타워크레인 작업 유형별 작업제한 기준 순간 풍속

(단위: m/s)

타워크레인 작업 유형	설치	운전
작업제한 기준 순간 풍속	15	20

※ 순간 풍속이 타워크레인 작업 유형별 작업제한 기준 이상인 경우, 해당 작업 유형에 대한 작업제한 조치가 시행됨

─〈정 보〉─

- B지역에서 타워크레인 작업제한 조치가 한 번도 시행되지 않은 '월'은 3개이다.
- 매월 C 지역의 최대 순간 풍속은 A지역보다 높고 D지역보다 낮다.
- E지역에서 '설치' 작업제한 조치는 매월 시행되었고 '운전' 작업제한 조치는 2개 '월'을 제외한 모든 '월'에 시행되었다.

① 가, 나, 다
② 가, 다, 나
③ 나, 가, 다
④ 나, 다, 가
⑤ 다, 가, 나

문 10. 다음 〈표〉는 5개국의 발전원별 발전량 및 비중에 관한 자료이다. 이에 대한 설명으로 옳지 않은 것은?

〈표〉 5개국의 발전원별 발전량 및 비중

(단위: TWh, %)

국가	연도	원자력	화력 석탄	화력 LNG	화력 유류	수력	신재생 에너지	전체
독일	2010	140.6 (22.2)	273.5 (43.2)	90.4 (14.3)	8.7 (1.4)	27.4 (4.3)	92.5 (14.6)	633.1 (100.0)
	2015	91.8 (14.2)	283.7 (43.9)	63.0 (9.7)	6.2 (1.0)	24.9 (3.8)	177.3 (27.4)	646.9 (100.0)
미국	2010	838.9 (19.2)	1,994.2 (45.5)	1,017.9 (23.2)	48.1 (1.1)	286.3 (6.5)	193.0 (4.4)	4,378.4 (100.0)
	2015	830.3 (19.2)	1,471.0 (34.1)	1,372.6 (31.8)	38.8 (0.9)	271.1 (6.3)	333.3 ( )	4,317.1 (100.0)
프랑스	2010	428.5 (75.3)	26.3 (4.6)	23.8 (4.2)	5.5 (1.0)	67.5 (11.9)	17.5 (3.1)	569.1 (100.0)
	2015	437.4 ( )	12.2 (2.1)	19.8 (3.5)	2.2 (0.4)	59.4 (10.4)	37.5 (6.6)	568.5 (100.0)
영국	2010	62.1 (16.3)	108.8 (28.5)	175.3 (45.9)	5.0 (1.3)	6.7 (1.8)	23.7 (6.2)	381.6 (100.0)
	2015	70.4 (20.8)	76.7 (22.6)	100.0 (29.5)	2.1 (0.6)	9.0 (2.7)	80.9 ( )	339.1 (100.0)
일본	2010	288.2 (25.1)	309.5 (26.9)	318.6 (27.7)	100.2 (8.7)	90.7 (7.9)	41.3 (3.6)	1,148.5 (100.0)
	2015	9.4 (0.9)	343.2 (33.0)	409.8 (39.4)	102.5 (9.8)	91.3 (8.8)	85.1 (8.2)	1,041.3 (100.0)

※ 발전원은 원자력, 화력, 수력, 신재생 에너지로만 구성됨

① 2015년 프랑스의 전체 발전량 중 원자력 발전량의 비중은 75% 이하이다.
② 영국의 전체 발전량 중 신재생 에너지 발전량의 비중은 2010년 대비 2015년에 15%p 이상 증가하였다.
③ 2010년 석탄 발전량은 미국이 일본의 6배 이상이다.
④ 2010년 대비 2015년 전체 발전량이 증가한 국가는 독일뿐이다.
⑤ 2010년 대비 2015년 각 국가에서 신재생 에너지의 발전량과 비중은 모두 증가하였다.

문 11. 다음 〈표〉와 〈보고서〉는 2019년 전국 안전체험관과 생활안전에 관한 자료이다. 제시된 〈표〉 이외에 〈보고서〉를 작성하기 위해 추가로 이용한 자료만을 〈보기〉에서 모두 고르면?

〈표〉 2019년 전국 안전체험관 규모별 현황

(단위 : 개소)

전체	대형		중형		소형
	일반	특성화	일반	특성화	
473	25	7	5	2	434

─〈보고서〉─

2019년 생활안전 통계에 따르면 전국 473개소의 안전체험관이 운영 중인 것으로 확인되었다. 전국 안전체험관을 규모별로 살펴보면, 대형이 32개소, 중형이 7개소, 소형이 434개소였다. 이 중 대형 안전체험관은 서울이 가장 많고 경북, 충남이 그 뒤를 이었다.

전국 안전사고 사망자 수는 2015년 이후 매년 감소하다가 2018년에는 증가하였다. 교통사고 사망자 수는 2015년 이후 매년 줄어들었고, 특히 2018년에 전년 대비 11.2% 감소하였다.

2019년 분야별 지역안전지수 1등급 지역을 살펴보면 교통사고 분야는 서울, 경기, 화재 분야는 광주, 생활안전 분야는 경기, 부산으로 나타났다.

─〈보 기〉─

ㄱ. 연도별 전국 교통사고 사망자 수

(단위 : 명)

연도	2015	2016	2017	2018
사망자 수	4,380	4,019	3,973	3,529

ㄴ. 분야별 지역안전지수 4년 연속(2015~2018년) 1등급, 5등급 지역 (시·도)

분야 \ 등급	교통사고	화재	범죄	생활안전	자살
1등급	서울, 경기	-	세종	경기	경기
5등급	전남	세종	제주	제주	부산

ㄷ. 연도별 전국 안전사고 사망자 수

(단위 : 명)

연도	2015	2016	2017	2018
사망자 수	31,582	30,944	29,545	31,111

ㄹ. 2018년 지역별 안전체험관 수

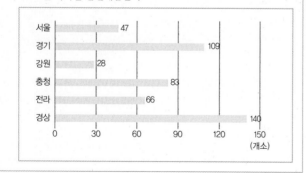

① ㄱ, ㄴ
② ㄱ, ㄷ
③ ㄴ, ㄹ
④ ㄱ, ㄷ, ㄹ
⑤ ㄴ, ㄷ, ㄹ

문 12. 다음 〈표〉는 아프리카연합이 주도한 임무단의 평화유지활동에 관한 자료이다. 이를 바탕으로 작성한 〈보고서〉의 설명 중 옳지 않은 것은?

〈표〉 임무단의 평화유지활동(2021년 5월 기준)

(단위 : 명)

임무단	파견지	활동기간	주요 임무	파견규모
부룬디 임무단	부룬디	2003. 4.~2004. 6.	평화협정 이행 지원	3,128
수단 임무단	수단	2004. 10.~2007. 12.	다르푸르 지역 정전 감시	300
코모로 선거감시 지원 임무단	코모로	2006. 3.~2006. 6.	코모로 대통령 선거 감시	462
소말리아 임무단	소말리아	2007. 1.~현재	구호 활동 지원	6,000
코모로 치안 지원 임무단	코모로	2007. 5.~2008. 10.	앙주앙 섬 치안 지원	350
다르푸르 지역 임무단	수단	2007. 7.~현재	민간인 보호	6,000
우간다 임무단	우간다	2012. 3.~현재	반군 소탕작전	3,350
말리 임무단	말리	2012. 12.~2013. 7.	정부 지원	1,450
중앙아프리카 공화국 임무단	중앙 아프리카 공화국	2013. 12.~2014. 9.	안정 유지	5,961

─〈보고서〉─

아프리카연합은 아프리카 지역 분쟁 해결 및 평화 구축을 위하여 2021년 5월 현재까지 9개의 임무단을 구성하고 평화유지활동을 주도하였다. ㉠ 평화유지활동 중 가장 오랜 기간 동안 활동한 임무단은 '소말리아 임무단'이다. 이 임무는 소말리아 과도 연방정부가 아프리카연합에 평화유지군을 요청한 것을 계기로 시작되어 현재에 이르고 있다. 한편, ㉡ '코모로 선거감시 지원 임무단'은 가장 짧은 기간 동안 활동하였다. 2006년 코모로는 대통령 선거를 앞두고 아프리카연합에 지원을 요청하였고 같은 해 3월 시작된 평화유지활동은 선거가 끝난 6월에 임무가 종료되었다.

㉢ 아프리카연합이 현재까지 평화유지활동을 위해 파견한 임무단의 총규모는 25,000명 이상이며, 현재 활동 중인 임무단의 규모는 소말리아 6,000명, 수단 6,000명, 우간다 3,350명으로 총 15,000여 명이다.

아프리카연합은 아프리카 내의 문제를 자체적으로 해결하기 위해 다양한 임무단 활동을 활발히 수행하였다. 특히 ㉣ 수단과 코모로에서는 각각 2개의 임무단이 활동하였다.

현재 평화유지활동을 수행 중인 임무단은 3개이지만 ㉤ 2007년 10월 기준 평화유지활동을 수행 중이었던 임무단은 5개였다.

① ㉠
② ㉡
③ ㉢
④ ㉣
⑤ ㉤

문 13. 다음 〈그림〉은 2014~2020년 연말 기준 '갑'국의 국가채무 및 GDP에 관한 자료이다. 이에 대한 〈보기〉의 설명 중 옳은 것만을 모두 고르면?

〈그림 1〉 GDP 대비 국가채무 및 적자성채무 비율 추이

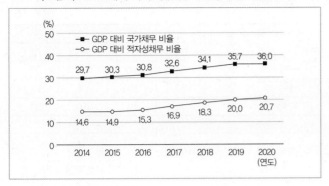

※ 국가채무＝적자성채무＋금융성채무

〈그림 2〉 GDP 추이

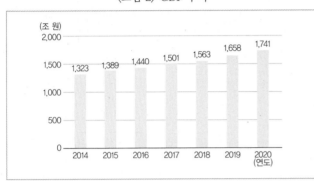

― 〈보 기〉 ―
ㄱ. 2020년 국가채무는 2014년의 1.5배 이상이다.
ㄴ. GDP 대비 금융성채무 비율은 매년 증가한다.
ㄷ. 적자성채무는 2019년부터 300조 원 이상이다.
ㄹ. 금융성채무는 매년 국가채무의 50% 이상이다.

① ㄱ, ㄴ
② ㄱ, ㄷ
③ ㄴ, ㄹ
④ ㄱ, ㄷ, ㄹ
⑤ ㄴ, ㄷ, ㄹ

문 14. 다음 〈표〉는 최근 이사한 100가구의 이사 전후 주택규모에 관한 조사 결과이다. 이에 대한 〈보기〉의 설명 중 옳은 것만을 모두 고르면?

〈표〉 이사 전후 주택규모 조사 결과

(단위 : 가구)

이사 후 \ 이사 전	소형	중형	대형	합
소형	15	10	( )	30
중형	( )	30	10	( )
대형	5	10	15	( )
계	( )	( )	( )	100

※ 주택규모는 '소형', '중형', '대형'으로만 구분하며, 동일한 주택규모는 크기도 같음

― 〈보 기〉 ―
ㄱ. 주택규모가 이사 전 '소형'에서 이사 후 '중형'으로 달라진 가구는 없다.
ㄴ. 이사 전후 주택규모가 달라진 가구 수는 전체 가구 수의 50% 이하이다.
ㄷ. 주택규모가 '대형'인 가구 수는 이사 전이 이사 후보다 적다.
ㄹ. 이사 후 주택규모가 커진 가구 수는 이사 후 주택규모가 작아진 가구 수보다 많다.

① ㄱ, ㄴ
② ㄱ, ㄷ
③ ㄴ, ㄹ
④ ㄷ, ㄹ
⑤ ㄱ, ㄴ, ㄷ

문 15. 다음 〈그림〉은 A사 플라스틱 제품의 제조공정도이다. 1,000kg의 재료가 '혼합' 공정에 투입되는 경우, '폐기처리' 공정에 전달되어 투입되는 재료의 총량은 몇 kg인가?

〈그림〉 A사 플라스틱 제품의 제조공정도

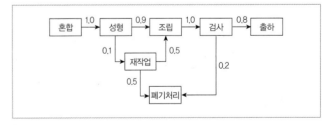

※ 제조공정도 내 수치는 직진율(＝ 다음 공정에 전달되는 재료의 양 / 해당 공정에 투입되는 재료의 양)을 의미함. 예를 들어,

[가] 0.2 [나] 는 해당 공정 '가'에 100kg의 재료가 투입되면 이 중 20kg(＝100kg×0.2)의 재료가 다음 공정 '나'에 전달되어 투입됨을 의미함

① 50
② 190
③ 230
④ 240
⑤ 280

문 16. 다음 〈그림〉은 12개 국가의 수자원 현황에 관한 자료이며, A~H는 각각 특정 국가를 나타낸다. 〈그림〉과 〈조건〉을 근거로 판단할 때, 국가명을 알 수 없는 것은?

〈그림〉 12개 국가의 수자원 현황

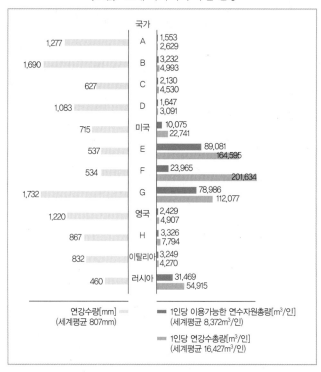

연강수량[mm]
(세계평균 807mm)

■ 1인당 이용가능한 연수자원총량[m³/인]
(세계평균 8,372m³/인)

1인당 연강수총량[m³/인]
(세계평균 16,427m³/인)

─── 〈조 건〉 ───
• '연강수량'이 세계평균의 2배 이상인 국가는 일본과 뉴질랜드이다.
• '연강수량'이 세계평균보다 많은 국가 중 '1인당 이용가능한 연수자원총량'이 가장 적은 국가는 대한민국이다.
• '1인당 연강수총량'이 세계평균의 5배 이상인 국가를 '연강수량'이 많은 국가부터 나열하면 뉴질랜드, 캐나다, 호주이다.
• '1인당 이용가능한 연수자원총량'이 영국보다 적은 국가 중 '1인당 연강수총량'이 세계평균의 25% 이상인 국가는 중국이다.
• '1인당 이용가능한 연수자원총량'이 6번째로 많은 국가는 프랑스이다.

① B
② C
③ D
④ E
⑤ F

문 17. 다음 〈표〉는 학생 '갑'~'무'의 중간고사 3개 과목 점수에 관한 자료이다. 이에 대한 〈보기〉의 설명 중 옳은 것만을 모두 고르면?

〈표〉 '갑'~'무'의 중간고사 3개 과목 점수

(단위 : 점)

학생 과목 \ 성별	갑 남	을 여	병 ( )	정 여	무 남
국어	90	85	60	95	75
영어	90	85	100	65	100
수학	75	70	85	100	100

─── 〈보 기〉 ───
ㄱ. 국어 평균 점수는 80점 이상이다.
ㄴ. 3개 과목 평균 점수가 가장 높은 학생과 가장 낮은 학생의 평균 점수 차이는 10점 이하이다.
ㄷ. 국어, 영어, 수학 점수에 각각 0.4, 0.2, 0.4의 가중치를 곱한 점수의 합이 가장 큰 학생은 '정'이다.
ㄹ. '갑'~'무'의 성별 수학 평균 점수는 남학생이 여학생보다 높다.

① ㄱ, ㄷ
② ㄱ, ㄹ
③ ㄴ, ㄷ
④ ㄱ, ㄷ, ㄹ
⑤ ㄴ, ㄷ, ㄹ

문 18. 다음 〈표〉는 2021~2027년 시스템반도체 중 인공지능반도체의 세계 시장규모 전망이다. 이에 대한 〈보기〉의 설명 중 옳은 것만을 모두 고르면?

〈표〉 시스템반도체 중 인공지능반도체의 세계 시장규모 전망

(단위 : 억 달러, %)

구분 \ 연도	2021	2022	2023	2024	2025	2026	2027
시스템반도체	2,500	2,310	2,686	2,832	( )	3,525	( )
인공지능반도체	70	185	325	439	657	927	1,179
비중	2.8	8.0	( )	15.5	19.9	26.3	31.3

─── 〈보 기〉 ───
ㄱ. 인공지능반도체 비중은 매년 증가한다.
ㄴ. 2027년 시스템반도체 시장규모는 2021년보다 1,000억 달러 이상 증가한다.
ㄷ. 2022년 대비 2025년의 시장규모 증가율은 인공지능반도체가 시스템반도체의 5배 이상이다.

① ㄷ
② ㄱ, ㄴ
③ ㄱ, ㄷ
④ ㄴ, ㄷ
⑤ ㄱ, ㄴ, ㄷ

문 19. 다음 〈표〉는 A~H 지역의 화물 이동 현황에 관한 자료이다. 이에 대한 〈보기〉의 설명 중 옳은 것만을 모두 고르면?

〈표〉 화물의 지역 내, 지역 간 이동 현황

(단위 : 개)

도착 지역 출발 지역	A	B	C	D	E	F	G	H	합
A	65	121	54	52	172	198	226	89	977
B	56	152	61	55	172	164	214	70	944
C	29	47	30	22	62	61	85	30	366
D	24	61	30	37	82	80	113	45	472
E	61	112	54	47	187	150	202	72	885
F	50	87	38	41	120	188	150	55	729
G	78	151	83	73	227	208	359	115	1,294
H	27	66	31	28	94	81	116	46	489
계	390	797	381	355	1,116	1,130	1,465	522	6,156

※ 출발 지역과 도착 지역이 동일한 경우는 해당 지역 내에서 화물이 이동한 것임

〈보 기〉

ㄱ. 도착 화물보다 출발 화물이 많은 지역은 3개이다.
ㄴ. 지역 내 이동 화물이 가장 적은 지역은 도착 화물도 가장 적다.
ㄷ. 지역 내 이동 화물을 제외할 때, 출발 화물과 도착 화물의 합이 가장 작은 지역은 출발 화물과 도착 화물의 차이도 가장 작다.
ㄹ. 도착 화물이 가장 많은 지역은 출발 화물 중 지역 내 이동 화물의 비중도 가장 크다.

① ㄱ, ㄴ
② ㄱ, ㄷ
③ ㄴ, ㄷ
④ ㄴ, ㄹ
⑤ ㄱ, ㄷ, ㄹ

문 20. 다음 〈표〉와 〈대화〉는 4월 4일 기준 지자체별 자가격리자 및 모니터링 요원에 관한 자료이다. 〈표〉와 〈대화〉를 근거로 C와 D에 해당하는 지자체를 바르게 나열한 것은?

〈표〉 지자체별 자가격리자 및 모니터링 요원 현황(4월 4일 기준)

(단위 : 명)

구분	지자체	A	B	C	D
내국인	자가격리자	9,778	1,287	1,147	9,263
	신규 인원	900	70	20	839
	해제 인원	560	195	7	704
외국인	자가격리자	7,796	508	141	7,626
	신규 인원	646	52	15	741
	해제 인원	600	33	5	666
모니터링 요원		10,142	710	196	8,898

※ 해당일 기준 자가격리자＝전일 기준 자가격리자＋신규 인원－해제 인원

〈대 화〉

갑 : 감염병 확산에 대응하기 위한 회의를 시작합시다. 오늘은 대전, 세종, 충북, 충남의 4월 4일 기준 자가격리자 및 모니터링 요원 현황을 보기로 했는데, 각 지자체의 상황이 어떤가요?

을 : 4개 지자체 중 세종을 제외한 3개 지자체에서 4월 4일 기준 자가격리자가 전일 기준 자가격리자보다 늘어났습니다.

갑 : 모니터링 요원의 업무 부담과 관련된 통계 자료도 있나요?

을 : 4월 4일 기준으로 대전, 세종, 충북은 모니터링 요원 대비 자가격리자의 비율이 1.8 이상입니다.

갑 : 지자체에 모니터링 요원을 추가로 배치해야 할 것 같습니다. 자가격리자 중 외국인이 차지하는 비중이 4개 지자체 가운데 대전이 가장 높으니, 외국어 구사가 가능한 모니터링 요원을 대전에 우선 배치하는 방향으로 검토해 봅시다.

	C	D
①	충북	충남
②	충북	대전
③	충남	충북
④	세종	대전
⑤	대전	충북

문 21. 다음 〈그림〉과 〈조건〉은 직장인 '갑'~'병'이 마일리지 혜택이 있는 알뜰교통카드를 사용하여 출근하는 방법 및 교통비에 관한 자료이다. 이에 근거하여 월간 출근 교통비를 많이 지출하는 직장인부터 순서대로 나열하면?

〈그림〉 직장인 '갑'~'병'의 출근 방법 및 교통비 관련 정보

직장인	이동거리 A [m]	출근 1회당 대중교통요금[원]	이동거리 B [m]	월간 출근 횟수[회]	저소득층 여부
갑	600	3,200	200	15	○
을	500	2,300	500	22	×
병	400	1,800	200	22	○

─────── 〈조 건〉 ───────

• 월간 출근 교통비={출근 1회당 대중교통요금－(기본 마일리지＋추가 마일리지)×$\left(\dfrac{\text{마일리지 적용거리}}{800}\right)$}×월간 출근 횟수

• 기본 마일리지는 출근 1회당 대중교통요금에 따라 다음과 같이 지급함

출근 1회당 대중교통요금	2천 원 이하	2천 원 초과 3천 원 이하	3천 원 초과
기본 마일리지 (원)	250	350	450

• 추가 마일리지는 저소득층에만 다음과 같이 지급함

출근 1회당 대중교통요금	2천 원 이하	2천 원 초과 3천 원 이하	3천 원 초과
기본 마일리지 (원)	100	150	200

• 마일리지 적용거리(m)는 출근 1회당 도보·자전거로 이동한 거리의 합이며 최대 800m까지만 인정함

① 갑, 을, 병
② 갑, 병, 을
③ 을, 갑, 병
④ 을, 병, 갑
⑤ 병, 을, 갑

문 22. 다음 〈그림〉은 개발원조위원회 29개 회원국 중 공적개발원조액 상위 15국과 국민총소득 대비 공적개발원조액 비율 상위 15개국 자료이다. 이에 대한 〈보기〉의 설명 중 옳은 것만을 모두 고르면?

〈그림 1〉 공적개발원조액 상위 15개 회원국

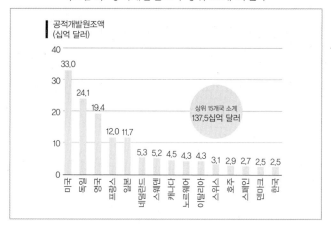

〈그림 2〉 국민총소득 대비 공적개발원조액 비율 상위 15개 회원국

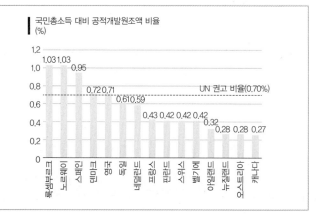

─────── 〈보 기〉 ───────

ㄱ. 국민총소득 대비 공적개발원조액 비율이 UN 권고 비율보다 큰 국가의 공적개발원조액 합은 250억 달러 이상이다.

ㄴ. 공적개발원조액 상위 5개국의 공적개발원조액 합은 개발원조위원회 29개 회원국 공적개발원조액 합의 50% 이상이다.

ㄷ. 독일이 공적개발원조액만 30억 달러 증액하면 독일의 국민총소득 대비 공적개발원조액 비율은 UN권고 비율 이상이 된다.

① ㄱ
② ㄷ
③ ㄱ, ㄴ
④ ㄴ, ㄷ
⑤ ㄱ, ㄴ, ㄷ

문 23. 다음 〈표〉는 '갑'국의 2020년 농업 생산액 현황 및 2021~2023년의 전년 대비 생산액 변화율 전망치에 관한 자료이다. 이에 대한 〈보기〉의 설명 중 옳은 것만을 모두 고르면?

〈표〉 농업 생산액 현황 및 변화율 전망치

(단위 : 십억 원, %)

구분	2020년 생산액	전년 대비 생산액 변화율 전망치		
		2021년	2022년	2023년
농업	50,052	0.77	0.02	1.38
재배업	30,270	1.50	−0.42	0.60
축산업	19,782	−0.34	0.70	2.57
소	5,668	3.11	0.53	3.51
돼지	7,119	−3.91	0.20	1.79
닭	2,259	1.20	−2.10	2.82
달걀	1,278	5.48	3.78	3.93
우유	2,131	0.52	1.12	0.88
오리	1,327	−5.58	5.27	3.34

※ 축산업은 소, 돼지, 닭, 달걀, 우유, 오리의 6개 세부항목으로만 구성됨

〈보 기〉

ㄱ. 2021년 '오리' 생산액 전망치는 1.2조 원 이상이다.

ㄴ. 2021년 '돼지' 생산액 전망치는 같은 해 '농업' 생산액 전망치의 15% 이상이다.

ㄷ. '축산업' 중 전년 대비 생산액 변화율 전망치가 2022년보다 2023년이 낮은 세부항목은 2개이다.

ㄹ. 2020년 생산액 대비 2022년 생산액 전망치의 증감폭은 '재배업'이 '축산업'보다 크다.

① ㄱ, ㄴ
② ㄱ, ㄷ
③ ㄴ, ㄹ
④ ㄱ, ㄷ, ㄹ
⑤ ㄴ, ㄷ, ㄹ

문 24. 다음 〈그림〉은 2020년 기준 A공제회 현황에 관한 자료이다. 이에 대한 설명으로 옳지 않은 것은?

〈그림〉 2020년 기준 A공제회 현황

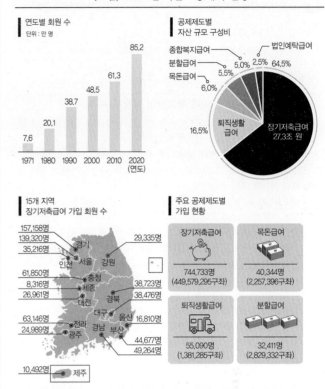

※ 1) 공제제도는 장기저축급여, 퇴직생활급여, 목돈급여, 분할급여, 종합복지급여, 법인예탁급여로만 구성됨
　2) 모든 회원은 1개 또는 2개의 공제제도에 가입함

① 장기저축급여 가입 회원 수는 전체 회원의 85% 이하이다.

② 공제제도의 총자산 규모는 40조 원 이상이다.

③ 자산 규모 상위 4개 공제제도 중 2개의 공제제도에 가입한 회원은 2만 명 이상이다.

④ 충청의 장기저축급여 가입 회원 수는 15개 지역 평균 장기저축급여 가입 회원 수보다 많다.

⑤ 공제제도별 1인당 구좌 수는 장기저축급여가 분할급여의 5배 이상이다.

문 25. 다음은 국내 광고산업에 관한 문화체육관광부의 보도자료이다. 이에 부합하지 않는 자료는?

문화체육관광부	보도자료	사람이 있는 문화
보도일시	배포 즉시 보도해 주시기 바랍니다.	
배포일시	2020.2.XX.	담당부서	□□□□국
담당과장	○○○ (044-203-○○○○)	담당자	사무관 △△△ (044-203-○○○○)

2018년 국내 광고산업 성장세 지속

- 문화체육관광부는 국내 광고사업체의 현황과 동향을 조사한 '2019년 광고산업조사(2018년 기준)' 결과를 발표했다.
- 이번 조사 결과에 따르면 2018년 기준 광고산업 규모는 17조 2,119억 원(광고사업체 취급액* 기준)으로, 전년 대비 4.5% 이상 증가했고, 광고사업체당 취급액 역시 증가했다.
  ※ 광고사업체 취급액은 광고주가 매체(방송국, 신문사 등)와 매체 외 서비스에 지불하는 비용 전체(수수료 포함)임.
  - 업종별로 살펴보면 광고대행업이 6조 6,239억 원으로 전체 취급액의 38% 이상을 차지했으나, 취급액의 전년 대비 증가율은 온라인광고대행업이 16% 이상으로 가장 높다.
- 2018년 기준 광고사업체의 매체 광고비* 규모는 11조 362억 원(64.1%), 매체 외 서비스 취급액은 6조 1,757억 원(35.9%)으로 조사됐다.
  ※ 매체 광고비는 방송매체, 인터넷매체, 옥외광고매체, 인쇄매체 취급액의 합임.
  - 매체 광고비 중 방송매체 취급액은 4조 266억 원으로 가장 큰 비중을 차지하고 있으며, 그 다음으로 인터넷매체, 옥외광고매체, 인쇄매체 순으로 나타났다.
  - 인터넷매체 취급액은 3조 8,804억 원으로 전년 대비 6% 이상 증가했다. 특히, 모바일 취급액은 전년 대비 20% 이상 증가하여 인터넷 광고 시장의 성장세를 이끌었다.
  - 한편, 간접광고(PPL) 취급액은 전년 대비 14% 이상 증가하여 1,270억 원으로 나타났으며, 그 중 지상파TV와 케이블TV 간 비중의 격차는 5%p 이하로 조사됐다.

① 광고사업체 취급액 현황(2018년 기준)

② 인터넷매체(PC, 모바일) 취급액 현황

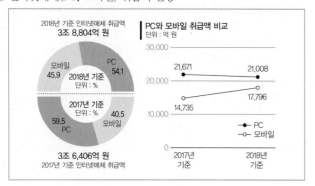

③ 간접광고(PPL) 취급액 현황

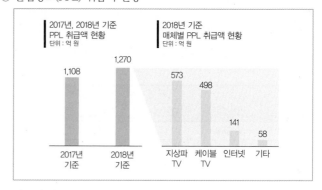

④ 업종별 광고사업체 취급액 현황

(단위 : 개소, 억 원)

구분 업종	2018년 조사(2017년 기준)		2019년 조사(2018년 기준)	
	사업체 수	취급액	사업체 수	취급액
전체	7,234	164,133	7,256	172,119
광고대행업	1,910	64,050	1,887	66,239
광고제작업	1,374	20,102	1,388	20,434
광고전문 서비스업	1,558	31,535	1,553	33,267
인쇄업	921	7,374	921	8,057
온라인광고 대행업	780	27,335	900	31,953
옥외광고업	691	13,737	607	12,169

⑤ 매체별 광고사업체 취급액 현황(2018년 기준)

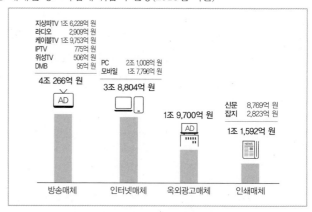

문 1. 다음 글을 근거로 판단할 때 옳은 것은?

제00조 ① 사업주는 근로자가 조부모, 부모, 배우자, 배우자의 부모, 자녀 또는 손자녀(이하 '가족'이라 한다)의 질병, 사고, 노령으로 인하여 그 가족을 돌보기 위한 휴직(이하 '가족돌봄휴직'이라 한다)을 신청하는 경우 이를 허용하여야 한다. 다만 대체인력 채용이 불가능한 경우, 정상적인 사업 운영에 중대한 지장을 초래하는 경우, 근로자 본인 외에도 조부모의 직계비속 또는 손자녀의 직계존속이 있는 경우에는 그러하지 아니하다.

② 사업주는 근로자가 가족(조부모 또는 손자녀의 경우 근로자 본인 외에도 직계비속 또는 직계존속이 있는 경우는 제외한다)의 질병, 사고, 노령 또는 자녀의 양육으로 인하여 긴급하게 그 가족을 돌보기 위한 휴가(이하 '가족돌봄휴가'라 한다)를 신청하는 경우 이를 허용하여야 한다. 다만 근로자가 청구한 시기에 가족돌봄휴가를 주는 것이 정상적인 사업 운영에 중대한 지장을 초래하는 경우에는 근로자와 협의하여 그 시기를 변경할 수 있다.

③ 제1항 단서에 따라 사업주가 가족돌봄휴직을 허용하지 아니하는 경우에는 해당 근로자에게 그 사유를 서면으로 통보하여야 한다.

④ 가족돌봄휴직 및 가족돌봄휴가의 사용기간은 다음 각 호에 따른다.

1. 가족돌봄휴직 기간은 연간 최장 90일로 하며, 이를 나누어 사용할 수 있을 것
2. 가족돌봄휴가 기간은 연간 최장 10일로 하며, 일 단위로 사용할 수 있을 것. 다만 가족돌봄휴가 기간은 가족돌봄휴직 기간에 포함된다.
3. ○○부 장관은 감염병의 확산 등을 원인으로 심각단계의 위기경보가 발령되는 경우, 가족돌봄휴가 기간을 연간 10일의 범위에서 연장할 수 있다.

① 조부모와 부모를 함께 모시고 사는 근로자가 조부모의 질병을 이유로 가족돌봄휴직을 신청한 경우, 사업주는 가족돌봄휴직을 허용하지 않을 수 있다.

② 사업주는 근로자가 신청한 가족돌봄휴직을 허용하지 않는 경우, 해당 근로자에게 그 사유를 구술 또는 서면으로 통보해야 한다.

③ 정상적인 사업 운영에 중대한 지장을 초래하는 경우, 사업주는 근로자의 가족돌봄휴가 시기를 근로자와 협의 없이 변경할 수 있다.

④ 근로자가 가족돌봄휴가를 8일 사용한 경우, 사업주는 이와 별도로 그에게 가족돌봄휴직을 연간 90일까지 허용해야 한다.

⑤ 감염병의 확산으로 심각단계의 위기경보가 발령되고 가족돌봄휴가 기간이 5일 연장된 경우, 사업주는 근로자에게 연간 20일의 가족돌봄휴가를 허용해야 한다.

문 2. 다음 글을 근거로 판단할 때 옳은 것은?

제00조 ① 영화업자는 제작 또는 수입한 영화(예고편영화를 포함한다)에 대하여 그 상영 전까지 영상물등급위원회로부터 상영등급을 분류받아야 한다. 다만 다음 각 호의 어느 하나에 해당하는 영화에 대하여는 그러하지 아니하다.

1. 대가를 받지 아니하고 청소년이 포함되지 아니한 특정인에 한하여 상영하는 단편영화
2. 영화진흥위원회가 추천하는 영화제에서 상영하는 영화

② 제1항 본문의 규정에 의한 영화의 상영등급은 영화의 내용 및 영상 등의 표현 정도에 따라 다음 각 호와 같이 분류한다. 다만 예고편영화는 제1호 또는 제4호로 분류하고 청소년 관람불가 예고편영화는 청소년 관람불가 영화의 상영 전후에만 상영할 수 있다.

1. 전체관람가 : 모든 연령에 해당하는 자가 관람할 수 있는 영화
2. 12세 이상 관람가 : 12세 이상의 자가 관람할 수 있는 영화
3. 15세 이상 관람가 : 15세 이상의 자가 관람할 수 있는 영화
4. 청소년 관람불가 : 청소년은 관람할 수 없는 영화

③ 누구든지 제1항 및 제2항의 규정을 위반하여 상영등급을 분류받지 아니한 영화를 상영하여서는 안 된다.

④ 누구든지 제2항 제2호 또는 제3호의 규정에 의한 상영등급에 해당하는 영화의 경우에는 해당 영화를 관람할 수 있는 연령에 도달하지 아니한 자를 입장시켜서는 안 된다. 다만 부모 등 보호자를 동반하여 관람하는 경우에는 그러하지 아니하다.

⑤ 누구든지 제2항 제4호의 규정에 의한 상영등급에 해당하는 영화의 경우에는 청소년을 입장시켜서는 안 된다.

① 예고편영화는 12세 이상 관람가 상영등급을 받을 수 있다.

② 청소년 관람불가 영화의 경우, 청소년은 부모와 함께 영화관에 입장하여 관람할 수 있다.

③ 상영등급 분류를 받지 않은 영화의 경우, 영화업자는 영화진흥위원회가 추천한 △△영화제에서 상영할 수 없다.

④ 영화업자는 청소년 관람불가 예고편영화를 15세 이상 관람가 영화의 상영 직전에 상영할 수 있다.

⑤ 영화업자는 초청한 노인을 대상으로 상영등급을 분류받지 않은 단편영화를 무료로 상영할 수 있다.

문 3. 다음 글과 〈상황〉을 근거로 판단할 때 옳은 것은?

제00조 ① 집합건물을 건축하여 분양한 분양자와 분양자와의 계약에 따라 건물을 건축한 시공자는 구분소유자에게 제2항 각 호의 하자에 대하여 과실이 없더라도 담보책임을 진다.
② 제1항의 담보책임 존속기간은 다음 각 호와 같다.
1. 내력벽, 주기둥, 바닥, 보, 지붕틀 및 지반공사의 하자 : 10년
2. 대지조성공사, 철근콘크리트공사, 철골공사, 조적(組積)공사, 지붕 및 방수공사의 하자 : 5년
3. 목공사, 창호공사 및 조경공사의 하자 : 3년
③ 제2항의 기간은 다음 각 호의 날부터 기산한다.
1. 전유부분 : 구분소유자에게 인도한 날
2. 공용부분 : 사용승인일
④ 제2항 및 제3항에도 불구하고 제2항 각 호의 하자로 인하여 건물이 멸실(滅失)된 경우에는 담보책임 존속기간은 멸실된 날로부터 1년으로 한다.
⑤ 분양자와 시공자의 담보책임에 관하여 이 법에 규정된 것보다 매수인에게 불리한 특약은 효력이 없다.

※ 구분소유자: 집합건물(예: 아파트, 공동주택 등) 각 호실의 소유자
※ 담보책임: 집합건물의 하자로 인해 분양자, 시공자가 구분소유자에 대하여 지는 손해배상, 하자보수 등의 책임

〈상 황〉

甲은 乙이 분양하는 아파트를 매수하려고 乙과 아파트 분양계약을 체결하였다. 丙건설사는 乙과의 계약에 따라 아파트를 시공하였고, 준공검사 후 아파트는 2020. 5. 1. 사용승인을 받았다. 甲은 아파트를 2020. 7. 1. 인도받고 등기를 완료하였다.

① 丙은 창호공사의 하자에 대해 2025. 7. 1.까지 담보책임을 진다.
② 丙은 철골공사의 하자에 과실이 없으면 담보책임을 지지 않는다.
③ 乙은 甲의 전유부분인 거실에 물이 새는 방수공사의 하자에 대해 2025. 5. 1.까지 담보책임을 진다.
④ 대지조성공사의 하자로 인하여 2023. 10. 1. 공용부분인 주차장 건물이 멸실된다면 丙은 2024. 7. 1. 이후에는 담보책임을 지지 않는다.
⑤ 乙이 甲과의 분양계약에서 지반공사의 하자에 대한 담보책임 존속기간을 5년으로 정한 경우라도, 2027. 10. 1. 그 하자가 발생한다면 담보책임을 진다.

문 4. 다음 글과 〈상황〉을 근거로 판단할 때, 甲의 계약 의뢰 날짜와 공고 종료 후 결과통지 날짜를 옳게 짝지은 것은?

• A국의 정책연구용역 계약 체결을 위한 절차는 다음과 같다.

순서	단계	소요기간
1	계약 의뢰	1일
2	서류 검토	2일
3	입찰 공고	40일 (긴급계약의 경우 10일)
4	공고 종료 후 결과통지	1일
5	입찰서류 평가	10일
6	우선순위 대상자와 협상	7일

※ 소요기간은 해당 절차의 시작부터 종료까지 걸리는 기간이다. 모든 절차는 하루 단위로 주말(토, 일) 및 공휴일에도 중단이나 중복 없이 진행된다.

〈상 황〉

A국 공무원인 甲은 정책연구용역 계약을 4월 30일에 체결하는 것을 목표로 계약부서에 긴급계약으로 의뢰하려 한다. 계약은 우선순위 대상자와 협상이 끝난 날의 다음 날에 체결된다.

	계약 의뢰 날짜	공고 종료 후 결과통지 날짜
①	3월 30일	4월 11일
②	3월 30일	4월 12일
③	3월 30일	4월 13일
④	3월 31일	4월 12일
⑤	3월 31일	4월 13일

문 5. 다음 글을 근거로 판단할 때, A에게 전달할 책의 제목과 A의 연구실 번호를 옳게 짝지은 것은?

• 5명의 연구원(A~E)에게 책 1권씩을 전달해야 하고, 책 제목은 모두 다르다.
• 5명은 모두 각자의 연구실에 있고, 연구실 번호는 311호부터 315호까지이다.
• C는 315호, D는 312호, E는 311호에 있다.
• B에게 「연구개발」, D에게 「공공정책」을 전달해야 한다.
• 「전환이론」은 311호에, 「사회혁신」은 314호에, 「복지실천」은 315호에 전달해야 한다.

	책 제목	연구실 번호
①	「전환이론」	311호
②	「공공정책」	312호
③	「연구개발」	313호
④	「사회혁신」	314호
⑤	「복지실천」	315호

문 6. 다음 글을 근거로 판단할 때, ㉠에 해당하는 수는?

○○부처의 주무관은 모두 20명이며, 성과등급은 4단계(S, A, B, C)로 구성된다. 아래는 ○○부처 소속 직원들의 대화 내용이다.

甲주무관 : 乙주무관 축하해! 작년에 비해 올해 성과등급이 비약적으로 올랐던데? 우리 부처에서 성과등급이 세 단계나 변한 주무관은 乙주무관 외에 없잖아.

乙주무관 : 고마워. 올해는 평가방식을 많이 바꿨다며? 작년이랑 똑같은 성과등급을 받은 주무관은 우리 부처에서 한 명밖에 없어.

甲주무관 : 그렇구나. 우리 부처에서 작년에 비해 성과등급이 한 단계 변한 주무관 수는 두 단계 변한 주무관 수의 2배라고 해.

乙주무관 : 그러면 우리 부처에서 성과등급이 한 단계 변한 주무관은 (㉠)명이네.

① 4
② 6
③ 8
④ 10
⑤ 12

문 7. 다음 글을 근거로 판단할 때, 〈보기〉에서 옳은 것만을 모두 고르면?

A지역에는 독특한 결혼 풍습이 있다. 남자는 4개의 부족인 '잇파이·굼보·물으리·굿피'로 나뉘어 있고, 여자도 4개의 부족인 '잇파타·뿌타·마타·카포타'로 나뉘어 있다. 아래 〈표〉는 결혼을 할 수 있는 부족과 그 사이에서 출생하는 자녀가 어떤 부족이 되는지를 나타낸다. 예컨대 '잇파이' 남자는 '카포타' 여자와만 결혼할 수 있고, 그 사이에 낳은 아이가 남아면 '물으리', 여아면 '마타'로 분류된다. 모든 부족에게는 결혼할 수 있는 서로 다른 부족이 1:1로 대응하여 존재한다.

〈표〉

결혼할 수 있는 부족		자녀의 부족	
남자	여자	남아	여아
잇파이	카포타	물으리	마타
굼보	마타	굿피	카포타
물으리	뿌타	잇파이	잇파타
굿피	잇파타	굼보	뿌타

〈보 기〉

ㄱ. 물으리와 뿌타의 친손자는 뿌타와 결혼할 수 있다.
ㄴ. 잇파이와 카포타의 친손자는 굿피이다.
ㄷ. 굼보와 마타의 외손녀는 카포타이다.
ㄹ. 굿피와 잇파타의 친손녀는 물으리와 결혼할 수 있다.

① ㄱ
② ㄱ, ㄹ
③ ㄷ, ㄹ
④ ㄱ, ㄴ, ㄷ
⑤ ㄴ, ㄷ, ㄹ

문 8. 다음 글을 근거로 판단할 때, 7월 1일부터 6일까지 지역 농산물 유통센터에서 판매된 甲의 수박 총 판매액은?

- A시는 농산물의 판매를 촉진하기 위하여 지역 농산물 유통센터를 운영하고 있다. 해당 유통센터는 농산물을 수확 당일 모두 판매하는 것을 목표로 운영하며, 당일 판매하지 못한 농산물은 판매가에서 20%를 할인하여 다음 날 판매한다.
- 농부 甲은 7월 1일부터 5일까지 매일 수확한 수박 100개씩을 수확 당일 A시 지역 농산물 유통센터에 공급하였다.
- 甲으로부터 공급받은 수박의 당일 판매가는 개당 1만 원이며, 매일 판매된 수박 개수는 아래와 같았다. 단, 수확 당일 판매되지 않은 수박은 다음 날 모두 판매되었다.

날짜(일)	1	2	3	4	5	6
판매된 수박(개)	80	100	110	100	100	10

① 482만 원
② 484만 원
③ 486만 원
④ 488만 원
⑤ 490만 원

문 9. 다음 글을 근거로 판단할 때, 〈보기〉에서 옳은 것만을 모두 고르면?

A부처는 CO_2 배출량 감소를 위해 전기와 도시가스 사용을 줄이는 가구를 대상으로 CO_2 배출 감소량에 비례하여 현금처럼 사용할 수 있는 포인트를 지급하는 제도를 시행하고 있다. 전기는 5kWh, 도시가스는 $1m^3$를 사용할 때 각각 2kg의 CO_2가 배출되며, 전기 1kWh당 사용 요금은 20원, 도시가스 $1m^3$당 사용 요금은 60원이다.

─────── 〈보 기〉 ───────

ㄱ. 매월 전기 요금과 도시가스 요금을 각각 1만 2천 원씩 부담하는 가구는 전기 사용으로 인한 월 CO_2 배출량이 도시가스 사용으로 인한 월 CO_2 배출량보다 적다.
ㄴ. 매월 전기 요금을 5만 원, 도시가스 요금을 3만 원 부담하는 가구는 전기와 도시가스 사용에 따른 월 CO_2 배출량이 동일하다.
ㄷ. 전기 1kWh를 절약한 가구는 도시가스 $1m^3$를 절약한 가구보다 많은 포인트를 지급받는다.

① ㄱ
② ㄷ
③ ㄱ, ㄴ
④ ㄴ, ㄷ
⑤ ㄱ, ㄴ, ㄷ

문 10. 다음 글과 〈상황〉을 근거로 판단할 때, 〈보기〉에서 옳은 것만을 모두 고르면?

- 지방자치단체는 공립 박물관·미술관을 설립하려는 경우 ㅁㅁ부로부터 설립타당성에 관한 사전평가(이하 '사전평가')를 받아야 한다.
- 사전평가는 연 2회(상반기, 하반기) 진행한다.
  - 신청기한 : 1월 31일(상반기), 7월 31일(하반기)
  - 평가기간 : 2월 1일~4월 30일(상반기)
         8월 1일~10월 31일(하반기)
- 사전평가 결과는 '적정' 또는 '부적정'으로 판정한다.
- 지방자치단체가 동일한 공립 박물관·미술관 설립에 대해 3회 연속으로 사전평가를 신청하여 모두 '부적정'으로 판정받았다면, 그 박물관·미술관 설립에 대해서는 향후 1년간 사전평가 신청이 불가능하다.
- 사전평가 결과 '적정'으로 판정되는 경우, 지방자치단체는 부지매입비를 제외한 건립비의 최대 40%를 국비로 지원받을 수 있다.

─────── 〈상 황〉 ───────

아래의 〈표〉는 지방자치단체 A~C가 설립하려는 공립 박물관·미술관과 건립비를 나타낸 것이다.

〈표〉

지방자치단체	설립 예정 공립 박물관·미술관	건립비(원)	
		부지매입비	건물건축비
A	甲미술관	30억	70억
B	乙박물관	40억	40억
C	丙박물관	10억	80억

─────── 〈보 기〉 ───────

ㄱ. 甲미술관을 국비 지원 없이 설립하기로 했다면, A는 사전평가를 거치지 않고도 甲미술관을 설립할 수 있다.
ㄴ. 乙박물관이 사전평가에서 '적정'으로 판정될 경우, B는 최대 32억 원까지 국비를 지원받을 수 있다.
ㄷ. 丙박물관이 2019년 하반기, 2020년 상반기, 2020년 하반기 사전평가에서 모두 '부적정'으로 판정된 경우, C는 丙박물관에 대한 2021년 상반기 사전평가를 신청할 수 없다.

① ㄱ
② ㄷ
③ ㄱ, ㄴ
④ ㄴ, ㄷ
⑤ ㄱ, ㄴ, ㄷ

문 11. 다음 글과 〈상황〉을 근거로 판단할 때 옳은 것은?

> **제○○조** ① 다음 각 호의 어느 하나에 해당하는 사람은 주민등록지의 시장(특별시장·광역시장은 제외하고 특별자치도지사는 포함한다. 이하 같다)·군수 또는 구청장에게 주민등록번호(이하 '번호'라 한다)의 변경을 신청할 수 있다.
> 1. 유출된 번호로 인하여 생명·신체에 위해를 입거나 입을 우려가 있다고 인정되는 사람
> 2. 유출된 번호로 인하여 재산에 피해를 입거나 입을 우려가 있다고 인정되는 사람
> 3. 성폭력피해자, 성매매피해자, 가정폭력피해자로서 유출된 번호로 인하여 피해를 입거나 입을 우려가 있다고 인정되는 사람
> ② 제1항의 신청 또는 제5항의 이의신청을 받은 주민등록지의 시장·군수·구청장(이하 '시장 등'이라 한다)은 ○○부의 주민등록번호변경위원회(이하 '변경위원회'라 한다)에 번호변경 여부에 관한 결정을 청구해야 한다.
> ③ 주민등록지의 시장 등은 변경위원회로부터 번호변경 인용결정을 통보받은 경우에는 신청인의 번호를 다음 각 호의 기준에 따라 지체 없이 변경하고 이를 신청인에게 통지해야 한다.
> 1. 번호의 앞 6자리(생년월일) 및 뒤 7자리 중 첫째 자리는 변경할 수 없음
> 2. 제1호 이외의 나머지 6자리는 임의의 숫자로 변경함
> ④ 제3항의 번호변경 통지를 받은 신청인은 주민등록증, 운전면허증, 여권, 장애인등록증 등에 기재된 번호의 변경을 위해서는 그 번호의 변경을 신청해야 한다.
> ⑤ 주민등록지의 시장 등은 변경위원회로부터 번호변경 기각결정을 통보받은 경우에는 그 사실을 신청인에게 통지해야 하며, 신청인은 통지를 받은 날부터 30일 이내에 그 시장 등에게 이의신청을 할 수 있다.

〈상 황〉

> 甲은 주민등록번호 유출로 인해 재산상 피해를 입게 되자 주민등록번호 변경신청을 하였다. 甲의 주민등록지는 A광역시 B구이고, 주민등록번호는 980101−23456□이다.

① A광역시장이 주민등록번호변경위원회에 甲의 주민등록번호 변경 여부에 관한 결정을 청구해야 한다.

② 주민등록번호변경위원회는 번호변경 인용결정을 하면서 甲의 주민등록번호를 다른 번호로 변경할 수 있다.

③ 주민등록번호변경위원회의 번호변경 인용결정이 있는 경우, 甲의 주민등록번호는 980101−45678□으로 변경될 수 있다.

④ 甲의 주민등록번호가 변경된 경우, 甲이 운전면허증에 기재된 주민등록번호를 변경하기 위해서는 변경신청을 해야 한다.

⑤ 甲은 번호변경 기각결정을 통지받은 날부터 30일 이내에 주민등록번호변경위원회에 이의신청을 할 수 있다.

문 12. 다음 글을 근거로 판단할 때 옳은 것은?

> **제○○조** ① 각 중앙관서의 장은 그 소관 물품관리에 관한 사무를 소속 공무원에게 위임할 수 있고, 필요하면 다른 중앙관서의 소속 공무원에게 위임할 수 있다.
> ② 제1항에 따라 각 중앙관서의 장으로부터 물품관리에 관한 사무를 위임받은 공무원을 물품관리관이라 한다.
> **제○○조** ① 물품관리관은 물품수급관리계획에 정하여진 물품에 대하여는 그 계획의 범위에서, 그 밖의 물품에 대하여는 필요할 때마다 계약담당공무원에게 물품의 취득에 관한 필요한 조치를 할 것을 청구하여야 한다.
> ② 계약담당공무원은 제1항에 따른 청구가 있으면 예산의 범위에서 해당 물품을 취득하기 위한 필요한 조치를 하여야 한다.
> **제○○조** 물품은 국가의 시설에 보관하여야 한다. 다만 물품관리관이 국가의 시설에 보관하는 것이 물품의 사용이나 처분에 부적당하다고 인정하거나 그 밖에 특별한 사유가 있으면 국가 외의 자의 시설에 보관할 수 있다.
> **제○○조** ① 물품관리관은 물품을 출납하게 하려면 물품출납공무원에게 출납하여야 할 물품의 분류를 명백히 하여 그 출납을 명하여야 한다.
> ② 물품출납공무원은 제1항에 따른 명령이 없으면 물품을 출납할 수 없다.
> **제○○조** ① 물품출납공무원은 보관 중인 물품 중 사용할 수 없거나 수선 또는 개조가 필요한 물품이 있다고 인정하면 그 사실을 물품관리관에게 보고하여야 한다.
> ② 물품관리관은 제1항에 따른 보고에 의하여 수선이나 개조가 필요한 물품이 있다고 인정하면 계약담당공무원이나 그 밖의 관계 공무원에게 그 수선이나 개조를 위한 필요한 조치를 할 것을 청구하여야 한다.

① 물품출납공무원은 물품관리관의 명령이 없으면 자신의 재량으로 물품을 출납할 수 없다.

② A중앙관서의 장이 그 소관 물품관리에 관한 사무를 위임하고자 할 경우, B중앙관서의 소속 공무원에게는 위임할 수 없다.

③ 계약담당공무원은 물품을 국가의 시설에 보관하는 것이 그 사용이나 처분에 부적당하다고 인정하는 경우, 그 물품을 국가 외의 자의 시설에 보관할 수 있다.

④ 물품수급관리계획에 정해진 물품 이외의 물품이 필요한 경우, 물품관리관은 필요할 때마다 물품출납공무원에게 물품의 취득에 관한 필요한 조치를 할 것을 청구해야 한다.

⑤ 물품출납공무원은 보관 중인 물품 중 수선이 필요한 물품이 있다고 인정하는 경우, 계약담당공무원에게 수선에 필요한 조치를 할 것을 청구해야 한다.

문 13. 다음 글을 근거로 판단할 때 옳은 것은?

> 제○○조 ① 누구든지 법률에 의하지 아니하고는 우편물의 검열·전기통신의 감청 또는 통신사실확인자료의 제공을 하거나 공개되지 아니한 타인 상호간의 대화를 녹음 또는 청취하지 못한다.
> ② 다음 각 호의 어느 하나에 해당하는 자는 1년 이상 10년 이하의 징역과 5년 이하의 자격정지에 처한다.
> 1. 제1항에 위반하여 우편물의 검열 또는 전기통신의 감청을 하거나 공개되지 아니한 타인 상호간의 대화를 녹음 또는 청취한 자
> 2. 제1호에 따라 알게 된 통신 또는 대화의 내용을 공개하거나 누설한 자
> ③ 누구든지 단말기기 고유번호를 제공하거나 제공받아서는 안 된다. 다만 이동전화단말기 제조업체 또는 이동통신사업자가 단말기의 개통 처리 및 수리 등 정당한 업무의 이행을 위하여 제공하거나 제공받는 경우에는 그러하지 아니하다.
> ④ 제3항을 위반하여 단말기기 고유번호를 제공하거나 제공받은 자는 3년 이하의 징역 또는 1천만 원 이하의 벌금에 처한다.
> 제□□조 제○○조의 규정에 위반하여, 불법검열에 의하여 취득한 우편물이나 그 내용, 불법감청에 의하여 지득(知得) 또는 채록(採錄)된 전기통신의 내용, 공개되지 아니한 타인 상호간의 대화를 녹음 또는 청취한 내용은 재판 또는 징계절차에서 증거로 사용할 수 없다.

① 甲이 불법검열에 의하여 취득한 乙의 우편물은 징계절차에서 증거로 사용할 수 있다.

② 甲이 乙과 정책용역을 수행하면서 乙과의 대화를 녹음한 내용은 재판에서 증거로 사용할 수 없다.

③ 甲이 乙과 丙 사이의 공개되지 않은 대화를 녹음하여 공개한 경우, 1천만 원의 벌금에 처해질 수 있다.

④ 이동통신사업자 甲이 乙의 단말기를 개통하기 위하여 단말기기 고유번호를 제공받은 경우, 1년의 징역에 처해질 수 있다.

⑤ 甲이 乙과 丙 사이의 우편물을 불법으로 검열한 경우, 2년의 징역과 3년의 자격정지에 처해질 수 있다.

문 14. 다음 글과 〈지원대상 후보 현황〉을 근거로 판단할 때, 기업 F가 받는 지원금은?

> ㅁㅁ부는 2021년도 중소기업 광고비 지원사업 예산 6억 원을 기업에 지원하려 하며, 지원대상 선정 및 지원금 산정 방법은 다음과 같다.
> • 2020년도 총매출이 500억 원 미만인 기업만 지원하며, 우선 지원대상 사업분야는 백신, 비대면, 인공지능이다.
> • 우선 지원대상 사업분야 내 또는 우선 지원대상이 아닌 사업분야 내에서는 '소요 광고비×2020년도 총매출'이 작은 기업부터 먼저 선정한다.
> • 지원금 상한액은 1억 2,000만 원이나, 해당 기업의 2020년도 총매출이 100억 원 이하인 경우 상한액의 2배까지 지원할 수 있다. 단, 지원금은 소요 광고비의 2분의 1을 초과할 수 없다.
> • 위의 지원금 산정 방법에 따라 예산 범위 내에서 지급 가능한 최대 금액을 예산이 소진될 때까지 지원대상 기업에 순차로 배정한다.

〈지원대상 후보 현황〉

기업	2020년도 총매출(억 원)	소요 광고비 (억 원)	사업분야
A	600	1	백신
B	500	2	비대면
C	400	3	농산물
D	300	4	인공지능
E	200	5	비대면
F	100	6	의류
G	30	4	백신

① 없음

② 8,000만 원

③ 1억 2,000만 원

④ 1억 6,000만 원

⑤ 2억 4,000만 원

문 15. 다음 글의 ㉠과 ㉡에 해당하는 수를 옳게 짝지은 것은?

> 甲담당관 : 우리 부서 전 직원 57명으로 구성되는 혁신조직을 출범시
>   켰으면 합니다.
> 乙주무관 : 조직은 어떻게 구성할까요?
> 甲담당관 : 5~7명으로 구성된 10개의 소조직을 만들되, 5명, 6명, 7명
>   소조직이 각각 하나 이상 있었으면 합니다. 단, 각 직원은
>   하나의 소조직에만 소속되어야 합니다.
> 乙주무관 : 그렇게 할 경우 5명으로 구성되는 소조직은 최소
>   (㉠)개, 최대 (㉡)개가 가능합니다.

	㉠	㉡
①	1	5
②	3	5
③	3	6
④	4	6
⑤	4	7

문 16. 다음 글을 근거로 판단할 때, 甲이 통합력에 투입해야 하는 노력의 최솟값은?

> • 업무역량은 기획력, 창의력, 추진력, 통합력의 4가지 부문으로 나뉜다.
> • 부문별 업무역량 값을 수식으로 나타내면 다음과 같다.
>
> | 부문별 업무역량 값 |
> |---|
> | =(해당 업무역량 재능×4)+(해당 업무역량 노력×3) |
> | ※ 재능과 노력의 값은 음이 아닌 정수이다. |
>
> • 甲의 부문별 업무역량의 재능은 다음과 같다.
>
> | 기획력 | 창의력 | 추진력 | 통합력 |
> |---|---|---|---|
> | 90 | 100 | 110 | 60 |
>
> • 甲은 통합력의 업무역량 값을 다른 어떤 부문의 값보다 크게 만들고
>   자 한다. 단, 甲이 투입 가능한 노력은 총 100이며 甲은 가능한 노
>   력을 남김없이 투입한다.

① 67
② 68
③ 69
④ 70
⑤ 71

문 17. 다음 글을 근거로 판단할 때, 마지막에 송편을 먹었다면 그 직전에 먹은 떡은?

> 원 쟁반의 둘레를 따라 쑥떡, 인절미, 송편, 무지개떡, 팥떡, 호박떡
> 이 순서대로 한 개씩 시계방향으로 놓여 있다. 이 떡을 먹는 순서는 다
> 음과 같은 규칙에 따른다. 특정한 떡을 시작점(첫 번째)으로 하여 시계
> 방향으로 떡을 세다가 여섯 번째에 해당하는 떡을 먹는다. 떡을 먹고
> 나면 시계방향으로 이어지는 바로 다음 떡이 새로운 시작점이 된다.
> 이 과정을 반복하여 떡이 한 개 남게 되면 마지막으로 그 떡을 먹는다.

① 무지개떡
② 쑥떡
③ 인절미
④ 팥떡
⑤ 호박떡

문 18. 다음 글을 근거로 판단할 때, 甲이 구매하려는 두 상품의 무게로 옳은 것은?

> ○○마트에서는 쌀 상품 A~D를 판매하고 있다. 상품 무게는 A가
> 가장 무겁고, B, C, D 순서대로 무게가 가볍다. 무게 측정을 위해 서
> 로 다른 두 상품을 저울에 올린 결과, 각각 35kg, 39kg, 44kg, 45kg,
> 50kg, 54kg으로 측정되었다. 甲은 가장 무거운 상품과 가장 가벼운
> 상품을 제외하고 두 상품을 구매하기로 하였다.

※ 상품 무게(kg)의 값은 정수이다.

① 19kg, 25kg
② 19kg, 26kg
③ 20kg, 24kg
④ 21kg, 25kg
⑤ 22kg, 26kg

문 19. 다음 글을 근거로 판단할 때, A 괘종시계가 11시 정각을 알리기 위한 마지막 종을 치는 시각은?

A 괘종시계는 매시 정각을 알리기 위해 매시 정각부터 일정한 시간 간격으로 해당 시의 수만큼 종을 친다. 예를 들어 7시 정각을 알리기 위해서는 7시 정각에 첫 종을 치기 시작하여 일정한 시간 간격으로 총 7번의 종을 치는 것이다. 이 괘종시계가 정각을 알리기 위해 2번 이상 종을 칠 때, 종을 치는 시간 간격은 몇 시 정각을 알리기 위한 것이든 동일하다. A 괘종시계가 6시 정각을 알리기 위한 마지막 6번째 종을 치는 시각은 6시 6초이다.

① 11시 11초
② 11시 12초
③ 11시 13초
④ 11시 14초
⑤ 11시 15초

문 20. 다음 글을 근거로 판단할 때, 현재 시점에서 두 번째로 많은 양의 일을 한 사람은?

A부서 주무관 5명(甲~戊)은 오늘 해야 하는 일의 양이 같다. 오늘 업무 개시 후 현재까지 한 일을 비교해 보면 다음과 같다.
甲은 丙이 아직 하지 못한 일의 절반에 해당하는 양의 일을 했다. 乙은 丁이 남겨 놓고 있는 일의 2배에 해당하는 양의 일을 했다. 丙은 자신이 현재까지 했던 일의 절반에 해당하는 일을 남겨 놓고 있다. 丁은 甲이 남겨 놓고 있는 일과 동일한 양의 일을 했다. 戊는 乙이 남겨 놓은 일의 절반에 해당하는 양의 일을 했다.

① 甲
② 乙
③ 丙
④ 丁
⑤ 戊

문 21. 다음 글과 〈대화〉를 근거로 판단할 때, 丙이 받을 수 있는 최대 성과점수는?

- A과는 과장 1명과 주무관 4명(甲~丁)으로 구성되어 있으며, 주무관의 직급은 甲이 가장 높고, 乙, 丙, 丁 순으로 낮아진다.
- A과는 프로젝트를 성공적으로 마친 보상으로 성과점수 30점을 부여받았다. 과장은 A과에 부여된 30점을 자신을 제외한 주무관들에게 분배할 계획을 세우고 있다.
- 과장은 주무관들의 요구를 모두 반영하여 성과점수를 분배하려 한다.
- 주무관들이 받는 성과점수는 모두 다른 자연수이다.

― 〈대화〉 ―

甲 : 과장님이 주시는 대로 받아야죠. 아! 그렇지만 丁보다는 제가 높아야 합니다.

乙 : 이번 프로젝트 성공에는 제가 가장 큰 기여를 했으니, 제가 가장 높은 성과점수를 받아야 합니다.

丙 : 기여도를 고려했을 때, 제 경우에는 상급자보다는 낮게 받고 하급자보다는 높게 받아야 합니다.

丁 : 저는 내년 승진에 필요한 최소 성과점수인 4점만 받겠습니다.

① 6
② 7
③ 8
④ 9
⑤ 10

문 22. 다음 글을 근거로 판단할 때, 아기 돼지 삼형제와 각각의 집을 옳게 짝지은 것은?

- 아기 돼지 삼형제는 엄마 돼지로부터 독립하여 벽돌집, 나무집, 지푸라기집 중 각각 다른 한 채씩을 선택하여 짓는다.
- 벽돌집을 지을 때에는 벽돌만 필요하지만, 나무집은 나무와 지지대가, 지푸라기집은 지푸라기와 지지대가 재료로 필요하다. 지지대에 소요되는 비용은 집의 면적과 상관없이 나무집의 경우 20만 원, 지푸라기집의 경우 5만 원이다.
- 재료의 1개당 가격 및 집의 면적 1m²당 필요 개수는 아래와 같다.

구분	벽돌	나무	지푸라기
1개당 가격(원)	6,000	3,000	1,000
1m²당 필요 개수	15	20	30

- 첫째 돼지 집의 면적은 둘째 돼지 집의 2배이고, 셋째 돼지 집의 3배이다. 삼형제 집의 면적의 총합은 11m²이다.
- 모두 집을 짓고 나니, 둘째 돼지 집을 짓는 재료 비용이 가장 많이 들었다.

	첫째	둘째	셋째
①	벽돌집	나무집	지푸라기집
②	벽돌집	지푸라기집	나무집
③	나무집	벽돌집	지푸라기집
④	지푸라기집	벽돌집	나무집
⑤	지푸라기집	나무집	벽돌집

문 23. 다음 〈A기관 특허대리인 보수 지급 기준〉과 〈상황〉을 근거로 판단할 때, 甲과 乙이 지급받는 보수의 차이는?

〈A기관 특허대리인 보수 지급 기준〉

- A기관은 특허출원을 특허대리인(이하 '대리인')에게 의뢰하고, 이에 따라 특허출원 건을 수임한 대리인에게 보수를 지급한다.
- 보수는 착수금과 사례금의 합이다.
- 착수금은 대리인이 작성한 출원서의 내용에 따라 〈착수금 산정 기준〉의 세부항목을 합산하여 산정한다. 단, 세부항목을 합산한 금액이 140만 원을 초과할 경우 착수금은 140만 원으로 한다.

〈착수금 산정 기준〉

세부항목	금액(원)
기본료	1,200,000
독립항 1개 초과분(1개당)	100,000
종속항(1개당)	35,000
명세서 20면 초과분(1면당)	9,000
도면(1도당)	15,000

※ 독립항 1개 또는 명세서 20면 이하는 해당 항목에 대한 착수금을 산정하지 않는다.

- 사례금은 출원한 특허가 '등록결정'된 경우 착수금과 동일한 금액으로 지급하고, '거절결정'된 경우 0원으로 한다.

〈상 황〉

- 특허대리인 甲과 乙은 A기관이 의뢰한 특허출원을 각각 1건씩 수임하였다.
- 甲은 독립항 1개, 종속항 2개, 명세서 14면, 도면 3도로 출원서를 작성하여 특허를 출원하였고, '등록결정'되었다.
- 乙은 독립항 5개, 종속항 16개, 명세서 50면, 도면 12도로 출원서를 작성하여 특허를 출원하였고, '거절결정'되었다.

① 2만 원
② 8만 5천 원
③ 123만 원
④ 129만 5천 원
⑤ 259만 원

문 24. 다음 글과 〈상황〉을 근거로 판단할 때, 〈보기〉에서 옳은 것만을 모두 고르면?

> □□부서는 매년 △△사업에 대해 사업자 자격 요건 재허가 심사를 실시한다.
> • 기본심사 점수에서 감점 점수를 뺀 최종심사 점수가 70점 이상이면 '재허가', 60점 이상 70점 미만이면 '허가 정지', 60점 미만이면 '허가 취소'로 판정한다.
> – 기본심사 점수 : 100점 만점으로, ㉮~㉰의 4가지 항목(각 25점 만점) 점수의 합으로 한다. 단, 점수는 자연수이다.
> – 감점 점수 : 과태료 부과의 경우 1회당 2점, 제재 조치의 경우 경고 1회당 3점, 주의 1회당 1.5점, 권고 1회당 0.5점으로 한다.

――――――― 〈상 황〉 ―――――――

2020년 사업자 A~C의 기본심사 점수 및 감점 사항은 아래와 같다.

사업자	기본심사 항목별 점수			
	㉮	㉯	㉰	㉱
A	20	23	17	?
B	18	21	18	?
C	23	18	21	16

사업자	과태료 부과횟수	제재 조치 횟수		
		경고	주의	권고
A	3	–	–	6
B	5	–	3	2
C	4	1	2	–

――――――― 〈보 기〉 ―――――――

ㄱ. A의 ㉱ 항목 점수가 15점이라면 A는 재허가를 받을 수 있다.
ㄴ. B의 허가가 취소되지 않으려면 B의 ㉱ 항목 점수가 19점 이상이어야 한다.
ㄷ. C가 2020년에 과태료를 부과받은 적이 없다면 판정 결과가 달라진다.
ㄹ. 기본심사 점수와 최종심사 점수 간의 차이가 가장 큰 사업자는 C이다.

① ㄱ
② ㄴ
③ ㄱ, ㄴ
④ ㄴ, ㄷ
⑤ ㄷ, ㄹ

문 25. 다음 글과 〈상황〉을 근거로 판단할 때, 수질검사빈도와 수질기준을 둘 다 충족한 검사지점만을 모두 고르면?

> □□법 제00조(수질검사빈도와 수질기준) ① 기초자치단체의 장인 시장·군수·구청장은 다음 각 호의 구분에 따라 지방상수도의 수질검사를 실시하여야 한다.
> 1. 정수장에서의 검사
> 가. 냄새, 맛, 색도, 탁도(濁度), 잔류염소에 관한 검사 : 매일 1회 이상
> 나. 일반세균, 대장균, 암모니아성 질소, 질산성 질소, 과망간산칼륨 소비량 및 증발잔류물에 관한 검사 : 매주 1회 이상 단, 일반세균, 대장균을 제외한 항목 중 지난 1년간 검사를 실시한 결과, 수질기준의 10퍼센트를 초과한 적이 없는 항목에 대하여는 매월 1회 이상
> 2. 수도꼭지에서의 검사
> 가. 일반세균, 대장균, 잔류염소에 관한 검사 : 매월 1회 이상
> 나. 정수장별 수도관 노후지역에 대한 일반세균, 대장균, 암모니아성 질소, 동, 아연, 철, 망간, 잔류염소에 관한 검사 : 매월 1회 이상
> 3. 수돗물 급수과정별 시설(배수지 등)에서의 검사
> 일반세균, 대장균, 암모니아성 질소, 동, 수소이온 농도, 아연, 철, 잔류염소에 관한 검사 : 매 분기 1회 이상
> ② 수질기준은 아래와 같다.

항목	기준	항목	기준
대장균	불검출/100mL	일반세균	100CFU/mL 이하
잔류염소	4mg/L 이하	질산성 질소	10mg/L 이하

――――――― 〈상 황〉 ―――――――

甲시장은 □□법 제00조에 따라 수질검사를 실시하고 있다. 甲시 관할의 검사지점(A~E)은 이전 검사에서 매번 수질기준을 충족하였고, 이번 수질검사에서 아래와 같은 결과를 보였다.

검사지점	검사대상	검사결과	검사빈도
정수장 A	잔류염소	2mg/L	매일 1회
정수장 B	질산성 질소	11mg/L	매일 1회
정수장 C	일반세균	70CFU/mL	매월 1회
수도꼭지 D	대장균	불검출/100mL	매주 1회
배수지 E	잔류염소	2mg/L	매주 1회

※ 제시된 검사대상 외의 수질검사빈도와 수질기준은 모두 충족한 것으로 본다.

① A, D
② B, D
③ A, D, E
④ A, B, C, E
⑤ A, C, D, E

제1과목 ▶ 언어논리

01	02	03	04	05	06	07	08	09	10
⑤	①	①	②	②	⑤	①	⑤	①	③
11	12	13	14	15	16	17	18	19	20
④	⑤	③	②	②	⑤	④	③	④	③
21	22	23	24	25					
④	⑤	②	⑤	④					

01
답 ⑤

| 난도 | 하

정답해설

⑤ 서희는 고려가 병력을 동원해 거란을 치지 않겠다고 한다면 소손녕이 철군할 것이라고 말했으므로 옳은 내용이다.

오답해설

① 거란이 여진족이 사는 땅을 침범했다고 했을 뿐, 거란이 여진족이 고려의 백성이라고 주장했다는 내용은 찾을 수 없다.

② 여진족은 발해가 거란에 의해 멸망한 후에는 독자적 세력을 이루고 있었다고 했을 뿐, 여진족이 거란과 함께 고려를 공격했다는 내용은 찾을 수 없다.

③ 강동 6주는 고려가 압록강 하류의 여진족 땅까지 밀고 들어가 설치한 것이다.

④ 고려는 송 태종의 원병 요청을 거부하였으므로 옳지 않은 내용이다.

02
답 ①

| 난도 | 하

정답해설

① 해주 앞바다에 나타난 왜구가 조선군과 교전을 벌인 후 요동반도 방향으로 북상하자 태종의 명령으로 이종무가 대마도 정벌에 나섰다고 하였으므로 옳은 내용이다.

오답해설

② 명의 군대가 대마도 정벌에 나섰다는 내용은 찾을 수 없다.

③ 세종은 이종무에게 내린 출진 명령을 취소하고, 측근 중 적임자를 골라 대마도주에게 귀순을 요구하는 사신으로 보냈다고 하였으므로 옳지 않은 내용이다.

④ 태종은 이종무를 통해 실제 대마도 정벌을 실행하였으며, 더 나아가 세종이 이를 반대하였다는 내용은 본문에서 찾을 수 없다.

⑤ 대마도주를 사로잡아 항복을 받아내기로 했던 곳은 니로이며, 여기서 패배한 군사들이 돌아온 곳이 견내량이다.

03
답 ①

| 난도 | 하

정답해설

① 히틀러가 유대인을 혐오스러운 적대자로 설정했던 사례는 혐오가 정치적 선동의 도구로 이용된 사례이다.

오답해설

② 혐오의 감정이 특정 개인과 집단을 배척하기 위한 무기로 이용되었다고 하였다.

③ 유대인을 암세포, 종양, 세균 등으로 묘사하면서 이들을 비인간적 존재로 전락시켰다고 하였다.

④ 혐오의 감정을 사회 안정의 도구 내지는 법적 판단의 근거로 삼아야 한다는 주장이 있어왔다고 하였다.

⑤ 혐오는 특정 집단을 오염물인 것으로 취급하고 자신은 그렇지 않은 쪽에 위치시켜 얻게 되는 심리적인 우월감 및 만족감과 연결되어 있다고 하였다.

04
답 ②

| 난도 | 하

정답해설

② 계획적 진부화를 통해 신제품을 출시하면, 중고품 시장에서 판매되는 기존 제품이 진부화되고 경쟁력도 하락한다.

오답해설

① 기존 제품을 사용하는 소비자 입장에서는 크게 다를 것 없는 신제품 구입으로 불필요한 지출을 할 수 있다.

③ 소비자들의 취향이 급속히 변화하는 상황에서 계획적 진부화를 통해 소비자들의 만족도를 높일 수 있다.

④ 기존 제품의 가격을 인상하기 곤란한 경우 신제품을 출시해 인상된 가격을 매길 수 있다.

⑤ 계획적 진부화는 기존 제품이 사용 가능한 상황에서 소비자들의 수요를 자극하는 것이므로 물리적으로 사용 가능한 수명보다 실제 사용 기간이 짧아지게 된다.

05
답 ②

| 난도 | 하

정답해설

② 국방 서비스에 대한 비용을 지불하지 않았더라도 누군가의 소비가 다른 사람의 소비 가능성을 줄어들게 하지 않으므로 비경합적으로 소비될 수 있다.

① 배제적이라는 것은 재화나 용역의 이용 가능여부를 대가의 지불 여부에 따라 달리하는 것이다.
③ 여객기 좌석 수가 한정되어있다면 원하는 모든 사람들이 그 여객기를 이용할 수 없으므로 경합적으로 소비될 수 있다.
④ 국방 서비스의 사례를 통해 무임승차가 가능한 재화 또는 용역이 과소 생산되는 문제가 발생함을 알 수 있다.
⑤ 라디오 방송 서비스는 누군가의 소비가 다른 사람의 소비 가능성을 줄어들게 하지 않으므로 비경합적으로 소비할 수 있다.

② 일반 수험생 중 무증상자는 중대형 강의실에서 시험을 치르게 되며, 이곳에서는 마스크 착용규정이 의무적으로 적용되지 않으므로 KF80 마스크를 착용하고 시험을 치를 수 있다.
③ · ④ 자가격리 수험생은 모두 특별 방역 시험장에서 시험을 치르게 되며, 이곳에서는 KF99 마스크를 의무적으로 착용해야 한다.
⑤ 확진 수험생은 생활치료센터장에서 시험을 치르게 되며, 이곳에서는 센터장이 내린 지침을 따르면 되므로 센터장이 KF80 마스크 착용을 허용하는 경우 이를 착용하고 시험을 치를 수 있다.

06 답 ⑤

| 난도 | 하

정답해설
⑤ 제시문은 독일의 통일이 단순히 서독에 의한 흡수 통일이 아닌 동독 주민들의 주체적인 참여를 통해 이뤄진 것임을 설명하고 있다. 나머지 선택지는 이 논지를 이끌어내기 위한 근거들이다.

07 답 ①

| 난도 | 하

정답해설
(가) 첫 번째 단락에서는 신이 자연 속에 진리를 감추어놓았고 이것이 자연물 속에 비례의 형태로 숨어 있다고 하였다. 그리고 그 진리 중에서도 인체 비례가 가장 아름다운 진리라고 하였으므로 빈칸에 들어갈 내용으로는 '인체 비례에 숨겨진 신의 진리를 구현한'이 가장 적절하다.
(나) 두 번째 단락에서는 인체 비례를 통한 동양 건축의 사례를 들면서 이것이 고대 서양에서의 비례와 동일하다고 하였으므로 빈칸에 들어갈 내용으로는 '조형미에 대한 동서양의 안목이 유사하였다'가 가장 적절하다.

08 답 ⑤

| 난도 | 하

정답해설
⑤ IMF의 자금 지원 전후로 결핵 발생률이 다르게 나타난다는 결과가 나와야 하므로 '실시 이전'부터를 '실시 이후'로 수정해야 한다.

09 답 ①

| 난도 | 하

정답해설
① 일반 수험생 중 유증상자는 소형 강의실에서 시험을 치르게 되며, 이곳에서는 KF99와 KF94 마스크 착용이 권장될 뿐, 의무 사항은 아니므로 KF80 마스크를 착용하고 시험을 치를 수 있다.

10 답 ③

| 난도 | 하

정답해설
ㄱ. 고병원성 AI 바이러스는 경기도에서 3건, 충남에서 2건이 발표되어 총 5건이 검출되었으므로 수정해야 한다.
ㄷ. 바이러스 미분리는 야생 조류 AI 바이러스 검출 현황에 포함하지 않는다고 하였으므로 〈표〉에서 삭제해야 한다.

ㄴ. 제시문에서 검사 중인 사례가 9건이라고 하였으므로 수정할 필요가 없다.

11 답 ④

| 난도 | 중

정답해설
ㄴ. C는 인간 존엄성이 인간 중심적인 견해이며, 인간 외의 다른 존재에 대해서 폭력적 처사를 정당화하는 근거로 활용된다고 하였다. 따라서 C의 주장은 동물실험의 금지를 촉구하는 캠페인의 근거로 활용 가능하다.
ㄷ. B는 인간 존엄성이 신이 인간에게 부여한 독특한 지위로 보면서 이를 비판하고 있으며 C는 위에서 설명한 바와 같다.

ㄱ. 선택지의 내용이 A의 주장을 약화시키는 것이 되기 위해서는 A가 존엄사를 인정하지 않는다는 주장을 펼쳐야 한다. 하지만 그와는 무관한 주장을 하고 있으므로 A의 주장을 약화시키지 않는다.

12 답 ⑤

| 난도 | 상

정답해설
ㄱ. 나를 있게 하는 것의 핵심은 '특정한 정자와 난자의 결합'이다. ⊙과 같이 주장하는 이유는 그 결합 시점을 인위적으로 조절할 수 없기 때문인데, 그 특정한 정자와 난자가 냉동되어 수정 시험이 조절 가능하다면 내가 더 일찍 태어나는 것도 가능하게 된다.
ㄴ. ⊙ : A는 상상할 수 없다.
선택지의 대우명제 : A를 상상할 수 없다면 A가 불가능하다.
결론 : 따라서 A는 불가능하다.
A에 '내가 더 일찍 태어나는 것'을 대입하면 ⓒ을 이끌어낼 수 있다.

ㄷ. ⓒ : 태어나기 이전의 비존재는 나쁘다.

선택지의 명제 : 태어나기 이전의 비존재가 나쁘다면, 내가 더 일찍 태어나는 것이 가능하다.

결론 : 내가 더 일찍 태어나는 것이 가능하다.

결론의 명제는 ⓒ의 부정과 같다.

> **+ 합격생 가이드**
>
> 3단논법을 활용한 문제는 매우 자주 출제된다. 이 문제와 같이 각 명제별로 A의 표현이 조금씩 다른 경우에는 표현 그 자체보다는 의미가 일치하는지의 여부로 판단해야 한다. 물론 그것도 애매한 경우에는 위 해설과 같이 A로 치환하여 분석하는 것도 도움이 된다.

13 답 ③

| 난도 | 하

정답해설

(가) 첫 번째 전제 : 어떤 수단이 우리가 원하는 이익을 얻는 최선의 수단이다.

두 번째 전제 : (어떤 수단이 우리가 원하는 이익을 얻는 최선의 수단이라면 우리에게는 그것을 실행할 의무와 필요성이 있다.)

결론 : 우리에게 어떤 수단(생물 다양성 보존)을 보존할 의무와 필요성이 있다.

(나) 첫 번째 전제 : 내재적 가치를 지니는 것은 모두 보존되어야 한다.

두 번째 전제 : (모든 종은 내재적 가치를 지닌다.)

결론 : 모든 종은 보존되어야 한다.

14 답 ②

| 난도 | 상

정답해설

ㄷ. A는 생명체가 도구적 가치를 가진다고 하였고, C는 생명체가 도구적 가치에 더해 내재적 가치도 가진다고 하였다. 따라서 A, C 모두 생명체가 도구적 가치를 가진다는 점에서는 일치된 견해를 가지고 있다.

오답해설

ㄱ. A는 우리에게 생물 다양성을 보존해야 할 의무와 필요성이 있다고 하였다. 그리고 B는 생물 다양성 보존이 최선의 수단은 아니라고는 하였을 뿐 보존의 필요성 자체를 부정한 것은 아니다.

ㄴ. B는 A의 두 전제 중 첫 번째 전제가 참이 아니기 때문에 생물 다양성을 보존하는 것이 필연적이 아니라고 하였다.

15 답 ②

| 난도 | 상

정답해설

ㄷ. 을의 입장에서는 어떤 증거가 주어진 가설을 입증하는 정도가 작더라도, 증거 발견 후 가설이 참일 확률이 1/2보다 크기만 하면 그 증거가 해당 가설을 입증할 수 있다.

오답해설

ㄱ. 갑은 '증거 발견 후 가설의 확률 증가분이 있다면, 증거가 가설을 입증한다'고 하였고, 선택지의 진술은 이명제에 해당한다. 그런데 원명제와 이명제는 서로 동치가 아니므로 ㄱ은 옳지 않다.

ㄴ. 'A인 경우에만 B 이다'는 B → A로 나타낼 수 있다. 을에 따르면 '증거가 가설을 입증한다' → '증거발견 이후 가설이 참일 확률이 1/2보다 크다'가 되므로 ㄴ은 옳지 않다.

> **+ 합격생 가이드**
>
> 전공 수준의 논리학을 학습할 필요는 없지만, 역−이−대우명제 간의 관계 정도는 숙지해두는 것이 좋다. 물론 의미론적인 해석으로 풀이를 할 수도 있겠지만 그럴 경우 불필요하게 시간 소모가 많아진다.

16 답 ⑤

| 난도 | 중

정답해설

⑤ 아홉자리까지 계산한 값이 11의 배수인 상태에서 추가로 0과 9사이의 어떤 수를 더해 여전히 11의 배수로 만들기 위해서는 확인 숫자가 0인 경우 이외에는 존재하지 않는다.

오답해설

① 첫 번째 부분은 책이 출판된 국가 뿐만 아니라 언어 권역도 나타낸다.

② ISBN−13을 어떻게 부여하는지는 제시문을 통해 알 수 없다.

③ 세 번째 부분은 출판사에서 임의로 붙인 번호일뿐 출판 순서를 나타내는 것이 아니다.

④ 첫 번째 부분이 다르다면 다른 나라 또는 다른 언어권의 출판사에서 출판한 책이 된다.

17 답 ④

| 난도 | 하

정답해설

주어진 조건을 정리하면 다음과 같다.

ⅰ) A → ~B → ~C

ⅱ) ~D → C

ⅲ) ~A → ~E → ~C

ⅳ) ~A → ~E → ~C → D(ⅱ)의 대우와 ⅲ)의 결합)

ⅰ)과 ⅳ)에 의하면 A를 수강하든 안하든 D는 무조건 수강하게 되어있다.

18 답 ③

| 난도 | 상

정답해설

ㄱ. 만약 세 종류의 자격증을 가진 후보자가 존재한다면 그 후보자는 A와 D를 모두 가지고 있어야 한다. 그런데 두 번째 조건에 의해 이 후보자는 B를 가지고 있지 않으므로 만약 이 후보자가 세 종류의 자격증을 가지기 위해서는 C도 가지고 있어야 한다. 그런데 세 번째 조건에 의해 이는 참이 될 수 없으므로 세 종류의 자격증을 가진 후보자는 존재할 수 없다.

ㄴ. 확정된 조건이 없으므로 가능한 경우를 따져보면 다음과 같다.(갑은 ㄱ을 통해 확정할 수 있다.)

	A	B	C	D
갑	○	×	×	○
을	○	○	×	×

네 번째 조건을 통해서 A와 B를 모두 가지고 있는 후보자가 존재한다는 것을 확인할 수 있으며, 두 번째 조건을 통해서 이 후보자가 D를 가지고 있지 않음을, 세 번째 조건을 통해서 C를 가지고 있지 않음을 확정할 수 있다. 이에 따르면 갑은 B를 가지고 있지 않으며, 을은 D를 가지고 있지 않다.

오답해설

ㄷ. 조건을 정리하면 ∼D → ∼C으로 나타낼 수 있으며, 이의 대우명제는 C → D이다. 따라서 C를 가지고 있다면 D역시 가지고 있어야 하므로 C만 가지고 있는 후보자는 존재하지 않는다. 그런데 이는 어디까지나 조건에 불과할 뿐이어서 여전히 우리가 알 수 있는 것은 ㄴ의 갑과 을이 존재한다는 것 뿐이다.

+ 합격생 가이드

이 문제와 같이 확정된 조건이 없는 경우에는 제시된 조건에서 끌어낼 수 있는 사례들을 따져보아야 한다. 중요한 점은 여기서 끌어낸 사례들 말고도 다른 것들이 존재할 수 있다는 것이다. 단지 주어진 조건만으로는 더 이상 추론할 수 없을 뿐이다. 최근에는 이런 유형의 문제들이 자주 출제되고 있으니 주의가 필요하다.

---

19 답 ④

| 난도 | 상

정답해설

먼저 갑은 기획 업무를 선호하는데, 만약 민원 업무를 선호한다면 홍보 업무도 선호하게 되어 최소 세 개 이상의 업무를 선호하게 된다. 따라서 갑은 기획 업무만을 선호해야 한다. 다음으로 을은 민원 업무를 선호하므로 홍보 업무도 같이 선호함을 알 수 있는데, 세 개 이상의 업무를 선호하는 사원이 없다고 하였으므로 을은 민원 업무와 홍보 업무만을 선호해야 한다.

또한 인사 업무만을 선호하는 사원이 있다고 하였으며(편의상 병), 홍보 업무를 선호하는 사원 모두가 민원 업무를 선호하는 것은 아니라고 하였으므로 이를 통해 홍보 업무를 선호하지만 민원 업무는 선호하지 않는 사원이 존재함을 알 수 있다(편의상 정). 이제 이를 정리하면 다음과 같다.

	민원	홍보	인사	기획
갑	×	×		○
을	○	○	×	×
병	×	×	○	×
정	×	○		

ㄴ. 을과 정을 통해 최소 2명은 홍보 업무를 선호함을 알 수 있다.

ㄷ. 위 표에서 알 수 있듯이 모든 업무에 최소 1명 이상의 신입 사원이 할당되어 있음을 알 수 있다.

오답해설

ㄱ. 민원, 홍보, 기획 업무는 갑과 을이 한명씩은 선호하고 있으며, 인사 업무는 갑의 선호 여부를 알 수 없다.

+ 합격생 가이드

'민원 업무를 선호하는 신입사원은 모두 홍보 업무를 선호하였지만 그 역은 성립하지 않았다'의 의미는 무엇일까? 단지 '홍보 업무를 선호하는 신입사원 모두가 민원 업무를 선호하는 것은 아니다'에서 그쳐서는 안된다. 여기서 중요한 것은 홍보 업무를 선호하는 신입사원 중 민원 업무를 선호하지 않는 경우가 존재한다는 것이다.

---

20 답 ③

| 난도 | 하

정답해설

ㄱ. 일반적인 햇빛이 있는 낮이라면 청색광이 양성자 펌프를 작동시켜 밖에 있는 칼륨이온이 공변세포 안으로 들어오게 되지만 청색광을 차단할 경우에는 그렇지 않아 밖에 있는 칼륨이온이 들어오지 않는다.

ㄷ. 호르몬 A를 분비할 경우 햇빛 여부와 무관하게 기공이 열리지 않으며, 병원균 α는 독소 B를 통해 기공을 열리게 한다.

오답해설

ㄴ. 식물이 수분스트레스를 겪을 경우 기공이 열리지 않으며, 양성자 펌프의 작동을 못하게 하는 경우에도 기공이 열리지 않는다. 따라서 햇빛 여부와 무관하게 기공은 늘 닫혀있게 된다.

---

21 답 ④

| 난도 | 상

정답해설

실험의 조건에 따라 선호도를 정리하면 다음과 같다.

톤 : C > A > B

빈도 : A > B > C

ㄴ. B, C 중 B를 선택했다면 암컷이 빈도를 기준으로 삼고 있는 것이며, A, B, C 중 A를 선택했다는 것 역시 빈도를 기준으로 삼고 있다는 것이다. 따라서 이 실험결과는 ㉠을 강화하고, ㉡은 강화하지 않는다.

ㄷ. A, C 중 C를 선택했다면 암컷이 톤을 기준으로 삼고 있는 것이며, A, B, C 중 A를 선택했다는 것은 기준을 빈도로 변경했다는 것이다. 따라서 이 실험결과는 ㉠을 강화하지 않고 ㉡을 강화한다.

오답해설

ㄱ. A, B 중 A를 선택했다면 이를 통해서는 암컷이 톤과 빈도 중 어느 기준을 가지고 있는지 알 수 없다. 그런데 A, B, C 중 C를 선택했다면 암컷은 톤을 기준으로 삼고 있음을 알 수 있다. 따라서 이 실험결과가 ㉠과 ㉡을 강화, 약화하는지 여부를 판단할 수 없다.

---

22 답 ⑤

| 난도 | 상

정답해설

ㄱ. 경로 1(물)을 통과한 빛이 경로 2(공기)를 통과한 빛보다 오른쪽에 맺힌다면 경로 1을 통과한 빛의 속도가 빠르게 되어 입자이론이 타당하게 되므로 ㉠을 강화하고 ㉡을 약화한다.

ㄴ. 경로 1(물)을 통과한 빛이 경로 2(공기)를 통과한 빛보다 왼쪽에 맺힌다면 경로 1을 통과한 빛의 속도가 느리다는 것이므로 파동이론이 타당하게 되므로 ㉠을 약화하고 ㉡을 강화한다. 색깔에 따른 파장의 차이는 같은 경로를 통과했을 때에 의미가 있으므로 여기서는 판단의 대상이 되지 않는다.

ㄷ. 같은 경로를 통과했을 때에 색깔(파장)이 다른 두 빛이 스크린에 맺힌 위치가 다르다면 파동이론이 타당하게 되므로 ㉠은 약화되고 ㉡은 강화된다.

오답해설

ㄱ. 매년 방학때마다 귀국하였으므로 그 기간을 모두 합치면 3개월을 넘기게 된다. 따라서 그 기간은 외국에 체재하는 기간에 포함되지 않으므로 A는 거주자로 구분된다.

23 답 ②

| 난도 | 중
정답해설

2021년과 2022년의 신청 자격이 동일하다고 하였는데, 민원인이 두 해 모두 신청을 하였으므로 농업인과 토지조건은 모두 충족시키고 있음을 확인할 수 있다. 따라서 남은 것은 부정 수령과 관련된 사항인데 이를 정리하면 다음과 같다.

ⅰ) 2021년 부정 수령 판정여부 : No(신청가능), Yes(ⅱ)
ⅱ) 이의 제기 여부 : No(신청불가), Yes(ⅲ)
ⅲ) 이의 제기 기각(신청불가), 인용 or 심의 절차 진행중(신청가능)

따라서 2021년 부정 수령 판정 여부, 이의 제기 여부, 이의 제기 기각 여부만 알면 신청 자격이 있는지 확인 가능하다.

24 답 ⑤

| 난도 | 중
정답해설

⑤ 갑은 '법령'과 '조례'가 서로 다른 것이므로 '법령'에 위배되지 않는다면 문제가 없다는 생각이지만 을은 '조례'가 '법령'의 범위 내에 있으므로 서로 충돌되는 것이 아니라는 입장이다. 이에 따르면 '조례'에 반하는 학칙은 교육법에 저촉되는 것이 된다.

오답해설

①·③ '조례'와 '학칙'간의 충돌이 있을 경우에 대한 법적 판단을 묻고 있는데 선택지는 이와는 무관한 내용이다.
② 을은 '제8조 제1항에서의 법령에는 조례가 포함된다고 해석하고 있으며'라고 말하고 있으므로 선택지는 이와 반대된다.
④ 을은 전체적으로 '법령'과 '조례'가 서로 충돌되는 것이 아니라 하나의 체계 속에서 교육에 관한 내용을 규율하고 있다고 보고 있다.

25 답 ④

| 난도 | 중
정답해설

ㄴ. 복수 국적자 B를 △△국 국민으로 본다면 제1항의 적용을 받게 된다. 그런데 제1호에 따라 외국에서 영업활동에 종사하는 경우는 비거주자로 본다고 하였으므로 갑은 B를 비거주자로 주장하게 된다. 반면 B를 외국인으로 본다면 제2항의 적용을 받게 되는데 미국에서 영업활동을 한 기간이 1개월에 불과하므로 을은 B를 비거주자에 해당하지 않는다고 주장하게 된다.

ㄷ. D의 체재 기간이 5개월이므로 음악연주가 영업활동에 해당하는지에 따라 판단이 달라지게 된다. 만약 영업활동에 해당하지 않는다면 D는 제1항의 적용을 받지 않게 되어 비거주자에 해당하지 않는다.

01	02	03	04	05	06	07	08	09	10
①	⑤	④	①	②	①	④	①	⑤	④
11	12	13	14	15	16	17	18	19	20
②	③	③	⑤	④	②	②	⑤	③	①
21	22	23	24	25					
③	⑤	①	④	②					

01

답 ①

| 난도 | 하

정답해설

① 2020년 7월 대비 15세 이상 인구가 1만 5천 명 감소하였는데, 경제활동인구는 3만 명 증가하였으므로 또 다른 구성요소인 비경제활동인구는 4만 5천명 감소하였을 것이다. 그리고 2021년 7월의 경제활동인구가 175만 7천 명인데, 실업자 수가 6만 1천 명이므로 또 다른 구성요소인 취업자는 169만 6천명일 것이다.

02

답 ⑤

| 난도 | 하

정답해설

ㄱ. 2019년 청구인이 내국인인 특허심판 청구건수는 어림해 보더라도 1,200건에 미치지 못하는데, 2018년은 이의 2배인 2,400을 훌쩍 넘는다.

ㄴ. 직접 계산해보지 않더라도 청구인이 내국인이면서 피청구인이 내국인인 건수가 외국인인 건수의 3배를 넘으며, 청구인이 외국인인 경우도 같으므로 전체 합은 3배 이상이 될 것이다.

ㄷ. 전자는 270건이고 후자는 230건이므로 전자가 더 크다.

03

답 ④

| 난도 | 하

정답해설

④ 예식장의 경우 2019년의 사업자 수가 2018년에 비해 증가하였으므로 부합하지 않는다.

04

답 ①

| 난도 | 하

정답해설

ㄱ. 기획재정부장관, 보건복지부장관, 여성가족부장관, 국토교통부장관, 해양수산부장관, 문화재청장 총 6명이 모두 동의하였다.

ㄴ. 25회차에서는 6명이 부동의하였으나 26회차에서는 4명이 부동의하였다.

ㄷ. 전체 위원의 $\frac{2}{3}$ 이상이 동의하기 위해서는 11명 이상이 동의해야 하는데 25회차에서는 10명이 동의하였다.

+합격생 가이드

선택지를 판단할 때 전체 위원 수를 직접 헤아려본 수험생이 있을 것이다. 이는 각주를 꼼꼼하게 읽지 않았기 때문에 생기는 일이다. 각주 1)에서 전체 위원의 수가 16명으로 명시되어 있다.

05

답 ②

| 난도 | 하

정답해설

• 첫 번째 조건 : C는 2010년대에 1천만 원 이상의 창업 건수가 더 많으므로 제외

• 두 번째 조건 : D는 2010년대에 77건, 2000년대에 39건이므로 2배에 미치지 못하므로 제외

• 세 번째 조건 : A는 1990년대에 200건을 넘는데 2020년 이후에는 2,000건에 훨씬 미치지 못하므로 제외

• 네 번째 조건 : E는 전체 창업건수가 253건인데 이의 3%는 7을 넘으므로 제외

따라서 모든 조건을 충족하는 B가 보고서의 내용에 부합하는 도시이다.

06

답 ①

| 난도 | 하

정답해설

ㄱ. A지역의 3등급 쌀 가공비용은 25×100천 원인데 B지역의 2등급 현미 가공비용은 25×97천 원이므로 계산해 볼 필요 없이 전자가 더 크다.

오답해설

ㄴ. 1등급 현미 전체의 가공비용은 106×105천 원인데 2등급 현미 전체 가공비용은 82×97천 원이므로 곱해지는 값들의 차이가 그리 크지 않은 상황이다. 따라서 직접 계산해볼 필요 없이 2배에는 미치지 못할 것이다.

ㄷ. 감소폭을 구하면 되는 것이므로 전체 총액을 구하지 말고 곧바로 감소액을 계산해보자.

A지역 : (25×10)+(7×5)

B지역 : (55×10)+(5×5)

C지역 : (20×10)+(2×5)

B지역은 쌀의 가공비용이 다른 지역에 비해 압도적으로 많으므로 제외되며, A지역은 곱해지는 가공량이 모두 C지역에 비해 크다. 따라서 C지역의 감소폭이 가장 작다.

07 답 ④

| 난도 | 하

정답해설

주어진 자료를 정리하면 다음과 같다

	편익	피해액	재해발생위험도	합계(우선순위)
갑	6	15	17	38(2)
을	8	6	25	39(1)
병	10	12	10	32(3)

ㄱ. 재해발생위험도는 을, 갑, 병의 순으로 높은데, 우선순위도 이와 순서가 같다.

ㄷ. 피해액 점수와 재해발생위험도 점수의 합은 갑이 32, 을이 31, 병이 22이므로 갑이 가장 크다.

ㄹ. 갑지역의 합계점수가 40으로 변경되므로 갑지역의 우선순위가 가장 높아진다.

오답해설

ㄴ. 우선순위가 가장 높은 지역(을)과 가장 낮은 지역(병)의 피해액 점수 차이는 6점인데, 재해발생위험도 점수 차이는 15점이므로 후자가 전자보다 크다.

08 답 ①

| 난도 | 하

정답해설

ㄱ. 해당 기간동안의 특허 출원건수 합은 식물기원이 58, 동물기원이 42, 미생물효소가 40이므로 미생물효소가 가장 작다.

오답해설

ㄴ. 각 연도별로는 분모가 되는 전체 특허 출원건수가 동일하므로 유형별 특허 출원건수의 대소만 비교해보면 된다. 이에 따르면 2019년은 동물기원이 가장 높다.

ㄷ. 식물기원과 미생물효소가 전년대비 2배 이상 증가하였으므로 이 둘만 비교해보면 된다. 그런데 두 유형 모두 2021년의 출원건수가 2020년의 2배보다 1만큼 더 많은 상황이다. 그렇다면 2020년의 출원건수가 더 작은 미생물효소의 증가율이 더 높을 것임을 계산을 하지 않고도 알 수 있다.

09 답 ⑤

| 난도 | 하

정답해설

• A : 서울특별시, 부산광역시, 광주광역시, 전라북도, 전라남도, 경상남도 총 6개 지역이 이에 해당한다.

• B : 전라북도의 경우 전년 대비 증가폭이 0.3%p로 가장 크다.

• C : 2019년 빈집비율이 가장 높은 지역은 전라남도(15.5%)이고, 가장 낮은 지역은 서울특별시(3.2%)인데, 2020년 역시 전자가 전라남도(15.2%), 후자가 서울특별시(3.2%)이다. 그런데 서울특별시의 빈집비율이 두 해 모두 동일하므로 전라남도의 빈집비율이 더 큰 2019년의 차이가 더 크다는 것을 알 수 있다. 따라서 빈집비율의 차이는 2019년에 비해 2020년이 감소하였다.

10 답 ④

| 난도 | 중

정답해설

ㄱ. 첫 번째 단락의 두 번째 문장을 작성하기 위해 필요한 자료이다.

ㄴ. 세 번째 단락의 첫 번째 문장을 작성하기 위해 필요한 자료이다.

ㄹ. 마지막 단락을 작성하기 위해 필요한 자료이다.

오답해설

ㄷ. 표 1을 통해 알 수 있으므로 추가로 필요한 자료가 아니다.

+ 합격생 가이드

추가로 필요한 자료를 묻는 문제의 경우 선택지의 자료들이 올바르게 작성되었는지를 따져볼 필요는 없다. 자료의 항목이 제대로 반영되어 있다면 수치들을 꼼꼼하게 살펴볼 필요없이 곧바로 다음 문제로 넘어가도록 하자. 자료의 정오를 따져야 하는 경우는 문제에서 '올바르게 작성된 것은'과 같이 명확하게 표현해준다.

11 답 ②

| 난도 | 상

정답해설

ㄱ. 2016년의 비중은 $\frac{96}{322}$, 2018년은 $\frac{90}{258}$인데 분자의 경우 2016년이 2018년에 비해 10%에 미치지 못하게 크지만, 분모는 10%를 훨씬 넘게 크다. 따라서 2018년의 비중이 더 높다.

ㄷ. 2017년과 2018년은 전년에 비해 접수 건수가 감소하였으니 제외하고 2019년과 2020년을 비교해보자. 2019년의 전년 대비 증가율은 $\frac{36}{168}$이고, 2020년은 $\frac{48}{204}$인데, 2020년의 분자는 $\frac{1}{3}$만큼 2019년에 비해 크지만 2020년의 분모는 $\frac{1}{3}$보다 작게 크다. 따라서 증가율은 2020년이 더 크다.

오답해설

ㄴ. 2018년의 전년 이월 건수가 90건이고 2019년이 71건이므로 2018년이 답이 될 것으로 착각하기 쉬우나 마지막 2020년의 차년도 이월 건수가 131건임을 놓쳐서는 안된다.

ㄹ. 재결 건수가 가장 적은 연도는 2019년인데 해당 연도 접수 건수가 가장 적은 것은 2018년이다.

12 답 ③

| 난도 | 하

정답해설

③ 멸종우려종 중 고래류가 80% 이상이라고 하였는데 이는 표에서 D에 해당함을 쉽게 알 수 있다. 다음으로 9개의 지표 중 멸종우려종 또는 관심필요종으로만 분류된 것은 B이므로 해달류 및 북극곰이 이에 해당한다. 마지막으로 A와 C중 자료부족종으로 분류된 종이 없는 것은 C이므로 해우류가 이에 해당하게 되며 남은 A는 기각류임을 알 수 있다.

13 답 ③

| 난도 | 상
정답해설

먼저, 이 자료에서 잠금해제료는 일종의 기본요금 성격을 가진다고 볼 수 있다. 따라서 잠금해제료가 없는 A의 대여요금이 대여 직후부터 일정 시점까지는 4곳 중 가장 낮지만 어느 시점부터는 분당대여료가 A보다 낮은 나머지 3곳의 요금이 작아질 것이다. 그럼 어느 시점에서 이런 일이 일어날까? 이를 알기 위해서 4곳의 요금식을 구해보자.

A : 200x

B : 250+150x

C : 750+120x

D : 1,600+60x

(x : 대여시간)

먼저 A와 B가 교차하는 시점을 알기 위해 둘을 같다고 놓고 풀어보면 5가 나오게 되는데, 이것은 5시간 이전까지는 A가 B보다 요금이 작지만 5시간을 기점으로 순서가 뒤바뀌게 된다는 것을 의미한다(이는 그래프를 그려보면 더 직관적으로 이해가능한데, A는 원점을 지나는 직선인 반면 나머지는 모두 Y절편이 양수이면서 기울기가 A보다 작은 직선이기 때문이다).

같은 방식으로 계산해보면 C는 10, D는 12가 되므로 B가 가장 먼저 A보다 낮은 요금이 된다는 것을 확인할 수 있다(이때, 실제 C의 값은 9.x가 되는데 요금은 분단위로 부과되므로 10분부터 실제 요금이 달라지게 될 것이다. D도 같다.) 이제 세 번째로 낮은 요금이 되는 것을 찾기 위해 B와 C, B와 D의 요금식을 풀어보면 C는 17, D는 15가 된다. 따라서 15분부터는 D의 요금이 가장 작게 된다. 그럼 남은 C가 마지막으로 낮은 요금이 되는 것일까? 만약 C가 마지막으로 낮은 요금이 된다면 이는 어느 시점부터는 계속 C가 가장 낮은 요금이 되어야 하는데, 이는 기하학적으로 불가능하다. 왜냐하면 D는 C보다 기울기가 작기 때문에 이 둘이 교차한 이후부터는 D가 C의 아래쪽에 위치하기 때문이다. 따라서 C는 마지막으로 낮은 요금이 될 수 없다. 그렇다면 C는 어떤 경우에도 가장 낮은 요금이 되지 못하므로 (가)에는 C가 들어가게 된다.

다음으로 (나)를 판단해보자. (나)는 C가 요금을 바꾼 이후에 가장 낮은 요금이 되지 못한다고 하였는데 잠금해제료 자체가 없는 A는 대여직후부터 일정 시점까지는 가장 낮은 요금이 될 수 밖에 없으므로 (나)는 A가 될 수 없다. 또한 C도 될 수 없다. 왜냐하면 C가 요금을 바꾼 이유가 자신들의 요금이 최저요금이 되지 못하기 때문이었는데, 바꾼 다음에도 여전히 최저요금이 되지 못한다는 것은 말이 되지 않기 때문이다(만약 그렇다면 처음부터 분당대여료를 50원 인하했으면 될 것이다). 그렇다면 남은 것은 B와 D인데 D도 (나)가 될 수 없다. D는 4곳 중에서 기울기가 가장 작기 때문에 그래프 상에서 어느 순간부터는 가장 아래에 위치할 수밖에 없기 때문이다. 그렇다면 남은 B가 (나)에 해당한다.

마지막으로 (다)를 구하기 위해 C와 B의 요금을 계산해보면 C는 2,550원(= 750+(120×15)), B는 2,250원(=250+(100×20))이 된다. 따라서 둘의 차이인 300이 (다)에 들어가게 된다.

+ 합격생 가이드

(나)를 판단할 때 C가 최저 요금이 될 수 없는 과정을 따로 계산하지 않았다. 물론 (가)를 구할 때와 마찬가지로 각각의 요금식을 구해서 판단할 수도 있지만 그러기에는 불필요하게 아까운 시간이 소모된다. 때로는 이와 같이 풀이 이외의 센스가 필요한 경우가 있다는 것을 알아두자.

14 답 ⑤

| 난도 | 하
정답해설

⑤ 2019년의 지출 총액은 8,250억 원인데 이의 50%는 4,125억 원으로 2021년보다 작다. 따라서 감소율은 50%에 미치지 못한다.

15 답 ④

| 난도 | 상
정답해설

④ 각급 학교의 수는 교장의 수와 같으므로 $\frac{\text{여성 교장 수}}{\text{비율}}$ 을 구하면 전체 학교의 수를 구할 수 있다. 그런데 중학교의 비율을 2로 나누면 나머지 학교들과 같은 3.8이 되므로 모두 분모가 같게 만들 수 있다. 분모가 같다면 굳이 분수식을 계산할 필요없이 분자의 수치만으로 판단하면 되는데, 이에 따르면 초등학교는 222, 중학교는 90.5, 고등학교는 66이 되어 중학교와 고등학교의 합보다 초등학교가 더 크게 된다.

오답해설

① 제시된 표는 5년마다 조사한 자료이므로 매년 증가했는지 여부는 알 수 없다.

② 각 학교의 교장은 1명이므로 교장 수를 구하면 곧바로 학교의 수를 알 수 있다. 2020년의 여성 교장 수 비율이 40.3%이므로 전체 교장 수는 대략 6,000으로 판단할 수 있는데, 6,000의 1.8%는 108에 불과하므로 1980년의 여성 교장수에 미치지 못한다. 따라서 1980년의 전체 교장 수는 6,000보다는 클 것이라는 것을 알 수 있다.

③ 두 해 모두 여성 교장의 비율이 같은 반면 여성 교장 수는 1990년이 더 많으므로 전체 교장 수도 1990년이 더 많다. 그런데 여성 교장의 비율이 같다면 남성 교장의 비율도 같을 것이므로 이 비율에 더 많은 전체 교장의 수가 곱해진 1990년의 남성 교장 수가 더 많을 것이다.

⑤ 2000년의 초등학교 여성 교장 수는 490명이고 이의 5배는 2,450이므로 이는 2020년에 비해 크다. 따라서 5배에 미치지 못한다.

16 답 ②

| 난도 | 하
정답해설

보고서의 순서대로 지역을 판단해보면 다음과 같다.

i) TV 토론회 전에 B후보자에 대한 지지율이 A후보자보다 10%p 이상 높음 : 마 제외

ii) TV 토론회 후에 지지율 양상에 변화 : 라 제외

iii) TV 토론회 후 '지지 후보자 없음' 비율 감소 : 다 제외

iv) TV 토론회 후 두 후보자간 지지율 차이가 3%p 이내 : 가 제외

17 답 ②

| 난도 | 하

정답해설

ㄱ. 각주 1)의 식에 의하면 업종별 업체 수는 도입률에 업종별 스마트시스템 도입 업체 수를 곱해서 구할 수 있다. 그런데 표 1에서 자동차부품보다 업체 수가 많은 업종들의 업체 수는 자동차부품에 비해 2배를 넘지 않는 반면, 이들의 도입률은 모두 절반에 미치지 못한다. 또한 자동차부품보다 업체 수가 적은 업종들은 모두 업체 수도 작고 도입률도 작다. 따라서 이 둘을 곱한 수치가 가장 큰 것은 자동차부품이다.

ㄷ. 도입률과 고도화율을 곱한 값을 비교하면 되는데, 외견상 확연히 1, 2위가 될 것으로 보이는 항공기부품과 자동차부품을 비교해보면 항공기부품은 28.4×37.0, 자동차부품은 27.1×35.1이므로 곱해지는 모든 값이 더 큰 항공기부품이 더 크다.

오답해설

ㄴ. 고도화율이 가장 높은 업종이 항공기부품인 것은 그래프에서 바로 확인 가능하다. 다음으로 스마트시스템 고도화 업체 수는 각주의 산식을 통해 '도입률×고도화율×업종별 업체 수'임을 알 수 있는데, 자동차부품의 경우 '도입률×고도화율'은 항공기부품과 비슷한 데 반해 업종별 업체 수는 7배 이상 크다. 따라서 항공기부품의 스마트시스템 고도화 업체 수가 가장 많은 것은 아니다.

ㄹ. 도입률이 가장 낮은 업종은 식품바이오인데, 고도화율이 가장 낮은 업종은 금형주조도금이므로 서로 다르다.

18 답 ⑤

| 난도 | 중

정답해설

직접 계산해보는 것 이외에는 마땅한 방법이 없는 문제이므로 주어진 산식에 맞추어 각 운전자별 정지시거를 계산해보자.

	반응 거리	맑은 날		비 오는 날	
		제동거리	정지시거	제동거리	정지시거
A	40	$\frac{20^2}{2\times0.4\times10}=50$	90	$\frac{20^2}{2\times0.1\times10}=200$	240
B	40	$\frac{20^2}{2\times0.4\times10}=50$	90	$\frac{20^2}{2\times0.2\times10}=100$	140
C	32	$\frac{20^2}{2\times0.8\times10}=25$	57	$\frac{20^2}{2\times0.4\times10}=50$	82
D	48	$\frac{20^2}{2\times0.4\times10}=50$	98	$\frac{20^2}{2\times0.2\times10}=100$	148
E	28	$\frac{20^2}{2\times0.4\times10}=50$	78	$\frac{20^2}{2\times0.4\times10}=100$	128

19 답 ③

| 난도 | 중

정답해설

ㄱ. 2020년 어획량이 가장 많은 어종은 고등어인데, 이것은 전년에 비해 감소한 수치이므로 2019년에는 더 많았을 것이다. 반면, 그림에서 오징어를 제외한 고등어의 오른쪽에 위치한 어종들은 전년에 비해 어획량이 증가하였음에도 여전히 고등어에 비해 작은 상태이므로 2019년에도 고등어의 어획량에 미치지 못했을 것이다. 마지막으로 광어는 전년에 비해 어획량이 감소하기는 했으나 2020년의 어획량 자체가 고등어에 비해 턱없이 작다. 따라서 광어의 2019년 어획량도 고등어에 미치지 못한다.

ㄷ. 갈치의 평년비가 100%를 넘는다는 것은 갈치의 2011~2020년 연도별 어획량의 평균(A)보다 2020년의 어획량(B)이 더 많다는 것을 의미한다. 그런데 여전히 A보다 큰 2021년의 어획량이 더해진다면 이것이 포함된 2011~2021년 연도별 어획량의 평균은 당연히 A보다 커질 것이다.

오답해설

ㄴ. 선택지의 문장이 옳다면 $\frac{전년비(\%)}{평년비(\%)}$ 의 값이 1보다 커야 한다. 이는 그림에서 원점에서 해당 어종에 해당하는 점을 연결한 직선의 기울기가 1보다 작아야 함을 의미하는데 조기가 이에 해당하지 않는다.

20 답 ①

| 난도 | 상

정답해설

해설의 편의를 위해 선수명은 종합기록 순위로 나타낸다.

ㄱ. 5위의 수영기록을 계산해보면 약 1시간 20분 정도로 계산되므로 수영기록이 한 시간 이하인 선수는 1위, 2위, 6위이며, 이들의 T2기록은 모두 3분 미만이다.

ㄴ. 먼저 9위의 종합기록을 계산해보면 9:48:07이며, 이 선수까지 포함해서 판단해보면 6위, 7위, 10위 선수가 이에 해당한다.

오답해설

ㄷ. 6위 선수의 달리기기록이 3위 선수보다 빠르므로 대한민국 선수 3명이 1~3위를 모두 차지할 수는 없다. 8위 선수의 달리기 기록은 문제의 정오를 판단하는데 영향을 주지 않으므로 계산하지 않는다.

ㄹ. 5위 선수를 제외하고 순위를 매겨보면 수영, T1 모두 4위를 기록하고 있다. 그런데 ㄱ에서 5위의 수영기록은 1시간 20분 정도라는 것을 이미 구해놓았으며 이 선수의 수영과 T1의 합산 기록은 10위 선수에 한참 뒤쳐진다. 따라서 10위 선수의 수영과 합산기록 모두 4위로 동일하다.

21 답 ③

| 난도 | 중

정답해설

고정원가와 변동원가율(=1−고정원가율)을 통해 각 제품별 제조원가를 구하고, 구해진 제조원가와 제조원가율을 통해 매출액을 구하면 다음과 같다(대소비교만 하면 되므로 천단위 이하는 소수점으로 처리하였다).

	고정원가율	제조원가	매출액
A	60	100	400
B	40	90	300
C	60	55	약 180
D	80	62.5	625
E	50	20	200

따라서 C의 매출액이 가장 작다.

22 답 ⑤

| 난도 | 중

정답해설

ㄱ. 2019년의 국내 매출액은 약 123억 원이고, 2020년은 약 136억 원이므로 국내 매출액이 가장 큰 연도는 2020년이다. 그런데 분모가 되는 2020년의 총매출액은 3개 연도 중 가장 크고, 분자가 되는 국외 매출액은 가장 작으므로 총매출액 중 국외 매출액 비중은 2020년이 가장 작다.

ㄴ. 탄약의 매출액 증가액은 약 600억 원이므로 매출액 증가율은 2~3%인데 나머지 분야는 모두 이에 미치지 못한다.

ㄹ. '적어도' 유형의 문제이다. 2020년 대기업의 국내 매출은 119,586억 원이고 항공유도 분야의 매출액은 49,024억 원이다. 이 둘을 더하면 168,610억 원이 되는데 전체 총매출액은 153,867억 원이므로 이 둘의 차이인 14,743억 원은 항공유도분야이면서 대기업 모두에 해당함을 알 수 있다.

오답해설

ㄷ. 선택지의 문장이 옳게 되기 위해서는 $\frac{16,612}{27,249}$가 1,012에 4를 곱해 구한 $\frac{4,048}{5,855}$보다 더 커야 한다. 이를 간단하게 비교하기 위해 앞 두자리 유효숫자로 변환하면 $\frac{16}{27}$과 $\frac{40}{58}$이 되는데 분자의 경우 후자가 전자의 2배보다 훨씬 큰 반면, 분모는 2배를 겨우 넘는 수준이다. 따라서 후자가 더 크다.

+ 합격생 가이드

증가율, 대소비교 등 일반적인 경우에는 유효숫자를 활용해 계산을 간단하게 하는 것이 필요하지만 '적어도' 유형의 경우는 이 문제와 같이 엄밀한 계산이 필요한 경우가 자주 있다. 어차피 덧셈 한번과 뺄셈 한번만 하면 되는 것이니 '적어도' 유형을 만나게 되면 정확하게 계산하도록 하자.

23 답 ①

| 난도 | 중

정답해설

보고서의 내용을 토대로 해당하는 분야를 판단하면 다음과 같다.

ⅰ) 종사자 수는 통신전자, 함정, 항공유도 분야만 증가 : A, C, D가 이에 해당

ⅱ) 2018~2020년 동안 매출액과 종사자 수가 매년 증가한 분야는 통신전자 : D

ⅲ) 함정과 항공유도가 A, C에 해당하므로 이후에는 이 둘만 판단

ⅳ) 함정분야 종사자 수는 전체에서 가장 많이 증가 : A, C 둘만 비교하면 되며 C가 이에 해당

따라서 남은 A가 항공유도에 해당한다.

+ 합격생 가이드

보고서의 내용을 보면 위에 언급한 내용 이외에도 기동에 대한 내용과 함정 분야의 매출액 증가율에 관한 내용도 포함되어 있다. 하지만 이미 A와 C로 범위가 좁혀져 있고 보고서에서 함정에 대한 것이 직접적으로 제시되어 있는 만큼 이와 연관이 없는 것, 복잡한 것은 거들떠 볼 필요도 없다.

24 답 ④

| 난도 | 중

정답해설

④ 각주의 산식을 조합하여 풀이할 수도 있으나 그럴 경우 1인당 국내총생산이 분모에 위치하는 등 숫자의 구성이 매우 복잡하다. 따라서 정석대로 첫 번째 각주를 통해 총인구를 구하고, 이를 이용해 이산화탄소 총배출량을 구해보자 (계산의 편의를 위해 국내총생산의 억단위는 무시한다).

첫 번째 각주를 통해 총인구를 어림하여 구해보면 A는 3.x, B는 약 1.2, C는 약 0.5, D는 약 14로 계산된다. 그리고 두 번째 각주를 통해 역시 이산화탄소 총배출량을 계산해보면 A는 약 50, B는 약 10, C는 약 6, D는 약 100으로 계산된다.

+ 합격생 가이드

'1인당' 유형의 문제는 가급적이면 첫 번째 턴에서는 넘기고 시간이 남는 경우에 푸는 것이 현실적으로 안전하다. 물론 위의 해설은 매우 간단해보이지만 필자 역시 실제 이러한 과정을 통해 풀이하면서도 상당한 시간이 소요되었다.

25 답 ②

| 난도 | 중

정답해설

ㄱ. 2020년의 다중이용시설 급속충전기 수는 2019년에 비해 2배 이상 증가하였으나 일반시설은 2배에 미치지 못하므로 2020년의 비율이 2019년에 비해 크다. 또한 2021년의 다중이용시설 급속충전기 수는 2020년에 비해 50%보다 훨씬 많이 증가한 반면, 일반시설은 50%에 한참 미치지 못한다. 따라서 2021년의 비율도 2020년에 비해 크다.

ㄷ. 2019년과 2021년의 빈칸들을 어느정도 어림해서 구해야 판단이 가능하다. 먼저 2019년의 휴게소의 급속충전기 수는 약 500대 정도 되며, 공동주택은 약 30대로 계산할 수 있다. 그리고 2021년의 주유소는 약 1,000대로 계산되므로 2019년에 비해 8배 증가하였다. 하지만 나머지 장소들의 증가율은 이에 미치지 못한다.

오답해설

ㄴ. 2021년의 공공시설 급속충전기 수는 약 3,700대 인데, 쇼핑몰과 주차전용 시설의 급속충전기 수의 합은 이보다 더 크다.

ㄹ. ㄷ의 해설에서 2019년의 휴게소 급속충전기 수 약 500대라는 것을 계산했는데 이는 문화시설에 비해 적다.

01	02	03	04	05	06	07	08	09	10
⑤	①	⑤	①	②	②	③	④	②	③
11	12	13	14	15	16	17	18	19	20
①	②	③	⑤	①	③	④	②	③	③
21	22	23	24	25
⑤	④	①	④	④

01
답 ⑤

| 난도 | 하

정답해설

⑤ 합병 등에 의하여 인증받은 요건이 변경된 경우에는 인증을 취소할 수 있을 뿐 반드시 취소해야 하는 것은 아니다.

오답해설

① 재해경감활동 비용 조건은 최초 평가에 한하여 3개월 내에 충족할 것을 조건으로 인증할 수 있다.

② 우수기업에 대한 재평가는 의무적으로 실시해야 하는 것이 아니다.

③ 평가 및 인증에 소요되는 비용은 신청하는 자가 부담한다.

④ 거짓으로 인증을 받은 경우 A부 장관은 인증을 취소하여야 한다.

02
답 ①

| 난도 | 하

정답해설

① 가족관계등록부에는 등록기준지가 기록되어야 한다. 그런데 김가을은 김여름의 성과 본을 따르므로 김여름의 등록기준지인 '부산광역시 남구 ◇◇로 2-22'가 기록되어야 한다.

오답해설

② ①의 해설과 같다.

③ · ④ · ⑤ 가족관계등록부에는 출생연월일, 본, 성별이 기록되어야 한다.

03
답 ⑤

| 난도 | 하

정답해설

⑤ 시장 등은 직접 시행하는 정비사업에 관한 공사가 완료된 때에는 그 완료를 해당 지방자치단체의 공보에 고시해야 한다.

오답해설

① 토지 등 소유자로 구성된 조합을 설립하는 경우는 시장 등이 아닌자가 정비사업을 시행하려는 경우이다.

② 준공인가신청이 필요한 경우는 시장 등이 아닌자가 정비사업 공사를 완료한 때이다.

③ · ④ 준공인가 후 공사완료의 고시가 있은 날의 다음 날에 정비구역이 해제되지만 이는 조합의 존속에 영향을 주지 않는다.

04
답 ①

| 난도 | 하

정답해설

① 총톤수 100톤 미만인 부선은 소형선박에 해당하며, 소형선박 소유권의 이전은 계약당사자 사이의 양도합의와 선박의 등록으로 효력이 생긴다.

오답해설

② 총톤수 20톤 이상인 기선은 선박의 등기를 한 후에 선박의 등록을 신청하여야 한다.

③ 선박의 신청은 선적항을 관할하는 지방해양수산청장에게 한다.

④ 선박국적증서는 등기가 아니라 등록신청을 한 후에 지방해양수산청장이 발급하는 것이다.

⑤ 등록 신청을 받은 후 이를 선박원부에 등록하는 것은 지방해양수산청장이다.

05
답 ②

| 난도 | 하

정답해설

② 봄보리는 봄에 파종하여 그해 여름에 수확하며, 가을보리는 가을에 파종하여 이듬해 여름에 수확하므로 봄보리의 재배기간이 더 짧다.

오답해설

① 흰색 쌀은 가을, 여름에 심는 콩은 가을에 수확한다.

③ 흰색 쌀은 논에서 수확한 벼를 가공한 것이며, 회색 쌀은 밭에서 자란 보리를 가공한 것이다.

④ 보릿고개는 하지까지이므로 그 이후에는 보릿고개가 완화된다.

⑤ 봄철 밭에서는 보리, 콩, 조가 함께 자라는 것을 볼 수 있었다고 하였다.

06
답 ②

| 난도 | 하

정답해설

출발지부터 대안경로의 시점까지의 평균속력은 모든 경우에서 동일하므로 대안경로에서의 평균속력($\frac{거리(A)}{시간(B)}$)으로 판단해보자.

ㄱ. 분자가 커지고 분모가 작아지므로 전체 값은 커진다. 따라서 대안경로를 선택한다.

ㄷ. 분자와 분모가 모두 작아지는 경우 분모의 감소율이 분자의 감소율보다 더 클 경우 전체 값은 증가한다. 이 경우에 해당한다면 대안경로를 선택한다.

오답해설

ㄴ. 분자와 분모가 모두 커진다면 전체 값의 방향을 알 수 없다. 따라서 대안경로를 선택할 지의 여부를 알 수 없다.

ㄹ. 분자가 작아지고 분모가 커진다면 전체 값은 작아진다. 따라서 대안경로를 선택하지 않는다.

07

답 ③

| 난도 | 하

정답해설

③ 총액의 차이가 9,300원이므로 이를 만족하는 경우를 찾으면 된다. 딸기 한 상자가 더 계산되고, 복숭아 한 상자가 덜 계산된 경우가 이에 해당한다.

08

답 ④

| 난도 | 하

정답해설

- 甲 : 의료법인 근로자에 해당하므로 참여 가능하다.
- 丙 : 대표는 참여 대상에서 제외되지만 사회복지법인의 대표이므로 참여 가능하다.
- 戊 : 임원은 참여 대상에서 제외되지만 비영리민간단체의 임원이므로 참여 가능하다.

오답해설

- 乙 : 회계법인 소속 노무사에 해당하므로 참여 불가능하다.
- 丁 : 대기업 근로자에 해당하므로 참여 불가능하다.

09

답 ②

| 난도 | 하

정답해설

② 국민참여예산사업은 국무회의에서 정부예산안에 반영된 후 국회에 제출된다.

오답해설

① 국민제안제도에서는 국민들이 제안을 할 수 있을 뿐이며 우선순위 결정과정에는 참여하지 못한다.
③ 국민참여예산제도는 정부의 예산편성권 내에서 운영된다.
④ 결정된 참여예산 후보사업이 재정정책자문회의의 논의를 거쳐 국무회의에서 정부예산안에 반영되므로 순서가 반대로 되었다.
⑤ 예산국민참여단의 사업선호도는 오프라인 투표를 통해 조사한다.

10

답 ③

| 난도 | 하

정답해설

제시된 자료를 토대로 자료를 정리하면 다음과 같다.

2019년도			2020년도		
생활밀착형 사업	취약계층 지원사업	계	생활밀착형 사업	취약계층 지원사업	계
688억 원	112억 원	800억 원	870억 원	130억 원	1,000억 원

따라서 2019년도와 2020년도 각각에서 국민참여예산사업에서 취약계층지원사업이 차지한 비율은 $14\%(=\frac{112}{800})$, $13\%(=\frac{130}{1,000})$이다.

11

답 ①

| 난도 | 하

정답해설

① 보고자가 국장인 경우에는 가장 먼저 보고하므로 D법 시행령 개정안이 가장 먼저 보고되며, 법규 체계 순위에 따라 법이 다음으로 보고되어야 한다. 그런데 법에는 A법과 B법 두 개가 존재하므로 소관부서명의 가나다 순에 따라 B법 개정안이 두 번째로 보고된다. 세번째로는 소관부서가 기획담당관으로 같은 C법 시행령 개정안이 보고되어야 하며, 네 번째로는 다시 법규 체계 순위에 따라 A법 개정안이 보고되어야 한다.

12

답 ②

| 난도 | 하

정답해설

- A사업 : 창호(내부)는 지원하지 않으므로 쉼터 수리비용만 해당된다. 따라서 본인부담 10%를 제외한 810만 원을 지원받을 수 있다
- B사업 : 쉼터 수리비용은 50만 원 한도내에 지원 가능하므로 한도액인 50만 원을 지원받을 수 있으며, 창호 수리비용은 본인부담 50%를 제외한 250만 원을 지원받을 수 있다. 따라서 총 300만 원을 지원받을 수 있다.

甲은 둘 중 지원금이 더 많은 사업을 선택하여 신청한다고 하였으므로 A사업을 신청하게 되며, 이때 지원받게 되는 금액은 810만 원이다.

13

답 ③

| 난도 | 하

정답해설

방식 1~방식 3을 정리하면 다음과 같다.

1) 방식 1

	월	화	수	목	금
기본업무량	60	50	60	50	60
처리업무량	100	80	60	40	20
칭찬/꾸중	칭찬	칭찬	–	꾸중	꾸중

2) 방식 2

	월	화	수	목	금
기본업무량	60	50	60	50	60
처리업무량	0	30	60	90	120
칭찬/꾸중	꾸중	꾸중	–	칭찬	칭찬

3) 방식 3

	월	화	수	목	금
기본업무량	60	50	60	50	60
처리업무량	60	60	60	60	60
칭찬/꾸중	–	칭찬	–	칭찬	–

ㄴ. 위 표에 의하면 수요일에는 어느 방식을 선택하더라도 칭찬도 꾸중도 듣지 않는다.
ㄷ. 위 표에 의하면 어떤 방식을 선택하더라도 칭찬을 듣는 날수는 2일이다.

ㄱ. 위 표에 의하면 화요일에는 칭찬을 듣는다.

ㄹ. 방식 1은 0, 방식 2는 0, 방식 3은 2이므로 방식 3을 선택하여야 한다.

14
답 ⑤

| 난도 | 중

정답해설

제시된 자료를 정리하면 다음과 같다.(비희망 인원은 문제풀이에 필요 없음)

남자 700명		여자 300명	
희망 280명		희망 150명	
A지역	B지역	A지역	B지역
168명(60%)	112명(40%)	30명(20%)	120명(80%)

ㄱ. 전체 직원 중 남자직원의 비율은 70%이다.

ㄷ. A지역 연수를 희망하는 직원은 198명이다.

ㄹ. B지역 연수를 희망하는 남자직원은 112명이다.

오답해설

ㄴ. 전체 연수 희망인원은 430명이므로 이의 40%는 172명인데, 여자 희망인원
은 150명에 불과하므로 40%를 넘지 않는다.

15
답 ①

| 난도 | 중

정답해설

ㄴ. 판매가격을 5% 인하했다면 매출액이 0.4억 원만큼 감소하며, 나머지 항목이
같으므로 이익 역시 0.4억원 감소한다.

오답해설

ㄱ. 모든 항목이 같다면 2021년의 이익과 2020년의 이익은 같다.

ㄷ. 판매량이 10% 증가했다면 매출액에서 변동원가를 뺀 수치가 10% 즉, 0.16
억 원 증가하였으나 고정원가는 0.05억 원 감소하는데 그치므로 전체 이익
은 증가한다.

ㄹ. 판매가격과 판매량이 모두 증가했다면 매출액에서 변동원가를 뺀 수치는 증
가하게 되는데 고정원가가 불변이므로 전체 이익은 증가한다.

16
답 ③

| 난도 | 하

정답해설

甲~丙의 작년과 올해 성과급을 구하면 다음과 같다.

	작년	올해
甲	1,050만 원(=3,500만 원×30%)	1,600만 원(=4,000만 원×40%)
乙	1,000만 원(=4,000만 원×25%)	1,600만 원(=4,000만 원×40%)
丙	450만 원(=3,000만 원×15%)	350만 원(=3,500만 원×10%)

③ 丙은 작년에 비해 올해 성과급이 감소한다.

오답해설

① 甲의 작년 성과급은 1,050만 원이다.

② 甲과 乙의 올해 성과급은 1,600만 원으로 모두 같다.

④ 丙의 올해 연봉과 성과급의 합은 800만 원으로 셋 중 가장 작다.

⑤ 丙은 성과급이 감소하였으므로 제외하고 甲과 乙을 비교해보면 올해의 성과
급은 같은 반면 작년의 성과급은 乙이 작다. 따라서 상승률은 乙이 더 크다.

17
답 ④

| 난도 | 중

정답해설

④ 제시된 조건을 정리하면 다음과 같다.

전공시험 점수 : A > B > E, C > D

영어시험 점수 : E > F > G

적성시험 점수 : G > B, G > C

B와 E가 합격하였다면 전공시험 점수가 높은 A가 합격하였을 것이고, 적성
시험 점수가 높은 G도 합격하였을 것이다. G가 합격하였다면 영어시험 점수
가 높은 F도 합격하였을 것이다.

오답해설

① A의 합격여부만을 가지고 B의 합격여부를 판단할 수는 없다.

② G가 합격하였다면 영어시험 점수가 더 높은 E와 F도 합격하였을 것이고 E가
합격하였다면 전공시험 점수가 더 높은 A와 B도 합격하였을 것이다. 또한 B
가 합격하였다면 적성시험 점수가 높은 G도 합격하였을 것이다. 하지만 C는
합격여부를 판단할 수 없다.

③ A와 B가 합격하였다면 적성시험 점수가 높은 G가 합격하였을 것이고, G가
합격하였다면 영어시험 점수가 높은 E와 F도 합격하였을 것이다. 또한 E가
합격하였다면 전공시험 점수가 높은 A와 B도 합격하였을 것이다. 하지만 C
와 D는 합격여부를 판단할 수 없다.

⑤ B가 합격하였다면 전공시험 점수가 높은 A와 적성시험 점수가 높은 G가 합
격하였을 것이다. G가 합격하였다면 영어시험 점수가 높은 E와 F도 합격하
였을 것이므로 적어도 5명이 합격하였을 것이다.

18
답 ②

| 난도 | 중

정답해설

ㄴ. 만약 乙이 4점 슛에 도전하지 않은 상태라면 이 때 얻을 수 있는 최대 득점
은 1, 2, 5회차에 모두 3점 슛을 성공시킨 9점이다. 甲이 3점 슛에 2번 도전
하였을 경우의 최소 득점은 3점 슛을 1번 성공하고 2점 슛을 3번 성공시킨
9점이다. 따라서 乙이 4점 슛에 도전하지 않은 상태라면 甲에게 승리할 수
없으므로 만약 乙이 甲에게 승리하였다면 반드시 4점 슛에 도전했을 것이다.

오답해설

ㄱ. 甲이 2회차에 4점 슛을 실패하고 나머지 회차에 2점 슛을 성공시키는 경우
가 합계 점수가 최소가 되는 경우인데 이때의 득점은 7점이다.

ㄷ. 선택지의 조건을 적용했을 때 乙의 최댓값보다 甲의 최솟값이 더 크다면 甲
은 항상 승리하게 된다. ㄱ에서 甲의 최솟값은 7점임을 알 수 있었으며, 乙
의 최댓값은 4점 슛 1번, 3점 슛 2번을 성공한 8점이다. 따라서 항상 甲이
승리하는 것은 아니다.

19

답 ③

| 난도 | 상

정답해설

③ 양봉농가 간 거리가 12km 이상인 경우라고 하였으므로 양봉농가를 최대한 배치하기 위해서는 아래의 그림과 같은 경우가 되어야 한다. 따라서 최대 7개가 가능하다.

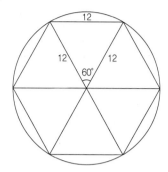

20

답 ③

| 난도 | 상

정답해설

만약 대화 중인 날이 7월 3일이라고 해보자. 그렇다면 어제는 7월 2일이고 그저께는 7월 1일이 되는데, 7월 1일의 만 나이가 21살이고, 같은 해의 어느 날의 만 나이가 23살이 되는 것은 불가능하다. 이는 대화 중인 날이 7월 3일 이후 어느 날이 되었던 마찬가지이므로 이번에는 앞으로 날짜를 당겨보자.

대화 중인 날이 1월 2일이라고 해보자(1월 3일은 7월 3일과 같은 현상이 발생하므로 제외한다). 그렇다면 어제는 1월 1일이고, 그저께는 12월 31일이 되는데, 1월 1일과 1월 2일, 그리고 같은 해의 어느 날의 만나이가 모두 다르게 되는 것은 불가능하다.

이번에는 대화 중인 날이 1월 1일이라고 해보자. 그렇다면 어제는 12월 31일이고 그저께는 12월 30일이 되는데 만약 12월 31일이 생일이라면 대화의 조건을 모두 충족한다.

따라서 甲의 생일은 12월 31일이며, 만 나이를 고려한 출생연도는 1999년이다. 그렇다면 甲의 주민등록번호 앞 6자리는 9912311이 되어 각 숫자를 모두 곱하면 486이 된다.

+ 합격생 가이드

이와 같이 두뇌 테스트 같은 문제들이 종종 출제되곤 한다. 이런 문제를 만나게 되면 논리적으로 풀기보다는 이 문제의 해설과 같이 직관적인 수치를 직접 대입해서 판단하는 것이 훨씬 빠르고 정확하다. 실전에서 사용할 수도 없는 논리적인 틀을 굳이 찾아내려고 하지 말자.

21

답 ⑤

| 난도 | 상

정답해설

주어진 상황을 토대로 자료를 정리하면 다음과 같다.

1) 올해 최대 검사 건수 : (9×100×40%)+(80×100×90%)=360+7,200 7,560건

2) 내년 예상 검사 건수 : 7,560×120%=9,072건

3) 내년 최대 검사 건수(현재 인원으로 검사 가정) : (9×90×40%)+(80×90× 90%)=324+6,480=6,804건

4) 내년 부족 건수 : 9,070−6,804=2,268건

5) 증원 요청 인원 : 2,268÷81=28명

여기서 81로 나누는 이유는 필요한 최소 직원 수에서 올해 직원 수를 뺀 인원을 증원 요청한다고 했기 때문이다. 즉, 최대 검사 건수가 가장 많은 직원들로 충원한다고 가정해야 이것이 가능한데, 이에 해당하는 직원 그룹은 국장, 사무처리 직원, 과장을 제외한 나머지 직원들이다. 이들의 내년도 기준 검사건수는 90건이지만 품질 검사 교육 이수로 인해 10%를 차감한 81건으로 나누게 되는 것이다.

22

답 ④

| 난도 | 중

정답해설

주어진 조건을 토대로 4, 5회차를 제외한 세 사람의 문제 풀이 결과를 정리하면 다음과 같다.

구분	1	2	3	4	5	6	7
甲	1 ○	3 ○	7 ×	4		○	×
乙	1 ○	3 ○	7 ○	15		×	○
丙	1 ○	3 ×	2 ○	5		○	×

• 甲이 4회차에 4번 문제를 틀렸다면 5회차에 3번을 풀어야 하는데, 이는 같은 문제를 두 번 풀지 않는다는 조건에 위배된다. 따라서 甲은 4번을 맞추었다.

• 乙이 4회차에 15번 문제를 맞추었다면 5회차에 25번을 풀고 그 이후로는 문제를 풀지 않아야 한다는 조건에 위배된다. 따라서 乙은 15번을 틀렸다.

• 丙이 4회차에 5번 문제를 틀렸다면 5회차에 3번을 풀어야 하는데, 이는 같은 문제를 두 번 풀지 않는다는 조건에 위배된다. 따라서 丙은 5번을 맞추었다.

여기까지의 결과를 정리하면 다음과 같다.

구분	1	2	3	4	5	6	7
甲	1 ○	3 ○	7 ×	4 ○	9	○	×
乙	1 ○	3 ○	7 ○	15 ×	8	×	○
丙	1 ○	3 ×	2 ○	5 ○	11	○	×

乙이 5회차에 8번 문제를 틀렸다면 6회차에 5번, 7회차에 3번을 풀어야 하는데, 이는 같은 문제를 두 번 풀지 않는다는 조건에 위배된다. 따라서 乙은 8번을 맞추었다. 그런데 7회차까지 세 사람이 맞힌 정답의 개수가 같다고 하였으므로 甲과 丙 역시 해당되는 문제를 맞추었음을 알 수 있다.

이제 위의 결과를 최종적으로 정리하면 다음과 같다.

구분	1	2	3	4	5	6	7
甲	1 ○	3 ○	7 ×	4 ○	9 ○	○	×
乙	1 ○	3 ○	7 ○	15 ×	8 ○	×	○
丙	1 ○	3 ×	2 ○	5 ○	11 ○	○	×

ㄴ. 4회차에는 甲과 丙 두 명이 정답을 맞췄다.

ㄹ. 위 표를 토대로 판단해보면 乙은 6회차에 17번, 7회차에 9번을 풀었다.

오답해설

ㄱ. 4회차에 甲은 4번, 丙은 5번을 풀었다.

ㄷ. 5회차에는 세 명 모두 정답을 맞췄다.

착하였으므로 甲은 원래 5분이 걸릴 것을 예상했는데 실제로는 4분밖에 걸리지 않았다는 결론이 나오게 된다.

23　　　　　　　　　　　　　　　　답 ①

| 난도 | 상

정답해설

① A가 E와 함께 참석한다면, F도 같이 참석해야 한다. 그런데 식사인원은 최대 4명이므로 (갑, A, E, F)를 한 조로 묶을 수 있다. 다음으로 C와 D는 함께 식사하지 않는다고 하였으므로 C가 들어간 조와 D가 들어간 조로 나누어 생각해보자. 남은 사람은 B와 G인데 G는 부팀장과 함께 식사한다고 하였으므로 B와 G는 하나의 세트로 묶을 수 있다. 그렇다면, 갑, B, G가 고정된 상태에서 C 혹은 D를 추가로 묶어 한 조가 됨을 알 수 있다. 그런데 이렇게 될 경우 C 혹은 D 중 한 명은 갑과 단 둘이 식사를 해야 하는 상황이 되고 만다. 이를 표시하면 아래와 같다.

갑	A	B	C	D	E	F	G
○	○	×	×	×	○	○	×
○	×	○	○/×	×/○	×	×	○
○	×	×	×/○	○/×	×	×	×

오답해설

② 가능한 경우를 판단해보면 (갑, B, C), (갑, E, F), (갑, A, D, G)가 가능하다.

③ 가능한 경우를 판단해보면 (갑, A, C, G), (갑, B, D), (갑, E, F)가 가능하다.

④ D와 E가 함께 참석한다면 F도 함께 참석해야 하므로 (갑, D, E, F)를 한 조로 묶을 수 있다. 그런데 부팀장 A와 B는 함께 식사할 수 없으므로 A와 B는 각각 다른 조에 편성이 되어야 한다. 전체 인원으로 인해 남은 조는 2개 뿐이므로 C는 부팀장인 A 또는 B와 같은 조에 편성될 수 밖에 없다.

⑤ G는 부팀장 A 또는 B와 함께 식사해야 하므로 갑, 부팀장1, G의 3명을 일단 묶을 수 있는데 E와 F는 같이 식사해야 하므로 이들은 이 조에 편성될 수 없다. 그렇다면 남은 것은 부팀장2, C, D인데 부팀장2는 같이 식사를 할 수 없으므로 이 조가 4명이 되기 위해서는 C 혹은 D중 한 명이 이 조에 편성되어야 한다. 다음으로 갑과 E, F가 묶여진 조를 생각해볼 수 있는데 이 조에는 더 이상 다른 인원이 들어갈 수 없다. 왜냐하면 남은 사람은 B와 D뿐인데 이들이 나뉘게 될 경우 (갑, E, F)조에 들어가지 않은 사람 갑과 단 둘이 식사를 해야 하기 때문이다. 따라서 (갑, E, F)가 하나의 조로 묶이게 되며, 이를 표시하면 아래와 같다.

갑	A	B	C	D	E	F	G
○	○	×	○	×	×	×	○
○	×	×	×	×	○	○	×
○	×	○	×	○	×	×	×

24　　　　　　　　　　　　　　　　답 ④

| 난도 | 상

정답해설

복잡하게 생각하면 머릿 속에서 정리가 쉽게 되지 않지만, 단순하게 생각하면 이보다 간단할 수 없는 문제이다.

먼저 두 사람은 자신만의 일정한 속력으로 걷는다고 하였으므로 동일한 거리를 왕복하는데 걸리는 시간은 동일하다는 것을 알 수 있다. 따라서 甲이 예상했던 시각보다 2분 일찍 사무실로 복귀했다는 것은 가는데 1분, 오는데 1분의 시간만큼 예상보다 빨랐다는 것을 의미한다.

다음으로 문제와는 다르게 만약 甲이 예상했던 시각에 맞추어 사무실로 복귀했다고 해보자. 그렇다면 실제 소요시간과 예상 소요시간이 같으므로 甲은 4분 일찍 자신의 사무실을 떠났을 것이다(예상 소요시간이 4분이므로 4분 전에 나가야 함은 너무나 당연하다). 그런데 문제에서는 2분 일찍(편도로는 1분) 일찍 도

25　　　　　　　　　　　　　　　　답 ④

| 난도 | 하

정답해설

④ 재외공무원이 일시귀국 후 국내 체류기간을 연장하는 경우에는 장관의 허가를 받아야 한다.

오답해설

① 재외공무원이 공무로 일시귀국하고자 하는 경우에는 장관의 허가를 받아야 한다.

② 공관장이 공무 외의 목적으로 일시귀국하려는 경우에는 장관의 허가를 받아야 하나, 배우자의 직계존속이 위독한 경우에는 장관에게 신고하고 일시귀국할 수 있다.

③ 재외공무원이 연 1회를 초과하여 공무 외의 목적으로 일시귀국하려는 경우에는 장관의 허가를 받아야 하나, 동반가족의 치료를 위하여 일시귀국하는 경우에는 일시귀국의 횟수에 산입하지 않는다.

⑤ 재외공무원이 연 1회를 초과하여 공무 외의 목적으로 일시귀국하기 위해서는 장관의 허가를 받아야 한다.

01	02	03	04	05	06	07	08	09	10
③	③	①	②	④	⑤	⑤	①	③	②
11	12	13	14	15	16	17	18	19	20
④	①	①	④	⑤	①	③	④	③	②
21	22	23	24	25					
③	④	⑤	②	④					

01

답 ③

| 난도 | 하

정답해설

③ 부합한다. 2문단에 따르면 13세기 이후 마을마다 주민 모두를 구성원으로 하는 향도가 만들어졌고, 이러한 향도는 마을 사람들의 관혼상제를 치를 때 그것을 지원했다는 정보가 제시되어 있다. 그러므로 관혼상제 중 상에 해당하는 장례식을 치를 때 그것을 돕는 일을 하는 향도가 있었다고 할 수 있다.

오답해설

① 부합하지 않는다. 1문단에 따르면 고려 왕조는 불교를 진흥했다는 정보가 제시되었다. 그러나 왕조가 직접 각 군현에 향도를 조직하였다는 정보는 제시되어 있지 않다.

② 부합하지 않는다. 1문단에 따르면 오랫동안 묻어둔 향나무를 침향이라고 한다는 정보가 제시되어 있다. 그러나 그 향기가 좋고 신자들이 제물이라고 여겼다는 정보만 제시되어 있을 뿐 침향을 판매하였다는 정보는 제시되어 있지 않다.

④ 부합하지 않는다. 1문단에 따르면 지방 향리들은 비교적 재산이 많아 자기 지역의 불교 진흥을 위해 향도 활동에 참여했다는 정보가 제시되어 있다. 2문단에 따르면 하천을 정비하는 등의 활동을 한 향도는 고려 후기 마을 단위 향도이다.

⑤ 부합하지 않는다. 2문단에 따르면 12세기에 접어들어 석탑 조성 공사의 횟수가 줄어들었다는 정보가 제시되어 있다. 동 문단에 따르면 같은 마을 주민만을 구성원으로 하는 향도가 나타났다는 정보가 제시되어 있다. 그러나 두 정보 사이에 인과관계에 대한 정보가 제시되고 있지 않으며 석탑 조성 공사의 횟수가 오히려 감소했다는 것을 알 수 있다.

> **+ 합격생 가이드**
>
> 지문이 길지 않은 만큼 각 사실을 시간 순서대로 정리해가며 충분히 읽는 것이 오답을 방지하는 방법이라고 할 수 있다. 관혼상제의 언어적 의미 내에 장례식이 포함된다는 사실 등 지문과 선지의 명사 간 의미의 내포 관계를 간과하지 않도록 주의해야 한다.

02

답 ③

| 난도 | 중

정답해설

③ 알 수 있다. 2문단에 따르면 조선해통어조합연합회는 1889년 조일통어장정이 체결된 직후에 만들어졌고 1902년에 없어졌으며 어업준단 발급 신청을 지원하는 사무를 처리했다. 또한 조일통어장정에 따라 어업준단을 받고자 하는 자는 소정의 어업세를 내야 했다는 정보가 제시되어 있다.

오답해설

① 알 수 없다. 2문단에 따르면 '어업에 관한 협정' 체결 이후 대한제국의 어업법 공포에 따라 일본인의 어업 면허 신청을 대행하는 업무를 처리한 단체는 조선해수산조합이다.

② 알 수 없다. 2문단에 따르면 조일통어장정에는 일본인이 조선의 해안선으로부터 3해리 이내 해역에서 어업을 하는 경우 해당 지방의 관리로부터 어업준단을 발급받아야 한다는 내용을 담고 있다는 정보가 제시되어 있다. 그러나 조선인의 제주도 3해리 밖에서의 어업 활동 금지 여부에 대한 정보는 제시되어 있지 않다.

④ 알 수 없다. 1문단에 따르면 조일통어장정의 체결 배경에는 한반도 연해에서 일본인들의 무분별한 조업이 있었다는 정보가 제시되어 있다. 2문단에 따르면 일본이 조일통어장정에 따른 어업준단 발급 신청 지원을 위해 조선해통어조합연합회를 만들었다는 정보가 제시되어 있다. 그러나 조선해통어조합연합회가 조일통상장정에 근거하여 조직되었다거나 일본인이 한반도 연해에서 조업할 수 있도록 지원한다는 내용 등이 있었다는 정보는 제시되어 있지 않다.

⑤ 알 수 없다. 1문단에 따르면 조선해통어조합은 조일통상장정 체결 직후 일본이 조선 어장에 대한 정보 제공을 위해 자국 내 조직한 기관이다. 2문단에 따르면 일본인이 지방 연해에서 조업을 하기 위해 어업준단을 발급받아야 한다는 내용을 담고 있는 것은 조일통어장정이다. 동 문단에 따르면 어업 면허는 1909년 공포된 어업법에 따라 한반도 해역에서 어업을 영위하고자 하는 자가 필요로 하는 것이며 그 발급 주체는 제시되어 있지 않다. 그러므로 시기에 따라 한반도 해역에서 조업하는 일본인은 조일통어장정에 따라 조업하고자 하는 지방의 관리로부터 어업준단을 발급받거나, '어업에 관한 협정'에 따라 조선해수산조합으로부터 대행받아 어업 면허를 발급받아야 했다고 할 수 있다.

> **+ 합격생 가이드**
>
> 조일통상장정과 조일통어장정 등 다양한 조약과 법령이 제시되고 있는만큼 대상 간 혼동하지 않도록 주의해야 한다. 오답 선지의 구성은 각 조약 간 혹은 각 단체 간 내용을 교차시켜 구성될 것이라고 충분히 예상할 수 있으므로 독해 과정에서 구별하여 표기해 주는 것도 좋은 방법이다.

03
답 ①

| 난도 | 하

정답해설

① 알 수 있다. 2문단에 따르면 긱 노동자들은 고용주가 누구든 간에 자신이 보유한 고유의 직업 역량을 고용주에게 판매하면서, 자신의 직업을 독립적인 프리랜서 또는 개인 사업자 형태로 인식한다는 정보가 제시되어 있다. 그러므로 긱 노동자들은 자신의 고용 기업과 상관없이 자신의 직업 형태를 프리랜서 또는 개인 사업자로 인식한다고 할 수 있다.

오답해설

② 알 수 없다. 2문단에 따르면 정보통신 기술의 발달은 긱을 더욱더 활성화한다는 정보가 제시되어 있다. 그러나 프레카리아트 계급과 정보통신 기술의 발달 간 상관관계에 대한 정보는 제시되어 있지 않다.

③ 알 수 없다. 1문단에 따르면 프레카리아트 계급은 비정규직 근로자 확대에 따라 형성되고 있고, 2문단에 따르면 긱은 정보통신 기술의 발달에 따라 더욱 활성화되고 있음을 알 수 있다. 그러나 두 집단 간 상관관계에 대한 정보는 제시되어 있지 않다.

④ 알 수 없다. 1문단에 따르면 프레카리아트는 분노, 무력감, 걱정, 소외 등에 대한 경험을 통해 위험한 계급으로 전락한다는 정보가 제시되어 있다. 그러나 부정적인 경험의 다소와 프레카리아트의 정규직 근로자로의 변모 가능성에 대한 정보는 제시되어 있지 않다.

⑤ 알 수 없다. 1문단에 따르면 프레카리아트는 노동 보장을 받지 못하는 상황에 놓여있다는 정보가 제시되어 있다. 그러나 노동 보장이 이루어진다면 프레카리아트가 축소된다거나 긱 노동자 집단이 확산된다는 정보는 제시되어 있지 않다.

+ 합격생 가이드

명확하게 두 집단이 각각 다른 문단으로 나누어져 있는 단순한 구조의 지문인 만큼 선지의 주어 등에 비추어 확인해야될 내용의 정확한 주소를 잊지 않는 것이 중요하다. 예컨대 프레카리아트의 경우 1문단, 긱의 경우 2문단에서 근거를 찾는 등 없는 내용을 찾기 위해 글 전체를 다시 읽기 보다는 선지의 주어에 맞추어 다시 확인하는 지문의 범위를 최대한 축소시키는 것이 성공적인 문제풀이에 도움이 된다.

04
답 ②

| 난도 | 중

정답해설

② 알 수 없다. 2문단에 따르면 천왕성 궤도에 대한 관찰 결과와 뉴턴의 중력 법칙 사이 오차에 대해 다른 행성의 존재가 필요했고, 르베리에가 수학적으로 해왕성의 위치를 성공적으로 예측했다는 정보가 제시되어 있다. 그러나 르베리에가 이 과정에서 뉴턴의 중력 법칙을 대신할 다른 법칙이 필요했다는 정보는 제시되어 있지 않다.

오답해설

① 알 수 있다. 3문단에 따르면 르베리에는 수성의 궤도에 대한 관찰 결과와 뉴턴의 중력 법칙을 바탕으로 불칸을 도입하여 수성의 궤도를 정확하게 설명하고자 했다는 정보가 제시되어 있다. 1문단에 따르면 르베리에는 해왕성을 성공적으로 예측하는 데 사용한 방식과 동일한 방식으로 불칸을 예측했으며, 2문단에 따르면 르베리에는 뉴턴의 중력 법칙에 따라 해왕성 예측을 성공했다. 그러므로 르베리에는 수성의 궤도를 뉴턴의 중력 법칙을 통해 정확하게 설명할 수 있다고 생각했음을 알 수 있다.

③ 알 수 있다. 3문단에 따르면 르베리에는 수성의 궤도에 대해 불칸이라는 미지의 행성을 가정하여 가설을 세웠다는 정보가 제시되어 있다. 1문단에 따르면 르베리에를 따라 불칸의 존재를 확신하고 첫 번째 관찰자가 되기 위해 노력한 천문학자들이 존재했다는 정보가 제시되어 있으며, 3문단에 따르면 불칸을 발견했다고 주장하는 천문학자가 존재했다는 정보가 제시되어 있다. 그러므로 수성의 궤도에 대한 르베리에의 가설에 기반하여 불칸을 연구한 천문학자가 있었다고 할 수 있다.

④ 알 수 있다. 2문단에 따르면 르베리에는 천왕성의 궤도와 뉴턴의 중력 법칙에 따라 산출한 궤도 사이의 차이를 수학적으로 계산하여 해왕성의 위치를 예측했다. 그러므로 르베리에가 해왕성의 위치를 수학적으로 계산하여 추정했다고 할 수 있다.

⑤ 알 수 있다. 2문단에 따르면 르베리에는 천왕성-해왕성과 그 궤도에 대해 수학적으로 추정하였다. 3문단에 따르면 르베리에는 천왕성-해왕성 경우와 마찬가지로 수성-불칸과 그 궤도에 대해 가설을 세웠다는 정보가 제시되어 있다. 그러므로 르베리에가 불칸의 존재를 수학적으로 계산하여 추정했다고 할 수 있다.

+ 합격생 가이드

제시문에 별다른 장치가 없고 선지 역시 평이하게 구성된 매우 쉬운 일치부합 유형이다. 대부분 문장의 주어가 르베리에인 만큼 독해 과정에서 르베리에가 하지 않은 일에 대한 정보만 따로 표기한다면 더욱 수월하게 문제해결을 할 수 있다고 생각한다.

05
답 ④

| 난도 | 하

정답해설

④ 적절하다. 1문단에 따르면 기독교적 전통에 속하는 이들은 속하지 않는 이들과 자신을 구별하려 했다는 정보가 제시되어 있고, 2문단에 따르면 기독교와 구별되는 적그리스도를 외설스럽거나 추악하게 나타냈다는 정보가 제시되어 있다. 3문단에 따르면 기독교인들과 구별되는 이교도들의 얼굴, 의복, 음식을 추악하거나 끔찍한 모습으로 묘사했다는 정보가 제시되어 있으며, 4문단에 따르면 건강한 사람과 나병이나 흑사병에 걸린 환자들을 구별하기 위해 실제 여부와 무관하게 뒤틀어지고 흉측한 모습으로 형상화했다는 정보가 제시되어 있다. 그러므로 추악한 형상은 기독교적 전통과 그 전통에 속하지 않는 대상 간 구분을 위해 사용되었다고 할 수 있다.

오답해설

① 적절하지 않다. 1문단에 따르면 전통에 속하지 않는 이들의 대표적인 예시로 적그리스도, 이교도들, 나병과 흑사병에 걸린 환자들을 제시하고 있고, 이들을 전통 바깥의 존재라고 표현하여 이방인이라고 해석할 여지가 있다고 할 수 있다. 제시문에 따르면 구분의 주체로 기독교적 전통에 속하는 이들이 제시되고 있다. 그러나 기독교적 전통에 속하는 이들이 서구의 종교인과 예술가들을 의미한다는 정보는 제시되어 있지 않다. 그러므로 서구의 종교인과 예술가들이 이미지 각인 과정에서 중심적인 역할을 하였는지에 대해 알 수 없다.

② 적절하지 않다. 3문단에 따르면 기독교인들은 이교도들의 얼굴을 악마로 묘사하고 그들의 의복이나 음식을 끔찍하게 묘사하여 구별했다는 정보가 제시되어 있다. 그러나 이교도들이 기독교인들보다 강한 존재였는지에 대한 정보나 기독교인들의 심리적인 우월감에 대한 정보는 제시되어 있지 않다.

③ 적절하지 않다. 제시문에 따르면 서구사회의 기독교적 전통 하에서 정상과 비정상을 구별하려는 노력이 나타났다는 정보가 제시되어 있다. 그러나 이러한 노력이 동양사회에서 나타났다는 정보나 서구의 현대사회나 기독교적 전통 이전 사회에서 나타났다는 정보 등은 제시되어 있지 않다.

⑤ 적절하지 않다. 3문단에 따르면 서유럽과 동유럽의 기독교인들이 이교도들을 추악하게 묘사했다는 정보가 제시되어 있다. 그러나 묘사의 이유가 종교 침해의 두려움 때문이라는 정보는 제시되어 있지 않다.

06 답 ⑤

| 난도 | 중

정답해설

⑤ 적절하다. 2문단에 따르면 에르고딕 스위치란 평균주의의 유혹에 속아 집단의 평균에 의해 개인을 파악하는 위험한 가정이다. 3문단에 따르면 평균 타이핑 속도가 더 빠를수록 오타 수가 더 적은 것으로 나타났으나, 사실 타이핑 속도가 빠른 사람들은 대체로 타이핑 실력이 뛰어난 편이며 그만큼 오타 수는 적을 수 밖에 없다는 정보가 제시되어 있다. 그러므로 예시의 타이핑 속도 등이 측정된 여러 사람들 간 타이핑 실력이라는 요인이 통제되지 않은 상태라고 할 수 있다.

오답해설

① 적절하지 않다. 1문단에 따르면 ㉠ 이후 둘째 조건으로 '모든 구성원이 미래에도 여전히 동일해야 한다는 것'이라는 정보가 제시되어 있다. 그러므로 선지의 '질적으로 다양해야 하며'보다 제시문 ㉠의 '질적으로 동일해야 하며'가 더 적절하다고 할 수 있다.

② 적절하지 않다. 1문단에 따르면 그룹의 모든 구성원이 현재와 미래에 동일할 것을 에르고딕의 조건으로 제시하고 있다. 2문단에 따르면 몰레나는 에르고딕 이론에 대해 비판적인 견해를 제시하면서 그룹 평균을 활용해 개인을 평가하는 것이 인간에 있어서 가능하지 않다고 설명했다는 정보가 제시되어 있다. 그러므로 선지의 '개인의 특성을 종합하여 집단의 특성에 대한 예측'보다 ㉡의 '그룹의 평균적 행동을 통해 해당 그룹에 속해 있는 개인에 대한 예측'이 더 적절하다고 할 수 있다.

③ 적절하지 않다. 2문단에 따르면 몰레나는 에르고딕 이론을 비판하는 에르고딕 스위치를 제시하며 인간은 동일하고 변하지 않는 냉동 클론이 아니라고 했다는 정보가 제시되어 있다. 그러므로 ㉢의 '실재하는 개인적 특성을 모조리 무시'가 더 적절하다고 할 수 있다.

④ 적절하지 않다. 3문단에 따르면 타이핑 속도가 더 빠를수록 오타 수가 더 적은 것으로 나타났다고 가정하고 있다. 그러므로 오타 수 감소라는 ㉣ 전의 맥락에 비추어 제시문의 '타이핑을 더 빠른 속도로 해야 한다'가 선지의 '타이핑을 더 느린 속도로 해야 한다'보다 더 적절하다고 할 수 있다.

07 답 ⑤

| 난도 | 상

정답해설

⑤ 적절하다. 갑의 첫 번째 발언에 따르면 내부용 PC는 내부 통신망만 이용할 수 있고 외부 인터넷 접속을 할 수 없다는 정보가 제시되어 있다. 갑의 세 번째 발언에 따르면 외부용 PC에서 내부용 PC로 자료를 보낼 수 있는 방법은 자료 공유 프로그램을 이용하는 방법뿐이다. 갑의 다섯 번째 발언에 따르면 외부용 PC에서 원칙적으로 ○○메일을 사용해야 하고 이를 통해 자료를 보내거나 받을 수 있다. 그러므로 외부자문 위원의 PC에서 ○○메일 계정으로 보낸다면 외부용 PC에서 자료를 받은 후 자료 공유 프로그램을 통해서 내부용 PC에 저장할 수 있다.

오답해설

① 적절하지 않다. 갑의 첫 번째 발언에 따르면 내부용 PC는 내부 통신망만 이용할 수 있고 외부 인터넷 접속을 할 수 없다는 정보가 제시되어 있다. 갑의 세 번째 발언에 따르면 외부용 PC에서 내부용 PC로 자료를 보낼 수 있는 방법은 자료 공유 프로그램을 이용하는 방법뿐이다. 갑의 네 번째 발언에 따르면 외부용 PC와 내부용 PC 사이 자료 공유 프로그램을 이용하는 경우 프로젝트 팀장이 비밀번호를 입력해 주어야만 하기 때문에 외부 자문위원의 자료를 전달 받아 자료 공유 프로그램을 활용하여 내부용 PC에 저장하기 위해서는 프로젝트 팀장이 비밀번호를 입력할 필요가 있다고 할 수 있다.

② 적절하지 않다. 갑의 다섯 번째 발언에 따르면 외부용 PC에서 원칙적으로 ○○메일을 사용해야 하고, 예외적으로 필요한 경우에 한해 보안 부서의 승인에 따라 일반 이메일을 사용할 수 있다. 그러나 외부 자문위원의 자료를 전달 받는 과정에서 일반 이메일의 사용이 예외적으로 필요한 경우라는 정보는 제시되어 있지 않다. 만약 ○○메일을 활용하는 경우 보안 부서에 의해 접속 권한을 부여받지 않고도 내부용 PC에 저장할 수 있다.

③ 적절하지 않다. 갑의 두 번째 발언에 따르면 내부용 PC에서는 ○○메일 계정에 접속하여 자료를 보내는 것만 허용된다. 그러므로 외부 자문위원의 PC에서 ○○메일 계정으로 자료를 보낸다 하더라도 내부용 PC로 ○○메일 계정에 접속하여 자료를 내려받을 수 없다.

④ 적절하지 않다. 갑의 두 번째 발언에 따르면 내부용 PC에서는 ○○메일 계정에 접속하여 자료를 보내는 것만 허용된다. 갑의 다섯 번째 발언에 따르면 보안 부서의 승인을 받아 일반 이메일 계정에 접속하여 자료를 받을 수 있는 PC는 외부용 PC이다. 그러나 내부용 PC에서 일반 이메일 계정에 접속할 수 있다는 정보는 제시되어 있지 않다. 그러므로 내부용 PC로 일반 이메일 계정에 접속하여 자료를 내려받는 것은 가능하지 않다.

08 답 ①

| 난도 | 중

정답해설

㉠ 1문단에 따르면 젠트리피케이션이란 지역 역량이 강화되지 않은 채 지역 가치만 상승하는 현상이다. 그림에 따르면 젠트리피케이션이란 ㉠은 유지되는 한편 ㉡은 증가하는 현상이다. 그러므로 ㉠은 지역 역량이라고 할 수 있다.

ⓒ 1문단에 따르면 젠트리피케이션이란 지역 역량이 강화되지 않은 채 지역 가
치만 상승하는 현상이다. 그림에 따르면 젠트리피케이션이란 ㉠은 유지되는
한편 ㉡은 증가하는 현상이다. 그러므로 ㉡은 지역 가치라고 할 수 있다.

ⓒ 2문단에 따르면 지역 가치와 지역 역량이 모두 낮은 상태에서 일단 지역 역
량을 키우는 단계를 공동체 역량 강화 과정이라고 한다. 1문단에 따르면 젠
트리피케이션이란 지역 역량이 강화되지 않은 채 지역 가치만 상승하는 현
상이다. 그림에 따르면 젠트리피케이션이란 ㉠은 유지되는 한편 ㉡은 증가하
는 현상이다. 그러므로 ㉠은 지역 역량, ㉡은 지역 가치라고 할 수 있는데, 지
역 가치가 일정한 상태에서 지역 역량이 증가하는 ⓒ을 공동체 역량 강화라
고 할 수 있다.

ⓒ 2문단에 따르면 강화된 지역 역량의 토대 위에서 지역 가치 제고를 이끌어내
는 과정을 전문화 과정이라고 한다. 1문단에 따르면 젠트리피케이션이란 지
역 역량이 강화되지 않은 채 지역 가치만 상승하는 현상이다. 그림에 따르면
젠트리피케이션이란 ㉠은 유지되는 한편 ㉡은 증가하는 현상이다. 그러므로
㉠은 지역 역량, ㉡은 지역 가치라고 할 수 있는데, 지역 역량이 높은 상태에
서 지역 가치가 상승하는 ⓒ을 전문화라고 할 수 있다.

> **+ 합격생 가이드**
>
> 젠트리피케이션이 이미 그림상 주어져 있는 만큼 젠트리피케이션에 대한
> 설명을 제시문에서 찾아 ㉠, ㉡부터 도출한다면 쉽게 접근할 수 있다. 또한
> 지역 자산화가 공동체 역량 강화와 전문화로 구성된다는 점에서 지역 자산
> 화가 그림상 새로운 화살표를 요한다는 점 등을 유의하여 해결한다면 더욱
> 쉽게 접근할 수 있을 것이다.

---

09 답 ③

| 난도 | 상

정답해설

ㄱ. 적절하다. (가)에 따르면 가능한 모든 결과의 목록을 완전하게 작성한다면 어
떤 사건이 발생하더라도 목록의 결과 중 하나가 일어날 것이 확실하다고 할
수 있다. 그러므로 로또 복권 구매 시 모든 가능한 숫자의 조합을 산다면 무
조건 당첨된다는 사례 역시 가능한 모든 결과의 목록을 작성하고 목록의 결
과 중 하나가 일어나는 (가)의 맥락과 같다고 할 수 있다.

ㄴ. 적절하다. (나)에 따르면 개인의 확률과 개인의 집합인 집단의 확률 사이 차
이가 존재하고 같은 사건에 대한 집단의 확률이 더 크다고 할 수 있다. 그러
므로 한 개인인 사람의 교통사고 확률이 작더라도 대한민국이라는 집단의
교통사고 확률이 더 크다고 하는 것은 (나)의 맥락과 같다고 할 수 있다.

오답해설

ㄷ. 적절하지 않다. (나)에 따르면 개인의 확률과 개인의 집합인 집단의 확률 사
이 차이가 존재하고 같은 사건에 대한 집단의 확률이 더 크다고 할 수 있다.
그러므로 던지는 횟수가 수십번에서 수십만 번으로 확대되었을 때 1이 연속
으로 여섯 번 나올 확률이 증가한다는 것은 (나)에 의해 설명할 수 있다. (가)
에 의해 설명할 수 있는 정보는 제시되어 있지 않으므로 해당 사례는 (가)
로는 설명할 수 없으나 (나)로 설명할 수 있다고 할 수 있다.

> **+ 합격생 가이드**
>
> 주사위나 동전 등 친숙하고 단순한 소재를 바탕으로 (가)와 (나)를 대입해 본
> 다면 보기 등을 판단하는 데 더욱 편하다고 할 수 있다. 예컨대 (가)의 경우
> 주사위의 예시가 이미 주어져 있고, (나)의 경우 ㄷ 등을 상정한다면 덜 혼란
> 스러울 수 있다.

---

10 답 ②

| 난도 | 중

정답해설

ㄷ. 적절하다. A의 첫 번째 및 두 번째 발언에 따르면 연구 성과를 원칙으로 한
공공 자원의 배분은 비주류 연구의 약화로 이어져 해당 분야 전체의 발전이
저하되는 한편 문제 파악을 어렵게 하는 등 부작용을 가져올 우려가 있다.
반면 B의 첫 번째 및 두 번째 발언에 따르면 연구 성과를 원칙으로 한 공공
자원의 배분은 공정하고 효율적이며 연구 성과 측면에서도 일관적인 배분
방식이라고 할 수 있다. 그러므로 성과만을 기준으로 연구자들을 차등 대우
하면 연구자들의 사기가 저하되어 해당 분야 전체의 발전이 저해된다는 사
실은 A의 주장을 강화한다고 할 수 있는 한편, B의 주장은 강화하지 않는다
고 할 수 있다.

오답해설

ㄱ. 적절하지 않다. A의 두 번째 발언에 따르면 연구 성과를 원칙으로 한 공공
자원의 배분은 주류 연구자들이 자원을 독점하는 결과를 가져올 수 있다. A
의 첫 번째 발언에 따르면 주류 견해에의 자원 편중은 비주류 연구의 고사로
이어지고 분야 전체의 발전 저해를 가져올 수 있다. 그러므로 A의 주장은 연
구 성과에 따라서만 배분하는 것이 적절하지 않다는 내용이라고 할 수 있다.
따라서 공공 자원을 연구 성과에 따라 배분하지 않으면 도덕적 해이가 발생
할 가능성이 커진다는 사실은 A의 주장을 강화한다고 할 수 없다.

ㄴ. 적절하지 않다. B의 첫 번째 발언에 따르면 공공 자원 분배의 기준으로 연구
성과가 우선되어야 한다. 또한 B의 두 번째 발언에 따르면 성과가 우수한 연
구에 자원을 집중할 경우 더 우수한 성과를 얻는 경향이 강해지고 있다는 정
보가 제시되어 있다. 그러므로 B의 주장은 연구 성과가 연구비 등 공공 자원
분배에 대한 일관성 있는 기준이 될 수 있다는 내용이라고 할 수 있다. 따라
서 연구 성과에 대한 평가가 시간이 지나 뒤집히는 경우가 자주 있다는 사실
은 B의 주장을 강화한다고 할 수 없다.

> **+ 합격생 가이드**
>
> 두 가지 견해가 제시되어 있고 양자가 충돌하고 있는 상황이 제시되고 있는
> 만큼, 그 쟁점을 바탕으로 독해한다면 제시문 분석에 유리하다고 할 수 있
> 다. 또한 강화 및 약화 여부에 대한 판단에 있어 특정 주장을 강화하기 위해
> 서는 주장의 구조를 그대로 뒷받침 할 수 있는 논거가, 약화하기 위해서는
> 구조를 그대로 받고 있으나 결론이 다른 논거가 필요하다는 사실을 유념할
> 필요가 있다. 예컨대 B의 주장 중 일부를 "연구 성과 기준 분배 → 배분받은
> 연구의 성과 개선"이라고 나타낸다면 강화하는 논거는 연구 성과에 따라 분
> 배하는 경우 실제로 연구의 성과가 개선되었다는 내용을 담고 있어야 하고,
> 반면 약화하는 논거의 경우 연구성과에 따라 분배했으나 연구 성과가 약화
> 되었거나 변화가 없었다는 내용이 있어야 한다고 할 수 있다.

---

11 답 ④

| 난도 | 상

정답해설

④ 알 수 있다. 1문단에 따르면 오늘날 태극기의 우측 하단에 위치한 괘는 곤괘
이다. 3문단에 따르면 고종이 조선 국기로 채택한 기의 우측 하단에 위치한
괘는 조선의 기의 좌측 하단에 있는 괘이며, 2문단에 따르면 조선의 기의 좌
측 하단에 있는 괘는 곤괘임을 알 수 있다.

오답해설

① 알 수 없다. 2문단에 따르면 『해상 국가들의 깃발들』이 만들어진 시기는
1882년 6월이다. 3문단에 따르면 통리교섭사무아문이 각국 공사관에 국기를

배포한 것은 1883년 이후이다. 그러므로 미국 해군부가 『해상 국가들의 깃발들』을 만들면서 배포된 국기를 수록하는 것은 가능하지 않다고 할 수 있다.

② 알 수 없다. 2문단에 따르면 태극 문양을 그린 기는 개항 이전에도 여러 개가 있었고 태극 문양과 4괘만 사용한 기는 개항 후에 처음 나타났다는 사실이 제시되어 있다. 동 문단에 따르면 이응준이 만든 기는 1882년 5월에 만들어졌고 태극문양과 4괘로 이루어져 있다고 짐작되고 있다. 그러므로 이응준이 기를 만든 시기는 개항 이후라고 짐작할 수 있고, 개항 이전이라고 하더라도 최초로 태극 무늬를 사용한 기라고 할 수는 없다.

③ 알 수 없다. 3문단에 따르면 통리교섭사무아문이 배포한 기의 우측 상단에 있는 괘는 조선의 기 좌측 상단에 있는 괘이다. 동 문단에 따르면 조선의 기 좌측 하단에 있는 괘는 조선 국기의 우측 하단에 있다. 그러므로 통리교섭사무아문이 배포한 조선 국기의 우측 상단에 있는 괘와 조선의 기 좌측 하단에 있는 괘가 상징하는 것은 같지 않다.

⑤ 알 수 없다. 2, 3문단에 따르면 박영효가 그린 기의 좌측 상단에 있는 괘는 건괘이고, 이응준이 그린 기의 좌측 상단에 있는 괘는 감괘이다. 1문단에 따르면 건괘는 하늘을 감괘는 물을 상징한다. 그러므로 박영효가 그린 기의 좌측 상단에 있는 괘는 하늘을 상징하고 이응준이 그린 기의 좌측 상단에 있는 괘는 물을 상징한다.

+ 합격생 가이드

시기별로 상이한 태극기 3개가 주어진 한편 각각의 4괘의 배치가 장치로서 주어져 있다는 점에 주목할 필요가 있다. 오답 선지는 서로 다른 태극기 간의 내용을 교차시켜 구성될 것이라는 점에 착안하여 독해 과정에서 미리 정리해두며 접근하는 한편, 각 괘의 경우 미리 정리하기보다는 글의 내용과 선지의 내용을 오가면서 확인하는 것이 더 신속한 문제해결에 도움이 된다고 할 수 있다.

12

답 ①

| 난도 | 중

정답해설

① 적절하다. 갑의 세 번째 발언에 따르면 조례를 제정하도록 위임한 사항 10건 중 7건은 조례 제정, 2건은 입법 예고 중이라는 것을 알 수 있다. 을의 세 번째 발언에 따르면 모든 조례는 입법 예고를 거친 뒤 시의회에서 제정된다는 정보가 제시되어 있다. 그러므로 입법 예고가 필요한 사항이 1건 존재한다는 사실을 알 수 있다.

오답해설

② 적절하지 않다. 갑의 첫 번째 및 두 번째 발언에 따르면 조례 제정 비율이란 1월 1일부터 12월 31일까지 법률에서 조례를 제정하도록 위임한 사항 대비 12월 31일까지 조례로 제정된 사항의 비율이다. 갑의 세 번째 발언에 따르면 대화의 시점은 7월 10일이라는 것을 알 수 있다. 그러므로 12월 31일까지 법률에 의해 추가적으로 조례를 제정하도록 위임될 사항의 수를 알 수 없으므로 올 한 해의 조례 제정 비율을 알 수 없다.

③ 적절하지 않다. 갑의 세 번째 발언에 따르면 대화의 시점은 7월 10일이라는 것을 알 수 있다. 갑의 네 번째 발언에 따르면 입법 예고 중인 2건의 제정 가능성에 대해 단정하기 어렵다. 그러므로 입법 예고 중인 2건의 제정 가능성 및 올해 12월 31일까지 법률에 의해 추가적으로 조례를 제정하도록 위임될 사항의 수를 알 수 없으므로 올 한 해 총 조례 제정 건 수를 알 수 없다.

④ 적절하지 않다. 갑의 첫 번째 및 두 번째 발언에 따르면 조례 제정 비율이란 1월 1일부터 12월 31일까지 법률에서 조례를 제정하도록 위임한 사항 대비 12월 31일까지 조례로 제정된 사항의 비율이다. 갑의 세 번째 발언에 따르면 조례를 제정하도록 위임한 사항은 10건, 조례로 제정된 건수는 7건이다.

그러므로 현재 시점을 기준으로 조례 제정 비율은 70%($= \frac{7}{10} \times 100$)라고 할 수 있다.

⑤ 적절하지 않다. 갑의 세 번째 발언에 따르면 대화의 시점은 7월 10일이라는 것을 알 수 있다. 7월 10일부터 12월 31일까지 5건 미만의 사항이 추가적으로 위임 받을 것이라는 사실을 알 수 없다. 그러므로 올 한 해 법률에서 조례를 제정하도록 위임 받은 사항이 작년보다 줄어들 것이라고 할 수 없다.

+ 합격생 가이드

각 선지의 정오판단이 쉽게끔 구성된 만큼 실수하지 않도록 핵심 조건들을 잘 확인하는 것이 중요하다. 갑의 세 번째 발언 상 '7월 10일 현재까지' 및 을의 세 번째 발언 상 '모든 조례는 ~' 등이 이에 해당한다고 할 수 있다.

13

답 ①

| 난도 | 하

정답해설

① 적절하다. 표에 따르면 외부 참여 가능성이 높은 모형은 C이다. 4문단에 따르면 C는 관료제의 영향력이 작고 통제가 약한 분야에서 주로 작동한다.

오답해설

② 적절하지 않다. 표에 따르면 상호 의존성이 보통인 모형은 B이다. 2문단에 따르면 배타성이 매우 강해 다른 이익집단의 참여를 철저하게 배제하는 것이 특징인 모형은 A이다.

③ 적절하지 않다. 표에 따르면 합의 효율성이 높은 모형은 A이다. 3문단에 따르면 B는 A보다 정책 목표를 더 효과적으로 달성할 수 있다. 그러므로 A가 가장 효과적으로 정책 목표를 달성할 수 있다고 할 수 없다.

④ 적절하지 않다. 2, 3문단에 따르면 각 모형 상 이익집단의 정책 결정 영향력에 대한 모형 간 비교에 대한 정보가 제시되어 있지 않다.

⑤ 적절하지 않다. 4문단에 따르면 C에서는 참여자가 수시로 변경되며 참여자 수가 많아 정부 등에 따른 의견 조정이 나타난다는 사실이 제시되어 있다. 그러나 참여자 수와 네트워크의 지속성 간 상관관계에 대한 정보가 제시되어 있지 않다.

+ 합격생 가이드

표와 문단 구성이 매우 친절하게 제시되어 있어 지문을 읽지 않고 선지를 먼저 보더라도 쉽게 해결할 수 있는 문제이다. ①, ②의 경우 모형 간 특성을 헷갈리지 않도록, ③~⑤의 경우 없는 정보를 있다고 판단하지 않도록 주의가 필요하다.

14

답 ④

| 난도 | 상

정답해설

ㄴ. 추론할 수 있다. 4문단에 따르면 FD 방식은 입자가 구별되지 않고 하나의 양자 상태에는 하나의 입자만 있을 수 있다. 그러므로 두 개의 입자는 항상 다른 양자 상태에 있고, 그 경우의 수는 양자 상태의 수 n에 대하여 $\frac{n(n-1)}{2}$이다. 그러므로 양자 상태가 1개 이상이면 양자 상태의 가짓수가 많아짐에 따라 경우의 수는 커진다.

ㄷ. 추론할 수 있다. 2문단에 따르면 MB 방식은 입자의 구별이 가능하고 하나의 양자 상태에 여러 개의 입자가 있을 수 있다. 3문단에 따르면 BE 방식은 입자의 구별이 가능하지 않고 하나의 양자 상태에 여러 개의 입자가 있을 수 있다. 그러므로 양자 상태가 2가지 이상이면 MB 방식의 경우의 수는 n^2, BE 방식의 경우의 수는 $n(n-1)$이다.

오답해설

ㄱ. 추론할 수 없다. 🔳🔳, 🔳🔳, 🔳🔳 이상 경우의 수는 30이다.

+ 합격생 가이드

세 가지 해석 방식에 대한 비교가 이루어지고 있는데 주어진 조건들을 바탕으로 경우의 수가 MB>BE>FD 순으로 나타날 것이라고 추론할 수 있다. 이를 바탕으로 각 선지를 판단한다면 비교적 쉽게 문제를 해결할 수 있다.

15
답 ⑤

| 난도 | 상

정답해설

⑤ 추론할 수 있다. 3문단에 따르면 학습된 공포 반응을 일으키는 경우 학습 전에 비해 측핵으로 전달되는 신호의 강도가 강화된다. 4문단에 따르면 학습된 안정 반응을 일으키는 경우 학습 전에 비해 측핵으로 전달되는 신호의 강도가 약화된다. 그러므로 두 경우 모두 측핵으로 전달되는 신호의 세기가 달라졌다고 할 수 있다.

오답해설

① 추론할 수 없다. 4문단에 따르면 학습된 안정 반응은 중핵이 아닌 선조체에서 반응이 세게 나타나며 일어난다.

② 추론할 수 없다. 3문단에 따르면 학습된 공포 반응은 청각시상과 측핵, 중핵 등에 의해 나타나는 반응이고 선조체와 관련된 정보는 제시되어 있지 않다. 또한 학습된 공포 반응을 일으키지 않는 소리 자극에 대한 정보는 제시되어 있지 않다.

③ 추론할 수 없다. 1, 3문단에 따르면 학습된 공포 반응은 청각시상으로 전달된 소리 자극 신호가 측핵으로 강화되어 전달되며 나타난다. 4문단에 따르면 청각시상으로부터 측핵으로의 자극 신호가 억제되는 것은 학습된 안정 반응과 관련된 내용이다.

④ 추론할 수 없다. 3, 4문단에 따르면 각 소리 신호가 학습 전과 비교하여 강화, 약화되었는지에 대한 정보만이 제시되어 있다. 그러나 K가 각 실험에서 제시한 소리 자극이 같았는지 여부와 실험 간 소리 자극 신호 강도의 비교에 관한 정보는 제시되어 있지 않다.

+ 합격생 가이드

실험을 소재로 하는 문제의 경우 실험의 구조를 파악하는 것이 중요하다. 1문단과 같이 소리 자극의 반응 경로 등 제시되는 제반 내용을 바탕으로 이후 내용을 해석한다는 식의 독해 방식을 취하는 것이 문제 해결에 유리하다. 해당 문제의 경우 선지 구성이 쉽게 이루어져 그냥 읽더라도 해결이 가능해 보이나 조금 더 복잡한 실험 내용에 대비하여 미리 준비하는 것이 좋다.

16
답 ①

| 난도 | 중

정답해설

① 적절하다. 2문단에 따라 A가 참가하는 것이 성립하기 위해서는 빈칸에는 갑이나 을이 수석대표를 맡는다는 사실을 뒷받침할 내용이 필요하다. 갑이 고전음악 지휘자이며 전체 세대를 아우를 수 있다면 1문단에 따라 갑은 수석대표를 맡는다. 따라서 갑이나 을이 수석대표를 맡는다는 것은 참이다. 그러므로 2문단 세 번째 문장에 따라 A가 공연예술단에 참가하게 된다.

오답해설

② 적절하지 않다. 2문단에 따라 A가 참가하는 것이 성립하기 위해서는 빈칸에는 갑이나 을이 수석대표를 맡는다는 사실을 뒷받침할 내용이 필요하다. 1문단에 따르면 갑이나 을이 수석대표를 맡기 위해서는 전체 세대를 아우를 수 있는 사람이어야 한다. 그러나 갑이나 을이 대중음악 제작자 또는 고전음악 지휘자라는 명제만으로는 갑이나 을이 전체 세대를 아우를 수 있는 사람인지 알 수 없다.

③ 적절하지 않다. 2문단에 따라 A가 참가하는 것이 성립하기 위해서는 빈칸에는 갑이나 을이 수석대표를 맡는다는 사실을 뒷받침할 내용이 필요하다. 1문단에 따르면 정부 관료 가운데 고전음악 지휘자나 대중음악 제작자는 없다. 그러나 이는 정부 관료가 아니라면 고전음악 지휘자이거나 대중음악 제작자라는 의미하지 않고, 오직 고전음악 지휘자이거나 대중음악 제작자라면 정부 관료가 아니라는 것만을 의미한다.

④ 적절하지 않다. 2문단에 따라 A가 참가하는 것이 성립하기 위해서는 빈칸에는 갑이나 을이 수석대표를 맡는다는 사실을 뒷받침할 내용이 필요하다. 선지의 을이 수석대표를 맡기 위해서는 을이 전체 세대를 아우를 수 있다는 정보가 추가로 제시되어야 한다.

⑤ 적절하지 않다. 2문단에 따라 A가 참가하는 것이 성립하기 위해서는 빈칸에는 갑이나 을이 수석대표를 맡는다는 사실을 뒷받침할 내용이 필요하다. 선지의 내용은 갑이나 을에 대한 아무런 정보도 제시하고 있지 않다.

+ 합격생 가이드

2문단의 '갑이나 을이 수석대표' → 'A 참가', 'A 참가'가 타당하기 위해서는 빈칸에 '갑이나 을이 수석대표'를 도출할 수 있는 내용이 필요하다는 것을 확인한 후 선지의 내용에 접근한다면 문제해결이 신속히 이루어지지만 이를 명확하게 정리하지 못하고 선지 해결을 시도하는 경우 시간을 많이 소모하거나 틀릴 가능성이 충분한 만큼 빈칸 주변의 내용 및 주요 내용의 기호화에 유의할 필요가 있다.

17
답 ③

| 난도 | 중

정답해설

ㄱ. 참이다. 바다와 은경의 말이 모두 참이라고 가정하자. 바다와 은경의 첫 번째 발언이 참이라면 경아의 첫 번째 발언은 거짓이다. 그러므로 경아의 말은 모두 거짓이다. 한 명만이 범인이라는 조건에 따라 은경이 범인이라고 할 수 있다. 나아가 바다의 첫 번째 발언에 따라 다은의 첫 번째 발언 역시 참이게 된다. 그러므로 바다, 다은, 은경이 참인 발언만 하고 경아가 거짓인 발언만 하는 경우가 주어진 조건과 모순 없이 성립한다.

ㄷ. 참이다. 각 발언자의 첫 번째 발언에 비추어 단 한 사람이 거짓말한 경우는 경아가 거짓말만 하는 경우뿐이다. 이때 각 발언자들의 두 번째 발언에 따라 다은, 경아, 바다는 범인이 아니다. 2문단의 범인이 한 명이라는 조건에 따라 은경이 범인이다.

오답해설

ㄴ. 참이 아니다. 다은과 은경의 말이 모두 참이라고 가정하자. 다은와 은경의 첫 번째 발언이 참이라면 경아의 첫 번째 발언은 거짓이다. 그러므로 경아의 말은 모두 거짓이다. 한 명만 범인이라는 조건에 따라 은경이 범인이라고 할 수 있다. 이는 바다의 두 번째 발언과 양립 가능하다. 나아가 학술대회에서 발표된 상용화 아이디어가 하나라는 경우를 상정한다면 바다의 첫 번째 발언 역시 참인 경우를 상상할 수 있다. 그러므로 바다, 다은, 은경이 참인 발언만 하고 경아가 거짓인 발언만 하는 경우가 가정 하에서 주어진 조건과 모순 없이 성립한다. 따라서 다은과 은경의 말이 모두 참인 것은 가능하다.

> **+ 합격생 가이드**
>
> 경아의 첫 번째 주장이 나머지 세 명의 첫 번째 주장과 양립하는 것이 불가능하다는 점에 주목할 필요가 있다. 2문단의 조건들과 결합한다면 가능한 경우의 수는 경아만 참임을 말하고 나머지가 모두 거짓만을 말하거나 경아가 거짓만을 말한 경우로 나눌 수 있는데 이때 바다와 은경의 두 번째 발언을 바탕으로 경아는 다른 사람과 관계없이 거짓만을 얘기하고 있다고 접근할 수 있다. 이를 바탕으로 선지의 내용을 판단한다면 조금 더 좁은 범위 내에서 정오 판단을 할 수 있어 유리하다고 생각한다.

18

답 ④

| 난도 | 상

정답해설

제시문을 기호화하면 다음과 같다.

- 조건 1. 개인건강정보 → 보건정보
- 조건 2. 팀 재편 → 개인건강정보∧보건정보
- 조건 3. 개인건강정보∧최팀장이 총괄 → 손공정이 프레젠테이션
- 조건 4. 보건정보 → 팀 재편∨보도자료 수정
- 조건 5. ~(최팀장이 총괄→손공정이 프레젠테이션)

ㄴ. 참이다. 조건 5에 따라 최팀장이 총괄하고 손공정이 프레젠테이션을 맡지 않는다. 조건 3에 따라 개인건강정보 관리 방식 변경에 관한 가안은 포함되지 않는다. 조건 2에 따라 국민건강 2025 팀은 재편되지 않는다.

ㄷ. 참이다. 보건정보의 공적 관리에 관한 가안이 정책제안에 포함된다면 조건 4에 따라 국민건강 2025 팀이 재편되거나 보도자료가 대폭 수정된다. 조건 2, 3, 5에 따라 국민건강 2025 팀은 재편되지 않는다. 그러므로 선언삼단논법에 따라 보도자료가 대폭 수정될 것이다.

오답해설

ㄱ. 참이 아니다. 조건 2, 3에 따라 개인건강정보 관리 방식 변경에 관한 가안이 정책제안에 포함되지 않는다. 그러나 보건정보의 공적 관리에 관한 가안의 포함 여부는 알 수 없다.

> **+ 합격생 가이드**
>
> 조건 5에 대한 해석이 문제해결에 핵심이라고 할 수 있다. 'A이면 B이다.' 형식의 조건언이 거짓이 되는 경우는 A가 참인 동시에 B가 거짓인 경우뿐이라는 사실에 비추어, 최팀장이 정책 브리핑을 총괄하고 손공정이 프레젠테이션을 맡지 않는다는 정보를 이끌어 낸다면 문제가 쉽게 해결된다.

19

답 ③

| 난도 | 중

정답해설

③ 참이다. 정보 1에 따라 참석한 이들은 각각 하나의 해석만을 받아들인다. 정보 2, 3, 4에 따라 상태 오그라듦 가설을 받아들이는 것과 코펜하겐 해석이나 보른 해석을 받아들이는 것은 필요충분관계에 있고 참석자 8명 중 5명이 코펜하겐 해석이나 보른 해석을 받아들인다. 정보 5, 6에 따라 A, B, C, D는 코펜하겐 해석이나 보른 해석을 받아들이고 이들을 제외한 참석자 중 한 명 또한 코펜하겐 해석이나 보른 해석을 받아들인다. A와 D가 받아들이는 해석이 다르다고 가정하자. 그러한 경우 한 명은 코펜하겐 해석을, 다른 한 명은 보른 해석을 받아들인다고 할 수 있다. 정보 5에 따라 B는 코펜하겐 해석을 받아들인다. 그러므로 A와 D 중 한 명과 B, 적어도 두 명은 코펜하겐 해석을 받아들인다고 할 수 있다.

오답해설

① 참이 아니다. 정보 1에 따라 아인슈타인 해석, 많은 세계 해석, 코펜하겐 해석, 보른 해석 외 다른 해석들이 존재하고 각 참석자는 각자 하나의 해석만을 받아들인다. 정보 2, 3, 4에 따라 참석자 8명 중 5명은 코펜하겐 해석이나 보른 해석을 받아들인다. 정보 8에 따라 5명에 해당하지 않는 3명의 참석자는 코펜하겐 해석이나 보른 해석을 받아들이지 않는 한편 아인슈타인 해석을 받아들이는 이가 있다. 그러나 많은 세계 해석을 받아들이는 이가 있다는 정보는 주어지지 않았다.

② 참이 아니다. 보른 해석을 받아들이는 이가 두 명이라고 가정하자. 정보 5에 따라 두 명 중 한 명은 C이다. 정보 6에 따라 A와 D, 그리고 앞서 언급된 A~D를 제외한 참석자 중 한 명 등 총 3명 중 1명이 보른 해석을 받아들인다. 그러나 만약 A~D를 제외한 참석자 중 한 명이 보른 해석을 받아들인다면 A와 D가 받아들이는 해석은 코펜하겐 해석으로 같다. 이러한 경우는 다른 정보와 모순 없이 존재할 수 있다.

④ 참이 아니다. 정보 1에 따라 아인슈타인 해석, 많은 세계 해석, 코펜하겐 해석, 보른 해석 외 다른 해석들이 존재하고 각 참석자는 각자 하나의 해석만을 받아들인다. 정보 2, 3, 4에 따라 참석자 8명 중 5명은 코펜하겐 해석이나 보른 해석을 받아들인다. 정보 8에 따라 5명에 해당하지 않는 3명의 참석자는 코펜하겐 해석이나 보른 해석을 받아들이지 않는 한편 아인슈타인 해석을 받아들이는 이가 있다. 오직 한 명만이 많은 세계 해석을 받아들인다고 가정하자. 그렇다면 8명 중 5명은 코펜하겐 해석이나 보른 해석을, 1명은 많은 세계 해석을, 1명은 아인슈타인 해석을 받아들인다. 그러나 나머지 한 명은 아인슈타인 해석뿐만 아니라 그 외 다른 해석을 받아들이는 경우도 상상할 수 있고, 다른 정보와 모순 없이 존재할 수 있다.

⑤ 참이 아니다. 코펜하겐 해석을 받아들이는 이가 세 명이라고 가정하자. 정보 5에 따라 코펜하겐 해석을 받아들이는 B를 제외하고 2명의 참석자가 코펜하겐 해석을 받아들인다. 그러므로 A와 D 그리고 A~D를 제외한 참석자 중 한 명 등 총 3명 중 2명이 코펜하겐 해석을 받아들인다. 그러나 A와 D 모두가 코펜하겐 해석을 받아들이고 A~D를 제외한 참석자가 보른 해석을 받아들이는 경우가 다른 정보와 모순 없이 존재할 수 있다.

> **+ 합격생 가이드**
>
> 정보들을 활용하여 포함관계를 명확하게 정리해 두지 않는다면 문제풀이 상 어려움을 겪을 수 있다. 각종 해석의 이름이나 가설의 이름에 매몰되지 않도록 편한 대로 기호화를 해서 파악하는 것도 하나의 좋은 방법이라고 생각한다.

20

답 ②

| 난도 | 중

정답해설

② 추론할 수 있다. 1문단에 따르면 실험군1의 쥐에게는 학습 위주 경험을 하도록 하였고, 실험군2의 쥐에게는 운동 위주 경험을 하도록 훈련시켰다. 실험군3의 쥐는 통제군이다. 실험 결과 1에 따르면 실험군1의 쥐에서 뇌의 신경세포당 시냅스의 수 증가가 관측됐다. 실험 결과 2에 따르면 실험군2의 쥐에서 뇌의 신경세포당 모세혈관의 수 증가가 관측됐다. 그러므로 학습 위주 경험은 뇌의 신경세포당 시냅스의 수를 증가시키고, 운동 위주 경험은 뇌의 신경세포당 모세혈관의 수를 증가시킨다고 할 수 있다.

오답해설

① 추론할 수 없다. 실험 결과 3에 따르면 실험군1의 쥐에서는 대뇌 피질의 지각 영역에서 구조 변화가, 실험군2의 쥐에서는 대뇌 피질의 운동 영역에서 구조 변화가 나타났다. 그러나 어느 구조 변화가 더 크게 나타난 것인지에 대한 정보는 제시되어 있지 않다.

③ 추론할 수 없다. 실험 결과 3에 따르면 실험군1과 2의 쥐에서 대뇌 등의 구조 변화가 관측됐다. 그러나 신경세포의 수 증가에 대한 정보는 제시되어 있지 않다.

④ 추론할 수 없다. 각 실험군별 구조 변화와 신경세포 등의 변화 간 인과관계에 대한 정보는 제시되어 있지 않다.

⑤ 추론할 수 없다. 뇌의 구조 상 이유나 경험 등과 관련된 인과관계에 대한 정보는 제시되어 있지 않다.

+ 합격생 가이드

추론형 문제의 정답 선지 역시 명확한 근거가 제시되어 있어야 하기 때문에 지나치게 확장해서 사고할 필요가 없다고 생각한다. 위 문제의 정답 선지는 실험 결과의 해석을 통해, 오답 선지는 모두 정보 없음을 이유로 추론할 수 없다는 식으로 구성되어 있다는 점에 유념하여 문제에 접근한다면 더 편한 해결이 가능하다고 할 수 있다.

21

답 ③

| 난도 | 중

정답해설

ㄱ. 적절하다. 1문단에 따르면 박쥐 X는 개구리의 울음소리를 이용하는 음탐지 방법과 울음주머니의 움직임을 이용하는 초음파탐지 방법을 사용해 수컷 개구리의 위치를 찾는다. 실험에 따르면 로봇개구리 A는 울음소리와 울음주머니의 움직임이 있는 로봇, B는 울음소리만 있는 로봇이며, 방1은 방해 요인이 없는 환경, 방2는 음탐지 방해가 있는 환경이라고 할 수 있다. 방1과 2의 실험 결과에 따르면 방해 요인이 없는 경우 초음파탐지 가능성 여부와 무관하게 공격까지의 시간에 유의미한 차이가 없었지만 음탐지 방해요인이 있는 경우 초음파탐지가 가능한 A의 경우 공격했지만, 가능하지 않은 B의 경우 공격하지 않았다. 그러므로 음탐지 방법이 방해를 받는 환경에서 초음파탐지 방법을 사용한다고 할 수 있다.

ㄴ. 적절하다. 실험에 따르면 A는 울음소리와 울음주머니의 움직임이 있는 로봇, B는 울음소리만 있는 로봇이며, 방2는 로봇개구리 울음소리와 같은 소리의 음탐지 방해가 있는 환경, 방3은 로봇개구리 울음소리와 다른 소리의 음탐지 방해가 있는 환경이라고 할 수 있다. 방2와 3의 실험 결과에 따르면 같은 소리의 음탐지 방해가 있는 환경에서는 공격까지 시간이 지연되거나 공격하지 않는 반면, 다른 소리의 음탐지 방해가 있는 경우 방해가 없는 환경과 유사한 공격 속도를 보였다. 그러므로 X는 소리의 종류를 구별할 수 있다고 할 수 있다.

오답해설

ㄷ. 적절하지 않다. 실험에 따르면 A는 울음소리와 울음주머니의 움직임이 있는 로봇, B는 울음소리만 있는 로봇이며, 방1은 방해 요인이 없는 환경, 방3은 울음소리와 다른 소리의 음탐지 방해가 있는 환경이라고 할 수 있다. 방1과 방3의 실험 결과에 따르면 환경 및 로봇의 종류와 상관없이 공격 시간의 유의미한 차이가 없었다. 그러므로 방1과 방3의 실험 결과로부터 유의미한 결론 내지 특정 가설에 대한 강화 또는 약화를 이끌어 낼 수 없다고 할 수 있다.

+ 합격생 가이드

주어진 실험에서 주된 장치는 로봇과 각 방이라고 할 수 있다. 그러므로 주어진 방의 조합에 따라 어떤 변수가 통제되고 어떤 변수가 비교되고 있는지를 정확히 파악하는 게 문제해결의 핵심이라고 생각한다.

22

답 ④

| 난도 | 중

정답해설

ㄴ. 적절하다. 주어진 논증에서 (6)은 (4)와 (5)로부터 도출되며, (4)는 (2)와 (3)으로부터 도출된다. 만약 (2)의 내용이 "전통적 인식론은 첫째 목표를 달성할 수 없거나 둘째 목표를 달성할 수 없다."로 바뀐다고 가정하자. 이에 따라 첫째와 둘째 목표 모두 달성할 수 없는 기존의 경우 외에 첫째 목표만 달성할 수 없는 경우와 둘째 목표만 달성할 수 없는 경우가 추가된다. 그러나 어떤 경우에도 "두 가지 목표 중 어느 하나라도 달성할 수가 없다면"이란 (3)의 전건은 충족된다. 그러므로 (2)의 내용이 바뀌더라도 여전히 (6)이 도출된다고 할 수 있다.

ㄷ. 적절하다. (4)는 (2)와 (3)의 결론일 뿐만 아니라 (6)의 전제라고 할 수 있다.

오답해설

ㄱ. 적절하지 않다. (1)은 (2) 등에서 나타나는 목표의 내용을 담고 있으나 논증 내 지지관계에 영향을 끼치지 않는다. 그러므로 (1)에 '두 가지 목표' 외에 "세계에 관한 믿음이 형성되는 과정을 규명하는 것"이 추가된다고 하더라도 (6)의 도출 과정에 영향을 끼치지 않는다.

+ 합격생 가이드

논증이 순서대로 주어져 있는 만큼 정확한 지지 관계만 파악한다면 쉽게 해결할 수 있는 문제라고 생각한다. ㄴ과 같이 연언 관계인지 선언 관계인지 여부와 관계없이 결론 도출이 가능한 경우도 있지만, 가능하지 않을 수도 있으므로 유사한 유형에 있어 연언, 선언의 구별 등에 유념하는 것이 문제 해결에 중요하다고 생각한다.

23

답 ⑤

| 난도 | 하

정답해설

ㄱ. 적절하다. 2문단에 따르면 'A이거나 B'의 형식을 가진 (1)을 거짓이라고 가정할 때 추가 조건에 따라 10만 원을 돌려주는 동시에 ㉠과 같이 'A가 거짓'인 10만 원을 돌려주지 않는다고 한다. 그러므로 ㉠의 추론 과정에서 'A이거나 B'의 형식을 가진 문장이 거짓이면 A도 B도 모두 반드시 거짓이라는 원리가 사용되었다고 할 수 있다.

ㄴ. 적절하다. 2문단에 따르면 (1)을 거짓이라고 가정할 때 추가 조건에 따라 10만 원을 돌려주는 동시에 ㉠과 같이 10만 원을 돌려주지 않는다고 한다. 동 문단에 따르면 10만 원을 돌려준다는 것과 돌려주지 않는다는 것이 모두 성립하는 것은 가능하지 않다. 그러므로 ㉡의 추론 과정에서 어떤 가정 하에서 같은 문장의 긍정과 부정이 모두 성립하는 경우 그 가정의 부정은 반드시 참이라는 원리가 사용되었다고 할 수 있다.

ㄷ. 적절하다. 2문단에 따르면 'A이거나 B'의 형식을 가진 (1)은 반드시 참이다. 1문단에 따라 (1)이 참이면 10만 원을 돌려주지 않고 호화 여행을 제공한다. 이때 (1)의 A인 10만 원을 돌려준다는 추가 조건에 위배되므로 B인 당신은 10억 원을 지불한다는 ㉢이 도출된다. 그러므로 'A이거나 B'라는 형식의 참인 문장에서 A가 거짓인 경우 B는 반드시 참이라는 원리가 사용되었다고 할 수 있다.

+ 합격생 가이드

논리 퀴즈 등에서 자주 사용되는 주요 원리들을 선지 형태로 구성한 문제라고 할 수 있다. 구성이 단순하고 원리들도 논리 퀴즈를 풀어본 입장에서 친숙하다고 할 수 있는 만큼 제시문을 오독해서 틀리지 않도록 주의가 필요하다고 생각한다.

24 답 ②

| 난도 | 상

정답해설

ㄴ. 적절하다. 1문단에 따르면 철학은 지적 작업에 포함된다. 2문단에 따르면 귀추법은 귀납적 방법의 하나이다. 3문단에 따르면 포퍼는 귀납적 방법의 정당화를 부정하는 등 지적 작업에서 귀납적 방법이 필요 없다는 주장을 취하고 있다. 그러므로 철학의 일부 논증에서 귀추법의 사용이 불가피하다는 주장은 ㉡을 반박한다고 할 수 있다.

오답해설

ㄱ. 적절하지 않다. 2문단에 따르면 ㉠은 철학이라는 지적 작업에 대한 논의라고 할 수 있다. 1, 3문단에 따르면 과학은 철학이라는 지적 작업과 구별된다고 할 수 있다. 그러므로 과학의 탐구가 귀납적 방법에 의해 진행된다는 주장은 ㉠을 반박한다고 할 수 없다.

ㄷ. 적절하지 않다. 2문단에 따르면 ㉠은 철학이라는 지적 작업에서 귀납적 방법의 필요성에 대한 부정이라고 할 수 있다. 3문단에 따르면 ㉡은 모든 지적 작업에서 귀납적 방법의 필요성에 대한 부정이라고 할 수 있다. 연역 논리와 경험적 가설 모두에 의존하는 지적 작업이 있다고 가정하자. ㉡은 가정에 의해 반박된다고 할 수 있다. 그러나 ㉠은 해당 지적 작업이 철학이 아닌 이상 반박된다고 할 수 없다. 그러므로 특정 지적 작업에 대한 주장이 ㉠과 ㉡을 모두 반박한다고 할 수 없다.

+ 합격생 가이드

철학과 지적 작업 사이 포함 관계를 활용한 문제라고 할 수 있다. 더 큰 범주인 지적 작업에 대하여 지지하는 주장의 집합이 철학에 대한 주장을 지지하는 집합보다는 크다고 할 수 있겠지만 반대로 반박하는 주장의 집합 또는 각 주장 지지 근거의 여집합은 철학의 경우가 더 크다는 점을 유념하고 문제 풀이에 들어갈 필요가 있다고 생각한다.

25 답 ④

| 난도 | 중

정답해설

ㄴ. 적절하다. 선지의 전제는 "모든 적색 블록은 구멍이 난 블록이다. 모든 적색 블록은 삼각 블록이다."이며 결론은 "모든 구멍이 난 블록은 삼각 블록이다."이다. 결론이 타당하기 위해서는 "모든 구멍이 난 블록은 적색 블록이다."가 필요하다고 할 수 있다. 갑에 따르면 사람들은 '모든 A는 B이다'를 '모든 B는 A이다'로 바꾸는 경향이 있다. 을에 따르면 사람들은 '모든 A는 B이다'를 'A와 B가 동일하다'로 인식하는 경향이 있다. 그러므로 사람들이 첫 번째 전제를 "모든 구멍이 난 블록은 적색 블록이다"로 인식하는 경향이 있다면 선지의 결론이 설명된다고 할 수 있다.

ㄷ. 적절하다. 선지의 전제는 "모든 물리학자는 과학자이다. 어떤 컴퓨터 프로그래머는 과학자이다."이며 결론은 "어떤 컴퓨터 프로그래머는 물리학자이다."이다. 전제에 '어떤'을 사용하는 형태의 명제가 제시되어 있고, 결론 역시 '어떤'을 사용하는 형태의 명제가 제시되어 있다. 그러므로 병에 의해 설명된다고 할 수 있다.

오답해설

ㄱ. 적절하지 않다. 선지의 전제는 "어떤 과학자는 운동선수이다. 어떤 철학자도 과학자가 아니다."이며 결론은 "어떤 철학자도 운동선수가 아니다."이다. 둘째 전제는 "모든 철학자는 과학자가 아니다."와 동치이다. 갑에 의하면 사람들은 둘째 전제를 "모든 과학자는 철학자가 아니다."라고 바꾸는 경향이 있다. 그러나 그러한 경우에도 결론이 타당하게 도출되지 않는다. 그러므로 선지의 심리 실험 결과는 갑에 의해 설명된다고 할 수 없다.

+ 합격생 가이드

사례를 주어진 견해를 바탕으로 포섭하는 유형은 각 견해 간 비교를 통해 구체적인 포섭 가능성을 파악하는 것이 중요하다고 생각한다. 예컨대 갑과 을의 견해는 유사해 보이고 논리적 결론이 같게 보일 수도 있지만, '모든 A는 B이다'와 '모든 B는 A이다'가 동치라고 파악하는 경향과 '모든 A는 B이다'와 'A와 B는 동일하다'가 동치라고 파악하는 경향이 단계상 차이를 보이는 점 등이 있다. 또한 다른 견해에 의해서 사례가 설명된다고 하더라도 선지에서 제시하는 견해에 의해서도 설명될 수 있는 만큼 제시된 견해를 중심으로 문제 풀이에 들어가는 것이 좋다고 생각한다.

01	02	03	04	05	06	07	08	09	10
⑤	⑤	④	②	①	③	⑤	②	④	①
11	12	13	14	15	16	17	18	19	20
②	⑤	②	①	④	③	④	⑤	⑤	②
21	22	23	24	25					
③	③	④	①	③					

01

답 ⑤

| 난도 | 하

정답해설

ㄱ. 옳다. 부산의 사업비는 240억 원이다. 부산의 사업비보다 많은 지역은 경기, 강원, 충북, 충남, 전북, 전남, 경북, 경남으로 총 8개 지역이다.

ㄴ. 옳다. 사업비 상위 2개 지역은 경남과 강원으로 사업비 합은 860억 원이다. 사업비 하위 4개 지역은 세종, 인천, 울산, 제주로 사업비 합은 320억 원이다. 따라서 사업비 상위 2개 지역의 사업비 합은 사업비 하위 4개 지역의 사업비 합의 2배 이상이다.

ㄷ. 옳다. 전체 사업비는 4,000억 원이다. 따라서 전체 사업비의 10% 이상은 400억 원이고 사업비가 400억 원 이상인 지역은 경남과 강원이다.

02

답 ⑤

| 난도 | 하

정답해설

⑤ 옳지 않다. 수출은 동남권이 감소, 제주권이 보합이며, 나머지 권역이 모두 증가했다. 보고서의 내용은 동남권을 제외한 모든 지역이 증가하였다 했으므로 오답이다.

오답해설

① 옳다. 제조업 생산은 수도권과 충청권, 호남권, 대경권이 증가했으며, 동남권과 강원권이 보합했고, 제주권이 감소했다.

② 옳다. 서비스업 생산은 제주권이 증가했고, 동남권과 호남권이 감소했으며 나머지 권역은 모두 보합이다.

③ 옳다. 소비는 수도권이 증가했고, 동남권이 감소했으며, 나머지 권역은 모두 보합이다.

④ 옳다. 건설투자는 동남권만 증가했고, 수도권과 대경권이 보합했으며, 나머지 권역은 모두 감소했다.

03

답 ④

| 난도 | 중

정답해설

ㄱ. 옳다. 여성 건국훈장 포상 인원은 2명→3명→4명→8명→11명으로 매년 증가한다.

ㄷ. 옳다. 남성 애국장 포상 인원과 남성 애족장 포상 인원의 차이는 연도별로 다음과 같다.
- 2014년 : $(151-1)-(111-1)=40$
- 2015년 : $(194-3)-(130)=61$
- 2016년 : $(117-4)-(87)=26$
- 2017년 : $(108-8)-(43)=57$
- 2018년 : $(99-9)-(51-2)=41$

따라서 남성 애국장 포상 인원과 남성 애족장 포상 인원의 차이가 가장 큰 해는 2015년이다.

ㄹ. 옳다.
- 건국포장 포상 인원 중 여성 비율이 가장 낮은 해는 2017년으로 $\frac{1}{43} \times 100 ≒ 2.3\%$이다.
- 대통령표창 포상 인원 중 여성 비율이 가장 낮은 해 역시 2017년으로 $\frac{2}{74} \times 100 ≒ 2.7\%$이다.

오답해설

ㄴ. 옳지 않다. 2018년 건국훈장 포상 인원은 150명으로 전체 포상 인원인 355명의 절반 이하이다.

04

답 ②

| 난도 | 하

정답해설

- 그림의 A에서 선사/항공사가 6.4%를 차지하고 있으며, 관세사가 63.2%를 차지하고 있다. 따라서 대략적으로 관세사가 선사/항공사의 10배임을 알 수 있다. 이를 바탕으로 표에서 상담내용을 찾는다면 사전검증이 A임을 알 수 있다.

- 그림의 B에서는 관세사가 26.8%이며, 세관이 26.7%이다. 따라서 관세사와 세관이 서로 비슷한 민원 상담건수를 차지하고 있다고 볼 수 있다. 이를 바탕으로 표에서 일치하는 상담내용을 찾는다면 화물이 B임을 알 수 있다. 따라서 정답은 ②이다.

05 답 ①

| 난도 | 중

정답해설

ㄱ. 옳다. 2020년 상위 10개 스포츠 구단 중 전년보다 순위가 상승한 구단은 C, D, E, I로 총 4개이다. 반면, 전년보다 순위가 하락한 구단은 F, H, J로 총 3개이다.

ㄴ. 옳다. 2020년 상위 10개 스포츠 구단 중 미식축구 구단은 A, G, I이며 이들의 구단 가치액 합은 135억 달러이다. 2020년 상위 10개 스포츠 구단 중 농구 구단은 C, D, E이며 이들의 구단 가치액 합은 131억 달러이다.

오답해설

ㄷ. 옳지 않다. 2020년 상위 10개 스포츠 구단 중 전년 대비 가치액 상승률이 가장 큰 구단은 E로 $\frac{9}{33} \times 100 ≒ 27.27\%$ 상승했다. E는 농구 구단이므로 보기는 옳지 않다.

ㄹ. 옳지 않다. 2020년 연도별 상위 10개 스포츠 구단의 가치액 합은 432억 달러이다. 2019년 연도별 상위 10개 스포츠 구단은 전부 나와있지 않다. I가 2019년의 구단 가치액 순위가 11위이기 때문이다. 하지만, 9위까지의 합을 구한 후 2019년 구단 가치액 순위가 10위인 구단 가치의 최댓값을 9위인 33억 달러라고 보고 계산할 수 있다. 이렇게 계산한 결과 2019년 연도별 상위 10개 스포츠 구단의 가치액 합은 최대 407억 달러이다. 따라서 2020년이 더 크기 때문에 옳지 않다.

06 답 ③

| 난도 | 중

정답해설

ㄴ. 옳다. 보고서의 두 번째 문단의 두 번째 문장 "전공계열별 희망직업의 선호도 분포를 분석한 결과, 인문사회계열은 '경영', 이공계열은 '연구직', 그리고 의약/교육/예체능계열은 '보건·의료·교육'에 대한 선호도"를 작성하기 위해 이용한 자료이다.

ㄷ. 옳다. 보고서의 두 번째 문단의 첫 번째 문장 "전공계열별로 희망직업을 선택한 동기를 살펴보면 이공계열과 의약/교육/예체능계열의 경우 '전공분야'라고 응답한 비율이 각각 50.3%와 49.9%였고, 인문사회계열은 그 비율이 33.3%였다."를 작성하기 위해 이용한 자료이다.

오답해설

ㄱ. 옳지 않다. 보고서는 연도별로 구인/구직자에 대해서 서술하지 않았다. 따라서 추가로 이용한 자료가 아니다.

ㄹ. 옳지 않다. 보고서의 세 번째 문단을 작성하기 위해 이용했다고 착각할 수 있으나, ㄹ은 전공계열별 직장만족도에 관하여 나타낸 자료가 아니므로 이를 이용한 자료가 아니다.

07 답 ⑤

| 난도 | 상

정답해설

⑤ 옳다. 내비게이션의 성능지표는 14.040이다. 따라서 성능지표가 가장 낮은 프로그램은 내비게이션이다.

오답해설

① 옳지 않다.

- 인공지능 바둑의 수행시간은 $\frac{10,490}{18.7} ≒ 560$이다.
- 프로그램을 명령어 수가 많은 순서대로 나열하면 영상 압축 → 유전체 분석 → 숫자 정렬 → 인공지능 체스 → 인공지능 바둑 → 내비게이션 → 양자 컴퓨팅 → 문서 편집이다.
- 수행시간이 긴 순서대로 나열하면 영상 압축 → 숫자 정렬 → 유전체 분석 → 인공지능 체스 → 인공지능 바둑 → 내비게이션 → 문서 편집 → 양자 컴퓨팅이다.

② 옳지 않다. CPI가 가장 낮은 프로그램은 양자 컴퓨팅이다. 반면, 기준시간이 가장 긴 프로그램은 영상 압축이므로 양자가 다르다.

③ 옳지 않다. 인공지능 바둑의 수행시간은 약 560으로 내비게이션의 수행시간 500보다 길다.

④ 옳지 않다.

- 기준시간이 짧은 프로그램을 순서대로 나열하면 내비게이션 → 문서 편집 → 유전체 분석 → 숫자 정렬 → 인공지능 바둑 → 인공지능 체스 → 양자 컴퓨팅 → 영상 압축이다.
- 클럭 사이클은 명령어 수×CPI로 구할 수 있다. 이를 통해 내비게이션의 클럭 사이클 수는 1,250임을 구할 수 있고 문서 편집의 클럭 사이클 수는 약 587임을 알 수 있다.

따라서 내비게이션의 클럭 사이클 수가 문서 편집의 클럭 사이클 수보다 많으므로 옳지 않음을 알 수 있다.

08 답 ②

| 난도 | 상

정답해설

ㄱ. 옳다. 산불 발생건당 피해면적은 그림 3에서 Y축이 가장 높이 있는 지역을 찾아야 한다. 따라서 산불 발생건수가 200건보다 많이 작은 J지역의 산불 발생건당 피해면적이 가장 크다.

ㄷ. 옳다. 산불 발생건당 피해액은 그림 1에서 점의 기울기를 통해 계산할 수 있다. 따라서 산불 발생건당 피해액이 가장 큰 지역은 산불 발생건수가 300건보다 많이 작은 D지역이며, 산불 발생건당 피해액이 가장 작은 지역은 산불 발생건수가 600건보다 작은 B지역이다.

오답해설

ㄴ. 옳지 않다. 산불 발생건당 피해재적은 그림 2에서 점의 기울기를 통해 계산할 수 있다. 이때 산불 발생건당 피해재적이 가장 큰 지역은 J이며, 산불 발생건당 피해재적이 가장 작은 지역은 산불 발생건수가 500건보다 살짝 작은 G지역이 된다.

ㄹ. 옳지 않다. 산불 피해면적은 그림 3의 사각형 면적을 통해 계산할 수 있다. 이때 산불 피해면적이 가장 큰 지역은 산불 발생건수가 500건보다 살짝 큰 A지역이며, 산불 피해면적이 가장 작은 지역은 산불 발생건수가 200건보다 살짝 작은 지역으로 E지역이다.

09

답 ④

| 난도 | 중

정답해설

- B지역에서 타워크레인 작업제한 조치가 한 번도 시행되지 않은 월은 1월, 2월 및 12월이다. 따라서 (가)는 15보다 작다.
- 매월 C지역의 최대 순간 풍속은 A지역보다 높고 D지역보다 낮으므로 (나)는 21.5보다 크고 32.7보다 작다.
- E지역에서 설치 작업제한 조치는 매월 시행되었고 운전 작업제한 조치는 2개월을 제외한 모든 월에 시행되었으므로 (다)는 15보다 크고 20보다 작다.

따라서 (가), (나), (다)를 큰 것부터 순서대로 나열하면 (나), (다), (가)이므로 정답은 ④이다.

10

답 ①

| 난도 | 중

정답해설

① 옳지 않다. 2015년 프랑스의 전체 발전량 중 원자력 발전량의 비중은 100에서 나머지 비중을 제외해서 구할 수 있다. 이렇게 계산하면 원자력 발전량의 비중이 77%임을 알 수 있다. 따라서 원자력 발전량의 비중은 75% 이상이다.

오답해설

② 옳다. 2015년 영국의 전체 발전량 중 신재생 에너지 발전량의 비중은 23.8%이다. 따라서 2010년의 6.2%에서 15%p 이상 증가했다.

③ 옳다. 2010년 미국의 석탄 발전량은 1,994.2이며 일본의 석탄 발전량은 309.5이다. 따라서 일본 석탄 발전량의 6배는 1,857이므로 6배 이상이다.

④ 옳다. 2010년 대비 2015년 전체 발전량이 증가한 국가는 독일뿐이고 나머지 국가들은 모두 전체 발전량이 감소했다.

⑤ 옳다. 2015년 미국의 신재생 에너지 비중은 7.7%이다. 따라서 2010년 대비 2015년 각 국가에서 신재생 에너지의 발전량과 비중은 모두 증가했다.

11

답 ②

| 난도 | 중

정답해설

표에는 전국 안전체험관 규모별 현황에 관한 자료만 존재한다.

ㄱ. 옳다. 보고서 두 번째 문단의 두 번째 문장은 전국 교통사고 사망자 수(2015~2018년)에 대한 내용이 있다. 따라서 이를 작성하기 위해서는 'ㄱ. 전국 교통사고 사망자 수'가 필요하다.

ㄷ. 옳다. 보고서 두 번째 문단의 첫 번째 문장은 전국 안전사고 사망자 수(2015~2018년)에 대한 내용이 있다. 따라서 이를 작성하기 위해서는 ㄷ. 연도별 전국 안전사고 사망자 수가 필요하다.

오답해설

ㄴ. 옳지 않다. 보고서 세 번째 문단은 2019년 분야별 지역안전지수 1등급에 대한 내용이다. 하지만, ㄴ은 2015~2018년 분야별 지역안전지수에 관한 자료이므로 이를 이용해서는 보고서를 작성할 수 없다.

ㄹ. 옳지 않다. 보고서 첫 번째 문단 첫 번째 문장은 표의 내용이다. 하지만 첫 번째 문단 두 번째 문장은 2019년 지역 및 규모별 안전체험관에 관한 자료이므로 ㄹ은 이에 부합하지 않는다.

+ 합격생 가이드

기존 5급 PSAT에서 나오는 보고서 문제이다. 표와 보고서에는 안전체험관의 규모별 현황이 제시되어 있으나, 보기 ㄹ의 경우 2018년 지역별 안전체험관 수인데 보기의 내용은 단순 지역별 현황만 제시되어 있으며, 규모별 현황이 없음을 유의하면서 풀어야 한다. 특히 이번 문제와 같은 보고서를 작성하기 위해서 추가로 이용한 자료를 고르는 유형은 무조건 맞춰야 한다.

12

답 ⑤

| 난도 | 하

정답해설

ⓤ 옳지 않다. 2007년 10월 기준 평화유지활동을 수행 중이었던 임무단은 수단 임무단, 소말리아 임무단, 코모로 치안지원 임무단, 다르푸르 지역 임무단으로 총 4개이므로 옳지 않다.

오답해설

㉠ 옳다. 소말리아 임무단은 2007년 1월부터 2021년 5월까지 14년을 초과하여 활동하고 있으므로 가장 오랜기간 동안 활동하고 있다.

㉡ 옳다. 코모로 선거감시 지원 임무단은 4개월만을 활동했으므로 가장 짧게 활동했다.

㉢ 옳다. 임무단의 평화유지활동에 파견된 규모는 3,128+300+462+6,000+350+6,000+3,350+1,450+5,961=27,001명으로 25,000명보다 많으므로 옳다.

㉣ 옳다. 수단에서는 수단 임무단과 다르푸르 지역 임무단이 활동했고 코모로에서는 코모로 선거감시 지원 임무단과 코모로 치안지원 임무단이 활동했으므로 옳다.

+ 합격생 가이드

매우 단순한 보고서 유형이며, 2번 문제이므로 빠른 시간내에 풀어야 한다. 이 문제에서 주의할 점은 임무단의 이름과 파견지의 이름이 유사하다는 점이다. 이를 주의 깊게 보면서 푼다면 손쉽게 풀 수 있을 것이다.

13

답 ②

| 난도 | 중

정답해설

ㄱ. 옳다. 2020년 국가채무는 1,741×36.0%=626.76(조 원)이고 2014년 국가채무는 1,323×29.7%≒392.93(조 원)이다. 따라서, 2014년 국가채무의 1.5배는 약 589.40(조 원)이므로 옳다.

ㄷ. 옳다. 2018년의 적자성채무는 1,563×18.3%≒286.03(조 원)이며, 2019년 적자성 채무는 1,658×20.0%=331.6(조 원), 2020년 적자성채무는 1,741×20.7%≒360.39(조 원)이다. 따라서 적자성채무는 2019년부터 300조 원 이상이다.

오답해설

ㄴ. 옳지 않다. GDP 대비 금융성채무는 GDP 대비 국가채무에서 GDP 대비 적자성채무를 빼줌으로써 구할 수 있다. 이를 표로 정리하면 다음과 같다.

2014년	2015년	2016년	2017년	2018년	2019년	2020년
15.1	15.4	15.5	15.7	15.8	15.7	15.3

2019년 및 2020년은 전년 대비 GDP 대비 금융성채무가 감소하므로 옳지 않은 보기이다.

ㄹ. 옳지 않다. ㄴ에서 구한 GDP 대비 금융성채무를 활용할 수 있다. 2017년 금융성채무가 국가채무에서 차지하는 비율은 $\frac{15.7}{32.6} \times 100\% ≒ 48.2\%$이 므로 매년 국가채무의 50% 이상을 차지하지 않는다.

+ 합격생 가이드

ㄱ이 가장 어려운 문제이다. 이런 경우 보기 중 ㄱ을 패스하고 ㄴ을 먼저 보아도 된다. ㄴ을 먼저 풀게 되면 자연스럽게 선지는 ②와 ④만 남게 되므로, ㄹ만 확인하면 된다.

14 답 ①

| 난도 | 하

정답해설

우선 표를 완성시킨다.

이사 전 \ 이사 후	소형	중형	대형	합
소형	15	10	5	30
중형	0	30	10	40
대형	5	10	15	30
계	20	50	30	100

ㄱ. 옳다. 주택규모가 이사 전 소형에서 이사 후 중형으로 달라진 가구는 0개이 므로 옳다.

ㄴ. 옳다. 이러한 보기는 반대해석을 이용하는 것이 빠른 해결에 유리하다. 즉 이 사 전후 주택규모가 달라진 가구 수를 모두 더하는 것보다는 이사 전후 주택 규모가 동일한 가구 수를 파악하는 것이다. 제시된 보기에서 이사 전후 주택 규모가 달라진 가구 수는 전체 가구 수의 50% 이하라고 했으므로, 이사 전 후 주택규모가 동일한 가구 수가 50% 이상인지만 파악하면 된다. 이사 전후 주택규모가 동일한 가구 수는 제시된 표에서 우하향 대각선에 있는 값만 보 면 되므로, 15+30+15=60개가 도출된다. 이 값이 50% 이상에 해당하므로, 반대 값인 이사 전후 주택규모가 달라진 가구 수는 50% 이하이다.

오답해설

ㄷ. 옳지 않다. 주택규모가 대형인 가구 수는 이사 전 30가구이며, 이사 후에도 30가구이다.

ㄹ. 옳지 않다. 이사 후 주택규모가 커진 가구 수는 소형 → 중형, 소형 → 대형, 중형 → 대형이므로 총 10+5=15가구이다. 반면, 이사 후 주택규모가 작아 진 가구 수는 대형 → 중형, 대형 → 소형, 중형 → 소형으로 총 10+5+15 =25가구이다.

+ 합격생 가이드

단순 빈칸 문제이다. 숫자가 깔끔한 유형의 빈칸 문제는 빠르게 빈칸을 채워 놓는 것이 중요하다. 빈칸을 우선 채운다면 50% 이상은 완료했다고 볼 수 있다. 그 후 마지막으로 표의 좌상단을 꼼꼼하게 확인해서 이사 전과 이사 후가 어떻게 변화하는지만 확인한다면 쉽게 풀 수 있다.

15 답 ④

| 난도 | 중

정답해설

혼합 공정에 투입된 후 폐기처리 공정에 전달되어 투입되어야 한다. 폐기처리에 도달하는 경우를 나누면 다음과 같다.

〈경우 1〉 : 혼합 → 성형 → 재작업 → 폐기처리
〈경우 2〉 : 혼합 → 성형 → 재작업 → 조립 → 검사 → 폐기처리
〈경우 3〉 : 혼합 → 성형 → 조립 → 검사 → 폐기처리

각각의 경우에 대해서 계산해 보면 다음과 같다.

〈경우 1〉 : 1,000×0.1×0.5=50(kg)
〈경우 2〉 : 1,000×1.0×0.1×0.5×1.0×0.2=10(kg)
〈경우 3〉 : 1,000×1.0×0.9×1.0×0.2=180(kg)

따라서 이 3가지 경우를 모두 합친 재료 총량은 240kg이다.

+ 합격생 가이드

문제를 풀기 위해서 각주의 내용을 정확하게 이해하는 것이 우선이고 그 다음으로 빼먹는 것이 있어서는 안 된다. 따라서 계산되는 모든 숫자를 차분하게 그림에서 따라 적으면서 풀면 틀리지 않을 것이다.

16 답 ③

| 난도 | 중

정답해설

조건에 따라서 문제를 해결한다.

• 첫 번째 조건에서 연강수량이 세계평균의 2배 이상인 국가는 B와 G이다. (일본 or 뉴질랜드)=(B or G)이다.
• 두 번째 조건에서 연강수량이 세계평균보다 많은 국가 중 1인당 이용가능한 연수자원총량이 가장 적은 국가는 대한민국으로 A이다.
• 세 번째 조건에서 1인당 연강수량이 세계평균의 5배 이상인 국가를 연강수량이 많은 국가부터 나열하면 G, E, F이다. 따라서 뉴질랜드가 G, 캐나다가 E, 호주가 F이며, 첫 번째 조건에 따라 일본이 B가 된다.
• 네 번째 조건에서 1인당 이용가능한 연수자원총량이 영국보다 적은 국가 중 1인당 연강수량이 세계평균의 25% 이상인 국가는 중국으로 C이다.
• 다섯 번째 조건에서 1인당 이용가능한 연수자원총량이 6번째로 많은 국가는 프랑스로 H이다.

따라서 국가명을 알 수 없는 것은 D이다.

+ 합격생 가이드

매칭형의 기본적인 문제이다. 매칭형 문제의 경우 조건 한 개당 한 개를 각각 매칭할 수 있다고 생각하면 용이하게 풀 수 있다. 또한 그림의 단어들이 1인당 이용가능한 연수자원총량과 1인당 연강수총량으로 헷갈릴 수 있으므로 이를 염두에 두고 풀어야 한다.

17

답 ④

| 난도 | 중

정답해설

ㄱ. 옳다. 국어 평균점수는 $\frac{(90+85+60+95+75)}{5}=81$이므로 80점 이상이다.

ㄷ. 옳다. 국어, 영어, 수학점수에 각각 0.4, 0.2, 0.4의 가중치를 곱한 점수의 합은 갑 : 84, 을 : 79, 병 : 78, 정 : 91, 무 : 90이다. 따라서 정의 점수가 가장 크다.

ㄹ. 옳다. 병의 성별이 남학생일 때와 여학생일 때로 나눠서 확인한다.

1) 병이 남학생일 때 성별 평균점수

여자 : 을, 정 → $\frac{70+100}{2}=85$, 남자 : 갑, 병, 무 → $\frac{75+85+100}{3}=$ 86.67이므로 남학생의 수학 평균점수가 여학생의 수학 평균점수보다 높다.

2) 병이 여학생일 때 성별 평균점수

여자 : 을, 병, 정 → $\frac{70+85+100}{3}=85$, 남자 : 갑, 정 → $\frac{75+100}{2}=$ 87.50이므로 남학생의 수학 평균점수가 여학생의 수학 평균점수보다 높다.

따라서 갑~무의 성별 수학 평균 점수는 남학생이 여학생보다 높다.

오답해설

ㄴ. 옳지 않다. 3개 과목 평균 점수가 가장 높은 학생은 무로 $\frac{75+100+100}{3}=$ 91.67이다.

3개 과목 평균 점수가 가장 낮은 학생은 을로 $\frac{85+85+70}{3}=80$이다. 따라서 평균 점수 차이는 10점 이상이다.

+ 합격생 가이드

이 문제는 약간의 난도가 있는 문제이다. 이 문제가 난도가 있는 이유는 ㄹ의 존재 때문이다. 시험장에서 ㄹ을 보고 우왕좌왕하면 시간을 상당히 뺏길 확률이 있으므로 ㄹ을 풀 때 병의 성별을 여자와 남자로 크게 구별해놓고 계산한다면 생각보다는 난도가 쉽게 느껴질 수도 있다.

18

답 ⑤

| 난도 | 중

정답해설

ㄱ. 옳다. 2023년 인공지능반도체 비중은 $\frac{325}{2,686}\times100≒12.1\%$이다.

따라서 2021년부터 인공지능반도체 비중은 매년 증가함을 확인할 수 있다.

ㄴ. 옳다. 2027년 시스템반도체 시장규모는 인공지능반도체 시장규모와 비중을 통해 구할 수 있다. 시스템반도체 시장규모=$\frac{인공지능반도체\ 시장규모}{비중}=$ $\frac{1,179}{31.3\%}≒3,766.78$억 달러이다. 이는 2021년 시장규모인 2,500억 달러보다 1,000억 달러 이상 크다.

ㄷ. 옳다. 2025년 시스템반도체의 시장규모는 $\frac{657}{19.9\%}=3,301.5$(억 달러)

시스템반도체의 2022년 대비 2025년의 시장규모 증가율은 $\frac{3,301.5-2,310}{2,310}$ $\times100=42.92\%$, 인공지능반도체의 2022년 대비 2025년의 시장규모 증가율은 $\frac{657-185}{185}\times100=255.1\%$이다. $42.92\%\times5=214.6\%$이므로 인공지능반도체가 시스템반도체의 5배 이상이다.

+ 합격생 가이드

빈칸형 문제로 계산의 연속이다. 그러나 5급 공채에 비해서는 계산 난도가 낮고 눈대중으로도 계산이 가능하므로 용기를 갖고 계산에 접근하면 된다.

19

답 ⑤

| 난도 | 하

정답해설

ㄱ. 옳다. 도착 화물보다 출발 화물이 많은 지역은 A, B, D 총 3개이다.

ㄷ. 옳다. 지역 내 이동화물을 제외할 때, 출발 화물과 도착 화물의 합이 가장 작은 지역은 C지역으로 747건이다. 또한, 출발 화물과 도착 화물의 차이가 가장 작은 지역 역시 C로 15건이다. 따라서 옳다.

ㄹ. 옳다. 도착 화물이 가장 많은 지역은 G이다. G의 출발 화물 중 지역 내 이동의 비중은 $\frac{359}{1,294}\times100≒27.74\%$이다. F의 출발 화물 중 지역 내 이동의 비중은 $\frac{188}{729}\times100≒25.79\%$이고 E는 $\frac{187}{885}\times100≒21.12\%$이며, 나머지 지역의 출발 화물 중 지역 내 이동의 비중은 20%가 안 되므로 G의 출발 화물 중 지역 내 이동 화물의 비중도 가장 크다.

오답해설

ㄴ. 옳지 않다. 지역 내 이동 화물이 가장 적은 지역은 C이다. 도착 화물이 가장 적은 지역은 D이므로 옳지 않다.

+ 합격생 가이드

ㄷ을 단순하게 생각했을 때는 어려울 것 같다. 하지만 지역 내 이동화물을 제외하는 것은 출발 화물과 도착 화물의 차이에는 영향을 주지 않는 것을 생각하면 된다. 또한 지역 내 이동화물을 제외하지 않더라도 그 합에는 큰 영향을 미치지 않는 점을 고려하면 생각보다는 쉽게 확인할 수 있다. 이를 시험장에서 생각할 수 있었다면 빠른 시간 내에 정답을 고를 수 있었을 것이다.

20

답 ②

| 난도 | 상

정답해설

자가격리자가 전일 기준 자가격리자보다 늘어나기 위해서는 해제 인원이 신규 인원보다 적어야 한다. (전체 신규 인원－전체 해제 인원)은 A : ＋386명, B : －106명, C : ＋23명, D : ＋210명이다. 따라서 첫 번째 을의 대답에서 세종이 B임을 알 수 있다.

두 번째 을의 대답에서 모니터링 요원 대비 자가격리자의 비율이 1.8 이상인 지역이 대전, 세종, 충북이라고 했으므로

A : $\frac{9,778+7,796}{10,142}≒1.73$,

C : $\frac{1,147+141}{196}≒6.57$,

D : $\frac{9,263+7,626}{8,898}≒1.900$이다. 따라서 충남이 A임을 알 수 있다.

갑의 세 번째 말에서 자가격리자 중 외국인이 차지하는 비중을 구하면, C : $\frac{141}{1,147+141}\times100≒10.95\%$, D : $\frac{7,626}{9,263+7,626}\times100≒45.15\%$이다.

따라서 D의 비중이 더 높으므로 D가 대전, C가 충북임을 알 수 있다. 정답은 ②이다.

> **+ 합격생 가이드**
>
> 매칭형 문제이다. 이 문제의 경우 빠른 확인 방법은 없으며 정도로 문제를 해결하는 것이 최선의 방법이다.

21 | 답 ③

| 난도 | 중

정답해설

각 개인의 월간 출근 교통비를 차례대로 계산하여 비교한다. 갑과 병은 저소득층 추가 마일리지를 받으며, 을의 마일리지 적용거리는 1,000m로 최대 800m까지 인정된다.

갑 : $\left\{3{,}200 - (450 + 200) \times \left(\dfrac{800}{800}\right)\right\} \times 15 = 38{,}250$원

을 : $\left\{2{,}300 - (350) \times \left(\dfrac{800}{800}\right)\right\} \times 22 = 42{,}900$원

병 : $\left\{1{,}800 - (250 + 100) \times \left(\dfrac{600}{800}\right)\right\} \times 22 = 33{,}825$원

따라서 월간 교통비를 많이 지출하는 직장인 순은 을, 갑, 병이므로 답은 ③이다.

> **+ 합격생 가이드**
>
> 조건이 주어진 문제를 해결할 때는 직접 그 값을 계산하는 것도 좋은 방법이지만 비교의 문제이기 때문에 을과 병은 22가 곱해진 상태이므로 1,950×22, 1,537.5×22이며 갑을 2,550×15≒1,750×22로 바꿔준다면 살짝이나마 답을 선택함에 있어서 더 빠를 수 있다.

22 | 답 ③

| 난도 | 하

정답해설

ㄱ. 옳다. 국민총소득 대비 공적개발원조액 비율이 UN 권고 비율보다 큰 국가는 룩셈부르크, 노르웨이, 스페인, 덴마크, 영국이다. 이들의 공적개발원조액 합은 수치가 제시되어 있지 않은 룩셈부르크를 제외하고도 43억 달러+27억 달러+25억 달러+194억 달러=289억 달러이므로 250억 달러 이상이다.

ㄴ. 옳다. 공적개발원조액 상위 5개국의 공적개발원조액 합은 1,002억 달러이다. 개발원조위원회 29개 회원국의 공적개발원조액 합은 최대 1,375억 달러+25×14(=350)억 달러=1,725억 달러이다. 따라서 공적개발원조액 상위 5개국의 공적개발원조액 합은 개발원조위원회 29개 회원국 공적개발원조액 합의 50% 이상이다.

오답해설

ㄷ. 옳지 않다. 독일의 공적개발원조액은 현재 241억 달러이다. 따라서 현재 국민총소득이 일정하다고 할 때 30억 달러를 증액 한다면 국민총소득 대비 공적개발원조액 비율이 $\dfrac{30}{241}$배 더 커질 것이다. $\dfrac{30}{241}$은 약 $\dfrac{1}{8}$이므로 $0.61 \times \left(1 + \dfrac{1}{8}\right) \approx 0.686$이므로 UN 권고비율 0.70%보다 여전히 더 낮다.

> **+ 합격생 가이드**
>
> 이런 단순확인 및 계산문제는 정확하게 푸는 것이 중요하다. 따라서 정확하게 풀기 위해서는 특히 문제의 단위 등을 주목하면서 풀어야 한다.

23 | 답 ④

| 난도 | 중

정답해설

ㄱ. 옳다. 2021년 오리 생산액 전망치는 2020년 오리 생산액×(1+전년 대비 생산액 변화율 전망치)이다. 1,327×(1-0.0558)=1,252.9534십억 원이다. 따라서 1.2조 원 이상이다.

ㄷ. 옳다. 축산업 중 전년 대비 생산액 변화율 전망치가 2022년보다 2023년이 낮은 세부항목은 우유, 오리로 2개이다.

ㄹ. 옳다. 재배업의 2020년 생산액 대비 2022년 생산액 전망치의 증감폭은 30,270×(1+0.015)×(1-0.0042)-1≒30,270×(0.015-0.0042)=326.916십억 원이다.
축산업의 2020년 생산액 대비 2022년 생산액 전망치의 증감폭은 19,782×(1-0.0034)×(1+0.007)-1≒19,782×(-0.0034+0.007)≒71.215십억 원이다. 따라서 재배업의 2020년 생산액 대비 2022년 생산액 전망치의 증감폭은 축산업의 2020년 생산액 대비 2022년 생산액 전망치의 증감폭보다 크다.

오답해설

ㄴ. 옳지 않다. 2021년 돼지 생산액 전망치는 ㄱ에서 푼 것과 같은 방식으로 구하면 7,119×(1-0.0391)≒6,840십억 원이며, 같은 해 농업 생산액 전망치는 50,052×(1+0.0077)≒50,437십억 원이다. 따라서 농업 생산액 전망치의 15%는 약 7,565십억 원이므로 돼지 생산액 전망치는 15% 이하이다.

> **+ 합격생 가이드**
>
> A와 B가 작은 숫자일 때 (1+A)×(1+B)≒1+A+B 임을 안다면, 어렵지 않게 접근할 수 있는 문제이다. 위의 계산방법을 이용한 문제들은 5급 기출에서 많이 나온 바 5급 기출을 접해보았다면 틀리지 않을 문제이다.

24 | 답 ①

| 난도 | 중

정답해설

① 옳지 않다. 장기저축급여 가입 회원 수는 744,733명이다. 전체 가입 회원 수는 85.2만 명이다. 따라서 $\dfrac{744{,}733}{852{,}000} \times 100 \approx 87\%$이므로, 85% 이상이다.

오답해설

② 옳다. 공제제도의 총자산 규모는 공제제도별 자산 규모 구성비를 통해 계산할 수 있다. $\dfrac{27.3조 원}{64.5\%} \approx 42.3$조 원이므로 40조 원 이상이다.

③ 옳다. 자산 규모 상위 4개 공제제도 중 2개의 공제제도에 가입한 회원은 주요 공제제도별 가입 현황에서 중복 가입을 통해 계산할 수 있다.
744,733+40,344+55,090+32,411-852,000=20,578명이므로, 2만 명 이상이다.

④ 옳다. 충청의 장기저축급여 가입 회원 수는 61,850명으로 15개 지역 평균 장기저축급여 가입 회원 수인 $\frac{744,733}{15}$≒49,648명보다 많다.

⑤ 옳다. 장기저축급여의 1인당 구좌 수는 $\frac{449,579,295}{744,733}$≒603개이고, 분할급여의 1인당 구좌 수는 $\frac{2,829,332}{32,411}$≒87개이다. 따라서 분할급여의 1인당 구좌 수의 5배를 하더라도 435개이므로 공제제도별 1인당 구좌 수는 장기저축급여가 분할급여의 5배 이상이다.

+ 합격생 가이드

많은 숫자가 작은 공간 안에 있어서 상당히 복잡하게 느껴질 수 있다. 이러한 문제를 풀기 위해서는 어림산을 잘 활용하여야 한다. 어림산을 활용하는 방법은 수험생 개개인이 느끼기에 익숙한 방법을 사용하는 것이 좋다.

+ 합격생 가이드

가장 어려운 문제라고 볼 수 있다. 보도자료의 내용에서 확인할 것이 상당히 많으며 앞 문장이 맞더라도 뒷 문장이 틀릴 경우 그 선지는 틀리기 때문이다. 따라서 실전에서는 넘어간 후 나중에 시간이 남았을 때 문제를 푸는 것을 추천한다.

25 답 ③

| 난도 | 중

정답해설

③ 옳지 않다. 보도자료의 세 번째 동그라미 세 번째 −의 내용과 부합한지 확인한다. 간접광고 취급액은 1,270억 원으로 전년 대비 약 14.6% 증가했다. 하지만 지상파TV와 케이블TV 간 비중의 격차는 75억 원으로 $\frac{75}{1,270}$×100≒5.9%p로 5%p 이상이다.

오답해설

① 옳다. 보도자료의 세 번째 동그라미에서 광고사업체 취급액 현황이 나와 있으며 선지와 일치한다.

② 옳다. 보도자료의 세 번째 동그라미 두 번째 −에서 나와 있다. 특히 2018년의 3조 8,804억 원은 2017년의 3조 6,406억 원에 비해 약 2,400억 원이 증가했고 이는 약 6.5% 증가했음을 알 수 있다. 또한 모바일 취급액은 14,735억 원에서 17,796억 원으로 약 3,000억 원 증가했고 이는 20% 이상 증가했음을 알 수 있다.

④ 옳다. 보도자료의 두 번째 동그라미의 내용과 부합한지 확인한다. 광고산업 규모는 17조 2,119억 원으로 전년 16조 4,133억 원보다 4.5% 이상 증가했다. 또한 광고사업체당 취급액을 표로 정리하면 다음과 같다.

광고대행업	33.53	35.10
광고제작업	14.63	14.72
광고전문서비스업	20.24	21.42
인쇄업	8.01	8.75
온라인광고대행업	35.04	35.50
옥외광고업	19.88	20.05

따라서 광고사업체당 취급액이 모두 증가했음을 알 수 있다. 또한 광고대행업은 6조 6,239억 원으로 약 38.5%를 차지하고 있으며, 취급액의 전년 대비 증가율은 다음 표와 같다.

광고 대행업	광고 제작업	광고전문 서비스업	인쇄업	온라인광고 대행업	옥외 광고업
3.41%	1.65%	5.49%	9.26%	16.89%	−11.41%

⑤ 옳다. 매체별 광고사업체 취급액은 세 번째 동그라미 첫 번째 −에서 설명하고 있다. 매체 광고비 중 방송매체 취급액은 4조 266억 원으로 가장 큰 비중을 보이고 있으며 그다음으로 인터넷매체, 옥외광고매체, 인쇄매체 순이므로 보도자료와 부합한다.

01	02	03	04	05	06	07	08	09	10
①	⑤	⑤	②	④	⑤	①	③	③	②
11	12	13	14	15	16	17	18	19	20
④	①	⑤	④	④	①	①	③	②	③
21	22	23	24	25
----	----	----	----	----
②	⑤	③	④	③

01

답 ①

| 난도 | 중

정답해설

① 옳다. 제1항 단서에 따르면 사업주는 근로자 본인 외에도 조부모의 직계비속이 있는 경우 가족돌봄휴직을 허용하지 않을 수 있다.

오답해설

② 옳지 않다. 제3항에 따르면 사업주가 가족돌봄휴직을 허용하지 아니하는 경우에는 해당 근로자에게 그 사유를 서면으로 통보하여야 한다.

③ 옳지 않다. 제2항 단서에 따르면 사업주는 가족돌봄휴가 신청에 대하여 정상적인 사업 운영에 중대한 지장이 초래되는 경우 근로자와 협의하여 그 시기를 변경할 수 있다.

④ 옳지 않다. 제4항 제1호에 따르면 가족돌봄휴직 기간은 연간 최장 90일이다. 동항 제2호 단서에 따르면 가족돌봄휴가 기간은 가족돌봄휴직 기간에 포함된다. 그러므로 가족돌봄휴가를 8일 사용한 근로자는 그와 별도로 사용할 수 있는 가족돌봄휴직 기간은 최장 82일이다.

⑤ 옳지 않다. 제4항 제2호 및 제3호에 따르면 가족돌봄휴가 기간은 연간 최장 10일이며 감염병의 확산 등을 원인으로 심각단계의 위기경보가 발령되는 경우 10일의 범위에서 연장할 수 있다. 따라서 감염병의 확산으로 심각단계의 위기경보가 발령되고 가족돌봄휴가 기간이 5일 연장된 경우 사업주는 근로자에게 최장 15일 기간 내에서 가족돌봄휴가를 허용할 수 있다고 할 수 있다.

+ 합격생 가이드

휴직과 휴가의 구분 및 제4항 상 기간 계산 관련 장치에 주의해 문제에 접근해야 한다. 또한 단서 조항이 많이 제시되어 있는 만큼 각 단서 조항 적용 조건을 잘 확인해서 선지를 해결할 수 있도록 주의가 필요하다.

02

답 ⑤

| 난도 | 중

정답해설

⑤ 옳다. 제1항 단서 및 제1호에 따르면 대가를 받지 아니하고 청소년이 포함되지 아니한 특정인에 한하여 상영하는 단편영화는 상영등급을 분류받지 않을 수 있다. 그러므로 영화업자는 초청한 노인을 대상으로 상영등급을 분류받지 않은 단편영화를 무료로 상영할 수 있다고 할 수 있다.

오답해설

① 옳지 않다. 제2항 단서 및 각 호에 따르면 예고편영화는 제1호 또는 제4호로 분류하며, 이때 제1호는 전체관람가, 제4호는 청소년 관람불가이다. 그러므로 예고편영화는 제2항 제2호에 해당하는 12세 이상 관람가 상영등급을 받을 수 있다고 할 수 없다.

② 옳지 않다. 제4항 및 그 단서에 따르면 12세 이상 관람가 및 15세 이상 관람가 상영등급에 해당하는 영화의 경우 관람 가능 연령에 도달하지 아니한 자를 입장시켜서는 안되지만 부모 등 보호자가 동반하여 관람하는 경우 입장시킬 수 있다. 제4항에 따르면 청소년 관람불가 상영등급에 해당하는 영화의 경우에는 청소년을 입장시켜서는 안 된다. 그러나 부모 등 보호자 동반하여 청소년 관람불가 영화에 청소년을 입장시킬 수 있는지에 대한 정보는 제시되어 있지 않다. 그러므로 청소년 관람불가 영화의 경우, 청소년은 부모와 함께 영화관에 입장하여 관람할 수 있다고 할 수 없다.

③ 옳지 않다. 제1항 단서 및 제2호에 따르면 영화진흥위원회가 추천하는 영화제에서 상영하는 영화는 상영등급을 분류받지 않을 수 있다. 그러므로 영화진흥위원회가 추천한 △△영화제에서 영화업자는 상영등급을 분류 받지 않은 영화를 상영할 수 있다고 할 수 있다.

④ 옳지 않다. 제2항 단서에 따르면 청소년 관람불가 예고편영화는 청소년 관람불가 영화의 상영 전후에만 상영할 수 있다. 따라서 청소년 관람불가 예고편영화는 청소년 관람불가 상영등급이 아닌 영화의 상영 전후에는 상영할 수 없다고 할 수 있다. 그러므로 영화업자는 청소년 관람불가 예고편영화를 15세 이상 관람가 영화의 상영 직전에 상영할 수 있다고 할 수 없다.

+ 합격생 가이드

최근의 법조문 유형 거의 모든 문제에서 주어진 모든 조항이 쓰인다는 점에 주목하고 문제풀이에 접근할 필요가 있다. 제시된 법조문의 5개 항 중 3개가 단서조항을 가진다는 점에서 주요 선지들이 단서 조항 적용 여부에 대해 묻고 있을 거라고 예상하면서 독해 및 선지해결을 시도한다면 더 정확한 문제풀이가 가능할 것이다.

03

답 ⑤

| 난도 | 상

정답해설

⑤ 옳다. 제2항 제1호에 따르면 지반공사의 하자에 대한 담보책임 존속기간은 10년이다. 제3항에 따르면 담보책임 존속기간의 기산점은 전유부분, 공유부분에 따라 인도일 또는 사용승인일이다. 상황에 따르면 사용승인일은 2020. 5. 1.이고 인도일은 2020. 7. 1.이다. 제5항에 따르면 분양자와 시공자의 담보책임에 관하여 이 법에 규정된 것보다 매수인에게 불리한 특약은 효력이 없다. 따라서 담보책임 존속기간을 5년으로 정한 경우는 제5항의 매수인에게 불리한 특약이라고 할 수 있다. 그러므로 甲의 아파트에 대한 지반공사의 하자에 대한 담보책임 존속기간은 적어도 2030. 5. 1.까지라는 점에서 2027.10.1.에도 乙이 담보책임을 진다고 할 수 있다.

오답해설

① 옳지 않다. 제1항 및 제2항 제3호에 따르면 乙과 丙이 지는 창호공사에 대한 담보책임의 존속기간은 3년이다. 제3항에 따르면 담보책임 존속기간의 기산점은 전유부분, 공유부분에 따라 인도일 또는 사용승인일이다. 상황에 따르면 사용승인일은 2020. 5. 1.이고 인도일은 2020. 7. 1.이다. 따라서 창호공사가 전유부분인 경우 담보책임은 2023.7.1.까지 존속하고, 공유부분인 경우 2023.5.1.까지 존속한다. 그러므로 해당 창호공사의 하자가 전유부분에서 발생했는지 공유부분에서 발생했는지와 관계없이 丙이 해당 하자에 대해 2025. 7. 1.까지 담보책임을 진다고 할 수 없다.

② 옳지 않다. 제1항에 따르면 시공자는 제2항 각 호의 하자에 대하여 과실이 없더라도 담보책임을 진다. 제2항 제2호에서는 철골공사를 담보책임이 존재하는 하자의 하나로 정하고 있다. 상황에 따르면 丙은 시공자이다. 그러므로 丙은 철골공사의 하자에 과실이 없더라도 담보책임을 진다고 할 수 있다.

③ 옳지 않다. 제2항 제2호에 따라 방수공사의 하자에 대한 담보책임 존속기간은 5년이다. 제3항 제1호에 따라 전유부분에 대한 담보책임 존속기간의 기산점은 구분소유자에게 인도한 날이다. 상황에 따르면 구분소유자 甲이 시공자 등으로부터 아파트를 인도받은 날은 2020.7.1.이다. 그러므로 乙은 甲의 전유부분인 거실에 물이 새는 방수공사의 하자에 대해 2025.7.1.까지 담보책임을 진다고 할 수 있다.

④ 옳지 않다. 제4항에 따르면 담보책임 존속기간 등에 대한 내용에도 불구하고 제2항 각 호의 하자로 인하여 건물이 멸실된 경우에는 담보책임 존속기간은 멸실된 날로부터 1년으로 한다. 제2항 제2호는 대지조성공사의 하자를 담보책임의 대상이 되는 하자의 종류로 정하고 있다.

＋ 합격생 가이드

전유부분과 공유부분의 구별 등이 장치로서 활용되고 있는 만큼 상황의 각 날짜와 더불어 조건의 적용에 주의가 필요하다. 특히 하자의 종류에 따라 담보책임 존속기간이 상이한 만큼 각 선지의 하자가 어디에 해당하는지 충분한 확인이 필요하다.

04 답 ②

| 난도 | 중

정답해설

- 계약 의뢰 날짜 : 3월 30일
- 계약 체결일인 4월 30일로부터 공고 종료 후 결과통지 1일
- 입찰서류 평가 10일
- 우선순위 대상자와 협상 7일
- 상황에 따라 긴급계약인 점에서 입찰 공고 10일, 서류 검토 2일, 계약 의뢰 1일 총 31일을 역산한다면 3월 30일이 도출된다. (4/30 − 31 = 3/30)
- 공고 종료 후 결과 통지 날짜 : 4월 12일. 계약 체결일인 4월 30일로부터 공고 종료 후 결과통지 1일, 입찰서류 평가 10일, 우선순위 대상자와 협상 7일 총 18일을 역산한다면 4월 12일이 도출된다. (4/30 − 18 = 4/12)

＋ 합격생 가이드

상황에 따라 계약이 협상이 끝난 날의 다음 날에 체결된다는 조건 덕분에 소요기간을 뺄셈만 해주면 간단하게 구할 수 있다. 날짜 계산이 헷갈린다면 3일 정도 짧은 기간을 예시로 문제의 조건에 대입해서 계산해본다면 쉽게 계산식을 세울 수 있다.

05 답 ④

| 난도 | 중

정답해설

구분	311	312	313	314	315
A				사회혁신	
B			연구개발		
C					복지실천
D			공공정책		
E	전환이론				

＋ 합격생 가이드

굳이 표를 그리지 않고도, 조건 3을 바탕으로 ①, ②, ⑤를, 조건 4를 바탕으로 ③을 제거한다면 쉽게 정답을 도출할 수 있다.

06 답 ⑤

| 난도 | 중

정답해설

○○부처 주무관 수는 20명이다. 성과등급이 4단계라는 점에서 성과등급의 변화는 세 단계 변화, 두 단계 변화, 한 단계 변화, 등급 변화 없음 4가지 경우뿐이다. 甲의 첫 번째 발언에 따르면 세 단계 변화는 1명이다. 乙의 첫 번째 발언에 따르면 등급 변화 없음은 1명이다. 甲의 두 번째 발언에 따르면 한 단계 변화의 구성원 수는 두 단계 변화의 구성원 수의 두 배이다.

이를 표로 나타내면 다음과 같다. 이때 $\frac{3}{2} \times ⊙$은 180이므로, ⊙은 120이다.

구분	구성원 수
세 단계 변화	1
두 단계 변화	⊙/2
한 단계 변화	⊙
등급 변화 없음	1
총	20

＋ 합격생 가이드

"A은 B의 2배이다."라는 조건이 주어졌을 때 A와 B의 합이 3의 배수인 3B라는 점을 기억해둔다면 더 빠른 문제 해결에 도움이 된다.

07 답 ①

| 난도 | 하

정답해설

ㄱ. 옳다. 친손자는 아들의 아들이다. 물으리와 뿌타의 아들은 잇파이이고, 잇파이의 아들은 물으리이다. 물으리는 뿌타와 결혼할 수 있다. 그러므로 물으리와 뿌타의 친손자는 뿌타와 결혼할 수 있다고 할 수 있다.

오답해설

ㄴ. 옳지 않다. 잇파이와 카포타의 아들은 물으리이다. 물으리의 아들은 잇파이이다. 그러므로 잇파이와 카포타의 친손자는 굿피라고 할 수 없다.

ㄷ. 옳지 않다. 외손녀는 딸의 딸이다. 굼보와 마타의 딸은 카포타이고, 카포타의 딸은 마타이다. 그러므로 굼보와 마타의 외손녀는 카포타라고 할 수 없다.

ㄹ. 옳지 않다. 친손녀는 아들의 딸이다. 굿피와 잇파타의 아들은 굼보이고, 굼보의 딸은 카포타이다. 카포타는 잇파이와 결혼할 수 있다. 그러므로 굿피와 잇파타의 친손녀는 물으리와 결혼할 수 없다.

+ 합격생 가이드

친손자, 친손녀, 외손자, 외손녀의 구별이 핵심이라고 할 수 있다. 조건과 표를 따라 각 선지를 적용한다면 쉽게 해결할 수 있는 만큼 표 적용시 실수하지 않도록 주의가 필요하다.

08

답 ③

| 난도 | 중

정답해설

각 날짜에 따른 구체적 판매 현황 및 판매액은 다음과 같다.

날짜(일)	1	2	3	4	5	6	계
판매된 수박(개)	80	100	110	100	100	10	500
할인된 수박(개)	0	20	20	10	10	10	70
판매액(만 원)	80	96	106	98	98	8	486

+ 합격생 가이드

총 판매된 수박이 500개로 고정된 한편, 할인 판매된 수박이 70개라는 점에서 할인 금액을 제외하는 방식으로 계산하면 보다 쉽게 총 판매액을 도출할 수 있다.

$(500-70\times0.2=500-14=486)$

09

답 ③

| 난도 | 하

정답해설

ㄱ. 옳다. 각 경우 월 CO_2 배출량은 다음과 같다.

구분	전기	도시가스
배출량	$\dfrac{12000}{20}\times0.4=240kg$	$\dfrac{12000}{60}\times2=400kg$

ㄴ. 옳다. 각 경우 월 CO_2 배출량은 다음과 같다.

구분	전기	도시가스
배출량	$\dfrac{50000}{20}\times0.4=1000kg$	$\dfrac{30000}{60}\times2=1000kg$

오답해설

ㄷ. 옳지 않다. 각 경우 CO_2 배출 감소량은 다음과 같다. 제시문에 따르면 CO_2 배출 감소량에 비례하여 포인트를 지급한다. 그러므로 전기 1kWh를 절약한 가구는 도시가스 1m^3를 절약한 가구보다 더 적은 포인트를 지급받는다.

구분	전기	도시가스
배출 감소량	$\dfrac{2}{5}=0.4kg$	2kg

+ 합격생 가이드

각 배출량 또는 배출 감소량을 모두 계산할 필요 없이 식만 세운 후 전기와 도시가스 간 비교를 소거를 통해 진행한다면 계산 실수의 위험을 줄이면서 정확하게 비교할 수 있다.

10

답 ②

| 난도 | 중

정답해설

ㄷ. 옳다. 사전평가는 연 2회 실시되며 각 신청기한은 1월 31일과 7월 31일이다. 또한 지방자치단체가 동일한 공립 박물관·미술관 설립에 대해 3회 연속으로 사전평가를 신청하여 모두 '부적정'으로 판정받았다면, 그 박물관·미술관 설립에 대해서는 향후 1년간 사전평가 신청이 불가능하다. 따라서 지방자치단체 C가 丙 박물관에 대하여 3회 연속인 2019년 하반기, 2020년 상반기, 2020년 하반기 사전평가에서 모두 '부적정'으로 판정된 경우, 하반기 평가기간인 8월 1일 ~ 10월 31일을 고려할 때 적어도 2021년 8월 1일까지는 사전평가를 신청할 수 없다. 그러므로 C는 2021년 1월 31일까지 신청인 2021년 상반기 사전평가에서 丙박물관에 대한 사전평가를 신청할 수 없다.

오답해설

ㄱ. 옳지 않다. 지방자치단체가 공립 박물관·미술관을 설립하려는 경우 사전평가를 받아야 한다. 상황에 따르면 지방자치단체 A가 설립하려는 甲 미술관은 공립 미술관이다. 그러나 국비 지원이 없는 경우 사전평가가 면제된다는 내용은 제시되지 않았다. 그러므로 甲미술관을 국비 지원 없이 설립하기로 했다면, A는 사전평가를 거치지 않고도 甲미술관을 설립할 수 있다고 할 수 없다.

ㄴ. 옳지 않다. 사전평가 결과 '적정'으로 판정되는 경우, 지방자치단체는 부지매입비를 제외한 건립비의 최대 40%를 국비로 지원받을 수 있다. 상황에 따르면 지방자치단체 B가 설립예정인 乙 박물관의 부지매입비를 제외한 건립비는 총 40억원이다. 그러므로 B는 최대 16억 원까지 국비를 지원받을 수 있다.

+ 합격생 가이드

간단한 조건 적용이 이루어지는 문제이나 부지매입비 제외, 신청기한 등 제시문에서 주어진 조건을 누락하지 않도록 주의가 필요하다.

11

답 ④

| 난도 | 중

정답해설

④ 옳다. 제4항에 따르면 제3항의 번호변경 통지를 받은 신청인은 운전면허증 등에 기재된 번호의 변경을 위해서는 그 번호의 변경을 신청해야 한다. 그러므로 甲의 주민등록번호가 변경된 경우, 甲이 운전면허증에 기재된 주민등록번호를 변경하기 위해서는 변경신청을 해야 한다.

오답해설

① 옳지 않다. 제1항에 따라 유출된 번호로 인하여 재산에 피해를 입었고 주민등록번호 변경을 신청하고자 하는 사람은 주민등록지의 광역시장 등을 제외한 시장, 군수 또는 구청장에게 신청해야 한다. 제2항에 따라 제1항의 신청을 받은 주민등록지의 시장 등은 주민등록변경위원회에 번호 변경 여부에 관한 결정을 청구해야 한다. 상황에 따르면 주민등록번호 유출로 인해 재산상 피해를 입은 甲의 주민등록지는 A광역시 B구이다. 따라서 甲은 변경신청을 A광역시장이 아닌 B구청장에게 해야 하고, B구청장이 주민등록번호변경위원회에 관련 청구를 해야 한다.

② 옳지 않다. 제3항에 따르면 변경위원회로부터 번호변경 인용결정이 통보된 경우 주민등록지의 시장 등은 신청인의 번호를 변경한다. 따라서 주민등록번호 변경의 주체는 시장 등이다. 그러므로 주민등록번호변경위원회는 번호변경 인용결정을 하면서 甲의 주민등록번호를 다른 번호로 변경할 수 없다.

③ 옳지 않다. 제3항 각 호에 따르면 주민등록번호 변경시 번호 앞 6자리 및 뒤 7자리 중 첫째 자리는 변경할 수 없다. 상황에 따르면 甲의 기존 주민등록번호는 980101-23456ㅁㅁ이다. 따라서 '980101-2'까지는 변경된 번호도 동일해야한다. 그러므로 甲의 주민등록번호는 980101-45678ㅁㅁ으로 변경될 수 없다.

⑤ 옳지 않다. 제5항에 따르면 변경위원회로부터 번호변경 기각결정이 있는 경우 신청인은 통지를 받은 날로부터 30일 이내에 시장 등에게 이의신청을 할 수 있다. 상황에 따르면 甲의 주민등록지는 A광역시 B구이다. 따라서 甲은 이의신청을 B구청장에게 할 수 있다.

+ 합격생 가이드

다양한 사무 주체가 등장하는 법조문의 경우, 각 조항별 사무가 어디에 귀속되는 지 명확하게 파악할 필요가 있다. 예컨대 제시된 법조문의 경우 번호변경 결정 청구 및 번호 변경, 통지, 이의신청 접수는 시장 등에게 귀속되고, 번호 변경의 결정은 변경위원회로 귀속되고 있다는 점을 제시문 독해 과정에서 미리 정리해두는 것이 좋다.

12

답 ①

| 난도 | 중

정답해설

① 옳다. 네 번째 조문 제2항에 따르면 물품출납공무원은 동조 제1항의 물품관리관에 따른 명령이 없으면 물품을 출납할 수 없다. 그러므로 물품출납공무원은 물품관리관의 명령이 없으면 자신의 재량으로 물품을 출납할 수 없다고 할 수 있다.

오답해설

② 옳지 않다. 첫 번째 조문 제1항에 따르면 각 중앙관서의 장은 그 소관 물품관리에 관한 사무를 소속 공무원에게 위임할 수 있고, 필요하면 다른 중앙관서의 소속 공무원에게 위임할 수 있다. 그러므로 A중앙관서의 장이 그 소관 물품관리에 관한 사무를 위임하고자 할 경우, B중앙관서의 소속 공무원에게 위임할 수 있다.

③ 옳지 않다. 세 번째 조문 단서에 따르면 물품관리관이 물품을 국가의 시설에 보관하는 것이 물품의 사용이나 처분에 부적당하다고 인정하는 경우 국가 외의 자의 시설에 보관할 수 있다. 그러나 계약담당공무원이 인정하는 경우에 대한 정보는 제시되어 있지 않다.

④ 옳지 않다. 두 번째 조문 제1항에 따르면 물품관리관은 물품수급관리계획 밖의 물품에 대하여 필요할 때마다 계약담당공무원에게 물품의 취득에 관한 필요한 조치를 할 것을 청구하여야 한다. 그러나 물품출납공무원에게 필요한 조치를 청구해야 한다는 정보는 제시되어 있지 않다.

⑤ 옳지 않다. 다섯 번째 조문에 따르면 물품출납공원은 보관 중인 물품 중 수선이 필요한 물품이 인정되는 경우 물품관리관에게 보고하여야 하고, 해당 보고를 받은 물품관리관은 계약담당공무원 등에게 필요한 조치를 할 것을 청구하여야 한다. 그러나 물품출납공무원이 동일한 경우 계약담당공무원에게 청구할 수 있는지에 대한 정보는 제시되어 있지 않다.

+ 합격생 가이드

물품관리관, 계약담당공무원, 물품출납공무원 등 다양한 주체가 법조문에 등장하는 만큼 각각 주체를 표기 등을 활용해 명확히 구별 후 선지 해결에 들어가는 것이 정확한 문제풀이를 위해 좋다고 생각한다.

13

답 ⑤

| 난도 | 하

정답해설

⑤ 옳다. 제ㅇㅇ조 제1항에 따르면 누구든지 법률에 의하지 아니하고는 우편물의 검열 등을 하지 못한다. 동조 제2항 제1호에 따르면 제1항에 위반하여 우편물의 검열 등을 한 자는 1년 이상 10년 이하의 징역과 5년 이하의 자격정지에 처한다. 그러므로 甲이 乙과 丙 사이의 우편물을 불법으로 검열한 경우, 법정형의 범위 내인 2년의 징역과 3년의 자격정지에 처해질 수 있다.

오답해설

① 옳지 않다. 제ㅇㅇ조 제1항에 따르면 누구든지 법률에 의하지 아니하고는 우편물의 검열 등을 하지 못한다. 제ㅁㅁ조에 따르면 제ㅇㅇ조에 위반하여 불법검열에 의하여 취득한 우편물 등은 징계 절차에서 증거로 사용할 수 없다.

② 옳지 않다. 제ㅇㅇ조 제1항에 따르면 누구든지 법률에 의하지 아니하고는 타인 상호간의 대화를 녹음 또는 청취하지 못한다. 그러나 본인과 타인 간의 대화에 대한 정보는 제시되지 않았다. 그러므로 甲이 乙과 정책용역을 수행하면서 乙과의 대화를 녹음한 내용은 재판에서 증거로 사용할 수 없다고 할 수 없다.

③ 옳지 않다. 제ㅇㅇ조 제2항 및 제2항 제2호에 따르면 타인 상호간의 대화를 녹음하여 공개한 자는 1년 이상 10년 이하의 징역과 5년 이하의 자격정지에 처한다. 그러나 동일한 내용에 대하여 벌금에 처해질 수 있다는 정보는 제시되어 있지 않다.

④ 옳지 않다. 제ㅇㅇ조 제3항 단서에 따르면 이동통신사업자 등이 개통처리 등을 위한 경우 단말기기 고유번호를 제공할 수 있다.

14

답 ④

| 난도 | 중

정답해설

④ 주어진 조건에 따라 지원 순위와 지원금을 나타내면 다음과 같다. 이때 첫 번째 조건에 따라 2020년도 총매출이 500억 원 이상인 A, B는 제외되며, 세 번째 조건에 따라 지원 1순위인 G는 소요 광고비의 2분의 1인 2억 원을 받는다.

기업	2020 총매출	광고비	총매출 ×광고비	우선 지원대상	순위	지원금
A	600	1	–	–	–	–
B	500	2	–	–	–	–
C	400	3	1200	X	5	0
D	300	4	1200	○	3	1억 2천
E	200	5	1000	○	2	1억 2천
F	100	6	600	X	4	1억 6천
G	30	4	120	○	1	2억

+ 합격생 가이드

이처럼 지원금을 나누는 과정에서 조건을 적용하는 문제를 풀 때, 답 도출 이후 사용되지 않은 조건이 없는지 확인하는 것이 중요하다. 대다수의 기출문제들이 조건 적용 유형에 있어서 제시한 모든 조건을 활용한다는 점에서 구체적인 검산 대신 모든 조건을 활용했는지 점검하는 것이 더 효율적인 확인 방법이 될 수 있다.

15

답 ④

| 난도 | 중

정답해설

5명으로 구성된 소조직이 a개, 6명으로 구성된 소조직이 b개 있다고 가정하자. 이때 조건에 따라 7명으로 구성된 소조직은 10-a-b개이다. 이를 바탕으로 전 직원으로 구성되는 혁신조직의 수에 대한 조합을 나타내면 다음과 같다.

$5a+6b+7(10-a-b)=57$
$\Leftrightarrow 2a+b=13$
$\therefore (a, b)=(4, 5), (5, 3), (6, 1)$ (where $a+b<10$)

따라서 5명으로 구성되는 소조직은 최소 4개, 최대 6개가 가능하다.

+ 합격생 가이드

더 빠른 풀이를 위해 주어진 선지의 숫자를 직접 대입해서 해결하는 것이 좋다고 할 수 있다. 그러나 그 과정에서 문제의 주요 조건들이 빠짐없이 반영되도록 주의가 필요하다.

16

답 ①

| 난도 | 하

정답해설

① 업무역량 값에 대한 해결을 위해 계산식에 따라 각 재능에 4를 곱한 값은 다음과 같다. 이때 최대값인 추진력과 통합력 사이의 차이는 2000이며, 그에 따라 甲의 통합력의 업무역량 값이 다른 어떤 부문의 값보다 크게 만들고자 한다면 적어도 (통합력 노력×3)의 값이 200을 초과해야 한다. 이를 만족시키는 노력의 최솟값은 67이다. (67×3=201)

기획력	창의력	추진력	통합력
360	400	440	240

통합력 노력의 최솟값 67이 투입되는 경우 잔여하고 있는 노력의 값 33을 적절히 분배하여 통합력을 최대로 만들 수 있는지 확인이 필요하다. 앞서와 마찬가지 방식으로 각 기획력과 추진력의, 그리고 창의력과 추진력의 (재능×3) 값 차이는 각각 80과 400이라는 점을 알 수 있으며 그 합 120을 3으로 나눈 경우 40이 도출되는데 이는 잔여하고 있는 노력의 값 33보다 크다. 그러므로 통합력에 투입해야 하는 노력의 최솟값이 67이라는 점을 확인할 수 있다.

+ 합격생 가이드

업무역량 값이 최대가 되기 위해서는 두 번째로 큰 업무역량 값을 가진 영역보다 단 1이라도 크기만 하면 된다. 그러한 점에 착안하여 제일 커 보이는 추진력의 값보다 1이라도 크게 만들기 위해 필요한 값을 구하면 답을 도출할 수 있을 것이다.

17

답 ①

| 난도 | 상

정답해설

① 시작점을 기준으로 각 위치의 떡을 1~6까지 숫자로 매긴다면 먹는 순서는 다음과 같다. 이에 따라 4번 위치의 떡이 가장 마지막으로 먹히는 바, 이를 기준으로 주어진 순서에 따라 송편이 마지막에 먹히도록 4번 위치에 배치할 수 있다.

떡의 위치	먹히는 순서	조건에 맞는 배치
1	2	호박떡
2	4	쑥떡
3	3	인절미
4	6	송편(마지막 먹힘)
5	5	무지개떡
6	1	팥떡

+ 합격생 가이드

경우의 수가 한정되는 만큼 최적의 문제 풀이 방법보다 그림을 그리든 나머지를 활용하든 떠오르는 방식대로 직접 도출해보는 게 신속한 해결에 도움이 되는 문제라고 볼 수 있다.

18 답 ③

| 난도 | 중

정답해설

③ A, B, C, D의 무게를 각각 a, b, c, d(kg)라고 하자. 제시문의 조건에 따라 a+b는 54kg, a+c는 50kg이 성립한다는 것을 알 수 있다. 마찬가지로 c+d는 35kg, b+d는 39kg일 것이다. 이에 따라 b와 c의 차이는 4kg이라는 사실을 알 수 있다. 나아가 차이가 짝수라는 점에서 b와 c의 합 역시 짝수라는 것을 알 수 있다. 그러므로 b와 c의 합은 44kg이다. 이를 바탕으로 b, c를 다음과 같이 도출할 수 있다.

b=c+4
b+c=44
∴ (b, c)=(24, 20)

+ 합격생 가이드

차이가 4kg, 합이 44kg이라는 정보 중 적어도 하나만 찾더라도 이를 바탕으로 일부 선지를 삭제할 수 있다. 예컨대 차이가 4kg이라는 정보를 찾았다면 ①, ②를 지울 수 있고 반대로 합이 44kg이라는 정보를 찾았다면 ④, ⑤를 지울 수 있다. 이처럼 활용할 수 있는 정보를 바탕으로 선지를 지워나가면 더 정답률을 높일 수 있다.

19 답 ②

| 난도 | 중

정답해설

② 제시문에 따르면 6시 정각을 알리기 위한 마지막 6번째 종을 치는 시각은 6시 6초이다. 이때 첫 종은 정각에 치기 시작하므로 일정한 간격으로 5번 종을 치기까지 걸리는 시간이 6초라는 점을 알 수 있다. 11시 정각을 알리기 위해 종을 치는 횟수는 11회이다. 마찬가지로 첫 종은 정각에 치기 시작함으로 이후 일정한 간격으로 10번 종을 추가로 쳐야 하고 그 시간은 6초의 2배인 12초가 걸린다. 그러므로 11시 정각을 알리기 위한 마지막 종을 치는 시각은 11시 12초이다.

+ 합격생 가이드

종을 치는 시각을 정확히 계산하는 데 필요한 것은 종을 치는 횟수보다 종 간 시간 간격의 횟수에 의존한다는 사실을 파악하는 것이다. 종 횟수에 매몰된다면 쉬운 문제임에도 '6시=6초' 등의 함정에 빠져 오답을 고르게 될 우려가 있다.

20 답 ③

| 난도 | 상

정답해설

③ A부서 주무관들이 오늘 해야 하는 일의 양을 1, 현재까지 한 일을 각각 a, b, c, d, e라고 가정하자. 제시문에 따라 일한 양을 정리하면 다음과 같다.

주무관	甲	乙	丙	丁	戊
현재까지 한 일	a	b	c	d	e
조건	$a=\frac{1}{2}(1-c)$	$b=2(1-d)$	$1-c=\frac{1}{2}c$	$d=1-a$	$e=\frac{1}{2}(1-b)$

1			$c=\frac{2}{3}$	
2	$a=\frac{1}{6}$			
3				$d=\frac{5}{6}$
4		$b=\frac{1}{3}$		
5				$e=\frac{1}{3}$
결론	$a=\frac{1}{6}$	$b=\frac{1}{3}$	$c=\frac{2}{3}$	$d=\frac{5}{6}$	$e=\frac{1}{3}$

+ 합격생 가이드

丙에 대한 조건만이 한 일의 상대적인 크기를 직접 도출할 수 있다는 점에 주목해서 문제풀이를 시작할 필요가 있다. 이를 바탕으로 나머지 주무관들이 한 일의 상대적 크기에 대해서도 도출한다면 쉽게 문제에서 요구하는 정답을 도출할 수 있다.

21 답 ②

| 난도 | 중

정답해설

주어진 대화의 조건들에 따라 성과점수의 크기는 乙>甲>丙>丁 순이다. 나아가 丁의 점수는 4점이며, 네 번째 조건에 따라 성과점수는 모두 다른 자연수인바, 성과점수를 모두에게 최소한으로 배정하면 다음과 같다.

乙	甲	丙	丁	합계
7	6	5	4	22

이때 잔여 점수 8에 대해서 甲, 乙, 丙에게 조건에 따라 배분할 경우 丙이 받을 수 있는 추가 점수는 최대 2점이다. 대소관계를 지키기 위해 丙에게 추가 점수를 배분하는 경우 적어도 같은 점수만큼은 甲과 乙에게 배정해야 되기 때문이다. 그러므로 丙에게 최대 성과점수를 배분하는 경우는 다음과 같다.

乙	甲	丙	丁	합계
10	9	7	4	30
11	8	7	4	30

따라서 丙이 받을 수 있는 최대 성과점수는 7점이다.

+ 합격생 가이드

대소관계가 명확히 제시되어 있다는 점에서 성과점수만 적절히 대입한다면 큰 어려움 없이 해결할 수 있는 문제이다. 丙이 최대 점수를 배분받는 경우가 2가지 나오는데, 하나로 확정되지 않더라도 조건과 모순이 없다면 도출 후 빠르게 넘어가는 판단이 시험 전반을 운영하는 데 있어 중요하다고 할 수 있다.

22 | 답 ⑤

| 난도 | 하

정답해설

주어진 조건에 따라 각 아기 돼지의 집 종류별 비용은 다음과 같다.

(단위 : 만 원)

집의 종류	첫째(6m²)	둘째(3m²)	셋째(2m²)
벽돌집	54	27	18
나무집	56	38	32
지푸라기집	23	14	11

따라서 조건에 따라 둘째 돼지 집을 짓는 재료 비용이 가장 많이 든 경우는 첫째가 지푸라기집, 둘째가 나무집, 셋째가 벽돌집을 짓는 경우뿐이다.

+ 합격생 가이드

첫째가 나무집이나 벽돌집을 짓는 경우가 정답 선지에서 제외된다는 점을 직관적으로 파악하는 것이 중요하다. 또한 나무집 지지대 20만 원이 여타 재료 비용들과 비교했을 때 상당히 큰 값이므로 셋째가 나무집을 짓는 경우 역시 둘째보다 클 수 있다는 사실을 유념해 문제에 접근한다면 더 정확한 문제풀이에 도움이 된다고 생각한다.

23 | 답 ③

| 난도 | 중

정답해설

③ 123만 원. 상황에 따라 甲과 乙이 지급 받는 보수 총액은 다음과 같다. 이때 세 번째 조건의 단서에 따라 乙의 착수금은 140만 원으로 한다.

(단위 : 원)

세부항목	금액	甲	乙
기본료	1,200,000	1,200,000	1,200,000
독립항 1개 초과분 (1개당)	100,000	–	400,000
종속항(1개당)	35,000	70,000	560,000
명세서 20면 초과분 (1면당)	9,000	–	270,000
도면(1도당)	15,000	45,000	180,000
착수금 총액		1,315,000	1,400,000
사례금	–	1,315,000	0
총액		2,630,000	1,400,000

+ 합격생 가이드

만 원 단위에 주목한다면 갑의 착수금만을 계산한 후 구할 수 있다. 乙의 착수금 산정 기준에 따른 착수금이 140만 원을 초과한다는 것을 독립항 초과분 계산 이후 알 수 있는바, 둘 사이 보수 총액의 차이의 만 원 단위는 3만 원이라는 것을 알 수 있다. 그러므로 답이 될 수 있는 선지는 ③뿐이다.

24 | 답 ④

| 난도 | 중

정답해설

ㄴ. 옳다. B의 ㉣ 항목 점수가 19점이라고 가정하자. B의 기본심사 점수는 76점이며 감점점수는 15.5점이므로, 최종심사 점수는 60.5점이다. 조건에 따라 각 기본심사 항목 점수는 자연수이므로 ㉣ 항목 점수가 19점보다 낮다면 B의 최종심사 결과는 허가 취소이다. 그러므로 B의 허가가 취소되지 않으려면 B의 ㉣ 항목 점수가 19점 이상이어야 한다고 할 수 있다.

ㄷ. 옳다. 상황에 따른 C의 기본심사 점수는 78점. 감점점수는 14점으로 최종심사 점수는 64점, 심사결과는 허가정지이다. C의 과태료 부과횟수가 0이라고 가정하자. 이 경우 C의 감점점수는 6점으로 감소한다. 따라서 최종심사 점수는 72점, 심사결과는 재허가이다. 그러므로 C가 2020년에 과태료를 부과받은 적이 없다면 판정 결과가 달라진다고 할 수 있다.

오답해설

ㄱ. 옳지 않다. ㉣ 항목 점수가 15점이라면 A의 기본심사 점수는 75점이며 감점점수는 9점이므로, 따라서 최종심사 점수는 66점이다. 따라서 A의 심사 결과는 허가 정지로 재허가를 받을 수 있다고 할 수 없다.

ㄹ. 옳지 않다. 조건에 따라 기본심사 점수와 최종심사 점수 간의 차이는 감점점수이다. 각 사업자의 감점점수는 A 9점, B 15.5점, C 14점으로 B가 제일 높다. 그러므로 기본심사 점수와 최종심사 점수 간의 차이가 가장 큰 사업자는 C가 아닌 B이다.

+ 합격생 가이드

계산이 다소 복잡하다고 느껴질 수도 있는 만큼 풀이 과정에서 감점 사항은 표에 각 가중치를 표기해서 접근한다면 계산 실수를 줄일 수 있다고 생각한다. 또한 ㄹ과 같은 상대적 크기 비교를 요하는 선지는 점수 계산 대신 차이 값만 계산하는 것이 더 빠른 풀이법이라고 할 수 있다. 예컨대 B와 C의 감점 사항의 비교는 B가 C보다 과태료 부과 횟수 1회, 주의 1회, 권고 2회가 더 많고 반면에 C는 B보다 경고 1회가 더 많다.

25 | 답 ③

| 난도 | 중

오답해설

B. 제○○조 제2항에 따르면 질산성 질소에 대한 수질기준은 10mg/L 이하이다. 상황에 따르면 정수장 B에서의 질산성 질소 검사 결과는 11mg/L이므로 정수장 B는 수질기준을 충족하지 못했다.

C. 제○○조 제1항 제1호 나목에 따르면 일반세균에 대한 수질검사빈도는 매주 1회 이상이다. 검사빈도를 매월 1회 이상으로 할 수 있는 단서 규정의 경우 대상 항목에서 일반세균과 대장균을 제외하고 있다. 상황에 의하면 정수장 C는 일반세균을 매월 1회 검사한 것으로 제시하고 있으므로, 수질검사빈도를 충족하지 못했다.

+ 합격생 가이드

조건이 법조문 형태로 주어진 만큼 항목별로 정확한 적용 조문을 찾는 것이 중요하다고 할 수 있다. 또한 상황에 따라 보다 쉽게 확인할 수 있는 게 수질기준인 만큼. 수질기준을 우선적으로 확인한 후 정수장 B를 제외하는 것 역시 빠른 해결을 위한 접근법이라고 생각한다.

2022 행시 최종합격생 7인의

민간경력자 PSAT

고난도 최종모의고사

PART 1

민간경력자 PSAT
최종모의고사

문 1. 다음 글의 내용과 부합하는 것은?

화원(畫員)이란 조선시대의 관청인 도화서 소속의 직업 화가를 말한다. 화원은 임금의 초상화인 어진과 공신초상, 의궤와 같은 궁중기록화, 궁중장식화, 각종 지도, 청화백자의 그림, 왕실 행사를 장식하는 단청 등 왕실 및 조정이 필요로 하는 모든 종류의 회화를 제작하고 여러 도화(圖畫) 작업을 담당하였다. 그림과 관련된 온갖 일을 한 화원들은 사실상 거의 막노동에 가까운 일을 했던 사람들이다.

고된 노역과 적은 녹봉에도 불구하고 이들은 왜 어려서부터 그림 공부를 하여 도화서에 들어가려고 한 것일까? 그림에 재능이 있는 사람이 화원이 되려고 한 이유는 생각보다 간단하다. 화원이 된다는 것은 국가가 인정한 20~30명의 최상급 화가 중 한 사람이 된다는 것을 의미한다. 비록 중인이지만 화원이 되면 종9품에서 종6품 사이의 벼슬을 받는 하급 관료가 되는 것이다. 따라서 화원이 된 사람은 국가가 인정한 최상급 화가라는 자격과 함께, 경제적으로는 별 도움이 되는 것은 아니지만 관료라는 지위를 갖게 된다.

실상 화원은 국가가 주는 녹봉으로 생활했던 사람들이 아니었다. 이들은 낮에는 국가를 위해 일했으나 퇴근 후에는 사적으로 주문을 받아 작품을 제작하였다. 화원들은 벌어들이는 돈의 대부분을 사적 주문에 의한 그림 제작을 통해 획득하였다. 국가 관료라는 지위와 최상급 화가라는 명예는 그림 시장에서 그들의 작품에 보다 높은 가치를 부여하였고, 녹봉에만 의지하는 다른 하급 관료보다 경제적으로 풍요롭게 만들었다. 반면 도화서에 들어가지 못한 일반 화가들은 경제적으로 곤궁하였다. 이들은 일정한 수입이 없었으며 그때그때 값싼 그림을 팔아 생활하였다. 따라서 화원과 비교해 볼 때 시정(市井)의 직업 화가들의 경제 여건은 늘 불안정하였다. 이런 이유로 화원 집안에서는 대대로 화원을 배출하려고 노력했고, 조선후기에는 몇몇 가문이 도화서 화원직을 거의 독점하게 되었다.

① 일반 직업 화가들은 화원 밑에서 막노동에 가까운 일을 담당하였으나 신분은 중인이었다.

② 화원은 국가 관료라는 지위를 가졌으나 경제적 여건은 일반 하급 관료에 비해 좋지 않은 편이었다.

③ 임금의 초상화를 그리는 도화서 소속 화가는 다른 화원에 비해 국가가 인정한 최상급 화가라는 자격을 부여받았다.

④ 도화서 소속 화가는 수입의 가장 많은 부분을 사적으로 주문된 그림을 제작하는 데서 얻었다.

⑤ 적은 녹봉에도 불구하고 화원이 되려는 경쟁이 치열했으므로 화원직의 세습은 힘들었다.

문 2. 다음 글에서 알 수 있는 것은?

조선 시대에는 국왕의 부모에 대한 제사를 국가의례로 거행했다. 하지만 국왕의 생모가 후궁이라면, 아무리 왕을 낳았다고 해도 그에 대한 제사를 국가의례로 간주하지 않는 것이 원칙이었다. 그런데 이 원칙은 영조 때부터 무너지기 시작했다. 영조는 왕이 된 후에 자신의 생모인 숙빈 최씨를 위해 육상궁이라는 사당을 세웠다. 또 국가의례에 관한 규례가 담긴 『국조속오례의』를 편찬할 때, 육상궁에 대한 제사를 국가의례로 삼아 그 책 안에 수록해 두었다. 영조는 선조의 후궁이자, 추존왕 원종을 낳은 인빈 김씨의 사당도 매년 방문했다. 이 사당의 이름은 저경궁이다. 원종은 인조의 생부로서, 아들 인조가 국왕이 되었으므로 사후에 왕으로 추존된 인물이다. 한편 영조의 선왕이자 이복형인 경종도 그 생모 희빈 장씨를 위해 대빈궁이라는 사당을 세웠지만, 영조는 단 한 번도 대빈궁을 방문하지 않았다.

영조의 뒤를 이은 국왕 정조는 효장세자의 생모인 정빈 이씨의 사당을 만들어 연호궁이라 불렀다. 잘 알려진 바와 같이 정조는 사도세자의 아들이다. 그런데 영조는 아들인 사도세자를 죽인 후, 오래전 사망한 자기 아들인 효장세자를 정조의 부친으로 삼겠다고 공포했다. 이런 연유로 정조는 정빈 이씨를 조모로 대우하고 연호궁에서 매년 제사를 지냈다. 정조는 연호궁 외에도 사도세자의 생모인 영빈 이씨의 사당도 세워 선희궁이라는 이름을 붙이고 제사를 지냈다. 정조의 아들로서, 그 뒤를 이어 왕이 된 순조 역시 자신의 생모인 수빈 박씨를 위해 경우궁이라는 사당을 세워 제사를 지냈다.

이처럼 후궁의 사당이 늘어났으나 그 위치가 제각각이어서 관리하기가 어려웠다. 이에 순종은 1908년에 대빈궁, 연호궁, 선희궁, 저경궁, 경우궁을 육상궁 경내로 모두 옮겨 놓고 제사를 지내게 했다. 1910년에 일본이 대한제국의 국권을 강탈했으나, 이 사당들에 대한 제사는 유지되었다. 일제 강점기에는 고종의 후궁이자 영친왕 생모인 엄씨의 사당 덕안궁도 세워졌는데, 이것도 육상궁 경내에 자리 잡게 되었다. 이로써 육상궁 경내에는 육상궁을 포함해 후궁을 모신 사당이 모두 7개에 이르게 되었으며, 이때부터 그곳을 칠궁이라 부르게 되었다.

① 경종은 선희궁과 연호궁에서 거행되는 제사에 매년 참석했다.

② 『국조속오례의』가 편찬될 때 대빈궁, 연호궁, 선희궁, 경우궁에 대한 제사가 국가의례에 처음 포함되었다.

③ 영빈 이씨는 영조의 후궁이었던 사람이며, 수빈 박씨는 정조의 후궁이었다.

④ 고종이 대빈궁, 연호궁, 선희궁, 저경궁, 경우궁을 육상궁 경내로 이전해 놓음에 따라 육상궁은 칠궁으로 불리게 되었다.

⑤ 조선 국왕으로 즉위해 실제로 나라를 다스린 인물의 생모에 해당하는 후궁으로서 일제 강점기 때 칠궁에 모셔져 있던 사람은 모두 5명이었다.

문 3. 다음 글에서 알 수 <u>없는</u> 것은?

생체에서 신호물질로 작용하는 것에는 기체 형태의 신호물질이 있다. 이 신호물질이 작용하는 표적세포는 신호물질을 만든 세포에 인접한 세포 중 신호물질에 대한 수용체를 가지고 있는 것이다. 이 신호물질과 수용체의 결합은 표적세포의 구조적 상태를 변화시키고 결국 이 세포가 있는 표적조직의 상태를 변화시켜 생리적 현상을 유도한다.

대표적인 기체 형태의 신호물질인 산화질소는 다음과 같은 경로를 통해 작용한다. 먼저 표적조직의 상태를 변화시켜 생리적 현상을 유도하는 자극이 '산화질소 합성효소'를 가지고 있는 세포에 작용한다. 이에 그 세포 안에 있는 산화질소 합성효소가 활성화된다. 활성화된 산화질소 합성효소는 그 세포 내에 있는 아르기닌과 산소로부터 산화질소를 생성하는 화학반응을 일으킨다. 만들어진 산화질소는 인접한 표적세포에 있는 수용체와 결합하여 표적세포 안에 있는 'A 효소'를 활성화시킨다. 활성화된 A 효소는 표적세포 안에서 cGMP를 생성하고, cGMP는 표적세포의 상태를 변하게 한다. 결국 표적세포의 구조적 상태가 변함에 따라 표적세포를 가지고 있는 조직의 상태가 변하게 된다.

혈관의 팽창은 산화질소에 의해 일어나는 대표적인 생리적 현상이다. 혈관에서 혈액이 흐르는 공간은 내피세포로 이루어진 내피세포층이 감싸고 있다. 이 내피세포층의 바깥쪽은 혈관 평활근세포로 된 혈관 평활근 조직이 감싸고 있다. 혈관이 팽창되기 위해 먼저 혈관의 내피세포는 혈관의 팽창을 유도하는 자극을 받는다. 이 내피세포에서는 산화질소가 만들어지고, 산화질소는 혈관 평활근세포에 작용하여 세포 내에서 cGMP를 생성한다. cGMP의 작용으로 수축되어 있던 혈관 평활근세포가 이완되고 결국에 혈관 평활근 조직이 이완되면서 혈관이 팽창하게 된다. 이와 같은 산화질소의 기능 때문에 산화질소를 내피세포-이완인자라고도 한다.

① cGMP는 혈관 평활근육 조직의 상태를 변화시킨다.
② 혈관의 내피세포는 산화질소 합성효소를 가지고 있다.
③ 혈관 평활근세포에서 A 효소가 활성화되면 혈관 팽창이 일어난다.
④ A 효소는 표적세포에서 아르기닌과 산소로부터 산화질소를 생성시킨다.
⑤ 혈관 평활근세포는 내피세포-이완인자에 대한 수용체를 가지고 있다.

문 4. 다음 글에서 알 수 있는 것은?

함경도 경원부의 두만강 건너편 북쪽에 살던 여진족은 조선을 자주 침략하다가 태종 때 서쪽으로 이동해 명이 다스리는 요동의 봉주라는 곳까지 갔다. 그곳에 정착한 여진족은 한동안 조선을 침략하지 않았다. 한편 명은 봉주에 나타난 여진족을 통제하고자 건주위라는 행정단위를 두고, 여진족 추장을 책임자로 임명했다. 그런데 1424년에 봉주가 북쪽의 이민족에 의해 침략받는 일이 벌어졌다. 이에 건주위 여진족은 동쪽으로 피해 아목하라는 곳으로 이동했다. 조선의 국왕 세종은 이들이 또 조선을 침입할 가능성이 있다고 생각하고, 그 침입에 대비하고자 압록강변 중에서 방어에 유리한 곳을 골라 여연군이라는 군사 거점을 설치했다.

세종의 예상대로 건주위 여진족은 1432년 12월에 아목하로부터 곧바로 동쪽으로 진격해 압록강을 건너 여연군을 침략했다. 이 소식을 들은 세종은 최윤덕을 지휘관으로 삼아 이듬해 3월, 건주위 여진족을 정벌하게 했다. 최윤덕의 부대는 여연군에서 서남쪽으로 수백 리 떨어진 지점에 있는 만포에서 압록강을 건넌 후 아목하까지 북진해 건주위 여진족을 토벌했다. 이후에 세종은 만포와 여연군 사이의 거리가 지나치게 멀어 여진족이 그 중간 지점에서 압록강을 건너올 경우, 막기 힘들다고 판단했다. 이에 만포의 동북쪽에 자성군을 두어 압록강을 건너오는 여진에 대비하도록 했다. 이로써 여연군의 서남쪽에 군사 거점이 하나 더 만들어지게 되었다. 자성군은 상류로부터 여연군을 거쳐 만포 방향으로 흘러가는 압록강이 보이는 요충지에 자리 잡고 있다. 세종은 자성군의 지리적 이점을 이용해 강을 건너오는 적을 공격하기 좋은 위치에 군사 기지를 만들도록 했다.

국경 방비가 이처럼 강화되었으나, 건주위 여진족은 다시 강을 넘어 여연군을 침략했다. 이에 세종은 1437년에 이천이라는 장수를 보내 재차 여진 정벌에 나섰다. 이천의 부대는 만포에서 압록강을 건너 건주위 여진족을 토벌했다. 이후 세종은 국경 방비를 더 강화하고자 여연군과 자성군 사이의 중간 지점에 우예군을 설치했으며, 여연군에서 동남쪽으로 멀리 떨어진 곳에 무창군을 설치했다. 이 네 개의 군은 4군이라 불렸으며, 조선이 북쪽 변경에 대한 방비를 강화하는 데 중요한 역할을 했다.

① 여연군이 설치되어 있던 곳에서 동쪽 방면으로 곧장 나아가면 아목하에 도착할 수 있었다.
② 최윤덕은 여연군과 무창군을 잇는 직선 거리의 중간 지점에서 강을 건너 여진족을 정벌했다.
③ 이천의 두 번째 여진 정벌이 끝난 직후에 조선은 북쪽 국경의 방비를 강화하고자 자성군과 우예군, 무창군을 신설했다.
④ 세종은 여진의 침입에 대비하기 위해 경원부를 여연군으로 바꾸고, 최윤덕을 파견해 그곳 인근에 3개 군을 더 설치하게 했다.
⑤ 4군 중 하나인 여연군으로부터 압록강 물줄기를 따라 하류로 이동하면 이천의 부대가 왕명에 따라 여진을 정벌하고자 압록강을 건넜던 지역에 이를 수 있었다.

문 5. 다음 대화의 ㉠과 ㉡에 들어갈 내용을 적절하게 짝지은 것은?

> 갑 : 현재 개발 중인 백신 후보 물질 모두를 A~D그룹을 대상으로 임상실험을 한 결과, A그룹에서 항체를 생성한 후보 물질은 모두 B그룹에서도 항체를 생성했습니다. 후보 물질 모두를 대상으로 한 또 다른 실험에서는, D그룹에서 항체를 생성하지 않은 후보 물질은 모두 C그룹에서 항체를 생성했습니다.
>
> 을 : 흥미롭네요. 제가 다른 실험의 결과도 들었는데, C그룹에서 항체를 생성했지만 B그룹에서는 항체를 생성하지 않은 후보 물질도 있다고 합니다.
>
> 갑 : 그렇군요. 아, 그리고 추가로 임상실험이 진행 중입니다. 실험 결과는 다음의 둘 중 하나로 나올 예정입니다. 한 가지 경우는 "_____㉠_____"는 결과입니다.
>
> 을 : 지금까지 우리가 언급한 실험 결과가 모두 사실이라면, 그 경우에는 C그룹에서만 항체를 생성하는 후보 물질이 있다는 결론이 나오는군요.
>
> 갑 : 그리고 다른 한 경우는 "_____㉡_____"는 결과입니다.
>
> 을 : 그 경우에는, D그룹에서 항체를 생성하는 후보 물질이 있다는 결론이 나오는군요.

① ㉠ : B그룹에서 항체를 생성한 후보 물질은 없다.
　㉡ : C그룹에서 항체를 생성한 후보 물질은 모두 A그룹에서 항체를 생성했다.

② ㉠ : B그룹에서 항체를 생성한 후보 물질은 없다.
　㉡ : D그룹에서 항체를 생성한 후보 물질은 모두 C그룹에서 항체를 생성했다.

③ ㉠ : D그룹에서 항체를 생성한 후보 물질은 모두 A그룹에서 항체를 생성했다.
　㉡ : B그룹과 C그룹에서 항체를 생성한 후보 물질이 있다.

④ ㉠ : D그룹에서 항체를 생성한 후보 물질은 모두 A그룹에서 항체를 생성했다.
　㉡ : C그룹에서 항체를 생성하지 않은 후보 물질이 있다.

⑤ ㉠ : D그룹에서 항체를 생성한 후보 물질은 모두 B그룹에서 항체를 생성했다.
　㉡ : C그룹에서 항체를 생성한 후보 물질은 모두 D그룹에서 항체를 생성하지 않았다.

문 6. 다음 글의 흐름에 맞지 않는 곳을 ㉠~㉤에서 찾아 수정할 때 가장 적절한 것은?

> 진화 과정에서 빛을 방출하는 일부 원생생물은 그렇지 않은 원생생물보다 어떤 점에서 생존에 더 유리했을까? 요각류라고 불리는 동물이 밤에 발광하는 원생생물인 와편모충을 먹는다는 사실은 이러한 의문을 풀어줄 실마리를 제공한다. 와편모충이 만든 빛은 요각류를 잡아먹는 어류를 유인할 수 있다. 이때 ㉠ 발광하는 와편모충을 잡아먹는 요각류가 발광하지 않는 와편모충만을 잡아먹는 요각류보다 그들의 포식자인 육식을 하는 어류에게 잡아먹힐 위험성이 더 높아질 것이다.
>
> 연구자들은 실험실의 커다란 수조 속에 요각류와 요각류의 포식자 중 하나인 가시고기를 같이 두어 이 가설을 검증하였다. 수조의 절반에는 발광하는 와편모충을 넣고 다른 절반에는 발광하지 않는 와편모충을 넣었다. 연구자들은 방을 어둡게 한 상태에서 요각류는 와편모충을, 그리고 가시고기는 요각류를 잡아먹게 하였다. 몇 시간 후 ㉡ 연구자들은 수조 속 살아남은 요각류의 수를 세었다.
>
> 그 결과는 예상과 같았다. 가시고기는 수조에서 ㉢ 빛을 내지 않는 와편모충이 있는 쪽보다 빛을 내는 와편모충이 있는 쪽에서 요각류를 더 적게 먹었다. 이러한 결과는 원생생물이 자신을 잡아먹는 동물에게 포식 위협을 증가시킴으로써 잡아먹히는 것을 회피할 수 있음을 시사한다. ㉣ 요각류에게는 빛을 내는 와편모충을 계속 잡는 것보다 도망치는 편이 더 이익이다. 이때 발광하는 와편모충은 요각류의 저녁 식사가 될 확률이 낮아지므로, 자연선택은 이들 와편모충에서 생물발광이 유지되도록 하였다.
>
> 만약 우리가 생물발광하는 원생생물이 자라고 있는 해변을 밤에 방문한다면 원생생물이 내는 불빛을 보게 될 것이다. 원생생물이 내는 빛은 ㉤ 포식자인 육식동물들에게 원생생물을 잡아먹는 동물이 근처에 있을 수 있다는 신호가 된다.

① ㉠을 "발광하지 않는 와편모충을 잡아먹는 요각류가 발광하는 와편모충만을 잡아먹는 요각류보다"로 고친다.

② ㉡을 "연구자들은 수조 속 살아남은 와편모충의 수를 세었다."로 고친다.

③ ㉢을 "빛을 내지 않는 와편모충이 있는 쪽보다 빛을 내는 와편모충이 있는 쪽에서 요각류를 더 많이 먹었다."로 고친다.

④ ㉣을 "요각류에게는 도망치는 것보다 빛을 내는 와편모충을 계속 잡는 편이 더 이익이다."로 고친다.

⑤ ㉤을 "포식자인 육식동물들에게 자신들의 먹이가 되는 원생생물이 많이 있음을 알려주는 신호가 된다."로 고친다.

문 7. 다음 글의 ⊙과 ⓛ에 들어갈 문장을 〈보기〉에서 골라 바르게 짝지은 것은?

한편에서는 "C시에 건설될 도시철도는 무인운전 방식으로 운행된다."라고 주장하고, 다른 한편에서는 "C시에 건설될 도시철도는 무인운전 방식으로 운행되지 않는다."라고 주장한다고 하자. 이 두 주장은 서로 모순되는 것처럼 보인다. 하지만 양편이 팽팽히 대립한 회의가 "C시에 도시철도는 적합하지 않다고 판단되므로, 없던 일로 합시다."라는 결론으로 끝날 가능성도 있다는 사실을 우리는 고려해야 한다. C시에 도시철도가 건설되지 않을 경우에도 양편의 주장에 참이나 거짓이라는 값을 매겨야 한다면 어떻게 매겨야 옳을까?

한 가지 분석 방안에 따르면, "C시에 건설될 도시철도는 무인운전 방식으로 운행된다."라는 문장은 "⟦ ⊙ ⟧"라는 것을 의미하는 것으로 해석한다. 이렇게 해석할 경우, C시에 도시철도를 건설하지 않기로 했으므로 원래의 문장은 거짓이 된다. 이런 분석은 "C시에 건설될 도시철도는 무인운전 방식으로 운행되지 않는다."에 대해서도 똑같이 적용되어 그것에도 거짓이라는 값을 부여한다.

원래 문장, "C시에 건설될 도시철도는 무인운전 방식으로 운행된다."를 분석하는 둘째 방안도 있다. 이 방안에서는 우선 원래 문장은 "⟦ ⓛ ⟧"라는 것을 의미하는 것으로 해석한다. 그런 다음 이렇게 분석된 이 문장은 C시에 도시철도를 건설해 그것을 무인운전이 아닌 방식으로 운행하는 일은 없다는 주장과 같은 의미를 나타낸다고 이해한다. 이렇게 해석할 경우 원래의 문장은 참이 된다. 왜냐하면 C시에 도시철도를 건설하지 않기로 했으므로 C시에 도시철도를 건설해 그것을 무인운전이 아닌 방식으로 운행하는 일도 당연히 없을 것이기 때문이다. 이런 분석은 "C시에 건설될 도시철도는 무인운전 방식으로 운행되지 않는다."에 대해서도 똑같이 적용되어 그것에도 참이라는 값을 부여한다.

─────〈보 기〉─────

(가) C시에 도시철도가 건설되고, 그 도시철도는 무인운전 방식으로 운행된다.

(나) C시에 무인운전 방식으로 운행되는 도시철도가 건설되거나, 아니면 아무 도시철도도 건설되지 않는다.

(다) C시에 도시철도가 건설되면, 그 도시철도는 무인운전 방식으로 운행된다.

(라) C시에 도시철도가 건설되는 경우에만, 그 도시철도는 무인운전 방식으로 운행된다.

	⊙	ⓛ
①	(가)	(다)
②	(가)	(라)
③	(나)	(다)
④	(나)	(라)
⑤	(라)	(다)

문 8. 다음 ⊙~ⓔ에 들어갈 말을 가장 적절하게 나열한 것은?

신체의 운동이 뇌에 의해 통제되고 조절된다는 것은 당연하게 여겨지지만, 여전히 뇌의 어느 부위가 어떤 운동 기능을 담당하는지는 정확하게 이해되고 있지 않다. 이는 뇌의 여러 부분이 동시에 신체 운동에 관여하기 때문이다. 신체 운동에 관여하는 중요한 뇌의 부위에는 운동 피질, 소뇌, 기저핵이 있다. 대뇌에 있는 운동 피질은 의지에 따른 운동을 주로 조절한다. 소뇌와 기저핵은 숙달되어 생각하지 않아도 일어나는 운동들을 조절한다. 평균대 위에서 재주를 넘는 체조선수의 섬세한 몸동작은 반복된 훈련을 통하여 생각 없이 자동으로 이루어지는데 이러한 일은 주로 소뇌가 관여하여 일어난다. 기저핵의 두 부위인 선조체와 흑색질은 서로 대립적으로 신체 운동을 조절한다. 선조체는 신체 운동을 ⟦ ⊙ ⟧하고, 흑색질은 신체 운동을 ⟦ ⓛ ⟧하는 역할을 한다. 뇌의 이상으로 발생하는 운동 장애로 헌팅턴 무도병과 파킨슨병이 있다. 이 두 질병은 그 증세가 서로 대조적이다. 전자는 신체의 근육들이 제멋대로 움직여서 거칠고 통제할 수 없는 운동을 유발한다. 반면에 파킨슨병은 근육의 경직과 떨림으로 움직이려 하여도 근육이 제대로 움직여 주지 않는다. 이러한 대조적인 증세는 대립적으로 작용하는 기저핵의 두 부위에서 일어난 손상으로 인하여 발생한다. 선조체가 손상을 입으면 헌팅턴 무도병에 걸리고 흑색질에 손상을 입으면 파킨슨병에 걸린다. 따라서 ⟦ ⓒ ⟧의 기능을 향상시키는 약을 쓰면 파킨슨병의 증세가 완화되고 ⟦ ⓔ ⟧의 기능을 억제하는 약을 쓰면 헌팅턴 무도병의 증세가 완화된다.

	⊙	ⓛ	ⓒ	ⓔ
①	억제	유발	흑색질	흑색질
②	억제	유발	흑색질	선조체
③	억제	유발	선조체	선조체
④	유발	억제	선조체	흑색질
⑤	유발	억제	흑색질	선조체

문 9. 다음 글의 A와 B에 대한 분석으로 가장 적절한 것은?

A는 근대화란 곧 산업화이고, 산업화는 농촌을 벗어난 농민들이 도시의 임금노동자가 되어가는 과정이라고 생각했다. 토지에 얽매이지 않으며 노동력 말고는 팔 것이 없는 이들을 '자유로운 노동자'라고 불렀다. 이들 중에서 한 사람의 임금으로 가족 전부를 부양할 수 있을 만큼의 급여를 확보한 특권적인 노동자가 나타난다. 이 노동자가 한 집안의 가장 혹은 '빵을 벌어오는 사람'이다. 이렇게 자신과 가족의 생활을 유지할 만큼 급여를 받는 피고용자를 정규직이라 불러왔다. 그 급여 수준이 어느 정도인지, 일주일에 몇 시간을 노동해야 하는지에 대해서는 역사적으로 각 사회의 '건강하고 문화적인' 생활수준과 노사협의를 통해서 결정된다. A는 산업화가 지속적으로 진전되면 세상의 모든 사람은 정규직 임금노동자가 된다고 예측했다.

이에 이의를 제기한 B는 산업화가 진전됨에 따라 노동자들이 크게 핵심부, 반주변부, 주변부로 나뉜다고 주장했다. 핵심부에 속하는 노동자들은 혼자 벌어 가정을 유지할 만큼의 급여를 확보하는 정규직 노동자들인데, 이들의 일자리는 사회적 희소재로서 앞으로는 늘어나지 않을 것으로 예측되었다. 그 대신에 반주변부에는 정규직보다 급여가 낮은 비정규직을 포함하는 일반 노동자들이, 그리고 시장 바깥의 주변부에는 실업자를 포함해서 반주변부보다 열악한 상황에 놓인 노동자들이 계속해서 남아돌게 될 것이라고 했다. 그의 예측은 적중했다.

산업화가 진전된 선진국에서는 고용의 파이가 더 이상 확대되지 않거나 축소되었다. 일반적으로 노조가 발달한 선진국에는 노동자에게 '선임자 특권'이라는 것이 있다. 이로 인해 이미 고용된 나이 많은 노동자를 해고하는 것이 어려워져 신규 채용을 회피하게 된다. 그 결과 국제적으로 정규직의 파이는 거의 모든 사회에서 축소되는 경향을 낳았다. 그러한 바탕 위에 노동시장에서 고용의 비정규직화는 지속적으로 강화되었으며 청년 실업률 또한 높아졌다.

① A는 정규직 노동자의 실질 급여 수준이 산업화가 진전됨에 따라 지속적으로 하락할 것으로 보았다.

② B는 산업화가 진전됨에 따라 기존의 주변부 노동자들과는 다른 새로운 형태의 주변부 노동자들이 계속해서 생성될 것이라고 보았다.

③ A와 B는 모두 선임자 특권이 청년 실업률을 높이는 데 기여한다고 보았다.

④ A와 B는 모두 산업화가 진전되면 궁극적으로 한 사회의 노동자들의 급여가 다양한 수준에서 결정된다고 보았다.

⑤ A는 정규직 노동자가, B는 핵심부 노동자가 한 사람의 노동자 급여로 가족을 부양할 수 있다고 보았다.

문 10. 다음 A, B 학파에 대한 판단으로 적절하지 <u>않은</u> 것은?

비정규 노동은 파트타임, 기간제, 파견, 용역, 호출 등의 근로형태를 의미한다. IMF 외환위기 이후 정규직과 비정규직 사이의 차별이 사회문제로 대두되었는데 그중 가장 심각한 문제가 임금차별이다. 정규직과 비정규직 사이의 임금수준 격차는 점차 커져 비정규직 임금이 2001년에는 정규직의 63% 수준이었다가 2016년에는 53.5% 수준으로 떨어졌다. 이 문제를 어떻게 해결할 것인가를 놓고 크게 두 가지 시각이 대립한다.

A 학파는 차별적 관행을 고수하는 기업들은 비차별적 기업들과의 경쟁에서 자연적으로 도태되기 때문에 기업 간 경쟁이 임금차별 완화의 핵심이라고 이야기한다. 기업이 노동자 개인의 능력 이외에 다른 잣대를 바탕으로 차별하는 행위는 비합리적이기 때문에, 기업들 사이의 경쟁이 강화될수록 임금차별은 자연스럽게 줄어들 수밖에 없다는 것이다. 예를 들어 정규직과 비정규직 가릴 것 없이 오직 능력에 비례하여 임금을 결정하는 회사는 정규직 또는 비정규직이라는 이유만으로 무능한 직원들을 임금 면에서 우대하고 유능한 직원들을 홀대하는 회사보다 경쟁에서 앞서나갈 것이다.

B 학파는 실제로는 고용주들이 비정규직을 차별한다고 해서 기업 간 경쟁에서 불리해지지는 않는 현실을 근거로 A 학파를 비판한다. B 학파에 따르면 고용주들은 오직 사회적 비용이라는 추가적 장애물의 위험에 직면했을 때에만 정규직과 비정규직 사이의 임금차별 관행을 근본적으로 재고한다. 여기서 말하는 사회적 비용이란, 국가가 제정한 법과 제도를 수용하지 않음으로써 조직의 정당성이 낮아짐을 뜻한다. 기업의 경우엔 조직의 정당성이 낮아지게 되면 조직의 생존 가능성 역시 낮아지게 된다. 그래서 기업은 임금차별을 줄이는 강제적 제도를 수용함으로써 사회적 비용을 낮추는 선택을 하게 된다는 것이다. 따라서 B 학파는 법과 제도에 의한 규제를 통해 임금차별이 줄어들 것이라고 본다.

① A 학파에 따르면 경쟁이 치열한 산업군일수록 근로형태에 따른 임금 격차는 더 적어진다.

② A 학파는 시장에서 기업 간 경쟁이 약화되는 것을 방지하기 위한 보완 정책이 수립되어야 한다고 본다.

③ A 학파는 정규직과 비정규직 사이의 임금차별이 어떻게 줄어드는가에 대해 B 학파와 견해를 달리한다.

④ B 학파는 기업이 자기 조직의 생존 가능성을 낮춰가면서까지 임금차별 관행을 고수하지는 않을 것이라고 전제한다.

⑤ B 학파에 따르면 다른 조건이 동일할 때 기업의 비정규직에 대한 임금차별은 주로 강제적 규제에 의해 시정될 수 있다.

문 11. 다음 글에서 추론할 수 있는 것만을 〈보기〉에서 모두 고르면?

물질을 구성하는 작은 입자들의 배열 상태는 어떻게 생겼을까? 이 것은 '부피를 최소화시키려면 입자들을 어떻게 배열해야 하는가?'의 문제와 관련이 있다. 모든 입자들이 구형이라고 가정한다면 어떻게 쌓 는다고 해도 사이에는 빈틈이 생긴다. 문제는 이 빈틈을 최소한으로 줄여서 쌓인 공이 차지하는 부피를 최소화시키는 것이다.

이 문제를 해결하기 위해 케플러는 여러 가지 다양한 배열 방식에 대하여 그 효율성을 계산하는 방식으로 연구를 진행하였다. 그가 제안 했던 첫 번째 방법은 인접입방격자 방식이었다. 이것은 수평면(제1층) 상에서 하나의 공이 여섯 개의 공과 접하도록 깔아 놓은 후, 움푹 들어 간 곳마다 공을 얹어 제1층과 평행한 면 상에 제2층을 쌓는 방식이다. 이 경우 제2층의 배열 상태는 제1층과 동일하지만 단지 전체적인 위 치만 약간 이동하게 된다. 이러한 방식의 효율성은 74%이다.

다른 방법으로는 단순입방격자 방식이 있다. 이것은 공을 바둑판의 격자 모양대로 쌓아가는 방식으로, 이 배열에서는 수평면 상에서 하나 의 공이 네 개의 공과 접하도록 배치된다. 그리고 제2층의 배열 상태 를 제1층과 동일한 상태로 공의 중심이 같은 수직선 상에 놓이도록 배 치한다. 이 방식의 효율성은 53%이다. 이 밖에 6각형격자 방식이 있 는데, 이것은 각각의 층을 인접입방격자 방식에 따라 배열한 뒤에 층 을 쌓을 때는 단순입방격자 방식으로 쌓는 것이다. 이 방식의 효율성 은 60%이다.

이러한 규칙적인 배열 방식에 대한 검토를 통해, 케플러는 인접입방 격자 방식이 알려진 규칙적인 배열 중 가장 효율이 높은 방식임을 주 장했다.

〈보 기〉

ㄱ. 배열 방식 중에서 제1층만을 따지면 인접입방격자 방식의 효율성 이 단순입방격자 방식보다 크다.

ㄴ. 단순입방격자 방식에서 하나의 공에 접하는 공은 최대 6개이다.

ㄷ. 어느 층을 비교하더라도 단순입방격자 방식이 6각형격자 방식보 다 효율성이 크다.

① ㄱ
② ㄷ
③ ㄱ, ㄴ
④ ㄴ, ㄷ
⑤ ㄱ, ㄴ, ㄷ

문 12. 빈칸에 들어갈 진술로 가장 적절한 것은?

하늘이 내린 생물을 해치고 없애는 것은 성인(聖人)이 하지 않는 바 이다. 하물며 하늘의 도가 어찌 사람들에게 살아있는 것을 죽여서 자 기의 생명을 기르게 하였겠는가? 『서경』에서는 "천지는 만물의 부모이 며, 인간은 만물의 영장이다. 진실로 총명한 자는 천자가 되고, 천자는 백성의 부모가 된다"라고 하였다. 천지가 이미 만물의 부모라면 천지 사이에 태어난 것은 모두 천지의 자식이다. 천지와 사물의 관계는 부 모와 자식의 관계와 같으며, 자식 가운데 어리석고 지혜로움의 차이가 있는 것은 사람과 만물 사이에 밝고 어두움의 차이가 있는 것과 같다. 부모는 자식이 어리석고 불초하면 사랑하고 가엾게 여기며 오히려 걱 정하거늘, 하물며 해치겠는가? 살아있는 것을 죽여서 자기의 생명을 기르는 것은 같은 식구를 죽여서 자기를 기르는 것이다. 같은 식구를 죽여서 자기를 기르면 부모의 마음이 어떠하겠는가? 자식들끼리 서로 죽이는 것은 부모의 마음이 아니다. 사람과 만물이 서로 죽이는 것이 어찌 천지의 뜻이겠는가? 인간과 만물은 이미 천지의 기운을 함께 얻 었으며, 또한 천지의 이치도 함께 얻었고 천지 사이에서 함께 살아가 고 있다. 이미 하나의 같은 기운과 이치를 함께 부여받았는데, 어찌 살 아있는 것들을 죽여서 자신의 생명을 양육할 수 있겠는가? 그래서 불 교에서는 "천지는 나와 뿌리가 같고, 만물은 나와 한 몸이다"라고 하 였고, 유교에서는 "천지만물을 자기와 하나로 여긴다"고 하면서 이것 을 '인(仁)'이라고 부른다.

그렇지만 실천하여 행하는 것이 그 이상과 같아야 비로소 인의 도를 온전히 다했다고 할 수 있다. 유교 경전인 『논어』는 "공자는 그물질은 하지 않으셔도 낚시질은 하셨으며, 화살로 잠든 새는 쏘지 않으셨지만 나는 새는 맞추셨다"라고 하였고, 『맹자』도 "군자가 푸줏간을 멀리하는 것은 가축이 죽으면서 울부짖는 소리를 들으면 차마 그 고기를 먹지 못 하기 때문이다"라고 말하고 있다. 이것으로 보면, _____

① 유교는 『서경』 이래 천지만물을 하나의 가족처럼 여기는 인의 도 를 철두철미하게 잘 실천하고 있다.

② 유교에서는 공자와 맹자에서부터 살생하지 말라는 불교의 계율을 이미 잘 실천하고 있다.

③ 유교의 공자와 맹자는 동물마저 측은히 여기는 대상에 포함 하여 인간처럼 대하였다.

④ 유교는 인의 도가 지향하는 이상을 실천하는 데 철저하지 못한 측 면이 있다.

⑤ 유교에서 인의 도는 인간과 동물을 부모와 자식의 관계로 보고 있다.

문 13. 다음 갑과 을의 견해에 대한 분석으로 가장 적절한 것은?

> 갑 : 좋아. 우리 둘 다 전지전능한 신이 존재한다는 가정에서 시작하는군. 이제 철수가 t 시점에 행동 A를 할 것이라고 해볼까? 신은 전지전능하니까 철수가 t 시점에 행동 A를 할 것임을 알겠지. 그런데 신은 전지전능하므로, 철수가 t 시점에 행동 A를 한다는 것은 필연적이야. 그리고 필연적으로 발생하는 것은 자유로운 것이 아니지. 따라서 철수의 행동 A는 자유롭지 않아.
>
> 을 : 비록 어떤 행동이 필연적이더라도 그 행동에 누군가의 강요가 없다면 자유로운 행동이 될 수 있어. 그러므로 철수가 t 시점에 행동 A를 할 것임이 필연적이라 하더라도, 그것만으로부터 행동 A가 자유롭지 않다고 판단할 수는 없다. 신이나 다른 누군가가 그 행동을 철수에게 강요했는지의 여부를 확인해야 해. 만약 신이 철수가 t 시점에 행동 A를 할 것임을 안다면 철수의 행동 A가 필연적이라는 것은 나도 인정해. 하지만 그로부터 신이 철수의 그 행동을 강요했음이 곧바로 도출되지는 않아. 따라서 철수의 행동은 여전히 자유로울 수 있지.
>
> 갑 : 필연적인 행동이 자유롭지 않은 이유는 다른 행동을 할 가능성이 차단되었기 때문이야. 만일 전지전능한 신이 존재하고 그 신이 철수가 t 시점에 행동 A를 할 것임을 안다면, 철수가 t 시점에 행동 A를 할 것이 필연적이라는 것은 너도 인정했지? 그것이 필연적이라면 철수가 t 시점에 행동 A 외에 다른 행동을 할 가능성은 없지. 신의 강요가 없을지라도 말이야.
>
> 을 : 맞아. 그렇지만 신이 강요하지 않는 한, 철수의 행동 A에는 A에 대한 철수 자신의 의지가 반영되어 있어. 즉, 철수의 행동 A는 철수 자신의 판단에 의한 행동이라는 것이지. 그렇기 때문에 철수의 행동 A는 자유로울 수 있어. 반면에 철수의 행동 A가 강요된 것이라면 행동 A에는 철수 자신의 의지가 반영되어 있지 않았겠지만 말이야. 그러니까 철수의 행동 A가 필연적인지의 여부는 그 행동이 자유로운 것인지의 여부를 가리는 데 결정적인 게 아니야.

① 갑과 을은 전지전능한 신이 존재할 경우 철수의 행동에 철수의 의지가 반영될 수 없다는 데 동의한다.

② 갑은 강요에 의한 행동을 자유로운 것으로 생각하지 않지만, 을은 그것을 자유로운 것으로 생각한다.

③ 갑은 필연적인 행동에는 다른 행동의 가능성이 차단된다고 생각하지만, 을은 필연적인 행동에도 다른 행동의 가능성이 있다고 생각한다.

④ 갑은 만약 전지전능한 신이 존재하지 않는다면 철수의 행동은 자유로울 것이라고 생각하지만, 을은 그러한 신이 존재하더라도 철수의 행동은 자유로울 수 있다고 생각한다.

⑤ 갑은 다른 행동을 할 가능성이 없으면 행동의 자유가 없다고 생각하지만, 을은 그런 가능성이 없다는 것으로부터 행동의 자유가 없다는 것이 도출된다고 생각하지 않는다.

문 14. 다음 글에서 추론할 수 있는 것만을 〈보기〉에서 모두 고르면?

> 란체스터는 한 국가의 상대방 국가에 대한 군사력 우월의 정도를, 전쟁의 승패가 갈린 전쟁 종료 시점에서 자국의 손실비의 역수로 정의했다. 예컨대 전쟁이 끝났을 때 자국의 손실비가 1/2이라면 자국의 군사력은 적국보다 2배로 우월하다는 것이다. 손실비는 아래와 같이 정의된다.
>
> $$\text{자국의 손실비} = \frac{\text{자국의 최초 병력 대비 잃은 병력 비율}}{\text{적국의 최초 병력 대비 잃은 병력 비율}}$$
>
> A국과 B국이 전쟁을 벌인다고 하자. 전쟁에는 양국의 궁수들만 참가한다. A국의 궁수는 2,000명이고, B국은 1,000명이다. 양국 궁수들의 숙련도와 명중률 등 개인의 전투 능력, 그리고 지형, 바람 등 주어진 조건은 양국이 동일하다고 가정한다. 양측이 동시에 서로를 향해 1인당 1발씩 화살을 발사한다고 하자. 모든 화살이 적군을 맞힌다면 B국의 궁수들은 1인 평균 2개의 화살을, A국 궁수는 평균 0.5개의 화살을 맞을 것이다. 하지만 화살이 제대로 맞지 않거나 아예 안 맞을 수도 있으니, 발사된 전체 화살 중에서 적 병력의 손실을 발생시키는 화살의 비율은 매번 두 나라가 똑같이 1/10이라고 하자. 그렇다면 첫 발사에서 B국은 200명, A국은 100명의 병력을 잃을 것이다.
>
> 따라서 ㉠ 첫 발사에서의 B국의 손실비는 $\dfrac{200/1,000}{100/2,000}$ 이다.
>
> 마찬가지 방식으로, 남은 A국 궁수 1,900명은 두 번째 발사에서 B국에 190명의 병력 손실을 발생시킨다. 이제 B국은 병력의 39%를 잃었다. 이런 손실을 당하고도 버틸 수 있는 군대는 많지 않아서 전쟁은 B국의 패배로 끝난다. B국은 A국에 첫 번째 발사에서 100명, 그 다음엔 80명의 병력 손실을 발생시켰다. 전쟁이 끝날 때까지 A국이 잃은 궁수는 최초 병력의 9%에 지나지 않는다. 이로써 ㉡ B국에 대한 A국의 군사력이 명확히 드러난다.

─── 〈보 기〉 ───

ㄱ. 다른 조건이 모두 같으면서 A국 궁수의 수가 4,000명으로 증가하면 ㉠은 16이 될 것이다.

ㄴ. ㉡의 내용은 A국의 군사력이 B국보다 4배 이상으로 우월하다는 것이다.

ㄷ. 전쟁 종료 시점까지 자국과 적국의 병력 손실이 발생했고 그 수가 동일한 경우, 최초 병력의 수가 적은 쪽의 손실비가 더 크다.

① ㄱ

② ㄷ

③ ㄱ, ㄴ

④ ㄴ, ㄷ

⑤ ㄱ, ㄴ, ㄷ

문 15. 다음 글의 ㉠에 해당하는 사례만을 〈보기〉에서 모두 고르면?

'부재 인과', 즉 사건의 부재가 다른 사건의 원인이라는 주장은 일상 속에서도 쉽게 찾아볼 수 있다. 인과 관계가 원인과 결과 간에 성립하는 일종의 의존 관계로 분석될 수 있다면 부재 인과는 인과 관계의 한 유형을 표현한다. 예를 들어, 경수가 물을 주었더라면 화초가 말라죽지 않았을 것이므로 '경수가 물을 줌'이라는 사건이 부재하는 것과 '화초가 말라죽음'이라는 사건이 발생하는 것 사이에는 의존 관계가 성립한다. 인과 관계를 이런 의존 관계로 이해할 경우 화초가 말라죽은 것의 원인은 경수가 물을 주지 않은 것이며 이는 상식적 판단과 일치한다. 하지만 화초가 말라죽은 것은 단지 경수가 물을 주지 않은 것에만 의존하지 않는다. 의존 관계로 인과 관계를 이해하려는 견해에 따르면, 경수의 화초와 아무 상관없는 영희가 그 화초에 물을 주었더라도 경수의 화초는 말라죽지 않았을 것이므로 영희가 물을 주지 않은 것 역시 그 화초가 말라죽은 사건의 원인이라고 해야 할 것이다. 그러나 상식적으로 경수가 물을 주지 않은 것은 그가 키우던 화초가 말라죽은 사건의 원인이지만, 영희가 물을 주지 않은 것은 그 화초가 말라죽은 사건의 원인이 아니다. 인과 관계를 의존 관계로 파악해 부재 인과를 인과의 한 유형으로 받아들이면, 원인이 아닌 수많은 부재마저도 원인으로 받아들여야 하는 ㉠ 문제가 생겨난다.

〈보 기〉

ㄱ. 어제 영지는 늘 타고 다니던 기차가 고장이 나는 바람에 지각을 했다. 그 기차가 고장이 나지 않았다면 영지는 지각하지 않았을 것이다. 하지만 영지가 새벽 3시에 일어나 직장에 걸어갔더라면 지각하지 않았을 것이다. 그러므로 어제 영지가 새벽 3시에 일어나 직장에 걸어가지 않은 것이 그가 지각한 원인이라고 보아야 한다.

ㄴ. 영수가 야구공을 던져서 유리창이 깨졌다. 영수가 야구공을 던지지 않았더라면 그 유리창이 깨지지 않았을 것이다. 하지만 그 유리창을 향해 야구공을 던지지 않은 사람들은 많다. 그러므로 그 많은 사람 각각이 야구공을 던지지 않은 것을 유리창이 깨어진 사건의 원인이라고 보아야 한다.

ㄷ. 햇빛을 차단하자 화분의 식물이 시들어 죽었다. 하지만 햇빛을 과다하게 쪼이거나 지속적으로 쪼였다면 화분의 식물은 역시 시들어 죽었을 것이다. 그러므로 햇빛을 쪼이는 것은 식물의 성장 원인이 아니라고 보아야 한다.

① ㄱ
② ㄴ
③ ㄱ, ㄷ
④ ㄴ, ㄷ
⑤ ㄱ, ㄴ, ㄷ

문 16. 다음 글의 빈칸에 들어갈 내용으로 가장 적절한 것은?

뉴턴은 무거운 물체가 땅으로 떨어지는 것과 달이 지구 주위를 도는 것은 동일한 원인에 의한 현상이라고 생각했다. 그는 행성들이 태양 주위를 도는 것도 태양과 행성 사이에 중력이라는 힘이 존재하기 때문이라고 보았다. 뉴턴은 질량 m_1인 물체와 질량 m_2인 물체의 중심이 r만큼 떨어져 있을 때 물체 사이에 작용하는 중력 F는 다음과 같이 표현된다고 보았다.

$$F = G\frac{m_1 m_2}{r^2} \ (단, G는 만유인력 상수임)$$

뉴턴은 이렇게 표현되는 중력으로 행성들과 달의 운동을 잘 설명할 수 있었다. 이 힘은 질량을 갖는 것이라면 우주의 모든 것에 작용한다는 점에서 '보편' 중력이라고 부를 만하다. 그렇지만 뉴턴은 왜 이런 힘이 존재하는지를 설명하지 못했다.

그에 대한 설명은 20세기에 들어와 아인슈타인에 의해 이루어졌다. 아인슈타인에 따르면 중력은 물질 근처에서 휘어지는 시공간의 기하학적 구조와 관계가 있는데, 이처럼 휘어지는 방식은 마치 팽팽한 고무막에 볼링공을 가만히 올려놓으면 고무막이 휘어지는 것과 비슷하다. 이 상태에서 볼링공 근처에서 구슬을 굴렸을 때 구슬의 경로가 볼링공 쪽으로 휘어지거나 구슬이 볼링공 주위를 도는 것은 태양의 중력을 받아 혜성이나 행성이 운동하는 방식에 비길 수 있다. 아인슈타인은 중력이라는 힘을 물체의 질량에 의해 시공간이 휘어진다는 개념을 통해서 설명할 수 있음을 보였다.

더 나아가서 아인슈타인은 뉴턴의 중력 개념으로는 설명할 수 없는 현상을 자신의 중력 개념으로부터 추론해냈다. 그는 태양의 큰 질량 때문에 태양 주위에 시공간의 왜곡이 발생해서 태양 주위를 지나가는 광자의 경로가 태양 쪽으로 휘어진다고 예측했다. 그러나 [   ]는 사실을 고려하면, 뉴턴의 중력 이론의 관점에서는 이렇게 될 이유가 없다. 이러한 상반된 예측 중 어느 쪽이 옳은가를 확인하기 위해 나선 에딩턴의 원정대는 1919년에 개기일식의 기회를 이용해서 별빛의 경로가 태양 근처에서 아인슈타인이 예측했던 대로 휘어진다는 사실을 확인했고, 아인슈타인은 뉴턴을 능가하는 물리학자로 세계적인 명성을 얻게 되었다.

① 광자는 질량을 갖지 않는다.
② 진공 속에서 광자의 속력은 일정하다.
③ 물체의 질량이 클수록 더 큰 중력을 발휘한다.
④ 중력은 지구의 표면과 우주 공간에서 동일하다.
⑤ 시간과 공간은 물체의 질량이나 운동에 영향을 받지 않는다.

문 17. 다음 글의 내용이 참일 때, 반드시 참인 것은?

호텔 A에서 살인 사건이 발생했고, 손님 중에 범인(들)이 있다. 이 사건에 대하여 갑, 을, 병 세 사람이 각각 다음과 같이 두 개씩 진술을 했다. 이 세 사람 중 한 사람의 진술은 모두 참이고 다른 한 사람의 진술은 모두 거짓이며, 또 다른 한 사람의 진술은 하나는 참이고 다른 하나는 거짓이다.

갑 : • 이 사건의 범인은 단독범이고, 그는 이 호텔의 2층에 묵고 있다.
  • 이 호텔 2층의 방은 모두 손님이 투숙하고 있어 2층에는 빈방이 없다.
을 : • 이 사건이 단독범의 소행이라면, 그 범인은 이 호텔의 5층에 투숙하고 있다.
  • 이 사건의 범인은 단독범이 아니고 그들은 같은 방에 투숙하고 있지도 않다.
병 : • 이 사건이 단독범의 소행이 아니라면, 범인들은 같은 방에 투숙하고 있다.
  • 이 호텔의 모든 방은 손님이 투숙하고 있어 빈방이 없다.

① 갑의 진술 둘 다 거짓일 수 있다.
② 2층에는 빈방이 없지만, 다른 층에는 빈방이 있다.
③ 병의 진술이 둘 다 거짓이라면, 갑의 진술 중 하나는 거짓이다.
④ 을의 진술이 둘 다 거짓이라면, 이 사건은 단독범의 소행이 아니다.
⑤ 갑의 진술 중 하나만 참이라면, 이 사건의 범인은 단독범이 아니다.

문 18. 다음 글의 내용이 참일 때, 반드시 참인 것만을 〈보기〉에서 모두 고르면?

세 사람, 가영, 나영, 다영은 지난 회의가 열린 날짜와 요일에 대해 다음과 같이 기억을 달리 하고 있다.
• 가영은 회의가 5월 8일 목요일에 열렸다고 기억한다.
• 나영은 회의가 5월 10일 화요일에 열렸다고 기억한다.
• 다영은 회의가 6월 8일 금요일에 열렸다고 기억한다.

추가로 다음 사실이 알려졌다.
• 회의는 가영, 나영, 다영이 언급한 월, 일, 요일 중에 열렸다.
• 세 사람의 기억 내용 가운데, 한 사람은 월, 일, 요일의 세 가지 사항 중 하나만 맞혔고, 한 사람은 하나만 틀렸으며, 한 사람은 어느 것도 맞히지 못했다.

〈보 기〉
ㄱ. 회의는 6월 10일에 열렸다.
ㄴ. 가영은 어느 것도 맞히지 못한 사람이다.
ㄷ. 다영이 하나만 맞힌 사람이라면 회의는 화요일에 열렸다.

① ㄱ   ② ㄷ
③ ㄱ, ㄴ   ④ ㄴ, ㄷ
⑤ ㄱ, ㄴ, ㄷ

문 19. 다음 글의 내용이 모두 참일 때 반드시 참인 것만을 〈보기〉에서 모두 고르면?

대한민국의 모든 사무관은 세종, 과천, 서울 청사 중 하나의 청사에서만 근무하며, 세 청사의 사무관 수는 다르다. 단, 세종 청사의 사무관 수가 서울 청사의 사무관 수보다 많다. 세 청사 중 사무관 수가 두 번째로 많은 청사의 사무관은 모두 일자리 창출 업무를 겸임한다. 세 청사의 사무관들 중 갑~정에 관하여 다음과 같은 사실이 알려져 있다.
• 갑과 병 중 적어도 한 명은 세종 청사에서 근무하고, 정은 서울 청사에서 근무한다.
• 일자리 창출 업무를 겸임하지 않는 사람은 이들 중 을뿐이다.
• 과천 청사에서 근무하는 사무관은 이들 중 2명이다.
• 을이 근무하는 청사는 사무관 수가 가장 적은 청사가 아니다.

〈보 기〉
ㄱ. 갑, 을, 병, 정 중 사무관 수가 가장 적은 청사에서 일하는 사무관은 일자리 창출 업무를 겸임하지 않는다.
ㄴ. 을이 세종 청사에서 근무하거나 병이 서울 청사에서 근무한다.
ㄷ. 정이 근무하는 청사의 사무관 수가 가장 적다.

① ㄱ
② ㄷ
③ ㄱ, ㄴ
④ ㄴ, ㄷ
⑤ ㄱ, ㄴ, ㄷ

문 20. 다음 글에서 알 수 있는 것만을 〈보기〉에서 모두 고르면?

골격근에서 전체근육은 근육섬유를 뼈에 연결시키는 주변 조직인 힘줄과 결합조직을 모두 포함한다. 골격근의 근육섬유가 수축할 때 전체근육의 길이가 항상 줄어드는 것은 아니다. 근육 수축의 종류 중 근육섬유가 수축함에 따라 전체근육의 길이가 변화하는 것을 '등장수축'이라 하는데, 등장수축은 근육섬유 수축과 함께 전체근육의 길이가 줄어드는 '동심 등장수축'과 전체근육의 길이가 늘어나는 '편심 등장수축'으로 나뉜다.

반면에 근육섬유가 수축함에도 불구하고 전체근육의 길이가 변하지 않는 수축을 '등척수축'이라고 한다. 예를 들어 아령을 손에 들고 팔꿈치의 각도를 일정하게 유지하고 있는 상태에서 위팔의 이두근 근육섬유는 끊임없이 수축하고 있지만, 이 근육에서 만드는 장력이 근육에 걸린 부하량 즉 아령의 무게와 같아 전체근육의 길이가 변하지 않기 때문에 등척수축을 하는 것이다. 등척수축은 골격근의 주변 조직과 근육섬유 내에 있는 탄력섬유의 작용에 의해 일어난다. 근육에 부하가 걸릴 때, 이 부하를 견디기 위해 탄력섬유가 늘어나기 때문에 근육섬유는 수축하지만 전체근육의 길이는 변하지 않는 등척수축이 일어날 수 있다.

아래 그래프는 근육이 최대 장력으로 수축운동을 하는 동안 해당 근육에 걸린 초기 부하량이 전체근육의 수축 속도에 어떤 영향을 미치는지를 나타내고 있다. 그래프의 Y축에서 양의 값은 전체근육의 길이가 줄어드는 속도를 나타내고, 음의 값은 근육에 최대 장력을 초과하는 부하가 걸리면 근육섬유는 수축하지만 전체근육의 길이가 늘어나는 속도를 나타낸다.

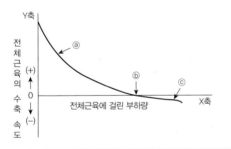

── 〈보 기〉 ──

ㄱ. ⓐ에서 일어나는 근육 수축은 편심 등장수축이다.

ㄴ. ⓑ는 탄력섬유의 작용에 의해 일어나는 근육 수축에 해당한다.

ㄷ. 최대 장력이 10kg인 이두근이 있는 팔의 팔꿈치가 일정한 각도를 유지하고 있을 때, 이두근에 10kg을 초과하는 부하를 걸어주면 ⓒ가 발생할 수 있다.

① ㄱ
② ㄴ
③ ㄱ, ㄷ
④ ㄴ, ㄷ
⑤ ㄱ, ㄴ, ㄷ

문 21. 다음 글의 논지를 강화하는 것만을 〈보기〉에서 모두 고르면?

인간의 복잡하고 정교한 면역계는 세균이나 바이러스 같은 병원체의 침입에 맞서서 우리를 지켜 주지만, 병원체가 몸 안으로 들어오고 난 다음에야 비로소 침입한 병원체를 제거하는 과정을 시작한다. 이 과정은 염증이나 발열 같은 적잖은 생물학적 비용과 위험을 동반한다. 인류의 진화 과정은 개체군의 번영을 훼방하는 이런 비용을 치러야 할 상황을 미리 제거하거나 줄이는 방향으로 진행되었다. 이 과정은 인류에게 병원체를 옮길 만한 사람과 어울리지 않고 거리를 두려는 자연적인 성향을 만들어냈다. 그 결과 누런 콧물이나 변색된 피부처럼 병원체에 감염되었음을 암시하는 단서를 보이는 대상에 대해 혐오나 기피의 정서가 작동하여 감염 위험이 줄어들게 된다.

그러나 이와 비슷한 위험은 병에 걸린 것으로 보이지 않는 대상에도 있다. 기생체와 숙주 사이에 진행된 공진화의 과정은 지역에 따라 상이한 병원체들과 그것들에 대한 면역력을 지닌 거주민들을 만들어냈다. 처음에는 광범위한 지역에 동일한 기생체와 숙주들이 분포했더라도 지역에 따라 상이한 기생체가 숙주의 방어를 깨고 침입하는 데 성공하고 숙주는 해당 기생체에 대한 면역을 갖게 되면서 지역에 따라 기생체의 성쇠와 분포가 달라지고 숙주의 면역계도 다르게 진화한다. 결과적으로 그 지역의 토착 병원균들을 다스리는 면역 능력을 비슷하게 가진 사람들이 한 곳에 모여 살게 되었다. 그러므로 다른 지역의 토착 병원균에 적응하여 살아온 외지인과 접촉했다가는 자신의 면역계로 감당할 수 없는 낯선 병원균에 무방비로 노출될 수 있고, 이런 위험은 피하는 것이 상책이다. 그래서 앞서 언급한 질병의 외형적 단서들에 대해서 뿐만이 아니라 단지 어떤 사람이 우리 집단에 속하지 않는 외지인임을 알려주는 단서, 예컨대 이곳 사람들과 다른 문화나 가치관을 가졌다고 보이는 경우 그런 사람을 배척하거나 꺼리는 기제가 작동한다. 외지인을 배척하고 같은 지역 사람들끼리 결속하는 성향은 전염성 질병으로부터 스스로를 보호하는 효율적인 장치였다.

── 〈보 기〉 ──

ㄱ. 문화와 가치체계의 동질성을 기준으로 한 지역 간 경계가 토착성 전염성 병원균의 지리적 분포의 경계와 일치하였다.

ㄴ. 병원체의 분포 밀도가 낮아 생태적으로 질병의 감염 위험이 미미한 지역일수록 배타적인 집단주의 성향이 더 강하게 나타났다.

ㄷ. 특정 지역의 거주민들을 대상으로 한 심리 실험에서 사람들은 원전사고나 기상이변으로 인한 위험에 보편적으로 민감하게 반응한 반면, 전염병의 감염으로 인한 위험을 평가할 때는 뚜렷한 개인차를 보였다.

① ㄱ
② ㄴ
③ ㄱ, ㄷ
④ ㄴ, ㄷ
⑤ ㄱ, ㄴ, ㄷ

문 22. 다음 글의 ㉠에 대한 평가로 적절하지 **않은** 것은?

중생대의 마지막 시기인 백악기(K)와 신생대의 첫 시기인 제3기(T) 사이에 형성된, 'K/T경계층'이라고 불리는 점토층이 있다. 이 지층보다 아래쪽에서는 공룡의 화석이 발견되지만 그 위에서는 전혀 발견되지 않는다. 도대체 그 사이에 무슨 일이 벌어진 것일까? 우리는 물리학자 앨버레즈가 1980년에 『사이언스』에 게재한 논문 덕분에 이 물음에 대한 유력한 답을 알게 되었다.

앨버레즈는 동료들과 함께 지층이 퇴적된 시간을 정확히 읽어내는 방법을 연구하고 있었다. 일반적으로 지층의 두께는 퇴적 시간과 비례하지 않는다. 얇은 지층이 수백 년에 걸쳐 서서히 퇴적된 것일 수도 있고, 수십 미터가 넘는 두께의 지층이라도 며칠, 심지어 몇 시간의 격변에 의해 형성될 수 있기 때문이다. 앨버레즈는 이 문제를 이리듐 측정을 통해 해결하려 했다. 이리듐은 아주 무거운 금속으로, 지구가 생성되던 때 핵 속으로 가라앉아 지구 표면에는 거의 남아 있지 않다. 오늘날 지표면에서 미량이나마 검출되는 이리듐은 우주 먼지나 운석 등을 통해 오랜 시간에 걸쳐 지구 표면에 내려앉아 생긴 것이다. 앨버레즈는 이리듐 양의 이러한 증가 속도가 거의 일정하다고 보고, 이리듐이 지구 표면에 내려앉는 양을 기준으로 삼아 지층이 퇴적되는 데 걸린 시간을 측정하려 했다.

조사 결과 지표면의 평균 이리듐 농도는 0.3ppb이었고 대체로 일정했다. 그런데 이탈리아 북부의 어느 지역을 조사했을 때 그곳의 K/T경계층에서 특이한 점이 발견되었다. 평균보다 무려 30배나 많은 이리듐이 검출된 것이다. 원래 이 경우 다른 지층이 형성될 때보다 K/T경계층의 퇴적이 30분의 1 정도의 속도로 아주 느리게 진행되었다고 결론을 내려야 했지만, 다른 증거들을 종합할 때 이 지층의 형성이 그렇게 오래 걸렸다고 볼 이유가 없었다. 그래서 이들은 다른 결론을 선택했다. 이 시기에 지구 밖에서 한꺼번에 대량의 이리듐이 왔다는 것이었다. 이리듐의 농도를 가지고 역산한 결과, 앨버레즈는 ㉠ 약 6,500만 년 전 지름 10킬로미터 크기의 소행성이 지구와 충돌했고 이 충돌에서 생긴 소행성과 지각의 무수한 파편들이 대기를 떠돌며 지구 생태계를 교란함으로써 대멸종이 일어나 공룡이 멸종했다는 결론에 도달했다. 공룡 멸종의 원인에 대한 이런 견해는 오늘날 과학계가 수용하고 있는 최선의 가설이다.

① 만일 신생대 제3기(T) 이후에 형성된 지층에서 공룡 화석이 대량으로 발견될 경우 약화된다.

② 고생대 페름기에 일어난 대멸종이 소행성 충돌과 무관하게 진행되었다는 사실이 입증되더라도 강화되지 않는다.

③ 동일한 시간 동안 우주먼지로 지구에 유입되는 이리듐의 양이 일정하지 않고 큰 변화폭을 지닌다는 사실이 입증되면 약화된다.

④ 앨버레즈가 조사한 이탈리아 북부의 지층이 K/T경계층이 아니라 다른 시기에 형성된 지층이었음이 밝혀질 경우 약화된다.

⑤ K/T경계층 형성 시기 이외에 공룡이 존재했던 다른 시기에도 지름 10킬로미터 규모의 소행성이 드물지 않게 지구에 충돌했음이 입증될 경우 강화된다.

문 23. 다음 글에서 추론할 수 **없는** 것은?

쿤이 말하는 과학혁명의 과정을 명확하게 이해하기 위해 세 가지 질문을 던져보자. 첫째, 새 이론을 제일 처음 제안하고 지지하는 소수의 과학자들은 어떤 이유에서 그렇게 하는가? 기존 이론이 이상현상 때문에 위기에 봉착했다고 판단했기 때문이다. 기존 이론은 이미 상당한 문제 해결 능력을 증명한 바 있다. 다만 기존 이론이 몇 가지 이상현상을 설명할 능력이 없다고 판단한 과학자들이 나타났을 뿐이다. 이런 과학자들 중 누군가가 새 이론을 처음 제안했을 때 기존 이론을 수용하고 있는 과학자 공동체는 새 이론에 호의적이지 않을 것이다. 당장 새 이론이 기존 이론보다 더 많은 문제를 해결할 리가 없기 때문이다. 그럼에도 불구하고 기존 이론이 설명하지 못하는 이상현상을 새 이론이 설명한다는 것이 과학혁명의 출발점이다.

둘째, 다른 과학자들은 어떻게 기존 이론을 버리고 새로 제안된 이론을 선택하는가? 새 이론은 여전히 기존 이론보다 문제 해결의 성과가 부족하다. 하지만 선구적인 소수 과학자들의 연구활동과 그 성과에 자극을 받아 새 이론을 선택하는 과학자들은 그것이 앞으로 점점 더 많은 문제를 해결하리라고, 나아가 기존 이론의 문제 해결능력을 능가하리라고 기대한다. 이러한 기대는 이론의 심미적 특성 같은 것에 근거한 주관적 판단이고, 그와 같은 판단은 개별 과학자의 몫이다. 물론 이러한 기대는 좌절될 수도 있고, 그 경우 과학혁명은 좌초된다.

셋째, 과학혁명이 일어날 때 과학자 공동체가 기존 이론을 버리고 새 이론을 선택하도록 하는 결정적인 요인은 무엇인가? 이 물음에서 선택의 주체는 더 이상 개별 과학자가 아니라 과학자 공동체이다. 하지만 과학자 공동체는 결국 개별 과학자들로 이루어져 있다. 그렇다면 문제는 과학자 공동체를 구성하는 과학자들이 어떻게 이론을 선택하는가이다. 하지만 이 단계에서 모든 개별 과학자의 선택 기준은 더 이상 새 이론의 심미적 특성이나 막연한 기대가 아니다. 과학자들은 새 이론이 해결하는 문제의 수와 범위가 기존 이론의 그것보다 크다고 판단할 경우 새 이론을 선택할 것이다. 과학자 공동체의 대다수 과학자들이 이렇게 판단하게 되면 그것은 과학자 공동체가 새 이론을 선택한 것이고, 이로써 쿤이 말하는 과학혁명이 완성된다.

① 심미적 관점에서 우월한 이론일수록 해결 가능한 문제의 범위와 수에서도 우월하다.

② 과학자가 이론을 선택하는 기준은 과학혁명의 진행 단계에 따라 변하기도 한다.

③ 이론이 설명하지 못하는 이상현상이 존재한다고 해서 과학자 공동체가 그 이론을 폐기하는 것은 아니다.

④ 기존 이론의 이상현상을 설명하는 이론이 없이는 과학혁명이 시작되지 않는다.

⑤ 과학자 공동체는 해결하지 못하는 문제가 있더라도 더 많은 문제를 해결하는 이론을 선택한다.

문 24. 다음 글의 내용을 평가한 것으로 가장 적절한 것은?

갑국에서는 소셜미디어 상에서 진보 성향의 견해들이 두드러지게 나타난다. 이러한 현상은 다음 두 가설에 의해서 설명될 수 있다.

A 가설은 이러한 현상이 일어나는 이유가 진보 이념에서 전통적으로 중시되는 참여 민주주의의 가치가 쌍방향 의사소통을 주요 특징으로 하는 소셜미디어와 잘 부합하기 때문이라고 본다. 진보 성향을 가진 사람들은 일반적으로 엘리트에 의한 통제보다는 시민들이 가지는 영향력과 정치 활동에 지지를 표하고, 참여를 통해 자신들의 입장이 정당함을 보여주려는 경향이 강하다. 갑국의 소셜미디어 사용자들의 다수가 진보적인 젊은 유권자들이라는 사실은 이러한 A 가설을 뒷받침한다. 최근 갑국의 트위터 사용자에 대한 연구에서도 진보적인 유권자들이 트위터와 같은 소셜미디어를 더 자주 이용하는 것으로 나타났다.

한편 소셜미디어가 가지는 대안 매체로서의 가능성에 관련한 B 가설에 따르면, 소셜미디어는 기존의 주류 언론에서 상대적으로 소외된 집단에 의해 주도적으로 활용될 가능성이 높다. 가령 트위터는 140자의 트윗이라는 형식을 통해 누구든지 팔로워들에게 원하는 메시지를 전파할 수 있고, 이 메시지는 리트윗을 통해 더 많은 사람들에게 전달될 수 있다. 이러한 트위터의 작동방식은 사용자들로 하여금 더 이상 주류 언론에 의한 매개 과정을 거치지 않고 독자적인 언론인으로 활동하며 다수에게 자신의 견해를 전달할 수 있게 해준다. B 가설은 주류 언론이 가지는 이념적 성향이 소셜미디어의 이념적 편향성의 방향을 결정하는 주요 요인이 되리라는 예측을 가능케 한다. 즉 어떤 이념적 성향을 가진 집단이 주류 언론에 대해 상대적 소외감을 더 크게 느끼느냐에 따라 누가 이 대안 매체의 활용가치를 더 크게 느끼는지 결정되리라는 것이다.

① 갑국에 적용한 것과 동일한 방식으로 분석했을 때, 을국의 경우 트위터 사용자들은 진보 성향보다 보수 성향이 많았다는 사실은 A 가설을 약화하지 않는다.

② 갑국의 주류 언론은 보수적 이념 성향이 강하다는 사실은 B 가설을 강화한다.

③ 갑국의 젊은 사람들 중에 진보 성향의 비율이 높다는 사실은 A 가설을 강화하고 B 가설은 약화한다.

④ 갑국에서 주류 언론보다 소셜미디어의 영향력이 강하다는 사실은 A 가설과 B 가설을 모두 강화한다.

⑤ 갑국에서는 정치 활동을 많이 하는 사람들이 소셜미디어를 더 많이 사용한다는 사실은 A 가설과 B 가설을 모두 약화한다.

문 25. 다음 글의 빈칸에 들어갈 진술로 가장 적절한 것은?

야생의 자연이라는 이상을 고집하는 자연 애호가들은 인류가 자연과 내밀하면서도 창조적인 관계를 맺었던 반(反) 야생의 자연, 즉 정원을 간과한다. 정원은 울타리를 통해 농경지보다 야생의 자연과 분명한 경계를 긋는다. 집약적인 토지 이용이라는 전통은 정원에서 시작되었다. 정원은 대규모의 농경지 경작이 행해지지 않은 원시적인 문화에서도 발견된다. 만여 종의 경작용 식물들은 모두 대량 생산에 들어가기 전에 정원에서 자라는 단계를 거쳐 온 것으로 보인다.

농업경제의 역사에서 정원이 갖는 의미는 시대와 지역에 따라 매우 달랐다. 좁은 공간에서 집약적인 농사를 짓는 지역에서는 농부가 곧 정원사였다. 반면 예전의 독일 농부들은 정원이 곡물 경작에 사용될 퇴비를 앗아가므로 정원을 악으로 여기기도 했다. 하지만 여성들의 입장은 지역적인 편차가 없었다. 아메리카의 푸에블로 인디언부터 근대 독일의 농부 집안까지 정원은 농업 혁신에 주도적인 역할을 해온 여성들에게는 자신들의 제국이자 자존심이었다. 그곳에는 여성들이 경험을 통해 쌓은 지식 전통이 살아 있었다. 환경사에서 여성이 갖는 특별한 역할의 물질적 근간은 대부분 정원에서 발견된다. 지난 세기들의 경우 이는 특히 여성 제후들과 관련되어 있으며 자료가 풍부하다. 작센의 여성 제후인 안나는 식물에 관한 지식을 늘 공유했던 긴밀하고도 광범위한 사회적 네트워크를 가지고 있었는데 그중에는 식물 경제학에 관심이 깊은 고귀한 신분의 여성들도 많았으며 수도원 소속의 여성들도 있었다.

여성들이 정원에서 쌓은 경험의 특징은 무엇일까? 정원에서는 땅을 면밀히 살피고 손으로 흙을 부스러뜨리는 습관이 생겨났을 것이다. 정원에서 즐겨 이용되는 삽도 다양한 토질의 층을 자세히 연구하도록 부추겼을 것이 분명하다. 넓은 경작지보다는 정원에서 땅을 다룰 때 더 아끼고 보호했을 것이다. 정원이라는 매우 제한된 공간에는 옛날에도 충분한 퇴비를 줄 수 있었다. 경작지보다도 다양한 종류의 퇴비로 실험할 수 있었고 새로운 작물을 키우며 경험을 수집할 수 있었다. 정원에서는 좁은 공간에서 다양한 식물이 자라기 때문에 모든 종류의 식물들이 서로 잘 지내지는 않는다는 사실에도 주의를 기울였다. 이는 식물 생태학의 근간을 이루는 통찰이었다.

결론적으로 정원은 [   ]

① 자연을 즐기고 자연과 교감할 수 있는 야생의 공간으로서 집안에 들여놓은 자연의 축소판이었다.

② 여성들이 자연을 통제하고자 하는 이룰 수 없는 욕구를 충족하기 위하여 인공적으로 구축한 공간이었다.

③ 경작용 식물들이 서로 잘 지낼 수 있도록 농경지를 구획하는 울타리를 헐어버림으로써 구축한 인위적 공간이었다.

④ 여성 제후들이 농부들의 경작 경험을 집대성하여 환경사의 근간을 이루는 식물 생태학의 기초를 다지는 공간이었다.

⑤ 여성들이 주도가 되어 토양과 식물을 이해하고 농경지 경작에 유용한 지식과 경험을 배양할 수 있는 좋은 장소였다.

문 1. 다음 〈표〉는 2024년 예상 매출액 상위 10개 제약사의 2018년, 2024년 매출액에 관한 자료이다. 이에 대한 〈보기〉의 설명 중 옳은 것만을 고르면?

〈표〉 2024년 매출액 상위 10개 제약사의 2018년, 2024년 매출액

(단위 : 억 달러)

2024년 기준 매출액 순위	기업명	2024년	2018년	2018년 대비 2024년 매출액 순위변화
1	Pfizer	512	453	변화없음
2	Novartis	498	435	1단계 상승
3	Roche	467	446	1단계 하락
4	J&J	458	388	변화없음
5	Merck	425	374	변화없음
6	Sanofi	407	351	변화없음
7	GSK	387	306	5단계 상승
8	AbbVie	350	321	2단계 상승
9	Takeda	323	174	7단계 상승
10	AstraZeneca	322	207	4단계 상승
매출액 소계		4,149	3,455	
전체 제약사 총매출액		11,809	8,277	

※ 2024년 매출액은 예상 매출액임

─── 〈보 기〉 ───

ㄱ. 2018년 매출액 상위 10개 제약사의 2018년 매출액 합은 3,700억 달러 이상이다.
ㄴ. 2024년 매출액 상위 10개 제약사 중, 2018년 대비 2024년 매출액이 가장 많이 증가한 기업은 Takeda이고 가장 적게 증가한 기업은 Roche이다.
ㄷ. 2024년 매출액 상위 10개 제약사의 매출액 합이 전체 제약사 총매출액에서 차지하는 비중은 2024년이 2018년보다 크다.
ㄹ. 2024년 매출액 상위 10개 제약사 중, 2018년 대비 2024년 매출액 증가율이 60% 이상인 기업은 2개이다.

① ㄱ, ㄴ
② ㄱ, ㄷ
③ ㄱ, ㄹ
④ ㄴ, ㄷ
⑤ ㄴ, ㄹ

문 2. 다음은 2014~2018년 부동산 및 기타 재산 압류건수 관련 정보가 일부 훼손된 서류이다. 이에 대한 〈보기〉의 설명 중 옳은 것을 고르면?

연도 \ 구분	부동산	기타 재산	전체
2014	122,148	6,148	128,296
2015	122,136	27,783	146,919
2016	1 743	34,011	158,754
2017	9	34,037	163,666
2018		29,814	151,211

2014~2018년 부동산 및 기타 재산 압류건수
(단위 : 건)

─── 〈보 기〉 ───

ㄱ. 부동산 압류건수는 매년 기타 재산 압류건수의 4배 이상이다.
ㄴ. 전체 압류건수가 가장 많은 해에 부동산 압류건수도 가장 많다.
ㄷ. 2019년 부동산 압류건수가 전년 대비 30% 감소하고 기타 재산 압류건수는 전년과 동일하다면, 전체 압류건수의 전년 대비 감소율은 25% 미만이다.
ㄹ. 2016년 부동산 압류건수는 2014년 대비 2.5% 이상 증가했다.

① ㄱ, ㄴ
② ㄱ, ㄷ
③ ㄴ, ㄷ
④ ㄴ, ㄹ
⑤ ㄷ, ㄹ

문 3. 다음 〈표〉는 A, B 기업의 경력사원채용 지원자 특성에 관한 자료이다. 이에 대한 〈보기〉의 설명 중 옳은 것만을 모두 고르면?

〈표〉 경력사원채용 지원자 특성

(단위 : 명)

지원자 특성		기업 A 기업	B 기업
성별	남성	53	57
	여성	21	24
최종 학력	학사	16	18
	석사	19	21
	박사	39	42
연령대	30대	26	27
	40대	25	26
	50대 이상	23	28
관련 업무 경력	5년 미만	12	18
	5년 이상~10년 미만	9	12
	10년 이상~15년 미만	18	17
	15년 이상~20년 미만	16	9
	20년 이상	19	25

※ A 기업과 B 기업에 모두 지원한 인원은 없음

〈보 기〉

ㄱ. A 기업 지원자 중, 남성 지원자의 비율은 관련 업무 경력이 10년 이상인 지원자의 비율보다 높다.

ㄴ. 최종학력이 석사 또는 박사인 B 기업 지원자 중 관련 업무 경력이 20년 이상인 지원자는 7명 이상이다.

ㄷ. 기업별 여성 지원자의 비율은 A 기업이 B 기업보다 높다.

ㄹ. A, B 기업 전체 지원자 중 40대 지원자의 비율은 35% 미만이다.

① ㄱ, ㄴ
② ㄱ, ㄷ
③ ㄴ, ㄷ
④ ㄴ, ㄹ
⑤ ㄷ, ㄹ

문 4. 다음 〈표〉와 〈그림〉은 2015년과 2016년 '갑'~'무'국의 경상수지에 관한 자료이다. 이와 〈조건〉을 이용하여 A~E에 해당하는 국가를 바르게 나열한 것은?

〈표〉 국가별 상품수출액과 서비스수출액

(단위 : 백만 달러)

국가	연도 항목	2015	2016
A	상품수출액	50	50
A	서비스수출액	30	26
B	상품수출액	30	40
B	서비스수출액	28	34
C	상품수출액	60	70
C	서비스수출액	40	46
D	상품수출액	70	62
D	서비스수출액	55	60
E	상품수출액	50	40
E	서비스수출액	27	33

〈그림 1〉 국가별 상품수지와 서비스수지

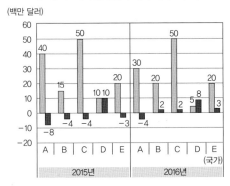

※ 상품(서비스)수지=상품(서비스)수출액−상품(서비스)수입액

〈그림 2〉 국가별 본원소득수지와 이전소득수지

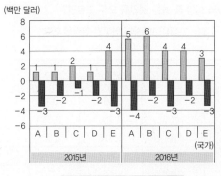

■ 본원소득수지 ■ 이전소득수지

〈조 건〉

• 2015년 대비 2016년의 상품수입액 증가폭이 동일한 국가는 '을'국과 '정'국이다.

• 2015년과 2016년의 서비스수입액이 동일한 국가는 '을'국, '병'국, '무'국이다.

• 2015년 본원소득수지 대비 상품수지 비율은 '병'국이 '무'국의 3배이다.

• 2016년 '갑'국과 '병'국의 이전소득수지는 동일하다.

	A	B	C	D	E
①	을	병	정	갑	무
②	을	무	갑	정	병
③	정	갑	을	무	병
④	정	병	을	갑	무
⑤	무	을	갑	정	병

문 5. 다음 〈표〉는 A회사의 연도별 임직원 현황에 관한 자료이다. 이에 대한 〈보기〉의 설명 중 옳은 것만을 모두 고르면?

〈표〉 A회사의 연도별 임직원 현황

(단위 : 명)

구분	연도	2013	2014	2015
국적	한국	9,566	10,197	9,070
	중국	2,636	3,748	4,853
	일본	1,615	2,353	2,749
	대만	1,333	1,585	2,032
	기타	97	115	153
	계	15,247	17,998	18,857
고용 형태	정규직	14,173	16,007	17,341
	비정규직	1,074	1,991	1,516
	계	15,247	17,998	18,857
연령	20대 이하	8,914	8,933	10,947
	30대	5,181	7,113	6,210
	40대 이상	1,152	1,952	1,700
	계	15,247	17,998	18,857
직급	사원	12,365	14,800	15,504
	간부	2,801	3,109	3,255
	임원	81	89	98
	계	15,247	17,998	18,857

〈보 기〉

ㄱ. 매년 일본, 대만 및 기타 국적 임직원 수의 합은 중국 국적 임직원 수보다 많다.

ㄴ. 매년 전체 임직원 중 20대 이하 임직원이 차지하는 비중은 50% 이상이다.

ㄷ. 2014년과 2015년에 전년대비 임직원 수가 가장 많이 증가한 국적은 모두 중국이다.

ㄹ. 국적이 한국이면서 고용형태가 정규직이고 직급이 사원인 임직원은 2014년에 5,000명 이상이다.

① ㄱ, ㄴ
② ㄱ, ㄷ
③ ㄴ, ㄹ
④ ㄱ, ㄷ, ㄹ
⑤ ㄴ, ㄷ, ㄹ

문 6. 다음 〈표〉는 2012년 34개국의 국가별 1인당 GDP와 학생들의 수학성취도 자료이고, 〈그림〉은 〈표〉의 자료를 그래프로 나타낸 것이다. 이에 대한 〈보기〉의 설명 중 옳은 것만을 모두 고르면?

〈표〉 국가별 1인당 GDP와 수학성취도

(단위 : 천 달러, 점)

국가	1인당 GDP	수학성취도
룩셈부르크	85	490
카타르	77	( )
싱가포르	58	573
미국	47	481
노르웨이	45	489
네덜란드	42	523
아일랜드	41	501
호주	41	504
덴마크	41	500
캐나다	40	518
스웨덴	39	478
독일	38	514
핀란드	36	519
일본	35	536
프랑스	34	495
이탈리아	32	485
스페인	32	484
한국	29	554
이스라엘	27	466
포르투칼	26	487
체코	25	499
헝가리	21	477
폴란드	20	518
러시아	20	482
칠레	17	423
아르헨티나	16	388
터키	16	448
멕시코	15	413
말레이시아	15	421
불가리아	14	439
브라질	13	391
태국	10	427
인도네시아	5	( )
베트남	4	511

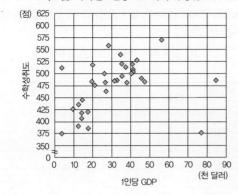

〈그림〉 국가별 1인당 GDP와 수학성취도

※ 국가별 학생 수는 동일하지 않고, 각 국가의 수학성취도는 해당국 학생 전체의 수학성취도 평균이며, 34개국 학생 전체의 수학성취도 평균은 500점임

─── 〈보 기〉 ───

ㄱ. 1인당 GDP가 체코보다 높은 국가 중에서 수학성취도가 체코보다 높은 국가의 수와 낮은 국가의 수는 같다.

ㄴ. 수학성취도 하위 7개 국가의 1인당 GDP는 모두 2만 달러 이하이다.

ㄷ. 1인당 GDP 상위 5개 국가 중에서 수학성취도가 34개국 학생 전체의 평균보다 높은 국가는 1개이다.

ㄹ. 수학성취도 상위 2개 국가의 1인당 GDP 차이는 수학성취도 하위 2개 국가의 1인당 GDP 차이보다 크다.

① ㄱ, ㄴ　　　　　　　　② ㄱ, ㄷ
③ ㄴ, ㄷ　　　　　　　　④ ㄴ, ㄹ
⑤ ㄱ, ㄷ, ㄹ

문 7.　다음 〈표〉는 어느 학술지의 우수논문 선정대상 논문 I～V에 대한 심사자 '갑', '을', '병'의 선호순위를 나열한 것이다. 〈표〉와 〈규칙〉에 근거한 〈보기〉의 설명 중 옳은 것만을 모두 고르면?

〈표〉 심사자별 논문 선호순위

심사자＼논문	I	II	III	IV	V
갑	1	2	3	4	5
을	1	4	2	5	3
병	5	3	1	4	2

※ 선호순위는 1～5의 숫자로 나타내며 숫자가 낮을수록 선호가 더 높음

─── 〈규 칙〉 ───

• 평가점수 산정방식

　가. [(선호순위가 1인 심사자 수×2)＋(선호순위가 2인 심사자 수×1)]의 값이 가장 큰 논문은 1점, 그 외의 논문은 2점의 평가점수를 부여한다.

　나. 논문별 선호순위의 중앙값이 가장 작은 논문은 1점, 그 외의 논문은 2점의 평가점수를 부여한다.

　다. 논문별 선호순위의 합이 가장 작은 논문은 1점, 그 외의 논문은 2점의 평가점수를 부여한다.

• 우수논문 선정방식

　A. 평가점수 산정방식 가, 나, 다 중 한 가지만을 활용하여 평가점수가 가장 낮은 논문을 우수논문으로 선정한다. 단, 각 산정방식이 활용될 확률은 동일하다.

　B. 평가점수 산정방식 가, 나, 다에서 도출된 평가점수의 합이 가장 낮은 논문을 우수논문으로 선정한다.

　C. 평가점수 산정방식 가, 나, 다에서 도출된 평가점수에 가중치를 각각 $\frac{1}{6}$, $\frac{1}{3}$, $\frac{1}{2}$을 적용한 점수의 합이 가장 낮은 논문을 우수논문으로 선정한다.

※ 1) 중앙값은 모든 관측치를 크기 순서로 나열하였을 때, 중앙에 오는 값을 의미함. 예를 들어, 선호순위가 2, 3, 4인 경우 3이 중앙값이며, 선호순위가 2, 2, 4인 경우 2가 중앙값임

　2) 점수의 합이 가장 낮은 논문이 2편 이상이면, 심사자 '병'의 선호가 더 높은 논문을 우수논문으로 선정함

─── 〈보 기〉 ───

ㄱ. 선정방식 A에 따르면 우수논문으로 선정될 확률이 가장 높은 논문은 I이다.

ㄴ. 선정방식 B에 따르면 우수논문은 II이다.

ㄷ. 선정방식 C에 따르면 우수논문은 III이다.

① ㄴ
② ㄱ, ㄴ
③ ㄱ, ㄷ
④ ㄴ, ㄷ
⑤ ㄱ, ㄴ, ㄷ

문 8. 다음 〈그림〉과 〈표〉는 연도별 의약품 국내시장 현황과 세계 지역별 의약품 시장규모에 관한 자료이다. 이에 대한 〈보기〉의 설명 중 옳은 것만을 모두 고르면?

〈그림〉 2006~2015년 의약품 국내시장 현황

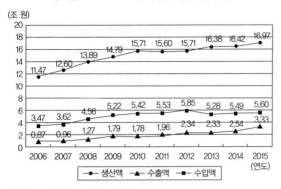

※ 국내시장규모＝생산액－수출액＋수입액

〈표〉 2013~2014년 세계 지역별 의약품 시장규모

(단위 : 십억 달러, %)

지역 \ 연도 구분	2013 시장규모	2013 비중	2014 시장규모	2014 비중
북미	362.8	38.3	405.6	39.5
유럽	219.8	( )	228.8	22.3
아시아(일본 제외), 호주, 아프리카	182.6	19.3	199.2	19.4
일본	80.5	8.5	81.6	7.9
라틴 아메리카	64.5	( )	72.1	7.0
기타	37.4	3.9	39.9	3.9
전체	947.6	100.0	( )	100.0

〈보 기〉

ㄱ. 2013년 의약품 국내시장규모에서 수입액이 차지하는 비중은 전년대비 감소하였다.

ㄴ. 2008~2015년 동안 의약품 국내시장규모는 전년대비 매년 증가하였다.

ㄷ. 2014년 의약품 세계 전체 시장규모에서 유럽이 차지하는 비중은 전년대비 감소하였다.

ㄹ. 2014년 의약품 세계 전체 시장규모는 전년대비 5% 이상 증가하였다.

① ㄱ, ㄴ
② ㄱ, ㄹ
③ ㄱ, ㄴ, ㄷ
④ ㄱ, ㄷ, ㄹ
⑤ ㄴ, ㄷ, ㄹ

문 9. 다음 〈표〉는 성인 A~F의 일일 영양소 섭취량에 관한 자료이다. 〈표〉와 〈조건〉을 근거로 〈에너지 섭취 권장기준〉에 부합하는 남성과 여성을 바르게 나열한 것은?

〈표〉 성인 A~F의 일일 영양소 섭취량

(단위 : g)

성인 \ 영양소	탄수화물	단백질	지방
A	375	50	60
B	500	50	60
C	300	75	50
D	350	120	70
E	400	100	70
F	200	80	90

〈조 건〉

• 에너지 섭취량은 탄수화물 1g당 4kcal, 단백질 1g당 4kcal, 지방 1g당 9kcal이다.

• 에너지는 탄수화물, 단백질, 지방으로만 섭취하며, 섭취하는 과정에서 손실되는 에너지는 없다.

• 〈에너지 섭취 권장기준〉에 부합하는 남성과 여성은 1명씩 존재한다.

〈에너지 섭취 권장기준〉

• 일일 총에너지 섭취량 중 55~65%를 탄수화물로, 7~20%를 단백질로, 15~30%를 지방으로 섭취한다.

• 일일 에너지 섭취 권장량은 성인 남성이 2,600~2,800kcal이며, 성인 여성이 1,900~2,100kcal이다.

	남성	여성
①	A	F
②	B	C
③	B	F
④	E	C
⑤	E	F

문 10. 다음 〈표〉는 2020년 1~4월 애니메이션을 등록한 회사의 애니메이션 등록 현황에 관한 자료이다. 이에 대한 〈보기〉의 설명 중 옳은 것만을 모두 고르면?

〈표 1〉 월별 애니메이션 등록 회사와 유형별 애니메이션 등록 현황

(단위 : 개사, 편)

월 \ 회사 \ 유형		국내단독	국내합작	해외합작	전체
1	13	6	6	2	14
2	6	4	0	2	6
3	( )	6	4	1	11
4	7	3	5	0	8

※ 애니메이션 1편당 등록 회사는 1개사임

〈표 2〉 1~4월 동안 2편 이상의 애니메이션을 등록한 회사의
월별 애니메이션 등록 현황

(단위 : 편)

회사 \ 유형 \ 월		1	2	3	4
아트팩토리	국내단독	0	1	1	0
꼬꼬지	국내단독	1	1	0	0
코닉스	국내단독	0	0	1	1
제이와이제이	국내합작	1	0	0	1
유이락	국내단독	2	0	3	1
한스튜디오	국내합작	1	0	1	2

─〈보 기〉─

ㄱ. 1~4월 동안 1편의 애니메이션만 등록한 회사는 20개사 이상이다.
ㄴ. 1월에 국내단독 유형인 애니메이션을 등록한 회사는 5개사이다.
ㄷ. 3월에 애니메이션을 등록한 회사는 9개사이다.

① ㄱ
② ㄴ
③ ㄱ, ㄴ
④ ㄴ, ㄷ
⑤ ㄱ, ㄴ, ㄷ

문 11. 다음 〈그림〉과 〈표〉를 이용하여 〈보고서〉를 작성하였다. 제시된 〈그림〉과 〈표〉 이외에 추가로 필요한 자료만을 〈보기〉에서 모두 고르면?

〈그림〉 박사학위 취득자의 성별, 전공계열별 고용률 현황

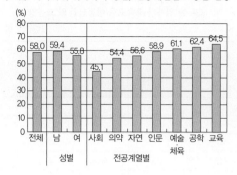

〈표〉 박사학위 취득자 중 취업자의 고용형태별 직장유형 구성 비율

(단위 : %)

직장유형 \ 고용형태	전체	정규직	비정규직
대학	54.2	9.3	81.1
민간기업	24.9	64.3	1.2
공공연구소	10.3	8.5	11.3
민간연구소	3.3	6.4	1.5
정부·지자체	1.9	2.4	1.7
기타	5.4	9.1	3.2
계	100.0	100.0	100.0

─〈보고서〉─

박사학위 취득자의 전체 고용률은 58.0%이었다. 전공계열 중 교육계열의 고용률이 가장 높고 그 다음으로 공학계열, 예술·체육계열, 인문계열의 순으로 나타났으며, 사회계열, 의약계열과 자연계열의 고용률은 상대적으로 낮았다.

박사학위 취득자 중 취업자의 직장유형 구성비율을 살펴보면 대학이 가장 높았고, 그 다음으로 민간기업, 공공연구소 등의 순이었다.

박사학위 취득자 중 취업자의 고용형태를 살펴보면, 여성 취업자 중 비정규직 비율은 75% 이상이었다. 전공계열별로는 인문계열의 비정규직 비율이 가장 높고, 그 다음으로 예술·체육계열, 의약계열, 사회계열, 자연계열, 교육계열, 공학계열 순으로 나타났다. 정규직은 과반수가 민간기업에 소속된 반면, 비정규직은 80% 이상이 대학에 소속된 것으로 나타났다.

박사학위 취득자 중 취업자의 고용형태에 따라 평균 연봉 차이가 큰 것으로 나타났다. 정규직 취업자의 직장 유형을 기타를 제외하고 평균 연봉이 높은 것부터 순서대로 나열하면 민간기업, 민간연구소, 공공연구소, 대학, 정부·지자체 순이었다. 또한, 비정규직 내에서도 직장유형별 평균 연봉의 편차가 크게 나타났다.

─〈보 기〉─

ㄱ. 박사학위 취득자 중 취업자의 전공계열별 고용형태
ㄴ. 박사학위 취득자 중 취업자의 성별, 전공계열별 평균 연봉
ㄷ. 박사학위 취득자 중 취업자의 고용형태별, 직장유형별 평균 연봉
ㄹ. 박사학위 취득자 중 취업자의 성별 고용형태
ㅁ. 박사학위 취득자 중 비정규직 여성 취업자의 전공 계열별 평균 근속기간

① ㄱ, ㄴ, ㄷ
② ㄱ, ㄷ, ㄹ
③ ㄱ, ㄷ, ㅁ
④ ㄴ, ㄷ, ㄹ
⑤ ㄴ, ㄹ, ㅁ

문 12. 다음 〈표〉는 2016년과 2017년 추석교통대책기간 중 고속도로교통현황에 관한 자료이다. 이에 대한 〈보고서〉의 내용 중 옳은 것만을 모두 고르면?

〈표 1〉 일자별 고속도로 이동인원 및 교통량

(단위 : 만 명, 만 대)

연도 일자 구분	2016		2017	
	이동인원	교통량	이동인원	교통량
D−5	−	−	525	470
D−4	−	−	520	439
D−3	−	−	465	367
D−2	590	459	531	425
D−1	618	422	608	447
추석 당일	775	535	809	588
D+1	629	433	742	548
D+2	483	346	560	433
D+3	445	311	557	440
D+4	−	−	442	388
D+5	−	−	401	369
계	3,540	2,506	6,160	4,914

※ 2016년, 2017년 추석교통대책기간은 각각 6일(D−2~D+3), 11일(D−5~D+5)임

〈표 2〉 고속도로 구간별 최대 소요시간 현황

연도	서울−대전		서울−부산		서울−광주		서서울−목포		서울−강릉	
	귀성	귀경	귀성	귀경	귀성	귀경	귀성	귀경	귀성	귀경
2016	4:15	3:30	7:15	7:20	7:30	5:30	8:50	6:10	5:00	3:40
2017	4:00	4:20	7:50	9:40	7:00	7:50	7:00	9:50	4:50	5:10

※ 'A:B'에서 A는 시간, B는 분을 의미함. 예를 들어, 4:15는 4시간 15분을 의미함

─── 〈보고서〉 ───

ㄱ 2017년 추석교통대책기간 중 총 고속도로 이동인원은 6,160만 명으로 전년대비 70% 이상 증가하였으나, ㄴ 1일 평균 이동인원은 560만 명으로 전년대비 10% 이상 감소하였다. 2017년 추석 당일 고속도로 이동인원은 사상 최대인 809만 명으로 전년대비 약 4.4% 증가하였다. 2017년 추석연휴기간의 증가로 나들이 차량 등이 늘어 추석교통대책기간 중 1일 평균 고속도로 교통량은 약 447만 대로 전년대비 6% 이상 증가하였다. 특히 ㄷ 추석 당일 고속도로 교통량은 588만 대로 전년대비 9% 이상 증가하였다. ㄹ 2017년 고속도로 최대 소요시간은 귀성의 경우, 제시된 구간에서 전년보다 모두 감소하였으며, 특히 서서울−목포 7시간, 서울−광주 7시간이 걸려 전년대비 각각 1시간 50분, 30분 감소하였다. 반면 귀경의 경우, 서서울−목포 9시간 50분, 서울−부산 9시간 40분으로 전년대비 각각 3시간 40분, 2시간 20분 증가하였다.

① ㄱ, ㄴ
② ㄱ, ㄷ
③ ㄴ, ㄷ
④ ㄴ, ㄹ
⑤ ㄷ, ㄹ

문 13. 다음 〈그림〉은 2013~2017년 '갑' 기업의 '가', '나' 사업장의 연간 매출액에 대한 자료이고, 다음 〈보고서〉는 2018년 '갑' 기업의 '가', '나' 사업장의 직원 증원에 대한 내부 검토 내용이다. 〈그림〉과 〈보고서〉를 근거로 2018년 '가', '나' 사업장의 증원인원별 연간 매출액을 추정한 결과로 옳은 것은?

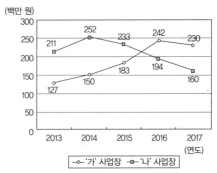

〈그림〉 2013~2017년 '갑' 기업 사업장별 연간 매출액

─── 〈보고서〉 ───

• 2018년 '가', '나' 사업장은 각각 0~3명의 직원을 증원할 계획임
• 추정 결과, 직원을 증원하지 않을 경우 '가', '나' 사업장의 2017년 대비 2018년 매출액 증감률은 각각 10% 이하일 것으로 예상됨
• 직원 증원이 없을 때와 직원 3명을 증원할 때의 2018년 매출액 차이는 '나' 사업장이 '가' 사업장보다 클 것으로 추정됨
• '나' 사업장이 2013~2017년 중 최대 매출액을 기록했던 2014년보다 큰 매출액을 기록하기 위해서는 2018년에 최소 2명의 직원을 증원해야 함

①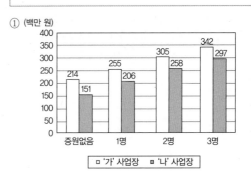

②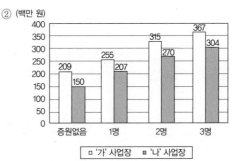

③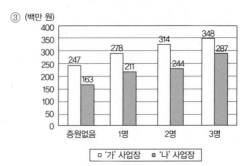

④

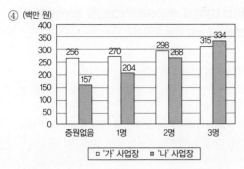

□ '가' 사업장   □ '나' 사업장

⑤

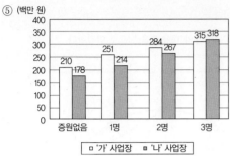

□ '가' 사업장   □ '나' 사업장

문 14. 다음 〈표〉는 축구팀 '가'~'다' 사이의 경기 결과이다. 이에 대한 〈보기〉의 설명 중 옳은 것만을 모두 고르면?

〈표〉 경기 결과

팀 \ 기록	승리 경기수	패배 경기수	무승부 경기수	총득점	총실점
가	2	( )	( )	( )	2
나	( )	( )	( )	4	5
다	( )	( )	1	2	8

※ 각 팀이 나머지 두 팀과 각각 한 번씩만 경기를 한 결과임

─── 〈보 기〉 ───

ㄱ. '가'의 총득점은 8점이다.

ㄴ. '나'와 '다'의 경기 결과는 무승부이다.

ㄷ. '가'는 '나'와의 경기에서 3:2로 승리했다.

ㄹ. '가'는 '다'와의 경기에서 5:0으로 승리했다.

① ㄱ, ㄷ

② ㄱ, ㄹ

③ ㄴ, ㄷ

④ ㄴ, ㄹ

⑤ ㄴ, ㄷ, ㄹ

문 15. 다음 〈표〉와 〈정보〉는 5월 '갑'국의 관측날씨와 '가'~'라'팀의 예보날씨에 관한 자료이다. 〈표〉와 〈정보〉를 근거로 '정확도가 가장 높은 팀'과 '임계성공지수가 가장 낮은 팀'을 바르게 나열한 것은?

〈표〉 5월 '갑'국의 관측날씨와 팀별 예보날씨

날짜(일) \ 구분	1	2	3	4	5	6	7	8	9	10	11	12
관측날씨	☁	☁	☀	☀	☁	☀	☀	☀	☀	☁	☀	☀
예보날씨 가	☁	☁	☀	☀	☀	☀	☀	☀	☀	☁	☁	☀
예보날씨 나	☁	☁	☁	☀	☁	☁	☀	☀	☁	☁	☁	☀
예보날씨 다	☁	☁	☀	☀	☀	☀	☀	☀	☁	☀	☀	☀
예보날씨 라	☁	☀	☀	☀	☀	☀	☀	☀	☀	☀	☀	☀

〈정보〉

• 각 팀의 예보날씨와 실제 관측날씨 분류표

예보날씨 \ 관측날씨	☁	☀
☁	H	F
☀	M	C

※ H, F, M, C는 각각의 경우에 해당하는 빈도를 뜻하며, 예를 들어 '가'팀의 H는 3임

• 정확도 $= \dfrac{H+C}{H+F+M+C}$

• 임계성공지수 $= \dfrac{H}{H+F+M}$

	정확도가 가장 높은 팀	임계성공지수가 가장 낮은 팀
①	가	나
②	가	라
③	다	나
④	다	라
⑤	라	다

문 16. 영희가 다음의 〈규칙〉에 따라 아래의 〈그림〉을 작성하였을 때, 영희가 사용한 두 자연수 n과 m의 합을 구하면?

〈규칙〉

• 원주를 (n-1) 등분하여 '등분점'을 찍는다.
• '등분점' 중 임의의 한 점부터 반시계 방향으로 각 점에 순서대로 1, 2, …, n-1의 번호를 붙인다.
• 임의의 '등분점' P를 선택해 P의 번호에 m을 곱한 수를 n으로 나눈 나머지를 구하여, 그 값을 번호로 가지는 '등분점'을 P의 '대응점'이라 한다.
• 단, $2 \leq m \leq \dfrac{n}{2}$ 이다.
• 각 '등분점'과 그 '등분점'의 '대응점'을 선으로 연결한다.

〈그림〉

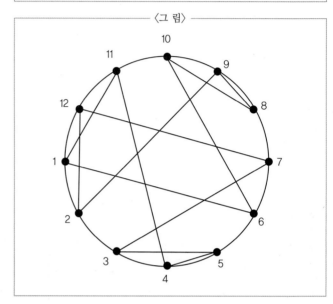

① 15
② 16
③ 17
④ 18
⑤ 19

문 17. 다음 〈표〉는 '갑'국의 2021학년도 중등교사 임용시험 과목별 접수인원 및 경쟁률 현황에 대한 자료이다. 이에 대한 〈보기〉의 설명 중 옳은 것만을 고르면?

〈표〉 2021학년도 중등교사 임용시험 과목별 접수 현황

(단위 : 명)

구분 과목	모집정원	접수인원	경쟁률	2020학년도 경쟁률
국어	383	6,493	16.95	19.55
영어	( )	4,235	15.92	19.10
중국어	31	819	26.42	23.98
도덕윤리	297	1,396	4.70	( )
일반사회	230	1,557	6.77	7.06
지리	150	1,047	( )	6.83
역사	229	3,268	14.27	15.22
수학	( )	4,452	12.54	14.20
물리	133	( )	7.46	7.10
화학	142	1,122	7.90	8.10
생물	159	1,535	( )	11.14
지구과학	115	795	6.91	7.25
가정	141	1,048	7.43	8.03
기술	144	424	( )	2.65
정보컴퓨터	145	( )	6.26	5.88
음악	193	2,574	( )	11.33
미술	209	1,998	9.56	10.62
체육	425	4,046	9.52	9.46

※ 경쟁률 = $\dfrac{접수인원}{모집정원}$

〈보 기〉

ㄱ. 2021학년도 경쟁률이 전년 대비 하락한 과목 수는 상승한 과목 수보다 많다.

ㄴ. 2021학년도 경쟁률 상위 3과목과 접수인원 상위 3과목은 일치한다.

ㄷ. 2021학년도 경쟁률이 5.0 미만인 과목의 모집정원은 각각 150명 이상이다.

ㄹ. 2021학년도 과목별 모집정원은 수학이 영어보다 많다.

① ㄱ, ㄴ
② ㄱ, ㄷ
③ ㄱ, ㄹ
④ ㄴ, ㄷ
⑤ ㄴ, ㄹ

문 18. 다음 〈표〉와 〈보고서〉는 2012~2013년 '갑' 국의 철도사고 및 운행장애 발생 현황과 원인분석에 관한 자료이다. 이를 근거로 아래의 (가)~(마)에 알맞은 수를 바르게 나열한 것은?

〈표 1〉 철도사고 및 운행장애 발생 현황

(단위 : 건)

구분		연도	2012	2013	전년대비 증감
철도 사고	철도교통 사고	열차사고	0	0	0
		철도교통 사상사고	(가)	( )	+4
	철도안전 사고	철도화재 사고	0	0	0
		철도안전 사상사고	(나)	( )	−1
		철도시설 파손사고	0	0	0
운행 장애	위험사건		0	0	0
	지연운행		5	3	−2
	기타		0	0	0

〈표 2〉 철도안전사상사고 피해자 유형별 사고 건수 및 피해 정도별 피해자 수

(단위 : 건, 명)

구분 연도	피해자 유형별 사고 건수			피해정도별 피해자 수		
	승객	비승객 일반인	직원	사망	중상	경상
2012	( )	( )	( )	1	4	4
2013	( )	( )	8	1	(다)	4

〈표 3〉 사고원인별 운행장애 발생 현황

(단위 : 건)

사고원인 연도	차량 탈선	규정 위반	급전 장애	신호 장애	차량 고장	기타
2012	( )	( )	( )	(라)	2	( )
2013	( )	( )	( )	( )	( )	(마)
전년대비 증감	+1	−1	−1	−1	−2	+2

〈보고서〉

• 2013년 철도교통사상사고는 전년대비 4건이 증가하였으며, 이 중 '투신자살'이 27건으로 전체 철도교통 사상사고 건수의 90%를 차지함

• 2013년 철도안전사상사고 1건당 피해자 수는 1명으로 전년과 동일하였고, 피해자 유형은 모두 '직원'임

• 2013년에는 '규정위반', '급전장애', '신호장애', '차량고장'을 제외한 원인으로 모두 3건의 운행장애가 발생함

	(가)	(나)	(다)	(라)	(마)
①	26	9	2	1	1
②	26	9	3	1	2
③	26	10	2	2	2
④	27	9	2	2	1
⑤	27	10	3	2	2

문 19. 다음 〈표〉는 2015~2019년 '갑'국 음식점 현황에 관한 자료이다. 〈표〉를 이용하여 작성한 그래프로 옳지 <u>않은</u> 것은?

〈표〉 '갑'국 음식점 현황

(단위 : 개, 명, 억 원)

구분	연도 업종	2015	2016	2017	2018	2019
사업체	한식	157,295	156,707	155,555	158,398	159,852
	서양식	1,182	1,356	1,306	4,604	1,247
	중식	13,102	9,940	9,885	10,443	10,099
	계	171,579	168,003	166,746	173,445	171,198
종사자	한식	468,351	473,878	466,685	335,882	501,056
	서양식	17,748	13,433	13,452	46,494	14,174
	중식	80,193	68,968	72,324	106,472	68,360
	계	566,292	556,279	552,461	488,848	583,590
매출액		67,704	90,600	75,071	137,451	105,603
부가가치액		28,041	31,317	23,529	23,529	31,410

① 업종별 종사자

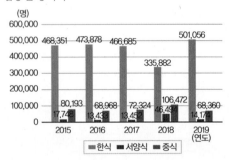

② 업종별 사업체 구성비

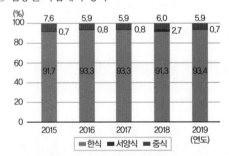

③ 업종별 사업체당 종사자

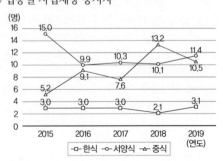

④ 한식, 중식 종사자의 전년 대비 증가율

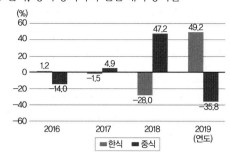

⑤ 매출액 대비 부가가치액 비율

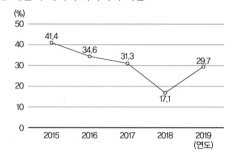

문 20. 다음 〈표〉는 2014~2018년 '갑'국의 예산 및 세수 실적과 2018년 세수항목별 세수 실적에 관한 자료이다. 이에 대한 설명으로 옳지 <u>않은</u> 것은?

〈표 1〉 2014~2018년 '갑'국의 예산 및 세수 실적

(단위 : 십억 원)

구분 연도	예산액	징수결정액	수납액	불납결손액
2014	175,088	198,902	180,153	7,270
2015	192,620	211,095	192,092	8,200
2016	199,045	208,745	190,245	8
2017	204,926	221,054	195,754	2,970
2018	205,964	237,000	208,113	2,321

〈표 2〉 2018년 '갑'국의 세수항목별 세수 실적

(단위 : 십억 원)

구분 세수항목	예산액	징수결정액	수납액	불납결손액
총 세수	205,964	237,000	208,113	2,321
내국세	183,093	213,585	185,240	2,301
교통·에너지·환경세	13,920	14,110	14,054	10
교육세	5,184	4,922	4,819	3
농어촌특별세	2,486	2,674	2,600	1
종합부동산세	1,281	1,709	1,400	6

※ 1) 미수납액=징수결정액−수납액−불납결손액

2) 수납비율(%)=$\dfrac{수납액}{예산액}$×100

① 미수납액이 가장 큰 연도는 2018년이다.
② 수납비율이 가장 높은 연도는 2014년이다.
③ 2018년 내국세 미수납액은 총 세수 미수납액의 95% 이상을 차지한다.
④ 2018년 세수항목 중 수납비율이 가장 높은 항목은 종합부동산세이다.
⑤ 2018년 교통·에너지·환경세 미수납액은 교육세 미수납액보다 크다.

문 21. 다음 〈표〉는 유통업체 '가'~'바'의 비정규직 간접고용 현황에 대한 자료이다. 이에 대한 〈보기〉의 설명 중 옳은 것만을 모두 고르면?

〈표〉 유통업체 '가'~'바'의 비정규직 간접고용 현황

(단위 : 명, %)

유통업체	사업장	업종	비정규직 간접고용 인원	비정규직 간접고용 비율
가	A	백화점	3,408	74.9
나	B	백화점	209	31.3
다	C	백화점	2,149	36.6
	D	백화점	231	39.9
	E	마트	8,603	19.6
라	F	백화점	146	34.3
	G	마트	682	34.4
마	H	마트	1,553	90.4
바	I	마트	1,612	48.7
	J	마트	2,168	33.6
전체			20,761	29.9

※ 비정규직 간접고용 비율(%)=$\dfrac{비정규직\ 간접고용\ 인원}{비정규직\ 간접고용\ 인원+비정규직\ 직접고용\ 인원}$×100

─〈보 기〉─

ㄱ. 업종별 비정규직 간접고용 총인원은 마트가 백화점의 2배 이상이다.
ㄴ. 비정규직 직접고용 인원은 A가 H의 10배 이상이다.
ㄷ. 비정규직 간접고용 비율이 가장 낮은 사업장의 비정규직 직접고용 인원은 다른 9개 사업장의 비정규직 직접고용 인원의 합보다 많다.
ㄹ. 유통업체별 비정규직 간접고용 비율은 '다'가 '라'보다 높다.

① ㄱ, ㄷ
② ㄴ, ㄹ
③ ㄷ, ㄹ
④ ㄱ, ㄴ, ㄷ
⑤ ㄱ, ㄴ, ㄹ

문 22. 다음 〈표〉는 2010~2016년 '갑'국의 신설법인 현황에 대한 자료이다. 〈표〉를 이용하여 작성한 그래프로 옳지 <u>않은</u> 것은?

〈표〉 2010~2016년 '갑'국의 신설법인 현황

(단위 : 개)

업종 연도	농림 수산업	제조업	에너지 공급업	건설업	서비스업	전체
2010	1,077	14,818	234	6,790	37,393	60,312
2011	1,768	15,557	299	6,593	40,893	65,110
2012	2,067	17,733	391	6,996	46,975	74,162
2013	1,637	18,721	711	7,069	47,436	75,574
2014	2,593	19,509	1,363	8,145	53,087	84,697
2015	3,161	20,155	967	9,742	59,743	93,768
2016	2,391	19,037	1,488	9,825	63,414	96,155

① 2016년 신설법인의 업종별 구성비

(단위 : %)

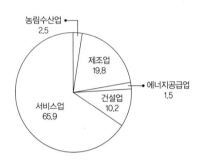

② 2011~2016년 제조업 및 서비스업 신설법인 수 추이

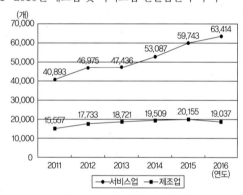

③ 2011~2016년 건설업 신설법인 수의 전년대비 증가율 추이

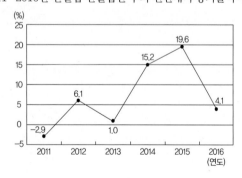

④ 2011~2016년 신설법인 중 서비스업 신설법인 비율

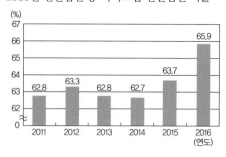

⑤ 2011~2016년 전체 신설법인 수의 전년대비 증가율 추이

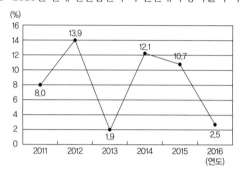

문 23. 다음 〈표〉는 '갑'시 자격시험 접수, 응시 및 합격자 현황이다. 이에 대한 설명으로 옳은 것은?

〈표〉 '갑'시 자격시험 접수, 응시 및 합격자 현황

(단위 : 명)

구분	종목	접수	응시	합격
산업 기사	치공구설계	28	22	14
	컴퓨터응용가공	48	42	14
	기계설계	86	76	31
	용접	24	11	2
	전체	186	151	61
기능사	기계가공조립	17	17	17
	컴퓨터응용선반	41	34	29
	웹디자인	9	8	6
	귀금속가공	22	22	16
	컴퓨터응용밀링	17	15	12
	전산응용기계제도	188	156	66
	전체	294	252	146

※ 1) 응시율(%) = $\dfrac{\text{응시자 수}}{\text{접수자 수}} \times 100$

2) 합격률(%) = $\dfrac{\text{합격자 수}}{\text{응시자 수}} \times 100$

① 산업기사 전체 합격률은 기능사 전체 합격률보다 높다.
② 산업기사 종목을 합격률이 높은 것부터 순서대로 나열하면 치공구설계, 컴퓨터응용가공, 기계설계, 용접 순이다.
③ 산업기사 전체 응시율은 기능사 전체 응시율보다 낮다.
④ 산업기사 종목 중 응시율이 가장 낮은 것은 컴퓨터응용가공이다.
⑤ 기능사 종목 중 응시율이 높은 종목일수록 합격률도 높다.

※ 다음 〈표〉는 훈련대상별 훈련성과에 관한 자료이다. 〈표〉를 보고 물음에 답하시오. [문 24~문 25]

〈표 1〉 훈련대상별 훈련실시인원과 자격증취득인원

(단위 : 명)

구분 \ 훈련대상	전직 실업자	신규 실업자	지역 실업자	영세 자영업자	새터민
훈련실시인원	9,013	3,005	7,308	3,184	1,301
자격증취득인원	4,124	1,230	3,174	487	617

※ 1) 훈련대상은 '전직실업자', '신규실업자', '지역실업자', '영세자영업자', '새터민'으로 구성됨
　 2) 훈련대상별 훈련실시인원의 중복은 없음

〈표 2〉 훈련대상별 자격증취득인원의 성·연령대·최종학력별 구성비

(단위 : %)

구분 \ 훈련대상		전직 실업자	신규 실업자	지역 실업자	영세 자영업자	새터민
성	남	45	63	44	58	40
	여	55	37	56	42	60
연령대	20대	5	17	18	8	21
	30대	13	32	21	24	25
	40대	27	27	27	22	18
	50대	45	13	23	31	22
	60대 이상	10	11	11	15	14
최종 학력	중졸 이하	4	8	12	32	34
	고졸	23	25	18	28	23
	전문대졸	19	28	31	16	27
	대졸	38	21	23	15	14
	대학원졸	16	18	16	9	2

※ 소수점 아래 첫째 자리에서 반올림한 값임

〈표 3〉 훈련대상·최종학력별 훈련실시인원 및 자격증취득률

(단위 : 명, %)

구분 \ 훈련대상		전직 실업자	신규 실업자	지역 실업자	영세 자영업자	새터민	전체
최종 학력	중졸 이하	1,498(11)	547(18)	865(44)	1,299(12)	499(42)	4,708(21)
	고졸	1,790(53)	854(36)	1,099(52)	852(16)	473(30)	5,068(42)
	전문대졸	2,528(31)	861(40)	1,789(55)	779(10)	203(82)	6,160(38)
	대졸	2,305(68)	497(52)	2,808(26)	203(36)	108(80)	5,921(46)
	대학원졸	892(74)	246(90)	747(68)	51(86)	18(70)	1,954(74)

※ 1) 자격증취득률(%) = $\dfrac{\text{자격증취득인원}}{\text{훈련실시인원}} \times 100$
　 2) ( ) 안 수치는 자격증취득률을 의미함
　 3) 소수점 아래 첫째 자리에서 반올림한 값임

문 24. 위 〈표〉에 대한 설명으로 옳은 것은?

① 고졸 전직실업자인 자격증취득인원은 전문대졸 지역실업자인 자격증취득인원보다 적다.

② 남성 자격증취득인원은 훈련대상 중 신규실업자가 가장 많다.

③ 신규실업자의 최종학력별 자격증취득률은 고졸이 대졸보다 높다.

④ 영세자영업자의 자격증취득률은 연령대 중 50대가 가장 낮다.

⑤ 전체 대졸 자격증취득인원 대비 훈련대상별 대졸 자격증취득 인원의 비율이 가장 낮은 훈련대상은 새터민이다.

문 25. 위 〈표〉의 내용과 부합하는 것만을 〈보기〉에서 모두 고르면?

〈보 기〉

ㄱ. 훈련대상별 자격증취득인원

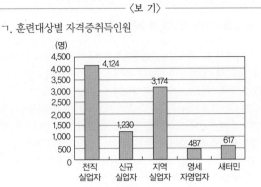

ㄴ. 훈련대상·성별 자격증취득률

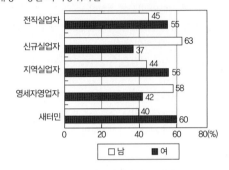

ㄷ. 중졸 이하 자격증취득인원의 훈련대상별 구성비

(단위 : %)

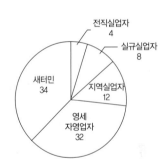

ㄹ. 새터민 자격증취득인원의 연령대별 누적 구성비

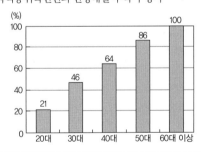

① ㄱ, ㄴ　　　　② ㄱ, ㄷ

③ ㄱ, ㄹ　　　　④ ㄴ, ㄷ

⑤ ㄴ, ㄹ

문 1. 다음 글을 근거로 판단할 때 옳은 것은?

제00조 ① 특별시장·광역시장·특별자치시장·도지사 또는 특별자치도지사(이하 '시·도지사'라 한다)는 아이돌보미의 양성을 위하여 적합한 시설을 교육기관으로 지정·운영하여야 한다.
② 시·도지사는 교육기관이 다음 각 호의 어느 하나에 해당하는 경우 사업의 정지를 명하거나 그 지정을 취소할 수 있다. 다만 제1호에 해당하는 경우 지정을 취소하여야 한다.
1. 거짓이나 그 밖의 부정한 방법으로 교육기관으로 지정을 받은 경우
2. 교육과정을 1년 이상 운영하지 아니하는 경우
③ 제2항 제1호의 방법으로 교육기관 지정을 받은 자는 1년 이하의 징역 또는 1천만 원 이하의 벌금에 처한다.
④ 아이돌보미가 되려는 사람은 시·도지사가 지정·운영하는 교육기관에서 교육과정을 수료하여야 한다.
⑤ 아이돌보미가 되려는 사람은 여성가족부장관이 실시하는 적성·인성검사를 받아야 한다.
제00조 ① 아이돌보미는 다른 사람에게 자기의 성명을 사용하여 아이돌보미 업무를 수행하게 하거나 수료증을 대여하여서는 아니 된다.
② 아이돌보미가 아닌 사람은 아이돌보미 또는 이와 유사한 명칭을 사용할 수 없다.
③ 제1항, 제2항을 위반한 사람에게는 300만 원 이하의 과태료를 부과한다.
제00조 ① 여성가족부장관은 아이돌봄서비스의 질적 수준과 아이돌보미의 전문성 향상을 위하여 보수교육을 실시하여야 한다.
② 제1항에 따른 보수교육은 전문기관에 위탁하여 실시할 수 있다.

① 아이돌보미가 아닌 보육 관련 종사자도 아이돌보미 명칭을 사용할 수 있다.
② 시·도지사는 아이돌보미 양성을 위한 교육기관을 지정·운영하고 보수교육을 실시하여야 한다.
③ 아이돌보미가 되려는 사람은 시·도지사가 실시하는 적성·인성검사를 받아야 한다.
④ 서울특별시의 A기관이 부정한 방법을 통해 아이돌보미 양성을 위한 교육기관으로 지정을 받은 경우, 서울특별시장은 200만 원의 과태료를 부과할 수 있다.
⑤ 인천광역시의 B기관이 아이돌보미 양성을 위한 교육기관으로 지정된 후 교육과정을 1년간 운영하지 않은 경우, 인천광역시장은 그 지정을 취소할 수 있다.

문 2. 다음 글과 〈상황〉을 근거로 판단할 때 옳은 것은?(단, 기간을 일(日)로 정한 때에는 기간의 초일은 산입하지 않는다)

제○○조(위원회의 직무) 위원회는 그 소관에 속하는 의안과 청원 등의 심사 기타 법률에서 정하는 직무를 행한다.
제△△조(안건의 신속처리) ① 위원회에 회부된 안건을 제2항에 따른 신속처리대상안건으로 지정하고자 하는 경우 의원은 재적의원 과반수가 서명한 신속처리대상안건 지정 요구 동의(이하 "신속처리안건지정동의")를 국회의장에게, 안건의 소관 위원회 소속 위원은 소관위원회 재적위원 과반수가 서명한 신속처리안건지정동의를 소관 위원회 위원장에게 제출하여야 한다. 이 경우 의장 또는 안건의 소관 위원회 위원장은 지체 없이 신속처리안건지정동의를 무기명투표로 표결하되 재적의원 5분의 3 이상 또는 안건의 소관 위원회 재적위원 5분의 3 이상의 찬성으로 의결한다.
② 의장은 제1항에 따라 신속처리안건지정동의가 가결된 때에는 해당 안건을 제3항의 기간 내에 심사를 마쳐야 하는 안건(이하 "신속처리대상안건")으로 지정하여야 한다.
③ 위원회는 신속처리대상안건에 대한 심사를 그 지정일부터 180일 이내에 마쳐야 한다. 다만, 법제사법위원회는 신속처리 대상안건에 대한 체계·자구심사를 그 지정일, 제4항에 따라 회부된 것으로 보는 날 또는 제ㅁㅁ조에 따라 회부된 날부터 90일 이내에 마쳐야 한다.
④ 위원회(법제사법위원회를 제외한다)가 신속처리대상 안건에 대하여 제3항에 따른 기간 내에 신속처리대상안건의 심사를 마치지 아니한 때에는 그 기간이 종료된 다음 날에 소관 위원회에서 심사를 마치고 체계·자구심사를 위하여 법제사법위원회로 회부된 것으로 본다.
⑤ 법제사법위원회가 신속처리대상안건에 대하여 제3항에 따른 기간 내에 심사를 마치지 아니한 때에는 그 기간이 종료한 다음 날에 법제사법위원회에서 심사를 마치고 바로 본회의에 부의된 것으로 본다.
⑥ 제5항에 따른 신속처리대상안건은 본회의에 부의된 것으로 보는 날부터 60일 이내에 본회의에 상정되어야 한다.
제ㅁㅁ조(체계·자구의 심사) 위원회에서 법률안의 심사를 마치거나 입안한 때에는 법제사법위원회에 회부하여 체계와 자구에 대한 심사를 거쳐야 한다.

―〈상 황〉―
• 국회 재적의원은 300명이고, 지식경제위원회 재적위원은 25명이다.
• 지식경제위원회에 회부된 안건 X가 3월 2일 신속처리 대상안건으로 지정되었다.

① 안건 X는 국회 재적의원 중 최소 150명 또는 지식경제위원회 위원 중 최소 13명의 찬성으로 신속처리대상안건으로 지정되었다.
② 지식경제위원회는 안건 X에 대해 당해년도 10월 1일까지 심사를 마쳐야 한다.
③ 지식경제위원회가 안건 X에 대해 기간 내 심사를 마치지 못했다면, 90일을 연장하여 재심사 할 수 있다.
④ 지식경제위원회가 안건 X에 대해 심사를 마치고 당해년도 7월 1일 법제사법위원회로 회부했다면, 법제사법위원회는 당해년도 9월 29일까지 심사를 마쳐야 한다.
⑤ 안건 X가 당해년도 8월 1일 법제사법위원회로 회부되었고 법제사법위원회가 기간 내 심사를 마치지 못했다면, 다음 해 1월 28일에 본회의에 부의된 것으로 본다.

문 3. 다음 글을 근거로 판단할 때 옳은 것은?

> **제00조** ① 다음 각 호의 어느 하나에 해당하는 자는 농식품경영체에 대한 투자를 목적으로 하는 농식품투자조합을 결성할 수 있다.
> 1. 중소기업창업투자회사
> 2. 투자관리전문기관
> ② 제1항에 따른 조합은 그 채무에 대하여 무한책임을 지는 1인 이상의 조합원(이하 '업무집행조합원'이라 한다)과 출자액을 한도로 하여 유한책임을 지는 조합원(이하 '유한책임조합원'이라 한다)으로 구성한다. 이 경우 업무집행조합원은 다음 각 호의 어느 하나에 해당하는 자로 하되, 그 중 1인은 제1호에 해당하는 자이어야 한다.
> 1. 제1항 각 호의 어느 하나에 해당하는 자
> 2. 「보험업법」에 따른 보험회사
> **제00조** 업무집행조합원은 농식품투자조합의 업무를 집행할 때 다음 각 호의 어느 하나에 해당하는 행위를 하여서는 아니 된다.
> 1. 자기나 제3자의 이익을 위하여 농식품투자조합의 재산을 사용하는 행위
> 2. 농식품투자조합 명의로 자금을 차입하는 행위
> 3. 농식품투자조합의 재산으로 지급보증 또는 담보를 제공하는 행위
> **제00조** ① 농식품투자조합은 다음 각 호의 어느 하나에 해당하는 사유가 있을 때에는 해산한다.
> 1. 존속기간의 만료
> 2. 유한책임조합원 또는 업무집행조합원 전원의 탈퇴
> 3. 농식품투자조합의 자산이 출자금 총액보다 적어지거나 그 밖의 사유가 생겨 업무를 계속 수행하기 어려운 경우로서 조합원 총수의 과반수와 조합원 총지분 과반수의 동의를 받은 경우
> ② 농식품투자조합이 해산하면 업무집행조합원이 청산인이 된다. 다만 조합의 규약으로 정하는 바에 따라 업무집행조합원 외의 자를 청산인으로 선임할 수 있다.
> ③ 농식품투자조합의 해산 당시의 출자금액을 초과하는 채무가 있으면 업무집행조합원이 그 채무를 변제하여야 한다.

① 농식품투자조합이 해산한 경우, 조합의 규약에 다른 규정이 없는 한 업무집행조합원이 청산인이 된다.

② 투자관리전문기관은 농식품투자조합의 유한책임조합원이 될 수 있지만 업무집행조합원이 될 수 없다.

③ 업무집행조합원은 농식품투자조합의 업무를 집행할 때, 그 조합의 재산으로 지급을 보증하는 행위를 할 수 있다.

④ 농식품투자조합 해산 당시 출자금액을 초과하는 채무가 있으면, 유한책임조합원 전원이 연대하여 그 채무를 변제하여야 한다.

⑤ 농식품투자조합의 자산이 출자금 총액보다 적어 업무를 계속 수행하기 어려운 경우, 조합원 총수의 과반수의 동의만으로 농식품투자조합은 해산한다.

문 4. 다음 글을 근거로 판단할 때, ㉠에 들어갈 일시는?

> • 서울에 있는 甲사무관, 런던에 있는 乙사무관, 시애틀에 있는 丙사무관은 같은 프로젝트를 진행하면서 다음과 같이 영상업무회의를 진행하였다.
> • 회의 시각은 런던을 기준으로 11월 1일 오전 9시였다.
> • 런던은 GMT+0, 서울은 GMT+9, 시애틀은 GMT−7을 표준시로 사용한다. (즉, 런던이 오전 9시일 때, 서울은 같은 날 오후 6시이며 시애틀은 같은 날 오전 2시이다)
> 甲 : 제가 프로젝트에서 맡은 업무는 오늘 오후 10시면 마칠 수 있습니다. 런던에서 받아서 1차 수정을 부탁드립니다.
> 乙 : 네, 저는 甲사무관님께서 제시간에 끝내 주시면 다음날 오후 3시면 마칠 수 있습니다. 시애틀에서 받아서 마지막 수정을 부탁드립니다.
> 丙 : 알겠습니다. 저는 앞선 두 분이 제시간에 끝내 주신다면 서울을 기준으로 모레 오전 10시면 마칠 수 있습니다. 제가 업무를 마치면 프로젝트가 최종 마무리 되겠군요.
> 甲 : 잠깐, 다들 말씀하신 시각의 기준이 다른 것 같은데요? 저는 처음부터 런던을 기준으로 이해하고 말씀드렸습니다.
> 乙 : 저는 처음부터 시애틀을 기준으로 이해하고 말씀드렸는데요?
> 丙 : 저는 처음부터 서울을 기준으로 이해하고 말씀드렸습니다. 그렇다면 계획대로 진행될 때 서울을 기준으로 (㉠)에 프로젝트를 최종 마무리할 수 있겠네요.
> 甲, 乙 : 네, 맞습니다.

① 11월 2일 오후 3시
② 11월 2일 오후 11시
③ 11월 3일 오전 10시
④ 11월 3일 오후 3시
⑤ 11월 3일 오후 7시

문 5. 다음 〈상황〉과 〈자기소개〉를 근거로 판단할 때 옳지 <u>않은</u> 것은?

───〈상 황〉───

5명의 직장인(甲~戊)이 커플 매칭 프로그램에 참여했다.
- 남성이 3명이고 여성이 2명이다.
- 5명의 나이는 34세, 32세, 30세, 28세, 26세이다.
- 5명의 직업은 의사, 간호사, TV드라마감독, 라디오작가, 요리사이다.
- 의사와 간호사는 성별이 같다.
- 라디오작가는 요리사와 매칭된다.
- 남성과 여성의 평균 나이는 같다.
- 한 사람당 한 명의 이성과 매칭이 가능하다.

───〈자기소개〉───

甲 : 안녕하세요. 저는 32세이고 의료 관련 일을 합니다.
乙 : 저는 방송업계에서 일하는 남성입니다.
丙 : 저는 20대 남성입니다.
丁 : 반갑습니다. 저는 방송업계에서 일하는 여성입니다.
戊 : 제가 이 중 막내네요. 저는 요리사입니다.

① TV드라마감독은 乙보다 네 살이 많다.
② 의사와 간호사 나이의 평균은 30세이다.
③ 요리사와 라디오작가는 네 살 차이이다.
④ 甲의 나이는 방송업계에서 일하는 사람들 나이의 평균과 같다.
⑤ 丁은 의료계에서 일하는 두 사람 중 나이가 적은 사람보다 두 살 많다.

문 6. 다음 글을 근거로 판단할 때 옳지 <u>않은</u> 것은?

도시 O, A, B, C는 순서대로 동일 직선상에 배치되어 있으며 도시 간 거리는 각각 30km로 동일하다. ($\overline{OA}$: 30km, $\overline{AB}$: 30km, $\overline{BC}$: 30km)

A, B, C가 비용을 분담하여 O에서부터 A와 B를 거쳐 C까지 연결하는 직선도로를 건설하려고 한다. A, B, C 주민은 O로의 이동을 위해서만 도로를 이용한다. 도로 1km당 건설비용은 동일하다. 비용 분담안으로 다음 세 가지 안이 논의되고 있다.
- I안 : 각 도시가 균등하게 비용을 부담
- II안 : 각 도시가 이용 구간의 길이에 비례하여 비용을 부담
- III안 : 도로를 $\overline{OA}$, $\overline{AB}$, $\overline{BC}$로 나누어 해당 구간을 이용하는 도시가 해당 구간 건설비용을 균등하게 부담

① A에게는 III안이 가장 부담 비용이 낮다.
② B의 부담 비용은 I안과 II안에서 같다.
③ II안에서 A와 B의 부담 비용의 합은 C의 부담 비용과 같다.
④ I안에 비해 부담 비용이 낮아지는 도시의 수는 II안보다 III안에서 더 많다.
⑤ C의 부담 비용은 III안이 I안의 2배 이상이다.

문 7. 다음 글을 근거로 판단할 때, 〈보기〉에서 옳은 것만을 모두 고르면?

보다 많은 고객을 끌어들일 수 있는 이상적인 점포 입지를 결정하기 위한 상권분석이론에는 'X가설'과 'Y가설'이 있다. X가설에 의하면, 소비자는 유사한 제품을 판매하는 점포들 중 한 점포를 선택할 때 가장 가까운 점포를 선택한다. 그러나 이동거리가 점포 선택에 큰 영향을 미치기는 하지만, 소비자가 항상 가장 가까운 점포를 찾는다는 X가설이 적용되기 어려운 상황들이 있다. 가령, 소비자들은 먼 거리에 위치한 점포가 보다 나은 구매기회를 제공함으로써 이동에 따른 추가 노력을 보상한다면 기꺼이 먼 곳까지 찾아간다.

한편 Y가설은 다른 조건이 동일하다면 두 도시 사이에 위치하는 어떤 지역에 대한 각 도시의 상거래 흡인력은 각 도시의 인구에 비례하고, 각 도시로부터의 거리 제곱에 반비례한다고 본다. 즉, 인구가 많은 도시일수록 더 많은 구매기회를 제공할 가능성이 높으므로 소비자를 끌어당기는 힘이 크다고 본 것이다.

예를 들어, 일직선상에 A, B, C 세 도시가 있고, C시는 A시와 B시 사이에 위치하며, C시는 A시로부터 5km, B시로부터 10km 떨어져 있다. 그리고 A시 인구는 50만 명, B시의 인구는 400만 명, C시의 인구는 9만 명이다. 만약 A시와 B시가 서로 영향을 주지 않고, C시의 모든 인구가 A시와 B시에서만 구매한다고 가정하면, Y가설에 따라 A시와 B시로 구매활동에 유인되는 C시의 인구 규모를 계산할 수 있다. A시의 흡인력은 20,000(＝50만÷25), B시의 흡인력은 40,000(＝400만÷100)이다. 따라서 9만 명인 C시의 인구 중 1/3인 3만 명은 A시로, 2/3인 6만 명은 B시로 흡인된다.

───〈보 기〉───

ㄱ. X가설에 따르면, 소비자가 유사한 제품을 판매하는 점포들 중 한 점포를 선택할 때 소비자는 더 싼 가격의 상품을 구매하기 위해 더 먼 거리에 있는 점포에 간다.
ㄴ. Y가설에 따르면, 인구 및 다른 조건이 동일할 때 거리가 가까운 도시일수록 이상적인 점포 입지가 된다.
ㄷ. Y가설에 따르면, C시로부터 A시와 B시가 떨어진 거리가 5km로 같다고 가정할 때 C시의 인구 중 8만 명이 B시에 흡인된다.

① ㄱ
② ㄴ
③ ㄱ, ㄷ
④ ㄴ, ㄷ
⑤ ㄱ, ㄴ, ㄷ

문 8.   다음 〈지원계획〉과 〈연구모임 현황 및 평가결과〉를 근거로 판단할 때, 연구모임 A~E 중 두 번째로 많은 총지원금을 받는 모임은?

───── 〈지원계획〉 ─────

- 지원을 받기 위해서는 한 모임당 6명 이상 9명 미만으로 구성되어야 한다.
- 기본지원금
  한 모임당 1,500천 원을 기본으로 지원한다. 단, 상품개발을 위한 모임의 경우는 2,000천 원을 지원한다.
- 추가지원금
  연구 계획 사전평가결과에 따라,
  '상' 등급을 받은 모임에는 구성원 1인당 120천 원을,
  '중' 등급을 받은 모임에는 구성원 1인당 100천 원을,
  '하' 등급을 받은 모임에는 구성원 1인당 70천 원을 추가로 지원한다.
- 협업 장려를 위해 협업이 인정되는 모임에는 위의 두 지원금을 합한 금액의 30%를 별도로 지원한다.

〈연구모임 현황 및 평가결과〉

모임	상품개발 여부	구성원 수	연구 계획 사전평가결과	협업 인정 여부
A	○	5	상	○
B	×	6	중	×
C	×	8	상	○
D	○	7	중	×
E	×	9	하	×

① A
② B
③ C
④ D
⑤ E

문 9.   다음 글을 근거로 판단할 때, 평가대상기관(A~D) 중 최종순위 최상위기관과 최하위기관을 고르면?

〈공공시설물 내진보강대책 추진실적 평가기준〉

- 평가요소 및 점수부여
  - 내진성능평가지수 $= \dfrac{\text{내진보강공사실적건수}}{\text{내진보강대상건수}} \times 100$
  - 내진보강공사지수 $= \dfrac{\text{내진성능평가실적건수}}{\text{내진보강대상건수}} \times 100$
  - 산출된 지수 값에 따른 점수는 아래 표와 같이 부여한다.

구분	지수 값 최상위 1개 기관	지수 값 중위 2개 기관	지수 값 최하위 1개 기관
내진성능 평가점수	5점	3점	1점
내진보강 공사점수	5점	3점	1점

- 최종순위 결정
  - 내진성능평가점수와 내진보강공사점수의 합이 큰 기관에 높은 순위를 부여한다.
  - 합산 점수가 동점인 경우에는 내진보강대상건수가 많은 기관을 높은 순위로 한다.

〈평가대상기관의 실적〉

(단위 : 건)

구분	A	B	C	D
내진성능 평가실적	82	72	72	83
내진보강 공사실적	91	76	81	96
내진보강 대상	100	80	90	100

	최상위기관	최하위기관
①	A	B
②	B	C
③	B	D
④	C	D
⑤	D	C

문 10. 다음 글을 근거로 판단할 때 옳지 <u>않은</u> 것은?

A협회는 매년 12월 열리는 정기총회에서 다음해 협회장을 선출한다. 협회장의 선출은 ① 입후보자가 1인인 경우에는 '찬반투표'로 이루어지고, ② 입후보자가 2인 이상인 경우에는 '선거'를 통해 이루어진다.

'찬반투표'에 참여할 수 있는 회원의 자격은 투표일 현재까지 A협회의 정회원인 사람으로 한정한다. A협회의 정회원은 A협회의 준회원으로 만 1년 이상 활동한 후 정회원 가입 신청을 하고 연회비를 납부한 자를 말한다. 기준에 따라 정회원 가입을 신청하고 연회비를 납부한 그 날부터 정회원 자격이 부여된다. 정회원은 정회원 자격을 획득한 다음해부터 매해 1월 30일까지 연회비를 납부하여야 그 자격이 유지된다. 기한 내에 연회비를 납부하지 않은 정회원은 그 자격이 유보되어 권리를 행사할 수 없고, 정회원 자격을 회복하기 위해서는 그 다음해 연회비 납부일까지 연회비의 3배를 납부하여야 한다. 2년 연속 연회비를 납부하지 않은 사람은 A협회의 회원 자격이 영구히 박탈된다.

한편 '선거'에 참여할 수 있는 회원의 자격은 선거일을 기준으로 정회원 자격을 얻은 후 만 1년을 경과한 정회원으로 한정한다. 연회비 미납부로 정회원 자격이 유보된 사람도 정회원 자격을 회복한 후 만 1년을 경과하여야 선거에 참여할 수 있다.

① 2019년 10월 A협회 정회원 자격을 얻은 甲은 '2020년 협회장' 선출을 위한 '선거'에 참여할 수 있었다.

② 2018년 10월 A협회 정회원 자격을 얻은 乙은 2019년 연회비 납부 여부와 관계없이 '2019년 협회장' 선출을 위한 '찬반투표'에 참여할 수 있었다.

③ 2017년 10월 A협회 정회원 자격을 얻은 丙이 연회비 미납부로 자격이 유보되었다가 2019년에 정회원 자격을 회복하였더라도 '2020년 협회장' 선출을 위한 '선거'에 참여할 수 없었다.

④ 2017년 10월 A협회 준회원 활동을 시작한 丁이 최소 요구 연한 경과 직후에 정회원 자격을 획득하였다면 '2019년 협회장' 선출을 위한 '찬반투표'에 참여할 수 있었다.

⑤ 2016년 10월 처음으로 A협회 정회원 자격을 얻은 戊가 2017년부터 연회비를 계속 납부하지 않았다면 협회장 선출을 위한 '선거'에 한 번도 참여할 수 없었다.

문 11. 다음 글과 〈상황〉을 근거로 판단할 때, 甲~丙 중 임금피크제 지원금을 받을 수 있는 사람만을 모두 고르면?

제00조(임금피크제 지원금) ① 정부는 다음 각 호의 어느 하나에 해당하는 경우, 근로자의 신청을 받아 제2항의 규정에 따라 임금피크제 지원금을 지급하여야 한다.
1. 사업주가 근로자 대표의 동의를 받아 정년을 60세 이상으로 연장하면서 55세 이후부터 일정 나이, 근속시점 또는 임금액을 기준으로 임금을 줄이는 제도를 시행하는 경우
2. 정년을 55세 이상으로 정한 사업주가 정년에 이른 사람을 재고용(재고용 기간이 1년 미만인 경우는 제외한다)하면서 정년퇴직 이후부터 임금만을 줄이는 경우
3. 사업주가 제2호에 따라 재고용하면서 주당 소정의 근로시간을 15시간 이상 30시간 이하로 단축하는 경우

② 임금피크제 지원금은 해당 사업주에 고용되어 18개월 이상을 계속 근무한 자로서 피크임금(임금피크제의 적용으로 임금이 최초로 감액된 날이 속하는 연도의 직전 연도 임금을 말한다)과 지원금 신청연도의 임금을 비교하여 다음 각 호의 구분에 따른 비율 이상 낮아진 자에게 지급한다. 다만 상시 사용하는 근로자가 300명 미만인 사업장인 경우에는 100분의 10으로 한다.
1. 제1항 제1호의 경우 : 100분의 10
2. 제1항 제2호의 경우 : 100분의 20
3. 제1항 제3호의 경우 : 100분의 30

─────── 〈상 황〉 ───────

甲~丙은 올해 임금피크제 지원금을 신청하였다.

• 甲(56세)은 사업주가 근로자 대표의 동의를 받아 정년을 60세로 연장하면서 임금피크제를 실시하고 있는 사업장(상시 사용하는 근로자 320명)에 고용되어 3년간 계속 근무하고 있다. 甲의 피크임금은 4,000만 원이었고, 올해 임금은 3,500만 원이다.

• 乙(56세)은 사업주가 정년을 55세로 정한 사업장(상시 사용하는 근로자 200명)에서 1년간 계속 근무하다 작년 12월 31일 정년에 이르렀다. 乙은 올해 1월 1일 근무기간 10개월, 주당 근로시간은 동일한 조건으로 재고용되었다. 乙의 피크임금은 3,000만 원이었고, 올해 임금은 2,500만 원이다.

• 丙(56세)은 사업주가 정년을 55세로 정한 사업장(상시 사용하는 근로자 400명)에서 2년간 계속 근무하다 작년 12월 31일 정년에 이르렀다. 丙은 올해 1월 1일 근무기간 1년, 주당 근로시간을 40시간에서 30시간으로 단축하는 조건으로 재고용되었다. 丙의 피크임금은 2,000만 원이었고, 올해 임금은 1,200만 원이다.

① 甲
② 乙
③ 甲, 丙
④ 乙, 丙
⑤ 甲, 乙, 丙

문 12. 다음 글을 근거로 판단할 때, 〈보기〉에서 민원을 정해진 기간 이내에 처리한 것만을 모두 고르면?

제00조 ① 행정기관의 장은 '질의민원'을 접수한 경우에는 다음 각 호의 기간 이내에 처리하여야 한다.
1. 법령에 관해 설명이나 해석을 요구하는 질의민원 : 7일
2. 제도·절차 등에 관해 설명이나 해석을 요구하는 질의민원 : 4일
② 행정기관의 장은 '건의민원'을 접수한 경우에는 10일 이내에 처리하여야 한다.
③ 행정기관의 장은 '고충민원'을 접수한 경우에는 7일 이내에 처리하여야 한다. 단, 고충민원의 처리를 위해 14일의 범위에서 실지조사를 할 수 있고, 이 경우 실지조사 기간은 처리기간에 산입(算入)하지 아니한다.
④ 행정기관의 장은 '기타민원'을 접수한 경우에는 즉시 처리하여야 한다.
제00조 ① 민원의 처리기간을 '즉시'로 정한 경우에는 3근무시간 이내에 처리하여야 한다.
② 민원의 처리기간을 5일 이하로 정한 경우에는 민원의 접수시각부터 '시간' 단위로 계산한다. 이 경우 1일은 8시간의 근무시간을 기준으로 한다.
③ 민원의 처리기간을 6일 이상으로 정한 경우에는 '일' 단위로 계산하고 첫날을 산입한다.
④ 공휴일과 토요일은 민원의 처리기간과 실지조사 기간에 산입하지 아니한다.

※ 업무시간은 09:00～18:00이다. (점심시간 12:00～13:00 제외)
※ 3근무시간 : 업무시간 내 3시간
※ 광복절(8월 15일, 화요일)과 일요일은 공휴일이고, 그 이외에 공휴일은 없다고 가정한다.

〈보 기〉

ㄱ. A부처는 8.7(월) 16시에 건의민원을 접수하고, 8.21(월) 14시에 처리하였다.
ㄴ. B부처는 8.14(월) 13시에 고충민원을 접수하고, 10일간 실지조사를 하여 9.7(목) 10시에 처리하였다.
ㄷ. C부처는 8.16(수) 17시에 기타민원을 접수하고, 8.17(목) 10시에 처리하였다.
ㄹ. D부처는 8.17(목) 11시에 제도에 대한 설명을 요구하는 질의민원을 접수하고, 8.22(화) 14시에 처리하였다.

① ㄱ, ㄴ
② ㄱ, ㄷ
③ ㄴ, ㄹ
④ ㄱ, ㄷ, ㄹ
⑤ ㄴ, ㄷ, ㄹ

문 13. 다음 글을 근거로 판단할 때 옳지 <u>않은</u> 것은?

공공성은 서구에서 유래된 '퍼블릭(public)'이나 '오피셜(official)'과 동아시아에서 전통적으로 사용해 온 개념인 '공(公)'이나 '공공(公共)'이 접합되어 이루어진 개념이다. 공공성 개념은 다음과 같은 세 가지 의미를 포괄하고 있다. 첫째, 어떤 사적인 이익이 아니라 공동체 전체의 이익과 관계된다는 의미이다. 둘째, 만인의 이익을 대표하여 관리하는 정통성을 지닌 기관이라는 의미가 있다. 셋째, 사사롭거나 편파적이지 않으며 바르고 정의롭다는 의미이다.

정도전의 정치사상에서 가장 인상적인 것은 정치권력의 사유화에 대한 강렬한 비판의식과 아울러 정치권력을 철저하게 공공성의 영역 안에 묶어두려는 의지이다. 또 그가 이를 위한 제도적 장치의 마련을 끊임없이 고민하였다는 사실도 확인되고 있다. 정도전은 정치공동체에서 나타나는 문제의 근저에 '자기 중심성'이 있고, 고려의 정치적 경험에서 자기 중심성이 특히 '사욕(私慾)'의 정치로 나타났다고 생각했다. 그리고 이로 인해 독선적인 정치와 폭정이 야기되었다고 보았다. 정도전은 이러한 고려의 정치를 소유 지향적 정치로 보았고, 이에 대한 대안으로 '공론'과 '공의'의 정치를 제시하였는데 이를 '문덕(文德)'의 정치라 불렀다.

공공성과 관련하여 고려와 조선의 국가 운영 차이를 가장 선명히 드러내는 것은 체계적인 법전의 유무이다. 고려의 경우는 각 행정부처들이 독자적인 관례나 규정에 따라서 통치를 하였을 뿐, 일관되고 체계적인 법전을 갖추고 있지 못하였다. 그래서 조선의 건국 주체는 중앙집권적인 국가운영체제를 확립하기 위해서 법체계를 갖추려고 했다. 이러한 노력을 통해 만든 최초의 법전이 정도전에 의해 편찬된 『조선경국전』이다. 이를 통해서 건국 주체는 자신이 세운 정치체제에 공공성을 부여하려고 하였다.

① 공공성에는 공동체 전체의 이익뿐만 아니라 이를 대표하여 관리하는 정통성을 지닌 기관이라는 의미도 포함되어 있다.
② 정도전은 고려의 정치에서 자기 중심성이 '사욕'의 정치로 나타났다고 보았다.
③ 고려시대에는 각 행정부처의 관례나 규정이 존재하지 않아 '사욕'의 정치가 나타났다.
④ 정도전에게 '문덕'의 정치란 소유 지향적 정치의 대안이었다.
⑤ 정도전의 정치사상에서 공공성을 갖추기 위한 제도적 장치 마련은 중요한 의미를 지닌다.

문 14. 다음 글을 근거로 판단할 때, 〈보기〉에서 옳은 것만을 모두 고르면?

- 甲과 乙은 민원을 담당하는 직원으로 각자 한 번에 하나의 민원만 접수한다.
- 민원은 'X민원'과 'Y민원' 중 하나이고, 민원을 접수한 직원은 'X민원' 접수 시 기분이 좋아져 감정도가 10 상승하지만 'Y민원' 접수 시 기분이 나빠져 감정도가 20 하락한다.
- 甲과 乙은 오늘 09:00부터 18:00까지 근무했다.
- 09:00에 甲과 乙의 감정도는 100이다.
- 매시 정각 甲과 乙의 감정도는 5씩 상승한다(단, 09:00, 13:00, 18:00 제외).
- 13:00에는 甲과 乙의 감정도가 100으로 초기화된다.
- 18:00가 되었을 때, 감정도가 50 미만인 직원에게는 1일의 월차를 부여한다.
- 甲과 乙이 오늘 접수한 각각의 민원은 아래 〈민원 등록 대장〉에 모두 기록됐다.

〈민원 등록 대장〉

접수 시각	접수한 직원	민원 종류
09:30	甲	Y민원
10:00	乙	X민원
11:40	甲	Y민원
13:20	乙	Y민원
14:10	甲	Y민원
14:20	乙	Y민원
15:10	甲	㉠
16:10	乙	Y민원
16:50	乙	㉡
17:00	甲	X민원
17:40	乙	X민원

〈보 기〉

ㄱ. ㉠, ㉡에 상관없이 18:00에 甲의 감정도는 乙의 감정도보다 높다.
ㄴ. ㉡이 'Y민원'이라면, 乙은 1일의 월차를 부여받는다.
ㄷ. 12:30에 乙의 감정도는 125이다.

① ㄱ
② ㄴ
③ ㄱ, ㄷ
④ ㄴ, ㄷ
⑤ ㄱ, ㄴ, ㄷ

문 15. 다음 〈휴양림 요금규정〉과 〈조건〉에 근거할 때, 〈상황〉에서 甲, 乙, 丙 일행이 각각 지불한 총 요금 중 가장 큰 금액과 가장 작은 금액의 차이는?

〈휴양림 요금규정〉

- 휴양림 입장료(1인당 1일 기준)

구분	요금(원)	입장료 면제
어른	1,000	
청소년 (만 13세 이상~19세 미만)	600	• 동절기(12월~3월) • 다자녀 가정
어린이(만 13세 미만)	300	

※ '다자녀 가정'은 만 19세 미만의 자녀가 3인 이상 있는 가족을 말한다.

- 야영시설 및 숙박시설(시설당 1일 기준)

구분		요금(원)		비고
		성수기 (7~8월)	비수기 (7~8월 외)	
야영시설 (10인 이내)	황토데크 (개)	10,000		휴양림 입장료 별도
	캐빈(동)	30,000		
숙박시설	3인용(실)	45,000	24,000	휴양림 입장료 면제
	5인용(실)	85,000	46,000	

※ 일행 중 '장애인'이 있거나 '다자녀 가정'인 경우 비수기에 한해 야영시설 및 숙박시설 요금의 50%를 할인한다.

〈조 건〉

- 총요금＝(휴양림 입장료)＋(야영시설 또는 숙박시설 요금)
- 휴양림 입장료는 머문 일수만큼, 야영시설 및 숙박시설 요금은 숙박 일수만큼 계산함(예. 2박 3일의 경우 머문 일수는 3일, 숙박 일수는 2일).

〈상 황〉

- 甲(만 45세)은 아내(만 45세), 자녀 3명(각각 만 17세, 15세, 10세)과 함께 휴양림에 7월 중 3박 4일간 머물렀다. 甲 일행은 5인용 숙박시설 1실을 이용하였다.
- 乙(만 25세)은 어머니(만 55세, 장애인), 아버지(만 58세)를 모시고 휴양림에서 12월 중 6박 7일간 머물렀다. 乙 일행은 캐빈 1동을 이용하였다.
- 丙(만 21세)은 동갑인 친구 3명과 함께 휴양림에서 10월 중 9박 10일 동안 머물렀다. 丙 일행은 황토데크 1개를 이용하였다.

① 40,000원
② 114,000원
③ 125,000원
④ 144,000원
⑤ 165,000원

문 16. 다음 글과 〈평가표〉를 근거로 판단할 때 옳은 것은?

1년 이상 A국에 합법적으로 체류 중인 전문인력 외국인 중 〈평가표〉에 의한 총점이 80점 이상인 경우, A국에서의 거주자격을 부여받게 된다. '점수제에 의한 거주자격 부여 제도'는 1년 이상 A국에 합법적으로 체류 중인 전문 인력 외국인으로서 가점을 제외한 연령 · 학력 · A국 어학능력 · 연간소득 항목에서 각각 최소의 점수라도 얻을 수 있는 자(이하 '대상자'라 한다)를 대상으로 한다. 평가표 기준(단, 가점 제외)에 해당하지 않는 자는 '점수제에 의한 거주자격 부여 제도'의 대상자에 포함될 수 없다. 예를 들어, 기본적인 의사소통도 불가능한 사람은 이 제도를 통하여 거주자격을 부여받을 수 없다.

아래 〈평가표〉에서 연령 · 학력 · A국 어학능력 · 연간 소득의 항목별 점수를 합산하고, 가점항목에 해당하는 경우 가점도 합산하여 총점을 구한다.

〈평가표〉

• 연령

연령대	18~24세	25~29세	30~34세	35~39세	40~44세	45~50세	51세 이상
점수	20점	23점	25점	23점	20점	18점	15점

• 학력

최종 학력	박사 학위 2개 이상	박사 학위 1개	석사 학위 2개 이상	석사 학위 1개	학사 학위 2개 이상	학사 학위 1개	2년제 이상 전문 대학 졸업
점수	35점	33점	32점	30점	28점	26점	25점

• A국 어학능력

A국 어학능력	사회생활에서 충분한 의사소통	친숙한 주제 의사소통	기본적인 의사소통
점수	20점	15점	10점

• 연간소득

연간소득 (원)	3천만 미만	3천만 이상~ 5천만 미만	5천만 이상~ 8천만 미만	8천만 이상~ 1억 미만	1억 이상
점수	5점	6점	7점	8점	10점

• 가점

가점 항목	A국 유학경험				A국 사회봉사 활동			해외전문분야 취업경력		
세부 항목	어학 연수	전문 학사	학사	석사	박사	1년 미만	1~2년 미만	2년 이상	1년 미만	1~2년 미만	2년 이상
점수	3점	5점	7점	9점	10점	1점	3점	5점	1점	3점	5점

※ A국 유학경험 항목의 경우, 2개 이상의 세부항목에 해당된다면 가장 높은 점수만을 부여한다.

① 평가표에 의할 때 대상자가 받을 수 있는 최저점수는 70점이다.
② 평가표에 의할 때 대상자가 가점으로 받을 수 있는 최고점수는 52점이다.
③ 가점항목을 제외한 4개의 항목 중 배점이 두 번째로 작은 항목은 연령이다.
④ 대상자 甲은 가점을 획득하지 못해도 연령, 학력, A국 어학능력에서 최고점을 받는다면, 연간소득 항목에서 최저점수를 받더라도 거주자격을 부여받을 수 있다.
⑤ 박사학위를 소지한 33세 대상자 乙은 A국 대학에서 다른 분야의 박사학위를 취득하고 기본적인 의사소통을 한다면 거주자격을 부여 받지 못한다.

문 17. 다음 글과 〈대화〉를 근거로 판단할 때 옳지 **않은** 것은?

• A부서의 소속 직원(甲~戊)은 법령집, 백서, 판례집, 민원 사례집을 각각 1권씩 보유하고 있었다.
• A부서는 소속 직원에게 다음의 기준에 따라 새로 발행된 도서(법령집 3권, 백서 3권, 판례집 1권, 민원 사례집 2권)를 나누어 주었다.
 - 법령집 : 보유하고 있던 법령집의 발행연도가 빠른 사람부터 1권씩 나누어 주었다.
 - 백서 : 근속연수가 짧은 사람부터 1권씩 나누어 주었다.
 - 판례집 : 보유하고 있던 판례집의 발행연도가 가장 빠른 사람에게 주었다.
 - 민원 사례집 : 민원업무가 많은 사람부터 1권씩 나누어 주었다.

※ 甲~戊는 근속연수, 민원업무량에 차이가 있고, 보유하고 있던 법령집, 판례집은 모두 발행연도가 다르다.

〈대 화〉

甲 : 나는 책을 1권만 받았어.
乙 : 나는 4권의 책을 모두 받았어.
丙 : 나는 법령집은 받았지만 판례집은 받지 못했어.
丁 : 나는 책을 1권도 받지 못했어.
戊 : 나는 丙이 받은 책은 모두 받았고, 丙이 받지 못한 책은 받지 못했어.

① 법령집을 받은 사람은 백서도 받았다.
② 甲은 丙보다 민원업무가 많다.
③ 甲은 戊보다 많은 도서를 받았다.
④ 丁은 乙보다 근속연수가 길다.
⑤ 乙이 보유하고 있던 법령집은 甲이 보유하고 있던 법령집보다 발행연도가 빠르다.

문 18. 다음 글을 근거로 판단할 때, 〈보기〉에서 옳은 것만을 모두 고르면?

'올해의 체육인상' 후보에 총 5명(甲~戊)이 올랐다. 수상자는 120명의 기자단 투표에 의해 결정되며 투표 규칙은 다음과 같다.
- 투표권자는 한 명당 한 장의 투표용지를 받고, 그 투표용지에 1순위와 2순위 각 한 명의 후보자를 적어야 한다.
- 투표권자는 1순위와 2순위에 동일한 후보자를 적을 수 없다.
- 투표용지에 1순위로 적힌 후보자에게는 5점이, 2순위로 적힌 후보자에게는 3점이 부여된다.
- '올해의 체육인상'은 개표 완료 후, 총 점수가 가장 높은 후보자가 수상하게 된다.
- 기권표와 무효표는 없다.

현재 투표까지의 중간집계 점수는 아래와 같다.

〈중간집계〉

후보자	점수
甲	360점
乙	15점
丙	170점
丁	70점
戊	25점

─── 〈보 기〉 ───
ㄱ. 현재 투표한 인원은 총 투표인원의 64%를 넘는다.
ㄴ. 중간집계 결과로 볼 때, '올해의 체육인상'을 받을 수 있는 사람은 甲뿐이다.
ㄷ. 중간집계 결과로 볼 때, 8명이 丁을 1순위로 적었다면 최대 60명이 甲을 1순위로 적었을 것이다.

① ㄱ
② ㄱ, ㄴ
③ ㄱ, ㄷ
④ ㄴ, ㄷ
⑤ ㄱ, ㄴ, ㄷ

문 19. 다음 글을 근거로 판단할 때, 甲~丁 4명이 모두 외출 준비를 끝내는 데 소요되는 최소 시간은?

甲~丁 4명은 화장실 1개, 세면대 1개, 샤워실 2개를 갖춘 숙소에 묵었다. 다음날 아침 이들은 화장실, 세면대, 샤워실을 이용한 후 외출을 하려고 한다.
- 화장실, 세면대, 샤워실 이용을 마치면 외출 준비가 끝난다.
- 화장실, 세면대, 샤워실 순서로 1번씩 이용한다.
- 화장실, 세면대, 각 샤워실은 한 번에 한 명씩 이용한다.

〈개인별 이용시간〉

(단위 : 분)

구분	화장실	세면대	샤워실
甲	5	3	20
乙	5	5	10
丙	10	5	5
丁	10	3	15

① 40분
② 42분
③ 45분
④ 48분
⑤ 50분

문 20. 다음 〈조건〉과 〈2월 날씨〉를 근거로 판단할 때, 2월 8일과 16일의 실제 날씨로 가능한 것을 옳게 짝지은 것은?

─── 〈조 건〉 ───
- 날씨 예측 점수는 매일 다음과 같이 부여한다.

예측 실제	맑음	흐림	눈·비
맑음	10점	6점	0점
흐림	4점	10점	6점
눈·비	0점	2점	10점

- 한 주의 주중(월~금) 날씨 예측 점수의 평균은 매주 5점 이상이다.
- 2월 1일부터 19일까지 요일별 날씨 예측 점수의 평균은 다음과 같다.

요일	월	화	수	목	금
날씨 예측 점수 평균	7점 이하	5점 이상	7점 이하	5점 이상	7점 이하

〈2월 날씨〉

	월	화	수	목	금	토	일
날짜			1	2	3	4	5
예측			맑음	흐림	맑음	눈·비	흐림
실제			맑음	맑음	흐림	흐림	맑음
날짜	6	7	8	9	10	11	12
예측	맑음	흐림	맑음	맑음	맑음	흐림	흐림
실제	흐림	흐림	?	맑음	흐림	눈·비	흐림
날짜	13	14	15	16	17	18	19
예측	눈·비	눈·비	맑음	눈·비	눈·비	흐림	흐림
실제	맑음	맑음	맑음	?	눈·비	흐림	눈·비

※ 위 달력의 같은 줄을 한 주로 한다.

	2월 8일	2월 16일
①	맑음	흐림
②	맑음	눈·비
③	눈·비	흐림
④	눈·비	맑음
⑤	흐림	흐림

문 21. 다음 글을 근거로 판단할 때, 〈보기〉에서 옳은 것만을 모두 고르면?

- 甲국의 1일 통관 물량은 1,000건이며, 모조품은 1일 통관 물량 중 1%의 확률로 존재한다.
- 검수율은 전체 통관 물량 중 검수대상을 무작위로 선정해 실제로 조사하는 비율을 뜻하는데, 현재 검수율은 10%로 전문 조사 인력은 매일 10명을 투입한다.
- 검수율을 추가로 10%p 상승시킬 때마다 전문 조사인력은 1일당 20명이 추가로 필요하다.
- 인건비는 1인당 1일 기준 30만 원이다.
- 모조품 적발 시 부과되는 벌금은 건당 1,000만 원이며, 이 중 인건비를 차감한 나머지를 세관의 '수입'으로 한다.

※ 검수대상에 포함된 모조품은 모두 적발되고, 부과된 벌금은 모두 징수된다.

〈보 기〉

ㄱ. 1일 평균 수입은 700만 원이다.
ㄴ. 모든 통관 물량에 대해 전수조사를 한다면 수입보다 인건비가 더 클 것이다.
ㄷ. 검수율이 40%면 1일 평균 수입은 현재의 4배 이상일 것이다.
ㄹ. 검수율을 30%로 하는 방안과 검수율을 10%로 유지한 채 벌금을 2배로 인상하는 방안을 비교하면 벌금을 인상하는 방안의 1일 평균 수입이 더 많을 것이다.

① ㄱ, ㄴ

② ㄴ, ㄷ

③ ㄱ, ㄴ, ㄹ

④ ㄱ, ㄷ, ㄹ

⑤ ㄴ, ㄷ, ㄹ

문 22. 다음 글과 〈상황〉을 근거로 판단할 때, A와 B의 값으로 옳게 짝지은 것은?

○○국 법원은 손해배상책임의 여부 또는 손해배상액을 정할 때에 피해자에게 과실이 있으면 그 과실의 정도를 반드시 참작하여야 하는데 이를 '과실상계(過失相計)'라고 한다. 예컨대 택시의 과속운행으로 승객이 부상당하여 승객에게 치료비 등 총 손해가 100만 원이 발생하였지만, 사실은 승객이 빨리 달리라고 요구하여 사고가 난 것이라고 하자. 이 경우 승객의 과실이 40%이면 손해액에서 40만 원을 빼고 60만 원만 배상액으로 정하는 것이다. 이는 자기 과실로 인한 손해를 타인에게 전가하는 것이 부당하므로 손해의 공평한 부담이라는 취지에서 인정되는 제도이다.

한편 손해가 발생하였어도 손해배상 청구권자가 손해를 본 것과 같은 원인에 의하여 이익도 보았을 때, 손해에서 그 이익을 공제하는 것을 '손익상계(損益相計)'라고 한다. 예컨대 타인에 의해 자동차가 완전 파손되어 자동차 가격에 대한 손해배상을 청구할 경우, 만약 해당 자동차를 고철로 팔아 이익을 얻었다면 그 이익을 공제하는 것이다. 주의할 것은, 국가배상에 의한 손해배상금에서 유족보상금을 공제하는 것과 같이 손해를 일으킨 원인으로 인해 피해자가 이익을 얻은 경우이어야 손익상계가 인정된다는 점이다. 따라서 손해배상의 책임 원인과 무관한 이익, 예컨대 사망했을 경우 별도로 가입한 보험계약에 의해 받은 생명보험금이나 조문객들의 부의금등은 공제되지 않는다.

과실상계를 할 사유와 손익상계를 할 사유가 모두 있으면 과실상계를 먼저 한 후에 손익상계를 하여야 한다.

〈상 황〉

○○국 공무원 甲은 공무수행 중 사망하였다. 법원이 인정한 바에 따르면 국가와 甲 모두에게 과실이 있고, 손익상계와 과실상계를 하기 전 甲의 사망에 의한 손해액은 6억 원이었다. 甲의 유일한 상속인 乙은 甲의 사망으로 유족보상금 3억 원과 甲이 개인적으로 가입했던 보험계약에 의해 생명보험금 6천만 원을 수령하였다. 그 밖에 다른 사정은 없었다. 법원은 甲의 과실을 A %, 국가의 과실을 B %로 판단하여 국가가 甲의 상속인 乙에게 배상할 손해배상금을 1억 8천만 원으로 정하였다.

	A	B
①	20	80
②	25	75
③	30	70
④	40	60
⑤	70	30

문 23. 다음 글과 〈상황〉을 근거로 판단할 때, 〈보기〉에서 옳은 것만을 모두 고르면?

'에너지이용권'은 에너지 취약계층에게 난방에너지 구입을 지원하는 것으로 관련 내용은 다음과 같다.

월별 지원금액	1인 가구 : 81,000원 2인 가구 : 102,000원 3인 이상 가구 : 114,000원
지원형태	신청서 제출 시 실물카드와 가상카드 중 선택 • 실물카드 : 에너지원(등유, 연탄, LPG, 전기, 도시가스)을 다양하게 구매 가능함. 단, 아파트 거주자는 관리비가 통합고지서로 발부되기 때문에 신청할 수 없음 • 가상카드 : 전기 · 도시가스 · 지역난방 중 택일. 매월 요금이 자동 차감됨. 단, 사용기간(발급일로부터 1개월) 만료 시 잔액이 발생하면 전기요금 차감
신청대상	생계급여 또는 의료급여 수급자로서 다음 각 호의 어느 하나에 해당하는 사람을 포함한 가구의 가구원 1. 1954. 12. 31. 이전 출생자 2. 2002. 1. 1. 이후 출생자 3. 등록된 장애인(1~6급)
신청방법	수급자 본인 또는 가족이 신청 ※ 담당공무원이 대리 신청 가능
신청서류	1. 에너지이용권 발급 신청서 2. 전기, 도시가스 또는 지역난방 요금고지서(영수증), 아파트 거주자의 경우 관리비 통합고지서 3. 신청인의 신분증 사본 4. 대리 신청일 경우 신청인 본인의 위임장, 대리인의 신분증 사본

〈상 황〉

甲~丙은 에너지이용권을 신청하고자 한다.

• 甲 : 3급 장애인, 실업급여 수급자, 1인 가구, 아파트 거주자
• 乙 : 2005. 1. 1. 출생, 의료급여 수급자, 4인 가구, 단독 주택 거주자
• 丙 : 1949. 3. 22. 출생, 생계급여 수급자, 2인 가구, 아파트 거주자

〈보 기〉

ㄱ. 甲은 에너지이용권 발급 신청서, 관리비 통합고지서, 본인 신분증 사본을 제출하고, 81,000원의 에너지이용권을 요금 자동 차감 방식으로 지급받을 수 있다.

ㄴ. 담당공무원인 丁이 乙을 대리하여 신청 서류를 모두 제출하고, 乙은 114,000원의 에너지이용권을 실물카드 형태로 지급받을 수 있다.

ㄷ. 丙은 도시가스를 선택하여 102,000원의 에너지이용권을 가상카드 형태로 지급받을 수 있으며, 이용권 사용기간 만료 시 잔액이 발생한다면 전기요금이 차감될 것이다.

① ㄱ
② ㄴ
③ ㄷ
④ ㄱ, ㄷ
⑤ ㄴ, ㄷ

문 24. 다음 글을 근거로 판단할 때, 〈보기〉에서 인증이 가능한 경우만을 모두 고르면?

○○국 친환경농산물의 종류는 3가지로, 인증기준에 부합하는 재배 방법은 각각 다음과 같다. 1) 유기농산물의 경우 일정 기간(다년생 작물 3년, 그 외 작물 2년) 이상을 농약과 화학비료를 사용하지 않고 재배한다. 2) 무농약농산물의 경우 농약을 사용하지 않고, 화학비료는 권장량의 2분의 1 이하로 사용하여 재배한다. 3) 저농약농산물의 경우 화학 비료는 권장량의 2분의 1 이하로 사용하고, 농약은 살포 시기를 지켜 살포 최대횟수의 2분의 1 이하로 사용하여 재배한다.

〈농산물별 관련 기준〉

종류	재배기간 내 화학비료 권장량 (kg/ha)	재배기간 내 농약살포 최대횟수	농약 살포시기
사과	100	4	수확 30일 전까지
감귤	80	3	수확 30일 전까지
감	120	4	수확 14일 전까지
복숭아	50	5	수확 14일 전까지

※ 1ha=10,000㎡, 1t=1,000kg

〈보 기〉

ㄱ. 甲은 5km²의 면적에서 재배기간 동안 농약을 전혀 사용하지 않고 20t의 화학비료를 사용하여 사과를 재배하였으며, 이 사과를 수확하여 무농약농산물 인증 신청을 하였다.

ㄴ. 乙은 3ha의 면적에서 재배기간 동안 농약을 1회 살포하고 50kg의 화학비료를 사용하여 복숭아를 재배하였다. 하지만 수확시기가 다가오면서 병충해 피해가 나타나자 농약을 추가로 1회 살포하였고, 열흘 뒤 수확하여 저농약농산물 인증신청을 하였다.

ㄷ. 丙은 지름이 1km인 원 모양의 농장에서 작년부터 농약을 전혀 사용하지 않고 감귤을 재배하였다. 작년에는 5t의 화학비료를 사용하였으나, 올해는 전혀 사용하지 않고 감귤을 수확하여 유기농산물 인증신청을 하였다.

ㄹ. 丁은 가로와 세로가 각각 100m, 500m인 과수원에서 감을 재배하였다. 재배기간 동안 총 2회(올해 4월 말과 8월 초) 화학비료 100kg씩을 뿌리면서 병충해 방지를 위해 농약도 함께 살포하였다. 丁은 추석을 맞아 9월 말에 감을 수확하여 저농약농산물 인증신청을 하였다.

① ㄱ, ㄹ
② ㄴ, ㄷ
③ ㄱ, ㄴ, ㄹ
④ ㄱ, ㄷ, ㄹ
⑤ ㄴ, ㄷ, ㄹ

문 25. 다음 글과 〈상황〉을 근거로 판단할 때, 〈보기〉에서 옳은 것만을 모두 고르면?

제00조 ① 급식은 유아의 교육을 위하여 설립·운영되는 국립·공립·사립 유치원을 대상으로 실시한다.
② 제1항에도 불구하고 원아수 50명 미만의 사립 유치원은 급식 대상에서 제외한다. 다만 교육감이 필요하다고 인정하는 경우 급식 대상에 포함시킬 수 있다.
③ 교육감은 제2항에 따라 급식 대상에서 제외되는 유치원의 명칭과 주소를 매년 1월말까지 공시하여야 한다.
제00조 ① 유치원에 두는 영양교사의 배치기준은 다음 각 호와 같다.
1. 급식을 실시할 유치원에는 영양교사 1명을 둔다.
2. 제1호에도 불구하고 같은 교육지원청의 관할구역에 있는 원아수 각 200명 미만인 유치원은 2개 이내의 유치원에 순회 또는 공동으로 영양교사를 둘 수 있다.
② 교육감은 급식을 위한 시설과 설비를 갖춘 유치원 중 원아수 100명 미만의 유치원에 대하여 영양관리, 식생활 지도 등의 업무를 지원하기 위하여 교육지원청에 전담직원을 둘 수 있다. 이 경우 교육지원청의 지원을 받는 유치원에는 영양교사를 둔 것으로 본다.

─────── 〈상 황〉 ───────

• 현재 유치원 현황은 다음과 같다.

유치원	분류	원아수	관할 교육지원청
A	공립	223	甲
B	사립	152	乙
C	사립	123	乙
D	사립	74	丙
E	공립	46	丙

─────── 〈보 기〉 ───────

ㄱ. A유치원은 급식을 실시하기 위하여 영양교사 1명을 배치해야 한다.
ㄴ. B유치원과 C유치원은 공동으로 영양교사 1명을 배치할 수 있다.
ㄷ. 급식을 위한 시설과 설비를 갖춘 D유치원이 丙교육지원청의 전담직원을 통하여 영양관리, 식생활 지도 등의 업무를 지원받고 있다면, D유치원은 영양교사를 둔 것으로 본다.
ㄹ. E유치원은 급식 대상에서 제외되는 유치원으로 그 명칭과 주소가 매년 1월말까지 공시되어야 한다.

① ㄱ, ㄴ
② ㄱ, ㄹ
③ ㄷ, ㄹ
④ ㄱ, ㄴ, ㄷ
⑤ ㄴ, ㄷ, ㄹ

CHAPTER 02

제2회 최종모의고사

제1과목 ▶ 언어논리

문 1. 다음 글의 내용과 부합하는 것은?

『정원일기』는 조선시대 왕의 비서 기관인 승정원의 업무 일지이다. 승정원에서 처리한 업무는 당시 최고의 국가 기밀이었으므로 『승정원일기』에는 중앙과 지방에서 수집된 주요한 정보와 긴급한 국정 사항이 생생하게 기록되었다. 『승정원일기』가 왕의 통치 기록으로서 주요한 자리를 차지할 수 있었던 것은 조선의 통치 구조와 관련이 있다. 조선은 모든 국가 조직이 왕을 중심으로 짜여 있는 중앙집권제 국가였다. 국가 조직은 크게 여섯 분야로 나뉘어져 이, 호, 예, 병, 형, 공의 육조가 이를 담당하였다. 승정원도 육조에 맞추어 육방으로 구성되었고, 육방에는 담당 승지가 한 명씩 배치되었다. 중앙과 지방의 모든 국정 업무는 육조를 통해 수합되었고, 육조는 이를 다시 승정원의 해당 방의 승지에게 보고하였다. 해당 승지는 이를 다시 왕에게 보고하였고, 왕의 명령이 내려지면 담당 승지가 받아 해당 부서에 전하였다.

승정원에 보고된 육조의 모든 공문서는 승정원의 주서가 받아서 기록하였는데, 상소문이나 탄원서 등의 문서도 마찬가지였다. 만약 사헌부, 사간원, 홍문관 등에서 특정 관료나 사안에 대해 비판하는 경우 주서가 그 내용을 기록하였으며, 왕과 신료가 만나 국정을 의논하거나 경연을 할 때 주서는 반드시 참석하여 그 대화 내용을 기록하였다. 즉 주서는 사관의 역할도 겸하였으며, 주서가 사관으로서 기록한 것을 사초라 하였다. 하루 일과가 끝나면 주서는 자신이 기록한 사초를 정리하여 이것을 승정원에서 처리한 공문서나 상소문과 함께 모두 모아 매일 『승정원일기』를 작성하였다. 한 달이 되면 이를 한 책으로 엮어 왕에게 보고하였고, 왕의 결재를 받은 다음 자신이 근무하는 승정원 건물에 보관하였다.

『승정원일기』는 오직 한 부만 작성되었으므로 궁궐의 화재로 원본 자체가 소실되기도 하였다. 임진왜란 전에 승정원은 경복궁 근정전 서남쪽에 위치하였는데, 왜란으로 경복궁이 불타면서 『승정원일기』도 함께 소실되었다. 이후에도 여러 차례 궁궐에 화재가 발생하였다. 영조 23년에는 창덕궁에 불이 나 『승정원일기』가 거의 타버렸으나 영조는 이를 복원하도록 하였다.

① 주서는 사초에 근거하여 육조의 국정 업무 자료를 선별해 수정한 뒤 책으로 엮어 왕에게 보고하였다.
② 형조에서 수집한 지방의 공문서는 승정원의 형방 승지를 통해 왕에게 보고되었다.
③ 왕이 사간원에 내리는 공문서는 사간원에 배치된 승지를 통해 전달되었다.
④ 사관의 역할을 겸하였던 주서와 승지는 함께 『승정원일기』를 작성하였다.
⑤ 경복궁에 보관되어 있던 『승정원일기』는 영조 대의 화재로 소실되었다.

문 2. 다음 글에서 알 수 있는 것은?

철은 구성 성분과 용도 그리고 단단함의 정도(강도), 질긴 정도(인성), 부드러운 정도(연성), 외부 충격에 깨지지 않고 늘어나는 정도(가단성)등의 성질에 따라 다양한 종류로 나뉜다.

순철은 거의 100% 철로 되어 있다. 순철을 가열하면 약 910℃에서 체심입방격자에서 면심입방격자로 구조 변화가 일어나면서 수축이 일어나고 이 구조는 약 1,400℃까지 유지된다. 그 이상의 온도에서는 구조가 다시 체심입방격자로 바뀌면서 팽창이 일어난다. 순철은 얇게 펼 수 있으며, 용접하기 쉽고, 쉽게 부식되지 않지만, 상온에서 매우 부드러워서 전자기 재료, 촉매, 합금용 등 그 활용 범위가 제한되어 있으며 공업적으로 조금 생산된다. 따라서 대부분의 경우 철은 순철 자체로 사용되기보다 탄소가 혼합된 형태로 사용된다.

선철은 용광로에서 철광석을 녹여 만든 철로서 탄소, 규소, 망간, 인, 황이 많이 포함되어 있고 단단하지만 부서지기 쉽다. 선철에는 탄소가 특히 많이 함유되어 있기 때문에 순철보다 인성과 가단성이 낮아 주형에 부어 주물로 만들 수는 있지만, 압력을 가해 얇게 펴거나 늘리는 가공은 어렵다. 대부분 선철은 강(鋼)을 만들기 위한 원료로 사용되며, 용광로에서 나와 가공되기 전 녹아 있는 상태의 선철을 용선이라고 한다.

제강로에 선철을 넣으면 탄소나 기타 성분이 제거되는 정련 과정이 일어나며, 이를 통해 강이 만들어진다. 강은 질기고 외부의 충격에 깨지지 않고 늘어나는 성질이 강하기 때문에 불에 달구어서 두들기거나 압연기 사이로 통과시키면서 압력을 가해 여러 형태의 판이나 봉, 관 등의 구조재를 만들 수 있다. 또한 외부 충격에 견디는 힘이 높아 그 용도가 무궁무진하다.

강은 탄소 함유량에 따라 저탄소강, 중탄소강, 고탄소강으로 구분한다. 탄소강은 가공과 열처리를 통해 성질을 다양하게 변화시킬 수 있고 값도 매우 싸기 때문에 실용 재료로써 그 가치가 매우 크다. 하지만 모든 성질이 우수한 탄소강을 만드는 것은 불가능하기에 다양한 제강 과정을 거쳐서 용도에 따른 특수강을 만들어 사용한다. 강에 특수한 성질을 주기 위하여 니켈, 크롬, 텅스텐, 몰리브덴 등의 특수 원소를 첨가하거나 탄소, 규소, 망간, 인, 황 중 일부를 첨가하여 내열강, 내마모강, 고장력강 등을 만드는데 이것을 특수강이라고 부른다.

① 순철은 연성이 높기 때문에 온도에 의한 구조 변화와 수축·팽창이 쉽게 일어난다.
② 순철은 선철보다 덜 질기고 외부 충격에 깨지지 않고 늘어나는 정도가 더 낮다.
③ 용선이 가지고 있는 탄소의 양은 저탄소강이 가지고 있는 탄소의 양보다 적다.
④ 제강로에서 일어나는 정련 과정은 선철의 인성과 가단성을 높인다.
⑤ 고장력강의 탄소 함유량은 고탄소강의 탄소 함유량보다 더 낮다.

문 3. 다음 글에서 알 수 있는 것은?

유교는 그 근본 정신과 행위 규범으로 구분될 수 있다. 행위 규범으로서의 유교를 '예교(禮敎)'라고 부른다. 이러한 의미로 보면 예교는 유교의 일부분이었지만, 유교를 신봉하는 사람들의 입장으로 본다면 유교 자체라고 할 수도 있다. 유교 신봉자들에게 예교는 유교적 원리에서 자연스럽게 도출되는 것이었고, 예교를 통해 유교적 가치를 실현할 수 있었기 때문이다. 중국인들이 생활 안에서 직접 경험하는 유교적 가치는 추상적 원리가 아니라 구체적 규율일 수밖에 없었다. 이러한 점에서 유교와 예교는 원리적으로는 하나라고 할 수 있지만, 실질적으로 분명히 구분되는 것이었다. 이제부터 유교의 근본 정신을 그대로 '유교'라고 일컫고, 유교의 행위 규범은 '예교'라고 일컫기로 한다.

전통적으로 중국에서는 예교와 법(法)이 구분되었다. 법이 강제적이며 외재적 규율이라면, 예교는 자발적이고 내면적인 규율이다. '명교(名敎)'와 '강상(綱常)'은 예교와 비슷한 의미로 사용되었는데, 둘 다 예교에 포함되는 개념이다. 명교는 말 그대로 '이름의 가르침'이란 뜻으로, 이름이나 신분에 걸맞도록 행동하라는 규범이었다. 강상은 '삼강(三綱)'과 '오상(五常)'을 함께 일컫는 말로, 예교의 가르침 중 최고의 준칙이었다. 삼강은 임금과 신하, 부모와 자식, 부부 등 신분, 성별에 따른 우열을 규정한 것이었다. 오상은 '인·의·예·지·신'이라는 유학자들이 지켜야 할 덕목이었다. 오상이 유교적 가치의 나열이라고 한다면, 명교와 삼강은 현실적 이름, 신분, 성별에 따른 행위 규범이었다. 이 때문에 근대 중국 지식인들의 유교 비판은 신분 질서를 옹호하는 의미가 내포된 예교 규칙인 명교와 삼강에 집중되었다. 이름이나 신분, 성별에 따른 우열은 분명 평등과 민주의 이념에 어긋나는 것이었기 때문이다.

실제로 유교와 예교를 분리시켰던 사람들은 캉유웨이(康有爲)를 비롯한 변법유신론자들이었다. 이들은 중국의 정치 제도를 변경시켜서 입헌군주국으로 만들려고 했다. 그러한 목적을 달성하기 위해서는 기존의 정치 질서를 핵심적으로 구성하고 있던 예교를 해체하는 작업이 우선이었다. 캉유웨이는 유교 자체를 공격하고자 하지는 않았다. 그는 공자의 원래 생각을 중심으로 유교를 재편하기 위해 예교가 공자의 원래 정신에 어긋난다고 비판했다. 그에 따라 캉유웨이에게 유교와 예교는 명확하게 구별되는 것이 되었다.

① 유교와 예교를 분리하여 이해했던 사람들은 공자 정신을 비판했다.
② 삼강은 신분과 성별에 따른 우열을 옹호하는 강제적이고 외재적인 규율이었다.
③ 전통적인 유교 신봉자들은 법을 준수하는 생활 속에서 유교적 가치를 체험했다.
④ 중국의 일부 지식인들은 유교의 행위 규범에는 민주주의 이념에 위배되는 요소가 있다고 생각했다.
⑤ 명교는 유교적 근본 정신을 담은 규율이었기 때문에 근대의 예교 해체 과정에서 핵심적 가치로 재발견되었다.

문 4. 다음 글의 내용과 부합하는 것은?

국민주권에 바탕을 둔 민주주의 원리는 모든 국가기관의 의사가 국민의 의사로 귀착될 수 있어야 한다는 것이다. 이러한 민주주의 원리로부터 국민의 생활에 중요한 영향을 미치는 국가기관일수록 국민의 대표성이 더 반영되어야 한다는 '민주적 정당성'의 원리가 도출된다. 헌법재판 역시 그 중대성을 감안할 때 국민의 대의기관이 직접 담당하는 것이 민주적 정당성의 원리에 부합할 것이다. 헌법재판은 과거 세대와 현재 및 미래 세대에게 아울러 적용되는 헌법과 인권의 가치를 수호하는 특수한 기능을 수행한다. 헌법재판소는 항구적인 인권 가치를 수호하기 위하여 의회입법이나 대통령의 행위를 위헌이라고 선언할 수 있다. 이는 현재 세대의 의사와 배치될 수도 있는 작업이다. 그렇다면 이는 의회와 같은 현 세대의 대표자가 직접 담당하기에는 부적합하다. 헌법재판관들은 현재 다수 국민들의 실제 의사를 반영하기 위하여 임명되는 것이 아니다. 그들의 임무는 현재 국민들이 헌법을 개정하지 않는 한 헌법에 선언된 과거 국민들의 미래에 대한 약정을 최대한 실현하는 것이다. 그렇다면 헌법재판은 의회로부터 어느 정도 독립되고, 전문성을 갖춘 재판관들이 담당해야 한다.

한편 헌법재판은 사법적으로 이루어질 때 보다 공정하고 독립적으로 이루어질 수 있다. 이는 독립된 재판관에 의하여 이루어지는 법해석을 중심으로 판단이 이루어져야 한다는 것을 말한다. 그런데 독립된 헌법재판소를 두더라도 헌법재판관의 구성방법이 문제된다. 헌법 제1조 제2항에 따라 모든 국가권력은 국민에게 귀착되어야 하는 정당성의 사슬로 연결되어 있기에 헌법재판관 선출은 국민의 직접 위임에 의한 것이 이상적이다. 그러나 현실적으로 국민의 직접선거로 재판관을 선출하는 것은 용이하지 않다. 따라서 대의기관이 관여하여 헌법재판관을 임명함으로써 최소한의 민주적 정당성을 갖추어야 할 것이다. 그러므로 헌법재판관들이 선출되지 않은 소수 혹은 국민에 대하여 책임지지 않는 소수라는 이유만으로 민주적 정당성이 없다고 하는 것은, 헌법재판관 선출에 의회와 대통령이 관여한다는 점에서 무리한 비판이라고 볼 것이다.

① 헌법재판관들은 현행 헌법 개정에 구속되지 않고 미래 세대에 대한 약정을 최대한 실현해야 한다.
② 헌법재판소가 다수의 이익을 대표하는 대의기관의 행위를 위헌이라고 판단하는 것은 민주적 정당성의 원리에 배치된다.
③ 현재 헌법재판관 선출방법은 모든 국가권력이 국민에게 귀착되어야 한다는 민주적 정당성의 원리를 이상적으로 실현하고 있다.
④ 헌법재판은 현재와 미래 세대에게 아울러 적용되는 헌법과 항구적인 인권의 가치를 수호해야 하지만, 이는 현재 세대의 의사와 배치되어서는 안 된다.
⑤ 헌법재판은 사법기관이 담당하는 것이 바람직하며, 그 기관은 현재 세대를 대표하는 대의기관으로부터 어느 정도 독립되고 전문성을 갖출 필요가 있다.

문 5. 다음 ㉠에 따를 때 도덕적으로 허용될 수 <u>없는</u> 것만을 〈보기〉에서 모두 고르면?

우리는 어떤 행위를 그것이 가져올 결과가 좋다는 근거만으로 허용할 수는 없다. 예컨대 그 행위 덕분에 더 많은 수의 생명을 구할 수 있다는 사실만으로 그 행위를 허용할 수는 없다는 것이다. ㉠ A 원리에 따르면 어떤 행위든 무고한 사람의 죽음 자체를 의도하는 것은 언제나 그른 행위이고 따라서 도덕적으로 허용될 수 없다. 여기서 의도란 단순히 자기 행위의 결과가 어떨지 예상하고 그 내용을 이해한다는 것을 넘어서, 그 행위의 결과 자체가 자신이 그 행위를 선택하게 된 이유임을 의미한다.

예를 들어 우리가 제한된 의료 자원으로 한 명의 환자를 살리는 것과 다수의 환자를 살리는 것 사이에서 선택을 해야만 할 경우, 비록 한 명의 환자가 죽게 되더라도 다수의 환자를 살리는 것이 도덕적으로 허용될 수도 있다. 이때 그의 죽음은 피치 못할 부수적인 결과였기 때문이다. 하지만 만일 그 한 명의 환자를 치료하지 않은 이유가 그가 죽은 후 그의 장기를 장기이식을 기다리는 다른 여러 사람에게 이식하기 위한 것이었다면 그 행위는 허용될 수 없다.

〈보 기〉

ㄱ. 적국의 산업시설을 폭격하면 그 근처에 거주하는 다수의 민간인이 처참하게 죽게 되고 적국 시민이 그 참상에 공포심을 갖게 되어, 전쟁이 빨리 끝날 것이라는 기대감에 폭격하는 행위

ㄴ. 뛰어난 심장 전문의가 어머니의 임종을 지키기 위해 급하게 길을 가던 중 길거리에서 심장마비를 일으킨 사람을 발견했으나 그 사람을 치료하지 않고 어머니에게 가는 행위

ㄷ. 브레이크가 고장 난 채 달리고 있는 기관차의 선로 앞에 묶여 있는 다섯 명의 어린이를 구하기 위해 다른 선로에 홀로 일하고 있는 인부를 보고도 그 선로로 기관차의 진로를 변경하는 행위

① ㄱ
② ㄴ
③ ㄱ, ㄴ
④ ㄱ, ㄷ
⑤ ㄴ, ㄷ

문 6. 다음 글의 ㉠~㉤에 대한 판단으로 적절한 것은?

어떤 음성이나 부호가 무의미하다는 것은 '드룰'이나 '며문'과 같은 무의미한 음절들처럼 단순히 의미를 결여했다는 것으로 여겨진다. 그런데 철학자 A는 ㉠ 모든 의미 있는 용어는 그 용어가 지칭하는 대상이 존재한다고 여긴다. 그는 '비물질적 실체'와 같은 용어는 의미가 없다고 주장하는데, 그 이유는 오직 물질적 실체만이 존재하며 ㉡ '비물질적 실체'라는 용어가 지칭하는 대상이 존재하지 않는다는 것이다.

이에 철학자 B는 A의 입장이 터무니없다고 주장한다. ㉢ '비물질적 실체'라는 용어가 의미가 없다면, 우리는 비물질적 실체가 존재하는가에 대해 긍정도 부정도 할 수 없다. 그러나 ㉣ 우리는 그것이 존재하는가에 대해 긍정이나 부정을 할 수 있다. 실제로 ㉤ 우리의 어휘 중에는 의미를 지니고 그것이 지칭하는 대상이 존재하지 않는 용어들이 있다. 이 세상에 오직 물질적 실체만이 존재해서 비물질적 실체가 존재하지 않더라도 '비물질적 실체'라는 용어가 의미가 없다는 것은 지나친 주장이다.

① ㉠이 참이면, ㉤이 반드시 참이다.
② ㉠과 ㉢이 참이면, ㉣이 반드시 참이다.
③ ㉢과 ㉤이 참이면, ㉣이 반드시 거짓이다.
④ ㉠, ㉡, ㉢이 참이면, ㉣이 반드시 참이다.
⑤ ㉠, ㉢, ㉣이 참이면, ㉡이 반드시 거짓이다.

문 7. 다음 글에서 추론할 수 있는 것은?

'핸드오버'란 이동단말기가 이동함에 따라 기존 기지국에서 이탈하여 새로운 기지국으로 넘어갈 때 통화가 끊기지 않도록 통화 신호를 새로운 기지국으로 넘겨주는 것을 말한다. 이런 핸드오버는 이동단말기, 기지국, 이동전화교환국 사이의 유무선 연결을 바탕으로 실행된다. 이동단말기가 기지국에 가까워지면 그 둘 사이의 신호가 점점 강해지는 데 반해, 이동단말기와 기지국이 멀어지면 그 둘 사이의 신호는 점점 약해진다. 이 신호의 세기가 특정값 이하로 떨어지게 되면 핸드오버가 명령되어 이동단말기와 새로운 기지국 간의 통화 채널이 형성된다. 이 과정에서 이동전화교환국과 기지국 간 연결에 문제가 발생하면 핸드오버가 실패하게 된다.

핸드오버는 이동단말기와 기지국 간 통화 채널 형성 순서에 따라 '형성 전 단절 방식'과 '단절 전 형성 방식'으로 구분될 수 있다. FDMA와 TDMA에서는 형성 전 단절 방식을, CDMA에서는 단절 전 형성 방식을 사용한다. 형성 전 단절 방식은 이동단말기와 새로운 기지국 간의 통화 채널이 형성되기 전에 기존 기지국과의 통화 채널을 단절하는 것을 말한다. 이와 반대로 단절 전 형성 방식은 이동단말기와 기존 기지국 간의 통화 채널이 단절되기 전에 새로운 기지국과의 통화 채널을 형성하는 방식이다. 이런 핸드오버 방식의 차이는 각 기지국이 사용하는 주파수 간 차이에서 비롯된다. 만약 각 기지국이 다른 주파수를 사용하고 있다면, 이동단말기는 기존 기지국과의 통화 채널을 미리 단절한 뒤 새로운 기지국에 맞는 주파수를 할당 받은 후 통화 채널을 형성해야 한다. 그러나 각 기지국이 같은 주파수를 사용하고 있다면, 그런 주파수 조정이 필요 없으며 새로운 통화 채널을 형성하고 나서 기존 통화 채널을 단절할 수 있다.

① 단절 전 형성 방식의 각 기지국은 서로 다른 주파수를 사용한다.
② 형성 전 단절 방식은 단절 전 형성 방식보다 더 빨리 핸드오버를 명령할 수 있다.
③ 이동단말기와 기존 기지국 간의 통화 채널이 단절되면 핸드오버가 성공한다.
④ CDMA에서는 하나의 이동단말기가 두 기지국과 동시에 통화 채널을 형성할 수 있지만 FDMA에서는 그렇지 않다.
⑤ 이동단말기 A와 기지국 간 신호 세기가 이동단말기 B와 기지국 간 신호 세기보다 더 작다면 이동단말기 A에서는 핸드오버가 명령되지만 이동단말기 B에서는 핸드오버가 명령되지 않는다.

문 8. 다음 ㉠과 ㉡에 들어갈 말을 가장 적절하게 나열한 것은?

우주론자들에 따르면 우주는 빅뱅으로부터 시작되었다고 한다. 빅뱅이란 엄청난 에너지를 가진 아주 작은 우주가 폭발하듯 갑자기 생겨난 사건을 말한다. 그게 사실이라면 빅뱅 이전에는 무엇이 있었느냐는 질문이 나오는 게 당연하다. 아마 아무것도 없었을 것이다. 하지만 빅뱅 이전에 아무것도 없었다는 말은 무슨 뜻일까? 영겁의 시간 동안 단지 진공이었다는 뜻이다. 움직이는 것도, 변화하는 것도 없었다는 것이다.

그런데 이런 식으로 사고하려면, 아무 일도 일어나지 않고 시간만 존재하는 것을 상상할 수 있어야 한다. 그것은 곧 시간을 일종의 그릇처럼 상상하고 그 그릇 안에 담긴 것과 무관하게 여긴다는 뜻이다. 시간을 이렇게 본다면 변화는 일어날 수 없다. 여기서 변화는 시간의 경과가 아니라 사물의 변화를 가리킨다. 이런 전제하에서 우리가 마주하는 문제는 이것이다. 어떤 변화가 생겨나기도 전에 영겁의 시간이 있었다면, ［   ㉠   ］ 설명할 수 없다. 단지 지금 설명할 수 없다는 뜻이 아니라 설명 자체가 있을 수 없다는 뜻이다. 어떻게 설명이 가능하겠는가? 수도관이 터진 이유는 그 전에 닥쳐온 추위로 설명할 수 있다. 공룡이 멸종한 이유는 그 전에 지구와 운석이 충돌했을 가능성으로 설명하면 된다. 바꿔 말해서, 우리는 한 사건을 설명하기 위해 그 사건 이전에 일어났던 사건에서 원인을 찾는다. 그러나 빅뱅의 경우에는 그 이전에 아무것도 없었으므로 어떠한 설명도 찾을 수 없는 것이다.

'빅뱅 이전에 아무 일도 없었다'는 말을 달리 해석하는 방법도 있다. 그것은 바로 ［   ㉡   ］고 해석하는 것이다. 그 경우 '빅뱅 이전'이라는 개념 자체가 성립하지 않으므로 그 이전에 아무 일도 없었던 것은 당연하다. 그렇게 해석한다면 빅뱅이 일어난 이유도 설명할 수 있게 된다. 즉 빅뱅은 '0년'을 나타내는 것이다. 시간의 시작은 빅뱅의 시작으로 정의되기 때문에 우주가 그 이전이든 이후이든 왜 탄생했느냐고 묻는 것은 이치에 닿지 않는다.

① ㉠ : 왜 우주가 탄생하게 되었는지를
   ㉡ : 시간은 변화와 무관하다
② ㉠ : 왜 우주가 탄생하게 되었는지를
   ㉡ : 빅뱅 이전에는 시간도 없었다
③ ㉠ : 사물의 변화가 어떻게 시간의 경과를 가져왔는지를
   ㉡ : 시간은 변화와 무관하다
④ ㉠ : 사물의 변화가 어떻게 시간의 경과를 가져왔는지를
   ㉡ : 빅뱅 이전에는 시간도 없었다
⑤ ㉠ : 왜 그토록 긴 시간이 지난 후에야 빅뱅이 생겨났는지를
   ㉡ : 시간은 변화와 무관하다

문 9. 다음 글에 대한 분석으로 적절한 것만을 〈보기〉에서 모두 고르면?

"삼각형은 세 변을 갖고 있다."는 필연적으로 참인 진술로, 필연적 진리의 한 사례이다. 그런데 다음 논증을 살펴보자.

(1) 필연적 진리는 참이다.
(2) 참인 진술은 참일 가능성이 있는 진술이다.
(3) 참일 가능성이 있는 진술은 거짓일 가능성이 있는 진술이다.
따라서 (4)필연적 진리는 거짓일 가능성이 있는 진술이다.

이 논증은 전제가 모두 참이라면 결론도 반드시 참이 된다. 하지만 최종 결론 (4)는 명백히 거짓이다. "삼각형은 세 변을 갖고 있다."는 거짓일 가능성이 없는 진술이기 때문이다. 그러므로 전제 가운데 적어도 하나는 거짓일 수밖에 없다.

어떤 전제가 문제일까? (1)은 참이다. (2)도 그럴듯해 보인다. 어떤 진술이 실제로 참이라면 그것은 참일 가능성이 있다. (3)도 맞는 말처럼 보인다. 예컨대 "올해 백두산에 많은 눈이 내렸다."는 진술을 생각해보자. 이 진술은 참일 가능성이 있다. 그러나 거짓일 수도 있다. 만약 이 진술이 거짓일 수 없는 진술이라면, 그것은 필연적으로 참인 진술이어야 한다. 그러나 올해 백두산에 많은 눈이 내렸다는 것은 필연적 진리가 아니다.

어떤 전제가 문제인지를 알아보기 위해 '참인 진술'과 '거짓인 진술'을 다음과 같이 좀 더 세분해 보기로 하자.

NT	필연적으로 참인 진술	"삼각형은 세 변을 갖고 있다."
CT	우연적으로 참인 진술	"부산은 항구도시이다."
CF	우연적으로 거짓인 진술	"청주는 광역시이다."
NF	필연적으로 거짓인 진술	"삼각형은 네 변을 갖고 있다."

'참일 가능성이 있는 진술'은 위의 네 종류 가운데 어떤 것을 말할까? 그것은 '참일 가능성이 있다'는 말이 무엇을 의미하느냐에 달려 있다. 그것이 ㉠ 필연적으로 거짓인 것은 아니라는 것을 의미한다면, 참일 가능성이 있는 진술에는 NT, CT, CF가 모두 포함된다. 한편 그것이 ㉡ 우연적으로 참이거나 우연적으로 거짓이라는 것을 의미한다면, 참일 가능성이 있는 진술에는 CT와 CF만 포함된다. 이처럼 위 논증에서 핵심 구절로 사용되는 '참일 가능성이 있다'가 서로 다른 두 가지로 해석될 수 있다는 것이 문제의 근원이다.

〈보 기〉
ㄱ. 참일 가능성이 있다는 말을 ㉠으로 이해하면 (2)는 참인 전제가 된다.
ㄴ. 참일 가능성이 있다는 말을 ㉡으로 이해하면 (3)은 참인 전제가 된다.
ㄷ. 참일 가능성이 있다는 말을 ㉠으로 이해하면 (3)은 거짓인 전제가 된다.

① ㄱ
② ㄷ
③ ㄱ, ㄴ
④ ㄴ, ㄷ
⑤ ㄱ, ㄴ, ㄷ

문 10. 다음 대화에 대한 분석으로 가장 적절한 것은?

A : '2+3=5'처럼 특정한 수를 다루는 수식이 공리가 가지는 몇 가지 특성, 즉 증명 불가능하며 그 자체로 명백하다는 특성을 가지고 있다.
B : '2+3=5'는 증명될 수 없고 그 자체로 명백하다는 데 동의한다. 그것은 물론 공리의 특성이다. 하지만 그런 수식은 공리와는 달리 일반적이지 않으며 그 개수도 무한하다.
C : 공리는 증명 불가능하다. 그런데 증명 불가능한 진리가 무한히 많다는 것은 틀린 생각이다. 그러므로 특정한 수를 다루는 무한히 많은 수식들이 공리일 수는 없다. 나아가 어떤 수식이 증명 불가능한 경우, 우리는 그것의 참과 거짓을 알 수 없을 것이다. 그러나 우리는 모든 수식의 참과 거짓을 알 수 있다. 따라서 모든 수식은 증명 가능하다.
D : 수식의 참과 거짓을 알기 위해 증명이 꼭 필요하지는 않다. 우리는 직관을 통해 모든 수식의 참과 거짓을 그 자체로 명백하게 알 수 있다.
E : 직관을 통해 그 자체로 명백하게 참과 거짓을 알 수 있는 수식은 없다. 예를 들어 '135664+37863=173527'은 정말 그 자체로 명백한가? 도대체 우리가 135664에 대한 직관을 가지고 있거나 한가? 그러나 우리는 이 수식이 참이라는 것을 분명히 안다. 모든 수식은 증명될 수 있기 때문이다.
F : 작은 수로 이루어진 수식의 경우와 큰 수로 이루어진 경우를 나누어 생각할 필요가 있겠다. '2+3=5'와 같이 작은 수에 관한 수식은 직관을 통해 그 자체로 명백하게 참임을 알 수 있으며 증명은 불가능하다. 반면에 '135664+37863=173527'과 같이 큰 수로 이루어진 수식은 그 자체로 명백하게 알 수는 없지만 증명은 가능하다.
G : 작은 수와 큰 수를 나누는 기준이 10이라고 한번 가정해보자. 그렇다면 만약 10 이상의 수로 이루어진 수식이 증명될 수 있다면, 왜 5 이상, 2 이상, 1 이상의 경우에는 증명될 수 없는가?

① B는 특정한 수를 다루는 수식이 공리의 특성을 갖는다고 해서 모두 공리는 아니라고 주장함으로써 A의 주장을 반박한다.
② C는 특정한 수를 다루는 수식이 무한히 많다는 것을 부정함으로써, 그러한 수식은 증명 불가능하다는 B의 주장을 반박한다.
③ D는 큰 수로 이루어진 수식의 참과 거짓을 그 자체로 명백히 알 수 있다는 데 반대하고, E는 그것을 증명할 수 있다고 주장한다.
④ F는 어떠한 수식도 증명을 통해 참임을 아는 것이 아니라는 D의 주장을 반박하면서 E의 주장을 옹호한다.
⑤ G는 만약 큰 수로 이루어진 수식이 증명될 수 있다면 작은 수로 이루어진 수식도 증명될 수 있다는 점에 근거하여 F의 주장을 반박한다.

문 11. 다음 글에서 알 수 있는 것은?

15~16세기에 이질은 사람들을 괴롭히는 가장 주요한 질병이 되었다. 조선은 15세기부터 냇둑을 만들어 범람원(汎濫原)을 개간하기 시작하였고, 『농사직설』을 편찬하여 적극적으로 벼농사를 보급하였다. 이질은 이처럼 벼농사를 중시하여 냇가를 개간한 조선이 감당하여야 하는 숙명이었다.

벼농사를 짓는 논은 밭 위에 물을 가두어 농사를 짓는 농업 시설이었다. 새로 생긴 논 주변의 구릉에는 마을들이 생겨났다. 하지만 사람들이 쏟아내는 오물이 도랑을 통해 논으로 흘러들었고, 사람의 눈에 보이지 않는 미생물 중 수인성(水因性) 병균이 번성하였다. 그중 위산을 잘 견디는 시겔라균은 사람의 몸에 들어오면 적은 양이라도 대장까지 곧바로 도달하였고, 어김없이 이질을 일으켰다.

이질은 15세기 초반 급증하기 시작하여 17세기 이후에는 크게 감소하였다. 이러한 변화의 원인은 생태환경의 측면에서 찾을 수 있다. 15~16세기 냇둑에 의한 농지 개간은 범람원을 논으로 바꾸었다. 장마나 강우에 의해 일시적으로 범람하여 발생하는 짧은 침수 기간을 제외하면 범람원은 나머지 대부분의 시간 동안 건조한 상태를 유지하는 벌판을 형성한다. 이곳은 홍수에 잘 견디는 나무로 구성된 숲이 발달하였던 곳이다. 한반도의 하천 변에 분포하는 넓은 범람원의 숲이 논으로 개발되면서 뜨거운 여름 동안 습지로 바뀌었고 건조한 환경에 적합한 미생물 생태계가 습한 환경에 적합한 새로운 미생물 생태계로 바뀌었다. 수인성 세균인 병원성 살모넬라균과 시겔라균은 이러한 습지의 생태계에서 번성하여 장티푸스와 이질의 발병률을 크게 높였다.

그런데 17세기 이후 농지 개간의 중심축이 범람원 개간에서 산간 지역 개발로 이동하였다. 이는 수인성 전염병 발생을 크게 줄이는 결과를 낳았다. 농법의 측면에서도 17세기 이후에는 남부지역의 벼농사에서 이모작과 이앙법이 확대되었고, 이는 마을에 인접한 논의 사용법을 변화시켰다. 특히 논에 물을 가둬두는 기간이 줄어서 이질 등 수인성 질병 발생의 감소를 가져왔다.

① 『농사직설』을 통한 벼농사 보급 이전의 조선에는 수인성 병균에 의한 질병이 발견되지 않았다.
② 15~16세기 조선의 하천에서 번성하던 시겔라균이 17세기 이후 감소하였다.
③ 17세기 이후 조선에서는 논의 미생물 생태계가 변화되어 이질 감소에 기여하였다.
④ 17세기 이후 조선에서 개간 대상 지역이 바뀌어 인구 밀집지역이 점차 하천 주변에서 산간 지역으로 바뀌었다.
⑤ 17세기 이후 조선 농법의 변화는 건조한 지역에도 농지를 개간할 수 있도록 하여 이질과 장티푸스 발병률을 낮추었다.

문 12. 다음 글의 ⊙으로 가장 적절한 것은?

A : 요즘 자연과학이 발전함에 따라 뇌과학을 통해 인간에 대해 탐구하려는 시도가 유행하고 있지만, 나는 인간의 본질은 뇌세포와 같은 물질이 아니라 영혼이라고 생각해. 어떤 물질도 존재하지 않지만 나 자신은 영혼 상태로 존재하는 세계를, 나는 상상할 수 있어. 따라서 나는 존재하지만 어떤 물질도 존재하지 않는 세계는 가능해. 나는 존재하지만 어떤 물질도 존재하지 않는 세계가 가능하다면, 나의 본질은 물질이 아니야. 따라서 나는 본질적으로 물질이 아니라고 할 수 있어. 나의 본질이 물질이 아니라면 무엇일까? 그것은 바로 영혼이지. 결국 물질적인 뇌세포를 탐구하는 뇌과학은 인간의 본질에 대해 알려줄 수 없어.

B : 너는 ⊙ 잘못된 생각을 암묵적으로 전제하고 있어. 수학 명제를 한번 생각해 봐. 어떤 수학 명제가 참이라면 그 명제가 거짓이라는 것은 불가능해. 마찬가지로 어떤 수학 명제가 거짓이라면 그 명제가 참이라는 것도 불가능하지. 그럼 아직까지 증명되지 않아서 참인지 거짓인지 모르는 골드바흐의 명제를 생각해 봐. 그 명제는 '2보다 큰 모든 짝수는 두 소수의 합이다.'라는 거야. 분명히 이 명제가 참인 세계를 상상할 수 있어. 물론 거짓인 세계도 상상할 수 있지. 그렇지만 이 수학 명제가 참인 세계와 거짓인 세계 중 하나는 분명히 가능하지 않아. 앞에서 말했듯이, 그 수학 명제가 참이라면 그것이 거짓이라는 것은 불가능하고, 그 수학 명제가 거짓이라면 그것이 참이라는 것은 불가능하기 때문이야.

① 인간의 본질은 영혼이거나 물질이다.
② 우리가 상상할 수 있는 모든 세계는 가능하다.
③ 우리가 상상할 수 없는 어떤 것도 참일 수 없다.
④ 물질이 인간의 본질이 아니라는 것은 상상할 수 없다.
⑤ 뇌과학이 다루는 문제와 수학이 다루는 문제는 동일하다.

문 13. 다음 논쟁에 대한 분석으로 가장 적절한 것은?

갑 : 무게 중심이 어느 쪽으로도 치우치지 않은 동전 c가 있다. 그럼 'c를 던졌을 때 앞면이 나올 확률은 50%이다.'라는 진술 A가 뜻하는 바는 무엇인가? 이는 분명 참이다. 하지만 형태, 색, 무게 등 c의 물리적 특징을 조사한다고 하더라도, '50%의 확률'에 대응하는 특징을 찾을 수 없다. 도대체 진술 A의 의미가 무엇이길래 참이라고 말할 수 있는가?

을 : c를 여러 번 던져 진술 A의 의미를 결정할 수 있다. c를 같은 방식으로 여러 번 던지면 일부는 앞면이 나오고 일부는 뒷면이 나올 것이다. 이런 실제 동전 던지기 결과를 통해 진술 A의 의미가 결정된다. 즉 진술 A는 'c를 같은 방식으로 던진 실제 결과들 중 앞면이 나온 빈도가 50%이다.'를 뜻한다.

병 : c를 같은 방식으로 여러 번 던지는 것이 실제로 가능한가? 아무리 비슷하게 던지려 하더라도 언제나 미세한 차이가 있을 것이다. 따라서 c를 같은 방식으로 던지는 것은 거의 불가능하고, 가능하더라도 그 수는 매우 작을 것이다. 극단적으로, 그런 경우가 단 한 번밖에 없다면 앞면이 나온 빈도는 0% 또는 100%일 수밖에 없다. 이런 경우, 우리는 진술 A가 거짓이라고 말해야 한다. 하지만 이는 받아들일 수 없다.

정 : c가 같은 방식으로 던져진 실제 세계 사례의 수는 무척 작을 것이다. 하지만 진술 A는 실제 세계에서 일어난 일에 대한 것이 아니다. 오히려 그와 유사한 가상 상황에서 일어난 일에 관련된다. 진술 A는 '실제 세계와 유사한 가상 상황에서 c를 같은 방식으로 수없이 던졌을 때, 앞면이 나온 빈도는 50%에 근접한다.'를 뜻한다.

① 갑은 A가 참이라고 생각하지만, 병은 거짓이라고 생각한다.
② 을은 c를 같은 방식으로 여러 차례 던질 수 없다고 주장하지만, 병은 그렇지 않다.
③ 병은 c를 다양한 방식으로 던진 동전 던지기의 결과가 A의 진위에 영향을 끼친다고 주장하지만, 정은 그렇지 않다.
④ 병과 정은 실제 세계에서 c를 같은 방식으로 던지는 사례의 수가 매우 작을 수 있다는 것에 동의한다.
⑤ 갑, 을, 정 모두 c의 물리적 특징을 안다면 A의 뜻을 결정할 수 있다는 것에 동의한다.

문 14. 다음 글에서 추론할 수 있는 것만을 〈보기〉에서 모두 고르면?

'공립학교 인종차별 금지 판결의 준수를 종용하면서, 어떤 법률에 대해서는 의도적으로 그 준수를 거부하니 이는 기괴하다.'라고 할 수 있습니다. '어떤 법률은 준수해야 한다고 하면서도 어떤 법률에 대해서는 그를 거부하라 할 수 있습니까?'라고 물을 수도 있습니다. 하지만 이에는 '불의한 법률은 결코 법률이 아니다.'라는 아우구스티누스의 말을 살펴 답할 수 있습니다. 곧, 법률에는 정의로운 법률과 불의한 법률, 두 가지가 있습니다.

이 두 가지 법률 간 차이는 무엇입니까? 법률이 정의로운 때가 언제이며, 불의한 때는 언제인지 무엇을 보고 결정해야 합니까? 우리 사회에서 통용되는 법률들을 놓고 생각해 봅시다. 우리 사회에서 지켜야 할 법률이라는 점에서 정의로운 법률과 불의한 법률 모두 사람에게 적용되는 규약이기는 합니다. 하지만 정의로운 법률은 신의 법, 곧 도덕법에 해당한다는 데에 동의할 것으로 믿습니다. 그렇다면 불의한 법률은 그 도덕법에 배치되는 규약이라 할 것입니다. 도덕법을 자연법이라 표현한 아퀴나스의 말을 빌리면, 불의한 법률은 결국 사람끼리의 규약에 불과합니다. 사람끼리의 규약이 불의한 이유는 그것이 자연법에 기원한 것이 아니기 때문입니다.

인간의 성품을 고양하는 법률은 정의롭습니다. 인간의 품성을 타락시키는 법률은 물론 불의한 것입니다. 인종차별을 허용하는 법률은 모두 불의한 것인데 그 까닭은 인종차별이 영혼을 왜곡하고 인격을 해치기 때문입니다. 가령 인종을 차별하는 자는 거짓된 우월감을, 차별당하는 이는 거짓된 열등감을 느끼게 되는데 여기서 느끼는 우월감과 열등감은 영혼의 본래 모습이 아니라서 올바른 인격을 갖추지 못하도록 합니다.

따라서 인종차별은 정치·사회·경제적으로 불건전할 뿐 아니라 죄악이며 도덕적으로 그른 것입니다. 분리는 곧 죄악이라 할 것인데, 인간의 비극적인 분리를 실존적으로 드러내고, 두려운 소외와 끔찍한 죄악을 표출하는 상징이 인종차별 아니겠습니까? 공립학교 인종차별 금지 판결이 올바르기에 그 준수를 종용할 수 있는 한편, 인종차별을 허용하는 법률은 결단코 그르기에 이에 대한 거부에 동참해달라고 호소하는 바입니다.

〈 보 기 〉

ㄱ. 인간의 성품을 고양하는 법률은 도덕법에 해당한다.
ㄴ. 사람끼리의 규약에 해당하는 법률은 자연법이 아니다.
ㄷ. 인종차별적 내용을 포함하지 않는 모든 법률은 신의 법에 해당한다.

① ㄱ
② ㄷ
③ ㄱ, ㄴ
④ ㄴ, ㄷ
⑤ ㄱ, ㄴ, ㄷ

문 15. 다음 글에서 알 수 있는 것은?

조선 시대에는 어떤 경우라도 피의자로부터 죄를 자백받도록 규정되어 있었고, 죄인이 자백을 한 경우에만 형이 확정되었다. 관리들은 자백을 받기 위해 심문을 했는데, 대개 말로 타일러 자백을 받아내는 '평문'을 시행했다. 그러나 피의자가 자백을 하지 않고 버틸 때에는 매를 쳐 자백을 받는 '형문'을 시행했다. 형문 과정에서 매를 칠 때에는 한 번에 30대를 넘길 수 없었고, 한 번 매를 친 후에는 3일이 지나야만 다시 매를 칠 수 있었다. 이렇게 두 번 매를 친 후에는 형문으로 더 이상 매를 칠 수 없었다.

평문이나 형문을 통해 범죄 사실이 확정되면 '본형'이 집행되었다. 그런데 본형으로 매를 맞을 사람에게는 형문 과정에서 맞은 매의 수만큼 빼 주도록 규정되어 있었다. 또 형문과 본형에서 맞은 매의 합계가 그 죄의 대가로 맞도록 규정된 수를 초과할 수 없었다. 형문과 본형을 막론하고, 맞는 매의 종류는 태형과 장형으로 나뉘어졌다. 태형은 길고 작은 매를 사용해 치는 것인데, 어떤 경우에도 50대를 넘겨서 때릴 수 없었다. 태형보다 더 큰 매로 치는 장형은 '곤장'이라고도 부르는데, 죄목에 따라 60대부터 10대씩 올려 100대까지 칠 수 있었다. 장형을 칠 때, 대개는 두께가 6밀리미터 정도인 '신장'이라는 도구를 사용했다. 그런데 종이 상전을 다치게 했을 경우에는 신장보다 1.5배 정도 더 두꺼운 '성장'이라는 도구를 사용해 매를 쳤다. 또 반역죄와 같이 중한 죄인을 다룰 때에는 더 두꺼운 '국장'을 사용하였다.

매를 때리다가 피의자가 죽는 경우도 있었는데, 이때는 책임자를 파직하거나 그로 하여금 장례 비용을 내게 했다. 단, 반역죄인에게 때리는 매의 수에 제한은 없었고, 형문이나 본형 도중 반역죄인이 사망한다고 해서 책임자를 문책한다는 규정도 없었다.

조선 시대에는 남의 재물을 강탈한 자를 처벌할 때 초범인 경우에는 60대를 쳤다. 그런데 재범이거나 세 사람 이상 무리를 이루어 남의 재물을 강탈했을 때에는 처벌이 더 엄했다. 이런 사람에 대한 처벌로는 100대를 때렸다. 남의 재물을 강탈한 자의 경우 형문할 때와 본형으로 처벌할 때 택하는 매의 종류가 같았다.

① 피의자가 평문을 받다가 사망하면 심문한 사람이 장례 비용을 내야 했다.

② 세 명 이상 무리를 지어 남의 재물을 강제로 빼앗은 자는 장형으로 처벌했다.

③ 반역 혐의가 있는 사람은 자백을 받지 않고 국장으로 때리도록 규정되어 있었다.

④ 상전의 명을 어긴 혐의로 형문을 받는 종은 남의 재물을 강탈한 자보다 더 많은 매를 맞았다.

⑤ 평문 과정에서 죄인이 자신의 죄를 순순히 자백하면 본형에 들어가지 않고 처벌을 면제하였다.

문 16. 다음 글의 빈칸에 들어갈 진술로 가장 적절한 것은?

기분관리 이론은 사람들의 기분과 선택 행동의 관계에 대해 설명하기 위한 이론이다. 이 이론의 핵심은 사람들이 현재의 기분을 최적 상태로 유지하려고 한다는 것이다. 따라서 기분관리 이론은 흥분 수준이 최적 상태보다 높을 때는 사람들이 이를 낮출 수 있는 수단을 선택한다고 예측한다. 반면에 흥분 수준이 낮을 때는 이를 회복시킬 수 있는 수단을 선택한다고 예측한다. 예를 들어, 음악 선택의 상황에서 전자의 경우에는 차분한 음악을 선택하고 후자의 경우에는 흥겨운 음악을 선택한다는 것이다. 기분조정 이론은 기분관리 이론이 현재 시점에만 초점을 맞추고 있다는 점을 지적하고 이를 보완하고자 한다. 기분조정 이론을 음악 선택의 상황에 적용하면, ☐☐☐☐☐고 예측할 수 있다.

연구자 A는 음악 선택 상황을 통해 기분조정 이론을 검증하기 위한 실험을 했다. 그는 실험 참가자들을 두 집단으로 나누고 집단 1에게는 한 시간 후 재미있는 놀이를 하게 된다고 말했고, 집단 2에게는 한 시간 후 심각한 과제를 하게 된다고 말했다. 집단 1은 최적 상태 수준에서 즐거워했고, 집단 2는 최적 상태 수준을 벗어날 정도로 기분이 가라앉았다. 이때 연구자 A는 참가자들에게 기다리는 동안 음악을 선택하게 했다. 그랬더니 집단 1은 다소 즐거운 음악을 선택한 반면, 집단 2는 과도하게 흥겨운 음악을 선택했다. 그런데 30분이 지나고 각 집단이 기대하는 일을 하게 될 시간이 다가오자 두 집단 사이에는 뚜렷한 차이가 나타났다. 집단 1의 선택에는 큰 변화가 없었으나, 집단 2는 기분을 가라앉히는 차분한 음악을 선택하는 쪽으로 변하는 경향을 보인 것이다. 이러한 선택의 변화는 기분조정 이론을 뒷받침하는 것으로 간주되었다.

① 사람들은 현재의 기분을 지속하는 데 도움이 되는 음악을 선택한다

② 사람들은 다음에 올 상황을 고려해 흥분을 유발할 수 있는 음악을 선택한다

③ 사람들은 다음에 올 상황에 맞추어 현재의 기분을 조정하는 음악을 선택한다

④ 사람들은 현재의 기분과는 상관없이 자신이 평소 선호하는 음악을 선택한다

⑤ 사람들은 현재의 기분이 즐거운 경우에는 그것을 조정하기 위해 그와 반대되는 기분을 자아내는 음악을 선택한다

문 17. 다음 대화의 ⊙에 들어갈 말로 가장 적절한 것은?

> 서의 : 이번에 사내 연수원에 개설된 과목인 경제, 법률, 철학, 행정에 대한 수강신청결과가 나왔는데, 경제를 신청한 사람은 모두 법률도 신청했다고 해.
>
> 승민 : 그래? 나도 그 결과를 보았는데, 행정을 신청한 사람 중에 법률을 신청한 사람은 아무도 없었어. 그리고 경제와 법률은 신청하지 않고 철학은 신청한 사람도 있었다더군.
>
> 승범 : 나도 그 결과에 대해 몇 가지 얘기를 들었는데, 법률을 신청한 사람 중에 철학을 신청한 사람도 있었대. 그리고 철학은 신청했으나 행정과 경제는 신청하지 않은 사람도 있었다는 거야.
>
> 승민 : 그런데 _____⊙_____
>
> 서의 : 정말? 그러면 철학 한 과목만 신청한 사람이 적어도 한 명은 있겠구나.
>
> 승범 : 맞아. 그리고 적어도 한 명은 행정만 빼고 나머지 세 과목 전부 신청했다는 것도 알 수 있어.

① 경제와 법률 두 과목만을 신청한 사람은 한 명도 없어.
② 행정과 철학 두 과목만을 신청한 사람은 한 명도 없어.
③ 법률과 철학 두 과목만을 신청한 사람은 한 명도 없어.
④ 경제와 법률을 둘 다 신청한 사람은 모두 철학을 신청했어.
⑤ 법률과 철학을 둘 다 신청한 사람 중에 행정을 신청한 사람은 없어.

문 18. 다음 글의 내용이 참일 때, 영희가 들은 수업의 최소 개수와 최대 개수는?

> 심리학과에 다니는 가영, 나윤, 다선, 라음은 같은 과 친구인 영희가 어떤 수업을 들었는지에 대해 이야기했다. 이들은 영희가 〈인지심리학〉, 〈성격심리학〉, 〈발달심리학〉, 〈임상심리학〉 중에서만 수업을 들었다는 것은 알고 있지만, 구체적으로 어떤 수업을 듣고 어떤 수업을 듣지 않았는지에 대해서는 잘 알지 못했다. 그들은 다음과 같이 진술했다.
>
> • 영희가 〈성격심리학〉을 듣지 않았다면, 영희는 대신 〈발달심리학〉과 〈임상심리학〉을 들었다.
> • 영희가 〈임상심리학〉을 들었다면, 영희는 〈성격심리학〉 또한 들었다.
> • 영희가 〈인지심리학〉을 듣지 않았다면, 영희는 〈성격심리학〉도 듣지 않았고 대신 〈발달심리학〉을 들었다.
> • 영희는 〈인지심리학〉도 〈발달심리학〉도 듣지 않았다.
>
> 추후 영희에게 확인해 본 결과 이들 진술 중 세 진술은 옳고 나머지 한 진술은 그른 것으로 드러났다.

	최소	최대
①	1개	2개
②	1개	3개
③	1개	4개
④	2개	3개
⑤	2개	4개

문 19. 다음 글의 내용이 모두 참일 때 반드시 참인 것만을 〈보기〉에서 모두 고르면?

> A 부서에서는 올해부터 직원을 선정하여 국외 연수를 보내기로 하였다. 선정 결과 가영, 나준, 다석이 미국, 중국, 프랑스에 한 명씩 가기로 하였다. A 부서에 근무하는 갑~정은 다음과 같이 예측하였다.
>
> 갑 : 가영이는 미국에 가고 나준이는 프랑스에 갈 거야.
> 을 : 나준이가 프랑스에 가지 않으면, 가영이는 미국에 가지 않을 거야.
> 병 : 나준이가 프랑스에 가고 다석이가 중국에 가는 그런 경우는 없을 거야.
> 정 : 다석이는 중국에 가지 않고 가영이는 미국에 가지 않을 거야.
>
> 하지만 을의 예측과 병의 예측 중 적어도 한 예측은 그르다는 것과 네 예측 중 두 예측은 옳고 나머지 두 예측은 그르다는 것이 밝혀졌다.

> ─────────〈보 기〉─────────
>
> ㄱ. 가영이는 미국에 간다.
> ㄴ. 나준이는 프랑스에 가지 않는다.
> ㄷ. 다석이는 중국에 가지 않는다.

① ㄱ
② ㄴ
③ ㄱ, ㄷ
④ ㄴ, ㄷ
⑤ ㄱ, ㄴ, ㄷ

문 20. 다음 글의 미첼의 이론에서 추론할 수 있는 것은?

1783년 영국 자연철학자 존 미첼은 빛은 입자라는 생각과 뉴턴의 중력이론을 결합한 이론을 제시하였다. 그는 우선 별들이 어떻게 보일 것인지 사고 실험을 통해 예측하였다.

별의 표면에서 얼마간의 초기 속도로 입자를 쏘아 올려 아무런 방해 없이 위로 올라간다고 가정해보자. 만약에 초기 속도가 충분히 빠르지 않으면 별의 중력은 입자의 속도를 점점 느리게 할 것이며, 결국 그 입자를 별의 표면으로 되돌아가게 할 것이다. 만약 초기 속도가 충분히 빠르면 입자는 중력을 극복하고 별을 탈출할 수 있을 것이다. 이렇게 입자가 별을 탈출할 수 있는 최소한의 초기 속도는 '탈출 속도'라고 불린다. 미첼은 뉴턴의 중력이론을 이용해서 탈출 속도를 계산할 수 있었으며, 그 속도가 별 질량을 별의 둘레로 나눈 값의 제곱근에 비례한다는 것을 유도하였다.

이를 바탕으로 미첼은 '임계 둘레'라는 것도 추론해냈다. 임계 둘레란 탈출 속도와 빛의 속도를 같게 만드는 별의 둘레를 말한다. 빛 입자는 다른 입자들처럼 중력의 영향을 받는다. 그로 인해 빛은 임계 둘레보다 작은 둘레를 가진 별에서는 탈출할 수 없다. 그런 별에서 약 30만 km/s의 초기 속도로 빛 입자를 쏘아 올렸을 때 입자는 우선 위로 날아갈 것이다. 그런 다음 멈출 때까지 느려지다가, 결국 별의 표면으로 되돌아갈 것이다. 미첼은 임계 둘레를 쉽게 계산할 수 있었다. 태양과 동일한 질량을 가진 별의 임계 둘레는 약 19km로 계산되었다. 이러한 사고 실험을 통해 미첼은 임계 둘레보다 작은 둘레를 가진 암흑의 별들이 무척 많을 테고, 그 별들에선 빛 입자가 빠져나올 수 없기에 지구에서는 볼 수 없을 것으로 추측했다.

① 임계 둘레 이하의 둘레를 가진 별에 사는 존재는 임계 둘레보다 큰 둘레를 가진 별에서 오는 빛을 관찰할 수 없다.

② 빛보다 빠른 초기 속도로 쏘아 올린 입자가 있다면, 그 입자는 모두 별에서 탈출할 수 있다.

③ 별의 질량이 커지더라도 별의 둘레가 변하지 않는다면 탈출속도는 빨라지지 않는다.

④ 임계 둘레 이하의 둘레를 가진 별의 표면에서는 빛을 쏘아 올릴 수 없다.

⑤ 별의 질량이 커질수록 그 별의 임계 둘레는 커진다.

문 21. 다음 (가)와 (나)에 대한 평가로 적절한 것만을 〈보기〉에서 모두 고르면?

(가) 탄수화물은 우리 몸의 에너지원으로 쓰이는 필수 영양소이다. 건강한 신체 기능을 유지하기 위해서는 탄수화물 섭취 열량이 하루 총 섭취 열량의 55~70%가 되는 것이 이상적이다. 이에 해당하는 탄수화물의 하루 필요섭취량은 성인 기준 100~130g이다. 국민건강영양조사에 따르면, 우리나라 성인의 하루 탄수화물 섭취량은 평균 289.1g으로 필요섭취량의 약 2~3배에 가깝다. 이에 비추어 볼 때, 한국인은 탄수화물을 지나치게 많이 섭취하고 있다.

(나) 우리가 탄수화물을 계속 섭취하지 않으면 우리 몸은 에너지로 사용되던 연료가 고갈되는 상태에 이르게 된다. 이 경우 몸은 자연스레 '대체 연료'를 찾기 위해 처음에는 근육의 단백질을 분해하고, 이어 내장지방을 포함한 지방을 분해한다. 지방 분해 과정에서 '케톤'이라는 대사성 물질이 생겨나면서 수분 손실이 나타나고 혈액 내의 당분이 정상보다 줄어들게 된다. 이 과정에서 체내 세포들의 글리코겐 양이 감소한다. 특히 이러한 현상은 간세포에서 두드러지게 나타난다. 이로 인해 혈액 및 소변 등의 체액과 인체 조직에서는 케톤 수치가 높아지면서 신진대사 불균형이 초래된다. 이를 '케토시스 현상'이라 부른다. 케토시스 현상이 생기면 두통, 설사, 집중력 저하, 구취 등의 불편한 증상이 나타난다. 따라서 탄수화물을 극단적으로 제한하는 식단은 바람직하지 않다.

──────── 〈보 기〉 ────────

ㄱ. 아시아의 경우 성인 기준 하루 300g 이상의 탄수화물 섭취가 필요하다는 연구결과는 (가)를 약화한다.

ㄴ. 우리나라 성인뿐 아니라 성인이 아닌 사람들의 탄수화물 섭취량 또한 과하다는 것이 밝혀지면 (가)의 설득력이 높아진다.

ㄷ. 우리 몸의 탄수화물이 충분한 상황에서 케토시스 현상이 나타나지 않는다는 연구결과는 (나)를 약화한다.

① ㄴ
② ㄷ
③ ㄱ, ㄴ
④ ㄱ, ㄷ
⑤ ㄱ, ㄴ, ㄷ

문 22. 다음 갑~병의 견해에 대한 분석으로 적절한 것만을 〈보기〉에서 모두 고르면?

> 갑 : 인간과 달리 여타의 동물에게는 어떤 형태의 의식도 없다. 소나 개가 상처를 입었을 때 몸을 움츠리고 신음을 내는 통증 행동을 보이기는 하지만 실제로 통증을 느끼는 것은 아니다. 동물에게는 통증을 느끼는 의식이 없으므로 동물의 행동은 통증에 대한 아무런 느낌 없이 이루어지는 것이다. 우리는 늑대를 피해 도망치는 양을 보고 양이 늑대를 두려워한다고 말한다. 그러나 두려움을 느낀다는 것은 의식적인 활동이므로 양이 두려움을 느끼는 일은 일어날 수 없다. 양의 행동은 단지 늑대의 몸에서 반사된 빛이 양의 눈을 자극한 데 따른 반사작용일 뿐이다.
>
> 을 : 동물이 통증 행동을 보일 때는 실제로 통증을 의식한다고 보아야 한다. 동물은 통증을 느낄 수 있으나 다만 자의식이 없을 뿐이다. 우리는 통증을 느낄 수 있는 의식과 그 통증을 '나의 통증'이라고 느낄 수 있는 자의식을 구별해야 한다. 의식이 있어야만 자의식이 있지만, 의식이 있다고 해서 반드시 자의식을 갖는 것은 아니다. 세 번의 전기충격을 받은 쥐는 그때마다 통증을 느끼지만, '내'가 전기충격을 세 번 받았다고 느끼지는 못한다. '나의 통증'을 느끼려면 자의식이 필요하며, 통증이 '세 번' 있었다고 느끼기 위해서도 자의식이 필요하다. 자의식이 없으면 과거의 경험을 기억하는 일은 불가능하기 때문이다.
>
> 병 : 동물이 아무것도 기억할 수 없다는 주장을 인정하고 나면, 동물이 무언가를 학습할 수 있다는 주장은 아예 성립할 수 없을 것이다. 그렇게 되면 동물의 학습에 관한 연구는 무의미해질 것이다. 하지만 어느 이웃에게 한 번 발로 차인 개는 그를 만날 때마다 그 사실을 기억하고 두려움을 느끼며 몸을 피한다. 그렇다면 무언가를 기억하기 위해 자의식이 꼭 필요한 것일까. 그렇지는 않아 보인다. 실은 인간조차도 아무런 자의식 없이 무언가를 기억하여 행동할 때가 있다. 하물며 동물은 말할 것도 없을 것이다. 또한, 과거에 경험한 괴로운 사건은 '나의 것'이라고 받아들이지 않고도 기억될 수 있다.

───────〈보 기〉───────
ㄱ. 갑과 병은 동물에게 자의식이 없다고 여긴다.
ㄴ. 갑과 을은 동물이 의식 없이 행동할 수 있다고 여긴다.
ㄷ. 을에게 기억은 의식의 충분조건이지만, 병에게 기억은 학습의 필요조건이다.

① ㄱ
② ㄷ
③ ㄱ, ㄴ
④ ㄴ, ㄷ
⑤ ㄱ, ㄴ, ㄷ

문 23. 다음 글에서 바르게 추론한 것만을 〈보기〉에서 모두 고르면?

> 우리가 현재 가지고 있는 믿음들은 추가로 획득된 정보에 의해서 수정된다. 뺑소니사고의 용의자로 갑, 을, 병이 지목되었고 이 중 단 한 명만 범인이라고 하자. 수사관 K는 운전 습관, 범죄 이력 등을 근거로 각 용의자가 범인일 확률을 추측하여, '갑이 범인'이라는 것을 0.3, '을이 범인'이라는 것을 0.45, '병이 범인'이라는 것을 0.25만큼 믿게 되었다고 하자. 얼마 후 병의 알리바이가 확보되어 병은 용의자에서 제외되었다. 그렇다면 K의 믿음의 정도는 어떻게 수정되어야 할까?
>
> 믿음의 정도를 수정하는 두 가지 방법이 있다. 방법 A는 0.25를 다른 두 믿음에 동일하게 나누어 주는 것이다. 따라서 병의 알리바이가 확보된 이후 '갑이 범인'이라는 것과 '을이 범인'이라는 것에 대한 K의 믿음의 정도는 각각 0.425와 0.575가 된다. 방법 B는 기존 믿음의 정도에 비례해서 분배하는 것이다. 위 사례에서 '을이 범인'이라는 것에 대한 기존 믿음의 정도 0.45는 '갑이 범인'이라는 것에 대한 기존 믿음의 정도 0.3의 1.5배이다. 따라서 믿음의 정도 0.25도 이 비율에 따라 나누어주어야 한다. 즉 방법 B는 '갑이 범인'이라는 것에는 0.1을, '을이 범인'이라는 것에는 0.15를 추가하는 것이다. 결국 방법 B에 따르면 병의 알리바이가 확보된 이후 '갑이 범인'이라는 것과 '을이 범인'이라는 것에 대한 K의 믿음의 정도는 각각 0.4와 0.6이 된다.

───────〈보 기〉───────
ㄱ. 만약 기존 믿음의 정도들이 위 사례와 달랐다면, 병이 용의자에서 제외된 뒤 '갑이 범인'과 '을이 범인'에 대한 믿음의 정도의 합은, 방법 A와 방법 B 중 무엇을 이용하는지에 따라 다를 수 있다.
ㄴ. 만약 기존 믿음의 정도들이 위 사례와 달랐다면, 병이 용의자에서 제외된 뒤 '갑이 범인'과 '을이 범인'에 대한 믿음의 정도의 차이는 방법 A를 이용한 결과가 방법 B를 이용한 결과보다 클 수 있다.
ㄷ. 만약 '갑이 범인'에 대한 기존 믿음의 정도와 '을이 범인'에 대한 기존 믿음의 정도가 같았다면, '병이 범인'에 대한 기존 믿음의 정도에 상관없이 병이 용의자에서 제외된 뒤 방법 A를 이용한 결과와 방법 B를 이용한 결과는 서로 같다.

① ㄴ
② ㄷ
③ ㄱ, ㄴ
④ ㄱ, ㄷ
⑤ ㄴ, ㄷ

문 24. 다음 글의 〈논증〉을 강화하는 것만을 〈보기〉에서 모두 고르면?

우리에게는 어떤 행위를 해야만 하는지에 관한 도덕적 의무가 있는 것으로 보인다. 그럼, 어떤 믿음을 믿어야만 하는지에 관한 인식적 의무도 있을까? 이 물음을 해결하기 위해 먼저 도덕적 의무에 대해 생각해 보자. 우리가 어떤 행위 A에 대해 도덕적 의무를 갖는다면 우리는 A를 자신의 의지만으로 행할 수 있어야 한다. 물론 A는 행하기 힘든 것일 수도 있고, A를 행하지 않고 다른 행위를 했다고 비난받을 수도 있다. 그러나 우리에게 그 행위를 행할 능력이 아예 없다면 우리는 그 행위에 대해 의무를 갖지 않을 것이다. 인식적 의무의 경우도 마찬가지이다. 우리가 어떤 믿음에 대해 옳고 그름을 판단해야 하는 인식적 의무를 갖는다면 우리는 의지만으로 그 믿음을 가질 수도 있고 갖지 않을 수도 있어야 한다. 우리가 그 믿음을 갖는다면 인식적 의무를 다한 것이고, 갖지 않는다면 인식적 의무를 다하지 않은 것이다. 이런 생각에 기초해 우리에게 인식적 의무가 없다는 것을 다음과 같이 논증할 수 있다.

〈논 증〉
전제 1 : 만약 우리에게 인식적 의무가 있다면, 종종 우리는 자신의 의지만으로 어떤 믿음을 가질지 정할 수 있다.
전제 2 : 대부분의 경우 우리는 자신의 의지만으로 결코 어떤 믿음을 가질지 정할 수 없다.
결 론 : 우리에게 인식적 의무가 없다.

〈보 기〉
ㄱ. 인간에게 인식적 의무가 없다는 것과 어떤 경우에는 자신의 의지만으로 어떤 믿음을 가질지 정할 수 있다는 것은 양립할 수 없다. 가령 내 의지만으로 오늘 눈이 온다고 믿을 수 있다면, 그 믿음을 가져야 하는지 그렇게 하지 않아도 되는지를 나는 구분해야 한다.
ㄴ. 내 의지로는 믿고 싶지 않음에도 불구하고 믿을 수밖에 없는 경우들이 있다. 가령 나의 가장 친한 친구가 나의 차를 훔쳤다는 것을 증명하는 강력한 증거를 내가 확보했다고 하자. 이러한 상황에서 나는 나의 가장 친한 친구가 나의 차를 훔쳤다는 것을 믿고 싶지 않겠지만 결국 믿을 수밖에 없다. 왜냐하면 나에게는 그것을 증명하는 강력한 증거가 있기 때문이다.
ㄷ. 인간에게 인식적 의무가 있다는 것과 항상 우리가 자신의 의지만으로 어떤 믿음을 가질지 정할 수 있다는 것은 양립할 수 없다. 가령 오늘 나의 우울한 감정을 해소하기 위해 다음 주에 승진한다는 믿음을 가질 수 있다는 주장과 그러한 믿음에 대해 옳고 그름을 따져야 한다는 주장이 동시에 참일 수는 없다.

① ㄱ
② ㄴ
③ ㄱ, ㄴ
④ ㄱ, ㄷ
⑤ ㄴ, ㄷ

문 25. 다음 글의 논지로 가장 적절한 것은?

베블런에 의하면 사치품 사용 금기는 전근대적 계급에 기원을 두고 있다. 즉, 사치품 소비는 상류층의 지위를 드러내는 과시소비이기 때문에 피지배계층이 사치품을 소비하는 것은 상류층의 안락감이나 쾌감을 손상한다는 것이다. 따라서 상류층은 사치품을 사회적 지위 및 위계질서를 나타내는 기호(記號)로 간주하여 피지배계층의 사치품 소비를 금지했다. 또한 베블런은 사치품의 가격 상승에도 그 수요가 줄지 않고 오히려 증가하는 이유가 사치품의 소비를 통하여 사회적 지위를 과시하려는 상류층의 소비행태 때문이라고 보았다.

그러나 소득 수준이 높아지고 대량 생산에 의해 물자가 넘쳐흐르는 풍요로운 현대 대중사회에서 서민들은 과거 왕족들이 쓰던 물건들을 일상생활 속에서 쓰고 있고 유명한 배우가 쓰는 사치품도 쓸 수 있다. 모든 사람들이 명품을 살 수 있는 돈을 갖고 있을 때 명품의 사용은 더 이상 상류층을 표시하는 기호가 될 수 없다. 따라서 새로운 사회의 도래는 베블런의 과시소비이론으로 설명하기 어려운 소비행태를 가져왔다. 이때 상류층이 서민들과 구별될 수 있는 방법은 오히려 아래로 내려가는 것이다. 현대의 상류층에게는 차이가 중요한 것이지 사물 그 자체가 중요한 것이 아니기 때문이다. 월급쟁이 직원이 고급 외제차를 타면 사장은 소형 국산차를 타는 것이 그 예이다.

이와 같이 현대의 상류층은 고급, 화려함, 낭비를 과시하기보다 서민처럼 소박한 생활을 한다는 것을 과시한다. 이것은 두 가지 효과가 있다. 사치품을 소비하는 서민들과 구별된다는 점이 하나이고, 돈 많은 사람이 소박하고 겸손하기까지 하여 서민들에게 친근감을 준다는 점이 다른 하나이다.

그러나 그것은 극단적인 위세의 형태일 뿐이다. 뽐냄이 아니라 남의 눈에 띄지 않는 겸손한 태도와 검소함으로 자신을 한층 더 드러내는 것이다. 이런 행동들은 결국 한층 더 심한 과시이다. 소비하기를 거부하는 것이 소비 중에서도 최고의 소비가 된다. 다만 그들이 언제나 소형차를 타는 것은 아니다. 차별화해야 할 아래 계층이 없거나 경쟁 상대인 다른 상류층 사이에 있을 때 그들은 마음 놓고 경쟁적으로 고가품을 소비하며 자신을 마음껏 과시한다. 현대사회에서 소비하지 않기는 고도의 교묘한 소비이며, 그것은 상류층의 표시가 되었다. 그런 점에서 상류층을 따라 사치품을 소비하는 서민층은 순진하다고 하지 않을 수 없다.

① 현대의 상류층은 낭비를 지양하고 소박한 생활을 지향함으로써 서민들에게 친근감을 준다.
② 현대의 서민들은 상류층을 따라 겸손한 태도로 자신을 한층 더 드러내는 소비행태를 보인다.
③ 현대의 상류층은 그들이 접하는 계층과는 무관하게 절제를 통해 자신의 사회적 지위를 과시한다.
④ 현대에 들어와 위계질서를 드러내는 명품을 소비하면서 과시적으로 소비하는 새로운 행태가 나타났다.
⑤ 현대의 상류층은 사치품을 소비하는 것뿐만 아니라 소비하지 않기를 통해서도 자신의 사회적 지위를 과시한다.

문 1. 다음 〈표〉는 A시의 2016~2020년 버스 유형별 노선 수와 차량대수에 관한 자료이다. 이에 대한 〈보고서〉의 내용 중 옳은 것만을 고르면?

〈표〉 2016~2020년 버스 유형별 노선 수와 차량대수

(단위 : 개, 대)

유형	간선버스		지선버스		광역버스		순환버스		심야버스	
구분 연도	노선 수	차량 대수	노선 수	차량 대수	노선 수	차량 대수	노선 수	차량 대수	노선 수	차량 대수
2016	122	3,703	215	3,462	11	250	4	25	9	45
2017	121	3,690	214	3,473	11	250	4	25	8	47
2018	122	3,698	211	3,474	11	249	3	14	8	47
2019	122	3,687	207	3,403	10	247	3	14	9	70
2020	124	3,662	206	3,406	10	245	3	14	11	78

※ 버스 유형은 간선버스, 지선버스, 광역버스, 순환버스, 심야버스로만 구성됨

〈보고서〉

㉠ 2017~2020년 A시 버스 총노선 수와 총차량대수는 각각 매년 감소하고 있으며, ㉡ 전년 대비 감소폭은 총노선 수와 총차량대수 모두 2019년이 가장 크다. 이는 A시 버스 이용객의 감소와 버스 노후화로 인한 감차가 이루어져 나타난 결과로 볼 수 있다. ㉢ 2019년 심야버스는 버스 유형 중 유일하게 전년에 비해 차량대수가 증가하였고 전년 대비 차량대수 증가율은 45%를 상회하였다. 이는 심야시간 버스 이용객의 증가로 인해 나타난 것으로 볼 수 있다. ㉣ 2016~2020년 동안 노선 수 대비 차량대수 비는 간선버스가 매년 가장 크다. 이는 간선버스가 차량운행거리가 길고 배차시간이 짧다는 특성이 반영된 것으로 볼 수 있다. 마지막으로 ㉤ 2016~2020년 동안 노선 수 대비 차량대수 비는 심야버스가 순환버스보다 매년 크다.

① ㄱ, ㄴ, ㄷ
② ㄱ, ㄹ, ㅁ
③ ㄴ, ㄷ, ㄹ
④ ㄴ, ㄷ, ㅁ
⑤ ㄷ, ㄹ, ㅁ

문 2. 다음 〈표〉는 '갑'국 A~J 지역의 대형종합소매업 현황에 대한 자료이다. 이에 대한 〈보기〉의 설명 중 옳은 것만을 모두 고르면?

〈표〉 지역별 대형종합소매업 현황

구분 지역	사업체 수(개)	종사자 수(명)	매출액 (백만 원)	건물 연면적 (m²)
A	47	6,731	4,878,427	1,683,092
B	33	4,173	2,808,881	1,070,431
C	35	4,430	3,141,552	1,772,698
D	18	2,247	1,380,511	677,288
E	22	3,152	1,804,262	765,096
F	19	2,414	1,473,698	633,497
G	147	18,287	11,625,278	5,032,741
H	17	1,519	861,094	364,296
I	19	2,086	1,305,468	535,880
J	16	1,565	879,172	326,373
전체	373	46,604	30,158,343	12,861,392

〈보 기〉

ㄱ. 사업체당 종사자 수가 100명 미만인 지역은 모두 2개이다.
ㄴ. 사업체당 매출액은 G 지역이 가장 크다.
ㄷ. I 지역의 종사자당 매출액은 E 지역의 종사자당 매출액보다 크다.
ㄹ. 건물 연면적이 가장 작은 지역이 매출액도 가장 작다.

① ㄱ, ㄷ
② ㄱ, ㄹ
③ ㄴ, ㄷ
④ ㄴ, ㄹ
⑤ ㄱ, ㄴ, ㄷ

문 3. 다음 〈표〉는 방한 중국인 관광객에 관한 자료이다. 〈보고서〉를 작성하기 위해 〈표〉 이외에 추가로 필요한 자료만을 〈보기〉에서 모두 고르면?

〈표 1〉 2016~2017년 월별 방한 중국인 관광객수

(단위 : 만 명)

월 년	1	2	3	4	5	6	7	8	9	10	11	12	계
2016	60	47	80	80	78	95	87	102	107	106	55	54	951
2017	15	15	18	17	17	20	15	21	13	19	12	13	195

※ 2017년 자료는 추정값임

〈표 2〉 2016년 방한 중국인 관광객 1인당 관광 지출액

(단위 : 달러)

구분	쇼핑	숙박·교통	식음료	기타	총지출
개별	1,430	422	322	61	2,235
단체	1,296	168	196	17	1,677
전체	1,363	295	259	39	1,956

※ 전체는 방한 중국인 관광객 1인당 관광 지출액임

──────── 〈보고서〉 ────────

2017년 3월부터 7월까지 5개월간 전년 동기간 대비 방한 중국인 관광객수는 300만 명 이상 감소한 것으로 추정된다. 해당 규모에 2016년 기준 전체 방한 중국인 관광객 1인당 관광 지출액인 1,956달러를 적용하면 중국인의 한국 관광 포기로 인한 지출 감소액은 약 65.1억 달러로 추정된다.

2017년 전년대비 연간 추정 방한 중국인 관광객 감소 규모는 약 756만 명이며, 추정 지출 감소액은 약 147.9억 달러로 나타난다. 이는 각각 2016년 중국인 관광객을 제외한 연간 전체 방한 외국인 관광객수의 46.3%, 중국인 관광객 지출액을 제외한 전체 방한 외국인 관광객 총 지출액의 55.8% 수준이다.

2017년 산업부문별 추정 매출 감소액을 살펴보면, 도소매업의 매출액 감소가 전년대비 108.9억 달러로 가장 크고, 다음으로 식음료업, 숙박업 순으로 나타났다.

──────── 〈보 기〉 ────────

ㄱ. 2016년 방한 외국인 관광객의 국적별 1인당 관광 지출액
ㄴ. 2016년 전체 방한 외국인 관광객수 및 지출액 현황
ㄷ. 2016년 산업부문별 매출액 규모 및 구성비
ㄹ. 2017년 산업부문별 추정 매출액 규모 및 구성비

① ㄱ, ㄷ
② ㄴ, ㄷ
③ ㄴ, ㄹ
④ ㄱ, ㄴ, ㄹ
⑤ ㄴ, ㄷ, ㄹ

문 4. 다음 〈표〉는 2019년 화학제품 매출액 상위 9개 기업의 매출액에 대한 자료이다. 〈표〉와 〈조건〉에 근거하여 A~D에 해당하는 기업을 바르게 나열한 것은?

〈표〉 2019년 화학제품 매출액 상위 9개 기업의 매출액

(단위 : 십억 달러, %)

구분 기업	화학제품 매출액	전년대비 증가율	총매출액	화학제품 매출액 비율
비스프	72.9	17.8	90.0	81.0
A	62.4	29.7	( )	100.0
B	54.2	28.7	( )	63.2
자빅	37.6	5.3	39.9	94.2
C	34.6	26.7	( )	67.0
포르오사	32.1	14.2	55.9	57.4
D	29.7	10.0	( )	54.9
리오넬바셀	28.3	15.0	34.5	82.0
이비오스	23.2	24.7	48.2	48.1

※ 화학제품 매출액 비율(%) = $\dfrac{\text{화학제품 매출액}}{\text{총매출액}} \times 100$

──────── 〈조 건〉 ────────

• '드폰'과 'KR화학'의 2018년 화학제품 매출액은 각각 해당 기업의 2019년 화학제품 매출액의 80% 미만이다.
• '벡슨모빌'과 '시노텍'의 2019년 화학제품 매출액은 각각 총매출액에서 화학제품을 제외한 매출액의 2배 미만이다.
• 2019년 총매출액은 '포르오사'가 'KR화학'보다 작다.
• 2018년 화학제품 매출액은 '자빅'이 '시노텍'보다 크다.

	A	B	C	D
①	드폰	벡슨모빌	KR화학	시노텍
②	드폰	시노텍	KR화학	벡슨모빌
③	벡슨모빌	KR화학	시노텍	드폰
④	KR화학	시노텍	드폰	벡슨모빌
⑤	KR화학	벡슨모빌	드폰	시노텍

문 5. 다음 〈표〉는 '갑'국의 A지역 어린이집 현황에 대한 자료이다. 이에 대한 〈보기〉의 설명 중 옳은 것만을 모두 고르면?

〈표 1〉 A지역 어린이집 현재 원아수 및 정원

(단위 : 명)

구분 어린이집	현재 원아수						정원
	만 1세 이하	만 2세 이하	만 3세 이하	만 4세 이하	만 5세 이하	만 5세 초과	
예그리나	9	29	71	116	176	62	239
이든샘	9	49	91	136	176	39	215
아이온	9	29	57	86	117	33	160
윤 빛	9	29	50	101	141	40	186
올고운	6	26	54	104	146	56	210
전체	42	162	323	543	756	230	-

※ 각 어린이집의 원아수는 정원을 초과할 수 없음

〈표 2〉 원아 연령대별 보육교사 1인당 최대 보육가능 원아수

(단위 : 명)

구분	만 1세 이하	만 1세 초과 만 2세 이하	만 2세 초과 만 3세 이하	만 3세 초과 만 4세 이하	만 4세 초과
보육교사 1인당 최대 보육가능 원아수	3	5	7	15	20

※ 1) 어린이집은 최소인원의 보육교사를 고용함
　　2) 보육교사 1인은 1개의 연령대만을 보육함

─── 〈보 기〉 ───

ㄱ. '만 1세 초과 만 2세 이하'인 원아의 33% 이상은 '이든샘' 어린이집 원아이다.
ㄴ. '올고운' 어린이집의 현재 보육교사수는 18명이다.
ㄷ. 정원 대비 현재 원아수의 비율이 가장 낮은 어린이집은 '아이온'이다.
ㄹ. '윤빛' 어린이집은 보육교사를 추가로 고용하지 않고도 '만 3세 초과 만 4세 이하'인 원아를 최대 5명까지 더 충원할 수 있다.

① ㄱ, ㄴ
② ㄱ, ㄷ
③ ㄴ, ㄹ
④ ㄱ, ㄷ, ㄹ
⑤ ㄴ, ㄷ, ㄹ

문 6. 다음 〈표〉는 학생 6명의 A~E과목 시험 성적 자료의 일부이다. 이에 대한 〈보기〉의 설명 중 옳은 것만을 모두 고르면?

〈표〉 학생 6명의 A~E과목 시험 성적

(단위 : 점)

과목 학생	A	B	C	D	E	평균
영희	( )	14	13	15	( )	( )
민수	12	14	( )	10	14	13.0
수민	10	12	9	( )	18	11.8
은경	14	14	( )	17	( )	( )
철민	( )	20	19	17	19	18.6
상욱	10	( )	16	( )	16	( )
계	80	( )	( )	84	( )	( )
평균	( )	14.5	14.5	( )	( )	( )

※ 1) 과목별 시험 점수 범위는 0~20점이고, 모든 과목 시험에서 결시자는 없음
　　2) 학생의 성취도수준은 5개 과목 시험 점수의 산술평균으로 결정함
　　　 - 시험 점수 평균이 18점 이상 20점 이하 : 수월수준
　　　 - 시험 점수 평균이 15점 이상 18점 미만 : 우수수준
　　　 - 시험 점수 평균이 12점 이상 15점 미만 : 보통수준
　　　 - 시험 점수 평균이 12점 미만 : 기초수준

─── 〈보 기〉 ───

ㄱ. 영희의 성취도수준은 E과목 시험 점수가 17점 이상이면 '우수수준'이 될 수 있다.
ㄴ. 은경의 성취도수준은 E과목 시험 점수에 따라 '기초수준'이 될 수 있다.
ㄷ. 상욱의 시험 점수는 B과목은 13점, D과목은 15점이므로, 상욱의 성취도수준은 '보통수준'이다.
ㄹ. 민수의 C과목 시험 점수는 철민의 A과목 시험 점수보다 높다.

① ㄱ, ㄴ
② ㄱ, ㄷ
③ ㄱ, ㄹ
④ ㄴ, ㄷ
⑤ ㄴ, ㄹ

문 7. 다음 〈그림〉과 〈정보〉는 A해역의 해수면온도 변화에 따른 α지수, 'E현상' 및 'L현상'에 관한 자료이다. 이에 대한 설명으로 옳은 것은?

〈그림〉 기준 해수면온도와 α지수

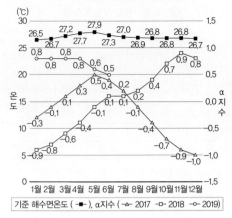

기준 해수면온도 (■), α지수 (△ 2017 □ 2018 ○ 2019)

〈정 보〉

- '기준 해수면온도'는 1985~2015년의 해당월 해수면온도의 평균임.
- '해수면온도 지표'는 해당월에 관측된 해수면온도에서 '기준 해수면온도'를 뺀 값임.
- α지수는 전월, 해당월, 익월의 '해수면온도 지표'의 평균값임.
- 'E현상'은 α지수가 5개월 이상 계속 0.5 이상일 때, 0.5 이상인 첫 달부터 마지막 달까지 있었다고 판단함.
- 'L현상'은 α지수가 5개월 이상 계속 −0.5 이하일 때, −0.5 이하인 첫 달부터 마지막 달까지 있었다고 판단함.

① '기준 해수면온도'는 8월이 가장 높다.
② 해수면온도는 2019년 6월까지만 관측되었다.
③ 2018년에는 'E현상'과 'L현상'이 둘 다 있었다.
④ 'E현상'은 8개월간 있었고, 'L현상'은 7개월간 있었다.
⑤ 월별 '기준 해수면온도'가 1℃ 낮았더라도, 2017년에 'L현상'이 있었다.

문 8. 다음 〈그림〉은 2020년 A기관의 조직 및 운영에 관한 자료이다. 이에 대한 〈보기〉의 설명 중 옳은 것만을 모두 고르면?

〈그림〉 2020년 A기관의 조직 및 운영 현황

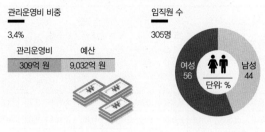

관리운영비 비중
3.4%

관리운영비	예산
309억 원	9,032억 원

임직원 수
305명

여성 56 / 남성 44
단위: %

위원회 구성

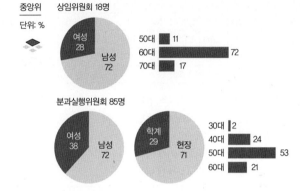

중앙위
단위: %

상임위원회 18명
여성 28 / 남성 72

50대 11
60대 72
70대 17

분과실행위원회 85명
여성 38 / 남성 72

학계 29 / 현장 71

30대 2
40대 24
50대 53
60대 21

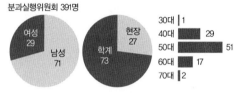

지회
단위: %

운영위원회 212명
여성 14 / 남성 86

40대 7
50대 42
60대 43
70대 7
80대 1

분과실행위원회 391명
여성 29 / 남성 71

학계 73 / 현장 27

30대 1
40대 29
50대 51
60대 17
70대 2

※ 중앙회는 상임위원회와 분과실행위원회로만 구성되고, 지회는 운영위원회와 분과실행위원회로만 구성됨

〈보 기〉

ㄱ. 2020년 임직원당 관리운영비는 1억 원 이상이다.
ㄴ. 분과실행위원회의 현장 위원 수는 중앙회가 지회보다 많다.
ㄷ. 중앙회 상임위원회의 모든 여성 위원이 동시에 중앙회 분과실행위원회 위원이라면, 중앙회 여성 위원 수는 총 32명이다.
ㄹ. 지회 분과실행위원회의 50대 학계 위원은 80명 이상이다.

① ㄱ, ㄴ
② ㄱ, ㄹ
③ ㄴ, ㄷ
④ ㄴ, ㄹ
⑤ ㄱ, ㄷ, ㄹ

문 9.   다음 〈표〉는 특별·광역·특별자치시의 도로현황이다. 이를 바탕으로 〈조건〉을 모두 만족하는 두 도시 A, B를 비교한 것으로 옳은 것은?

〈표〉 특별·광역·특별자치시의 도로현황

구분	면적 (km²)	인구 (천 명)	도로 연장 (km)	포장 도로 (km)	도로 포장률 (%)	면적당 도로 연장 (km/km²)	인구당 도로 연장 (km/천 명)	자동차 대수 (천 대)	자동차당 도로 연장 (km/천 대)	도로 보급률
서울	605	10,195	8,223	8,223	100.0	13.59	0.81	2,974	2.76	3.31
부산	770	3,538	3,101	3,022	97.5	4.03	0.88	1,184	2.62	1.88
대구	884	2,506	2,627	2,627	100.0	2.97	1.05	1,039	2.53	1.76
인천	1,041	2,844	2,743	2,605	95.0	2.63	0.96	1,142	2.40	1.59
광주	501	1,469	1,806	1,799	99.6	3.60	1.23	568	3.18	2.11
대전	540	1,525	2,077	2,077	100.0	3.85	1.36	606	3.43	2.29
울산	1,060	1,147	1,760	1,724	98.0	1.66	1.53	485	3.63	1.60
세종	465	113	412	334	81.1	0.89	3.65	53	7.77	1.80
전국	100,188	50,948	106,440	87,798	82.5	1.06	2.09	19,400	5.49	1.49

─── 〈조 건〉 ───

• 자동차당 도로연장은 A시와 B시 모두 전국보다 짧다.
• A시 인구는 B시 인구의 2배 이상이다.
• A시는 B시에 비해 면적이 더 넓다.
• A시는 B시에 비해 도로포장률이 더 높다.

① 자동차 대수 : A<B
② 도로보급률 : A<B
③ 면적당 도로연장 : A>B
④ 인구당 도로연장 : A>B
⑤ 자동차당 도로연장 : A>B

문 10.   다음 〈표〉는 2008~2013년 '갑'국 농·임업 생산액과 부가가치 현황에 대한 자료이다. 이에 대한 〈보기〉의 설명 중 옳은 것만을 모두 고르면?

〈표 1〉 농·임업 생산액 현황

(단위 : 10억 원, %)

연도 구분		2008	2009	2010	2011	2012	2013
농·임업 생산액		39,663	42,995	43,523	43,214	46,357	46,648
분야별 비중	곡물	23.6	20.2	15.6	18.5	17.5	18.3
	화훼	28.0	27.7	29.4	30.1	31.7	32.1
	과수	34.3	38.3	40.2	34.7	34.6	34.8

※ 1) 분야별 비중은 농·임업 생산액 대비 해당 분야의 생산액 비중임
   2) 곡물, 화훼, 과수는 농·임업의 일부 분야임

〈표 2〉 농·임업 부가가치 현황

(단위 : 10억 원, %)

연도 구분		2008	2009	2010	2011	2012	2013
농·임업 부가가치		22,587	23,540	24,872	26,721	27,359	27,376
GDP 대비 비중	농업	2.1	2.1	2.0	2.1	2.0	2.0
	임업	0.1	0.1	0.2	0.1	0.2	0.2

※ 1) GDP 대비 비중은 GDP 대비 해당 분야의 부가가치 비중임
   2) 농·임업은 농업과 임업으로만 구성됨

─── 〈보 기〉 ───

ㄱ. 농·임업 생산액이 전년보다 작은 해에는 농·임업 부가가치도 전년보다 작다.
ㄴ. 화훼 생산액은 매년 증가한다.
ㄷ. 매년 곡물 생산액은 과수 생산액의 50% 이상이다.
ㄹ. 매년 농업 부가가치는 농·임업 부가가치의 85% 이상이다.

① ㄱ, ㄴ
② ㄱ, ㄷ
③ ㄴ, ㄷ
④ ㄴ, ㄹ
⑤ ㄷ, ㄹ

문 11. 다음 〈보고서〉는 2017년 '갑'국의 공연예술계 시장 현황에 관한 자료이다. 〈보고서〉의 내용과 부합하는 자료만을 〈보기〉에서 모두 고르면?

〈보고서〉

2017년 '갑'국의 공연예술계 관객수는 410만 5천 명, 전체 매출액은 871억 5천만 원으로 집계되었다. 이는 매출액 기준 전년 대비 100% 이상 성장한 것으로, 2014년 이후 공연예술계 매출액과 관객수 모두 매년 증가하는 추세이다.

2017년 '갑'국 공연예술계의 전체 개막편수 및 공연횟수를 월별로 분석한 결과, 월간 개막편수가 전체 개막편수의 10% 이상을 차지하는 달은 3월뿐이고 월간 공연횟수가 전체 공연횟수의 10% 이상을 차지하는 달은 8월뿐인 것으로 나타났다.

반면, '갑'국 공연예술계 매출액 및 관객수의 장르별 편차는 매우 심한 것으로 나타났는데, 2017년 기준 공연예술계 전체 매출액의 60% 이상이 '뮤지컬' 한 장르에서 발생하였으며 또한 관객수 상위 3개 장르가 공연예술계 전체 관객수의 90% 이상을 차지하는 것으로 조사되었다.

2017년 '갑'국 공연예술계 관객수를 입장권 가격대별로 살펴보면 가장 저렴한 '3만 원 미만' 입장권 관객수가 절반 이상을 차지하였고, 이는 가장 비싼 '7만 원 이상' 입장권 관객수의 3.5배 이상이었다.

〈보 기〉

ㄱ. 2014~2017년 매출액 및 관객수

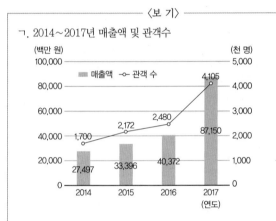

ㄴ. 2017년 개막편수 및 공연횟수

(단위 : 편, 회)

구분 월	개막편수	공연횟수
1	249	4,084
2	416	4,271
3	574	4,079
4	504	4,538
5	507	4,759
6	499	4,074
7	441	5,021
8	397	5,559
9	449	3,608
10	336	3,488
11	451	3,446
12	465	5,204
전체	5,288	52,131

ㄷ. 2017년 장르별 매출액 및 관객수

(단위 : 백만 원, 천 명)

구분 장르	매출액	관객수
연극	10,432	808
뮤지컬	56,014	1,791
클래식	13,580	990
무용	5,513	310
국악	1,611	206
전체	87,150	4,105

ㄹ. 2017년 입장권 가격대별 관객수 구성비

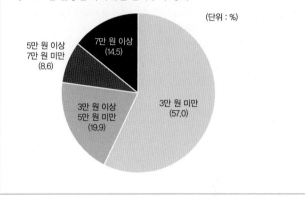

(단위 : %)

① ㄱ, ㄷ
② ㄴ, ㄷ
③ ㄴ, ㄹ
④ ㄱ, ㄴ, ㄹ
⑤ ㄱ, ㄷ, ㄹ

문 12. 다음 〈표〉는 A~D지역으로만 이루어진 '갑'국의 2015년 인구 전입·전출과 관련한 자료이다. 이에 대한 〈보고서〉의 내용 중 옳은 것만을 모두 고르면?

〈표 1〉 2015년 인구 전입·전출

(단위 : 명)

전출지 \ 전입지	A	B	C	D
A		190	145	390
B	123		302	260
C	165	185		110
D	310	220	130	

※ 1) 전입·전출은 A~D지역 간에서만 이루어짐
2) 2015년 인구 전입·전출은 2015년 1월 1일부터 12월 31일까지 발생하며, 동일인의 전입·전출은 최대 1회만 가능함
3) 예시 : 〈표 1〉에서 '190'은 A지역에서 190명이 전출하여 B지역으로 전입하였음을 의미함

〈표 2〉 2015, 2016년 지역별 인구

(단위 : 명)

지역 \ 연도	2015	2016
A	3,232	3,105
B	3,120	3,030
C	2,931	( )
D	3,080	( )

※ 1) 인구는 매년 1월 1일 0시를 기준으로 함
2) 인구변화는 전입·전출에 의해서만 가능함

〈보고서〉

'갑'국의 지역 간 인구 이동을 파악하기 위해 2015년의 전입·전출을 분석한 결과 총 2,530명이 주소지를 이전한 것으로 파악되었다. '갑'국의 4개 지역 가운데 ㉠ 전출자 수가 가장 큰 지역은 A이다. 반면, ㉡ 전입자 수가 가장 큰 지역은 A, B, D 지역으로부터 총 577명이 전입한 C이다. 지역 간 인구 이동은 지역경제 활성화에 따른 일자리 수요와 밀접하게 연관된다. 2015년 인구이동 결과, ㉢ 2016년 인구가 가장 많은 지역은 D이며, ㉣ 2015년과 2016년의 인구 차이가 가장 큰 지역은 A이다.

① ㄱ, ㄴ
② ㄱ, ㄷ
③ ㄴ, ㄹ
④ ㄷ, ㄹ
⑤ ㄱ, ㄷ, ㄹ

문 13. 다음 〈그림〉과 〈표〉는 '갑'시에서 '을'시로의 이동에 대한 자료이다. 이와 다음 〈계산식〉을 적용하여 이동방법 A, B, C를 이동비용이 적은 것부터 순서대로 나열하면?

〈그림〉 '갑' → '을' 이동방법 A, B, C의 경로

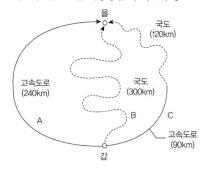

〈표〉 '갑' → '을' 이동방법별 주행관련 정보

구분 \ 이동방법 이용도로	A 고속도로	B 국도	C 고속도로	C 국도
거리(km)	240	300	90	120
평균속력(km/시간)	120	60	90	60
주행시간(시간)	2.0	( )	1.0	( )
평균연비(km/L)	12	15	12	15
연료소비량(L)	( )	20.0	7.5	( )
휴식시간(시간)	1.0	1.5	0.5	0.5
통행료(원)	8,000	0	5,000	0

〈계산식〉

• 이동비용 = 시간가치 + 연료비 + 통행료
• 시간가치 = 소요시간(시간) × 1,500(원/시간)
• 소요시간 = 주행시간 + 휴식시간
• 연료비 = 연료소비량(L) × 1,500(원/L)

① A, B, C
② B, A, C
③ B, C, A
④ C, A, B
⑤ C, B, A

문 14. 다음 〈표〉는 12대 주요 산업별 총산업인력과 기술인력 현황에 관한 자료이다. 이에 대한 〈보기〉의 설명 중 옳은 것만을 고르면?

〈표〉 12대 주요 산업별 총산업인력과 기술인력 현황

(단위 : 명, %)

부문	산업	총산업인력	기술인력 현원	비중	부족인원	부족률
제조	기계	287,860	153,681	53.4	4,097	( )
	디스플레이	61,855	50,100	( )	256	( )
	반도체	178,734	92,873	( )	1,528	1.6
	바이오	94,364	31,572	33.5	1,061	( )
	섬유	131,485	36,197	( )	927	2.5
	자동차	325,461	118,524	( )	2,388	2.0
	전자	416,111	203,988	( )	5,362	2.6
	조선	107,347	60,301	56.2	651	( )
	철강	122,066	65,289	( )	1,250	1.9
	화학	341,750	126,006	36.9	4,349	3.3
서비스	소프트웨어	234,940	139,454	( )	6,205	( )
	IT 비즈니스	111,049	23,120	20.8	405	( )

※ 1) 기술인력 비중(%)= $\frac{기술인력\ 현원}{총산업인력} \times 100$

2) 기술인력 부족률(%)= $\frac{기술인력\ 부족인원}{기술인력\ 현원 + 기술인력\ 부족인원} \times 100$

─────────── 〈보 기〉 ───────────

ㄱ. 디스플레이 산업의 기술인력 비중은 80% 미만이다.

ㄴ. 기술인력 비중이 50% 이상인 산업은 6개다.

ㄷ. 소프트웨어 산업의 기술인력 부족률은 5% 미만이다.

ㄹ. 기술인력 부족률이 두 번째로 낮은 산업은 반도체 산업이다.

① ㄱ, ㄴ   ② ㄱ, ㄷ
③ ㄴ, ㄷ   ④ ㄴ, ㄹ
⑤ ㄷ, ㄹ

문 15. 다음 〈표〉는 '갑'국의 전기자동차 충전요금 산정기준과 계절별 부하 시간대에 대한 자료이다. 이에 대한 설명으로 옳은 것은?

〈표 1〉 전기자동차 충전요금 산정기준

월 기본요금 (원)	전력량 요율(원/kWh) 계절 시간대	여름 (6~8월)	봄 (3~5월), 가을 (9~10월)	겨울 (1~2월, 11~12월)
2,390	경부하	57.6	58.7	80.7
	중간부하	145.3	70.5	128.2
	최대부하	232.5	75.4	190.8

※ 1) 월 충전요금(원)=월 기본요금
+(경부하 시간대 전력량 요율×경부하 시간대 충전 전력량)
+(중간부하 시간대 전력량 요율×중간부하 시간대 충전 전력량)
+(최대부하 시간대 전력량 요율×최대부하 시간대 충전 전력량)
2) 월 충전요금은 해당 월 1일에서 말일까지의 충전 전력량을 사용하여 산정함
3) 1시간에 충전되는 전기자동차의 전력량은 5kWh임

〈표 2〉 계절별 부하 시간대

계절 시간대	여름 (6~8월)	봄(3~5월), 가을(9~10월)	겨울(1~2월, 11~12월)
경부하	00:00~09:00 23:00~24:00	00:00~09:00 23:00~24:00	00:00~09:00 23:00~24:00
중간부하	09:00~10:00 12:00~13:00 17:00~23:00	09:00~10:00 12:00~13:00 17:00~23:00	09:00~10:00 12:00~17:00 20:00~22:00
최대부하	10:00~12:00 13:00~17:00	10:00~12:00 13:00~17:00	10:00~12:00 17:00~20:00 22:00~23:00

① 모든 시간대에서 봄, 가을의 전력량 요율이 가장 낮다.

② 월 100kWh를 충전했을 때 월 충전요금의 최댓값과 최솟값 차이는 16,000원 이하이다.

③ 중간부하 시간대의 총 시간은 6월 1일과 12월 1일이 동일하다.

④ 22시 30분의 전력량 요율이 가장 높은 계절은 여름이다.

⑤ 12월 중간부하 시간대에만 100kWh를 충전한 월 충전요금은 6월 경부하 시간대에만 100kWh를 충전한 월 충전요금의 2배 이상이다.

※ 다음 〈표〉는 '갑' 국 호수 A와 B의 2013년 8월 10~16일 수온, 수질측정, 조류예보 및 해제 현황과 2008~2012년 조류예보 발령 현황에 대한 자료이다. 〈표〉를 보고 물음에 답하시오. [문 16~문 17]

〈표 1〉 호수별 수온, 수질측정, 조류예보 및 해제 현황
(2013년 8월 10~16일)

| 호수 | 측정월일 | 수온(℃) | 수질측정항목 | | 조류예보 및 해제 |
			클로로필 농도 (mg/m³)	남조류 세포수 (개/mL)	
A	8월 10일	27.6	16.9	917	-
	8월 11일	27.5	29.4	4,221	주의보
	8월 12일	26.2	30.4	5,480	주의보
	8월 13일	25.2	40.1	8,320	경보
	8월 14일	23.9	20.8	1,020	주의보
	8월 15일	20.5	18.0	328	주의보
	8월 16일	21.3	13.8	620	해제
B	8월 10일	24.2	21.7	4,750	-
	8월 11일	25.2	28.5	1,733	주의보
	8월 12일	26.1	30.5	5,315	주의보
	8월 13일	23.8	21.5	1,312	( )
	8월 14일	22.1	16.8	389	( )
	8월 15일	18.6	10.3	987	( )
	8월 16일	17.8	5.8	612	( )

※ 수질측정은 매일 각 호수별로 동일시간, 동일지점, 동일한 방법으로 1회만 수행함

〈표 2〉 2008~2012년 호수별 조류예보 발령 현황
(단위 : 일)

호수	구분	2008년	2009년	2010년	2011년	2012년
A	주의보	7	0	21	14	28
	경보	0	0	0	0	0
	대발생	0	0	0	0	0
B	주의보	49	35	28	35	14
	경보	7	0	21	42	0
	대발생	7	0	0	14	0

문 16. 다음 〈보고서〉를 작성하기 위해 위 〈표〉 이외에 추가로 필요한 자료만을 〈보기〉에서 모두 고르면?

─〈보고서〉─

2013년 8월 10~16일 동안 호수 B의 수온이 호수 A의 수온보다 매일 낮았다. 그리고, 8월 10~12일 동안 호수 B의 클로로필 농도는 증가하다가 8월 13~16일 동안 감소하였다. 호수 B의 남조류 세포수는 8월 10~13일 동안 증감을 반복하다가 8월 14~16일 동안 1,000개/mL 이하로 유지되었다.

2008~2013년 호수 A와 B에서 클로로필 농도와 남조류 세포수의 월일별 증감 방향은 일치하지 않았으나, 호수 내 질소의 농도와 인의 농도를 월일별로 살펴보면 밀접한 상관관계가 있었다.

2008~2013년 조류예보 발령 현황을 보면 호수 A에는 2009년을 제외하면 매년 '주의보'가 발령되었고 호수 B에는 '경보'와 '대발생'도 발령되었다. '주의보'가 발령되는 시기는 주로 8월에서 10월까지 집중되어 있으며, 동절기인 12월에는 '주의보' 발령이 없었다.

─〈보 기〉─

ㄱ. 2008~2013년 호수 A와 B의 월일별 질소 및 인 농도 측정 현황
ㄴ. 2008~2013년 호수 A와 B의 월일별 수위측정 현황
ㄷ. 2008~2013년 호수 A와 B의 월일별 조류예보 발령 현황
ㄹ. 2008~2013년 호수 A와 B의 월일별 수온측정 현황
ㅁ. 2008~2013년 호수 A와 B의 월일별 클로로필 농도 및 남조류 세포수 측정 현황

① ㄱ, ㄷ
② ㄱ, ㄷ, ㅁ
③ ㄴ, ㄷ, ㅁ
④ ㄱ, ㄴ, ㄹ, ㅁ
⑤ ㄱ, ㄷ, ㄹ, ㅁ

문 17. 위 〈표〉와 다음 〈표 3〉 그리고 〈조류예보 및 해제 발령 절차〉를 이용하여 2013년 8월 13~15일 호수 B의 조류예보 및 해제 발령 결과를 바르게 나열한 것은?

〈표 3〉 조류예보 수질측정항목 수치의 단계별 기준

수질측정항목 \ 단계	주의보	경보	대발생
클로로필 농도 (mg/m³)	15 이상	25 이상	100 이상
남조류 세포수 (개/mL)	500 이상	5,000 이상	1,000,000 이상

※ '갑' 국에서는 조류예보 수질측정항목으로 '클로로필 농도'와 '남조류 세포수'만 사용함

─〈조류예보 및 해제 발령 절차〉─

• 예보 당일 및 전일 조류예보 수질측정항목 수치의 단계별 기준에 의거, 다음과 같이 조류예보 또는 '해제'를 발령함
• 예보 당일 및 전일의 수질측정항목(클로로필 농도와 남조류 세포수) 측정수치 4개를 획득함
• 아래 5개 조건 만족여부를 순서대로 판정하고 조건을 만족하면 해당 발령 후 예보 당일 '조류예보 및 해제 발령 절차'를 종료함
  1) 측정수치 4개가 모두 대발생 단계 기준을 만족하면 '대발생' 발령
  2) 측정수치 4개가 모두 경보 단계 기준을 만족하면 '경보' 발령
  3) 측정수치 4개가 모두 주의보 단계 기준을 만족하면 '주의보' 발령
  4) 측정수치 4개 중 2개 이상이 주의보 단계 기준을 만족하지 못하면 '해제' 발령
  5) 위 1)~4)를 만족하지 못하면 예보 전일과 동일한 발령을 유지

	8월 13일	8월 14일	8월 15일
①	경보	주의보	해제
②	경보	주의보	주의보
③	주의보	주의보	주의보
④	주의보	주의보	해제
⑤	주의보	경보	주의보

문 18. 다음 〈표〉는 '갑'국의 인구 구조와 노령화에 대한 자료이다. 이에 대한 〈보기〉의 설명 중 옳은 것만을 모두 고르면?

〈표 1〉 인구 구조 현황 및 전망

(단위 : 천 명, %)

연도	총인구	유소년인구 (14세 이하)		생산가능인구 (15~64세)		노인인구 (65세 이상)	
		인구수	구성비	인구수	구성비	인구수	구성비
2000	47,008	9,911	21.1	33,702	71.7	3,395	7.2
2010	49,410	7,975	( )	35,983	72.8	5,452	11.0
2016	51,246	( )	( )	( )	( )	8,181	16.0
2020	51,974	( )	( )	( )	( )	9,219	17.7
2030	48,941	5,628	11.5	29,609	60.5	( )	28.0

※ 2020년, 2030년은 예상치임

〈표 2〉 노년부양비 및 노령화지수

(단위 : %)

구분 \ 연도	2000	2010	2016	2020	2030
노년부양비	10.1	15.2	( )	25.6	46.3
노령화지수	34.3	68.4	119.3	135.6	243.5

※ 1) 노년부양비(%) = $\dfrac{\text{노인인구}}{\text{생산가능인구}} \times 100$

2) 노령화지수(%) = $\dfrac{\text{노인인구}}{\text{유소년인구}} \times 100$

─── 〈보 기〉 ───

ㄱ. 2020년 대비 2030년의 노인인구 증가율은 55% 이상으로 예상된다.

ㄴ. 2016년에는 노인인구가 유소년인구보다 많다.

ㄷ. 2016년 노년부양비는 20% 이상이다.

ㄹ. 2020년 대비 2030년의 생산가능인구 감소폭은 600만 명 이상일 것으로 예상된다.

① ㄱ, ㄷ
② ㄴ, ㄷ
③ ㄴ, ㄹ
④ ㄱ, ㄴ, ㄷ
⑤ ㄴ, ㄷ, ㄹ

문 19. 다음 〈표〉는 A, B지역의 2020년 6~10월 돼지열병 발생 현황에 관한 자료이다. 이에 대한 설명으로 옳은 것은?

〈표 1〉 A지역의 돼지열병 발생 현황

(단위 : 두, %, ‰)

구분 \ 월	6	7	8	9	10	전체
발병	( )	( )	1,600	2,400	3,000	( )
폐사	20	20	100	80	180	400
폐사율	10.0	2.5	6.3	3.3	6.0	( )
발병률	1.0	( )	( )	( )	15.0	( )

〈표 2〉 B지역의 돼지열병 발생 현황

(단위 : 두, %, ‰)

구분 \ 월	6	7	8	9	10	전체
발병	600	800	2,400	1,400	600	5,800
폐사	( )	50	( )	20	40	( )
폐사율	5.0	6.3	2.5	1.4	6.7	( )
발병률	6.0	( )	( )	( )	6.0	( )

※ 1) (해당월) 폐사율(%) = $\dfrac{\text{(해당월) 폐사 두수}}{\text{(해당월) 발병 두수}} \times 100$

2) (해당월) 발병률(%) = $\dfrac{\text{(해당월) 발병 두수}}{\text{사육 두수}} \times 1,000$

3) 사육 두수는 2020년 6월 두수임

① 사육 두수는 B지역이 A지역보다 많다.

② 전체 폐사 두수는 A지역이 B지역의 3배 이상이다.

③ 전체 폐사율은 B지역이 A지역보다 높다.

④ B지역의 폐사 두수가 가장 적은 월에 A지역의 발병 두수는 전월 대비 40% 증가했다.

⑤ 전월 대비 11월 발병 두수가 A지역은 100%, B지역은 400% 증가하면, A, B지역의 11월 발병률은 같다.

문 20. 다음 〈표〉는 국내 건축물 내진율 현황에 관한 자료이다. 〈표〉를 이용하여 작성한 〈보기〉의 그래프 중 옳은 것만을 모두 고르면?

〈표〉 국내 건축물 내진율 현황

(단위 : 개, %)

구분		건축물			내진율
		전체	내진대상	내진확보	
계		6,986,913	1,439,547	475,335	33.0
지역	서울	628,947	290,864	79,100	27.2
	부산	377,147	101,795	26,282	25.8
	대구	253,662	81,311	22,123	27.2
	인천	215,996	81,156	23,129	28.5
	광주	141,711	36,763	14,757	40.1
	대전	133,118	44,118	15,183	34.4
	울산	132,950	38,225	15,690	41.0
	세종	32,294	4,648	2,361	50.8
	경기	1,099,179	321,227	116,805	36.4
	강원	390,412	45,700	13,412	29.3
	충북	372,318	50,598	18,414	36.4
	충남	507,242	57,920	22,863	39.5
	전북	436,382	47,870	18,506	38.7
	전남	624,155	43,540	14,061	32.3
	경북	786,058	84,391	29,124	34.5
	경남	696,400	89,522	36,565	40.8
	제주	158,942	19,899	6,960	35.0
용도	주택 소계	4,568,851	806,225	314,376	39.0
	단독주택	4,168,793	445,236	143,204	32.2
	공동주택	400,058	360,989	171,172	47.4
	주택이외 소계	2,418,062	633,322	160,959	25.4
	학교	46,324	31,638	7,336	23.2
	의료시설	6,260	5,079	2,575	50.7
	공공업무시설	42,077	15,003	2,663	17.7
	기타	2,323,401	581,602	148,385	25.5

※ 내진율(%) = $\dfrac{\text{내진확보 건축물}}{\text{내진대상 건축물}} \times 100$

〈보 기〉

ㄱ. 지역별 내진율

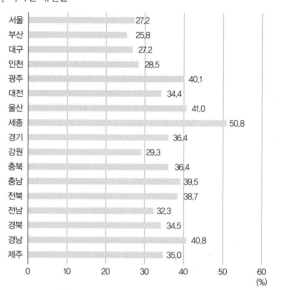

ㄴ. 용도별 내진대상 건축물 구성비

(단위 : %)

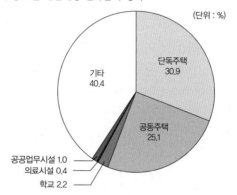

ㄷ. 주택 및 주택이외 건축물의 용도별 내진확보 건축물 구성비

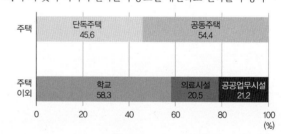

ㄹ. 주택이외 건축물 용도별 내진율

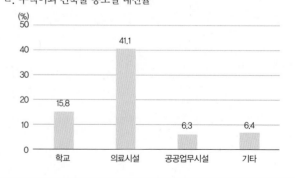

① ㄱ, ㄴ
② ㄱ, ㄷ
③ ㄴ, ㄷ
④ ㄴ, ㄹ
⑤ ㄱ, ㄴ, ㄷ

문 21. 다음 〈그림〉은 '갑' 소독제 소독실험에서 소독제 누적주입량에 따른 병원성미생물 개체수의 변화를 나타낸 것이다. 〈그림〉과 〈실험정보〉에 근거한 〈보기〉의 설명 중 옳은 것만을 모두 고르면?

〈그림〉 소독제 누적주입량에 따른 병원성미생물 개체수 변화

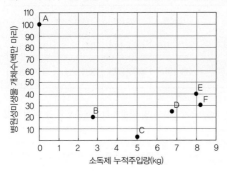

―――――――――〈실험정보〉―――――――――
• 이 실험은 1회 시행한 단일 실험임
• 실험 시작시점(A)에서 측정한 값과, 이후 5시간 동안 소독제를 주입하면서 매 1시간이 경과하는 시점을 순서대로 B, C, D, E, F라고 하고 각 시점에서 측정한 값을 표시하였음
• 소독효율(마리/kg)=

$$\frac{시작시점(A)\ 병원성미생물\ 개체수 - 측정시점\ 병원성미생물\ 개체수}{측정시점의\ 소독제\ 누적주입량}$$

• 구간 소독속도(마리/시간)=

$$\frac{구간의\ 시작시점\ 병원성미생물\ 개체수 - 구간의\ 종료시점\ 병원성미생물\ 개체수}{두\ 측정시점\ 사이의\ 시간}$$

―――――――――〈보 기〉―――――――――
ㄱ. 실험시작 후 2시간이 경과한 시점의 소독효율이 가장 높다.
ㄴ. 소독효율은 F가 D보다 낮다.
ㄷ. 구간 소독속도는 B~C 구간이 E~F 구간보다 낮다.

① ㄱ
② ㄴ
③ ㄷ
④ ㄴ, ㄷ
⑤ ㄱ, ㄴ, ㄷ

문 22. 다음 〈표〉는 A도시 주민 일일 통행 횟수의 통행목적에 따른 시간대별 비율을 정리한 자료이다. 이에 대한 〈보기〉의 설명 중 옳은 것만을 모두 고르면?

〈표〉 일일 통행 횟수의 통행목적에 따른 시간대별 비율

(단위 : %)

통행목적 시간대	업무	여가	쇼핑	전체통행
00:00~03:00	3.00	1.00	1.50	2.25
03:00~06:00	4.50	1.50	1.50	3.15
06:00~09:00	40.50	1.50	6.00	24.30
09:00~12:00	7.00	12.00	30.50	14.80
12:00~15:00	8.00	9.00	31.50	15.20
15:00~18:00	24.50	7.50	10.00	17.60
18:00~21:00	8.00	50.00	14.00	16.10
21:00~24:00	4.50	17.50	5.00	6.60
계	100.00	100.00	100.00	100.00

※ 1) 전체통행은 업무, 여가, 쇼핑의 3가지 통행목적으로만 구성되며, 각각의 통행은 하나의 통행목적을 위해서만 이루어짐
2) 모든 통행은 각 시간대 내에서만 출발과 도착이 모두 이루어짐

―――――――――〈보 기〉―――――――――
ㄱ. 업무목적 통행 비율이 하루 중 가장 높은 시간대와 전체통행 횟수가 하루 중 가장 많은 시간대는 동일하다.
ㄴ. 일일 통행목적별 통행 횟수는 '업무', '쇼핑', '여가' 순으로 많다.
ㄷ. 여가목적 통행 비율이 하루 중 가장 높은 시간대의 여가목적 통행 횟수는 09:00~12:00시간대의 전체 통행 횟수보다 많다.
ㄹ. 쇼핑목적 통행 비율이 하루 중 가장 높은 시간대의 쇼핑목적 통행 횟수는 같은 시간대의 업무목적 통행 횟수의 2.5배 이상이다.

① ㄱ, ㄴ
② ㄱ, ㄷ
③ ㄱ, ㄴ, ㄷ
④ ㄱ, ㄴ, ㄹ
⑤ ㄴ, ㄷ, ㄹ

문 23. 다음 〈표〉와 〈그림〉은 '갑' 요리대회 참가자의 종합점수 및 항목별 득점기여도 산정 방법과 항목별 득점 결과이다. 이에 대한 〈보기〉의 설명 중 옳은 것만을 모두 고르면?

〈표〉 참가자의 종합점수 및 항목별 득점기여도 산정 방법

- 종합점수＝(항목별 득점×항목별 가중치)의 합계
- 항목별 득점기여도＝$\dfrac{\text{항목별 득점×항목별 가중치}}{\text{종합점수}}$

항목	가중치
맛	6
향	4
색상	4
식감	3
장식	3

〈그림〉 전체 참가자의 항목별 득점 결과

(단위 : 점)

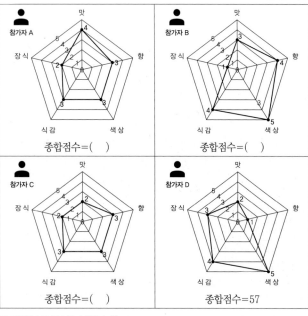

※ 종합점수가 클수록 순위가 높음

― 〈보 기〉 ―

ㄱ. 참가자 A의 '색상' 점수와 참가자 D의 '장식' 점수가 각각 1점씩 상승하여도 전체 순위에는 변화가 없다.

ㄴ. 참가자 B의 '향' 항목 득점기여도는 참가자 A의 '색상' 항목 득점기여도보다 높다.

ㄷ. 참가자 C는 모든 항목에서 1점씩 더 득점하더라도 가장 높은 순위가 될 수 없다.

ㄹ. 순위가 높은 참가자일수록 '맛' 항목 득점기여도가 높다.

① ㄱ, ㄴ
② ㄱ, ㄷ
③ ㄱ, ㄹ
④ ㄴ, ㄷ
⑤ ㄴ, ㄹ

문 24. 다음 〈표〉와 〈그림〉은 2011~2015년 국가공무원 및 지방자치단체공무원 현황에 관한 자료이다. 이에 대한 설명으로 옳지 않은 것은?

〈표〉 국가공무원 및 지방자치단체공무원 현황

(단위 : 명)

구분＼연도	2011	2012	2013	2014	2015
국가공무원	621,313	622,424	621,823	634,051	637,654
지방자치단체 공무원	280,958	284,273	287,220	289,837	296,193

〈그림〉 국가공무원 및 지방자치단체공무원 중 여성 비율

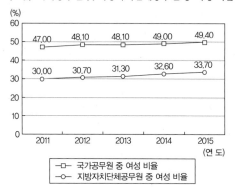

① 매년 국가공무원 중 여성 수는 지방자치단체공무원 중 여성 수의 3배 이상이다.

② 지방자치단체공무원 중 여성 수는 매년 증가하였다.

③ 매년 국가공무원 중 여성 수는 지방자치단체공무원 수보다 많다.

④ 국가공무원 중 남성 수는 2013년이 2012년보다 적다.

⑤ 국가공무원 중 여성 비율과 지방자치단체공무원 중 여성 비율의 차이는 매년 감소한다.

문 25. 다음 〈표〉는 2015~2018년 A~D국 초흡수성 수지의 기술분야별 특허출원에 대한 자료이다. 〈표〉를 이용하여 작성한 그래프로 옳지 <u>않은</u> 것은?

〈표〉 2015~2018년 초흡수성 수지의 특허출원 건수

(단위 : 건)

국가	기술분야＼연도	2015	2016	2017	2018	합
A	조성물	5	8	11	11	35
	공정	3	2	5	6	16
	친환경	1	3	10	13	27
B	조성물	4	4	2	1	11
	공정	0	2	5	8	15
	친환경	3	1	3	1	8
C	조성물	2	5	5	6	18
	공정	7	8	7	6	28
	친환경	3	5	3	3	14
D	조성물	1	2	1	2	6
	공정	1	3	3	2	9
	친환경	5	4	4	2	15
계		35	47	59	61	202

※ 기술분야는 조성물, 공정, 친환경으로만 구성됨

① 2015~2018년 국가별 초흡수성 수지의 특허출원 건수 비율

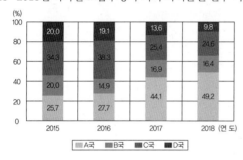

② 공정 기술분야의 국가별, 연도별 초흡수성 수지의 특허출원 건수

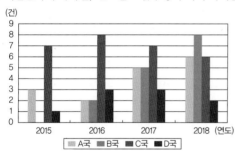

③ A~D국 전체의 초흡수성 수지 특허출원 건수의 연도별 구성비

(단위 : %)

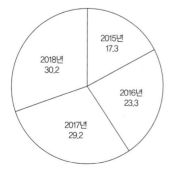

④ 2015~2018년 기술분야별 초흡수성 수지 특허출원 건수 합의 국가별 비중

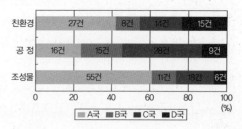

⑤ A~D국 전체의 초흡수성 수지 특허출원 건수의 전년대비 증가율

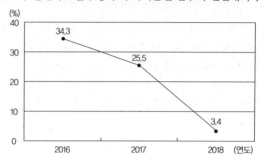

문 1. 다음 글을 근거로 판단할 때 옳은 것은?

제00조 ① 산지전용허가를 받으려는 자는 신청서를 다음 각 호의 구분에 따른 자(이하 '산림청장 등'이라 한다)에게 제출하여야 한다.
1. 산지전용허가를 받으려는 산지의 면적이 200만m² 이상인 경우 : 산림청장
2. 산지전용허가를 받으려는 산지의 면적이 50만m² 이상 200만m² 미만인 경우
   가. 산림청장 소관인 국유림의 산지인 경우 : 산림청장
   나. 산림청장 소관이 아닌 국유림, 공유림 또는 사유림의 산지인 경우 : 시·도지사
3. 산지전용허가를 받으려는 산지의 면적이 50만m² 미만인 경우
   가. 산림청장 소관인 국유림의 산지인 경우 : 산림청장
   나. 산림청장 소관이 아닌 국유림, 공유림 또는 사유림의 산지인 경우 : 시장·군수·구청장
② 산림청장 등은 제1항에 따라 산지전용허가 신청을 받은 때에는 허가대상 산지에 대하여 현지조사를 실시하여야 한다. 다만 산지전용타당성조사를 받은 경우에는 현지조사를 않고 심사할 수 있다.
③ 제1항의 신청서에는 다음 각 호의 서류를 첨부하여야 한다.
1. 사업계획서(산지전용의 목적, 사업기간 등이 포함되어야 한다) 1부
2. 허가신청일 전 2년 이내에 완료된 산지전용타당성조사 결과서 1부(해당자에 한한다)
3. 산지전용을 하고자 하는 산지의 소유권 또는 사용·수익권을 증명할 수 있는 서류 1부(토지등기사항증명서로 확인할 수 없는 경우에 한정한다)
4. 산림조사서 1부. 다만 전용하려는 산지의 면적이 65만m² 미만인 경우에는 제외한다.

① 사유림인 산지 180만m²에 대해 산지전용허가를 받으려는 甲은 신청서를 산림청장에게 제출해야 한다.
② 공유림인 산지 250만m²에 대해 산지전용허가를 받으려는 乙은 신청서를 시·도지사에게 제출해야 한다.
③ 산지전용허가를 신청하는 丙은 토지등기사항증명서를 첨부하면 사업계획서를 제출하지 않아도 된다.
④ 산림청장 소관의 국유림 50만m²에 대해 산지전용허가를 받으려는 丁은 산림조사서를 산림청장에게 제출해야 한다.
⑤ 산지전용허가를 받으려는 戊가 해당 산지에 대하여 허가신청일 1년 전에 완료된 산지전용타당성조사 결과서를 제출한 경우, '산림청장 등'은 현지조사를 않고 심사할 수 있다.

문 2. 다음 글을 근거로 판단할 때 옳지 않은 것은?

제00조(예비이전후보지의 선정) ① 종전부지 지방자치단체의 장은 군 공항을 이전하고자 하는 경우 국방부장관에게 이전을 건의할 수 있다.
② 제1항의 건의를 받은 국방부장관은 군 공항을 이전하고자 하는 경우 군사작전 및 군 공항 입지의 적합성 등을 고려하여 군 공항 예비이전후보지(이하 '예비이전후보지'라 한다)를 선정할 수 있다.
제00조(이전후보지의 선정) 국방부장관은 한 곳 이상의 예비이전후보지 중에서 군 공항 이전후보지를 선정함에 있어서 군 공항 이전부지 선정위원회의 심의를 거쳐야 한다.
제00조(군 공항 이전부지 선정위원회) ① 군 공항 이전후보지 및 이전부지의 선정 등을 심의하기 위해 국방부에 군 공항 이전부지 선정위원회(이하 '선정위원회'라 한다)를 둔다.
② 위원장은 국방부장관으로 하고, 당연직위원은 다음 각 호의 사람으로 한다.
1. 기획재정부차관, 국토교통부차관
2. 종전부지 지방자치단체의 장
3. 예비이전후보지를 포함한 이전주변지역 지방자치단체의 장
4. 종전부지 및 이전주변지역을 관할하는 특별시장·광역시장 또는 도지사
③ 선정위원회는 다음 각 호의 사항을 심의한다.
1. 이전후보지 및 이전부지 선정
2. 종전부지 활용방안 및 종전부지 매각을 통한 이전 주변지역 지원방안
제00조(이전부지의 선정) ① 국방부장관은 이전후보지 지방자치단체의 장에게 「주민투표법」에 따라 주민투표를 요구할 수 있다.
② 제1항의 지방자치단체의 장은 주민투표 결과를 충실히 반영하여 국방부장관에게 군 공항 이전 유치를 신청한다.
③ 국방부장관은 제2항에 따라 유치를 신청한 지방자치단체 중에서 선정위원회의 심의를 거쳐 이전부지를 선정한다.

※ 종전부지 : 군 공항이 설치되어 있는 기존의 부지
※ 이전부지 : 군 공항이 이전되어 설치될 부지

① 종전부지를 관할하는 광역시장은 이전부지 선정 심의에 참여한다.
② 국방부장관은 선정위원회의 심의를 거치지 않고 예비이전후보지를 선정할 수 있다.
③ 선정위원회는 군 공항이 이전되고 난 후에 종전부지를 어떻게 활용할 것인지에 대한 사항도 심의한다.
④ 종전부지 지방자치단체의 장은 주민투표를 거치지 않으면 국방부장관에게 군 공항 이전을 건의할 수 없다.
⑤ 예비이전후보지가 한 곳이라고 하더라도 선정위원회의 심의를 거쳐야 이전후보지로 선정될 수 있다.

문 3. 다음 글을 근거로 판단할 때 옳은 것은?

제00조 ① 농림축산식품부장관은 채소류 등 저장성이 없는 농산물의 가격안정을 위하여 필요하다고 인정할 때에는 생산자 또는 생산자단체로부터 농산물가격안정기금으로 해당 농산물을 수매할 수 있다. 다만 가격안정을 위하여 특히 필요하다고 인정할 때에는 도매시장에서 해당 농산물을 수매할 수 있다.

② 제1항에 따라 수매한 농산물은 판매 또는 수출하거나 사회복지단체에 기증하는 등 필요한 처분을 할 수 있다.

③ 농림축산식품부장관은 제1항과 제2항에 따른 수매 및 처분에 관한 업무를 농업협동조합중앙회·산림조합중앙회(이하 '농림협중앙회'라 한다) 또는 한국농수산식품유통공사에 위탁할 수 있다.

제00조 ① 농림축산식품부장관은 농산물(쌀과 보리는 제외한다. 이하 이 조에서 같다)의 수급조절과 가격안정을 위하여 필요하다고 인정할 때에는 농산물가격안정기금으로 농산물을 비축하거나 농산물의 출하를 약정하는 생산자에게 그 대금의 일부를 미리 지급하여 출하를 조절할 수 있다.

② 제1항에 따른 비축용 농산물은 생산자 또는 생산자단체로부터 수매할 수 있다. 다만 가격안정을 위하여 특히 필요하다고 인정할 때에는 도매시장에서 수매하거나 수입할 수 있다.

③ 농림축산식품부장관은 제1항과 제2항에 따른 사업을 농림협중앙회 또는 한국농수산식품유통공사에 위탁할 수 있다.

④ 농림축산식품부장관은 제2항 단서에 따라 비축용 농산물을 수입하는 경우, 국제가격의 급격한 변동에 대비하여야 할 필요가 있다고 인정할 때에는 선물거래(先物去來)를 할 수 있다.

---

① 한국농수산식품유통공사는 가격안정을 위해 수매한 저장성이 없는 농산물을 외국에 수출할 수 없다.

② 채소류의 가격안정을 위해서 특히 필요하다고 인정되어 수매할 경우, 농림협중앙회는 소매시장에서 수매하여야 한다.

③ 농림협중앙회는 보리의 수급조절을 위하여 보리 생산자에게 대금의 일부를 미리 지급하여 출하를 조절할 수 있다.

④ 농림축산식품부장관은 개별 생산자로부터 비축용 농산물을 수매할 수 있다.

⑤ 농림축산식품부장관은 비축용 농산물 국제가격의 급격한 변동에 대비하여야 할 필요가 있다고 인정할 경우에도 선물거래를 할 수 없다.

문 4. 다음 글과 〈상황〉을 근거로 판단할 때, 甲정당과 그 소속 후보자들이 최대로 실시할 수 있는 선거방송 시간의 총합은?

• △△국 의회는 지역구의원과 비례대표의원으로 구성된다.

• 의회의원 선거에서 정당과 후보자는 선거방송을 실시할 수 있다. 선거방송은 방송광고와 방송연설로 이루어진다.

• 선거운동을 위한 방송광고는 비례대표의원 후보자를 추천한 정당이 방송매체별로 각 15회 이내에서 실시할 수 있으며, 1회 1분을 초과할 수 없다.

• 후보자는 방송연설을 할 수 있다. 비례대표의원 선거에서는 정당별로 비례대표의원 후보자 중에서 선임된 대표 2인이 각각 1회 10분 이내에서 방송매체별로 각 1회 실시할 수 있다. 지역구의원 선거에서는 각 후보자가 1회 10분 이내, 방송매체별로 각 2회 이내에서 실시할 수 있다.

〈상 황〉

• △△국 방송매체로는 텔레비전 방송사 1개, 라디오 방송사 1개가 있다.

• △△국 甲정당은 의회의원 선거에서 지역구의원 후보 100명을 출마시키고 비례대표의원 후보 10명을 추천하였다.

---

① 2,070분

② 4,050분

③ 4,070분

④ 4,340분

⑤ 5,225분

문 5. 다음 글을 근거로 판단할 때, 사과 사탕 1개와 딸기 사탕 1개를 함께 먹은 사람과 戊가 먹은 사탕을 옳게 짝지은 것은?

사과 사탕, 포도 사탕, 딸기 사탕이 각각 2개씩 있다. 다섯 명의 사람(甲~戊) 중 한 명이 사과 사탕 1개와 딸기 사탕 1개를 함께 먹고, 다른 네 명이 남은 사탕을 각각 1개씩 먹었다. 이 사실만을 알고 甲~戊는 차례대로 다음과 같이 말했으며, 모두 진실을 말하였다.

甲 : 나는 포도 사탕을 먹지 않았어.

乙 : 나는 사과 사탕만을 먹었어.

丙 : 나는 사과 사탕을 먹지 않았어.

丁 : 나는 사탕을 한 종류만 먹었어.

戊 : 너희 말을 다 듣고 아무리 생각해봐도 나는 딸기 사탕을 먹은 사람 두 명 다 알 수는 없어.

---

① 甲, 포도 사탕 1개

② 甲, 딸기 사탕 1개

③ 丙, 포도 사탕 1개

④ 丙, 딸기 사탕 1개

⑤ 戊, 사과 사탕 1개와 딸기 사탕 1개

문 6. 다음 글을 근거로 판단할 때, 창렬이가 결제할 최소 금액은?

- 창렬이는 이번 달에 인터넷 면세점에서 가방, 영양제, 목베개를 각 1개씩 구매한다. 각 물품의 정가와 이번 달 개별 물품의 할인율은 다음과 같다.

구분	정가(달러)	이번 달 할인율(%)
가방	150	10
영양제	100	30
목베개	50	10

- 이번 달 개별 물품의 할인율은 자동 적용된다.
- 이번 달 구매하는 모든 물품의 결제 금액에 대해 20%를 일괄적으로 할인받는 '이달의 할인 쿠폰'을 사용할 수 있다.
- 이번 달은 쇼핑 행사가 열려, 결제해야 할 금액이 200달러를 초과할 때 '20,000원 추가 할인 쿠폰'을 사용할 수 있다.
- 할인은 '개별 물품 할인 → 이달의 할인 쿠폰 → 20,000원 추가 할인 쿠폰' 순서로 적용된다.
- 환율은 1달러 당 1,000원이다.

① 180,000원
② 189,000원
③ 196,000원
④ 200,000원
⑤ 210,000원

문 7. 다음 글을 근거로 판단할 때 옳은 것은?

상속에는 혈족상속과 배우자상속이 있다. 혈족상속인은 피상속인(사망자)과의 관계에 따라 피상속인의 직계비속(1순위), 피상속인의 직계존속(2순위), 피상속인의 형제자매(3순위), 피상속인의 4촌 이내 방계혈족(4순위) 순으로 상속인이 된다. 후순위 상속인은 선순위 상속인이 없는 경우에 상속재산을 상속할 수 있다. 같은 순위의 혈족상속인이 여럿인 경우, 그 법정상속분은 균분(均分)한다.

피상속인의 배우자는 언제나 상속인이 된다. 그 배우자의 법정상속분은 직계비속과 공동으로 상속하는 때에는 직계비속 상속분의 5할을 가산하고, 직계존속과 공동으로 상속하는 때에는 직계존속 상속분의 5할을 가산한다. 피상속인에게 배우자만 있고 직계비속도 직계존속도 없는 때에는 배우자가 단독으로 상속한다.

한편 개인은 자신의 재산을 증여하거나 유언(유증)으로 자유롭게 처분할 수 있다. 그런데 이러한 자유를 무제한 허용한다면 상속재산의 전부가 타인에게 넘어가 상속인의 생활기반이 붕괴될 우려가 있다. 그래서 법률은 일정한 범위의 상속인에게 유류분을 인정하고 있다. 유류분이란 법률상 상속인에게 귀속되는 것이 보장되는 상속재산에 대한 일정비율을 의미한다.

피상속인이 유류분을 침해하는 유증이나 증여를 하는 경우, 유류분 권리자는 자기가 침해당한 유류분에 대해 반환을 청구할 수 있다. 유류분 권리자는 피상속인의 직계비속, 배우자, 직계존속 및 형제자매이다. 유류분은 피상속인의 배우자 또는 직계비속의 경우 그 법정상속분의 2분의 1, 피상속인의 직계존속 또는 형제자매의 경우 그 법정상속분의 3분의 1이다.

유류분반환청구권의 행사는 반드시 소에 의한 방법으로 하여야 할 필요는 없고, 유증을 받은 자 또는 증여를 받은 자에 대한 의사표시로 하면 된다. 유류분반환청구권은 유류분 권리자가 상속의 개시(피상속인의 사망시)와 반환하여야 할 증여 또는 유증을 한 사실을 안 때부터 1년 내에 행사하지 않거나, 상속이 개시된 때부터 10년이 경과하면 시효에 의하여 소멸한다.

① 피상속인이 유언에 의해 재산을 모두 사회단체에 기부한 경우, 그의 자녀는 유류분 권리자가 될 수 없다.
② 피상속인의 자녀에게는 법정상속분 2분의 1의 유류분이 인정되며, 유류분 산정액은 피상속인의 배우자의 그것과 같다.
③ 피상속인의 부모는 피상속인의 자녀와 공동으로 상속재산을 상속할 수 있다.
④ 상속이 개시한 때부터 10년이 경과하였다면, 소에 의한 방법으로 유류분반환청구권을 행사해야 한다.
⑤ 피상속인에게 3촌인 방계혈족만 있는 경우, 그 방계혈족은 상속인이 될 수 있지만 유류분 권리자는 될 수 없다.

문 8. 다음 〈규칙〉을 근거로 판단할 때, 〈보기〉에서 옳은 것만을 모두 고르면?

─── 〈규 칙〉 ───
- 직원이 50명인 A회사는 야유회에서 경품 추첨 행사를 한다.
- 직원들은 1명당 3장의 응모용지를 받고, 1~100 중 원하는 수 하나씩을 응모용지별로 적어서 제출한다. 한 사람당 최대 3장까지 원하는 만큼 응모할 수 있고, 모든 응모용지에 동일한 수를 적을 수 있다.
- 사장이 1~100 중 가장 좋아하는 수 하나를 고르면 해당 수를 응모한 사람이 당첨자로 결정된다. 해당 수를 응모한 사람이 없으면 사장은 당첨자가 나올 때까지 다른 수를 고른다.
- 당첨 선물은 사과 총 100개이고, 당첨된 응모용지가 n장이면 당첨된 응모용지 1장당 사과를 100/n개씩 나누어 준다.
- 만약 한 사람이 2장의 응모용지에 똑같은 수를 써서 당첨된다면 2장 몫의 사과를 받고, 3장일 경우는 3장 몫의 사과를 받는다.

─── 〈보 기〉 ───
ㄱ. 직원 甲과 乙이 함께 당첨된다면 甲은 최대 50개의 사과를 받는다.
ㄴ. 직원 중에 甲과 乙 두 명만이 사과를 받는다면 甲은 최소 25개의 사과를 받는다.
ㄷ. 당첨된 수를 응모한 직원이 甲밖에 없다면, 甲이 그 수를 1장 써서 응모하거나 3장 써서 응모하거나 같은 개수의 사과를 받는다.

① ㄱ
② ㄷ
③ ㄱ, ㄴ
④ ㄱ, ㄷ
⑤ ㄴ, ㄷ

문 9. 다음 〈상황〉을 근거로 판단할 때, 〈대안〉의 월 소요 예산 규모를 비교한 것으로 옳은 것은?

─── 〈상 황〉 ───
- 甲사무관은 빈곤과 저출산 문제를 해결하기 위한 대안을 분석 중이다.
- 전체 1,500가구는 자녀 수에 따라 네 가지 유형으로 구분할 수 있는데, 그 구성은 무자녀 가구 300가구, 한 자녀 가구 600가구, 두 자녀 가구 500가구, 세 자녀 이상 가구 100가구이다.
- 전체 가구의 월 평균 소득은 200만 원이다.
- 각 가구 유형의 30%는 맞벌이 가구이다.
- 각 가구 유형의 20%는 빈곤 가구이다.

─── 〈대 안〉 ───
A안 : 모든 빈곤 가구에게 전체 가구 월 평균 소득의 25%에 해당하는 금액을 가구당 매월 지급한다.
B안 : 한 자녀 가구에는 10만 원, 두 자녀 가구에는 20만 원, 세 자녀 이상 가구에는 30만 원을 가구당 매월 지급한다.
C안 : 자녀가 있는 모든 맞벌이 가구에 자녀 1명당 30만 원을 매월 지급한다. 다만 세 자녀 이상의 맞벌이 가구에는 일률적으로 가구당 100만 원을 매월 지급한다.

① A<B<C
② A<C<B
③ B<A<C
④ B<C<A
⑤ C<A<B

문 10. 다음 글을 근거로 판단할 때, 〈보기〉에서 옳은 것만을 모두 고르면?

甲국은 출산장려를 위한 경제적 지원 정책으로 다음과 같은 세 가지 안(A~C)을 고려 중이다.
- A안 : 18세 이하의 자녀가 있는 가정에 수당을 매월 지급하되, 자녀가 둘 이상인 경우에 한한다. 18세 이하의 자녀에 대해서 첫째와 둘째는 각각 15만 원, 셋째는 30만 원, 넷째부터는 45만 원씩의 수당을 해당 가정에 지급한다.
- B안 : 18세 이하의 자녀가 있는 가정에 수당을 매월 지급한다. 다만 자녀가 18세를 초과하더라도 재학 중인 경우에는 24세까지 수당을 지급한다. 첫째와 둘째는 각각 20만 원, 셋째는 22만 원, 넷째부터는 25만 원씩의 수당을 해당 가정에 지급한다.
- C안 : 자녀가 중학교를 졸업할 때(상한 연령 16세)까지만 해당 가정에 수당을 매월 지급한다. 우선 3세 미만의 자녀가 있는 가정에는 3세 미만의 자녀 1명 당 10만 원을 지급한다. 3세부터 초등학교를 졸업할 때까지는 첫째와 둘째는 각각 8만 원, 셋째부터는 10만 원씩 해당 가정에 지급한다. 중학생 자녀의 경우, 일률적으로 1명 당 8만 원씩 해당 가정에 지급한다.

─── 〈보 기〉 ───
ㄱ. 18세 이하 자녀 3명만 있는 가정의 경우, 지급받는 월 수당액은 A안보다 B안을 적용할 때 더 많다.
ㄴ. A안을 적용할 때 자녀가 18세 이하 1명만 있는 가정은 월 15만 원을 수당으로 지급받는다.
ㄷ. C안의 수당을 50% 증액하더라도 중학생 자녀 2명(14세, 15세)만 있는 가정은 A안보다 C안을 적용할 때 더 적은 월 수당을 지급받는다.
ㄹ. C안을 적용할 때 한 자녀에 대해 지급되는 월 수당액은 그 자녀가 성장하면서 지속적으로 증가하는 특징이 있다.

① ㄱ, ㄷ
② ㄱ, ㄹ
③ ㄴ, ㄹ
④ ㄱ, ㄴ, ㄷ
⑤ ㄴ, ㄷ, ㄹ

문 11. 다음 글과 〈상황〉을 근거로 판단할 때, 2016년 정당에 지급할 국고보조금의 총액은?

제00조(국고보조금의 계상) ① 국가는 정당에 대한 보조금으로 최근 실시한 임기만료에 의한 국회의원선거의 선거권자 총수에 보조금 계상단가를 곱한 금액을 매년 예산에 계상하여야 한다.

② 대통령선거, 임기만료에 의한 국회의원선거 또는 동시 지방선거가 있는 연도에는 각 선거(동시지방선거는 하나의 선거로 본다)마다 보조금 계상단가를 추가한 금액을 제1항의 기준에 의하여 예산에 계상하여야 한다.

③ 제1항 및 제2항에 따른 보조금 계상단가는 전년도 보조금 계상단가에 전전년도와 대비한 전년도 전국소비자물가 변동률을 적용하여 산정한 금액을 증감한 금액으로 한다.

④ 중앙선거관리위원회는 제1항의 규정에 의한 보조금(이하 '경상보조금'이라 한다)은 매년 분기별로 균등분할하여 정당에 지급하고, 제2항의 규정에 의한 보조금(이하 '선거보조금'이라 한다)은 당해 선거의 후보자등록마감일 후 2일 이내에 정당에 지급한다.

〈상 황〉

- 2014년 실시된 임기만료에 의한 국회의원선거의 선거권자 총수는 3천만 명이었고, 국회의원 임기는 4년이다.
- 2015년 정당에 지급된 국고보조금의 보조금 계상단가는 1,000원이었다.
- 전국소비자물가 변동률을 적용하여 산정한 보조금 계상단가는 전년 대비 매년 30원씩 증가한다.
- 2016년에는 5월에 대통령선거가 있고 8월에 임기만료에 의한 동시 지방선거가 있다. 각 선거의 한 달 전에 후보자 등록을 마감한다.
- 2017년에는 대통령선거, 임기만료에 의한 국회의원선거 또는 동시 지방선거가 없다.

① 309억 원
② 600억 원
③ 618억 원
④ 900억 원
⑤ 927억 원

문 12. 다음 글을 근거로 판단할 때 옳은 것은?

제00조 ① 재산공개대상자 및 그 이해관계인이 보유하고 있는 주식의 직무관련성을 심사·결정하기 위하여 인사혁신처에 주식백지신탁 심사위원회(이하 '심사위원회'라 한다)를 둔다.

② 심사위원회는 위원장 1명을 포함한 9명의 위원으로 구성한다.

③ 심사위원회의 위원장 및 위원은 대통령이 임명하거나 위촉한다. 이 경우 위원 중 3명은 국회가, 3명은 대법원장이 추천하는 자를 각각 임명하거나 위촉한다.

④ 심사위원회의 위원은 다음 각 호의 어느 하나에 해당하는 자격을 갖추어야 한다.

1. 대학이나 공인된 연구기관에서 부교수 이상의 직에 5년 이상 근무하였을 것
2. 판사, 검사 또는 변호사로 5년 이상 근무하였을 것
3. 금융 관련 분야에 5년 이상 근무하였을 것
4. 3급 이상 공무원 또는 고위공무원단에 속하는 공무원으로 3년 이상 근무하였을 것

⑤ 위원장 및 위원의 임기는 2년으로 하되, 1차례만 연임할 수 있다. 다만 임기가 만료된 위원은 그 후임자가 임명되거나 위촉될 때까지 해당 직무를 수행한다.

⑥ 주식의 직무관련성은 주식 관련 정보에 관한 직접적·간접적인 접근 가능성, 영향력 행사 가능성 등을 기준으로 판단하여야 한다.

① 심사위원회의 위원장은 위원 중에서 호선한다.
② 심사위원회의 위원 중 3명은 국회가 위촉한다.
③ 심사위원회의 위원이 4년을 초과하여 직무를 수행하는 경우가 있다.
④ 주식 관련 정보에 관한 간접적인 접근 가능성은 주식의 직무관련성을 판단하는 기준이 될 수 없다.
⑤ 금융 관련 분야에 5년 이상 근무하였더라도 대학에서 부교수 이상의 직에 5년 이상 근무하지 않으면 심사위원회의 위원이 될 수 없다.

문 13. 다음 글과 〈상황〉을 근거로 판단할 때 옳은 것은?

저작자는 미술저작물, 건축저작물, 사진저작물(이하 "미술 저작물 등"이라 한다)의 원본이나 그 복제물을 전시할 권리를 가진다. 전시권은 저작자인 화가, 건축물 설계자, 사진작가에게 인정되므로, 타인이 미술저작물 등을 전시하기 위해서는 저작자의 허락을 얻어야 한다. 다만 전시는 일반인에 대한 공개를 전제로 하는 것이므로, 예컨대 가정 내에서 진열하는 때에는 저작자의 허락이 필요 없다. 또한 저작자는 복제권도 가지기 때문에 타인이 미술저작물 등을 복제하기 위해서는 저작자의 허락을 얻어야 한다. 그런데 저작자가 미술저작물 등을 타인에게 판매하여 소유권을 넘긴 경우에는 저작자의 전시권·복제권과 소유자의 소유권이 충돌하는 문제가 발생한다. 저작권법은 미술저작물 등의 전시·복제와 관련된 문제들을 다음과 같이 해결하고 있다.

첫째, 미술저작물 등의 원본의 소유자나 그의 허락을 얻은 자는 자유로이 미술저작물 등의 원본을 전시할 수 있다. 다만 가로·공원·건축물의 외벽 등 공중에게 개방된 장소에 항시 전시하는 경우에는 저작자의 허락을 얻어야 한다.

둘째, 개방된 장소에 항시 전시되어 있는 미술저작물 등은 제3자가 어떠한 방법으로든지 이를 복제하여 이용할 수 있다. 다만 건축물을 건축물로 복제하는 경우, 조각 또는 회화를 조각 또는 회화로 복제하는 경우, 미술 저작물 등을 판매목적으로 복제하는 경우에는 저작자의 허락을 얻어야 한다.

셋째, 화가 또는 사진작가가 고객으로부터 위탁을 받아 완성한 초상화 또는 사진저작물의 경우, 화가 또는 사진작가는 위탁자의 허락이 있어야 이를 전시·복제할 수 있다.

─────── 〈상 황〉 ───────

• 화가 甲은 자신이 그린 「군마」라는 이름의 회화를 乙에게 판매하였다.
• 화가 丙은 丁의 위탁을 받아 丁을 모델로 한 초상화를 그려 이를 丁에게 인도하였다.

① 乙이 「군마」를 건축물의 외벽에 잠시 전시하고자 할 때라도 甲의 허락을 얻어야만 한다.

② 乙이 감상하기 위해서 「군마」를 자신의 거실 벽에 걸어 놓을 때는 甲의 허락을 얻어야 한다.

③ A가 공원에 항시 전시되어 있는 「군마」를 회화로 복제하고자 할 때는 乙의 허락을 얻어야 한다.

④ 丙이 丁의 초상화를 복제하여 전시하고자 할 때는 丁의 허락을 얻어야 한다.

⑤ B가 공원에 항시 전시되어 있는 丁의 초상화를 판매목적으로 복제하고자 할 때는 丙의 허락을 얻을 필요가 없다.

문 14. 다음 글을 근거로 판단할 때, A시 예산성과금을 가장 많이 받는 사람은?

〈A시 예산성과금 공고문〉

• 제도의 취지
  – 예산의 집행방법과 제도 개선 등으로 예산을 절감하거나 수입을 증대시킨 경우 그 일부를 기여자에게 성과금(포상금)으로 지급함으로써 예산의 효율적 사용 장려

• 지급요건 및 대상
  – 자발적 노력을 통한 제도 개선 등으로 예산을 절감하거나 세입원을 발굴하는 등 세입을 증대한 경우
  – 예산절감 및 수입증대 발생시기 : 2020년 1월 1일~2020년 12월 31일
  – A시 공무원, A시 사무를 위임(위탁) 받아 수행하는 기관의 임직원
  – 예산낭비를 신고하거나, 지출절약이나 수입증대에 관한 제안을 제출하여 A시의 예산절감 및 수입증대에 기여한 국민

• 지급기준
  – 1인당 지급액

구분	예산절감		수입증대
	주요사업비	경상적 경비	
지급액	절약액의 20%	절약액의 50%	증대액의 10%

  – 타 부서나 타 사업으로 확산 시 지급액의 30%를 가산하여 지급

① 사업물자 계약방법을 개선하여 2019년 12월 주요사업비 8천만 원을 절약한 A시 사무관 甲

② 제도 개선을 통해 2020년 5월 주요사업비 3천 5백만 원을 절약하여 개선된 제도가 A시청 전 부서에 확대 시행되는 데 기여한 A시 사무관 乙

③ A시 지역축제에 관한 제안을 제출하여 2020년 7월 8천만 원의 수입증대에 기여한 국민 丙

④ A시 위임사무를 수행하면서 제도 개선을 통해 2020년 8월 경상적 경비 1천 8백만 원을 절약한 B기관 이사 丁

⑤ A시장의 지시를 받아 사무용품 조달방법을 개선하여 2020년 9월 경상적 경비 1천만 원을 절약한 A시 사무관 戊

문 15. 다음 글과 〈결과〉를 근거로 판단할 때, 〈보기〉에서 옳은 것만을 모두 고르면?

- △△콩쿠르 결선 진출자 7명에게는 결선 순위에 따라 상금이 주어진다. 단, 공동 순위는 없다.
- 특별상은 순위와는 상관없이 결선 진출자 중에서 부문별로 한 명씩만 선정된다. 단, 수상자가 선정되지 않거나 한 명이 여러 부문에 선정될 수 있다.
- 결선 순위별 상금과 특별상 부문별 상금은 다음과 같다.

〈결선 순위별 상금〉

(단위 : 천 원)

순위	상금
1위	30,000
2위	25,000
3위	20,000
4위	15,000
5위	10,000
6위	7,000
7위	7,000

〈특별상 부문별 상금〉

(단위 : 천 원)

부문	상금
인기상	3,000
기교상	3,000
감동상	5,000
창의상	10,000

──── 〈결 과〉 ────

결선 진출자들의 개인별 총 상금(내림차순)은 다음과 같다. C와 D가 받은 총 상금은 아래 목록에서 누락되었고, 이번 콩쿠르에서 7명의 결선 진출자에게 지급된 총 상금은 132,000천 원이다.

〈결선 진출자별 총 상금〉

(단위 : 천 원)

결선 진출자	총 상금
A	35,000
B	33,000
C	?
D	?
E	10,000
F	7,000
G	7,000

──── 〈보 기〉 ────

ㄱ. B가 기교상을 받았다면, 인기상 수상자는 없다.
ㄴ. 감동상을 받은 사람이 다른 특별상을 중복하여 수상한 경우는 없다.
ㄷ. C가 결선에서 4위를 했을 가능성은 없다.
ㄹ. 결선 2위는 A 또는 C 중에서 결정되었다.

① ㄱ, ㄴ 　　　　② ㄱ, ㄹ
③ ㄴ, ㄷ 　　　　④ ㄴ, ㄹ
⑤ ㄱ, ㄷ, ㄹ

문 16. 다음 글을 근거로 판단할 때, 〈보기〉에서 옳은 것만을 모두 고르면?

A부족과 B부족은 한쪽 손의 손모양으로 손가락 셈법(지산법)을 사용하여 셈을 한다.
- A부족의 손가락 셈법에 따르면, 손모양을 보아 손바닥이 보이면 펴져 있는 손가락 개수만큼 더하고, 손등이 보이면 펴져 있는 손가락 개수만큼을 뺀다.
- B부족의 손가락 셈법에 따르면, 손모양을 보아 엄지가 펴져 있으면 엄지를 제외하고 펴져 있는 손가락 개수만큼 더하고, 엄지가 접혀 있으면 펴져 있는 손가락 개수만큼 뺀다.

──── 〈보 기〉 ────

ㄱ. 손바닥이 보이는 채로, 손가락 다섯 개가 세 번 모두 펴져 있으면, 셈의 합은 A부족이 15이고 B부족은 12일 것이다.
ㄴ. B부족의 셈법에 따르면, 세 번 다 엄지만이 펴져 있는 것의 셈의 합과 세 번 다 주먹이 쥐어져 있는 것의 셈의 합은 동일하다.
ㄷ. 손바닥이 보이는 채로, 첫 번째는 엄지·검지·중지만이 펴져 있고, 두 번째는 엄지가 접혀 있고 검지·중지만 펴져 있고, 세 번째는 다른 손가락은 접혀 있고 엄지만 펴져 있다. 이 경우 셈의 합은 A부족이 6이고 B부족은 3일 것이다.
ㄹ. 세 번 동안 손가락이 몇 개씩 펴져 있는지는 알 수 없으나 세 번 내내 엄지는 꼭 펴져 있었다. 이를 A부족, B부족 각각의 셈법에 따라 셈을 하였을 때, 셈의 합이 똑같이 9가 나올 수 있다.

① ㄱ, ㄴ
② ㄴ, ㄷ
③ ㄷ, ㄹ
④ ㄱ, ㄴ, ㄹ
⑤ ㄱ, ㄷ, ㄹ

문 17. 다음 글을 근거로 판단할 때, 〈보기〉에서 옳은 것만을 모두 고르면?(단, 주어진 조건 외에 다른 조건은 고려하지 않는다)

A회사의 모든 직원이 매일 아침 회사에서 요일별로 제공되는 빵을 먹었다. 직원 가운데 甲, 乙, 丙, 丁 네 사람은 빵에 포함된 특정 재료로 인해 당일 알레르기 증상이 나타났다. A회사는 요일별로 제공된 빵의 재료와 甲, 乙, 丙, 丁에게 알레르기 증상이 나타난 요일을 아래와 같이 표로 정리했으나, 화요일에 제공된 빵에 포함된 두 가지 재료가 확인되지 않았다. 甲, 乙, 丙, 丁은 각각 한 가지 재료에 대해서만 알레르기 증상을 보였다.

구분	월	화	수	목	금
재료	밀가루, ?, ?	밀가루, ?, ?	옥수수가루, 아몬드, 달걀	밀가루, 우유, 달걀	밀가루, 우유, 달걀, 식용유
알레르기 증상 발생자	甲	丁	乙, 丁	甲, 丁	甲, 丙, 丁

※ 알레르기 증상은 발생한 당일 내에 사라진다.

〈보 기〉

ㄱ. 甲이 알레르기 증상을 보인 것은 밀가루 때문이다.
ㄴ. 甲, 乙, 丙은 서로 다른 재료에 대하여 알레르기 증상을 보였다.
ㄷ. 화요일에 제공된 빵의 확인되지 않은 재료 중 한 가지는 달걀이다.
ㄹ. 만약 화요일에 제공된 빵에 포함된 재료 중 한 가지가 아몬드였다면, 乙의 알레르기 증상은 옥수수가루 때문이다.

① ㄱ, ㄷ
② ㄴ, ㄹ
③ ㄷ, ㄹ
④ ㄱ, ㄴ, ㄹ
⑤ ㄴ, ㄷ, ㄹ

문 18. 다음 글을 근거로 판단할 때, 〈보기〉에서 옳은 것만을 모두 고르면?

甲과 乙은 시계와 주사위를 이용한 게임을 하며, 규칙은 다음과 같다.
• 1~12시까지 적힌 시계 문자판을 말판으로 삼아, 1개의 말을 12시에 놓고 게임을 시작한다.
• 주사위를 던져 짝수가 나오면 말을 시계 방향으로 1시간 이동시키며, 홀수가 나오면 말을 반시계 방향으로 1시간 이동시킨다.
• 甲과 乙이 번갈아 주사위를 각 12번씩 총 24번 던져 말의 최종 위치로 게임의 승자를 결정한다.
• 말의 최종 위치가 1~5시이면 甲이 승리하고, 7~11시이면 乙이 승리한다. 6시 또는 12시이면 무승부가 된다.

〈보 기〉

ㄱ. 말의 최종 위치가 3시일 확률은 $\frac{1}{12}$이다.
ㄴ. 말의 최종 위치가 4시일 확률과 8시일 확률은 같다.
ㄷ. 乙이 마지막 주사위를 던질 때, 홀수가 나오는 것보다 짝수가 나오는 것이 甲에게 항상 유리하다.
ㄹ. 乙이 22번째 주사위를 던져 말을 이동시킨 결과 말의 위치가 12시라면, 甲이 승리할 확률은 무승부가 될 확률보다 낮다.

① ㄱ, ㄷ
② ㄴ, ㄷ
③ ㄴ, ㄹ
④ ㄷ, ㄹ
⑤ ㄱ, ㄴ, ㄹ

문 19. 다음 글을 근거로 판단할 때, ○○백화점이 한 해 캐롤 음원이용료로 지불해야 하는 최대 금액은?

○○백화점에서는 매년 크리스마스 트리 점등식(11월 네 번째 목요일) 이후 돌아오는 첫 월요일부터 크리스마스(12월 25일)까지 백화점 내에서 캐롤을 틀어 놓는다(단, 휴점일 제외). 이 기간 동안 캐롤을 틀기 위해서는 하루에 2만 원의 음원이용료를 지불해야 한다. ○○백화점 휴점일은 매월 네 번째 수요일이지만, 크리스마스와 겹칠 경우에는 정상영업을 한다.

① 48만 원
② 52만 원
③ 58만 원
④ 60만 원
⑤ 66만 원

문 20. 다음 글을 근거로 판단할 때, 18시에서 20시 사이에 보행신호가 점등된 횟수는?

- A시는 차량통행은 많지만 사람의 통행은 적은 횡단보도에 보행자 자동인식시스템을 설치하였다.
- 보행자 자동인식시스템이 횡단보도 앞에 도착한 보행자를 인식하면 1분 30초의 대기 후에 보행신호가 30초간 점등되며, 이후 차량통행을 보장하기 위해 2분간 보행신호는 점등되지 않는다. 점등 대기와 보행신호 점등, 차량통행 보장 시간 동안에는 보행자를 인식하지 않는다.

점등 대기		보행신호 점등		차량통행 보장
1분 30초	→	30초	→	2분

- 보행신호가 점등되기 전까지 횡단보도 앞에 도착한 사람만 모두 건넌다.
- 다음은 17시 50분부터 20시까지 횡단보도 앞에 도착한 사람의 수와 도착 시각을 정리한 것이다.

도착 시각	인원	도착 시각	인원
18 : 25 : 00	1	18 : 44 : 00	3
18 : 27 : 00	3	18 : 59 : 00	4
18 : 30 : 00	2	19 : 01 : 00	2
18 : 31 : 00	5	19 : 48 : 00	4
18 : 43 : 00	1	19 : 49 : 00	2

① 6
② 7
③ 8
④ 9
⑤ 10

문 21. 다음 글과 〈표〉를 근거로 판단할 때, 〈보기〉에서 옳은 것만을 모두 고르면?

- 수현과 혜연은 결혼을 준비하는 예비부부이고, 결혼까지 준비해야 할 항목이 7가지가 있다.
- 결혼 당사자인 수현과 혜연은 준비해야 할 항목들에 대해 선호를 가지고 있으며, 양가 부모 또한 선호를 가지고 있다. 이 때 '선호도'가 높을수록 우선순위가 높다.
- '선호도'는 '투입 대비 만족도'로 산출한다.
- '종합 선호도'는 각 항목별로 다음과 같이 산출한다.

$$종합\ 선호도 = \frac{\{(결혼\ 당사자의\ 만족도) + (양가\ 부모의\ 만족도)\}}{\{(결혼\ 당사자의\ 투입) + (양가\ 부모의\ 투입)\}}$$

〈표〉

항목	결혼 당사자		양가 부모	
	만족도	투입	만족도	투입
예물	60	40	40	40
예단	60	60	80	40
폐백	40	40	30	20
스튜디오 촬영	90	50	10	10
신혼여행	120	60	20	40
예식장	50	50	100	50
신혼집	300	100	300	100

〈보 기〉

ㄱ. 결혼 당사자와 양가 부모의 종합 선호도에 따른 우선순위 상위 3가지에는 '스튜디오 촬영'과 '신혼집'이 모두 포함된다.
ㄴ. 결혼 당사자의 우선순위 상위 3가지와 양가 부모의 우선순위 상위 3가지 중 일치하는 항목은 '신혼집'이다.
ㄷ. '예물'과 '폐백' 모두 결혼 당사자의 선호도보다 양가 부모의 선호도가 더 높다.
ㄹ. 양가 부모에게 우선순위가 가장 낮은 항목은 '스튜디오 촬영'이다.

① ㄱ, ㄴ
② ㄴ, ㄷ
③ ㄷ, ㄹ
④ ㄱ, ㄴ, ㄹ
⑤ ㄱ, ㄷ, ㄹ

문 22. 다음 글을 근거로 판단할 때, 甲이 얻을 수 있는 최대 이윤과 이때 채굴한 원석의 개수로 옳게 짝지은 것은?(단, 원석은 정수 단위로 채굴한다)

보석 가공업자인 甲은 원석을 채굴하여 목걸이용 보석과 반지용 보석으로 1차 가공한다. 원석 1개를 1차 가공하면 목걸이용 보석 60개와 반지용 보석 40개가 생산된다.

이렇게 생산된 보석들은 1차 가공 직후 판매할 수 있지만, 2차 가공을 거쳐서 판매할 수도 있다. 목걸이용 보석 1개는 2차 가공을 통해 목걸이 1개로, 반지용 보석 1개는 2차 가공을 통해 반지 1개로 생산된다. 甲은 보석 용도별로 2차 가공 여부를 판단하는데, 2차 가공하여 판매할 때의 이윤이 2차 가공을 하지 않고 판매할 때의 이윤보다 큰 경우에만 2차 가공하여 판매한다.

〈생산단계별 비용 및 판매가격〉
• 원석 채굴 : 최초에 원석 1개를 채굴할 때에는 300만 원의 비용이 들고, 두 번째 채굴 이후부터는 원석 1개당 채굴 비용이 100만 원씩 증가한다. 즉, 두 번째 원석의 채굴 비용은 400만 원이 되어 원석 2개의 총 채굴 비용은 700만 원이다.
• 1차 가공 : 원석의 1차 가공 비용은 개당 250만 원이며, 목걸이용 보석은 개당 7만 원에, 반지용 보석은 개당 5만 원에 판매된다.
• 2차 가공 : 목걸이용 보석의 2차 가공 비용은 개당 40만 원이며, 목걸이는 개당 50만 원에 판매된다. 반지용 보석의 2차 가공 비용은 개당 20만 원이며, 반지는 개당 15만 원에 판매된다.

	최대 이윤	원석의 개수
①	400만 원	2개
②	400만 원	3개
③	450만 원	3개
④	450만 원	4개
⑤	500만 원	4개

문 23. 다음 글과 〈상황〉을 근거로 판단할 때 옳은 것은?

주주총회의 소집절차 또는 그 결의방법이 법령이나 정관을 위반하거나 그 결의내용이 정관을 위반한 경우, 주주총회 결의취소의 소(이하 '결의취소의 소'라 한다)를 제기할 수 있는 사람은 해당 회사의 주주, 이사 또는 감사이다. 이들 이외의 사람이 결의취소의 소를 제기하면 소는 부적법한 것으로 각하된다. 결의취소의 소를 제기한 주주·이사·감사는 변론이 종결될 때까지 그 자격을 유지하여야 한다. 따라서 변론종결 전에 원고인 주주가 주식을 전부 양도하거나 이사·감사가 임기만료나 해임·사임·사망 등으로 그 지위를 상실한 경우, 소는 부적법한 것으로 각하된다. 소가 부적법 각하되면 주주총회의 결의를 취소하는 것이 정당한지에 관한 법원의 판단 없이 소송은 그대로 종료하게 된다.

결의취소의 소는 해당 회사를 피고로 해야 하며, 회사 아닌 사람을 공동피고로 한 경우 그 사람에 대한 소는 부적법한 것으로 각하되고, 회사에 대한 소송만 진행된다. 한편 회사가 피고가 된 소송에서는 회사의 대표이사가 회사를 대표하여 소송을 수행한다. 그렇지만 이사가 결의취소의 소를 제기한 때에는 이사와 대표이사의 공모를 막기 위해서 감사가 회사를 대표하여 소송을 수행한다. 이와 달리 이사 이외의 자가 결의취소의 소를 제기한 때에는 대표이사가 소송을 수행하며, 그 대표이사가 결의취소의 소의 대상이 된 주주총회 결의로 선임된 경우라 하더라도 마찬가지이다.

〈상 황〉
A회사의 주주총회는 대표이사 甲을 해임하고 새로이 乙을 대표이사로 선임하는 결의를 하여 乙이 즉시 대표이사로 취임하였다. 그런데 그 주주총회의 소집절차는 법령에 위반된 것이었다. A회사의 주주는 丙과 丁 등이 있고, 이사는 戊, 감사는 己이다. 甲과 乙은 주주가 아니며, 甲은 대표이사 해임결의로 이사의 지위도 상실하였다.

① 甲이 A회사를 피고로 하여 결의취소의 소를 제기하면, 법원은 결의를 취소하는 것이 정당한지에 관해 판단해야 한다.
② 丙이 A회사를 피고로 하여 결의취소의 소를 제기하면, 乙이 A회사를 대표하여 소송을 수행한다.
③ 丁이 A회사와 乙을 공동피고로 하여 결의취소의 소를 제기하면, A회사와 乙에 대한 소는 모두 부적법 각하된다.
④ 戊가 A회사를 피고로 하여 결의취소의 소를 제기하면, 甲이 A회사를 대표하여 소송을 수행한다.
⑤ 己가 A회사를 피고로 하여 제기한 결의취소의 소의 변론이 종결된 후에 己의 임기가 만료된다면, 그 소는 부적법 각하된다.

문 24. 다음 글을 근거로 판단할 때, 甲이 구매하게 될 차량은?

甲은 아내 그리고 자녀 둘과 함께 총 4명이 장거리 이동이 가능하도록 배터리 완전충전 시 주행거리가 200km 이상인 전기자동차 1대를 구매하려고 한다. 구매와 동시에 집 주차장에 배터리 충전기를 설치하려고 하는데, 배터리 충전시간(완속 기준)이 6시간을 초과하지 않으면 완속 충전기를, 6시간을 초과하면 급속 충전기를 설치하려고 한다.

한편 정부는 전기자동차 활성화를 위하여 전기자동차 구매 보조금을 구매와 동시에 지원하고 있는데, 승용차는 2,000만 원, 승합차는 1,000만 원을 지원하고 있다. 승용차 중 경차는 1,000만 원을 추가로 지원한다. 배터리 충전기에 대해서는 완속 충전기에 한하여 구매 및 설치 비용을 구매와 동시에 전액 지원하며, 2,000만 원이 소요되는 급속 충전기의 구매 및 설치 비용은 지원하지 않는다.

이러한 상황을 감안하여 甲은 차량 A~E 중에서 실구매 비용(충전기 구매 및 설치 비용 포함)이 가장 저렴한 차량을 선택하려고 한다. 단, 실구매 비용이 동일할 경우에는 아래의 '점수 계산 방식'에 따라 점수가 가장 높은 차량을 구매하려고 한다.

차량	A	B	C	D	E
최고속도 (km/h)	130	100	120	140	120
완전충전 시 주행거리(km)	250	200	250	300	300
충전시간 (완속 기준)	7시간	5시간	8시간	4시간	5시간
승차 정원	6명	8명	2명	4명	5명
차종	승용	승합	승용 (경차)	승용	승용
가격(만 원)	5,000	6,000	4,000	8,000	8,000

• 점수 계산 방식
　– 최고속도가 120km/h 미만일 경우에는 120km/h를 기준으로 10km/h가 줄어들 때마다 2점씩 감점
　– 승차 정원이 4명을 초과할 경우에는 초과인원 1명당 1점씩 가점

① A
② B
③ C
④ D
⑤ E

문 25. 다음 글과 〈상황〉을 근거로 판단할 때 옳은 것은?

제00조(과세대상) 주권(株券)의 양도에 대해서는 이 법에 따라 증권거래세를 부과한다.

제00조(납세의무자) 주권을 양도하는 자는 납세의무를 진다. 다만 금융투자업자를 통하여 주권을 양도하는 경우에는 해당 금융투자업자가 증권거래세를 납부하여야 한다.

제00조(과세표준) 주권을 양도하는 경우에 증권거래세의 과세표준은 그 주권의 양도가액(주당 양도금액에 양도 주권수를 곱한 금액)이다.

제00조(세율) 주권의 양도에 대한 세율은 양도가액의 1천분의 5로 한다.

제00조(탄력세율) X 또는 Y증권시장에서 양도되는 주권에 대하여는 제00조(세율)의 규정에도 불구하고 다음의 세율에 의한다.
1. X증권시장 : 양도가액의 1천분의 1.5
2. Y증권시장 : 양도가액의 1천분의 3

〈상 황〉

투자자 甲은 금융투자업자 乙을 통해 다음 3건의 주권을 양도하였다.
• A회사의 주권 100주를 주당 15,000원에 양수하였다가 이를 주당 30,000원에 X증권시장에서 전량 양도하였다.
• B회사의 주권 200주를 주당 10,000원에 Y증권시장에서 양도하였다.
• C회사의 주권 200주를 X 및 Y증권시장을 통하지 않고 주당 50,000원에 양도하였다.

① 증권거래세는 甲이 직접 납부하여야 한다.
② 납부되어야 할 증권거래세액의 총합은 6만 원 이하다.
③ 甲의 3건의 주권 양도는 모두 탄력세율을 적용받는다.
④ 甲의 A회사 주권 양도에 따른 증권거래세 과세표준은 150만 원이다.
⑤ 甲이 乙을 통해 Y증권시장에서 C회사의 주권 200주 전량을 주당 50,000원에 양도할 수 있다면 증권거래세액은 2만 원 감소한다.

제3회 최종모의고사

문 1. 다음 글에서 알 수 있는 것은?

통제되지 않는 자연재해와 지배자의 요구에 시달리면서 겨우 생계를 유지하는 전(前)자본주의 농업사회 농민들에게, 신고전주의 경제학에서 말하는 '이윤의 극대화'를 위한 계산의 여지는 거의 없다. 정상적인 농민이라면 큰 벌이는 되지만 모험적인 것을 시도하기보다는 자신과 자신의 가족들을 파멸시킬 수도 있는 실패를 피하려고 하기 마련이다. 이와 같은 악조건은 농민들에게 삶의 거의 모든 측면에서 안전 추구를 최우선으로 여기는 성향을 체득하도록 한다. 이러한 '안전 제일의 원칙'을 추구하기 위해, 농민들은 경험 축적을 바탕으로 하는 종자의 다양화, 경작지의 분산화, 재배 기술 개선 등 생계 안정성을 담보하는 기술적 장치를 필요로 한다. 또한 마을 내에서 이루어지는 다양한 유형의 호혜성, 피지배층이 지배층에 기대하는 관대함, 그리고 토지의 공동체적 소유 및 공동 노동 등 절박한 농민들에게 최소한의 생존을 보장하는 사회적 장치도 필요로 한다.

이런 측면에서 지주와 소작인 간의 소작제도 역시 흥미롭다. 소작인이 지주에게 납부하는 지대의 종류에는 수확량의 절반씩을 나누어 갖는 분익제와 일정액을 지대로 지불하는 정액제가 있다. 분익제에서는 수확이 없으면 소작료를 요구하지 않지만, 정액제에서는 벼 한 포기 자라지 않아도 의무 수행을 요구한다. 생존을 위협할 정도의 흉년이 자주 있던 것이 아니라는 점을 감안하면, 정액제는 분익제에 비해 소작인의 이윤을 극대화할 수도 있는 방법이었지만 전자본주의 농업사회에서 보다 일반적인 방식은 분익제였다.

이러한 상황은 필리핀 정부가 벼 생산 분익농들을 정액 소작농으로 전환시키고자 시도한 루손 지역에서도 관찰되었다. 정부는 소작농들에게 분익제하에서 부담하던 평균 지대의 1/4에 해당하는 수치를 정액제 지대로 제시하였다. 새로운 체제에서 소작인은 대략적으로 이전 연평균 수입의 두 배, 새로운 종자를 채택할 경우는 그 이상의 수입을 실현할 수 있으리라는 기대를 가질 수 있었다. 그러나 새로운 체제가 제시하는 기대 수입에서의 상당한 이득에도 불구하고, 많은 농민들은 정액제 자체에 내포되어 있는 생계에 관련된 위험성 때문에 전환을 꺼렸다.

① 안전 제일의 원칙은 신고전주의 경제학에서 말하는 이윤 극대화를 위한 계산 논리에 부합한다.
② 전자본주의 농업사회 농민들은 모험적인 시도가 큰 벌이로 이어질 수 있다는 사실을 인식하지 못했다.
③ 안전 추구를 최우선으로 여기는 전자본주의 농업사회의 기술적 장치는, 사회적 장치들이 최소한의 생존을 보장하는 환경하에 발달했다.
④ 루손 지역의 농민들이 정액제로의 전환을 꺼렸던 것은 정액제를 택했을 때 생계에 관련된 위험성이 분익제를 택했을 때보다 작다고 느꼈기 때문이다.
⑤ 어느 농가의 수확량이 이전 연도보다 두 배로 늘었을 경우, 이전 연도 수확량의 절반을 내기로 계약하는 정액제를 택하는 것이 분익제를 택하는 것보다 이윤이 크다.

문 2. 다음 글에서 알 수 있는 것은?

조선 시대에는 역대 국왕과 왕비의 신주가 있는 종묘에서 정기적으로 제사를 크게 지냈으며, 그때마다 종묘제례악에 맞추어 '일무(佾舞)'라는 춤을 추는 의식을 행했다. 일무란 일정한 수의 행과 열을 맞추어 추는 춤으로 황제에 대한 제사의 경우에는 팔일무를 추는 것이 원칙이었고, 제후에 대한 제사에는 육일무를 추었다. 팔일무는 행과 열을 각각 8개씩 지어 모두 64명이 추는 춤이다. 육일무는 행과 열을 각각 6개씩 지어 추는 춤으로서, 참여하는 사람의 수는 36명이다. 대한제국을 선포하기 전까지 조선 왕조는 제후국의 격식에 맞추어 육일무를 거행했다.

일무에는 문무(文舞)와 무무(武舞)라는 두 가지 종류가 있는데, 문무를 먼저 춘 다음에 같은 사람들이 무무를 뒤이어 추는 것이 정해진 규칙이었다. 일무를 출 때는 손에 무구라는 도구를 들고 춤을 추게 했는데, 문무를 출 때는 왼손에 '약'이라는 피리를 들고 오른손에 '적'이라는 꿩 깃털 장식물을 들었다. 문무를 추는 사람은 이렇게 한 사람당 2종의 무구를 들고 춤을 추었다. 한편 중국 역대 왕조는 무무를 거행할 때 창, 검, 궁시(활과 화살)를 들고 춤을 추게 했다. 이에 비해 조선에서는 궁시를 무구로 쓰지 않았다. 조선에서는 무무를 출 때 앞쪽 세 줄에 선 사람들로 하여금 한 사람당 검 하나씩만 잡고 춤을 추게 했으며, 뒤쪽의 세 줄에 선 사람들은 한 사람당 창 하나씩만 잡은 채 춤을 추게 했다.

한편 1897년에 고종이 대한제국을 선포한 이후에는 황제국의 격식에 맞게 64명이 일무를 추었다. 그러나 일제 강점기에는 다시 36명이 일무를 추는 것으로 바뀌었다. 종묘에서 제사를 지내는 일은 광복 후 잠시 중단되었다가, 1960년대에 종묘제례악이 중요무형문화재로 지정됨에 따라 복원되었다. 복원된 종묘제례의 일무는 팔일무였으며, 예전처럼 먼저 문무를 추고 뒤이어 무무를 추는 방식을 지켰다. 문무를 출 때 손에 드는 무구는 조선 시대의 것과 동일했고, 무무를 출 때 앞의 네 줄에 선 사람들은 검을 들되 뒤의 네 줄에 선 사람들은 창을 들게 했다. 종묘제례 행사는 1969년부터 전주 이씨 대동종약원이 맡아 오늘날까지 정기적으로 시행하고 있는데, 그 형식은 1960년대에 복원된 것을 그대로 따르고 있다.

① 대한제국 시기에는 종묘제례에서 문무를 출 때 궁시를 들지 않고 검과 창만 들었다.

② 일제 강점기 때 거행된 종묘제례에서는 문무를 육일무로 추었고, 무무는 팔일무로 추었다.

③ 조선 시대에는 종묘제례에서 무무를 출 때 한 사람당 4종의 무구를 손에 들고 춤을 추게 했다.

④ 조선 시대에 종묘제례를 거행할 때에는 육일무를 추도록 하되 제후국의 격식에 맞추어 무무만 추었다.

⑤ 오늘날 시행되고 있는 종묘제례 행사에서 문무를 추는 사람들은 한 사람당 2종의 무구를 손에 들고 춤을 춘다.

문 3. 다음 글에서 알 수 있는 것은?

송시열은 임진왜란 때 조선에 원군을 보낸 명나라 신종과 그 마지막 황제인 의종의 제사를 거행하고자 했으나 그 뜻을 이루지 못했다. 송시열의 제자인 권상하는 스승의 유명(遺命)을 이어받아 괴산군 청천면에 만동묘(萬東廟)를 만들고 매년 두 황제에 대한 제사를 지냈다. 만동묘라는 명칭은 경기도 가평군 조종암(朝宗巖)에 새겨진 선조의 어필 '만절필동(萬折必東)'이라는 글자의 처음과 끝 자를 딴 것이다. '만절필동'이라는 글자에는 황하가 여러 번 굽이쳐도 결국은 동쪽으로 나아가 황해로 흘러 들어가듯이, 조선 역시 어떠한 상황에도 명이 원병을 보냈다는 사실을 잊지 않고 의리를 지키겠다는 의지가 담겨 있다.

창덕궁 후원에 있는 대보단(大報壇)도 명 신종을 제사 지내기 위해 건립된 제단이다. 대보단의 제례는 국왕이 직접 주관하는 것이 원칙이었고, 그때 사용하는 제물과 기구는 문묘 제례 때 쓰던 것과 같았다. 영조 25년부터 이 대보단에서 명나라의 태조와 그 마지막 황제 의종도 함께 매년 제사 지내기 시작했다. 영조는 중앙 관료들로 하여금 빠짐없이 대보단 제례에 참석하도록 했는데, 정조는 이를 고쳐 제례 집행자만 참례하게 했다. 그렇지만 영조의 전례에 따라 대보단에 자주 행차하여 돌아보는 등 큰 관심을 표명했다.

당시 학자들 사이에서는 명이 망한 뒤에 중화의 정통을 이은 나라가 조선밖에 남지 않았다는 의식이 확산되고 있었다. 대보단 제례는 그와 같은 분위기 속에서 더욱 중요한 의미를 가지게 되었다. 만동묘를 중시하는 분위기도 확산되었다. 만동묘에서 명 황제들에 대한 제사를 지낼 무렵이 되면 전국의 유생이 구름같이 모여들었고, 이로 인해 제사 비용은 날로 많아졌다. 이 소식을 들은 영조는 만동묘에 전답을 하사하여 제사 비용을 조달하는 데 어려움이 없도록 해주었다. 헌종 때에는 만동묘에서 제사를 지낼 때마다 충청도 관찰사가 참석하도록 하는 조치도 취해졌다. 만동묘는 이처럼 위상이 높았지만, 운영비 조달을 핑계로 양민의 재산을 함부로 빼앗는 등 폐해가 컸다.

만동묘를 싫어하던 흥선대원군은 대보단에서 거행하는 것과 같은 제사를 만동묘에서 또 지낼 필요가 없다고 보았다. 그러한 이유에서 그는 만동묘가 설립될 때부터 매년 지내오던 제사를 폐지하였다. 또 명 황제들의 신주를 만동묘에서 대보단으로 옮겼다. 흥선대원군이 실각한 후 만동묘 제사는 부활되었지만 순종 황제 재위 때 다시 철폐되었다.

① 영조는 만동묘를 없애고 그 제사를 대보단으로 옮겨 지내도록 하였다.

② 만동묘에서 제사를 지낼 때에는 국왕이 직접 참석하는 것이 관례였다.

③ 헌종 때부터 대보단에서 제사를 지낼 시에 충청도 관찰사가 참석하였다.

④ 정조 때 만동묘와 대보단 두 곳에서 모두 명나라의 신종과 의종을 기려 제사를 지냈다.

⑤ 만동묘라는 이름은 선조가 그 건립을 기념하기 위해 내린 어필의 처음과 끝 글자를 딴 것이다.

문 4. 다음 글에서 알 수 <u>없는</u> 것은?

혈액의 기본 기능인 산소 운반능력이 감소하면 골수에서는 적혈구 생산, 즉 조혈과정이 촉진된다. 조직 내 산소 농도의 감소가 골수에서의 조혈을 직접 촉진하지는 않는다. 신장에 산소 공급이 감소하면 신장에서 혈액으로 에리트로포이어틴을 분비하고 이 호르몬이 골수의 조혈을 촉진한다. 에리트로포이어틴은 적혈구가 성숙, 분화하도록 하여 혈액에 적혈구 수를 늘려서 조직에 충분한 양의 산소가 공급되도록 한다. 신장에 산소 공급이 충분히 이루어지면 에리트로포이어틴의 분비도 중단된다. 출혈이나 정상 적혈구가 과도하게 파괴된 경우 6배 정도까지 조혈 속도가 상승한다.

골수에서 생산된 성숙한 적혈구가 혈관을 따라 순환하려면 헤모글로빈 합성, 핵과 세포내 소기관 제거 등의 과정을 거친다. 에리트로포이어틴의 자극을 받으면 적혈구는 수일 내에 혈액으로 흘러들어간다. 상당한 출혈로 적혈구 조혈이 왕성해지면 성숙하지 못한 망상적혈구가 골수에서 혈액으로 들어온다.

운동을 하는 근육은 계속해서 에너지를 생성하기 위해 산소를 요구한다. 혈액 도핑은 혈액의 산소 운반능력을 증가시키기 위해 고안된 기술이다. 자기 혈액을 이용한 혈액 도핑은 운동선수로부터 혈액을 뽑아 혈장은 선수에게 다시 주입하고 적혈구는 냉장 보관하다가 시합 1~7일 전에 주입하는 방법이다. 시합 3주 전에 450mL정도의 혈액을 뽑아내면 시합 때까지 적혈구 조혈이 왕성해져서 근육 내 산소 농도는 피를 뽑기 전의 정상수준으로 증가한다. 그리고 저장한 적혈구를 재주입하면 적혈구 수와 헤모글로빈이 증가한다. 표준 운동 시험에서 혈액 도핑을 받은 선수는 도핑을 하지 않은 경우와 비교해 유산소 운동 능력이 5~13% 증가한다. 이처럼 운동선수의 적혈구가 증가하여 경기 능력 향상에 도움이 되지만, 혈액의 점성이 증가해 부작용이 발생할 수도 있다.

합성 에리트로포이어틴을 이용한 혈액 도핑 문제도 심각하다. 합성 에리트로포이어틴 투여는 격렬한 운동이 요구되는 선수의 경기 능력을 7~10% 향상시킨다는 것이 입증되어, 많은 선수들이 암암리에 사용하고 있다. 1987년 유럽 사이클 선수 20명의 사망 원인으로 합성 에리트로포이어틴이 의심되고 있지만, 많은 선수들이 이러한 위험을 기꺼이 감수하고 있다.

① 적혈구가 많아지는 것은 운동선수의 유산소 운동능력 향상에 도움이 된다.
② 혈액 도핑을 위해 혈액을 뽑으면 일시적으로 근육 내 산소 농도는 감소할 것이다.
③ 혈액 도핑을 위해 혈액을 뽑으면, 운동선수의 혈관 내 혈액에서는 망상적혈구를 볼 수 있을 것이다.
④ 합성 에리트로포이어틴을 이용한 혈액 도핑을 하면 적혈구 수의 증가가 가져오는 효과를 볼 수 있다.
⑤ 혈액의 점성은 자기 혈액을 이용한 혈액 도핑보다 합성 에리트로포이어틴을 이용한 혈액 도핑을 할 때 더 증가한다.

문 5. 다음 글의 ㉠에 근거한 추론으로 옳은 것만을 〈보기〉에서 모두 고르면?

우리는 믿음과 관련하여 여러 종류의 태도를 가질 수 있다. 예를 들어, 우리는 내일 비가 온다는 명제가 참이라고 믿을 수도 있고, 거짓이라고 믿을 수도 있다. 또한 그 명제가 참이라고 믿지도 않고 거짓이라고 믿지도 않을 수 있다. 이렇게 거칠게 세 가지 종류로만 구분된 믿음 태도는 '거친 믿음 태도'라고 불린다.

한편, 우리의 믿음 태도는 아주 섬세하게 구분될 수도 있다. 우리는 내일 비가 온다는 명제가 참이라는 것을 0.2의 확률로 믿을 수도 있고 0.5의 확률로 믿을 수도 있고 0.8의 확률로 믿을 수도 있다. 말하자면, 그 명제가 참일 확률에 따라 우리의 믿음 태도는 섬세하게 구분될 수도 있다는 것이다. 이렇게 확률에 따라 구분된 믿음 태도는 '섬세한 믿음 태도'라고 불린다.

이 두 종류의 믿음 태도는 ㉠ '믿음의 문턱'이라는 개념을 이용한 규정을 통해 서로 연결될 수 있다. 그 규정은 이렇다. '어떤 명제를 참이라고 믿기 위한 필요충분조건은 그 명제가 참이라는 것을 특정 확률 값 k보다 크게 믿는 것이다. 그리고 어떤 명제를 거짓이라고 믿기 위한 필요충분조건은 그 명제가 거짓이라는 것을 그 확률 값 k보다 크게 믿는 것이다. 단, k의 값은 0.5보다 작지 않다.' 이때 확률 값 k를 믿음의 문턱이라고 부른다.

이제 이러한 규정을 적용해 보기 위해 일단 당신의 믿음의 문턱이 0.8이라고 해보자. 그리고 당신은 내일 비가 온다는 명제가 참이라는 것을 0.9의 확률로 믿고 있다고 하자. 이 경우 우리는 '당신은 내일 비가 온다는 명제를 참이라고 믿고 있다.'고 말할 수 있다. 이번에는 당신이 내일 비가 온다는 명제가 거짓이라는 것을 0.9의 확률로 믿고 있다고 해 보자. 그럼 우리는 당신의 믿음의 문턱이 0.8이라는 점을 고려하여 '당신은 내일 비가 온다는 명제가 거짓이라고 믿고 있다.'고 말할 수 있다.

그럼, 당신이 내일 비가 온다는 명제가 참이라는 것도 0.5의 확률로 믿고 있고, 그 명제가 거짓이라는 것도 0.5의 확률로 믿고 있는 경우는 어떨까? 이 경우 우리는 당신의 믿음의 문턱이 0.8이라는 점을 고려하여 '당신은 내일 비가 온다는 명제를 참이라고 믿지도 않고 거짓이라고 믿지도 않는다.'고 말할 수 있다.

〈보 기〉

ㄱ. 철수의 믿음의 문턱이 0.5인 경우, 철수는 모든 명제를 참이라고 믿지도 않고 거짓이라고 믿지도 않는다.
ㄴ. 영희의 믿음의 문턱이 고정되어 있을 경우, 내일 비가 온다는 명제에 대한 영희의 섬세한 믿음 태도가 변한다고 하더라도 그 명제에 대한 영희의 거친 믿음 태도는 변하지 않는 경우도 있다.
ㄷ. 철수와 영희가 동일한 수치의 믿음의 문턱을 가지고 있을 경우, 두 사람 모두 내일 비가 온다는 명제를 참이라고 믿고 있지 않다면 두 사람 모두 내일 비가 온다는 명제를 거짓이라고 믿고 있다.

① ㄱ   ② ㄴ
③ ㄱ, ㄷ   ④ ㄴ, ㄷ
⑤ ㄱ, ㄴ, ㄷ

문 6. 다음 ㉠~㉺에 대한 분석으로 가장 적절한 것은?

우리의 사고는 구조를 가지고 있을까? 이를 알아보기 위해 한국어 문장 "철수는 영희를 사랑한다."에서 출발해 보자. ㉠ 이 문장에 포함되어 있는 고유명사 '철수'와 '영희'가 지시하는 대상이 존재한다면, 이 문장이 유의미하다는 점을 부정할 사람은 없을 것이다. 그런데 ㉡ 이 문장이 유의미하다면, 두 고유명사의 위치를 서로 바꾼 문장 "영희는 철수를 사랑한다."도 유의미하다. 언어의 이러한 속성을 체계성이라고 한다. ㉢ 언어의 체계성은 해당 언어의 문장이 구조를 가질 경우에만 보장된다.

이번에는 언어의 생산성에 관해 생각해 보자. 한 언어가 생산적이라는 말의 의미는, 그 언어 내의 임의의 문장을 이용하여 유의미한 문장을 새롭게 구성할 수 있다는 것이다. 예를 들어, "철수는 귀엽다."와 "영희는 씩씩하다."는 문장들을 가지고 새로운 문장 "철수는 귀엽고 영희는 씩씩하다."를 얻을 수 있다. 또한 여기에다가 "영희는 철수를 사랑한다."를 덧붙여서 "철수는 귀엽고 영희는 씩씩하고 영희는 철수를 사랑한다."를 얻을 수 있다. 이러한 과정은 끝없이 확대될 수 있다. ㉣ 언어의 이러한 특성 역시 해당 언어의 문장이 구조를 가질 경우에만 보장된다.

이제 우리는 ㉤ 언어의 체계성과 생산성은 언어가 구조를 가질 경우에만 보장된다고 결론지을 수 있다. 이러한 결론은 우리의 사고에 대해서도 성립할 가능성이 있다. 왜냐하면 ㉥ 우리의 사고가 체계성과 생산성을 가지고 있다는 것은 부정할 수 없는 사실이기 때문이다. ㉦ 우리는 A가 B를 사랑한다고 생각할 수 있다면, B가 A를 사랑한다고 생각할 수도 있다. 뿐만 아니라 ㉧ 우리는 A가 귀엽다고 생각하고 B가 씩씩하다고 생각할 수 있다면, A는 귀엽고 B는 씩씩하다고 생각할 수 있다. 언어의 경우와 유사하게 사고의 경우도 이처럼 체계성과 생산성을 가지고 있다. 결국 언어와 마찬가지로 ㉺ 우리의 사고도 구조를 가지고 있다는 유추가 가능하다.

① ㉠은 ㉡을 지지한다.
② ㉥은 ㉤을 지지한다.
③ ㉢과 ㉣이 참이라고 할지라도 ㉤은 거짓일 수 있다.
④ ㉤과 ㉥이 참이라고 할지라도 ㉺은 거짓일 수 있다.
⑤ ㉥이 참이라고 할지라도 ㉦과 ㉧은 거짓일 수 있다.

문 7. 다음 글의 ㉠과 ㉡에 들어갈 내용을 적절하게 짝지은 것은?

당신은 사람들로 붐비는 해변에서 즐거운 시간을 보내고 집으로 돌아가려 한다. 당신은 쓰레기를 집으로 가져갈지 아니면 해변에 버리고 갈지를 고민하고 있다. 이때 당신은 다음과 같은 네 경우를 생각할 수 있다.

(가) 당신은 X를 하고, 다른 사람들은 모두 X를 한다.
(나) 당신은 X를 하고, 다른 사람들은 모두 Y를 한다.
(다) 당신은 Y를 하고, 다른 사람들은 모두 X를 한다.
(라) 당신은 Y를 하고, 다른 사람들은 모두 Y를 한다.

(가)로 인한 해변의 상태는 (다)로 인한 해변의 상태와 별반 다르지 않을 것이다. 마찬가지로 (나)의 결과는 (라)의 결과와 별반 다르지 않을 것이다. 이제 다음과 같은 물음을 던져 보자.

(1) 다른 사람들이 X를 행할 경우, 당신은 X와 Y 중 어떤 것을 행하는 것을 선호하는가?
(2) 다른 사람들이 Y를 행할 경우, 당신은 X와 Y 중 어떤 것을 행하는 것을 선호하는가?

아마도 당신은 물음 (1)에 ┌─㉠─┐, (2)에 Y라고 답할 것이다. 이러한 답변에는 쓰레기를 집으로 가지고 가는 번거로운 행동이 해변의 상태에 유의미한 변화를 가져오지 않는다면 그 번거로운 행동을 피하는 것을 선호하는 생각이 전제되어 있다. 또한 당신이 다른 조건이 모두 동등할 경우 해변이 버려진 쓰레기로 난장판이 되는 것보다 그렇게 되지 않는 것을 선호한다면, 당신은 (가)~(라) 중에서 ┌─㉡─┐를 가장 선호하게 될 것이다.

	㉠	㉡
①	X	(나)
②	X	(다)
③	X	(라)
④	Y	(가)
⑤	Y	(다)

문 8.　다음 ㉠에 대한 판단으로 적절한 것만을 〈보기〉에서 모두 고르면?

　　사람의 혈액은 혈구와 혈장으로 구성되어 있는데, 혈구에는 적혈구와 백혈구 그리고 혈소판이 포함되고 혈액의 나머지 액성 물질은 혈장에 포함된다. 혈장의 90%는 물로 구성되어 있으며 상당량의 무기질 및 유기질 성분들이 함유되어 있다. 혈구를 구성하는 물질 중 99% 이상이 적혈구이며 백혈구와 혈소판은 1% 미만을 차지한다. ㉠ 전체 혈액 중 적혈구가 차지하는 비율은 여성보다 남성이 약간 높다. 적혈구는 말초 조직에 있는 세포로 산소를 전달하고, 말초 조직에 있는 세포가 만든 이산화탄소를 폐로 전달하는 역할을 한다. 이러한 역할을 수행하는 적혈구의 수를 혈액 내에서 일정하게 유지하는 것은 정상 상태의 인체를 유지하는 데 매우 중요하다.

　　하지만 혈액을 구성하는 물질의 조성(組成)은 질병이나 주변 환경 그리고 인체의 상태에 따라 달라질 수 있다. 예를 들면 빈혈은 말초 조직에 있는 세포에서 필요로 하는 산소를 공급하는 적혈구의 수가 충분하지 않을 때 나타난다. 골수계 종양의 하나인 진성적혈구증가증에 걸리면 다른 혈액 성분에 비해 적혈구가 많이 생산된다. 적혈구 총량에는 변동 없이 혈장이 감소하는 가성적혈구증가증도 혈액의 조성에 영향을 준다. 또한 과도한 운동이나 심각한 설사로 체내 혈장의 물이 체내로 유입되는 물보다 더 많이 외부로 유출되면 심한 탈수 현상이 일어난다.

〈보 기〉

ㄱ. 심한 운동으로 땀을 많이 흘리면 ㉠이 정상 상태보다 높아진다.
ㄴ. 폐로 유입되는 산소의 농도가 높아지면 ㉠이 정상 상태보다 높아진다.
ㄷ. 진성적혈구증가증에 걸리면 ㉠이 정상 상태보다 높아지는 반면, 가성적혈구증가증에 걸리면 ㉠이 정상 상태보다 낮아진다.

① ㄱ
② ㄷ
③ ㄱ, ㄴ
④ ㄴ, ㄷ
⑤ ㄱ, ㄴ, ㄷ

문 9.　다음 갑~병의 견해에 대한 분석으로 적절한 것만을 〈보기〉에서 모두 고르면?

갑 : 현대 사회에서 '기술'이라는 용어는 낯설지 않다. 이 용어는 어떻게 정의될 수 있을까? 한 가지 분명한 사실은 우리가 기술이라고 부를 수 있는 것은 모두 물질로 구현된다는 것이다. 기술이 물질로 구현된다는 말은 그것이 물질을 소재 삼아 무언가 물질적인 결과물을 산출한다는 의미이다. 나노기술이나 유전자조합기술도 당연히 이 조건을 만족하는 기술이다.

을 : 기술은 반드시 물질로 구현되는 것이어야 한다는 말은 맞지만 그렇게 구현되는 것들을 모두 기술이라고 부를 수는 없다. 가령, 본능적으로 개미집을 만드는 개미의 재주 같은 것은 기술이 아니다. 기술로 인정되려면 그 안에 지성이 개입해 있어야 한다. 나노기술이나 유전자조합기술을 기술이라 부를 수 있는 이유는 둘 다 고도의 지성의 산물인 현대과학이 그 안에 깊게 개입해 있기 때문이다. 더 나아가 기술에 대한 우리의 주된 관심사가 현대 사회에 끼치는 기술의 막강한 영향력에 있다는 점을 고려할 때, '기술'이란 용어의 적용을 근대 과학혁명 이후에 등장한 과학이 개입한 것들로 한정하는 것이 합당하다.

병 : 근대 과학혁명 이후의 과학이 개입한 것들이 기술이라는 점을 부인하지 않는다. 하지만 그런 과학이 개입한 것들만 기술로 간주하는 정의는 너무 협소하다. 지성이 개입해야 기술인 것은 맞지만 기술을 만들어내기 위해 과학의 개입이 꼭 필요한 것은 아니다. 오히려 기술은 과학과 별개로 수많은 시행착오를 통해 발전해 나가기도 한다. 이를테면 근대 과학혁명 이전에 인간이 곡식을 재배하고 가축을 기르기 위해 고안한 여러 가지 방법들도 기술이라고 불러야 마땅하다. 따라서 우리는 '기술'을 더 넓게 적용할 수 있도록 정의할 필요가 있다.

〈보 기〉

ㄱ. '기술'을 적용하는 범위는 셋 중 갑이 가장 넓고 을이 가장 좁다.
ㄴ. 을은 '모든 기술에는 과학이 개입해 있다.'라는 주장에 동의하지만, 병은 그렇지 않다.
ㄷ. 병은 시행착오를 거쳐 발전해온 옷감 제작법을 기술로 인정하지만, 갑은 그렇지 않다.

① ㄱ
② ㄴ
③ ㄱ, ㄷ
④ ㄴ, ㄷ
⑤ ㄱ, ㄴ, ㄷ

※ 다음 글을 읽고 물음에 답하시오. [문 10~문 11]

곤충이 유충에서 성체로 발생하는 과정에서 단단한 외골격은 더 큰 것으로 주기적으로 대체된다. 곤충이 유충, 번데기, 성체로 변화하는 동안, 이러한 외골격의 주기적 대체는 몸 크기를 증가시키는 것과 같은 신체 형태 변화에 필수적이다. 이러한 외골격의 대체를 '탈피'라고 한다. 성체가 된 이후에 탈피하지 않는 곤충들의 경우, 그것들의 최종 탈피는 성체의 특성이 발현되고 유충의 특성이 완전히 상실될 때 일어난다. 이런 유충에서 성체로의 변태 과정을 조절하는 호르몬에는 탈피호르몬과 유충호르몬이 있다.

탈피호르몬은 초기 유충기에 형성된 유충의 전흉선에서 분비된다. 탈피 시기가 되면, 먹이 섭취 활동과 관련된 자극이 유충의 뇌에 전달된다. 이 자극은 이미 뇌의 신경분비세포에서 합성되어 있던 전흉선자극호르몬의 분비를 촉진하여 이 호르몬이 순환계로 방출될 수 있게끔 만든다. 분비된 전흉선자극호르몬은 순환계를 통해 전흉선으로 이동하여, 전흉선에서 허물벗기를 촉진하는 탈피호르몬이 분비되도록 한다. 그리고 탈피호르몬이 분비되면 탈피의 첫 단계인 허물벗기가 시작된다. ⊙ 성체가 된 이후에 탈피하지 않는 곤충들의 경우, 성체로의 마지막 탈피가 끝난 다음에 탈피호르몬은 없어진다.

유충호르몬은 유충 속에 있는 알라타체라는 기관에서 분비된다. 이 유충호르몬은 탈피 촉진과 무관하며, 유충의 특성이 남아 있게 하는 역할만을 수행한다. 따라서 각각의 탈피 과정에서 분비되는 유충호르몬의 양에 의해서, 탈피 이후 유충으로 남아 있을지, 유충의 특성이 없는 성체로 변태할지가 결정된다. 유충호르몬의 방출량은 유충호르몬의 분비를 억제하는 알로스테틴과 분비를 촉진하는 알로트로핀에 의해 조절된다. 이 알로스테틴과 알로트로핀은 곤충의 뇌에서 분비된다. 한편, 유충호르몬의 방출량이 정해져 있을 때 그 호르몬의 혈중 농도는 유충호르몬에스터라제와 같은 유충호르몬 분해 효소와 유충호르몬 결합단백질에 의해 조절된다. 유충호르몬결합단백질은 유충호르몬에스터라제 등의 유충호르몬 분해 효소에 의해서 유충호르몬이 분해되어 혈중 유충호르몬의 농도가 낮아지는 것을 막으며, 유충호르몬을 유충호르몬 작용 조직으로 안전하게 수송한다.

문 10. 윗글에서 추론할 수 있는 것만을 〈보기〉에서 모두 고르면?

─〈보 기〉─

ㄱ. 유충의 전흉선을 제거하면 먹이 섭취 활동과 관련된 자극이 유충의 뇌에 전달될 수 없다.
ㄴ. 변태 과정 중에 있는 곤충에게 유충기부터 알로트로핀을 주입하면, 그것은 성체로 발생하지 않을 수 있다.
ㄷ. 유충호르몬이 없더라도 변태 과정 중 탈피호르몬이 분비되면 탈피가 시작될 수 있다.

① ㄱ
② ㄴ
③ ㄱ, ㄷ
④ ㄴ, ㄷ
⑤ ㄱ, ㄴ, ㄷ

문 11. 윗글을 토대로 할 때, 다음 〈실험 결과〉에 대한 분석으로 적절한 것만을 〈보기〉에서 모두 고르면?

─〈실험 결과〉─

성체가 된 이후에 탈피하지 않는 곤충의 유충기부터 성체로 이어지는 발생 단계별 유충호르몬과 탈피호르몬의 혈중 농도 변화를 관찰하였더니 다음과 같았다.
결과1 : 유충호르몬 혈중 농도는 유충기에 가장 높으며 이후 성체가 될 때까지 점점 감소한다.
결과2 : 유충에서 성체로의 최종 탈피가 일어날 때까지 탈피호르몬은 존재하였고, 그 구간 탈피호르몬 혈중 농도에는 변화가 없었다.

─〈보 기〉─

ㄱ. 결과1은 "혈중 유충호르몬에스터라제의 양은 유충기에 가장 많으며 성체기에서 가장 적다."는 가설에 의해서 설명된다.
ㄴ. "성체가 된 이후에 탈피하지 않는 곤충들의 경우, 최종 탈피가 끝난 다음에 전흉선은 파괴되어 사라진다."는 것은 결과2와 ⊙이 동시에 성립하는 이유를 제시한다.
ㄷ. 결과1과 결과2는 함께 "변태 과정에 있는 곤충의 탈피호르몬 대비 유충호르몬의 비율이 작아질수록 그 곤충은 성체의 특성이 두드러진다."는 가설을 지지한다.

① ㄱ
② ㄷ
③ ㄱ, ㄴ
④ ㄴ, ㄷ
⑤ ㄱ, ㄴ, ㄷ

문 12. 다음 ⊙을 평가한 것으로 가장 적절한 것은?

일어나기 매우 어려운 사건이 일어났다고 매우 믿을 만한 사람이 증언했을 때, 우리는 그 사건이 일어났다고 추론할 수 있는가? 증언하는 사람이 거짓말을 자주 해서 믿을 만하지 않은 사람이거나 증언이 진기한 사건에 관한 것이라면, 증언의 믿음직함은 떨어질 수밖에 없다. 흄은 증언이 단순히 진기한 사건 정도가 아니라 기적 사건에 관한 것인 경우를 다룬다. 기적이 일어났다고 누군가 증언했다고 생각해 보자. 흄의 이론에 따르면, 그 증언이 거짓일 확률과 그 기적이 실제로 일어날 확률을 비교해서, 후자가 더 낮다면 우리는 기적 사건이 일어나지 않았다고 생각하고, 전자가 더 낮다면 우리는 그 증언이 거짓이 아니라고 생각해야 한다. 한편 프라이스의 이론에 따르면, 그 증언이 참일 확률이 기적이 일어날 확률보다 훨씬 높으면, 우리는 그 증언으로부터 기적이 실제로 일어났으리라고 추론할 수 있다.

예컨대 가람은 ⊙ 거의 죽어가는 사람이 살아나는 기적이 일어났다고 증언했다. 그런 기적이 일어날 확률은 0.01%지만, 가람은 매우 믿을 만한 사람이어서 그의 증언이 거짓일 확률은 0.1%다. 의심 많은 나래는 가람보다 더 믿을 만한 증인이다. 나래도 그런 기적을 증언했는데 그의 증언이 거짓일 확률은 0.001%다.

① 흄의 이론에 따르면, 나래가 ⊙에 대해 거짓말했다고 생각해야 한다.
② 흄의 이론에 따르면, ⊙에 대한 가람의 증언이 받아들일 만하다고 생각해야 한다.
③ 프라이스의 이론에 따르면, 가람이 ⊙에 대해 거짓말했다고 생각해야 한다.

④ 흄의 이론에 따르든 프라이스의 이론에 따르든, 가람의 증언으로부터 ㉠이 실제로 일어났으리라고 추론할 수 있다.

⑤ 흄의 이론에 따르든 프라이스의 이론에 따르든, 나래의 증언으로부터 ㉠이 실제로 일어났으리라고 추론할 수 있다.

문 13. 다음 A, B 두 사람의 논쟁에 대한 분석으로 가장 적절한 것은?

A1 : 최근 인터넷으로 대표되는 정보통신기술 혁명은 과거 유례를 찾을 수 없을 정도로 세상이 돌아가는 방식을 근본적으로 바꿔놓았다. 정보통신기술 혁명은 물리적 거리의 파괴로 이어졌고, 그에 따라 국경 없는 세계가 출현하면서 국경을 넘나드는 자본, 노동, 상품에 대한 규제가 철폐될 수밖에 없는 사회가 되었다. 이제 개인이나 기업 혹은 국가는 과거보다 훨씬 더 유연한 자세를 견지해야 하고, 이를 위해서는 강력한 시장 자유화가 필요하다.

B1 : 변화를 인식할 때 우리는 가장 최근의 것을 가장 혁신적인 것으로 생각하는 경향이 있다. 인터넷 혁명의 경제적, 사회적 영향은 최소한 지금까지는 세탁기를 비롯한 가전제품만큼 크지 않았다. 가전제품은 집안일에 들이는 노동시간을 대폭 줄여줌으로써 여성들의 경제활동을 촉진했고, 가족 내의 전통적인 역학관계를 바꾸었다. 옛것을 과소평가해서도 안 되고 새것을 과대평가해서도 안 된다. 그렇게 할 경우 국가의 경제정책이나 기업의 정책은 물론이고 우리 자신의 직업과 관련해서도 여러 가지 잘못된 결정을 내리게 된다.

A2 : 인터넷이 가져온 변화는 가전제품이 초래한 변화에 비하면 전 지구적인 규모이고 동시적이라는 점에 주목해야 한다. 정보통신기술이 초래한 국경 없는 세계의 모습을 보라. 국경을 넘어 자본, 노동, 상품이 넘나들게 됨으로써 각 국가의 행정 시스템은 물론 세계 경제 시스템에도 변화가 불가피하게 되었다. 그런 점에서 정보통신기술의 영향력은 가전제품의 영향력과 비교될 수 없다.

B2 : 최근의 기술 변화는 100년 전에 있었던 변화만큼 혁명적이라고 할 수 없다. 100년 전의 세계는 1960~1980년에 비해 통신과 운송 부문에서의 기술은 훨씬 뒤떨어졌으나 세계화는 오히려 월등히 진전된 상태였다. 사실 1960~1980년 사이에 강대국 정부가 자본, 노동, 상품이 국경을 넘어 들어오는 것을 엄격하게 규제했기에 세계화의 정도는 그리 높지 않았다. 이처럼 세계화의 정도를 결정하는 것은 정치이지 기술력이 아니다.

① 이 논쟁의 핵심 쟁점은 정보통신기술 혁명과 가전제품을 비롯한 제조분야 혁명의 영향력 비교이다.

② A1은 최근의 정보통신기술 혁명으로 말미암아 자본, 노동, 상품이 국경을 넘나드는 것이 보편적 현상이 되었다는 점을 근거로 삼고 있다.

③ B1은 A1이 제시한 근거가 다 옳다고 하더라도 A1의 주장을 받아들일 수 없다고 주장하고 있다.

④ B1과 A2는 인터넷의 영향력에 대한 평가에는 의견을 달리 하지만 가전제품의 영향력에 대한 평가에는 의견이 일치한다.

⑤ B2는 A2가 원인과 결과를 뒤바꾸어 해석함으로써 현상에 대한 잘못된 진단을 한다고 비판하고 있다.

문 14. 다음 글에 비추어 볼 때, 〈실험〉에서 추론한 것으로 적절한 것만을 〈보기〉에서 모두 고르면?

A식물은 머리카락 모양의 털을 잎 표피에서 생산한다. 어떤 A식물은 털에서 당액을 분비하여 잎이 끈적하다. 반면 다른 A식물의 잎은 털의 모양은 비슷하지만 당액이 분비되지 않으므로 매끄럽다. 만약 자연에서 두 표현형이 같은 장점을 갖고 있다면 끈적한 A식물과 매끄러운 A식물은 1 : 1의 비율로 나타나야 한다. 하지만 A식물의 잎을 갉아먹는 B곤충이 있는 환경에서는 끈적한 식물과 매끄러운 식물이 1 : 1로 발견되는 반면, B곤충이 없는 환경에서는 끈적한 식물보다 매끄러운 식물이 더 많이 발견된다. 끈적한 식물은 종자 생산에 사용해야 할 광합성 산물의 일정량을 끈적한 당액의 분비에 소모한다. B곤충이 잎을 갉아먹으면 A식물의 광합성 산물의 생산량이 줄어든다. A식물이 만들어 내는 종자의 수는 광합성 산물의 양에 비례한다. 한 표현형이 다른 표현형보다 종자를 많이 생산하면 그 표현형을 가진 개체가 더 많이 나타난다.

〈실 험〉

B곤충으로부터 보호되는 환경에서 끈적한 A식물과 매끄러운 A식물을, 종자를 생산할 수 있을 만큼 성장시킨다. 그렇게 기른 두 종류의 A식물을 각각 절반씩 나누어, 절반은 B곤충의 침입을 허용하는 환경에, 나머지 절반은 B곤충을 차단하는 환경에 두었다. B곤충이 침입하는 조건에서 매끄러운 개체는 끈적한 개체보다 잎이 더 많이 갉아먹혔다. 매끄러운 개체와 끈적한 개체가 생산한 종자의 수 사이에 의미 있는 차이는 나타나지 않았다. 한편 B곤충이 없는 조건에서는 끈적한 개체가 매끄러운 개체보다 종자를 45% 더 적게 생산했다.

〈보 기〉

ㄱ. B곤충이 없는 환경에 비해 B곤충이 있는 환경에서, 매끄러운 식물의 종자 수가 감소한 정도는 끈적한 식물의 종자 수가 감소한 정도보다 컸다.

ㄴ. B곤충이 있는 환경에서 매끄러운 식물이 생산하는 광합성 산물은, B곤충이 없는 환경에서 매끄러운 식물이 생산하는 광합성 산물보다 양이 더 많았다.

ㄷ. B곤충이 있는 환경에서, 끈적한 식물이 매끄러운 식물보다 종자 생산에 소모한 광합성 산물의 양이 더 많았다.

① ㄱ

② ㄴ

③ ㄱ, ㄷ

④ ㄴ, ㄷ

⑤ ㄱ, ㄴ, ㄷ

문 15. 다음 글에서 추론할 수 있는 것은?

푄 현상은 바람이 높은 산을 넘을 때 고온 건조하게 변하는 것을 가리킨다. 공기가 상승하게 되면 기압이 낮아져 공기가 팽창하는 단열팽창 현상 때문에 공기 온도가 내려간다. 공기가 상승할 때 고도에 따른 온도 하강률을 기온감률이라 한다. 공기는 수증기를 포함하고 있는데, 공기가 최대 가질 수 있는 수증기량은 온도가 내려갈수록 줄어들고, 공기의 수증기가 포화상태에 이르는 온도인 이슬점 온도보다 더 낮은 온도에서는 수증기가 응결하여 구름이 생성되거나 비가 내리게 된다. 공기의 수증기가 포화상태일 경우에는 습윤 기온감률이 적용되고, 불포화상태일 경우에는 건조 기온감률이 적용되는데, 건조 기온감률은 습윤 기온감률에 비해 고도 차이에 따라 온도가 더 크게 변한다. 이러한 기온감률의 차이 때문에 푄 현상이 발생하는 것이다.

가령, 높은 산이 있는 지역의 해수면 고도에서부터 어떤 공기 덩어리가 이 산을 넘는다고 할 때, 이 공기의 온도는 건조 기온감률에 따라 내려가다가 공기가 일정 높이까지 상승하여 온도가 이슬점 온도에 도달한 후에는 공기 내 수증기가 포화하면 습윤 기온감률에 따라 온도가 내려간다. 공기의 상승 과정에서 공기 속 수증기는 구름을 형성하거나 비를 내리며 소모되고, 이는 산 정상에 이를 때까지 계속된다. 이 공기가 산을 넘어 건너편 사면을 타고 하강할 때는 공기가 건조하기 때문에 건조 기온감률에 따라 온도가 올라가게 된다. 따라서 산을 넘은 공기가 다시 해수면 고도에 도달하면 산을 넘기 전보다 더 뜨겁고 건조해진다. 이 건조한 공기가 푄 현상의 결과물이다.

우리나라에도 대표적인 푄 현상으로 높새바람이 있다. 이는 강원도 영동지방에 부는 북동풍과 같은 동풍류의 바람에 의해 푄 현상이 일어나 영서지방에 고온 건조한 바람이 부는 것을 의미한다. 늦은 봄에서 초여름에 한랭 다습한 오호츠크해 고기압에서 불어오는 북동풍이 태백산맥을 넘을 때 푄 현상을 일으키게 된다. 이 높새바람의 고온 건조한 성질은 영서지방의 농작물에 피해를 주기도 하고 산불을 일으키기도 한다.

① 공기가 상승하여 공기의 온도가 이슬점 온도에 도달한 이후부터는 공기가 상승할수록 공기 내 수증기량은 줄어든다.

② 공기가 상승할 때 공기의 온도가 이슬점 온도에 도달하는 고도는 공기 내 수증기량과 상관없이 일정하다.

③ 높새바람을 따라 이동한 공기 덩어리가 지닌 수증기량은 이동하기 전보다 증가한다.

④ 공기 내 수증기량이 증가하면 습윤 기온감률이 적용되기 시작하는 고도가 높아진다.

⑤ 동일 고도에서 공기의 온도는 공기가 상승할 때가 하강할 때보다 높다.

문 16. 다음 ㉠과 ㉡에 들어갈 말을 가장 적절하게 나열한 것은?

사람들은 모국어의 '음소'가 아닌 소리를 들으면, 그 소리를 변별적으로 인식하지 못한다. 가령, 물리적으로 다르지만 유사하게 들리는 음성 [x]와 [y]가 있다고 가정해 보자. 이때 우리는 [x]와 [y]가 서로 다르다고 인식할 수도 있고 다르다는 것을 인식하지 못할 수도 있다. [x]와 [y]가 다르다고 인식할 때 우리는 두 소리가 서로 변별적이라고 하고, [x]와 [y]가 다르다는 것을 인식하지 못할 때 두 소리가 서로 비변별적이라고 한다. 변별적으로 인식하는 소리를 음소라고 하고, 변별적으로 인식하지 못하는 소리를 이음 또는 변이음이라고 한다. 우리가 [x]와 [y]를 변별적으로 인식한다면, [x]와 [y]는 둘 다 음소로서의 지위를 갖는다. 반면 [x]와 [y] 가운데 하나는 음소이고 다른 하나가 음소가 아니라면, [x]와 [y]를 서로·변별적으로 인식하지 못한다. 다시 말해 _____㉠_____

여기서 변별적이라는 것은 달리 말하면 대립을 한다는 것을 뜻한다. 어떤 소리가 대립을 한다는 말은 그 소리가 단어의 뜻을 갈라내는 기능을 한다는 것을 의미한다. 비변별적이라는 것은 대립을 하지 못한다는 것을 뜻한다. 그러므로 대립을 하는 소리는 당연히 변별적이고, 대립을 하지 못하는 소리는 비변별적이다.

인간이 발성 기관을 통해 낼 수 있는 소리의 목록은 비록 언어가 다르더라도 동일하다고 가정하지만, 변별적으로 인식하는 소리 즉, 음소의 수와 종류는 언어마다 다르다. 언어가 문화적 산물이라는 사실을 이해하면, 이는 당연한 일이다. 나라마다 문화가 다르듯이 언어 역시 문화적 산물이므로 차이가 나는 것은 당연하고, 언어를 구성하는 가장 작은 단위인 음소의 수와 종류에도 차이가 나는 것은 당연하다. 우리가 다른 문화권의 사람이라는 것을 인지하는 가장 기본적인 요소 중의 하나가 언어라면, 언어가 다르다고 인지하는 가장 핵심적인 요소 중의 하나가 바로 음소 목록의 차이이다. 그렇기 때문에 모국어의 음소 목록에 포함되어 있지 않은 소리를 들었다면, _____㉡_____

① ㉠ : [x]를 들어도 [y]로 인식한다면 [x]는 음소이다.
　㉡ : 소리는 들리지만 그 소리가 무슨 소리인지 알 수 없다.

② ㉠ : [y]를 들어도 [x]로 인식한다면 [y]는 음소이다.
　㉡ : 그 소리를 모국어에 존재하는 음소 중의 하나로 인식하게 된다.

③ ㉠ : [x]를 들어도 [y]로 인식한다면 [x]는 [y]의 변이음이다.
　㉡ : 그 소리를 모국어에 존재하는 음소 중의 하나로 인식하게 된다.

④ ㉠ : [x]를 들어도 [y]로 인식한다면 [x]는 [y]의 변이음이다.
　㉡ : 그 소리를 듣고 모국어에 존재하는 유사한 음소들의 중간음으로 인식하게 된다.

⑤ ㉠ : [y]를 들어도 [x]로 인식한다면 [x]는 [y]의 변이음이다.
　㉡ : 그 소리를 듣고 모국어에 존재하는 유사한 음소들의 중간음으로 인식하게 된다.

문 17. 다음 글의 내용이 참일 때 반드시 참인 것은?

A, B, C, D는 출산을 위해 산부인과에 입원하였다. 그리고 이 네 명은 이번 주 월, 화, 수, 목요일에 각각 한 명의 아이를 낳았다. 이 아이들의 이름은 각각 갑, 을, 병, 정이다. 이 아이들과 그 어머니, 출생일에 관한 정보는 다음과 같다.

- 정은 C의 아이다.
- 정은 갑보다 나중에 태어났다.
- 목요일에 태어난 아이는 을이거나 C의 아이다.
- B의 아이는 을보다 하루 먼저 태어났다.
- 월요일에 태어난 아이는 A의 아이다.

① 을, 병 중 적어도 한 아이는 수요일에 태어났다.
② 병은 을보다 하루 일찍 태어났다.
③ 정은 을보다 먼저 태어났다.
④ A는 갑의 어머니이다.
⑤ B의 아이는 화요일에 태어났다.

문 18. 다음 글에 대한 분석으로 적절한 것만을 〈보기〉에서 모두 고르면?

영혼이 불멸하냐는 질문에 어떤 철학자는 다음과 같이 대답한다. 정의로움, 아름다움, 선함과 같은 ㉠ 형상은 물질적 대상이 아니다. 즉, 정의 그 자체나 선함 그 자체는 물질이 아니다. 그는 이런 사실로부터 ㉡ 이성은 물질적인 것이 아니다라는 것을 이끌어낸다. ㉢ 형상이 물질적 대상이 아니라면, 그 어떤 물질적인 것도 결코 형상을 이해할 수 없다고 그는 생각했다. 반면 이성과는 달리 육체는 물질적 대상임이 분명하다.

하지만 이성이 비물질적이라 하더라도, 그로부터 물질적 대상인 육체가 죽음으로 소멸해도 ㉣ 영혼은 불멸한다는 것이 보장되지는 않는다. 그래서 그 철학자는 ㉤ 이성과 영혼은 같다는 것, 그리고 ㉥ 만약 이성이 형상을 이해할 수 있고 형상이 불멸한다면, 이성 역시 불멸한다는 것으로부터 영혼의 불멸성을 이끌어낸다.

〈보 기〉

ㄱ. 이성이 형상을 이해할 수 있다는 것이 전제되면 ㉠과 ㉢으로부터 ㉡이 도출된다.
ㄴ. 오직 불멸하는 이성만이 비물질적이라는 것이 전제되면 ㉡으로부터 ㉣이 도출된다.
ㄷ. 불멸하는 것만이 불멸하는 것을 이해할 수 있다는 것이 전제되면 ㉤과 ㉥으로부터 ㉣이 도출된다.

① ㄱ
② ㄴ
③ ㄱ, ㄷ
④ ㄴ, ㄷ
⑤ ㄱ, ㄴ, ㄷ

문 19. 다음 글의 내용이 참일 때, 반드시 참인 것은?

전 세계적 금융위기로 인해 그 위기의 근원지였던 미국의 경제가 상당한 피해를 입었다. 미국에서는 경제 회복을 위해 통화량을 확대하는 양적완화 정책을 실시할 것인지를 두고 논란이 있었다. 미국의 양적완화는 미국 경제회복에 효과가 있겠지만, 국제 경제에 적지 않은 영향을 줄 수 있기 때문이다.

미국이 양적완화를 실시하면, 달러화의 가치가 하락하고 우리나라의 달러 환율도 하락한다. 우리나라의 달러 환율이 하락하면 우리나라의 수출이 감소한다. 우리나라 경제는 대외 의존도가 높기 때문에 경제의 주요지표들이 개선되기 위해서는 수출이 감소하면 안 된다.

또 미국이 양적완화를 중단하면 미국 금리가 상승한다. 미국 금리가 상승하면 우리나라 금리가 상승하고, 우리나라 금리가 상승하면 우리나라에 대한 외국인 투자가 증가한다. 또한 우리나라 금리가 상승하면 우리나라의 가계부채 문제가 심화된다. 가계부채 문제가 심화되는 나라의 국내소비는 감소한다. 국내소비가 감소하면, 경제의 전망이 어두워진다.

① 우리나라의 수출이 증가했다면 달러화 가치가 하락했을 것이다.
② 우리나라의 가계부채 문제가 심화되었다면 미국이 양적 완화를 중단했을 것이다.
③ 우리나라에 대한 외국인 투자가 감소하면 우리나라 경제의 전망이 어두워질 것이다.
④ 우리나라 경제의 주요지표들이 개선되었다면 우리나라의 달러 환율이 하락하지 않았을 것이다.
⑤ 우리나라의 국내소비가 감소하지 않았다면 우리나라에 대한 외국인 투자가 감소하지 않았을 것이다.

문 20. 다음 글에서 추론할 수 <u>없는</u> 것은?

장수 비결에 관한 연구 결과에 따르면 행복한 결혼생활과 규칙적인 운동이 장수에 필요한 조건이라는 사실이 밝혀졌다. 또 하나 필요한 조건은 짜거나 기름진 음식을 즐겨 먹지 말아야 한다는 것이다.

이 연구 결과를 검증하기 위해 90세 이상 장수 노인 100명과 전국 평균에도 못 미치는 나이에 세상을 떠난 조기 사망자 100명, 총 200명으로 구성된 하나의 표본 집단 X를 구성하여 조사한 결과, 장수 노인 중에 이 연구 결과에 부합하지 않는 사례는 한 명도 없었다. 이번 조사를 통해 X에 속한 사람들에 대해 추가로 알려진 정보는 다음과 같다.

결혼생활이 행복하지 않은 사람들은 모두 면역지수가 낮았는데, 조기 사망자는 모두 면역지수가 낮았다. 짜거나 기름진 음식을 즐겨 먹지 않는 사람들의 경우 모두 혈중 콜레스테롤 지수가 낮게 나타났는데, 조기 사망자는 모두 혈중 콜레스테롤 지수가 높았다. 규칙적인 운동을 하지 않은 사람들은 모두 β호르몬이 평균치보다 적게 분비된 것으로 나타났는데, β호르몬이 평균치보다 적게 분비된 사람은 모두 체지방 비율이 정상 범위를 넘어섰다고 한다. 그런데 조기 사망자는 아무도 체지방 비율이 정상 범위를 넘어서지 않았던 것으로 드러났다.

① X에 속한 모든 사람은 규칙적으로 운동을 했다.
② X에 속한 장수 노인 중에 혈중 콜레스테롤 지수가 높은 사람은 없다.
③ X에 속한 조기 사망자 중에 짜거나 기름진 음식을 즐겨 먹은 사람이 있었다.
④ X에 속한 장수 노인 중에 체지방 비율이 정상 범위를 넘어서지 않는 사람이 있다.
⑤ X에 속한 조기 사망자라면 누구나 결혼생활이 행복하지 않았거나 β호르몬이 평균치보다 적게 분비되지 않았다.

문 21. 다음 논증에 대한 평가로 적절한 것만을 〈보기〉에서 모두 고르면?

평범한 사람들은 어떤 행위가 의도적이었는지의 여부를 어떻게 판단할까? 다음 사례를 생각해보자.

사례1 : "새로운 사업을 시작하면 수익을 창출할 것이지만, 환경에 해를 끼치게 될 것입니다"라는 보고를 받은 어느 회사의 사장은 다음과 같이 대답했다. "환경에 해로운지 따위는 전혀 신경쓰지 않습니다. 가능한 한 많은 수익을 내기를 원할 뿐입니다. 그 사업을 시작합시다." 회사는 새로운 사업을 시작했고, 환경에 해를 입혔다.

사례2 : "새로운 사업을 시작하면 수익을 창출할 것이고, 환경에 도움이 될 것입니다"라는 보고를 받은 어느 회사의 사장은 다음과 같이 대답했다. "환경에 도움이 되는지 따위는 전혀 신경 쓰지 않습니다. 가능한 한 많은 수익을 내기를 원할 뿐입니다. 그 사업을 시작합시다." 회사는 새로운 사업을 시작했고, 환경에 도움이 되었다.

위 사례들에서 사장이 가능한 한 많은 수익을 내는 것을 의도했다는 것은 분명하다. 그렇다면 사례 1의 사장은 의도적으로 환경에 해를 입혔는가? 사례 2의 사장은 의도적으로 환경에 도움을 주었는가? 일반인을 대상으로 한 설문 조사 결과, 사례 1의 경우 '의도적으로 환경에 해를 입혔다'고 답한 사람은 82%에 이르렀지만, 사례 2의 경우 '의도적으로 환경에 도움을 주었다'고 답한 사람은 23%에 불과했다. 따라서 특정 행위 결과를 행위자가 의도했는가에 대한 사람들의 판단은 그 행위 결과의 도덕성 여부에 대한 판단에 의존한다고 결론 내릴 수 있다.

〈보 기〉

ㄱ. 위 설문조사에 응한 사람들의 대부분이 환경에 대한 영향과 도덕성은 무관하다고 생각한다는 사실은 위 논증을 약화한다.
ㄴ. 위 설문조사 결과는, 부도덕한 의도를 가지고 부도덕한 결과를 낳는 행위를 한 행위자가 그런 의도 없이 같은 결과를 낳는 행위를 한 행위자보다 그 행위 결과에 대해 더 큰 도덕적 책임을 갖는다는 것을 지지한다.
ㄷ. 두 행위자가 동일한 부도덕한 결과를 의도했음이 분명한 경우, 그러한 결과를 달성하지 못한 행위자는 도덕적 책임을 갖지 않지만 그러한 결과를 달성한 행위자는 도덕적 책임을 갖는다고 판단하는 사람이 많다는 사실은 위 논증을 강화한다.

① ㄱ   ② ㄴ
③ ㄱ, ㄷ   ④ ㄴ, ㄷ
⑤ ㄱ, ㄴ, ㄷ

문 22. 다음 글의 A~D에 대한 분석으로 적절한 것만을 〈보기〉에서 모두 고르면?

A : '정격연주'란 음악을 연주할 때 그것이 작곡된 시대에 연주된 느낌을 정확하게 구현하는 것을 목표로 하는 연주이다. 그럼 어떻게 정격연주가 가능할까? 그 방법은 옛 음악을 작곡 당시에 공연된 것과 똑같이 재연하는 것이다. 이런 연주는 가능하며, 그렇다면 우리는 음악이 작곡되었던 때와 똑같은 느낌을 구현할 수 있을 것이다.

B : 옛 음악을 작곡 당시에 연주된 것과 똑같이 재연하는 것은 이상일 뿐이지 현실화할 수 없다. 18세기 오페라 공연에서 거세된 사람만 할 수 있었던 카스트라토 역을 오늘날에는 도덕적인 이유에서 여성 소프라노가 맡아서 노래한다. 따라서 과거와 현재의 연주 관습상 차이 때문에, 옛 음악을 작곡 당시와 똑같이 재연하는 것은 불가능하다.

C : 똑같이 재연하지 못한다고 해서 정격연주가 불가능한 것은 아니다. 작곡자는 명확히 하나의 의도를 갖고 작품을 창작한다. 작곡자 자신의 작품이 어떻게 들리기를 의도했는지 파악해 연주하면, 작곡된 시대에 연주된 느낌을 정확하게 구현할 수 있다. 따라서 작곡자의 의도를 파악할 수 있다면 정격연주를 할 수 있다.

D : 작곡자의 의도대로 한 연주가 작곡된 시대에 연주된 느낌을 정확하게 구현하지 못할 수 있다. 작곡된 시대에 연주된 느낌을 정확하게 구현하려면 작곡자의 의도뿐만 아니라 당시의 연주 관습도 고려해야 한다. 전근대 시대에 악기 구성이나 프레이징 등은 작곡자의 의도만이 아니라 연주자와 연주 상황에 따라 관습적으로 결정되었다. 따라서 작곡자의 의도와 연주 관습을 모두 고려하지 않는다면 정격연주를 실현할 수 없다.

〈보 기〉

ㄱ. A와 C는 옛 음악을 과거와 똑같이 재연한다면 과거의 연주 느낌이 구현될 수 있다는 것을 부정하지 않는다.
ㄴ. B는 어떤 과거 연주 관습은 현대에 똑같이 재연될 수 없다는 것을 인정하지만 D는 그렇지 않다.
ㄷ. C와 D는 작곡자의 의도를 파악한다면 정격연주가 가능하다는 것에 동의한다.

① ㄱ
② ㄴ
③ ㄱ, ㄷ
④ ㄴ, ㄷ
⑤ ㄱ, ㄴ, ㄷ

문 23. 다음 글에서 알 수 있는 것은?

조선 시대에 설악산이라는 지명이 포함하는 영역은 오늘날의 그것과 달랐다. 오늘날에는 대청봉, 울산바위가 있는 봉우리, 한계령이 있는 봉우리를 하나로 묶어 설악산이라고 부른다. 그런데 조선 시대의 자료 중에는 현재의 대청봉만 설악산이라고 표시하고 울산바위가 있는 봉우리는 천후산으로, 그리고 한계령이 있는 봉우리는 한계산으로 표시한 것이 많다.

요즘 사람들은 설악산이나 계룡산과 같이 잘 알려진 산에 수많은 봉우리가 포함되어 있는 것이 당연하다고 생각하는데, 고려 시대까지만 해도 하나의 봉우리는 다른 봉우리와 구별된 별도의 산이라는 인식이 강했다. 이런 생각은 조선 전기에도 이어졌다. 그러나 조선 후기에 해당하는 18세기에는 그 인식에 변화가 나타나기 시작했다. 18세기 중엽에 제작된 지도인 『여지도』에는 오늘날 설악산이라는 하나의 지명으로 포괄되어 있는 범위가 한계산과 설악산이라는 두 개의 권역으로 구분되어 있다. 이 지도에 표시된 설악산의 범위와 한계산의 범위를 합치면 오늘날 설악산이라고 부르는 범위와 동일해진다. 그런데 같은 시기에 제작된 『비변사인 방안지도 양양부 도엽』이라는 지도에는 설악산, 천후산, 한계산의 범위가 모두 따로 표시되어 있고, 이 세 산의 범위를 합치면 오늘날의 설악산 범위와 같아진다.

한편 18세기 중엽에 만들어진 『조선팔도지도』에는 오늘날과 동일하게 설악산의 범위가 표시되어 있고, 그 범위 안에 '설악산'이라는 명칭만 적혀 있다. 이 지도에는 한계산과 천후산이라는 지명이 등장하지 않는다. 김정호는 『대동지지』라는 책에서 "옛날 사람들 중에는 한계령이 있는 봉우리를 한계산이라고 부른 이도 있었으나, 사실 한계산은 설악산에 속한 봉우리에 불과하다."라고 설명하였다. 현종 때 만들어진 『동국여지』에는 "설악산 아래에 사는 사람들은 다른 지역 사람들이 한계산이라 부르는 봉우리를 설악산과 떨어져 있는 별도의 산이라고 생각하지 않고, 설악산 안에 있는 봉우리라고 생각한다."라는 내용이 나온다. 김정호는 이를 참고해 『대동지지』에 위와 같이 썼던 것으로 보인다. 『조선팔도지도』에는 천후산이라는 지명이 표시되어 있지 않은데, 이는 이 지도를 만든 사람이 조선 전기에 천후산이라고 불리던 곳을 대청봉과 동떨어진 별도의 산이라고 생각하지 않았음을 뜻한다.

① 『여지도』에 표시된 설악산의 범위와 『대동지지』에 그려져 있는 설악산의 범위는 동일하다.
② 『동국여지』에 그려져 있는 설악산의 범위와 『조선팔도지도』에 표시된 설악산의 범위는 동일하다.
③ 『조선팔도지도』에 표시된 대로 설악산의 범위를 설정하면 그 안에 한계령이 있는 봉우리가 포함된다.
④ 『대동지지』와 『비변사인 방안지도 양양부 도엽』에는 천후산과 한계산이 서로 다른 산이라고 적혀 있다.
⑤ 『여지도』에 표시된 천후산의 범위와 『비변사인 방안지도 양양부 도엽』에 표시된 천후산의 범위는 동일하다.

문 24. 다음 글의 논증에 대한 비판으로 적절하지 **않은** 것은?

진화론자들은 지구상에서 생명의 탄생이 30억 년 전에 시작됐다고 추정한다. 5억 년 전 캄브리아기 생명폭발 이후 다양한 생물종이 출현했다. 인간 종이 지구상에 출현한 것은 길게는 100만 년 전이고 짧게는 10만 년 전이다. 현재 약 180만 종의 생물종이 보고되어 있다. 멸종된 것을 포함해서 5억 년 전 이후 지구상에 출현한 생물종은 1억 종에 이른다. 5억 년을 100년 단위로 자르면 500만 개의 단위로 나눌 수 있다. 이것은 새로운 생물종이 평균적으로 100년 단위마다 약 20종이 출현한다는 것을 의미한다. 하지만 지난 100년간 생물학자들은 지구상에서 새롭게 출현한 종을 찾아내지 못했다. 이는 한 종에서 분화를 통해 다른 종이 발생한다는 진화론이 거짓이라는 것을 함축한다.

① 100년마다 20종이 출현한다는 것은 다만 평균일 뿐이다. 현재의 신생 종 출현 빈도는 그보다 훨씬 적을 수 있지만 언젠가 신생 종이 훨씬 많이 발생하는 시기가 올 수 있다.

② 5억 년 전 이후부터 지구상에 출현한 생물종이 1,000만 종 이하일 수 있다. 그러면 100년 내에 새로 출현하는 종의 수는 2종 정도이므로 신생 종을 발견하기 어려울 수 있다.

③ 생물학자는 새로 발견한 종이 신생 종인지 아니면 오래전부터 존재했던 종인지 판단하기 어렵다. 따라서 신생종의 출현이나 부재로 진화론을 검증하려는 시도는 성공할 수 없다.

④ 30억 년 전에 생물이 출현한 이후 5차례의 대멸종이 일어났으나 대멸종은 매번 규모가 달랐다. 21세기 현재, 알려진 종 중 사라지는 수가 크게 늘고 있어 우리는 인간에 의해 유발된 대멸종의 시대를 맞이하는 것으로 볼 수 있다.

⑤ 생물학자들이 발견한 몇몇 종은 지난 100년 내에 출현한 종이라고 판단할 이유가 있다. DNA의 구성에 따라 계통수를 그렸을 때 본줄기보다는 곁가지 쪽에 배치될수록 늦게 출현한 종임을 알 수 있기 때문이다.

문 25. 다음 글의 '나'의 암묵적 전제로 볼 수 있는 것만을 〈보기〉에서 모두 고르면?

나는 최근에 수집한 암석을 분석하였다. 암석의 겉껍질은 광물이 녹아서 엉겨 붙어 있는 상태인데, 이것은 운석이 대기를 통과할 때 가열되면서 나타나는 대표적인 현상이다. 암석은 유리를 포함하고 있었고 이 유리에는 약간의 기체가 들어있었다. 이 기체는 현재의 지구나 원시 지구의 대기와 비슷하지 않지만 바이킹 화성탐사선이 측정한 화성의 대기와는 흡사하였다. 특히 암석에서 발견된 산소는 지구의 암석에 있는 것과 동위원소 조성이 달랐다. 그러나 화성에서 기원한 다른 운석에서 나타나는 동위원소 조성과는 일치하였다.

놀랍게도 이 암석에서는 박테리아처럼 보이는 작은 세포 구조가 발견되었다. 그 크기는 100나노미터였고 모양은 둥글거나 막대기 형태였다. 이 구조는 매우 정교하여 살아 있는 세포처럼 보였다. 추가 분석으로 이 암석에서 탄산염 광물을 발견하였고 이 탄산염 광물은 박테리아가 활동하는 곳에서 형성된 지구의 퇴적물과 닮았다는 것을 알게 되었다. 이 탄산염 광물에서는 특이한 자철석 결정이 발견되었다. 지구에서 발견되는 A 종류의 박테리아는 자체적으로 합성한, 특이한 형태와 높은 순도를 지닌 자철석 결정의 긴 사슬을 이용해 방향을 감지한다. 이 자철석은 지층에 퇴적될 수 있다. 자성을 띤 화석은 지구상에 박테리아가 나타나기 시작한 20억 년 전의 암석에서도 발견된다. 내가 수집한 암석에서 발견된 자철석은 A 종류의 박테리아에 의해 생성되는 것과 같은 결정형과 높은 순도를 지니고 있었다.

따라서 나는 최근에 수집한 암석이 생명체가 화성에서 실재하였음을 나타내는 증거라고 확신한다.

〈보 기〉

ㄱ. 크기가 100나노미터 이하의 구조는 생명체로 볼 수 없다.

ㄴ. 산소의 동위원소 조성은 행성마다 모두 다르게 나타난다.

ㄷ. A 종류의 박테리아가 없었다면 특이한 결정형의 자철석이 나타나지 않는다.

① ㄱ
② ㄴ
③ ㄱ, ㄷ
④ ㄴ, ㄷ
⑤ ㄱ, ㄴ, ㄷ

문 1. 다음 〈표〉는 '갑'국 신입사원에게 필요한 10개 직무역량 중요도의 산업분야별 자료이다. 이에 대한 〈보기〉의 설명 중 옳은 것만을 모두 고르면?

〈표〉 신입사원의 직무역량 중요도

(단위 : 점)

직무역량＼산업분야	신소재	게임	미디어	식품
의사소통능력	4.34	4.17	4.42	4.21
수리능력	4.46	4.06	3.94	3.92
문제해결능력	4.58	4.52	4.45	4.50
자기개발능력	4.15	4.26	4.14	3.98
자원관리능력	4.09	3.97	3.93	3.91
대인관계능력	4.35	4.00	4.27	4.20
정보능력	4.33	4.09	4.27	4.07
기술능력	4.07	4.24	3.68	4.00
조직이해능력	3.97	3.78	3.88	3.88
직업윤리	4.44	4.66	4.59	4.39

※ 중요도는 5점 만점임

― 〈보 기〉 ―

ㄱ. 신소재 산업분야에서 중요도 상위 2개 직무역량은 '문제해결능력'과 '수리능력'이다.
ㄴ. 산업분야별 직무역량 중요도의 최댓값과 최솟값 차이가 가장 큰 것은 '미디어'이다.
ㄷ. 각 산업분야에서 중요도가 가장 낮은 직무역량은 '조직이해능력'이다.
ㄹ. 4개 산업분야 직무역량 중요도의 평균값이 가장 높은 직무역량은 '문제해결능력'이다.

① ㄱ, ㄴ
② ㄱ, ㄷ
③ ㄷ, ㄹ
④ ㄱ, ㄴ, ㄹ
⑤ ㄴ, ㄷ, ㄹ

문 2. 다음 〈표〉는 서울시 10개구의 대기 중 오염물질 농도 및 오염물질별 대기환경지수 계산식에 관한 것이다. 이에 대한 〈보기〉의 설명 중 옳은 것만을 모두 고르면?

〈표 1〉 대기 중 오염물질 농도

지역＼오염물질	미세먼지 ($\mu g/m^3$)	초미세먼지 ($\mu g/m^3$)	이산화질소 (ppm)
종로구	46	36	0.018
중구	44	31	0.019
용산구	49	35	0.034
성동구	67	23	0.029
광진구	46	10	0.051
동대문구	57	25	0.037
중랑구	48	22	0.041
성북구	56	21	0.037
강북구	44	23	0.042
도봉구	53	14	0.022
평균	51	24	0.033

〈표 2〉 오염물질별 대기환경지수 계산식

오염물질＼계산식	조건	계산식
미세먼지 ($\mu g/m^3$)	농도가 51 이하일 때	0.9×농도
	농도가 51 초과일 때	1.0×농도
초미세먼지 ($\mu g/m^3$)	농도가 25 이하일 때	2.0×농도
	농도가 25 초과일 때	1.5×(농도−25)+51
이산화질소 (ppm)	농도가 0.04 이하일 때	1,200×농도
	농도가 0.04 초과일 때	800×(농도−0.04)+51

※ 통합대기환경지수는 오염물질별 대기환경지수 중 최댓값임

― 〈보 기〉 ―

ㄱ. 용산구의 통합대기환경지수는 성동구의 통합대기환경지수보다 작다.
ㄴ. 강북구의 미세먼지 농도와 초미세먼지 농도는 각각의 평균보다 낮고, 이산화질소 농도는 평균보다 높다.
ㄷ. 중랑구의 통합대기환경지수는 미세먼지의 대기환경지수와 같다.
ㄹ. 세 가지 오염물질 농도가 각각의 평균보다 모두 높은 구는 2개 이상이다.

① ㄱ, ㄴ
② ㄱ, ㄷ
③ ㄷ, ㄹ
④ ㄱ, ㄴ, ㄹ
⑤ ㄴ, ㄷ, ㄹ

문 3. 다음 〈표〉는 '갑'국 A공무원의 보수 지급 명세서이다. 이에 대한 설명으로 옳지 <u>않은</u> 것은?

〈표〉 보수 지급 명세서

(단위 : 원)

실수령액 : (　　　)			
보수		공제	
보수항목	보수액	공제항목	공제액
봉급	2,530,000	소득세	160,000
중요직무급	150,000	지방소득세	16,000
시간외수당	510,000	일반기여금	284,000
정액급식비	130,000	건강보험료	103,000
직급보조비	250,000	장기요양보험료	7,000
보수총액	(　　)	공제총액	(　　)

※ 실수령액＝보수총액－공제총액

① '봉급'이 '보수총액'에서 차지하는 비중은 70% 이상이다.
② '일반기여금'이 15% 증가하면 '공제총액'은 60만 원 이상이 된다.
③ '실수령액'은 '봉급'의 1.3배 이상이다.
④ '건강보험료'는 '장기요양보험료'의 15배 이하이다.
⑤ '공제총액'에서 '일반기여금'이 차지하는 비중은 '보수 총액'에서 '직급보조비'가 차지하는 비중의 6배 이상이다.

문 4. 다음 〈표〉는 A국의 2008년과 2012년 의원 유형별, 정당별 전체 의원 및 여성 의원에 관한 자료이다. 이에 대한 〈보기〉의 설명 중 옳은 것만을 모두 고르면?

〈표 1〉 2008년 의원 유형별, 정당별 전체 의원 및 여성 의원

(단위 : 명)

의원 유형	구분	가	나	다	라	기타	전체
비례대표 의원	전체 의원 수	44	38	16	20	70	188
	여성 의원 수	21	18	6	10	25	80
지역구 의원	전체 의원 수	230	209	50	51	362	902
	여성 의원 수	16	21	2	7	17	63

〈표 2〉 2012년 의원 유형별, 정당별 전체 의원 및 여성 의원

(단위 : 명, %)

의원 유형	구분	가	나	다	라	기타	전체
비례대표 의원	전체 의원 수	34	42	18	17	74	185
	여성 의원 비율	41.2	54.8	27.8	35.3	40.5	42.2
지역구 의원	전체 의원 수	222	242	60	58	344	926
	여성 의원 비율	7.2	12.4	10.0	13.8	4.1	8.0

※ 1) 의원 유형은 비례대표의원과 지역구의원으로만 구성됨
　2) 비율은 소수점 둘째 자리에서 반올림한 값임

───────── 〈보 기〉 ─────────

ㄱ. 2012년 A국 전체 의원 중 여성 의원의 비율은 15% 이하이다.
ㄴ. 2008년 정당별 지역구의원 중 여성 의원 비율은 '기타'를 제외하고 '라' 정당이 가장 높다.
ㄷ. 2008년 대비 2012년의 '가' 정당 여성 의원 비율은 비례대표의원 유형과 지역구의원 유형에서 모두 감소하였다.
ㄹ. 2008년 대비 2012년에 여성 지역구의원 수는 '가'~'라' 정당에서 모두 증가하였다.

① ㄱ, ㄴ
② ㄱ, ㄷ
③ ㄴ, ㄷ
④ ㄴ, ㄹ
⑤ ㄱ, ㄴ, ㄹ

문 5. 다음 〈표〉는 2020년 '갑'시의 오염물질 배출원별 배출량에 대한 자료이다. 이에 대한 〈보기〉의 설명 중 옳은 것만을 모두 고르면?

〈표〉 2020년 오염물질 배출원별 배출량 현황

(단위 : 톤, %)

오염물질 구분 배출원	PM10		PM2.5		CO		NOx		SOx		VOC	
	배출량	배출비중	배출량	배출비중	배출량	배출비중	배출량	배출비중	배출량	배출비중	배출량	배출비중
선박	1,925	61.5	1,771	64.0	2,126	5.8	24,994	45.9	17,923	61.6	689	1.6
화물차	330	10.6	304	11.0	2,828	7.7	7,427	13.6	3	0.0	645	1.5
건설장비	253	8.1	233	8.4	2,278	6.2	4,915	9.0	2	0.0	649	1.5
비산업	163	5.2	104	3.8	2,501	6.8	6,047	11.1	8,984	30.9	200	0.5
RV	134	4.3	123	4.5	1,694	4.6	1,292	2.4	1	0.0	138	0.3
계	2,805	( )	2,535	( )	11,427	( )	44,675	( )	26,913	( )	2,321	( )

※ 1) PM10 기준 배출량 상위 5개 오염물질 배출원을 선정하고, 6개 오염물질 배출량을 조사함

2) 배출비중(%) = $\dfrac{\text{해당 배출원의 배출량}}{\text{전체 배출원의 배출량}} \times 100$

─── 〈보 기〉 ───

ㄱ. 오염물질 CO, NOx, SOx, VOC 배출량 합은 '화물차'가 '건설장비'보다 많다.

ㄴ. PM2.5 기준 배출량 상위 5개 배출원의 PM2.5 배출비중 합은 90% 이상이다.

ㄷ. NOx의 전체 배출원 중에서 '건설장비'는 네 번째로 큰 배출비중을 차지한다.

ㄹ. PM10의 전체 배출량은 VOC의 전체 배출량보다 많다.

① ㄱ, ㄴ

② ㄱ, ㄷ

③ ㄴ, ㄹ

④ ㄱ, ㄴ, ㄷ

⑤ ㄴ, ㄷ, ㄹ

문 6. 다음 〈표〉는 A~C 차량의 연료 및 경제속도 연비, 연료별 리터당 가격에 관한 자료이다. 〈조건〉을 적용하였을 때, A~C 차량 중 두 번째로 높은 연료비가 소요되는 차량과 해당 차량의 연료비를 바르게 나열한 것은?

〈표 1〉 A~C 차량의 연료 및 경제속도 연비

(단위 : km/L)

차량 \ 구분	연료	경제속도 연비
A	LPG	10
B	휘발유	16
C	경유	20

※ 차량 경제속도는 60km/h 이상 90km/h 미만임

〈표 2〉 연료별 리터당 가격

(단위 : 원/L)

연료	LPG	휘발유	경유
리터당 가격	1,000	2,000	1,600

─── 〈조 건〉 ───

• A~C 차량은 모두 아래와 같이 각 구간을 한 번씩 주행하고, 각 구간별 주행속도 범위 내에서만 주행한다.

구간	1구간	2구간	3구간
주행거리(km)	100	40	60
주행속도 (km/h)	30 이상 60 미만	60 이상 90 미만	90 이상 120 미만

• A~C 차량의 주행속도별 연비적용률은 다음과 같다.

차량	주행속도(km/h)	연비적용률(%)
A	30 이상 60 미만	50.0
	60 이상 90 미만	100.0
	90 이상 120 미만	80.0
B	30 이상 60 미만	62.5
	60 이상 90 미만	100.0
	90 이상 120 미만	75.0
C	30 이상 60 미만	50.0
	60 이상 90 미만	100.0
	90 이상 120 미만	75.0

※ 연비적용률이란 경제속도 연비 대비 주행속도 연비를 백분율로 나타낸 것임

	차량	연료비
①	A	27,500원
②	A	31,500원
③	B	24,500원
④	B	35,000원
⑤	C	25,600원

문 7. 다음 〈표〉는 2006~2012년 '갑'국의 문화재 국외반출 허가 및 전시 현황에 관한 자료이다. 이에 대한 설명으로 옳은 것은?

〈표〉 문화재 국외반출 허가 및 전시 현황

(단위 : 건, 개)

연도	전시건수		국외반출 허가 문화재 수량		
	국가별 전시건수 (국가 : 건수)	계	지정문화재 (문화재 종류 : 개수)	비지정 문화재	계
2006	일본 : 6, 중국 : 1, 영국 : 1, 프랑스 : 1, 호주 : 1	10	국보 : 3, 보물 : 4, 시도지정 문화재 : 1	796	804
2007	일본 : 10, 미국 : 5, 그리스 : 1, 체코 : 1, 중국 : 1	18	국보 : 18, 보물 : 3, 시도지정 문화재 : 1	902	924
2008	일본 : 5, 미국 : 3, 벨기에 : 1, 영국 : 1	10	국보 : 5, 보물 : 10	315	330
2009	일본 : 9, 미국 : 8, 중국 : 3, 이탈리아 : 3, 프랑스 : 2, 영국 : 2, 독 일 : 2, 포르투갈 : 1, 네 덜란드 : 1, 체코 : 1, 러시 아 : 1	33	국보 : 2, 보물 : 13	1,399	1,414
2010	일본 : 9, 미국 : 5, 영국 : 2, 러시아 : 2, 중 국 : 1, 벨기에 : 1, 이탈리아 : 1, 프랑스 : 1, 스페인 : 1, 브라질 : 1	24	국보 : 3, 보물 : 11	1,311	1,325
2011	미국 : 3, 일본 : 2, 호주 : 2, 중국 : 1, 타이완 : 1	9	국보 : 4, 보물 : 12	733	749
2012	미국 : 6, 중국 : 5, 일본 : 5, 영국 : 2, 브라질 : 1, 독일 : 1, 러시아 : 1	21	국보 : 4, 보물 : 9	1,430	1,443

※ 1) 지정문화재는 국보, 보물, 시도지정문화재만으로 구성됨
2) 동일년도에 두 번 이상 전시된 국외반출 허가 문화재는 없음

① 연도별 국외반출 허가 문화재 수량 중 지정문화재 수량의 비중이 가장 큰 해는 2011년이다.
② 2007년 이후, 연도별 전시건수 중 미국 전시건수 비중이 가장 작은 해에는 프랑스에서도 전시가 있었다.
③ 국가별 전시건수의 합이 10건 이상인 국가는 일본, 미국, 영국이다.
④ 보물인 국외반출 허가 지정문화재의 수량이 가장 많은 해는 전시 건당 국외반출 허가 문화재 수량이 가장 많은 해와 동일하다.
⑤ 2009년 이후, 연도별 전시건수가 많을수록 국외반출 허가 문화재 수량도 많다.

문 8. 다음 〈표〉와 〈그림〉은 2017년 지역별 정보탐색에 관한 자료이다. 이에 대한 설명으로 옳은 것은?

〈표〉 지역별 인구 수 및 정보탐색 시도율과 정보탐색 성공률

(단위 : 명, %)

구분 지역	인구 수		정보탐색 시도율		정보탐색 성공률	
	남	여	남	여	남	여
A	5,800	4,200	35.0	39.0	90.1	91.6
B	1,000	800	28.0	30.0	92.9	95.8
C	2,500	3,000	15.0	25.0	88.0	92.0
D	4,000	3,500	37.0	40.0	91.2	92.9
E	4,800	3,200	42.0	45.0	87.3	84.7
F	6,000	6,500	20.0	33.0	81.7	93.2
G	1,200	900	35.0	28.0	95.2	95.2
H	1,400	1,600	16.0	13.0	89.3	91.3

※ 1) 정보탐색 시도율(%) = $\frac{\text{정보탐색 시도자 수}}{\text{인구 수}} \times 100$

2) 정보탐색 성공률(%) = $\frac{\text{정보탐색 성공자 수}}{\text{정보탐색 시도자 수}} \times 100$

〈그림〉 지역별 정보탐색 시도율과 정보탐색 성공률 분포

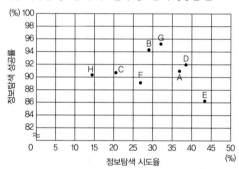

① 인구 수 대비 정보탐색 성공자 수의 비율은 B 지역이 D 지역보다 높다.
② 인구 수 대비 정보탐색 성공자 수의 비율이 가장 낮은 지역은 H 지역이다.
③ 정보탐색 시도율이 높은 지역일수록 정보탐색 성공률도 높다.
④ 인구 수가 가장 작은 지역과 남성 정보탐색 성공자 수가 가장 작은 지역은 동일하다.
⑤ D 지역의 여성 정보탐색 성공자 수는 C 지역의 여성 정보탐색 성공자 수의 2배 이상이다.

문 9.　다음 〈표〉와 〈그림〉은 2015년 A~D국의 산업별 기업수와 국내총생산(GDP)에 대한 자료이다. 이와 〈조건〉에 근거하여 A~D에 해당하는 국가를 바르게 나열한 것은?

〈표〉 A~D국의 산업별 기업수

(단위 : 개)

산업 국가	전체	제조업	서비스업	기타
A	3,094,595	235,093	2,283,769	575,733
B	3,668,152	396,422	2,742,627	529,103
C	2,975,674	397,171	2,450,288	128,215
D	3,254,196	489,530	2,747,603	17,063

〈그림〉 A~D국의 전체 기업수와 GDP

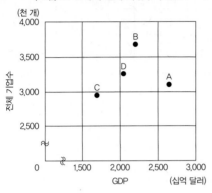

〈조 건〉

• '갑'~'정'국 중 전체 기업수 대비 서비스업 기업수의 비중이 가장 큰 국가는 '갑'국이다.
• '정'국은 '을'국보다 제조업 기업수가 많다.
• '을'국은 '병'국보다 전체 기업수는 많지만 GDP는 낮다.

	A	B	C	D
①	갑	정	을	병
②	을	병	정	갑
③	병	을	갑	정
④	병	을	정	갑
⑤	정	을	병	갑

문 10.　다음 〈표〉는 S시 공공기관 의자 설치 사업에 참여한 '갑'~'무'기업의 소요비용에 대한 자료이다. 이에 대한 〈보기〉의 설명 중 옳은 것만을 모두 고르면?

〈표〉 기업별 의자 설치 소요비용 산출근거

기 업	의자 제작 비용 (천 원/개)	배송거리 (km)	배송차량당 배송비용 (천 원/km)		배송차량의 최대 배송량 (개/대)
			배송업체 A	배송업체 B	
갑	300	120	1.0	1.2	30
을	250	110	1.1	0.9	50
병	320	130	0.7	0.9	70
정	400	80	0.8	1.0	40
무	270	150	0.5	0.3	25

※ 1) 소요비용＝제작비용＋배송비용
　 2) '갑'~'무' 기업은 배송에 필요한 최소대수의 배송차량을 사용함

〈보 기〉

ㄱ. 배송업체 A를 이용하여 의자 500개를 설치할 때, 소요비용이 가장 적은 기업은 '을'이다.
ㄴ. 배송업체 A를 이용하여 의자 300개를 설치할 때, 소요비용이 1억 원 미만인 기업이 있다.
ㄷ. 배송업체 B를 이용하여 의자 300개를 설치할 때, 소요비용이 가장 적은 기업은 '무'이다.
ㄹ. 배송업체 B를 이용하여 의자 590개를 설치할 때, 소요비용이 1억 5천만 원 미만인 기업이 있다.

① ㄱ, ㄴ
② ㄱ, ㄹ
③ ㄴ, ㄷ
④ ㄱ, ㄴ, ㄹ
⑤ ㄴ, ㄷ, ㄹ

문 11. 다음 〈조건〉, 〈그림〉과 〈표〉는 2015~2019년 '갑'지역의 작물재배와 생산, 판매가격에 대한 자료이다. 이에 대한 설명으로 옳지 <u>않은</u> 것은?

〈조 건〉

• '갑'지역의 전체 농민은 '가', '나', '다' 3명뿐이다.
• 각 농민은 1,000m2 규모의 경작지 2곳만을 가지고 있다.
• 한 경작지에는 한 해에 하나의 작물만 재배한다.
• 각 작물의 '경작지당 연간 최대 생산량'은 A는 100kg, B는 200kg, C는 100kg, D는 200kg, E는 50kg이다.
• 생산된 작물은 해당 연도에 모두 판매된다.
• 각 작물의 판매가격은 해당 연도의 '갑'지역 작물별 연간 총생산량에 따라 결정된다.

〈그림〉A~E작물별 '갑'지역 연간 총생산량에 따른 판매가격

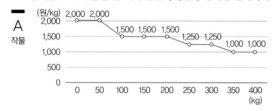

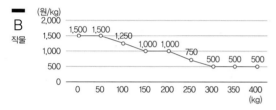

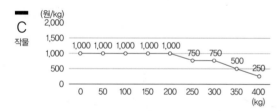

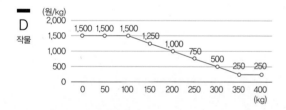

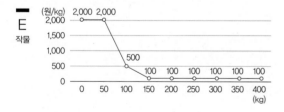

〈표〉 2015~2019년 경작지별 재배작물 종류 및 생산량

(단위 : kg)

농민	연도 구분 경작지	2015 작물	2015 생산량	2016 작물	2016 생산량	2017 작물	2017 생산량	2018 작물	2018 생산량	2019 작물	2019 생산량
가	경작지 1	A	100	A	50	A	25	B	100	A	100
가	경작지 2	A	100	B	100	D	200	B	100	B	50
나	경작지 3	B	100	B	50	C	100	C	50	D	200
나	경작지 4	C	100	A	100	D	200	E	50	E	50
다	경작지 5	D	200	D	200	C	50	D	200	D	200
다	경작지 6	E	50	E	50	E	50	E	50	E	50

① 동일 경작지에서 동일 작물을 다년간 연속 재배하였을 때, 전년 대비 생산량 감소를 보인 작물은 A, B, C이다.
② 2016년 농민 '가'의 작물 총판매액은 225,000원이다.
③ E작물은 동일 경작지에서 다년간 연속 재배해도 생산량이 감소하지 않았다.
④ 동일 경작지에서 A작물을 3개년 연속 재배하고 B작물을 재배한 후 다시 A작물을 재배한 해에는 A작물이 '경작지당 연간 최대 생산량'만큼 생산되었다.
⑤ 2016년과 2019년의 작물 판매가격 차이는 D작물이 E 작물보다 작다.

문 12. 다음 〈그림〉과 〈표〉는 '갑'국 맥주 소비량 및 매출액 현황에 관한 자료이다. 이에 대한 〈보고서〉의 설명 중 옳지 <u>않은</u> 것은?

〈그림〉 2010~2018년 국산맥주 소비량 및 수입맥주 소비량

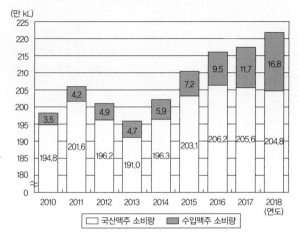

※ 맥주 소비량(만 kL)=국산맥주 소비량+수입맥주 소비량

〈표〉 '갑'국 전체 맥주 매출액 대비 브랜드별 맥주 매출액 비중 순위

(단위 : %)

순위	2017년			2018년		
	브랜드명	비중	비고	브랜드명	비중	비고
1	파아스	37.4	국산	파아스	32.3	국산
2	하이프	15.6	국산	하이프	15.4	국산
3	드로이C	7.1	국산	클라우스	8.0	국산
4	막스	6.6	국산	막스	4.7	국산
5	프라이	6.5	국산	프라이	4.3	국산
6	아사리	3.3	수입	드로이C	4.1	국산
7	하이네펜	3.2	수입	R맥주	4.0	수입
8	R맥주	3.0	수입	아사리	3.8	수입
9	호가튼	2.0	수입	하이네펜	3.4	수입
10	갓포로	1.3	수입	파울러나	1.9	수입

─── 〈보고서〉 ───

⊙ '갑'국 맥주 소비량은 2014년 이후 매년 꾸준하게 증가되어, 2013년 총 195만 7천 kL였던 맥주 소비량이 2018년에는 221만 6천 kL에 이르렀다. 이는 수입맥주 소비량의 증가가 주요 원인 중 한 가지로 파악된다. ⓛ 2010년 '갑'국 맥주 소비량 중 2% 미만이었던 수입맥주 소비량 비중이 2018년에는 7% 이상이 되었다. ⓒ 2014~2018년 '갑'국 수입맥주 소비량의 전년대비 증가율 역시 매년 커지고 있다.

2017년과 2018년 브랜드별 '갑'국 맥주시장 매출액 비중순위를 살펴보면 국산맥주 브랜드가 1~5위를 차지하여 매출액 비중 순위에서 강세를 나타냈다. 그럼에도 불구하고 ⓔ 맥주 매출액 상위 10개 브랜드 중 수입맥주 브랜드가 '갑'국 전체 맥주 매출액에서 차지하는 비중은 2017년보다 2018년에 커졌다. 그리고 ⓜ '갑'국 전체 맥주 매출액에서 상위 5개 브랜드가 차지하는 비중은 2017년에 비해 2018년에 작아졌다.

① ㄱ

② ㄴ

③ ㄷ

④ ㄹ

⑤ ㅁ

문 13. 다음 〈표〉는 18세기 조선의 직업별 연봉 및 품목별 가격에 관한 자료이다. 이에 대한 설명으로 옳지 <u>않은</u> 것은?

〈표 1〉 18세기 조선의 직업별 연봉

구분		곡물(섬)		면포(필)	현재 원화 가치(원)
		쌀	콩		
관료	정1품	25	3	–	5,854,400
	정5품	17	1	–	3,684,800
	종9품	7	1	–	1,684,800
궁녀	상궁	11	1	–	( )
	나인	5	1	–	1,284,800
군인	기병	7	2	9	( )
	보병	3	–	9	1,500,000

〈표 2〉 18세기 조선의 품목별 가격

품목	곡물(1섬)		면포 (1필)	소고기 (1근)	집(1칸)	
	쌀	콩			기와집	초가집
가격	5냥	7냥 1전 2푼	2냥 5전	7전	21냥 6전 5푼	9냥 5전 5푼

※ 1냥=10전=100푼

① 18세기 조선의 1푼의 가치는 현재 원화가치로 환산할 경우 400원과 같다.

② '기병' 연봉은 '종9품' 연봉보다 많고 '정5품' 연봉보다 적다.

③ '정1품' 관료의 12년치 연봉은 100칸의 기와집 가격보다 적다.

④ '상궁' 연봉은 '보병' 연봉의 2배 이상이다.

⑤ '나인'의 1년치 연봉으로 살 수 있는 소고기는 40근 이상이다.

문 14. 다음 〈표〉는 '갑'국의 국가기술자격 등급별 시험 시행 결과이다. 이에 대한 〈보기〉의 설명 중 옳은 것을 고르면?

〈표〉 국가기술자격 등급별 시험 시행 결과

(단위 : 명, %)

구분 등급	필기			실기		
	응시자	합격자	합격률	응시자	합격자	합격률
기술사	19,327	2,056	10.6	3,173	1,919	60.5
기능장	21,651	9,903	( )	16,390	4,862	29.7
기사	345,833	135,170	39.1	210,000	89,380	42.6
산업기사	210,814	78,209	37.1	101,949	49,993	( )
기능사	916,224	423,269	46.2	752,202	380,198	50.5
전체	1,513,849	648,607	42.8	1,083,714	526,352	48.6

※ 합격률(%)=$\frac{합격자}{응시자}$×100

── 〈보 기〉 ──

ㄱ. '기능장'과 '기사' 필기 합격률은 각각의 실기 합격률보다 낮다.

ㄴ. 필기 응시자가 가장 많은 등급은 필기 합격률도 가장 높다.

ㄷ. 실기 합격률이 필기 합격률보다 높은 등급은 3개이다.

ㄹ. 필기 응시자가 많은 등급일수록 실기 응시자도 많다.

① ㄱ, ㄴ   ② ㄱ, ㄹ

③ ㄴ, ㄷ   ④ ㄴ, ㄹ

⑤ ㄷ, ㄹ

문 15. 다음 〈표〉는 6개 지목으로 구성된 A지구의 토지수용 보상비 산출을 위한 자료이다. 이에 대한 〈보기〉의 설명 중 옳은 것만을 모두 고르면?

〈표〉 지목별 토지수용 면적, 면적당 지가 및 보상 배율

(단위 : m², 만 원/m²)

지목	면적	면적당 지가	보상 배율	
			감정가 기준	실거래가 기준
전	50	150	1.8	3.2
답	50	100	1.8	3.0
대지	100	200	1.6	4.8
임야	100	50	2.5	6.1
공장	100	150	1.6	4.8
창고	50	100	1.6	4.8

※ 1) 총보상비는 모든 지목별 보상비의 합임
   2) 보상비=용지 구입비+지장물 보상비
   3) 용지 구입비=면적×면적당 지가×보상 배율
   4) 지장물 보상비는 해당 지목 용지 구입비의 20%임

── 〈보 기〉 ──

ㄱ. 모든 지목의 보상 배율을 감정가 기준에서 실거래가 기준으로 변경하는 경우, 총보상비는 변경 전의 2배 이상이다.

ㄴ. 보상 배율을 감정가 기준에서 실거래가 기준으로 변경하는 경우, 보상비가 가장 많이 증가하는 지목은 '대지'이다.

ㄷ. 보상 배율이 실거래가 기준인 경우, 지목별 보상비에서 용지 구입비가 차지하는 비율은 '임야'가 '창고'보다 크다.

ㄹ. '공장'의 감정가 기준 보상비와 '전'의 실거래가 기준 보상비는 같다.

① ㄱ, ㄷ

② ㄱ, ㄹ

③ ㄴ, ㄷ

④ ㄴ, ㄹ

⑤ ㄱ, ㄴ, ㄹ

문 16. 다음 〈표〉는 1908년 대한제국의 내각 직원 수에 관한 자료이다. 〈조건〉의 설명에 근거하여 〈보기〉의 내용 중 옳은 것만을 모두 고르면?

〈표〉 1908년 대한제국의 내각 직원 수

(단위 : 명)

구분			직원 수
경비국			(A)
본청	대신관방	문서과	7
		비서과	3
		회계과	4
		소계	14
	법제국	총무과	1
		관보과	3
		기록과	(B)
		법제과	5
		소계	( )
	외사국	총무과	(C)
		번역과	3
		외사과	3
		소계	7
법전 조사국		경비과	(D)
		서무과	(E)
		회계과	5
		조사과	12
		소계	( )
표훈원		경비과	1
		제장과	6
		서무과	4
		소계	( )
문관전고소			9
전체			99

※ 내각은 본청, 법전조사국, 표훈원, 문관전고소만으로 구성되어 있음

─〈조 건〉─
- 본청 경비국 직원 수(A)는 법전조사국 서무과 직원 수(E)의 1.5배이다.
- 법전조사국 경비과 직원 수(D)는 본청 경비국 직원 수(A)에 본청 법제국 기록과 직원 수(B)를 합한 것과 같다.
- 법전조사국 경비과 직원 수(D)는 본청 법제국 기록과 직원 수(B)의 3배와 본청 외사국 총무과 직원 수(C)를 합한 것과 같다.
- 법전조사국 서무과 직원 수(E)는 본청 외사국 총무과 직원 수(C)의 2배와 본청 법제국 기록과 직원 수(B)를 합한 것과 같다.

─〈보 기〉─
ㄱ. 표훈원 직원 수는 내각 전체 직원 수의 $\frac{1}{9}$이다.

ㄴ. 법전조사국 서무과 직원 수와 표훈원 서무과 직원 수의 합은 법전조사국 조사과 직원 수보다 크다.

ㄷ. 법전조사국 직원 수는 내각 전체 직원 수의 30% 미만이다.

ㄹ. A+B+C+D의 값은 27이다.

① ㄱ, ㄴ 　　　② ㄱ, ㄷ
③ ㄱ, ㄹ 　　　④ ㄴ, ㄷ
⑤ ㄴ, ㄹ

문 17. 다음 〈표〉는 소프트웨어 A~E의 제공 기능 및 가격과 사용자별 필요 기능 및 보유 소프트웨어에 관한 자료이다. 이에 대한 〈보기〉의 설명 중 옳은 것만을 모두 고르면?

〈표 1〉 소프트웨어별 제공 기능 및 가격

(단위 : 원)

구분 소프트웨어	기능										가격
	1	2	3	4	5	6	7	8	9	10	
A	○		○		○		○	○		○	79,000
B		○	○		○				○	○	62,000
C	○	○					○				58,000
D						○	○		○		54,000
E	○		○		○	○	○	○			68,000

※ 1) ○ : 소프트웨어가 해당 번호의 기능을 제공함을 뜻함
　2) 각 기능의 가격은 해당 기능을 제공하는 모든 소프트웨어에서 동일하며, 소프트웨어의 가격은 제공 기능 가격의 합임

〈표 2〉 사용자별 필요 기능 및 보유 소프트웨어

구분 사용자	기능										보유 소프트웨어
	1	2	3	4	5	6	7	8	9	10	
갑			○		○		○	○			A
을		○	○		○				○	○	B
병	○		○					○			( )

※ 1) ○ : 사용자가 해당 번호의 기능이 필요함을 뜻함
　2) 각 사용자는 소프트웨어 A~E 중 필요 기능을 모두 제공하는 1개의 소프트웨어를 보유함
　3) 각 소프트웨어는 여러 명의 사용자가 동시에 보유할 수 있음

─〈보 기〉─
ㄱ. '갑'의 필요 기능을 모두 제공하는 소프트웨어 중 가격이 가장 낮은 것은 E이다.

ㄴ. 기능 1, 5, 8의 가격 합과 기능 10의 가격 차이는 3,000원 이상이다.

ㄷ. '을'의 보유 소프트웨어와 '병'의 보유 소프트웨어로 기능1~10을 모두 제공하려면, '병'이 보유할 수 있는 소프트웨어는 E뿐이다.

① ㄱ
② ㄱ, ㄴ
③ ㄱ, ㄷ
④ ㄴ, ㄷ
⑤ ㄱ, ㄴ, ㄷ

문 18. 다음 〈표〉는 '갑', '을' 기업의 부가가치세 결의서이다. 이에 대한 설명으로 옳지 <u>않은</u> 것은?

〈표 1〉 '갑' 기업의 부가가치세 결의서

(단위 : 천 원)

구분 \ 연도	2014	2015	전년대비 증가액
과세표준	150,000	( )	20,000
매출세액(a)	15,000	( )	2,000
매입세액(b)	7,000	( )	0
납부예정세액(c) (=a−b)	8,000	( )	( )
경감·공제 세액(d)	0	( )	0
기납부세액(e)	1,500	( )	2,000
확정세액 (=c−d−e)	6,500	( )	( )

〈표 2〉 '을' 기업의 부가가치세 결의서

(단위 : 천 원)

구분 \ 연도	2014	2015	전년대비 증가액
과세표준	190,000	130,000	−60,000
매출세액(a)	19,000	13,000	−6,000
매입세액(b)	14,000	16,000	2,000
납부예정세액(c) (=a−b)	5,000	( )	−8,000
경감·공제 세액(d)	4,000	0	−4,000
기납부세액(e)	0	0	0
확정세액 (=c−d−e)	1,000	( )	−4,000

※ 1) 확정세액이 음수이면 환급 받고, 양수이면 납부함
   2) 매출세액=과세표준×매출세율

① 2014년과 2015년 매출세율은 10%이다.

② '갑' 기업의 확정세액은 2014년에 비해 2015년에 증가하였다.

③ 2015년 '을' 기업은 300만 원을 환급 받는다.

④ '갑' 기업의 납부예정세액은 2014년에 비해 2015년에 20% 이상 증가하였다.

⑤ 2015년 매출세율이 15%라면, 2015년 '갑' 기업의 확정세액은 '을' 기업의 4배 이상이다.

문 19. 다음 〈표〉는 2020년 A지역의 가구주 연령대별 및 종사상지위별 가구 구성비와 가구당 자산 보유액 현황에 관한 자료이다. 이를 이용하여 작성한 〈보기〉의 그래프 중 옳은 것만을 모두 고르면?

〈표〉 가구 구성비 및 가구당 자산 보유액

(단위 : %, 만 원)

구분	자산 유형 \ 가구 구성비	전체	금융 자산	실물자산 부동산	실물자산 거주 주택	기타
	가구 전체	100.0	43,191	10,570	30,379	17,933	2,242
가구주 연령대	30세 미만	2.0	10,994	6,631	3,692	2,522	671
	30~39세	12.5	32,638	10,707	19,897	13,558	2,034
	40~49세	22.6	46,967	12,973	31,264	19,540	2,730
	50~59세	25.2	49,346	12,643	33,798	19,354	2,905
	60세 이상	37.7	42,025	7,912	32,454	18,288	1,659
가구주 종사상 지위	상용근로자	42.7	48,531	13,870	32,981	20,933	1,680
	임시· 일용근로자	12.4	19,498	4,987	13,848	9,649	663
	자영업자	22.8	54,869	10,676	38,361	18,599	5,832
	기타(무직 등)	22.1	34,179	7,229	26,432	16,112	518

─────────〈보 기〉─────────

ㄱ. 가구주 연령대별 부동산 자산 중 거주주택 자산 비중

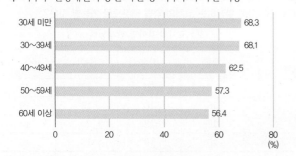

ㄴ. 상용근로자와 자영업자의 자산 유형별 자산 보유액 구성비 비교

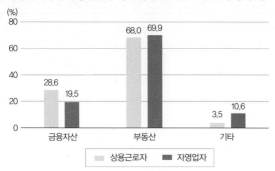

ㄷ. 전체 자산의 가구주 연령대별 구성비

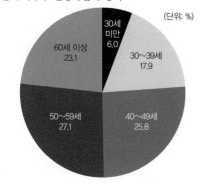

ㄹ. 가구주 종사상지위별 가구당 실물자산 규모

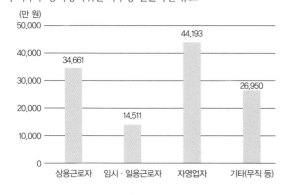

① ㄱ, ㄹ
② ㄴ, ㄷ
③ ㄴ, ㄹ
④ ㄷ, ㄹ
⑤ ㄱ, ㄴ, ㄹ

문 20. 다음 〈표〉는 '갑'지역 조사 대상지에 대한 A, B 두 기관의 토지피복 분류 결과를 상호비교한 것이다. 이에 대한 설명으로 옳은 것은?

〈표〉 토지피복 분류 결과

(단위 : 개소)

대분류		농업지역		산림지역			수체지역	소계
	세부분류	논	밭	침엽수림	활엽수림	혼합림	하천	
농업지역	논	840	25	30	55	45	35	1,030
	밭	50	315	20	30	30	15	460
산림지역	침엽수림	85	50	5,230	370	750	20	6,505
	활엽수림	70	25	125	3,680	250	25	4,175
	혼합림	40	30	120	420	4,160	20	4,790
수체지역	하천	10	15	0	15	20	281	341
소계		1,095	460	5,525	4,570	5,255	396	17,301

(위 표의 좌측 세로 머리글: B기관 / A기관)

① A기관이 밭으로 분류한 대상지 중 B기관이 혼합림으로 분류한 대상의 비율은, B기관이 밭으로 분류한 대상지 중 A기관이 혼합림으로 분류한 대상의 비율과 같다.

② B기관이 침엽수림으로 분류한 대상지 중 10% 이상을 A기관은 다른 세부분류로 분류하였다.

③ B기관이 논으로 분류한 대상지 중 A기관도 논으로 분류한 대상지의 비율은, A기관이 논으로 분류한 대상지 중 B기관도 논으로 분류한 대상지의 비율과 같다.

④ 두 기관 모두 산림지역으로 분류한 대상지 중 두 기관 모두 활엽수림으로 분류한 대상지가 차지하는 비율은 30% 이상이다.

⑤ 두 기관 모두 농업지역으로 분류한 대상지 중 두 기관이 서로 다른 세부분류로 분류한 대상지가 차지하는 비율은, A 또는 B기관이 하천으로 분류한 대상지 중 두 기관 모두 하천으로 분류한 대상지의 비율보다 크다.

문 21. 다음 〈표〉는 K국 '갑'~'무' 공무원의 국외 출장 현황과 출장 국가별 여비 기준을 나타낸 자료이다. 〈표〉와 〈조건〉을 근거로 출장 여비를 지급받을 때, 출장 여비를 가장 많이 지급받는 출장자부터 순서대로 바르게 나열한 것은?

〈표 1〉 K국 '갑'~'무' 공무원 국외 출장 현황

출장자	출장국가	출장기간	숙박비지급 유형	1박 실지출비용($/박)	출장 시 개인마일리지사용 여부
갑	A	3박 4일	실비지급	145	미사용
을	A	3박 4일	정액지급	130	사용
병	B	3박 5일	실비지급	110	사용
정	C	4박 6일	정액지급	75	미사용
무	D	5박 6일	실비지급	75	사용

※ 각 출장자의 출장 기간 중 매박 실지출 비용은 변동 없음

〈표 2〉 출장 국가별 1인당 여비 지급 기준액

구분 출장국가	1일 숙박비 상한액($/박)	1일 식비($/일)
A	170	72
B	140	60
C	100	45
D	85	35

〈조 건〉

- 출장 여비($)=숙박비+식비
- 숙박비는 숙박 실지출 비용을 지급하는 실비지급 유형과 출장국가 숙박비 상한액의 80%를 지급하는 정액지급 유형으로 구분
  - 실비지급숙박비($)=(1박 실지출 비용)×('박' 수)
  - 정액지급 숙박비($)
    =(출장국가 1일 숙박비 상한액)×('박' 수)×0.8
- 식비는 출장 시 개인 마일리지 사용 여부에 따라 출장 중 식비의 20% 추가지급
  - 개인 마일리지 미사용 시 지급 식비($)
    =(출장국가 1일 식비)×('일' 수)
  - 개인 마일리지 사용 시 지급 식비($)
    =(출장국가 1일 식비)×('일' 수)×1.2

① 갑, 을, 병, 정, 무
② 갑, 을, 병, 무, 정
③ 을, 갑, 정, 병, 무
④ 을, 갑, 병, 무, 정
⑤ 을, 갑, 무, 병, 정

문 22. 다음 〈표〉는 '갑'국 축구 국가대표팀 코치(A~F)의 분야별 잠재능력을 수치화한 것이다. 각 코치가 맡은 모든 분야를 체크(✓)로 표시할 때, 〈표〉와 〈조건〉에 부합하는 코치의 역할 배분으로 가능한 것은?

〈표〉 코치의 분야별 잠재능력

분야 코치	체력	전술	수비	공격
A	18	20	18	15
B	18	16	15	20
C	16	18	20	15
D	20	16	15	18
E	20	18	16	15
F	16	14	20	20

〈조 건〉

- 각 코치는 반드시 하나 이상의 분야를 맡는다.
- 코치의 분야별 투입능력=$\dfrac{\text{코치의 분야별 잠재능력}}{\text{코치가 맡은 분야의 수}}$
- 각 분야별로 그 분야를 맡은 모든 코치의 분야별 투입능력 합은 24 이상이어야 한다.

①
분야 코치	체력	전술	수비	공격
A	✓	✓		✓
B		✓	✓	
C	✓			
D		✓	✓	
E	✓			
F			✓	✓

②
분야 코치	체력	전술	수비	공격
A		✓		
B		✓	✓	
C	✓		✓	
D	✓	✓		✓
E	✓			✓
F			✓	

③
분야 코치	체력	전술	수비	공격
A		✓	✓	
B				✓
C	✓	✓		
D	✓		✓	
E		✓		✓
F	✓		✓	

④
분야 코치	체력	전술	수비	공격
A		✓	✓	
B		✓		✓
C			✓	
D	✓			✓
E	✓		✓	✓
F	✓		✓	

⑤

분야\코치	체력	전술	수비	공격
A	✓			✓
B				✓
C	✓	✓	✓	
D		✓	✓	✓
E	✓			
F		✓	✓	

〈표 2〉 2020년 5월 음원차트 상위 15위 현황

순위	전월 대비 순위변동	음원	GA점수
1	신곡	세븐	203,934
2	▽[1]	알로에	172,604
3	△[83]	( )	135,959
4	신곡	개와 고양이	126,306
5	▽[3]	마무리	93,295
6	△[4]	럼더덤	90,637
7	△[6]	좋은 사람 있으면 만나	88,775
8	▽[5]	첫사랑	87,962
9	신곡	Sad	87,128
10	▽[6]	흔들리는 풀잎 속에서	85,957
11	▽[6]	아는 노래	78,320
12	–	Blue Moon	73,807
13	▽[4]	METER	69,182
14	▽[3]	OFF	68,592
15	신곡	미워하게 될 줄 알았어	66,487

※ 1) GA점수는 음원의 스트리밍, 다운로드, BGM 판매량에 가중치를 부여하여 집계한 것으로 GA점수가 높을수록 순위가 높음
2) – : 변동없음, △[ ] : 상승[상승폭], ▽[ ] : 하락[하락폭], 신곡 : 해당 월 발매 신곡

〈보 기〉
ㄱ. 2020년 4~6월 동안 매월 상위 15위에 포함된 음원은 모두 4곡이다.
ㄴ. 'Whale'의 2020년 6월 GA점수는 전월에 비해 6,000 이상 증가하였다.
ㄷ. 2020년 6월 음원차트 상위 15위 음원 중 6월 발매 신곡을 제외하고 전월 대비 순위 상승폭이 세 번째로 큰 음원의 GA점수는 전월 GA점수의 두 배 이상이다.
ㄹ. 2020년 6월 음원차트 상위 15위 음원 중 6월 발매 신곡을 제외하고 전월 대비 순위가 상승한 음원은 전월 대비 순위가 하락한 음원보다 많다.

① ㄱ, ㄴ
② ㄴ, ㄹ
③ ㄷ, ㄹ
④ ㄱ, ㄴ, ㄷ
⑤ ㄱ, ㄷ, ㄹ

문 23. 다음 〈표〉는 '갑'국의 2020년 5월, 6월 음원차트 상위 15위 현황에 대한 자료이다. 이에 대한 〈보기〉의 설명 중 옳은 것만을 모두 고르면?

〈표 1〉 2020년 6월 음원차트 상위 15위 현황

순위	전월 대비 순위변동	음원	GA점수
1	–	( )	147,391
2	( )	알로에	134,098
3	( )	미워하게 될 줄 알았어	127,995
4	신곡	LESS & LESS	117,935
5	▽[2]	매우 화났어	100,507
6	신곡	Uptown Baby	98,506
7	신곡	땅 Official Remix	91,674
8	( )	개와 고양이	80,927
9	▽[2]	( )	77,789
10	△[100]	나에게 넌, 너에게 난	74,732
11	△[5]	Whale	73,333
12	▽[2]	( )	68,435
13	△[18]	No Memories	67,725
14	△[3]	화려한 고백	67,374
15	▽[10]	마무리	65,797

문 24. 다음 〈그림〉은 A기업의 2011년과 2012년 자산총액의 항목별 구성비를 나타낸 자료이다. 이에 대한 〈보기〉의 설명 중 옳은 것만을 모두 고르면?

〈그림〉 자산총액의 항목별 구성비

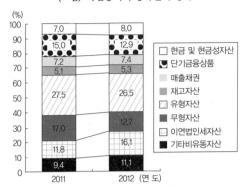

※ 1) 자산총액은 2011년 3,400억 원, 2012년 2,850억 원임
   2) 유동자산 = 현금 및 현금성자산 + 단기금융상품 + 매출채권 + 재고자산

〈보 기〉

ㄱ. 2011년 항목별 금액의 순위가 2012년과 동일한 항목은 4개이다.
ㄴ. 2011년 유동자산 중 '단기금융상품'의 구성비는 45% 미만이다.
ㄷ. '현금 및 현금성자산' 금액은 2012년이 2011년보다 크다.
ㄹ. 2011년 대비 2012년에 '무형자산' 금액은 4.3% 감소하였다.

① ㄱ, ㄴ
② ㄱ, ㄷ
③ ㄴ, ㄷ
④ ㄱ, ㄴ, ㄹ
⑤ ㄴ, ㄷ, ㄹ

문 25. 다음 〈표〉는 2013~2018년 커피전문점 A~F 브랜드의 매출액과 점포수에 관한 자료이다. 이를 이용하여 작성한 그래프로 옳지 <u>않은</u> 것은?

〈표〉 2013~2018년 커피전문점 브랜드별 매출액과 점포수

(단위 : 억 원, 개)

구분	연도\브랜드	2013	2014	2015	2016	2017	2018
매출액	A	1,094	1,344	1,710	2,040	2,400	2,982
	B	–	–	24	223	1,010	1,675
	C	492	679	918	1,112	1,267	1,338
	D	–	129	197	335	540	625
	E	–	155	225	873	1,082	577
	F	–	–	–	–	184	231
	전체	1,586	2,307	3,074	4,583	6,483	7,428
점포수	A	188	233	282	316	322	395
	B	–	–	17	105	450	735
	C	81	110	150	190	208	252
	D	–	71	111	154	208	314
	E	–	130	183	218	248	366
	F	–	–	–	–	71	106
	전체	269	544	743	983	1,507	2,168

① 전체 커피전문점의 전년대비 매출액과 점포수 증가폭 추이

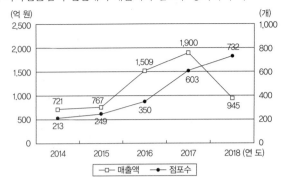

② 2018년 커피전문점 브랜드별 점포당 매출액

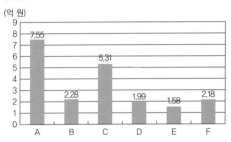

③ 2017년 매출액 기준 커피전문점 브랜드별 점유율

(단위 : %)

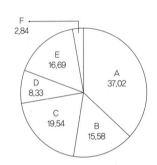

④ 2017년 대비 2018년 커피전문점 브랜드별 매출액의 증가량

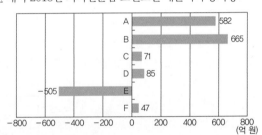

⑤ 전체 커피전문점의 연도별 점포당 매출액

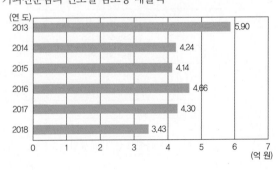

문 1. 다음 글을 근거로 판단할 때 옳은 것은?

제00조 ① 특별자치시장·특별자치도지사·시장·군수 또는 자치구의 구청장(이하 '시장·군수 등'이라 한다)은 빈집이 다음 각 호의 어느 하나에 해당하면 빈집정비계획에서 정하는 바에 따라 그 빈집 소유자에게 철거 등 필요한 조치를 명할 수 있다. 다만 빈집정비계획이 수립되어 있지 아니한 경우에는 지방건축위원회의 심의를 거쳐 그 빈집 소유자에게 철거 등 필요한 조치를 명할 수 있다.
1. 붕괴·화재 등 안전사고나 범죄발생의 우려가 높은 경우
2. 공익상 유해하거나 도시미관 또는 주거환경에 현저한 장애가 되는 경우
② 제1항의 경우 빈집 소유자는 특별한 사유가 없으면 60일 이내에 조치를 이행하여야 한다.
③ 시장·군수 등은 제1항에 따라 빈집의 철거를 명한 경우 그 빈집 소유자가 특별한 사유 없이 제2항의 기간 내에 철거하지 아니하면 직권으로 그 빈집을 철거할 수 있다.
④ 시장·군수 등은 제3항에 따라 철거할 빈집 소유자의 소재를 알 수 없는 경우 그 빈집에 대한 철거명령과 이를 이행하지 아니하면 직권으로 철거한다는 내용을 일간신문 및 홈페이지에 1회 이상 공고하고, 일간신문에 공고한 날부터 60일이 지날 때까지 빈집 소유자가 빈집을 철거하지 아니하면 직권으로 철거할 수 있다.
⑤ 시장·군수 등은 제3항 또는 제4항에 따라 빈집을 철거하는 경우에는 정당한 보상비를 빈집 소유자에게 지급하여야 한다. 이 경우 시장·군수 등은 보상비에서 철거에 소요된 비용을 빼고 지급할 수 있다.
⑥ 시장·군수 등은 다음 각 호의 어느 하나에 해당하는 경우에는 보상비를 법원에 공탁하여야 한다.
1. 빈집 소유자가 보상비 수령을 거부하는 경우
2. 빈집 소유자의 소재불명(所在不明)으로 보상비를 지급할 수 없는 경우

※ 공탁이란 채무자가 변제할 금액을 법원에 맡기면 채무(의무)가 소멸하는 것을 말한다.

① A자치구 구청장은 주거환경에 현저한 장애가 되더라도 붕괴 우려가 없는 빈집에 대해서는 빈집정비계획에 따른 철거를 명할 수 없다.
② B군 군수가 소유자의 소재를 알 수 없는 빈집의 철거를 명한 경우, 일간신문에 공고한 날부터 60일 내에 직권으로 철거해야 한다.
③ C특별자치시 시장은 직권으로 빈집을 철거한 경우, 그 소유자에게 철거에 소요된 비용을 빼지 않고 보상비 전액을 지급해야 한다.
④ D군 군수가 빈집을 철거한 경우, 그 소유자가 보상비 수령을 거부하면 그와 동시에 보상비 지급의무는 소멸한다.
⑤ E시 시장은 빈집정비계획에 따른 빈집 철거를 명한 후 그 소유자가 특별한 사유 없이 60일 이내에 철거하지 않으면, 지방건축위원회의 심의 없이 직권으로 철거할 수 있다.

문 2. 다음 글을 근거로 판단할 때 옳은 것은?

제00조(선거공보) ① 후보자는 선거운동을 위하여 책자형 선거공보 1종을 작성할 수 있다.
② 제1항의 규정에 따른 책자형 선거공보는 대통령선거에 있어서는 16면 이내로, 국회의원선거 및 지방자치단체의 장 선거에 있어서는 12면 이내로, 지방의회의원선거에 있어서는 8면 이내로 작성한다.
③ 후보자는 제1항의 규정에 따른 책자형 선거공보 외에 별도의 점자형 선거공보(시각장애선거인을 위한 선거공보) 1종을 책자형 선거공보와 동일한 면수 제약 하에서 작성할 수 있다. 다만, 대통령선거·지역구국회의원선거 및 지방자치단체의 장 선거의 후보자는 책자형 선거공보 제작 시 점자형 선거공보를 함께 작성·제출하여야 한다.
④ 대통령선거, 지역구국회의원선거, 지역구지방의회의원선거 및 지방자치단체의 장 선거에서 책자형 선거공보(점자형 선거공보를 포함한다)를 제출하는 경우에는 다음 각 호에 따른 내용(이하 이 조에서 '후보자정보공개자료'라 한다)을 게재하여야 하며, 후보자정보공개자료에 대하여 소명이 필요한 사항은 그 소명자료를 함께 게재할 수 있다. 점자형 선거공보에 게재하는 후보자정보공개자료의 내용은 책자형 선거공보에 게재하는 내용과 똑같아야 한다.
1. 재산상황
   후보자, 후보자의 배우자 및 직계존·비속(혼인한 딸과 외조부모 및 외손자녀를 제외한다)의 각 재산총액
2. 병역사항
   후보자 및 후보자의 직계비속의 군별·계급·복무기간·복무분야·병역처분사항 및 병역처분사유
3. 전과기록
   죄명과 그 형 및 확정일자

① 지역구지방의회의원선거에 출마한 A는 책자형 선거공보를 12면까지 가득 채워서 작성할 수 있다.
② 지역구국회의원선거에 출마한 B는 자신의 선거운동전략에 따라 책자형 선거공보 제작 시 점자형 선거공보는 제작하지 않을 수 있다.
③ 지역구지방의회의원선거에 출마한 C는 책자형 선거공보를 제출할 경우, 자신의 가족 중 15세인 친손녀의 재산총액을 표시할 필요가 없다.
④ 지역구국회의원선거에 출마한 D가 제작한 책자형 선거공보에는 D본인과 자신의 가족 중 아버지, 아들, 손자의 병역사항을 표시해야 한다.
⑤ 지역구국회의원선거에 출마한 E는 자신에게 전과기록이 있다는 사실을 공개하면 선거운동에 악영향을 미칠 것이라고 판단할 경우, 책자형 선거공보를 제작하지 않고 선거운동을 할 수 있다.

문 3. 다음 글을 근거로 판단할 때, 〈보기〉에서 옳은 것만을 모두 고르면?

제00조 이 법에서 사용하는 용어의 뜻은 다음과 같다.
1. '임종과정에 있는 환자'란 담당의사와 해당 분야의 전문의 1명으로부터 임종과정에 있다는 의학적 판단을 받은 자를 말한다.
2. '연명의료계획서'란 말기환자 등의 의사에 따라 담당의사가 환자에 대한 연명의료중단결정 및 호스피스에 관한 사항을 계획하여 문서(전자문서를 포함한다)로 작성한 것을 말한다.
3. '사전연명의료의향서'란 19세 이상인 사람이 자신의 연명의료중단결정 및 호스피스에 관한 의사를 직접 문서(전자문서를 포함한다)로 작성한 것을 말한다.
4. '연명의료중단결정'이란 임종과정에 있는 환자에 대한 연명의료를 시행하지 아니하거나 중단하기로 하는 결정을 말한다.

제00조 ① 말기환자 등은 담당의사에게 연명의료계획서의 작성을 요청할 수 있다.
② 의료기관의 장은 작성된 연명의료계획서를 등록 · 보관하여야 한다.

제00조 ① 연명의료중단결정을 원하는 환자의 의사는 다음 각 호의 어느 하나의 방법으로 확인한다.
1. 의료기관에서 작성된 연명의료계획서가 있는 경우 이를 환자의 의사로 본다.
2. 담당의사가 사전연명의료의향서의 내용을 환자에게 확인하는 경우 이를 환자의 의사로 본다.
② 제1항에 해당하지 아니하여 환자의 의사를 확인할 수 없고 환자가 의사표현을 할 수 없는 의학적 상태인 경우 다음 각 호의 어느 하나에 해당할 때에는 해당 환자를 위한 연명의료중단결정이 있는 것으로 본다. 다만 담당의사 또는 해당 분야 전문의 1명이 환자가 연명의료중단결정을 원하지 아니하였다는 사실을 확인한 경우는 제외한다.
1. 미성년자인 환자의 법정대리인(친권자에 한정한다)이 연명의료중단결정의 의사표시를 하고 담당의사와 해당 분야 전문의 1명이 확인한 경우
2. 환자가족 중 다음 각 목에 해당하는 사람(19세 이상인 사람에 한정하며, 행방불명자 등 대통령령으로 정하는 사유에 해당하는 사람은 제외한다) 전원의 합의로 연명의료중단결정의 의사표시를 하고 담당의사와 해당 분야 전문의 1명이 확인한 경우
   가. 배우자
   나. 1촌 이내의 직계 존속 · 비속

〈보 기〉
ㄱ. 17세 환자가 자신의 연명의료중단결정에 관한 전자문서를 직접 작성하였다면, 그 문서는 사전연명의료의향서에 해당된다.
ㄴ. 말기환자의 요청에 따라 담당의사가 의료기관에서 문서로 작성한 연명의료계획서가 등록 · 보관되어 있는 경우, 연명의료중단결정을 원하는 환자의 의사가 있는 것으로 본다.
ㄷ. 21세 환자가 의사를 표현할 수 없는 의학적 상태인 경우, 환자가 1년 전 작성해 둔 사전연명의료의향서가 있다면 담당의사의 확인이 없더라도 연명의료중단결정을 원하는 환자의 의사가 있는 것으로 본다.
ㄹ. 임종과정에 있는 환자에게 배우자, 자녀, 손자녀가 있는 경우, 그 환자에 대한 연명의료중단결정에는 이들 모두의 합의된 의사표시가 필요하다.

① ㄴ
② ㄹ
③ ㄱ, ㄴ
④ ㄴ, ㄷ
⑤ ㄷ, ㄹ

문 4. 다음 글을 근거로 판단할 때, 甲이 지불한 연체료의 최솟값은?

A시립도서관은 다음의 원칙에 따라 휴관일 없이 도서 대출 서비스를 운영하고 있다.
• 시민 1인당 총 10권까지 대출 가능하며, 대출 기간은 대출일을 포함하여 14일이다.
• 대출 기간은 권당 1회에 한하여 7일 연장할 수 있으며, 이때 총 대출 기간은 21일이 된다. 연장 신청은 기존 대출 기간 내에 해야 한다.
• 만화와 시로 분류되는 도서의 경우에는 대출 기간은 7일이며 연장 신청도 불가능하다.
• 대출한 도서를 대출 기간 내에 반납하지 못한 경우에는 기간 종료일의 다음날부터 해당 도서 반납을 연체한 것으로 본다.
• 연체료는 각 서적별로 '연체 일수×100원'만큼 부과되며, 최종 반납일도 연체 일수에 포함된다. 또한 대출일 기준으로 출간일이 6개월 이내인 신간의 연체료는 2배로 부과된다.

A시에 거주하는 甲은 아래와 같이 총 5권의 책을 대출하여 2018년 10월 30일에 모두 반납하였다. 甲은 이 중 2권의 대출 기간을 연장하였으며, 반납한 날에 연체료를 전부 지불하였다.

〈甲의 도서 대출 목록〉

도서명	분류	출간일	대출일
원○○	만화	2018. 1. 10.	2018. 10. 10.
입 속의 검은 △	시	2018. 9. 10.	2018. 10. 20.
□의 노래	소설	2017. 10. 30.	2018. 10. 5.
☆☆ 문화유산 답사기	수필	2018. 4. 15.	2018. 10. 10.
햄 ◇	희곡	2018. 6. 10.	2018. 10. 5.

① 3,000원
② 3,700원
③ 4,400원
④ 5,500원
⑤ 7,200원

문 5. 다음 글을 근거로 판단할 때, 2017년 3월 인사 파견에서 선발될 직원만을 모두 고르면?

- △△도청에서는 소속 공무원들의 역량 강화를 위해 정례적으로 인사 파견을 실시하고 있다.
- 인사 파견은 지원자 중 3명을 선발하여 1년간 이루어지고 파견 기간은 변경되지 않는다.
- 선발 조건은 다음과 같다.
  - 과장을 선발하는 경우 동일 부서에 근무하는 직원을 1명 이상 함께 선발한다.
  - 동일 부서에 근무하는 2명 이상의 팀장을 선발할 수 없다.
  - 과학기술과 직원을 1명 이상 선발한다.
  - 근무 평정이 70점 이상인 직원만을 선발한다.
  - 어학 능력이 '하'인 직원을 선발한다면 어학 능력이 '상'인 직원도 선발한다.
  - 직전 인사 파견 기간이 종료된 이후 2년 이상 경과하지 않은 직원을 선발할 수 없다.
- 2017년 3월 인사 파견의 지원자 현황은 다음과 같다.

직원	직위	근무 부서	근무 평정	어학 능력	직전 인사 파견 시작 시점
A	과장	과학기술과	65	중	2013년 1월
B	과장	자치행정과	75	하	2014년 1월
C	팀장	과학기술과	90	중	2014년 7월
D	팀장	문화정책과	70	상	2013년 7월
E	팀장	문화정책과	75	중	2014년 1월
F	–	과학기술과	75	중	2014년 1월
G	–	자치행정과	80	하	2013년 7월

① A, D, F
② B, D, G
③ B, E, F
④ C, D, G
⑤ D, F, G

문 6. 다음 글을 근거로 판단할 때, ㉠과 ㉡을 옳게 짝지은 것은?

- 甲회사는 재고를 3개의 창고 A, B, C에 나누어 관리하며, 2020년 1월 1일자 재고는 A창고 150개, B창고 100개, C창고 200개였다.
- 2020년 상반기 입·출고기록은 다음 표와 같으며, 재고는 입고 및 출고에 의해서만 변화한다.

입고기록				출고기록			
창고 \ 일자	A	B	C	창고 \ 일자	A	B	C
3월 4일	50	80	0	2월 18일	30	20	10
4월 10일	0	25	10	3월 27일	10	30	60
5월 11일	30	0	0	4월 13일	20	0	15

- 2020년 5월 25일 하나의 창고에 화재가 발생하여 그 창고 안에 있던 재고 전부가 불에 그을렸는데, 그 개수를 세어보니 150개였다.
- 화재 직후인 2020년 5월 26일 甲회사의 재고 중 불에 그을리지 않은 것은 ㉠ 개였다.
- 甲회사는 2020년 6월 30일 상반기 장부를 정리하던 중 두 창고 ㉡ 의 상반기 전체 출고기록이 맞바뀐 것을 뒤늦게 발견하였다.

	㉠	㉡
①	290	A와 B
②	290	A와 C
③	290	B와 C
④	300	A와 B
⑤	300	A와 C

문 7. 다음 글을 근거로 판단할 때 옳은 것은?

판옥선은 조선 수군의 주력 군선(軍船)으로 왜구를 제압하기 위해 1555년(명종 10년) 새로 개발된 것이다. 종전의 군선은 갑판이 1층뿐인 평선인 데 비하여 판옥선은 선체의 상부에 상장(上粧)을 가설하여 2층 구조로 만든 배이다. 이 같은 구조로 되어 있기 때문에, 노를 젓는 요원인 격군(格軍)은 1층 갑판에서 안전하게 노를 저을 수 있고, 전투요원들은 2층 갑판에서 적을 내려다보면서 유리하게 전투를 수행할 수 있었다.

전근대 해전에서는 상대방 군선으로 건너가 마치 지상에서처럼 칼과 창으로 싸우는 경우가 흔했다. 조선 수군은 기본적으로 활과 화약 무기 같은 원거리 무기를 능숙하게 사용했지만, 칼과 창 같은 단병무기를 운용하는 데는 상대적으로 서툴렀다. 이 같은 약점을 극복하고 조선 수군이 해전에서 승리하기 위해서는, 적이 승선하여 전투를 벌이는 전술을 막으면서 조선 수군의 장기인 활과 대구경(大口徑) 화약무기로 전투를 수행할 수 있도록 선체가 높은 군선이 필요했다.

선체 길이가 20~30m 정도였던 판옥선은 임진왜란 해전에 참전한 조선·명·일본의 군선 중 크기가 큰 편에 속한데다가 선체도 높았기 때문에 일본군이 그들의 장기인 승선전투전술을 활용하기 어렵게 하는 효과도 있었다. 이 때문에 임진왜란 당시 도승지였던 이항복은 "판옥선은 마치 성곽과 같다"라고 그 성능을 격찬했다. 판옥선은 1592년 발발한 임진왜란에서 일본의 수군을 격파하여 조선 수군이 완승할 수 있는 원동력이 되었다. 옥포해전·당포해전·한산해전 등 주요 해전에 동원된 군선 중에서 3척의 거북선을 제외하고는 모두가 판옥선이었다.

판옥선의 승선인원은 시대와 크기에 따라 달랐던 것으로 보인다. 『명종실록』에는 50여 명이 탑승했다고 기록되어 있는 반면에, 『선조실록』에 따르면 거북선 운용에 필요한 사수(射手)와 격군을 합친 숫자가 판옥선의 125명보다 많다고 되어 있어 판옥선의 규모가 이전보다 커진 것을 알 수 있다.

① 판옥선은 갑판 구조가 단층인 군선으로, 선체의 높이가 20~30m에 달하였다.

② 판옥선의 구조는 적군의 승선전투전술 활용을 어렵게 하여 조선 수군이 전투를 수행하는 데 유리하였을 것이다.

③ 『선조실록』에 따르면 판옥선의 격군은 최소 125명 이상이었다.

④ 판옥선은 임진왜란 때 일본의 수군을 격파하기 위해 처음 개발되었다.

⑤ 판옥선은 임진왜란의 각 해전에서 주력 군선인 거북선으로 대체되었다.

문 8. 다음 글을 근거로 판단할 때, 오늘날을 기준으로 1석(石)은 몇 승(升)인가?

옛날 도량에는 두(斗), 구(區), 부(釜), 종(鍾) 등이 있었다. 1두(斗)는 4승(升)인데, 4두(斗)가 1구(區)이고, 4구(區)가 1부(釜)이며, 10부(釜)가 1종(鍾)이었다.

오늘날 도량은 옛날과 다소 달라졌다. 지금의 1승(升)이 옛날 1승(升)에 비해 네 배가 되어 옛날의 1두(斗)와 같아졌다. 오늘날 4구(區)는 1부(釜)로 옛날과 같지만, 4승(升)이 1구(區)가 되며, 1부(釜)는 1두(豆) 6승(升), 1종(鍾)은 16두(豆)가 된다. 오늘날 1석(石)은 1종(鍾)에 비해 1두(豆)가 적다.

① 110승
② 120승
③ 130승
④ 140승
⑤ 150승

문 9. 다음 글과 〈조건〉을 근거로 판단할 때, 〈보기〉에서 옳은 것만을 모두 고르면?

정약용은 『목민심서』에서 흉작에 대비하여 군현 차원에서 수령이 취해야 할 대책에 대해 서술하였다. 그는 효과적인 대책으로 권분(勸分)을 꼽았는데, 권분이란 군현에서 어느 정도 경제력을 갖춘 사람들에게 곡식을 내놓도록 권하는 제도였다.

권분의 대상자는 요호(饒戶)라고 불렸다. 요호는 크게 3등(等)으로 구분되는데, 각 등은 9급(級)으로 나누어졌다. 상등 요호는 봄에 무상으로 곡물을 내놓는 진희(賑饎), 중등 요호는 봄에 곡물을 빌려주었다가 가을에 상환받는 진대(賑貸), 하등 요호는 봄에 곡물을 시가의 1/4로 판매하는 진조(賑糶)를 권분으로 행하였다. 정약용이 하등 요호 8, 9급까지 권분의 대상에 포함시킨 것은, 현실적으로 상등 요호와 중등 요호는 소수이고 하등 요호가 대다수이었기 때문이다.

상등 요호 1급의 진희량은 벼 1,000석이고, 요호의 등급이 2급, 3급 등으로 한 급씩 내려갈 때마다 벼 100석 씩 감소하였다. 중등 요호 1급의 진대량은 벼 100석이고, 한 급씩 내려갈 때마다 벼 10석씩 감소하였다. 하등 요호 1급의 진조량은 벼 10석이고, 한 급씩 내려갈 때마다 벼 1석씩 감소하였다. 조선시대 국법은 벼 50석 이상 권분을 행한 자부터 시상(施賞)할 수 있도록 규정하였는데 상등 요호들은 이러한 자격조건을 충분히 넘어섰고, 이들에게는 군역 면제의 혜택이 주어졌다.

─────〈조 건〉─────

• 조선시대 벼 1석의 봄 시가 : 6냥
• 조선시대 벼 1석의 가을 시가 : 1.5냥

─────〈보 기〉─────

ㄱ. 상등 요호 1급 甲에게 정해진 권분량과 하등 요호 9급 乙에게 정해진 권분량의 차이는 벼 999석이었을 것이다.

ㄴ. 중등 요호 6급 丙이 권분을 다한 경우, 조선시대 국법에 의하면 시상할 수 없었을 것이다.

ㄷ. 중등 요호 7급 丁에게 정해진 권분량의 대여시점과 상환시점의 시가 차액은 180냥이었을 것이다.

ㄹ. 상등 요호 9급 戊에게 정해진 권분량의 권분 당시 시가는 1,200냥이었을 것이다.

① ㄱ, ㄴ
② ㄱ, ㄷ
③ ㄴ, ㄷ
④ ㄴ, ㄹ
⑤ ㄷ, ㄹ

문 10. 다음 글과 〈상황〉을 근거로 판단할 때 옳은 것은?

공소제기는 법원에 특정한 형사사건의 심판을 청구하는 검사의 소송행위이다. 그러나 공소시효 기간이 만료(공소시효가 완성)된 범죄에 대하여는 검사가 공소를 제기할 수 없다. 공소시효는 범죄 후 일정 기간이 지나면 국가의 형벌소추권을 소멸시키는 제도이다. 따라서 공소시효가 완성된 범죄에 대한 검사의 공소제기는 위법하다.

공소시효는 범죄행위가 종료된 때를 기준으로 계산한다. 예컨대 감금죄의 경우 범죄행위의 종료는 감금된 날이 아니라 감금에서 벗어나는 날이 기준이므로 그날부터 공소시효를 계산한다. 또한 초일은 시간을 계산하지 않고 1일로 산정하며, 기간의 말일이 공휴일이거나 토요일이라도 기간에 산입한다. 연 또는 월 단위로 정한 기간은 연 또는 월 단위로 기간을 계산한다. 예컨대 절도행위가 2021년 1월 5일에 종료된 경우 절도죄의 공소시효는 7년이고 1월 5일을 1일로 계산하므로 2028년 1월 4일 24시에 공소시효가 완성된다.

한편 공소시효는 일정한 사유로 정지될 수 있다. 공소시효가 정지되었다가 그 사유가 없어지면 그날부터 나머지 공소시효 기간이 진행된다. 예컨대 범인이 형사처벌을 면할 목적으로 1년간 국외에 있다가 귀국하였다면 공소시효의 계산에서 1년을 제외한다. 다만 공범이 있는 경우 국외로 출국하지 않은 공범은 그 기간에도 공소시효가 정지되지 않는다.

또한 공소가 제기되면 그때부터 공소시효가 정지되고, 이는 공범의 경우에도 마찬가지이다. 따라서 공범 1인에 대하여 공소가 제기되면 그날부터 다른 공범의 공소시효도 정지되었다가 공범이 재판에서 유죄로 확정된 날부터 다른 공범에 대한 나머지 공소시효 기간이 진행된다. 그러나 공소가 먼저 제기된 사람이 범죄혐의 없음을 이유로 무죄판결을 받은 경우, 다른 공범에 대한 공소시효는 정지되지 않는다.

─────〈상 황〉─────

• 甲은 2015년 5월 1일 피해자를 불법으로 감금하였는데, 피해자는 2016년 5월 2일에 구조되어 감금에서 풀려났다. 甲은 피해자를 감금 후 수사망이 좁혀지자 2개월간 국외로 도피하였다가 2016년 5월 1일에 귀국하였다.

• 乙, 丙, 丁이 공동으로 행한 A죄의 범죄행위가 2015년 2월 1일 종료되었다. 그 후 乙은 국내에서 도피 중 2016년 1월 1일 공소제기되어 2016년 6월 30일 범죄혐의 없음을 이유로 무죄 확정판결을 받았다. 한편 丙은 범죄행위 종료 후 형사처벌을 면할 목적으로 1년간 국외에서 도피 생활을 하다가 귀국한 뒤 2020년 1월 1일 공소가 제기되어 2020년 12월 31일 유죄 확정판결을 받았다. 丁은 범죄행위 종료 후 계속 국내에서 도피 중이다.

※ 감금죄의 공소시효는 7년, A죄의 공소시효는 5년임

① 甲에 대해 공소가 제기되기 전 정지된 공소시효 기간은 2개월이다.

② 2023년 5월 1일 甲에 대해 공소가 제기된다면 위법한 공소제기이다.

③ 丙에 대해 공소가 제기되기 전 정지된 공소시효 기간은 1년이다.

④ 丙의 국외 도피기간 중 丁의 공소시효는 정지된다.

⑤ 2022년 1월 31일 丁에 대해 공소가 제기된다면 적법한 공소제기이다.

문 11. 다음 글을 근거로 판단할 때, 〈보기〉에서 옳은 것만을 모두 고르면?(단, 주어진 조건 외에 다른 조건은 고려하지 않는다)

- 내전을 겪은 甲국은 2015년 1월 1일 평화협정을 통해 4개 국(A~D)으로 분할되었다. 평화협정으로 정한 영토분할 방식은 다음과 같다.
  - 甲국의 영토는 정삼각형이다.
  - 정삼각형의 한 꼭짓점에서 마주보는 변(이하 '밑변'이라 한다)까지 가상의 수직이등분선을 긋고, 그 선을 4등분하는 3개의 구분점을 정한다.
  - 3개의 구분점을 각각 지나는 3개의 직선을 밑변과 평행하게 긋고, 이를 국경선으로 삼아 기존 甲국의 영토를 4개의 영역으로 나눈다.
  - 나누어진 4개의 영역 중 가장 작은 영역부터 가장 큰 영역까지 차례로 각각 A국, B국, C국, D국의 영토로 한다.
- 모든 국가의 쌀 생산량은 영토의 면적에 비례하며, A국의 영토에서는 매년 10,000가마의 쌀이 생산된다.
- 각국은 영토가 작을수록 국력이 강하고, 국력이 약한 국가는 자국보다 국력이 강한 모든 국가에게 매년 연말에 각각 10,000가마의 쌀을 공물로 보낸다.
- 4개 국의 인구는 모두 동일하며, 변하지 않는다. 각국은 매년 10,000가마의 쌀을 소비한다.
- 각국의 쌀 생산량은 홍수 등 자연재해가 없는 한 변하지 않으며, 2015년 1월 1일 현재 각국은 10,000가마의 쌀을 보유하고 있다.

───── 〈보 기〉 ─────

ㄱ. 2016년 1월 1일에 1년 전보다 쌀 보유량이 줄어든 국가는 D국뿐이다.

ㄴ. 2017년 1월 1일에 4개 국 중 가장 많은 쌀을 보유한 국가는 A국이다.

ㄷ. 만약 2015년 여름 홍수로 인해 모든 국가의 2015년도 쌀 생산량이 반으로 줄어든다고 하여도, 2016년 1월 1일 기준 각 국가의 쌀 보유량은 0보다 크다.

① ㄱ
② ㄴ
③ ㄷ
④ ㄱ, ㄷ
⑤ ㄴ, ㄷ

문 12. 다음 글을 근거로 판단할 때, 〈보기〉에서 옳은 것만을 모두 고르면?

조선왕실의 음악 일체를 담당한 장악원(掌樂院)은 왕실의례에서 핵심적 역할을 수행하였다. 장악원은 승정원, 사간원, 홍문관, 예문관, 성균관, 춘추관과 같은 정3품 관청으로서, 『경국대전』에 의하면 2명의 당상관이 장악원 제조(提調)를 맡았고, 정3품의 정 1명, 종4품의 첨정 1명, 종6품의 주부 1명, 종7품의 직장 1명이 관리로 소속되어 있었다. 이들은 모두 음악 전문인이 아닌 문관 출신의 행정관리로서, 음악교육과 관련된 행정업무를 담당하였다. 이는 음악행정과 음악연주를 담당한 계층이 분리되어 있었다는 것을 의미한다.

궁중음악 연주를 담당한 장악원 소속 악공(樂工)과 악생(樂生)들은 행사에서 연주할 음악을 익히기 위해 정기적 또는 부정기적으로 연습하였다. 이 가운데 정기적인 연습은 특별한 사정이 없는 경우 매달 2자와 6자가 들어가는 날, 즉 2일과 6일, 12일과 16일, 22일과 26일의 여섯 차례에 걸쳐 이루어졌다. 그러한 이유에서 장악원 악공과 악생들의 습악(習樂)을 이륙좌기(二六坐起), 이륙회(二六會), 이륙이악식(二六肄樂式)과 같은 이름으로 불렀다. 이는 장악원의 정규적 음악이습(音樂肄習) 과정의 하나로 조선시대의 여러 법전에 규정된 바에 따라 시행되었다.

조선시대에는 악공과 악생의 음악연습을 독려하기 위한 여러 장치가 있었다. 1779년(정조 3년) 당시 장악원 제조로 있던 서명응이 정한 규칙 가운데에는 악공과 악생의 실력을 겨루어서 우수한 사람에게 상을 주는 내용이 있었다. 시험을 봐서 악생 중에 가장 우수한 사람 1인에게는 2냥(兩), 1등을 한 2인에게는 각각 1냥 5전(錢), 2등을 한 3인에게는 각각 1냥, 3등을 한 9인에게 각각 5전을 상금으로 주었다. 또 악공 중에서도 가장 우수한 사람 1인에게 2냥, 1등을 한 3인에게는 각각 1냥 5전, 2등을 한 5인에게는 각각 1냥, 3등을 한 21인에게 각각 5전을 상금으로 주었다. 악공 포상자가 더 많은 이유는 악공의 수가 악생의 수보다 많았기 때문이다. 1779년 당시의 악공은 168명, 악생은 90명이었다.

※ 10전(錢)＝1냥(兩)

───── 〈보 기〉 ─────

ㄱ. 장악원에서는 특별한 사정이 없는 한 연간 최소 72회의 습악이 있었을 것이다.

ㄴ. 서명응이 정한 규칙에 따라 장악원에서 실시한 시험에서 상금을 받는 악공의 수는 상금을 받는 악생 수의 2배였다.

ㄷ. 『경국대전』에 따르면 장악원에서 음악행정 업무를 담당하는 관리들은 4명이었다.

ㄹ. 서명응이 정한 규칙에 따라 장악원에서 실시한 1회의 시험에서 악공과 악생들이 받은 총 상금액은 40냥 이상이었을 것이다.

① ㄱ, ㄴ
② ㄱ, ㄷ
③ ㄷ, ㄹ
④ ㄱ, ㄴ, ㄹ
⑤ ㄴ, ㄷ, ㄹ

문 13. 재적의원이 210명인 ○○국 의회에서 다음과 같은 〈규칙〉에 따라 안건 통과 여부를 결정한다고 할 때, 〈보기〉에서 옳은 것만을 모두 고르면?

─── 〈규 칙〉 ───

• 안건이 상정된 회의에서 기권표가 전체의 3분의 1 이상이면 안건은 부결된다.
• 기권표를 제외하고, 찬성 또는 반대의견을 던진 표 중에서 찬성표가 50%를 초과해야 안건이 가결된다.

※ 재적의원 전원이 참석하여 1인 1표를 행사하였고, 무효표는 없다.

─── 〈보 기〉 ───

ㄱ. 70명이 기권하여도 71명이 찬성하면 안건이 가결된다.
ㄴ. 104명이 반대하면 기권표에 관계없이 안건이 부결된다.
ㄷ. 141명이 찬성하면 기권표에 관계없이 안건이 가결된다.
ㄹ. 안건이 가결될 수 있는 최소 찬성표는 71표이다.

① ㄱ, ㄴ
② ㄱ, ㄷ
③ ㄴ, ㄷ
④ ㄴ, ㄹ
⑤ ㄷ, ㄹ

문 14. 다음 글을 근거로 판단할 때, 1차 투표와 2차 투표에서 모두 B안에 투표한 주민 수의 최솟값은?

○○마을은 새로운 사업을 추진하기 위해 주민 100명을 대상으로 투표를 실시하였다. 주민들에게 사업안 A, B, C 중 하나를 선택하도록 하였다. 사전 자료를 바탕으로 1차 투표를 한 후, 주민들끼리 토론을 거쳐 2차 투표로 최종안을 결정하였다. 1차와 2차 투표 모두 투표율은 100%였고, 무효표는 없었다. 투표 결과는 다음과 같다.

구분	1차 투표	2차 투표
A안	30명	( )명
B안	50명	( )명
C안	20명	35명

1차 투표와 2차 투표에서 모두 A안에 투표한 주민은 20명이었고, 2차 투표에서만 A안에 투표한 주민은 5명이었다.

① 10
② 15
③ 20
④ 25
⑤ 30

문 15. 다음 글을 근거로 판단할 때, 甲이 잃어버린 인물카드의 수는?

甲은 이름, 성별, 직업이 기재된 인물카드를 모으고 있다. 며칠 전 그 중 몇 장을 잃어버렸다. 다음은 카드를 잃어버리기 전과 후의 상황이다.

〈잃어버리기 전〉

• 남성 인물카드를 여성 인물카드보다 2장 더 많이 가지고 있다.
• 가지고 있는 인물카드의 직업은 총 5종류이며, 인물카드는 직업별로 최대 2장이다.
• 가수 직업의 인물카드는 1장만 가지고 있다.

〈잃어버린 후〉

• 잃어버린 인물카드 중 2장은 직업이 소방관이다.
• 가수 직업의 인물카드는 잃어버리지 않았다.
• 인물카드는 총 5장 가지고 있으며, 직업은 4종류이다.

① 2장
② 3장
③ 4장
④ 5장
⑤ 6장

문 16. 다음 글을 근거로 판단할 때 옳지 않은 것은?

A구와 B구로 이루어진 신도시 甲시에는 어린이집과 복지회관이 없다. 이에 甲시는 60억 원의 건축 예산을 사용하여 아래 〈건축비와 만족도〉와 〈조건〉 하에서 시민 만족도가 가장 높도록 어린이집과 복지회관을 신축하려고 한다.

〈건축비와 만족도〉

지역	시설 종류	건축비(억 원)	만족도
A구	어린이집	20	35
	복지회관	15	30
B구	어린이집	15	40
	복지회관	20	50

〈조 건〉

1) 예산 범위 내에서 시설을 신축한다.
2) 시민 만족도는 각 시설에 대한 만족도의 합으로 계산한다.
3) 각 구에는 최소 1개의 시설을 신축해야 한다.
4) 하나의 구에 동일 종류의 시설을 3개 이상 신축할 수 없다.
5) 하나의 구에 동일 종류의 시설을 2개 신축할 경우, 그 시설 중 한 시설에 대한 만족도는 20% 하락한다.

① 예산은 모두 사용될 것이다.
② A구에는 어린이집이 신축될 것이다.
③ B구에는 2개의 시설이 신축될 것이다.
④ 甲시에 신축되는 시설의 수는 4개일 것이다.
⑤ 〈조건〉 5)가 없더라도 신축되는 시설의 수는 달라지지 않을 것이다.

문 17. 다음 글과 〈실험〉을 근거로 판단할 때, 히스티딘을 합성하게 하는 '코돈'은?

인류 역사상 가장 위대한 업적 중 하나는 20세기 초중반에 걸쳐 이루어진 유전정보에 관한 발견이다. DNA는 유전물질이며 유전정보를 가지고 있다. 이러한 DNA의 유전정보는 RNA로 전달되어 단백질을 합성하게 함으로써 형질을 발현시킨다.

RNA는 뉴클레오타이드라는 단위체가 연결되어 있는 형태이다. RNA를 구성하는 뉴클레오타이드는 A, G, C, U의 4종류가 있다. 연속된 3개의 뉴클레오타이드 조합을 '코돈'이라 한다. 만약 G와 U 2종류의 뉴클레오타이드가 GUUGUGU와 같이 연결되어 RNA를 구성하고 있다면, 가능한 코돈은 GUU, UUG, UGU, GUG의 4가지이다. 하나의 코돈은 하나의 아미노산만을 합성하게 한다. 그러나 특정한 아미노산을 합성하게 하는 코돈은 여러 개일 수 있다.

※ 아미노산 : 단백질의 기본단위로서 히스티딘, 트레오닌, 프롤린, 글루타민, 아스파라긴 등이 있다.

〈실 험〉

어떤 과학자가 아미노산을 합성하게 하는 RNA의 유전정보를 번역하기 위해 뉴클레오타이드 A와 C를 가지고 다음과 같은 실험을 하였다.

실험 1 : A와 C를 교대로 연결하여 …ACACAC…인 RNA를 만들고, 이 RNA의 코돈을 이용하여 히스티딘과 트레오닌을 합성하였다.

실험 2 : A와 2개의 C인 ACC를 반복적으로 연결하여 …ACCACCACC…인 RNA를 만들고, 이 RNA의 코돈을 이용하여 히스티딘, 트레오닌, 프롤린을 합성하였다.

실험 3 : C와 2개의 A인 CAA를 반복적으로 연결하여 …CAACAACAA…인 RNA를 만들고, 이 RNA의 코돈을 이용하여 트레오닌, 글루타민, 아스파라긴을 합성하였다.

① AAC
② ACA
③ CAA
④ CAC
⑤ CCA

문 18. 다음 글을 근거로 판단할 때, 길동이가 오늘 아침에 수행한 아침 일과에 포함될 수 <u>없는</u> 것은?

길동이는 오늘 아침 7시 20분에 기상하여, 25분 후인 7시 45분에 집을 나섰다. 길동이는 주어진 25분을 모두 아침 일과를 쉼 없이 수행하는 데 사용했다.

아침 일과를 수행하는 데 정해진 순서는 없으며, 같은 아침 일과를 두 번 이상 수행하지 않는다.

단, 머리를 감았다면 반드시 말리며, 각 아침 일과 수행 중에 다른 아침 일과를 동시에 수행할 수는 없다. 각 아침 일과를 수행하는 데 소요되는 시간은 아래와 같다.

아침 일과	소요 시간
샤워	10분
세수	4분
머리 감기	3분
머리 말리기	5분
몸치장 하기	7분
구두 닦기	5분
주스 만들기	15분
양말 신기	2분

① 세수
② 머리 감기
③ 구두 닦기
④ 몸치장 하기
⑤ 주스 만들기

문 19. 다음 〈관람 위치 배정방식〉과 〈상황〉을 근거로 판단할 때 옳은 것은?

〈관람 위치 배정방식〉

• 공연장의 좌석은 총 22개이며 좌측 6개석, 중앙 10개석, 우측 6개석으로 구성된다.

무대										

좌　　　　　　　　　　　　　　　　우

앞줄			계단				A	계단		
뒷줄										B

• 입장은 공연일 정오에 마감되며, 해당 시점까지 공연장에 도착한 관람객을 대상으로 관람 위치를 배정한다.

• 좌석배정은 선착순으로 이루어지며, 가장 먼저 온 관람객부터 무대에 가까운 앞줄의 맨 좌측 좌석부터 맨 우측 좌석까지, 그 후 뒷줄의 맨 우측 좌석부터 맨 좌측 좌석까지 순서대로 이루어진다.

• 관람객이 22명을 초과할 경우, 초과인원 중 먼저 도착한 절반은 좌측 계단에, 나머지 절반은 우측 계단에 순서대로 앉힌다.

〈상 황〉

• 공연장에 가장 먼저 온 관람객은 오전 2:10에 도착하였다.
• 오전 4:30까지는 20분 간격으로 관람객이 공연장에 도착하였다.
• 오전 4:30부터 오전 6:00까지는 10분 간격으로 관람객이 공연장에 도착하였다.
• 오전 6:00 이후에는 30분 간격으로 관람객이 공연장에 도착하였다.
• 공연장에 가장 마지막으로 온 관람객은 오전 11:30에 도착하였다.
• 관람객은 공연장에 한 명씩 도착하였다.

※ 위 상황은 모두 공연일 하루 동안 발생한 것이다.

① 우측 계단에 앉은 관람객이 중앙 좌석에 앉기 위해서는 지금보다 적어도 3시간, 최대 4시간은 일찍 도착해야 한다.
② 공연일 오전 9:00부터 공연일 오전 10:00까지 도착한 관람객은 모두 좌측 계단에 앉는다.
③ A에 앉은 관람객과 B에 앉은 관람객의 도착시간은 50분 차이가 난다.
④ 공연일 오전 6:00에 도착한 관람객은 앞줄 좌석에 앉는다.
⑤ 총 30명의 관람객이 공연장에 도착하였다.

문 20. 다음 글을 근거로 판단할 때, 가장 먼저 교체될 시계와 가장 나중에 교체될 시계를 옳게 짝지은 것은?

甲부서에는 1~12시 눈금표시가 된 5개의 벽걸이 시계(A~E)가 있다. 그런데 A는 시침과 분침이 모두 멈춰버려서 더 이상 작동하지 않는 상태다. B는 정확한 시계보다 하루에 1분씩 느려지는 시계다. C는 정확한 시계보다 하루에 1시간씩 느려지는 시계다. D는 정확한 시계보다 하루에 2시간씩 느려지는 시계다. E는 정확한 시계보다 하루에 5분씩 빨라지는 시계다.

甲부서는 5개의 시계를 순차적으로 교체하려고 한다. 앞으로 1년 동안 정확한 시계와 일치하는 횟수가 적을 시계부터 순서대로 교체한다.

※ B~E는 각각 일정한 속도로 작동한다.

	가장 먼저 교체될 시계	가장 나중에 교체될 시계
①	A	C
②	B	A
③	B	D
④	D	A
⑤	D	E

문 21. 다음 〈상황〉을 근거로 판단할 때, 〈보기〉에서 옳은 것만을 모두 고르면?

〈상 황〉

• 체육대회에서 8개의 종목을 구성해 각 종목에서 우승 시 얻는 승점을 합하여 각 팀의 최종 순위를 매기고자 한다.
• 각 종목은 순서대로 진행하고, 3번째 종목부터는 각 종목 우승 시 받는 승점이 그 이전 종목들의 승점을 모두 합한 점수보다 10점 더 많도록 구성하였다.

※ 승점은 각 종목의 우승 시에만 얻을 수 있으며, 모든 종목의 승점은 자연수이다.

〈보 기〉

ㄱ. 1번째 종목과 2번째 종목의 승점이 각각 10점, 20점이라면 8번째 종목의 승점은 1,000점을 넘게 된다.
ㄴ. 1번째 종목과 2번째 종목의 승점이 각각 100점, 200점이라면 8번째 종목의 승점은 10,000점을 넘게 된다.
ㄷ. 1번째 종목과 2번째 종목의 승점에 상관없이 8번째 종목의 승점은 6번째 종목 승점의 네 배이다.
ㄹ. 만약 3번째 종목부터 각 종목 우승 시 받는 승점이 그 이전 종목들의 승점을 모두 합한 점수보다 10점 더 적도록 구성한다면, 1번째 종목과 2번째 종목의 승점에 상관없이 8번째 종목의 승점은 6번째 종목 승점의 네 배보다 적다.

① ㄱ, ㄷ
② ㄱ, ㄹ
③ ㄴ, ㄷ
④ ㄱ, ㄴ, ㄹ
⑤ ㄴ, ㄷ, ㄹ

문 22. 다음 글을 근거로 판단할 때, 우수부서 수와 기념품 구입 개수를 옳게 짝지은 것은?

A기관은 탁월한 업무 성과로 포상금 5,000만 원을 지급받았다. 〈포상금 사용기준〉은 다음과 같다.

〈포상금 사용기준〉
• 포상금의 40% 이상은 반드시 각 부서에 현금으로 배분한다.
 － 전체 15개 부서를 우수부서와 보통부서 두 그룹으로 나누어 우수부서에 150만 원, 보통부서에 100만 원을 현금으로 배분한다.
 － 우수부서는 최소한으로 선정한다.
• 포상금 중 2,900만 원은 직원 복지 시설을 확충하는 데 사용한다.
• 직원 복지 시설을 확충하고 부서별로 현금을 배분한 후 남은 금액을 모두 사용하여 개당 1만 원의 기념품을 구입한다.

	우수부서 수	기념품 구입 개수
①	9개	100개
②	9개	150개
③	10개	100개
④	10개	150개
⑤	11개	50개

문 23. 다음 글을 근거로 판단할 때, 〈보기〉에서 옳은 것만을 모두 고르면?

△△국 농구리그에는 네 팀(甲~丁)이 참여하고 있다. 이 리그의 2019 시즌 신인선수 선발은 2018 시즌 종료 후 1·2라운드로 나누어 다음과 같이 진행한다.
• 1라운드 : 2018 시즌 3, 4등에게 무작위 추첨을 통해 신인선수 선발 권한 1, 2순위를 부여하는데, 2018 시즌 3, 4등은 이 추첨에 반드시 참여하여야 한다. 2018 시즌 2등은 3순위로, 2018 시즌 1등은 마지막 순위로 선수를 선발한다.
• 2라운드 : 1라운드에서 부여된 신인선수 선발 순위의 역순으로 선수를 선발한다.
• 각 팀은 희망 선수 선호도에 따라 선수를 라운드당 1명씩 선발해야 한다.

2018 시즌에는 팀당 60경기를 치르며, 경기에서 무승부는 없다. 승수가 많을수록 등수가 높다. 2018년 3월 10일 현재 각 팀별 성적 및 희망 선수 선호도는 다음과 같다.

현재 등수	팀명	승	패	희망 선수 선호도
1	甲	50	9	A-B-C-D-E-F-G-H
2	乙	30	29	H-G-C-A-E-B-D-F
3	丙	29	29	H-A-C-D-F-E-B-G
4	丁	8	50	A-B-F-H-D-C-E-G

※ 희망 선수 선호도는 오른쪽에서 왼쪽으로 갈수록 더 높으며, 2019 시즌 신인선수 선발 종료 시점까지 변하지 않는다.
※ 시즌 종료 시 최종 등수가 같은 경우는 나오지 않는다.

〈보 기〉
ㄱ. 甲팀은 2라운드에서 가장 먼저 선수를 선발할 것이다.
ㄴ. 乙팀이 2등으로 2018 시즌을 종료할 경우, H선수를 선발할 것이다.
ㄷ. 丙팀이 2등으로 2018 시즌을 종료할 경우, C선수와 F선수를 선발할 것이다.
ㄹ. 丁팀은 남은 경기의 결과에 따라 1라운드 1순위 선발 권한을 확보하기 위한 추첨에 참여하지 못할 수도 있다.

① ㄱ, ㄴ
② ㄱ, ㄷ
③ ㄴ, ㄹ
④ ㄱ, ㄷ, ㄹ
⑤ ㄴ, ㄷ, ㄹ

문 24. 다음 글과 〈선거 결과〉를 근거로 판단할 때 옳은 것은?

○○국 의회의원은 총 8명이며, 4개의 선거구에서 한 선거구당 2명씩 선출된다. 선거제도는 다음과 같이 운용된다.

각 정당은 선거구별로 두 명의 후보 이름이 적힌 명부를 작성한다. 유권자는 해당 선거구에서 모든 정당의 후보 중 한 명에게만 1표를 행사하며, 이를 통해 개별 후보자의 득표율이 집계된다.

특정 선거구에서 각 정당의 득표율은 그 정당의 해당 선거구 후보자 2명의 득표율의 합이다. 예를 들어 한 정당의 명부에 있는 두 후보가 각각 30%, 20% 득표를 했다면 해당 선거구에서 그 정당의 득표율은 50%가 된다. 그리고 각 후보의 득표율에 따라 소속 정당 명부에서의 순위(1번, 2번)가 결정된다.

다음으로 선거구별 2개의 의석은 다음과 같이 배분한다. 먼저 해당 선거구에서 득표율 1위 정당의 1번 후보에게 1석이 배분된다. 그리고 만약 1위 정당의 정당 득표율이 2위 정당의 정당 득표율의 2배 이상이라면, 정당 득표율 1위 정당의 2번 후보에게 나머지 1석이 돌아간다. 그러나 1위 정당의 정당 득표율이 2위 정당의 정당 득표율의 2배 미만이라면 정당 득표율 2위 정당의 1번 후보에게 나머지 1석을 배분한다.

〈선거 결과〉

○○국의 의회의원선거 제1~4선거구의 선거 결과를 요약하면 다음과 같다. 수치는 선거구별 득표율(%)이다.

	제1선거구	제2선거구	제3선거구	제4선거구
A정당	41	50	16	39
1번 후보	30	30	12	20
2번 후보	11	20	4	19
B정당	39	30	57	28
1번 후보	22	18	40	26
2번 후보	17	12	17	2
C정당	20	20	27	33
1번 후보	11	11	20	18
2번 후보	9	9	7	15

① A정당은 모든 선거구에서 최소 1석을 차지했다.
② B정당은 모든 선거구에서 최소 1석을 차지했다.
③ C정당 후보가 당선된 곳은 제3선거구이다.
④ 각 선거구마다 최다 득표를 한 후보가 당선되었다.
⑤ 가장 많은 당선자를 낸 정당은 B정당이다.

문 25. 다음 글과 〈상황〉을 근거로 판단할 때, 甲과 乙에게 부과된 과태료의 합은?

A국은 부동산 또는 부동산을 취득할 수 있는 권리의 매매계약을 체결한 경우, 매도인이 그 실제 거래가격을 거래계약 체결일부터 60일 이내에 관할관청에 신고하도록 신고의무를 ○○법으로 규정하고 있다. 그리고 이를 위반할 경우 다음의 기준에 따라 과태료를 부과한다.

○○법 제00조(과태료 부과기준) ① 신고의무를 게을리 한 경우에는 다음 각 호의 기준에 따라 과태료를 부과한다.
1. 신고기간 만료일의 다음 날부터 기산하여 신고를 하지 않은 기간(이하 '해태기간'이라 한다)이 1개월 이하인 경우
   가. 실제 거래가격이 3억 원 미만인 경우 : 50만 원
   나. 실제 거래가격이 3억 원 이상인 경우 : 100만 원
2. 해태기간이 1개월을 초과한 경우
   가. 실제 거래가격이 3억 원 미만인 경우 : 100만 원
   나. 실제 거래가격이 3억 원 이상인 경우 : 200만 원
② 거짓으로 신고를 한 경우에는 다음 각 호의 기준에 따라 과태료를 부과한다. 단, 과태료 산정에 있어서의 취득세는 매수인을 기준으로 한다.
1. 부동산의 실제 거래가격을 거짓으로 신고한 경우
   가. 실제 거래가격과 신고가격의 차액이 실제 거래가격의 20% 미만인 경우
      − 실제 거래가격이 5억 원 이하인 경우 : 취득세의 2배
      − 실제 거래가격이 5억 원 초과인 경우 : 취득세의 1배
   나. 실제 거래가격과 신고가격의 차액이 실제 거래가격의 20% 이상인 경우
      − 실제 거래가격이 5억 원 이하인 경우 : 취득세의 3배
      − 실제 거래가격이 5억 원 초과인 경우 : 취득세의 2배
2. 부동산을 취득할 수 있는 권리의 실제 거래가격을 거짓으로 신고한 경우
   가. 실제 거래가격과 신고가격의 차액이 실제 거래가격의 20% 미만인 경우 : 실제 거래가격 100분의 2
   나. 실제 거래가격과 신고가격의 차액이 실제 거래가격의 20% 이상인 경우 : 실제 거래가격의 100분의 4
③ 제1항과 제2항에 해당하는 위반행위를 동시에 한 경우 해당 과태료는 병과한다.

〈상 황〉

- 매수인의 취득세는 실제 거래가격의 100분의 1이다.
- 甲은 X토지를 2018. 1. 15. 丙에게 5억 원에 매도하였으나, 2018. 4. 2. 거래가격을 3억 원으로 신고하였다가 적발되어 과태료가 부과되었다.
- 乙은 공사 중인 Y아파트를 취득할 권리인 입주권을 2018. 2. 1. 丁에게 2억 원에 매도하였으나, 2018. 2. 5. 거래가격을 1억 원으로 신고하였다가 적발되어 과태료가 부과되었다.

① 1,400만 원
② 2,000만 원
③ 2,300만 원
④ 2,400만 원
⑤ 2,500만 원

MEMO

MEMO

행시 최종합격생 7인의

민간경력자 PSAT

고난도

최종모의고사

[해설편]

Public Service Aptitude Test

민간경력자 PSAT

민간경력자 5 · 7급 / 국가직 7급 / 대통령경호처 경호공무원 7급 공직적격성평가 대비

고난도 최종모의고사

행시 최종합격생 7인　편저

SD에듀
(주)시대고시기획

PART 02

민간경력자 PSAT 최종모의고사 정답 및 해설

PART

2

민간경력자 PSAT
최종모의고사

2022 행시 최종합격생 7인의

민간경력자 PSAT

고난도 최종모의고사

정답 및 해설

제1회 최종모의고사

제1과목 언어논리

01	02	03	04	05	06	07	08	09	10
④	③	④	⑤	④	③	①	①	⑤	②
11	12	13	14	15	16	17	18	19	20
③	④	⑤	⑤	①	①	③	⑤	②	④
21	22	23	24	25					
①	⑤	①	②	⑤					

01 일치부합   답 ④

| **난도** | 중

| **출처** | 21년 행시(가) 1번

| **풀이시간** | 2분

정답해설

④ 옳다. 1문단에 따라 선지의 '도화서 소속 화가'는 화원을 지칭한다는 것을 알수 있다. 2문단에 따라 화원이 관료의 지위를 가지게 된다는 사실을 알 수 있다. 2문단에 따라 관료의 지위가 경제적으로는 별 도움이 되는 것은 아니라는 정보와 3문단의 '실상 화원은 국가가 주는 녹봉으로 생활했던 사람들이 아니었다.'라는 정보를 바탕으로 녹봉이 화원의 수입에서 작은 부분을 차지하며, 3문단에 따라 '돈의 대부분을 사적 주문에 의한 그림 제작을 통해 획득하였다.'라는 정보를 알 수 있다.

오답해설

① 알 수 없다. 3문단의 '반면 도화서에 들어가지 못한 일반 화가들~'이라는 정보가 제시되어 있어 선지의 '일반 직업 화가들'은 화원과 구별되는 집단이라는 점을 알 수 있다. 1문단의 '화원들은 사실상 거의 막노동에 가까운 일을 했던 사람들이다.'와 2문단의 '비록 중인이지만 화원이 되면~'을 바탕으로 선지의 '막노동에 가까운 일을 담당하였으나 신분은 중인이었다.'는 화원에 대한 설명이라는 것을 알 수 있다. 일반 직업 화가들의 신분이나 일의 내용에 대해서는 지문상 나와 있지 않다.

② 옳지 않다. 2문단에 따라 화원이 국가 관료의 지위를 가졌다는 것을 알 수 있다. 3문단에 따라 '국가 관료라는 지위와 최상급 화가라는 명예는 그림 시장에서 그들의 작품에 보다 높은 가치를 부여하였고, 녹봉에만 의지하는 다른 하급 관료보다 경제적으로 풍요롭게 만들었다.'라는 점에서 이들이 하급 관료에 비해 나은 경제적 여건에 놓였다는 사실을 알 수 있다.

③ 알 수 없다. 1문단에 따라 선지의 '도화서 소속 화가'는 화원을 지칭한다는 것을 알 수 있다. 1문단의 '화원은 임금의 초상화인 어진과 공신초상, 의궤와 같은 궁중기록화, 궁중장식화, 각종 지도, 청화백자의 그림, 왕실 행사를 장식하는 단청 등 왕실 및 조정이 필요로 하는 모든 종류의 회화를 제작하고 여러 도화(圖畫) 작업을 담당하였다.'에 따라 임금의 초상화 작업이 화원의 업무 범위에 포함된다는 사실을 알 수 있다. 하지만 업무에 따른 화원 간 자격의 차등에 관한 내용은 지문 상 나와 있지 않다.

⑤ 옳지 않다. 2문단의 '고된 노역과 적은 녹봉에도 불구하고 이들은 왜 어려서부터 그림 공부를 하여 도화서에 들어가려고 한 것일까?'에 따라 화원이 되고자 하는 노력이 이루어졌다는 사실을 알 수 있으나 경쟁의 치열함에 대한 내용은 지문에서 찾아볼 수 없다. 또한 3문단의 '화원 집안에서는 대대로 화원을 배출하려고 노력했고, 조선 후기에는 몇몇 가문이 도화서 화원직을 거의 독점하게 되었다.'에 따라 화원직의 세습이 이루어졌음을 알 수 있다. 그러므로 선지의 경쟁에 관한 부분은 알 수 없으며, '화원직의 세습은 힘들었다.' 부분은 지문에 부합하지 않는다고 할 수 있다.

+ 합격생 가이드

지문의 '화원'과 같이 핵심 개념이 정의가 되어 있는 경우 정의를 활용한 ④와 같이 선지의 변형에 유의하자. 이 문제의 경우 발췌해서 읽더라도 답을 쉽게 찾을 수 있을 정도로 선지 구성이 쉽게 되어 있지만, 어렵게 나오는 경우를 대비해 '화원', '일반 화가', '하급 관료' 등 지문의 선지와 비교의 대상이 되는 소재를 유념하며 독해하는 것이 정확한 문제 풀이에 도움이 된다.

02 일치부합   답 ③

| **난도** | 상

| **출처** | 20년 행시(나) 3번

| **풀이시간** | 2분 15초

정답해설

③ 옳다. 영빈 이씨는 사도세자의 생모이므로 영조의 후궁, 수빈 박씨는 순조의 생모이므로 정조의 후궁이었다.

오답해설

① 옳지 않다. 글에 나타나 있지 않아 알 수 없는 내용이다.

② 옳지 않다. 『국조속오례의』 편찬 시에 육상궁에 대한 제사가 국가의례에 포함되었다는 사실만 알 수 있다.

④ 옳지 않다. 고종의 대빈궁, 연호궁, 선희궁, 저경궁, 경우궁 이전에 따라 육상궁이 칠궁으로 불리게 되었는지는 글을 통해 알 수 없다.

⑤ 옳지 않다. 조선 국왕으로 즉위해 실제로 나라를 다스린 인물의 생모에 해당하는 후궁으로서 일제 강점기 때 칠궁에 모셔져 있던 사람은 숙빈 최씨, 희빈 장씨, 수빈 박씨 3명이었다.

+ 합격생 가이드

글 내용에 관련된 인물과 사건이 많이 제시되어 상당히 복잡하고 난도 있는 문항이다. 역사적 사건의 순서를 요약하면서 읽으면 비교적 용이하게 풀 수 있으나, 실전에서는 이와 같이 복잡한 글을 마주하면 당황하여 두 번, 세 번 읽게 될 가능성이 높다. 이러한 문항의 경우 일단 보류해 두고 다른 문항을 모두 풀이하고 난 뒤 시간이 남는 경우 다시 돌아와 푸는 것이 시간 활용 측면에서 효율적이다.

03 일치부합   답 ④

| 난도 | 상
| 출처 | 19년 행시(가) 10번
| 풀이시간 | 2분 20초

정답해설

④ 옳지 않다. 두 번째 문단에 따르면 산화질소 합성효소가 아르기닌과 산소로부터 산화질소를 생성하며, 산화질소가 표적세포의 수용체와 결합하여 A 효소를 활성화한다. 그리고 A 효소가 cGMP를 생성한다. 따라서 A 효소가 산화질소를 생성시킨다고 볼 수 없다.

오답해설

① 옳다. 세 번째 문단에 따르면 cGMP는 수축되어 있던 혈관 평활근세포를 이완시킨다.

② 옳다. 두 번째 문단에서는 산화질소의 작용 경로가 생리적 현상을 유도하는 자극이 '산화질소 합성효소'를 가지고 있는 세포에 작용하는 것에서 시작한다고 설명한다. 그리고 세 번째 문단에서는 산화질소에 의해 일어나는 생리적 현상의 사례로 혈관의 팽창을 제시한다. 따라서 혈관의 내피세포는 산화질소 합성효소를 가지고 있고, 여기에 자극이 가해지면서 산화질소가 생성된다는 것을 알 수 있다.

③ 옳다. 두 번째 문단에 따르면 A 효소가 활성화되면 cGMP가 생성된다. 세 번째 문단에 따르면 cGMP의 작용으로 혈관이 팽창하게 되므로, A 효소가 활성화되면 곧 혈관 팽창이 일어난다는 것을 알 수 있다.

⑤ 옳다. 두 번째 문단에 따르면 산화질소가 표적세포에 있는 수용체와 결합한다. 세 번째 문단의 사례에서 혈관 평활근세포가 표적세포에 해당한다.

+ 합격생 가이드

과정이 복잡하고 사용되는 용어가 생소하다. 다만 두 번째 문단에서 원리를 설명하고 세 번째 문단에서는 사례를 제시하고 있다는 것을 파악한다면 생각보다 어렵지 않게 문제를 해결할 수 있다.

04 일치부합   답 ⑤

| 난도 | 상
| 출처 | 20년 행시(나) 23번
| 풀이시간 | 2분 15초

정답해설

⑤ 옳다. 이천의 부대는 만포에서 압록강을 건넜으며, 만포는 여연군으로부터 압록강 물줄기를 따라 서남쪽 하류에 위치해 있다.

오답해설

① 옳지 않다. 아목하는 여연군의 서쪽에 위치한다.

② 옳지 않다. 최윤덕이 강을 건넌 만포는 여연군에서 서남쪽에 위치하며, 무창군은 여연군의 동남쪽에 위치하므로 최윤덕이 여연군과 무창군을 잇는 직선 거리의 중간 지점에서 강을 건넜다고 볼 수 없다.

③ 옳지 않다. 자성군은 이천의 두 번째 여진 정벌이 끝나기 이전에 이미 존재했다.

④ 옳지 않다. 세종이 경원부를 여연군으로 바꾸었는지는 글을 통해 알 수 없으며, 최윤덕을 통해 3개 군을 더 설치하게 하였는지도 글을 통해 알 수 없는 내용이다.

+ 합격생 가이드

여러 지명이 등장하여 상당히 복잡하게 느껴질 수 있는 문제이다. 이러한 유형의 경우 글에서 등장하는 지역들간의 위치 관계와 주요 사건들을 도식으로 나타낸 뒤 침착하게 풀이하도록 한다.

05 밑줄·빈칸 채우기   답 ④

| 난도 | 중
| 출처 | 21년 행시(가) 15번
| 풀이시간 | 2분

정답해설

($\forall$x: 보편양화사, $\exists$x: 존재양화사)
조건1(갑의 첫 번째 발언): ($\forall$x)(A → B)
조건2(갑의 첫 번째 발언): ($\forall$x)(~D → C)
조건3(을의 첫 번째 발언): ($\exists$x)(C ∧ ~B)
조건4(을의 두 번째 발언): ($\exists$x)(~A ∧ ~B ∧ C ∧ ~D)
조건5(을의 세 번째 발언): ($\exists$x)(D)

㉠ 조건3과 조건1의 대우에 따라 조건3의 임의의 후보 물질은 A그룹에서도 항체를 형성하지 않는다는 사실을 알 수 있다. 따라서 ㉠의 내용은 이를 바탕으로 해당 임의의 후보 물질이 D그룹에서도 항체를 생성하지 않는다는 결론을 도출할 수 있는 정보로 구성되어야 할 것이다. 이를 만족하는 것은 ③과 ④의 'D그룹에서 항체를 생성한 후보 물질은 모두 A그룹에서 항체를 생성했다.'와 ⑤의 'D그룹에서 항체를 생성한 후보 물질은 모두 B그룹에서 항체를 생성했다.'이다.

㉡ 조건5의 물질이 D그룹에서 항체를 생성했다는 점에서 해당 물질이 조건4의 임의의 물질과 같을 수 없다는 것을 알 수 있다. 따라서 ㉡은 조건1, 2와 결합하여 조건5를 도출할 수 있는 내용을 담고 있어야 한다. 'C그룹에서 항체를 생성하지 않은 후보 물질이 있다.'는 '($\exists$x)(~C)'라고 기호화할 수 있는데 이는 조건2의 대우와 결합하여 해당 물질이 D그룹에서 항체를 생성한다는 결론으로 이어진다. 따라서 적절하다고 할 수 있다.

오답해설

㉠ 'B그룹에서 항체를 생성한 후보 물질은 없다.'는 '($\forall$x)(~B)'라고 기호화 할 수 있다. 이 조건과 조건3 어느 하나를 사용하더라도 D그룹의 항체 생성 여부에 대해 결론 내릴 수 없다. 정보를 바탕으로 조건4를 도출할 수 없는 바 적절하지 않다.

㉡ 조건5의 물질이 D그룹에서 항체를 생성했다는 점에서 해당 물질이 조건4의 임의의 물질과 같을 수 없다는 것을 알 수 있다. ①의 ㉡은 조건1, 2, 3과 결합하여 조건5를 도출할 수 있으나 조건4에 위배된다는 점에서 적절하지 않다. ②, ③, ⑤의 ㉡은 주어진 조건들과 결합하여 조건5를 도출할 수 없어 적절하지 않다.

+ 합격생 가이드

존재양화사(예 어떤 ~이 존재한다)와 보편양화사(예 모든 ~는 ~이다)를 활용한 기출문제가 몇 개년 사이 증가하고 있는 추세이다. 존재양화사를 가지는 결론을 도출해야 하는 경우 몇 가지 예외를 제외하고는 전제에서 존재양화사를 요구한다는 생각을 가지고 문제에 접근하는 것이 신속한 문제 해결에 유리하다.

06 글의 문맥 · 구조   답 ③

| 난도 | 중

| 출처 | 21년 행시(가) 7번

| 풀이시간 | 2분

정답해설

③ 적절하다. 3문단에 따르면 실험의 결과는 예상과 같았다. 1문단에 따르면 와편모충이 발광한다는 것이 생존에 유리한지 검증하는 것이 글의 주제라고 할 수 있다. 2문단에 따라 가시고기가 더 많은 요각류를 잡아먹을수록 와편모충의 생존에 유리하고, 빛을 내는 와편모충이 빛을 내지 않는 경우보다 생존에 유리할 것이라는 예상을 하고 있다는 것을 알 수 있다. 그러므로 선지의 내용처럼 가시고기가 '빛을 내는 와편모충 쪽에서 요각류를 더 많이 먹었다'는 내용이 글의 흐름에 맞는다고 할 수 있다.

오답해설

① 적절하지 않다. 1문단의 '진화 과정에서 빛을 방출하는 일부 원생생물은 그렇지 않은 원생생물보다 어떤 점에서 생존에 더 유리했을까?'와 ⊙ 뒤의 '그들의 포식자인 육식을 하는 어류에게 잡아먹힐 위험성이 더 높아질 것이다.'에 비추어 글의 맥락상 ⊙에는 발광하는 와편모충이 생존에 발광하지 않는 경우보다 유리하다는 내용이 적절하다고 할 수 있다. 선지의 '발광하지 않는 와편모충을 잡아먹는 요각류'가 잡아먹힐 위험성이 더욱 높다면 발광하지 않는 와편모충이 발광하는 경우보다 생존에 유리하다는 내용이 된다.

② 적절하지 않다. 2문단의 실험은 1문단에 따라 와편모충의 포식자인 요각류와 요각류의 포식자인 가시고기를 활용해 와편모충의 생존률에 대한 분석이 목적이라고 할 수 있다. 1문단의 요각류가 잡아먹힐 위험성을 실험하기 위해 ⓒ에 요각류를 세는 내용이 나오는 것이 맥락상 적절하다고 할 수 있다.

④ 적절하지 않다. ⓔ 앞의 '원생생물이 자신을 잡아먹는 동물에게 포식 위협을 증가시킴으로써 잡아먹히는 것을 회피할 수 있음을 시사한다.'와 뒤의 '이때 발광하는 와편모충은 요각류의 저녁 식사가 될 확률이 낮아'진다는 정보를 바탕으로 ⓔ에는 빛을 내는 와편모충의 생존에 유리한 내용이 들어가는 것이 맥락상 적절하다. ⓔ의 요각류가 도망치는 행위는 와편모충의 생존에 유리한 행위라고 할 수 있다.

⑤ 적절하지 않다. 1~3문단에 비추어 와편모충의 빛을 내는 행위는 요각류가 그 포식자에게 잡아먹힐 위험성을 높이기 위한 장치라고 할 수 있다. ⓜ에는 원생생물의 포식자의 포식자에게 알리는 행위가 내용으로 들어오는 것이 맥락상 적절하다고 할 수 있다.

+ 합격생 가이드

실험에 관련된 문제나 글의 맥락에 관련된 문제를 해결할 때는 문제의 답이 하나라는 사실을 유념할 필요가 있다. 특히나 하나의 적절한 선지를 고르는 위 문제와 같은 경우 나머지 선지의 내용이 적절하지 않고, 오히려 지문의 내용이 적절하다는 것을 바탕으로 내용을 보다 쉽게 이해할 수 있다.

07 밑줄 · 빈칸 채우기   답 ①

| 난도 | 상

| 출처 | 19년 행시(가) 11번

| 풀이시간 | 2분 20초

정답해설

a) C시에 도시철도가 건설된다.

b) 도시철도는 무인운전 방식으로 운행된다.

선지를 정리하면 다음과 같다.

구분	참	거짓
(가)	a & b	~a or ~b
(나)	a → b	a & ~b
(다)	a → b	a & ~b
(라)	b → a	~a & b

⊙ (가) C시에 도시철도를 건설하지 않기로 한 경우(~a) 해당 문장이 거짓이 되어야 한다. 곧, 두 번째 문단에서 제시된 원리는 해당 문장을 a & b로 해석하는 것이다.

ⓒ (다) 세 번째 문단에 따르면 ⓒ을 ~(a & ~b)으로 이해한다. 이를 정리하면 ~(a & ~b) ⇒ ~a or b ⇒ a → b가 된다.

+ 합격생 가이드

반드시 보기를 일일이 기호로 치환할 필요는 없다. 논리 문제에서 가장 좋은 방법은 (가능하다면) 기호를 전혀 쓰지 않는 것이다. 혼자 풀었을 때 당연하게 답을 고를 수 있었다면 굳이 해설을 따라가지 않아도 좋다.

08 밑줄 · 빈칸 채우기   답 ①

| 난도 | 중

| 출처 | 18년 행시(나) 8번

| 풀이시간 | 2분 15초

정답해설

선조체가 손상을 입으면 근육들이 제멋대로 움직여서 운동을 통제하지 못하는 헌팅턴 무도병에 걸린다. 반면 흑색질이 손상을 입으면 근육이 제대로 움직이지 않는 파킨슨병에 걸린다. 곧, 선조체는 근육을 통제하는 역할을, 흑색질은 근육을 움직이는 역할을 한다는 것을 알 수 있다. 따라서 ⊙에는 "억제", ⓒ에는 "유발"이 들어가야 한다.

파킨슨병의 증세를 완화하려면 근육을 움직이도록 해야 하므로 흑색질의 기능을 향상시키는 약을 써야 한다. 한편 헌팅턴 무도병의 증세를 완화하려면 근육을 억제해야 하므로 흑색질의 기능을 약화하는 약을 써야 한다. 따라서 ⓒ, ⓔ 모두 "흑색질"이 들어가야 한다.

+ 합격생 가이드

내용 자체는 어렵지 않다. 다만 '억제', '강화', '완화', '향상' 등의 단어가 헷갈릴 수 있다. 이를 이용한 함정에 빠지지 않도록 주의하자. 선지 ②를 골라 틀렸다면 문제를 좀 더 차분히 접근하도록 하자.

09 견해 비교·대조
답 ⑤

| 난도 | 중

| 출처 | 21년 행시(가) 29번

| 풀이시간 | 2분

정답해설

⑤ 적절하다. 1문단에 따르면 A에게 정규직 노동자란 '자신과 가족의 생활을 유지할 만큼 급여를 받는 피고용자'를 의미한다. 2문단에 따르면 B에게 핵심부 노동자란 '혼자 벌어 가정을 유지할 만큼의 급여를 확보하는 정규직 노동자'이다.

오답해설

① 적절하지 않다. 1문단에 따르면 A에게 정규직 노동자의 급여 수준은 '각 사회의 '건강하고 문화적인' 생활수준과 노사협의를 통해서 결정'된다고 한다. 그러나 실질 급여 수준의 변화 방향에 대한 정보는 제시되어 있지 않다.

② 적절하지 않다. 2문단에 따르면 B에게 주변부 노동자란 '실업자를 포함해서 반주변부보다 열악한 상황에 놓인 노동자'이다. 3문단에 따르면 산업화가 진행됨에 따라 비정규직화가 진행된다는 정보가 제시되어 있다. 그러나 주변부 노동자들에 대한 구별 기준에 대한 정보는 제시되어 있지 않다.

③ 적절하지 않다. 3문단에 따르면 B는 선임자 특권에 의해 신규 채용을 회피하는 등 비정규직화의 강화와 청년 실업률 상승이 나타날 것이라고 생각한다. 그러나 제시문 상 A의 선임자 특권에 대한 견해를 찾아볼 수 없다.

④ 적절하지 않다. 1문단에 따르면 A는 산업화가 지속적으로 진전되면 세상의 모든 사람은 정규직 임금노동자가 된다고 예측했다. 또한 1문단에 따르면 정규직의 급여 수준은 각 사회의 '건강하고 문화적인' 생활수준과 노사협의를 통해서 결정된다.

＋합격생 가이드

독해 과정에서 3문단이 A와 B의 공통적인 의견이라고 판단하지 않도록 주의하는 것이 중요하다. 내용만 비교하더라도 비정규직화 등은 A의 의견과 반대된다는 것을 알 수 있으나, 각 주장당 문단을 하나씩만 배치했다고 생각했다고 착각하지 않아야 정확한 문제 해결이 가능할 것이다. 다른 선지들의 경우 비교적 쉽게 구성되어 큰 문제 없이 해결할 수 있을 것이다.

10 견해 비교·대조
답 ②

| 난도 | 상

| 출처 | 18년 행시(나) 6번

| 풀이시간 | 2분 25초

정답해설

② 옳지 않다. 이 글은 임금 격차 문제에 대한 각 학파의 대응방안을 다루고 있다. A 학파의 주장은 정규직과 비정규직의 임금 격차 문제는 경쟁을 통해 자연적으로 해소될 것이므로, 특별한 조치를 취할 필요가 없다는 것이다. A 학파가 경쟁을 언급하기는 했으나, 시장에 개입하는 정책을 수립하는 것은 A 학파의 입장에 반하는 것이다.

오답해설

① 옳다. A 학파는 경쟁을 통해 차별적 기업들이 자연적으로 도태될 것이라고 주장한다. 따라서 경쟁이 치열할수록 비차별적 기업들만이 생존할 것이고, 정규직과 비정규직의 비합리적 임금차별이 줄어들 것이다.

③ 옳다. A 학파는 경쟁을 통해, B 학파는 강제적 제도를 통해 임금차별이 줄어든다고 주장한다.

④ 옳다. B 학파는 "기업의 경우엔 조직의 정당성이 낮아지게 되면 조직의 생존 가능성 역시 낮아지게 된다. 그래서 기업은 임금차별을 줄이는 강제적 제도를 수용함으로써 사회적 비용을 낮추는 선택을 하게 된다는 것이다."라고 주장한다. 여기에는 기업들이 생존 가능성을 위해 기업이 임금차별을 줄이는 강제적 제도를 수용한다는 전제가 내포되어 있다.

⑤ 옳다. B 학파는 정규직과 비정규직 사이의 임금차별이 법과 제도에 의한 규제를 통해 줄어들 것이라고 본다.

＋합격생 가이드

대다수의 선지가 병렬적으로 구성되어 있다. 따라서 A 학파에 대한 문단을 읽고 ①, ②를 우선 해결한 뒤에 B 학파에 대한 문단을 읽으면 된다. 이 문제의 경우 A 학파에 대한 문단만으로 답을 고를 수 있었다.

11 추론
답 ③

| 난도 | 상

| 출처 | 21년 행시(가) 11번

| 풀이시간 | 2분 30초

정답해설

ㄱ. 추론할 수 있다. 3문단에 따르면 단순입방격자 방식은 '배열 상태를 제1층과 동일한 상태로 공의 중심이 같은 수직선 상에 놓이도록 배치한다.'는 사실을 알 수 있다. 수직으로 접하는 두 공 사이 수평선을 가정할 때, 위층과 아래층의 빈틈은 정확히 대칭적이라는 사실을 추론할 수 있다. 따라서 단순입방격자 방식에서 각층의 효율성은 같다. 3문단에 따르면 단순입방격자 방식의 효율성은 53%이다. 앞서 추론한 사실을 바탕으로 1층만의 효율성 역시 53%라는 것을 추론할 수 있다. 3문단에 따르면 6각형격자 방식이란 '각각의 층을 인접입방격자 방식에 따라 배열한 뒤에 층을 쌓을 때는 단순입방격자 방식으로 쌓는 것'이며 효율성은 60%이다. 제1층만을 따지면 인접입방격자 방식과 6각형격자 방식은 동일한 형태이며, 앞서 도출한 추론을 바탕으로 제1층만을 고려한 인접입방격자 방식의 효율성이 60%라는 것을 알 수 있다.

ㄴ. 추론할 수 있다. 3문단에 따르면 단순입방격자 방식이란 '수평면 상에서 하나의 공이 네 개의 공과 접하도록 배치'하고 위아래 배열을 동일한 상태의 공의 중심이 같은 수직선 상에 놓이도록 배치하는 방식이다. 이 경우 최대 접할 수 있는 공의 개수는 1층이나 제일 높은 층이 아닌 임의의 층의 가운데 놓인 공의 경우로 동일 층에 위치한 4개와 위아래 하나씩 총 6개의 공과 접하는 것이 최대이다.

오답해설

ㄷ. 추론할 수 없다. 3문단에 따르면 단순입방격자 방식은 '배열 상태를 제1층과 동일한 상태로 공의 중심이 같은 수직선 상에 놓이도록 배치한다.'는 사실을 알 수 있다. 수직으로 접하는 두 공 사이 수평선을 가정할 때, 위층과 아래층의 빈틈은 정확히 대칭적이라는 사실을 추론할 수 있다. 따라서 단순입방격자 방식에서 각층의 효율성은 같다. 3문단에 따르면 단순입방격자 방식의 효율성은 53%이다. 앞서 추론한 사실을 바탕으로 각층의 개별 효율성 역시 53%라는 것을 추론할 수 있다. 3문단에 6각형격자 방식이란 '각각의 층을 인접입방격자 방식에 따라 배열한 뒤에 층을 쌓을 때는 단순입방격자 방식으로 쌓는 것'이며 효율성은 60%이다. 마찬가지로 각층의 효율성은 60%라고 할 수 있다. 그러므로 어느 층을 비교하더라도 단순입방격자 방식이 6각형격자 방식보다 효율성이 낮다.

+ 합격생 가이드

어느 정도 공간지각력이 필요한 문제라고 생각한다. 공간지각력이 없다면 문제를 해결함에 있어 상당한 어려움이 있거나 시간을 많이 할애하여야 해결할 수 있을 것이다. 이 경우 가장 쉬운 선지를 우선적으로 접근해 주어진 선지 조합을 활용한 해결이 나을 것이다. ㄱ에 대해서 확실한 판단을 내리기는 힘드나 ㄷ을 추론할 수 없다는 판단은 좀 더 용이하게 할 수 있다고 생각한다. 그 이후 ㄴ에 대한 해결만 하면 되니 가장 애매한 ㄱ을 회피할 수 있어 대안적 접근이 가능하다.

12 일치부합   답 ④

| 난도 | 상
| 출처 | 17년 행시(가) 4번
| 풀이시간 | 2분 30초

정답해설

첫 번째 문단에서는 유교에서 "천지만물을 자기와 하나로 여기는 인(仁)"을 강조하였다는 내용을 서술하고 있다. 또한 유교의 도에 따르면 만물을 해치고 없애는 것은 하지 않는다는 내용이 등장한다.

하지만 이후 두 번째 문단에서는 '그렇지만'이라는 연결어를 통해 첫 번째 문단과 두 번째 문단의 내용이 상반됨을 시사하고 있다. 즉, 공자와 맹자 역시 생물을 해치는 경우가 있었다는 사례를 들어 첫 번째 문단에서 강조되는 유교의 이상이 완전히 실천된 것은 아니라는 점을 이야기하고 있다.

④ 옳다. 인의 도가 지향하는 이상은 천지만물을 해치지 않는 것이지만, 유교에서는 이를 철저히 실천하지 못하고 생물을 해치는 경우가 있었다는 내용이므로 빈칸에 들어갈 진술로 적절하다.

오답해설

① 옳지 않다. 천지만물을 죽일 때도 있었으므로 인의 도를 잘 실천하고 있다고 말하기 어렵다.
② 옳지 않다. 살생하였으므로 불교의 계율을 이미 잘 실천하고 있다고 말하기 어렵다.
③ 옳지 않다. 동물을 인간처럼 대하였다고 보기 어렵다.
⑤ 옳지 않다. 유교에 따르면 천지와 사물의 관계가 부모와 자식의 관계와 같으며 인간과 동물은 자식들 간의 관계라고 할 수 있다. 따라서 틀린 진술이다.

13 논리퀴즈   답 ⑤

| 난도 | 상
| 출처 | 17년 행시(가) 13번
| 풀이시간 | 2분 20초

정답해설

⑤ 옳다. 갑은 세 번째 문단에서 "필연적인 행동이 자유롭지 않은 이유는 다른 행동을 할 가능성이 차단되었기 때문이다."라고 주장한다. 반면 을은 마지막 문단에서 "철수의 행동 A가 필연적인지의 여부는 그 행동이 자유로운 것인지의 여부를 가리는 데 결정적인 게 아니야."라고 주장한다.

오답해설

① 옳지 않다. 을은 마지막 문단에서 "철수의 행동 A에는 A에 대한 철수 자신의 의지가 반영되어 있어."라고 하여, 전지전능한 신이 존재하더라도 철수의 행동에 철수의 의지가 반영될 수 있다고 생각한다.
② 옳지 않다. 을은 두 번째 문단에서 "비록 어떤 행동이 필연적이더라도 그 행동에 누군가의 강요가 없다면 자유로운 행동이 될 수 있어."라고 말한다. 따라서 을은 강요에 의한 행동을 자유로운 것으로 생각하지 않는다.
③ 옳지 않다. 갑과 을 모두 필연적인 행동에는 다른 행동의 가능성이 차단된다고 생각한다. 둘의 의견이 갈리는 부분은 필연성이 자유로움을 결정하는지에 대한 것이다.
④ 옳지 않다. 을은 전지전능한 신이 존재하더라도 철수의 행동이 자유로울 수 있다고 생각한다. 다만 갑은 전지전능한 신을 전제로 견해를 밝히고 있고, 전지전능한 신이 존재하지 않을 경우에 대한 갑의 견해는 나타나 있지 않다.

14 추론   답 ⑤

| 난도 | 상
| 출처 | 20년 행시(나) 9번
| 풀이시간 | 2분 15초

정답해설

ㄱ. 옳다. 다른 조건이 모두 같으면서 A국 궁수의 수가 4,000명으로 증가하면 ⊙은 $\frac{400/1,000}{100/4,000}=16$이 될 것이다.

ㄴ. 옳다. 마지막 문단 내용을 통해 A국의 B국에 대한 손실비를 계산하면 1/4보다 작으므로, A국의 군사력이 B국보다 4배 이상 우월하다는 것을 알 수 있다.

ㄷ. 옳다. 손실비는 최초 병력 대비 잃은 병력 비율을 통해 정의되므로, 전쟁 종료 시점까지 동일한 수의 병력 손실이 발생했다면 최초 병력의 수가 적은 쪽의 손실비율이 더 클 것이므로 (주어진 수식에서 분자는 커지고 분모는 작아지므로) 손실비가 더 크다.

+ 합격생 가이드

약간의 계산을 요하는 추론 문제이다. 손실비의 개념이 '비율/비율'이라는 것과 손실비가 크다는 것이 군사력의 열위를 의미한다는 것을 정확히 이해할 수 있어야 한다. 이러한 유형의 문제에 자신이 없는 수험생이라면 실전에서 시간을 많이 소요하고도 실수 때문에 정답을 맞히지 못할 가능성이 높은 문제이므로, 일단 보류하고 다른 문제를 우선적으로 푸는 것이 득점에 유리할 수 있다.

15 사례 찾기 · 적용   답 ①

| 난도 | 상
| 출처 | 19년 행시(가) 9번
| 풀이시간 | 2분

정답해설

ㄱ. 옳다. 기차의 정상 운행이라는 사건의 부재로 인해 영지가 지각하게 된 것을 인과의 한 유형으로 받아들임으로써, 영지가 새벽 3시에 일어나 직장에 걸어가는 것이라는 사건의 부재 역시 영지가 지각하게 된 원인으로 받아들여야 하는 문제가 발생하게 된다는 것이므로, ⊙ 문제에 해당하는 적절한 사례이다.

오답해설

ㄴ. 옳지 않다. 영수가 아닌 다른 사람들이 야구공을 던졌다면 역시 유리창은 깨졌을 것이다. 따라서 이 경우, 많은 사람 각각이 야구공을 던지지 않은 것은 유리창이 깨어진 사건의 원인이라고 볼 수 없다.

ㄷ. 옳지 않다. 햇빛을 과다하게 쪼이거나 지속적으로 쪼였다면 화분의 식물이 역시 시들어 죽었을 것이라는 사실로부터, 햇빛을 쪼이는 것 자체가 식물의 성장 원인이 아니라는 결론은 도출되지 않는다. 또한 부재 인과를 인과의 하나로 받아들이면 원인이 아닌 수많은 부재들을 원인으로 받아들여야 하는 문제가 생긴다는 지문 내용과도 부합하지 않는다.

---

16 밑줄 · 빈칸 채우기　　　　　답 ①

| 난도 | 상

| 출처 | 16년 행시(5) 17번

| 풀이시간 | 2분

정답해설

아인슈타인은 태양의 큰 질량으로 인해 태양 주위에 시공간의 왜곡이 발생해서 태양 주위를 지나가는 광자의 경로가 태양 쪽으로 휘어진다고 예측했다. 즉, 태양과 광자 사이에 중력이 작용한 것이다.

하지만 빈칸의 사실을 고려하면 뉴턴의 중력이론의 관점에서는 이렇게 될 이유가 없다. 즉, 뉴턴의 중력이론 상에서는 태양과 광자 사이에 중력이 작용하지 않는다. 뉴턴의 중력이론은 $F = G(m^1m^2)/r^\wedge$으로 표현되는데 중력이 작용하지 않기 위해서는 m^1이나 m^2가 0이 되면 된다. 이때, 태양은 큰 질량을 가지고 있으므로 광자의 질량이 0이라는 내용이 빈칸에 들어와야 한다. 따라서 정답은 ①로, '광자는 질량을 갖지 않는다.'이다.

---

17 논리퀴즈　　　　　답 ③

| 난도 | 상

| 출처 | 20년 행시(나) 12번

| 풀이시간 | 2분 15초

정답해설

갑 · 을 · 병의 진술을 간단한 기호로 나타낸 후, 주어진 조건을 만족시키는 가능한 경우의 수들을 표로 나타내면 아래와 같다.

진술		경우1	경우2	경우3
갑	단독∧2층	×	○	×
	∼ 2층 빈방	○	○	○
을	if 단독 → 5층	○	×	×
	∼단독∧∼같은방	○	×	×
병	if ∼단독 → 같은방	×	○	○
	∼ 빈방	×	×	○

③ 옳다. 병의 진술이 둘 다 거짓인 경우, 갑의 진술이 둘 다 참인 경우를 가정하면 이는 을의 두 진술과 모두 충돌하므로 을의 진술이 둘 다 거짓이어야 한다. 이는 조건에 부합하지 않으므로 병의 진술이 둘 다 거짓이라면 갑의 진술 중 하나는 거짓이어야 한다.

오답해설

① 옳지 않다. 갑의 진술이 둘 다 거짓인 경우, 2층에 빈방이 있어야 하므로 자동적으로 병의 두 번째 진술이 거짓이 되고, 병의 첫 번째 진술은 참이어야 한다. 그런데 이때 병의 첫 번째 진술은 을의 두 번째 진술과 모순되므로, 을의 두 번째 진술이 거짓이어야 하는데 조건에 따라 을은 두 진술 모두 참을 말하는 사람이어야 하므로 모순이 발생한다. 따라서 갑의 진술이 둘 다 거짓인 경우는 불가능하다.

② 옳지 않다. 경우3과 같이 2층과 전체 층에 빈방이 없는 경우가 가능하다.

④ 옳지 않다. 경우2와 같이 을의 진술이 둘 다 거짓이면서 단독범의 소행인 경우가 가능하다.

⑤ 옳지 않다. 경우3과 같이 갑의 진술 중 하나만 참이면서 단독범의 소행인 경우가 가능하다. 이 경우 단독범의 소행이지만 단독범이 2층 또는 5층에 묵지 않는 경우를 상상할 수 있고 모순이 발생하지 않는다.

+ 합격생 가이드

이러한 유형의 경우 갑의 첫 번째 진술, 을의 2번째 진술과 같이 명백하게 모순되는 선지들의 참 거짓 여부를 임의로 가정하여 시작하는 것이 유리하다. 다만 이 문제의 경우 고려사항이 많고 조건이 복잡하므로, 실전에서 시간을 많이 소요하고도 실수할 가능성이 높다. 이러한 유형에 자신이 있는 수험생이 아니라면 보류하고 다른 문제를 우선 풀이하는 것이 시험에서 유리할 것이다.

---

18 논리퀴즈　　　　　답 ⑤

| 난도 | 상

| 출처 | 19년 행시(가) 13번

| 풀이시간 | 2분 15초

정답해설

회의가 가영, 나영, 다영이 언급한 월, 일, 요일에 열렸다고 하였으므로, 회의가 열릴 수 있는 월은 5, 6월이고, 일은 8, 10일이며, 요일은 화, 목, 금이다. 이 중 글의 내용에서 주어진 조건에 위배되지 않는 회의 날짜를 찾으면 다음과 같다. 우선 회의가 열린 월을 찾기 위해 임의로 회의가 열린 월이 5월이라고 가정하면, 회의 날짜가 5월 8일인 경우와 5월 10일인 경우 모두 주어진 조건에 위배되기 때문에 모순이다. 따라서 회의는 6월에 열려야 하는 것을 알 수 있다. 회의가 6월에 열리는 경우, 회의 날짜를 8일이라고 가정하면 다영이 두 가지를 맞힌 사람, 나영이 한 가지도 맞히지 못한 사람, 가영이 한 가지만 맞힌 사람이 되어야 하는데 이 경우 회의가 열린 요일이 세 사람이 언급한 요일 중에 있을 수 없으므로 모순이다. 회의 날짜는 6월 10일이 되어야 하고, 이 경우 회의 요일로 가능한 경우는 화요일 혹은 금요일이다.

ㄱ. 옳다. 회의는 6월 10일에 열렸다.

ㄴ. 옳다. 회의가 6월 10일에 열리는 두 가지의 경우에서 모두 가영은 아무 것도 맞히지 못한 사람이다.

ㄷ. 옳다. 다영이 하나만 맞힌 사람이라면, 회의가 6월에 열린 것만 맞혔을 것이므로, 나영이 두 가지를 맞힌 사람이 되고, 회의는 6월 10일 화요일에 열렸을 것이다.

+ 합격생 가이드

논리퀴즈 유형의 경우, 지문의 내용을 간단한 논리식으로 빠르고 정확하게 치환하는 것이 문제의 핵심이다. 이 문제의 경우에는 고려해야 할 조건이 여러 가지이므로, 간략하게 도표 또는 메모를 통해 지문 내용을 정리해서 문제 풀이에 활용하도록 한다.

19 논리퀴즈   답 ②

| 난도 | 중

| 출처 | 18년 행시(나) 15번

| 풀이시간 | 2분 15초

정답해설

알려진 네 가지 사실과 다른 조건을 토대로 할 때, 정은 서울 청사에서 근무하고, 갑과 병 중 한 명이 세종 청사에서 근무하며, 과천 청사에서 근무하는 사무관이 이들 중 2명이므로, 을은 과천 청사에서 근무하는 것을 알 수 있다. 또한 을이 근무하는 청사는 사무관 수가 가장 적은 청사가 아니고, 을이 일자리 창출 업무를 겸임하지 않는다는 것으로부터 과천 청사는 사무관 수가 두 번째로 많은 청사가 아니다. 따라서 사무관 수가 많은 순서대로 청사를 나열하면, 과천, 세종, 서울 순이다.

ㄷ. 옳다. 정은 서울 청사에 근무하고, 서울 청사의 사무관 수가 가장 적다.

오답해설

ㄱ. 옳지 않다. 을 외에 모든 사무관이 일자리 창출 업무를 겸임하고 있으므로, 서울 청사에서 근무하는 정 역시 일자리 창출 업무를 겸임한다.

ㄴ. 옳지 않다. 을은 과천 청사에서 근무하고, 병은 세종 혹은 과천 청사에서 근무한다.

+ 합격생 가이드

조건을 차근차근 적용해 나가면 답은 어렵지 않게 도출되므로 난도 자체는 높지 않으나, 문제 해결을 위해 고려해야 하는 조건이 많아 시간을 많이 소요할 수 있는 문제 유형이다. 지문의 조건이 많기 때문에 실전에서 당황하면 주어진 조건을 놓쳐서 답이 확정되지 않는 것으로 착각할 수 있으므로, 시간적 여유가 없다면 일단 넘어갔다가 다른 문제를 풀고 돌아와서 차분히 여유를 두고 풀 필요가 있다.

20 추론   답 ④

| 난도 | 상

| 출처 | 17년 행시(가) 5번

| 풀이시간 | 2분 30초

정답해설

ㄴ. 옳다. ⓑ에서 일어나는 근육 수축은 전체근육의 길이가 변하지 않는 등척수축에 해당하며, 이러한 등척수축은 골격근의 주변 조직과 근육섬유 내에 있는 탄력섬유의 작용에 의해 일어난다.

ㄷ. 옳다. 최대 장력이 10kg인 이두근이 있는 팔의 팔꿈치가 일정한 각도를 유지하고 있다는 것은 현재 이두근이 정확히 10kg에 해당하는 장력을 만들고 있어 전체근육 길이가 변하지 않는 것이다. 이때 이두근에 10kg을 초과하는 부하를 걸면 이두근의 장력을 초과하는 부하가 걸려 전체근육의 길이가 늘어나게 되고, 이는 그래프에서 ⓒ에 해당한다.

오답해설

ㄱ. 옳지 않다. ⓐ에서 일어나는 근육 수축은 전체근육이 수축하는 동심 등장수축이다.

+ 합격생 가이드

난도가 비교적 높은 추론 문제이다. 제시된 그래프의 Y축이 전체근육의 길이가 아니라 전체근육의 수축속도를 의미한다는 것에 주의해야 한다. 이러한 문제의 경우, 각 개념의 의미와 관계, 작용 메커니즘 등을 간단히 요약해 두고 풀이하는 것이 실수를 줄이는 방법이 될 수 있다.

21 강화·약화   답 ①

| 난도 | 중

| 출처 | 16년 행시(5) 33번

| 풀이시간 | 2분 15초

정답해설

ㄱ. 옳다. 이는 토착 병원균들을 다스리는 면역 능력을 비슷하게 가진 사람들이 한 곳에 모여 살게 된 사례이므로 위 글의 논지를 강화한다.

오답해설

ㄴ. 옳지 않다. 위 글에 따르면 외지인을 배척하는 성향은 전염성 질병으로부터 스스로를 보호하는 효율적인 장치였기 때문에 전염성 질병 감염 위험이 높은 지역일수록 배타적 성향이 높아야 하고 그렇지 않은 경우에는 배타적 성향이 낮아야 한다. 만약 따라서 감염 위험이 미미함에도 불구하고 외지인을 배척하는 성향이 강하게 나타난다면 위 글의 논지는 약화된다.

ㄷ. 옳지 않다. 특정 지역에 거주하는 사람들이 전염병 감염의 위험에 대해 평가할 때 뚜렷한 개인차를 보인다면, 전염성 질병으로부터 스스로를 보호하기 위해 외지인을 배척하고 같은 지역 사람끼리 결속하는 성향이 생기기 어려워진다. 따라서 위 글의 논지를 강화하지 않는다.

22 강화·약화   답 ⑤

| 난도 | 상

| 출처 | 16년 행시(5) 13번

| 풀이시간 | 2분

정답해설

⑤ 옳지 않다. K/T경계층 형성 시기가 아닌 다른 시기에도 소행성이 드물지 않게 지구에 충돌했다면, 소행성과 지각의 무수한 파편들도 빈번하게 나타났을 것이다. 따라서 소행성 충돌은 공룡 대멸종의 원인이라고 볼 수 없으며 그에 따라 ⊙은 약화된다.

오답해설

① 옳다. 신생대 제3기(T) 이후에 형성된 지층은 K/T경계층 위에 위치한다. 해당 지층에서 공룡화석이 대량으로 발견되었다면, 이는 K/T경계층이 생성된 시기 이후에도 공룡이 있었다는 것을 의미한다. 따라서 K/T 경계층이 생성되던 시기에 공룡이 멸종했음을 전제하는 ⊙은 약화된다.

② 옳다. ⊙은 중생대와 신생대 사이에 일어난 멸종이 소행성 충돌로 인해 발생하였다고 결론 내리고 있으므로, 고생대에 일어난 멸종은 이와 무관하여 ⊙을 강화하지 않는다.

③ 옳다. 앨버레즈는 이리듐의 증가속도가 일정하다고 보아, 이리듐의 양과 퇴적에 걸린 시간이 비례관계에 놓여 있다는 것을 도출하였다. 따라서 이리듐의 증가속도가 일정하지 않다면 앨버레즈의 전제가 틀린 것이 되며 그에 따라 도출된 ⊙도 약화된다.

④ 옳다. 만약 이리듐의 농도가 다량으로 검출된 지층이 K/T경계층이 아니라 다른 지층이었다면, 공룡이 멸종된 시기도 K/T경계층 형성 시기가 아니라 다른 지층의 형성 시기라고 보아야 할 것이다. 따라서 K/T경계층 형성 시기에 공룡이 멸종했다는 ㉠은 약화된다.

23 추론

답 ①

| 난도 | 중
| 출처 | 16년 행시(5) 26번
| 풀이시간 | 2분 15초

정답해설

① 옳지 않다. 심미적 특성에 근거하여 더 많은 문제를 해결하리라고 기대할 수는 있지만, 이러한 기대는 좌절될 수도 있으므로 반드시 해결 가능한 문제의 범위와 수에서도 우월하다고 할 수는 없다.

오답해설

② 옳다. 마지막 문단에서는 '이 단계에서 모든 개별 과학자의 선택 기준은 더 이상 새 이론의 심미적 특성이나 막연한 기대가 아니다. 과학자들은 새 이론이 해결하는 문제의 수와 범위가 기존 이론의 그것보다 크다고 판단할 경우 새 이론을 선택할 것이다'고 서술하고 있다. 따라서 이전 단계에서는 심미적 특성이나 막연한 기대가 선택 기준이 될 수 있었으나 이후의 단계에서는 해결하는 문제의 수와 범위를 선택 기준으로 삼는다는 점을 알 수 있다.
③ 옳다. 기존 이론의 경우, 설명하지 못하는 이상현상이 있다고 하더라도 해당 이상현상을 설명할 수 있는 새 이론이 나타나기 전까지는 폐기되지 않는다. 따라서 설명하지 못하는 이상현상이 존재한다고 해서 과학자 공동체가 그 이론을 폐기하는 것은 아니다.
④ 옳다. 기존 이론이 설명하지 못하는 이상현상을 설명하는 새 이론이 등장하는 것이 과학혁명의 출발점이 되며 새 이론이 없다면 과학혁명은 시작될 수 없다.
⑤ 옳다. 과학자 공동체는 새 이론과 기존 이론 사이에서 선택을 할 때, 어떤 것이 해결하는 문제의 수와 범위가 더 큰지를 기준으로 판단한다. 따라서 해결하지 못하는 문제가 있더라도 더 많은 문제를 해결하는 이론이라면 선택될 것이다.

24 강화 · 약화

답 ②

| 난도 | 상
| 출처 | 17년 행시(가) 36번
| 풀이시간 | 2분

정답해설

② 옳다. B 가설은 소셜미디어가 주류 언론에서 상대적 소외된 집단의 대안매체로 기능한다는 점을 들어 갑국에서 진보 성향의 견해가 소셜미디어에 두드러지게 나타나는 현상을 설명하고 있다. 이는 갑국의 주류 언론은 보수 성향이라는 것을 전제하고 있는 것이다. 따라서 선지의 사실은 B 가설이 전제하는 것과 부합하여 B 가설을 강화한다.

오답해설

① 옳지 않다. A 가설은 소셜미디어의 쌍방향 의사소통 특징이 진보가 중시하는 참여 민주주의의 가치와 부합하기 때문에 갑국에서는 소셜미디어 상에서 진보 성향의 견해가 두드러진다고 설명하고 있다. 하지만 을국의 경우 보수 성향의 소셜미디어 사용자들이 많다면 진보가 중시하는 참여 민주주의의 가치로 설명하는 A가설이 약화될 수밖에 없다.
③ 옳지 않다. 젊은 진보 성향의 사람들이 소셜미디어와 어떤 관계를 맺고 있는지가 선지에 나타나있지 않기 때문에 젊은 사람들 중에 진보 성향의 비율이 높다는 사실만으로는 A 가설과 B 가설에 어떤 영향을 미칠지 확정하기 어렵다.
④ 옳지 않다. 주류 언론과 소셜미디어 중 어느 쪽이 영향력이 더 높은지에 대해서 두 가설은 예측하고 있지 않으므로 두 가설과 무관한 사실이다. 따라서 A 가설과 B 가설 모두 강화하지 않는다.
⑤ 옳지 않다. 정치 활동을 많이 하는 사람들이 진보적인 유권자이면서 동시에 주류 언론에서 상대적으로 소외된 집단에 속한다면 A 가설과 B 가설 어느 것도 약화하지 않는다. 따라서 선지의 사실만으로는 A 가설, B 가설에 어떤 영향을 미칠지 확정할 수 없다.

25 전제 · 결론

답 ⑤

| 난도 | 중
| 출처 | 18년 행시(나) 28번
| 풀이시간 | 2분 25초

정답해설

⑤ 옳다. 여성들이 정원을 가꾸면서 지식과 경험을 쌓을 수 있었다는 것이 이 글의 주제이다.

오답해설

① 옳지 않다. 정원은 반(反) 야생의 자연이다.
② 옳지 않다. 여성들이 정원을 자신의 자존심으로 여겼으나, 여기에 자연을 통제하고자 하는 이룰 수 없는 욕구가 반영되어 있다는 것은 나타나지 않는다.
③ 옳지 않다. 정원은 자연과 분명한 경계를 긋기 위해 울타리를 설치한 공간이다.
④ 옳지 않다. 정원은 여성 제후를 포함한 여성들이 경험을 쌓은 공간이다. 그 과정에서 모든 종류의 식물들이 서로 잘 지내지는 않는다는 식물 생태학적 통찰이 이루어지기도 했지만, 여성 제후들이 농부들의 경작 경험을 집대성하여 식물 생태학의 기초를 다졌다는 내용은 나와 있지 않다.

01	02	03	04	05	06	07	08	09	10
①	③	④	④	④	②	③	④	④	⑤
11	12	13	14	15	16	17	18	19	20
②	②	①	③	②	⑤	③	②	③	⑤
21	22	23	24	25					
①	③	③	①	③					

01 단순확인(표 · 그림) 답 ①

| 난도 | 중

| 출처 | 21년 행시(가) 11번

| 풀이시간 | 1분 15초

정답해설

ㄱ. 옳다. 2024년과 2018년 대비 2024년 매출액 순위변화를 이용하여 각 기업들의 등수를 구한다. 그러면 2024년 기준 매출액 순위를 기준으로 2018년 기준 매출액 순위는 다음과 같이 1, 3, 2, 4, 5, 6, 12, 10, 16, 14등이 된다. 이때 2018년 10등인 ABBVIE의 매출액이 321억 원이 된다. 따라서 7등, 8등, 9등의 매출액이 321억 이상임을 알 수 있다. 이를 고려하면 2018년 기준 매출액 소계를 기준으로 3,455+(321−306)+(321−174)+(321−207)=3,731억 달러이므로 3,700억 달러 이상이다.

ㄴ. 옳다. 2024년 매출액 상위 10개 제약사 중 2018년 대비 2024년 매출액이 가장 많이 증가한 기업은 Takeda로 149억 달러가 증가했으며 가장 적게 증가한 기업은 Roche로 21억 달러 증가했다.

오답해설

ㄷ. 옳지 않다. 2024년 매출액 상위 10개 제약사의 매출액 합이 전체 제약사 총 매출액에서 차지하는 비중은 2024년 : $\frac{2,149}{11,809} \times 100 ≒ 35.13\%$이며, 2018년

: $\frac{3,455}{8,277} \times 100 ≒ 41.74\%$이므로 2024년이 2018년보다 작다.

ㄹ. 옳지 않다. 2024년 매출액 상위 10개 제약사 중, 2018년 대비 2024년 매출액 증가율이 60% 이상인 기업은 1개로 Takeda이다.

+ 합격생 가이드

ㄱ이 약간 생소할 수 있으나 2024년 기준 매출액 상위 10개 제약사의 2018년 매출액 순위를 적는다면 문제 풀이 방법이 보일 것이다. 이러한 아이디어를 떠올리기만 한다면 정답을 쉽게 도출할 수 있다. 만일 떠올리지 못하더라도 계산을 통해 구할 수 있다.

02 단순확인(표 · 그림) 답 ③

| 난도 | 중

| 출처 | 20년 행시(나) 9번

| 풀이시간 | 2분 10초

정답해설

ㄴ. 옳다. 전체 압류건수가 가장 많은 해는 2017년이고, 이 해 부동산 압류건수는 약 13만 건이다. 2015년, 2016년, 2018년 모두 부동산 압류건수가 13만 건에 미치지 못한다.

ㄷ. 옳다. 2018년 부동산 압류건수가 약 12만 건이고, 여기에서 30% 감소한다면 약 3.6만 건이 감소하는 것이다. 15.1만 건에서 3.6만 건이 감소한다면 감소율은 약 23.8%이다.

오답해설

ㄱ. 옳지 않다. 부동산 압류건수가 기타 재산 압류건수의 4배 이상이라면, 기타 재산 압류건수는 전체의 20% 이하이어야 한다. 2016년과 2017년 기타 재산의 비중은 20% 이상이다.

ㄹ. 옳지 않다. 2016년 부동산 압류건수는 약 12.4만 건이다. 2014년 부동산 압류건수는 약 12.2만 건으로, 2016년 부동산 압류건수는 0.2만 건 증가하였다. 이때 증가율은 약 1.6%이다.

+ 합격생 가이드

이 문제는 가장 기본적인 계산 스킬을 활용한다면 풀이 시간을 현저히 줄일 수 있다.

ㄱ. 선지에서 기타 재산의 압류건수에 5배를 해서 전체 압류건수와 비교하여 비중을 계산할 수 있다.

ㄴ. 선지에서 각 년도 기타 재산 압류건수에 13만 건을 더해서 전체 압류건수보다 작은지 확인하면 된다.

ㄷ. 선지에서 3.6만 건에 4배를 해서 15.1만 건보다 작다면, 감소율은 25%보다 작은 것이 된다.

ㄹ. 선지에서 0.2만 건에 40배를 해서 12.2만 건보다 작다면, 증가율은 2.5% 미만이다.

03 단순확인(표 · 그림) 답 ④

| 난도 | 중

| 출처 | 19년 행시(가) 5번

| 풀이시간 | 2분

정답해설

ㄴ. 옳다. 최종학력이 석사 또는 박사인 B 기업 지원자는 63명이다. B 기업 지원자 중 업무 경력이 20년 미만인 지원자가 56명이므로, 석사 또는 박사인 지원자 중 7명 이상은 업무경력이 20년 이상이다.

ㄹ. 옳다. 전체 지원자는 155명, 40대 지원자는 51명이다. 이 비율은 32.9%로 35% 미만이다.

오답해설

ㄱ. 옳지 않다. A 기업 지원자 중 남성은 53명, 10년 이상 경력자는 53명으로 동일하다.

ㄷ. 옳지 않다. 여성 지원자의 비율은 B 기업이 더 높다.

04 매칭형 답 ④

| 난도 | 상
| 출처 | 18년 행시(나) 15번
| 풀이시간 | 2분 30초

정답해설

첫 번째 조건에 따르면, 수입액의 증가폭은 〈표〉의 2015년과 2016년 상품수출액 변화폭에서 〈그림 1〉의 2015년과 2016년 상품수지 변화폭을 빼서 구할 수 있다. A와 C의 증가폭이 10으로 동일하며, B, D, E는 을 또는 정이 될 수 없다. (선지 ②, ⑤ 소거)

두 번째 조건에 따르면, 서비스수입액의 동일 여부는 〈표〉의 2015년과 2016년 서비스수출액 변화폭에서 〈그림 1〉의 2015년과 2016년 서비스수지 변화폭을 빼서 확인할 수 있다. 그 값이 0인 것은 B, C, E이며 따라서 A, D는 을, 병, 무가 될 수 없다. (선지 ①, ②, ③ 소거)

세 번째 조건에 따르면, A, C, D는 병 또는 무가 될 수 없다. (선지 ③, ⑤ 소거)

네 번째 조건에 따르면, A는 갑 또는 병이 될 수 없다.

답은 ④가 된다.

+ 합격생 가이드

실전에서는 두 번째 조건까지만 하면 답을 알 수 있다. 그 이하 검토는 불필요하다. PSAT는 시간싸움임을 기억해야 한다. 그리고 첫 번째, 두 번째 조건에서 직접 수입액을 구하는 것도 하나의 방법이다. 편한 방법을 선택하면 된다.

05 단순확인(표 · 그림) 답 ④

| 난도 | 중
| 출처 | 16년 행시(5) 8번
| 풀이시간 | 1분 30초

정답해설

ㄱ. 옳다. 13, 14년은 일본 대만만 계산해도 중국보다 많고 15년도 기타를 더하면 중국보다 많다.

ㄷ. 옳다. 중국은 매년 임직원 수가 유일하게 1,000 넘게 증가하였다.

ㄹ. 옳다. 한국이면서 정규직이고 사원인 직원 수는 10,197＋16,007＋14,800－17,998×2＝5,008로, 적어도 5,008명 이상이다.

오답해설

ㄴ. 옳지 않다. 14년에는 50% 미만이다.

+ 합격생 가이드

ㄴ. 전체가 18,000에서 2만 모자란데 20대 이하가 9,000에서 이보다 훨씬 모자라므로 50% 미만임을 쉽게 알 수 있다.

ㄹ. 적어도 문제의 활용으로 3개의 카테고리가 겹치므로, 전체 집단을 2번 빼주는 것이 포인트다.

06 표와 그림 답 ②

| 난도 | 중
| 출처 | 17년 행시(가) 7번
| 풀이시간 | 2분 15초

정답해설

ㄱ. 옳다. 표는 1인당 GDP 순으로 정렬되어 있으므로, 체코보다 위에 위치한 국가들의 수학성취도를 확인하면 된다. 그림에서도 체코의 위치를 찾은 후 우상방에 위치한 점의 개수와 우하방에 위치한 점의 개수를 비교할 수도 있다. 다만 이 문제에서는 그림의 점의 위치가 모호하므로 표를 통해 확인하는 것이 바람직하다.

ㄷ. 옳다. 수학성취도 평균은 500점이라고 제시되어 있으므로, GDP 상위 5개 국가 중 수학성취도가 전체 평균보다 높은 국가는 싱가포르뿐이다.

오답해설

ㄴ. 옳지 않다. 그림을 통해 확인하면 빠르다. 수학성취도 하위 7개 국가 중 한 국가(카타르)의 1인당 GDP가 2만 달러보다 훨씬 크다.

ㄹ. 옳지 않다. 그림을 통해 확인하면 빠르다. 수학성취도 하위 2개 국가의 1인당 GDP 차이(그림에서의 거리)가 더욱 크다.

+ 합격생 가이드

이 문제에서는 표의 자료를 그림으로 그대로 옮겨 표현하고 있다. 따라서 카타르와 인도네시아의 수학성취도는 그림을 통해 빠르게 파악할 수 있다. 1인당 GDP가 77천 달러인 국가는 그림에서 하나뿐이므로, 이 국가는 카타르이다. 따라서 카타르의 수학성취도는 375점이다. 한편 1인당 GDP가 5천 달러 부근인 국가는 그림에서 둘인데, 베트남의 수학성취도가 511점이므로 인도네시아의 수학성취도가 375점인 것을 알 수 있다.

07 공식 · 조건 답 ③

| 난도 | 상
| 출처 | 21년 행시(가) 15번
| 풀이시간 | 2분 30초

정답해설

평가점수 산정방식 가의 경우, 논문의 값은 Ⅰ: 4, Ⅱ: 1, Ⅲ: 3, Ⅳ: 0, Ⅴ: 10다. 따라서 평가점수는 논문 Ⅰ이 1점이고 나머지 논문들이 2점이다.

평가점수 산정방식 나의 경우, 각 논문의 중앙값은 Ⅰ: 1, Ⅱ: 3, Ⅲ: 2, Ⅳ: 4, Ⅴ: 30다. 따라서 평가점수는 논문 Ⅰ이 1점이고 나머지 논문들이 2점이다.

평가점수 산정방식 다의 경우, 논문별 선호순위의 합은 Ⅰ: 7, Ⅱ: 9, Ⅲ: 6, Ⅳ: 13, Ⅴ: 100다. 따라서 평가점수는 논문Ⅲ이 1점이고 나머지 논문들이 2점이다.

ㄱ. 옳다. 우수논문 선정방식 A에 따르면 논문Ⅰ이 우수논문으로 선정될 확률이 $\frac{2}{3}$이며, 논문Ⅲ이 우수논문으로 선정될 확률이 $\frac{1}{3}$이다.

ㄷ. 옳다. 우수논문 선정방식 C에 따라 논문들의 평가점수 산정방식에 가중치를 각각 적용한 점수의 합은 Ⅰ: $\frac{3}{2}$, Ⅱ: 2, Ⅲ: $\frac{3}{2}$, Ⅳ: 2, Ⅴ: 20다. 이때 논문Ⅰ과 Ⅲ의 선정점수가 동일한데 각주 2)에 따라 우수논문은 Ⅲ으로 선정된다.

오답해설

ㄴ. 옳지 않다. 우수논문 선정방식 B에 따라서 논문의 평가점수 산정방식 가, 나, 다에서 도출된 평가점수의 합은 Ⅰ : 4, Ⅱ : 6, Ⅲ : 5, Ⅳ : 6, Ⅴ : 6이다. 따라서 우수논문은 Ⅰ로 선정된다.

+ 합격생 가이드

이러한 문제는 평가점수 산정방식과 우수논문 선정방식이 다양하다. 우선적으로 평가점수 산정방식을 통해 각 평가점수를 산정하고 그다음 우수논문 선정방식에 따라 우수논문을 구하여야 한다. 또한 이 문제를 풀 때 시간이 좀 걸리기 때문에 이를 다급하게 풀어서는 틀릴 확률이 높아지므로 차분하게 푸는 마음가짐이 필요할 것이다.

---

08 표와 그림 답 ④

| 난도 | 중

| 출처 | 19년 행시(가) 12번

| 풀이시간 | 2분 15초

정답해설

ㄱ. 옳다. 2012년에 비해 2013년 국내시장규모는 증가하였지만 수입액은 줄어들었으므로 수입액이 차지하는 비중은 감소하였다.

ㄷ. 옳다. 2013년 의약품 세계전체 시장규모에서 유럽이 차지하는 비중은 219.8÷947.6×100=23.2%였다.

ㄹ. 옳다. 2014년 의약품 세계 전체 시장규모는 전년대비 8.4% 증가하였다.

오답해설

ㄴ. 옳지 않다. 국내시장규모는 2010년 19.35조원에서 2011년 19.17조원으로 감소하였다.

+ 합격생 가이드

정확한 계산이 요구되는 문항이다. 어렵지는 않은 문항이므로 시간을 조금 더 들여서라도 꼼꼼히 계산하여 틀리지 않도록 하자.

---

09 매칭형 답 ④

| 난도 | 중

| 출처 | 21년 행시(가) 10번

| 풀이시간 | 1분 45초

정답해설

각 성인들의 탄수화물, 단백질 및 지방 각각의 칼로리와 전체 칼로리를 우선 계산한다.

A : 375×4+50×4+60×9=1,500+200+540=2,240

B : 500×4+50×4+60×9=2,000+200+540=2,740

C : 300×4+75×4+50×9=1,200+300+450=1,950

D : 350×4+120×4+70×9=1,400+480+630=2,510

E : 400×4+100×4+70×9=1,600+400+630=2,630

F : 200×4+80×4+90×9=800+320+810=1,930

우선 일일 에너지 섭취 권장량으로 적합한 사람을 구하면 남자는 B와 E가 되며, 여자는 C와 F가 된다. 그다음 일일 총에너지 섭취량 중 55~65%를 탄수화물로, 7~20%를 단백질로, 15~30%를 지방으로 섭취하는 조건에 적합한 사람을 구하면 남자는 E, 여자는 C가 된다.

+ 합격생 가이드

이런 유형의 문제는 각 영양소별로 칼로리를 깔끔하게 쓰면서 푸는 것이 시간을 단축하는 데 도움이 된다. 단순 계산의 형태이므로 어렵지 않게 풀 수 있다.

---

10 복수의 표 답 ⑤

| 난도 | 상

| 출처 | 21년 행시(가) 20번

| 풀이시간 | 2분 30초

정답해설

ㄱ. 옳다. 〈표1〉에서 애니메이션 전체의 합은 39개이다. 이때 〈표2〉에서 중복하여 등록한 회사가 18개이므로 이를 제한다면 21개의 회사가 1편의 애니메이션만 등록하였다.

ㄴ. 옳다. 1월에 국내단독 유형인 애니메이션을 등록한 회사는 유이락이 2편을 등록하였다고 한 바 6-(2-1)=5개의 회사가 애니메이션을 등록했다.

ㄷ. 옳다. 3월에 유이락이 국내단독으로 3편의 애니메이션을 등록하였으므로 전체 11편 중 1개의 회사가 3편을 등록했기 때문에 11-(3-1)=9개의 회사가 애니메이션을 등록했을 것이다.

+ 합격생 가이드

〈표2〉에서 말하고자 하는바가 무엇인지를 정확하게 캐치해야 한다. 과거 기출문제에서도 회사가 중복되었던 경우가 있는데 기출문제를 많이 풀었다면 그 아이디어를 살짝만 변형하여 풀 수 있었다.

---

11 추가로 필요한 자료 답 ②

| 난도 | 상

| 출처 | 16년 행시(5) 23번

| 풀이시간 | 2분 20초

정답해설

ㄱ. 필요하다. 〈보고서〉의 세 번째 문단에서 박사학위 취득자 중 취업자의 전공계열별 고용형태에 대해 살펴보고 있다. 〈표〉에서 박사학위 취득자 중 취업자의 고용형태별 직장유형 구성비율을 제시하고 있으나, 이를 통해서는 여성 취업자 중 비정규직 비율과 같은 정보는 확인할 수 없다.

ㄷ. 필요하다. 〈보고서〉의 네 번째 문단에서 고용형태별, 직장유형별 평균 연봉을 다루고 있다.

ㄹ. 필요하다. 〈보고서〉의 세 번째 문단에서 박사학위 취득자의 성별 고용형태에 대해 살펴보고 있다.

오답해설

ㄴ. 필요하지 않다. 취업자의 성별, 전공계열별 평균 연봉은 〈보고서〉에서 다루고 있지 않다. 네 번째 문단에서 박사학위 취득자 중 취업자의 고용형태에 따른 평균 연봉을 제시하고 있을 뿐이다.

ㅁ. 필요하지 않다. 〈보고서〉에서 근속기간에 대해 다루고 있지 않다.

+ 합격생 **가이드**

고용률, 고용형태, 고용형태별 직장유형 구성비율, 전공계열별 고용형태 등 유사한 단어가 계속 반복된다. 그러나 이들은 완전히 다른 개념이다. 추가로 필요한 자료를 묻는 유형은 보통 쉽게 출제되어 방심할 수 있다. 반드시 맞추고 넘어간다는 생각으로 꼼꼼히 살펴보자.

---

12 복수의 표
답 ②

| 난도 | 중

| 출처 | 18년 행시(나) 2번

| 풀이시간 | 1분 50초

정답해설

ㄱ. 옳다. 3,540의 70%는 2,478이다. 이 둘을 더하면 6,018로 6,160보다 작다.

ㄷ. 옳다. 535만의 9%는 약 48만으로 50만이 되지 않는다. 2017년의 교통량은 588만 대이므로 16년과 53만 차이가 난다. 따라서 9% 이상 증가했다.

오답해설

ㄴ. 옳지 않다. 2016년 3,540만 명을 6으로 나누면 590만 명이다. 2017년의 경우 6,160만 명을 11로 나누면 560만 명이다. 양 자의 차이는 30만 명으로 10% 감소하지 않았다.

ㄹ. 옳지 않다. 서울-부산 구간에서 2016년 7:15, 2017년 7:50으로 오히려 최대 소요시간이 증가했다.

+ 합격생 **가이드**

해당 문항에서 보고서는 선지의 역할을 한다고 보면 된다. ㄱ의 경우 간단히 3500의 70%를 계산하고 차이가 크다면 뒷자리는 계산하지 않아도 되며, 실전에서는 이러한 풀이가 적합하다.

---

13 복수의 표
답 ①

| 난도 | 상

| 출처 | 18년 행시(나) 11번

| 풀이시간 | 2분 30초

정답해설

〈보고서〉의 두 번째 조건에 따르면, 직원을 증원하지 않을 경우 '가' 사업장의 매출액은 253 이하, '나' 사업장의 매출액은 176 이하가 되어야 한다. (선지 ④, ⑤ 소거)

〈보고서〉의 세 번째 조건에 따르면, 직원 증원이 없을 때와 직원 3명을 증원할 때의 2018년 매출액 차이는 '나' 사업장이 '가' 사업장보다 커야 한다. (선지 ② 소거)

〈보고서〉의 네 번째 조건에 따르면, '나' 사업장은 최소 2명을 증원할 때 매출액이 252보다 커진다. (선지 ③ 소거)

+ 합격생 **가이드**

〈그림〉과 〈보고서〉의 내용을 종합하여 다시 그래프로 나타내야 한다. 〈보고서〉의 각 조건을 하나씩 적용해 보면서 오답 선지를 소거해 나가는 방식으로 접근하자.

조건을 반드시 순서대로 적용할 필요는 없다. 가령, 세 번째 조건은 계산이 필요하지만 네 번째 조건은 단순히 확인만 하면 된다. 항상 복습하면서 좀 더 빠른 풀이가 없는지 고민해 보자. 한편 세 번째 조건을 확인할 때 일일이 계산하기보다는 그래프의 크기를 활용할 수 있다. 계산을 하는 경우에도 '증원없음'과 '3명'을 왔다 갔다 하면서 계산하기보다는, '증원없음'에서 '가'와 '나' 사업장의 매출액 차이를 구하고, 이를 '3명'에서 '가'와 '나' 사업장의 매출액 차이와 비교하는 방식이 한결 편하다.

---

14 빈칸형
답 ③

| 난도 | 중

| 출처 | 17년 행시(가) 8번

| 풀이시간 | 2분

정답해설

'가' vs '나' → 3:2 '가' 승리

'가' vs '다' → 6:0 '가' 승리

'나' vs '다' → 2:2 무승부

ㄴ. 옳다. 총 3경기가 치러졌고 '나'팀과 '다'팀의 경기는 무승부이다.

ㄷ. 옳다.

오답해설

ㄱ. 옳지 않다. 세 팀의 총득점 합과 총실점 합은 같아야 한다. 따라서 '가'의 총득점은 9점이다.

ㄹ. 옳지 않다. '가'는 '다'와의 경기에서 6:0으로 승리했다.

+ 합격생 **가이드**

'나'와 '다'의 경기는 무승부이기 때문에 그 경기에서 각 팀의 득점과 실점은 같다. 따라서 '나'와 '다'의 총득점과 총실점에서 같은 숫자를 뺐을 때 남는 숫자가 '가'와의 경기 결과고, 이때 '가'팀을 상대로 거둔 총득점이 2점이어야 하므로 '나'와 '다'의 경기 결과는 2:2라는 것을 알 수 있다.

---

15 공식 · 조건
답 ②

| 난도 | 중

| 출처 | 20년 행시(나) 2번

| 풀이시간 | 2분 10초

정답해설

〈표〉의 정보를 토대로 각 팀의 정확도 및 임계성공지수를 계산하면 다음과 같다.

	H	F	M	C	정확도	임계성공지수
가	3	1	1	7	10/12	3/5
나	4	4	0	4	8/12	4/8
다	2	1	2	7	9/12	2/5
라	1	0	3	8	9/12	1/4

정확도가 가장 높은 팀은 정확도가 10/12인 '가'팀이다.
임계성공지수가 가장 낮은 팀은 임계성공지수가 1/4인 '라'팀이다.

+ 합격생 가이드

H, F, M, C의 값을 구하는 것은 실수만 하지 않는다면 크게 어렵지 않다. 다만 선지를 활용하여 시간을 조금이라도 줄여보자. 정확도가 가장 높은 팀 후보는 '가', '다', '라'이므로 정확도를 계산할 때 '나'팀은 고려할 필요가 없다. 정확도가 가장 높은 팀을 '가'팀으로 특정했다면 임계성공지수는 '나'와 '라'팀만 비교하면 된다. 한편 정확도의 분모는 항상 12이므로 분자인 H+C만 비교하면 된다.

---

16 공식 · 조건   답 ⑤

| 난도 | 중

| 출처 | 16년 행시(5) 24번

| 풀이시간 | 2분

정답해설

첫 번째 조건에 따르면 원주를 n−1등분하였고, 두 번째 조건에 따르면 등분점의 숫자가 1부터 n−1까지 있다. 따라서 n은 〈그림〉에 나타난 가장 높은 등분점 숫자에 1을 더한 것이다. 가장 높은 숫자의 등분점은 12이므로 n은 13이 된다. 세 번째 조건에 따르면 등분점 P에 m을 곱한 후 n으로 나눈 것과 나머지가 같은 수가 대응점 관계에 있다. 1에 m을 곱하고 n으로 나누면 나머지는 m이 된다. 1과 연결된 수는 11과 6인데, m은 n의 절반보다 낮으므로 m은 6이 된다. m과 n의 합은 19가 되므로 정답은 ⑤가 된다.

+ 합격생 가이드

문제를 이해하기 어려울 수 있는데, 이때는 그림을 적극적으로 활용하면 된다. 특히 n의 경우 큰 어려움 없이 그림을 통해서 찾을 수 있다.
m과 같이 나머지를 구해야 하는 경우, 이를 처리하는 가장 쉬운 방법은 1을 곱하는 것임을 기억해두면 좋다.

---

17 빈칸형   답 ③

| 난도 | 중

| 출처 | 21년 행시(가) 7번

| 풀이시간 | 1분 45초

정답해설

ㄱ. 옳다. 2021학년도 경쟁률이 전년 대비 하락한 과목은 국어, 영어, 일반사회, 역사, 수학, 화학, 생물, 지구과학, 가정, 미술로 총 10개이다. 반면, 2021학년도 경쟁률이 전년 대비 상승한 과목은 중국어, 지리, 물리, 기술, 정보컴퓨터, 음악, 체육으로 총 7개이다. 도덕윤리과목이 전년 대비 경쟁률이 상승했다고 하더라도 2021년 경쟁률이 전년 대비 하락한 과목수가 더 많기 때문에 옳다.

ㄹ. 옳다. 2021학년도 수학의 모집정원은 $\frac{4,452}{12.54}$=355명이고 영어의 모집정원은 $\frac{4,235}{15.92}$=266명이다. 따라서 2021학년도 수학의 모집정원이 영어의 모집정원보다 많다.

ㄴ. 옳지 않다. 2021학년도 경쟁률 상위 3과목은 중국어와 영어, 국어이다. 반면 접수인원 상위 3과목은 국어와 수학, 영어이다. 따라서 옳지 않다.

ㄷ. 옳지 않다. 2021학년도 경쟁률이 5.0 미만인 과목은 도덕윤리와 기술이다. 도덕윤리의 경우 150명 이상이나 기술과목의 경우 모집정원이 144명이므로 틀린 보기이다.

+ 합격생 가이드

각주에서 나오는 분수에서 모집정원이 분모이고 접수인원이 분자임을 정확하게 판단해야 한다. 이를 대충 보면 문제를 풀다 꼬여서 계산을 다시 한 번 해야 하는 실수를 범할 수 있다. 또한 맨 처음 풀 때 표를 먼저 채우려고 하지 말고 보기에서 물어볼 때 계산을 한다면 시간을 단축할 수 있을 것이다.

---

18 빈칸형   답 ②

| 난도 | 상

| 출처 | 16년 행시(5) 25번

| 풀이시간 | 2분 30초

정답해설

(가) 26. 첫 번째 〈보고서〉에 따르면, '투신자살'은 27건으로 2013년 철도교통사고상사고의 90%를 차지한다. 따라서 2013년 철도교통사상사고는 27÷9×10=30건이며, 2012년은 26건이다.

(나) 9. 두 번째 〈보고서〉에 따르면, 2013년 철도안전사상사고건수는 피해자 유형 중 '직원' 수와 같다. 따라서 2013년 철도안전사상사고건수는 8건이고, 2012년은 1건 많은 9건이다.

(다) 3. 2013년 철도안전사상사고건수가 8건이고 피해자 수도 총 8명이다. 사망, 중상, 경상을 당한 피해자 수 합이 8이어야 하므로, 2013년 중상을 당한 피해자는 3명이다.

(라) 1. 2013년 운행장애가 총 3건이고, 세 번째 〈보고서〉에 따르면 '규정위반', '급전장애', '신호장애', '차량고장'을 제외한 원인 역시 총 3건이므로 2013년 '신호장애'로 인한 운행장애 건수는 0이다. 따라서 (라)는 이보다 1건 많은 1건이다.

(마) 2. 2013년 운행장애 발생 현황에서 '규정위반', '급전장애', '신호장애', '차량고장'을 제외한 원인이 3건이므로, '기타'가 2건을 차지한다.

+ 합격생 가이드

(가), (나), (다)만 구해도 답을 구할 수 있기 때문에 (라), (마)는 패스하고 넘어가도 좋다. 혹은 (가), (라), (마)만 구하여 문제를 풀어도 시간을 단축할 수 있다.

---

19 전환형   답 ③

| 난도 | 중

| 출처 | 20년 행시(나) 15번

| 풀이시간 | 2분 20초

정답해설

③ 옳지 않다. 중식의 경우 사업체당 종사자 수는 2015년 6.1명, 2016년 6.9명으로 선지의 그래프와 확연하게 차이가 난다. 선지에서 제시된 수치는 연도별 매출액을 중식 사업체 수로 나눈 값이다.

PSAT 자료해석에서 틀린 선지는 명확하게 나타난다. 이 문제에서도 ⑤에서 중식 사업체당 종사자 수가 명백하게 틀렸다. 따라서 비율을 계산할 때 매우 세밀하게 계산을 할 필요가 없다. 이는 옳은 선지인지 판단할 때에도 매우 유용하다. 가령 ②에서 업종별 사업체 구성비를 정확히 계산하지 않아도 된다. 2015년 중식 사업체 수가 서양식 사업체 수의 약 11배 정도 되는지만 확인해도 되는 것이다.

20 복수의 표

답 ⑤

| 난도 | 상

| 출처 | 19년 행시(가) 13번

| 풀이시간 | 2분 30초

정답해설

⑤ 옳지 않다. 교육세의 미수납액은 1000이다. 교통·에너지·환경세의 수납액, 불납결손액에 100을 더하면 징수결정액보다 크다. 따라서 교육세의 미수납액이 더 크다

오답해설

① 옳다. 미수납액은 징수결정액−수납액−불납결손액이다. 불납결손액의 경우 단위가 작기 때문에 이럴 땐 징수결정액과 수납액 위주로 대략의 크기를 파악해야 한다. 선지가 맞다면 2018년이 미수납액이 가장 클 것이므로 이를 가정하고 문항을 본다. 2018년이 징수결정액이 가장 크며, 그 다음으로 큰 2017년과 징수결정액 차이가 대략 만 육천 정도 차이 나는 반면, 수납액은 만 삼천 정도 밖에 나지 않아 2018년이 더 크다. 그리고 2016, 2017년은 수납액은 2018년과 비슷한 반면 징수결정액은 현저히 적으므로 비교할 필요가 없다. 2014년의 경우 수납액이 현저히 작으나, 이보다 징수결정액이 훨씬 더 작기 때문에 2018년의 미수납액이 가장 크다.

② 옳다. 선지에서 2014년 수납 비율이 가장 높다 했으므로 이를 가정하고 출발한다. 분모가 작고 분자가 큰 것이 포인트이므로, 2015년과 2016년 중에서는 2015년만 비교하면 된다. 마찬가지로 2017년과 2018년 중에선 분모 증가율보다 분자 증가율이 현저히 큰 2018년만 비교하면 된다. 2014년과 2015년, 2018년의 분자 분모 증가율을 비교할 때 수납비율은 2014년이 가장 크다.

③ 옳다. 앞에 4자리만 계산하면 2018년 미수납액은 약 26,6000이다. 내국세 미수납액의 경우 약 26,0000이다. 26,600의 5%가 600보다 크므로, 내국세 미수납액이 총 세수 미수납액에서 차지하는 비율은 95% 이상이다.

④ 옳다. 선지가 맞다고 가정하며 시작한다. 종합부동산세의 수납비율은 110%가 약간 되지 않는다. 수납비율이 100%가 넘는 것은 내국세, 교통·에너지·환경세, 농어촌 특별세이다. 그러나 이들은 110%에 한참 모자라기 때문에 종합부동산세가 수납비율이 가장 높다.

이 유형은 두 개의 표가 주어졌을 때, 하나의 표가 다른 표의 세부사항을 보여주는 경우이다. 해당 문항의 경우 〈표 1〉은 2014~2018년의 갑국 예산 및 세수 실적을 보여주고, 〈표 2〉는 이 중 2018년의 세수항목별 세수 실적을 보여준다. 그리고 각주에는 특정 값을 구하는 공식들이 적혀있다.

이런 유형을 보았다면, 반드시 해당 각주의 값과 관련하여 물을 것임을 염두에 둬야 한다. 그리고 〈표 2〉에서 2018년만 다루고 있기 때문에, 해당 세부사항은 오직 2018년 값에만 존재함을 명심해야 한다. 우리가 알 수 없는 다른 연도의 구체적 수치를 언급하는 것이 있다면 쉽게 그것이 오답임을 확인할 수 있기 때문이다.

21 공식·조건

답 ①

| 난도 | 상

| 출처 | 20년 행시(나) 17번

| 풀이시간 | 2분 20초

정답해설

ㄱ. 옳다. 마트의 비정규직 간접고용 인원은 14,618명이다. 이는 전체 비정규직 간접고용 인원의 2/3를 초과하므로, 업종별 비정규직 간접고용 총인원은 마트가 백화점의 2배 이상임을 알 수 있다.

ㄷ. 옳다. 비정규직 간접고용 비율이 가장 낮은 사업장은 E로, 이 사업장의 비정규직 직접고용 인원은 약 35,290이다. 한편 전체 비정규직 직접고용 인원은 약 48,670명이므로 E의 비정규직 직접고용 인원은 다른 9개 사업장의 비정규직 직접고용 인원의 합보다 많다.

오답해설

ㄴ. 옳지 않다. 특정 사업장의 총 비정규직 고용 인원은 비정규직 간접고용 인원을 비정규직 간접고용 비율로 나누어 구할 수 있다. 따라서 비정규직 직접고용 인원을 계산하는 공식은 다음과 같다.

비정규직 직접고용 인원=

$\dfrac{1-\text{비정규직 간접고용 비율}}{\text{비정규직 간접고용 비율}}\times$비정규직 간접고용 인원

A의 비정규직 직접고용 인원은 약 1142명이고, H의 비정규직 직접고용 인원은 약 165명이다.

ㄹ. 옳지 않다. '라'의 비정규직 간접고용 비율은 34.3~34.4%이다. 그런데 '다'의 대부분을 차지하는 사업장 E의 비정규직 간접고용 비율은 19.6%로 매우 낮다. 따라서 구체적인 계산을 하지 않고도 '다'의 비정규직 간접고용 비율은 34.3%보다 낮다는 것을 알 수 있다.

이 문제에서 요구하는 것은 정확한 계산이 아니라, 적절한 분수식을 세우고 그 크기를 비교할 수 있는 능력이다. ㄷ의 경우 E의 비정규직 직접고용 인원은 $\dfrac{0.8}{0.2}\times8,600$으로, 전체 비정규직 직접고용 인원은 $\dfrac{0.7}{0.3}\times20,700$으로 어림하여 계산할 수 있다. 이제 전자가 후자의 2배보다 큰지만 확인하면 된다.

22 단순확인(표·그림)

답 ③

| 난도 | 중

| 출처 | 19년 행시(가) 18번

| 풀이시간 | 2분 15초

정답해설

③ 옳지 않다. 2016년 건설업 신설법인 수는 9,825개이므로, 전년대비 증가율은 (9,825−9,742)÷9,742=0.8%이다. 정확한 비율을 계산할 필요는 없고, 각 연도별로 증감 정도를 어림하여 계산하면 된다.

오답해설

① 옳다. 2016년 신설법인의 업종별 현황을 살펴보면, 전체 96,155개 중 건설업이 9,825개, 제조업이 19,037개이다. 구성비를 일일이 계산하는 것보다는 각 업종의 비율을 서로 비교하는 것이 빠르다. 가령 제조업이 건설업의 2배에 약간 미치지 못하므로, 그림에서 제시된 비중이 옳다고 판단할 수 있다.

② 옳다. 표의 자료를 단순히 그래프에 옮겨 표현했다. 다만 서비스업과 제조업이 바뀌어 있는지만 확인하면 된다.

④ 옳다. 정확하게 계산하기보다는 전체 신설법인 수 증가율과 서비스업 신설법인 수 증가율을 비교하면서 비율 증감을 확인하면 충분하다. 가령 2012년의 경우 전체 신설법인 증가율은 9%에 미치지 못하지만, 서비스업 신설법인 증가율은 명확히 9%를 넘는다. 따라서 서비스업 신설법인 비율이 높아졌다고 판단할 수 있다. 선지 ⑤를 활용할 수도 있다.

⑤ 옳다. 어림산으로 대략적인 증가율만 확인하자. 꺾은선 그래프의 함정은 대부분 그래프의 꼭짓점에 있으므로 2013년 자료를 먼저 확인하는 것도 좋은 방법이다.

> **+ 합격생 가이드**
>
> 문제를 하나하나 풀면서 함정이 어디에 있는지 확인해 보자. 이를 통해 각 선지에서 어느 부분이 의심스러운가를 판단할 수 있게 된다. 특히 의심스러운 부분을 먼저 계산해 보면 시간을 확실히 단축할 수 있을 것이다.

23 단순확인(표 · 그림)   답 ③

| 난도 | 중

| 출처 | 18년 행시(나) 8번

| 풀이시간 | 1분 40초

정답해설

③ 옳다. 산업기사 전체 응시율은 $\frac{151}{186}$ 이고 기능사 전체 응시율은 $\frac{252}{294}$ 이다. 산업기사는 분모가 분자의 1.2배보다 큰데, 기능사는 분모가 분자의 1.2배보다 작다. 따라서 기능사 전체 응시율이 더 높다.

오답해설

① 옳지 않다. 산업기사 전체 합격률은 $\frac{61}{151}$ 이고, 기능사 전체 합격률은 $\frac{146}{252}$ 이다. 분자는 기능사가 2배 이상 큰데, 분모는 2배 미만으로 증가한다. 따라서 기능사 전체 합격률이 더 높다.

② 옳지 않다. 컴퓨터응용가공과 기계설계를 비교하면 분자는 2배 이상 증가했는데 분모는 2배 미만으로 증가했다. 따라서 기계설비 합격률이 더 높다.

④ 옳지 않다. 산업기사 응시율은 용접이 50%도 되지 않아 가장 낮다.

⑤ 옳지 않다. 귀금속 가공은 응시율이 100%인데 합격률은 100%가 아니다.

> **+ 합격생 가이드**
>
> 분수 비교의 경우 증가율 등을 이용해 최대한 빠르게 비교하는 것이 중요하고, 이는 연습을 통해 늘 수 있는 부분이다.

24 종합   답 ①

| 난도 | 중

| 출처 | 17년 행시(가) 19번

| 풀이시간 | 2분

정답해설

① 옳다. 〈표 3〉에서 알 수 있다. 정확한 계산 없이도 1,790×53〈1,789×55임을 알 수 있다.

오답해설

② 옳지 않다. 〈표 1〉과 〈표 2〉에서 알 수 있다. 남성 자격증취득인원은 훈련대상 중 전직실업자가 가장 많다. 〈표 2〉는 성별 구성비기 때문에 남성의 비율이 높다고 해도 수가 가장 많은 것은 아니다.

③ 옳지 않다. 〈표 3〉에서 알 수 있다. 신규실업자의 최종학력별 자격증취득률은 대졸(52%)이 고졸(36%)보다 높다.

④ 옳지 않다. 영세자영업자의 자격증 취득인원의 비율은 50대가 가장 높지만, 연령별 훈련실시인원은 알 수 없으므로 연령별 자격증취득률은 알 수 없는 지표이다.

⑤ 옳지 않다. 〈표 3〉에서 알 수 있다. 훈련대상별 대졸 자격증 취득인원을 살펴보면, 영세자영업자(203×0.36)이 새터민(108×0.8)보다 적다. 따라서 해당 비율이 가장 낮은 훈련대상은 영세자영업자이다.

> **+ 합격생 가이드**
>
> 〈표 3〉은 훈련실시인원과 자격증취득률을 보여주는 자료이다. 자격증취득인원을 구하기 위해서는 두 지표를 곱하여야한다. 표의 제목을 꼼꼼히 확인하여 훈련실시인원을 자격증취득인원으로 착각하는 함정에 빠지지 않도록 하자.

25 종합   답 ③

| 난도 | 중

| 출처 | 17년 행시(가) 20번

| 풀이시간 | 1분 45초

정답해설

ㄱ. 옳다. 〈표 1〉의 자격증취득인원을 그대로 가져온 자료이다.

ㄹ. 옳다. 〈표 2〉에서 새터민의 연령별 자격증취득인원 비율과 합치하는 그래프이다.

오답해설

ㄴ. 옳지 않다. 〈표 2〉의 비율과 동일한 그래프이지만, 〈표 2〉는 자격증취득인원을 나타내는 자료이지 자격증취득률을 나타내는 자료가 아니다.

ㄷ. 옳지 않다. 역시 〈표 2〉의 값과 동일한 그래프이지만 〈표 2〉가 각 훈련대상별로 중졸이하가 차지하는 비율을 나타낸 것인데 반해 ㄷ이 의미하는 것은 '중졸이하 자격증취득인원' 중에서 각각의 훈련대상이 얼마나 차지하는지를 의미한다. 이 지표를 알기 위해서는 〈표 3〉에서 중졸이하 자격증취득인원을 구해서 비율을 계산하여야 한다. 추가적으로 ㄷ의 값들을 모두 더해도 100%가 되지 않는다.

> **+ 합격생 가이드**
>
> 그래프 부합 문제는 계산을 요구하기보다는 보기의 제목으로 트릭을 넣는 경우가 많다. 이 문항도 마찬가지로, 일체의 계산 없이 보기의 제목만 잘 살피면 무난하게 문제를 해결할 수 있다.

01	02	03	04	05	06	07	08	09	10
⑤	④	①	⑤	⑤	⑤	④	④	⑤	①
11	12	13	14	15	16	17	18	19	20
③	④	③	③	⑤	④	③	①	①	③
21	22	23	24	25					
③	①	⑤	①	④					

01 법조문

답 ⑤

| 난도 | 중
| 출처 | 21년 행시(가) 1번
| 풀이시간 | 2분

정답해설

⑤ 옳다. 첫 번째 조문 제2항 제2호에 따르면 시·도지사는 '교육과정을 1년 이상 운영하지 아니하는 경우' 사업의 정지를 명하거나 그 지정을 취소할 수 있다.

오답해설

① 옳지 않다. 두 번째 조문 제2항에 따르면 아이돌보미가 아닌 사람은 아이돌보미 또는 이와 유사한 명칭을 사용할 수 없다.

② 옳지 않다. 세 번째 조문 제1항에 따르면 아이돌보미 양성을 위한 교육기관을 지정·운영하고 보수교육을 실시하는 주체는 시·도지사가 아닌 여성가족부장관이다.

③ 옳지 않다. 첫 번째 조문 제5항에 따르면 아이돌보미가 되려는 사람은 여성가족부장관이 실시하는 적성·인성검사를 받아야 한다.

④ 옳지 않다. 첫 번째 조문 제2항 단서에 따르면 교육기관이 거짓이나 그밖에 부정한 방법으로 교육기관으로 지정을 받은 경우 필요적 취소 대상이다. 그러므로 선지의 '200만 원의 과태료를 부과'는 가능하지 않다.

+ 합격생 가이드

지문과 같이 여러 가지 행정절차가 나타나는 법조문 문제에서는 행정절차를 진행하는 주체와 각 행정절차를 섞어 오답 선지를 구성하는 경우가 많다. 그러므로 각 조항별 주체를 미리 표시해서 정리해 두고 선지를 해결한다면 보다 정확한 문제 풀이가 가능하다.

02 법조문

답 ④

| 난도 | 상
| 출처 | 17년 행시(가) 25번
| 풀이시간 | 2분 30초

정답해설

④ 옳다. 법제사법위원회는 회부된 날부터 90일 이내에 심사를 마쳐야 한다. 이때, 기간의 초일은 산입하지 않으므로 7월 2일부터 90일 뒤 9월 29일까지 심사를 마쳐야 한다.

오답해설

① 옳지 않다. 안건을 신속처리대상안건으로 지정하기 위해서는 국회 재적의원 5분의 3 이상 또는 안건의 소관 위원회 재적의원 5분의 3 이상이 찬성해야 하므로 국회 재적위원 중 최소 180명의 찬성 또는 지식경제위원회 재적의원 중 최소 15명의 찬성이 필요하다.

② 옳지 않다. 안건 X는 3월 2일 신속처리대상안건으로 지정되었으므로 위원회는 그 지정일부터 180일 이내인 8월 29일까지 심사를 마쳐야 한다.

③ 옳지 않다. 지식경제위원회가 신속처리대상안건에 대해 기간 내 심사를 마치지 못했다면 이는 기간이 종료된 다음 날에 법제사법위원회에 회부된 것으로 보고, 법제사법위원회는 90일 이내에 심사를 마쳐야 한다.

⑤ 옳지 않다. 법제사법위원회가 기간인 90일 이내에 심사를 마치지 못했다면 기간이 종료한 다음 날인 10월 31일에 본회의에 부의된 것으로 본다.

+ 합격생 가이드

신속처리대상안건에 대한 심사를 마쳐야 하는 날을 선지를 보고 일일이 계산해야 하므로 복잡하고 시간이 오래 소요된다. 이때 선지 ②와 ⑤의 경우는 날짜를 정확하게 일 단위로 계산하지 않더라도 차이가 크기 때문에 대중으로 옳지 않음을 판정할 수 있지만 ④는 정확하게 계산하는 것이 좋다. 이때 초일불산입 원칙을 잊으면 하루 차이로 옳지 않다고 판정하게 되는 불상사가 발생할 수 있으므로 항상 이를 염두에 두고 날짜를 계산하는 것이 좋다.

03 법조문

답 ①

| 난도 | 중
| 출처 | 20년 행시(나) 4번
| 풀이시간 | 1분 30초

정답해설

① 옳다. 세 번째 조문 제2항에 따라 농식품투자조합이 해산한 경우, 조합의 규약으로 정한 바가 없다면 업무집행조합원이 청산인이 된다.

오답해설

② 옳지 않다. 첫 번째 조문 제2항에 따른 업무집행조합원 중 1인은 제1항의 중소기업창업투자회사 또는 투자관리전문기관으로 할 수 있다. 따라서 투자관리전문기관도 업무집행조합원이 될 수 있다.

③ 옳지 않다. 두 번째 조문에 열거된 각 호의 행위는 금지된다. 농식품투자조합의 재산으로 지급을 보증하는 행위는 두 번째 조문 제3호에 해당하여 허용될 수 없다.

④ 옳지 않다. 세 번째 조문 제3항에 따라 농식품투자조합의 해산 당시의 출자금액을 초과하는 채무가 있으면 업부집행조합원이 그 채무를 변제하여야 한다.

⑤ 옳지 않다. 세 번째 조문 제1항 제3호의 사유로 농식품투자조합을 해산하기 위해서는 조합원 총수의 과반수와 조합원 총지분 과반수의 동의가 필요하다.

+ 합격생 가이드

①이 정답이었던 문제로 ①을 체크한 뒤 넘어갔다면 시간 절약을 할 수 있었던 문제이다. ①에서 정답이 나왔다면 이후의 선지를 확인하지 않는 대신, ①을 재차 확인한 뒤 넘어가는 것이 좋다.

04 시간 · 공간
답 ⑤

| 난도 | 상

| 출처 | 18년 행시(나) 38번

| 풀이시간 | 2분 30초

정답해설

갑, 을, 병 모두 하나의 지역을 기준으로 시각을 고려했다. 사실상 아무도 시차를 고려하지 않은 것이다. 갑이 말한 '런던 기준의 오후 10시'를 을은 '시애틀의 오후 10시'로 받아들였고, 13시간 후인 '시애틀의 오후 3시'에 업무를 마칠 수 있다고 판단한다. 하지만 모두 실제로는 처음에 제시된 기준인 런던의 시각이다. 즉, 을이 업무를 마치는 실제 시각은 '시애틀의 오후 3시'가 아니라 '런던의 오후 3시'인 것이다. 마찬가지로, 병이 모든 업무를 마친 시각은 실제로는 '런던의 모레 오전 10시', 즉 11월 3일 오전 10시이고 이것은 서울을 기준으로 11월 3일 오후 7시가 된다.

업무에 걸리는 시간을 계산해도 답은 같을 수밖에 없다. 업무 시간을 계산해 보면 갑은 오전 9시~오후 10시로 13시간, 을은 오후 10시~오후 3시로 17시간, 병은 오후 3시~오전 10시로 19시간이다. 총소요시간은 13+17+19=49시간으로, 회의 시각이 런던 기준으로 1일 오전 9시이므로 업무 종료 시간은 런던 기준으로 3일 오전 10시, 서울 기준으로는 3일 오후 7시가 된다.

+ 합격생 가이드

애초에 갑, 을, 병 모두 시차를 고려하지 않았다는 문제의 트릭을 알아채면 30초 만에도 문제를 풀 수 있지만, 시차의 함정에 빠져 계산을 일일이 하는 순간 절대로 시간 내에 풀 수 없는 고난도 문항이다. 해답이 빠르게 떠오르지 않는다면 뒤로 넘기고 다른 문제에 열중하는 것이 오히려 도움이 될 수 있다.

05 논리퀴즈
답 ⑤

| 난도 | 중

| 출처 | 20년 행시(나) 34번

| 풀이시간 | 2분

정답해설

〈상황〉의 조건을 정리해 보면 다음과 같다. 의사와 간호사는 성별이 같은데, 라디오 작가와 요리사는 성별이 반대이므로 의사와 간호사는 남성이고 TV드라마감독은 여성이다. 남성과 여성의 평균 나이가 같으므로 여성은 34세와 26세 혹은 32세와 28세이다.

〈자기소개〉의 조건까지 더해 보면 다음과 같은 결론이 나온다.

甲은 의사 혹은 간호사이므로 남성이다. 또한 갑은 32세이므로 여성들의 나이는 34세와 26세이다.

乙은 남성이므로 라디오작가이다.

丙은 간호사 혹은 의사이고, 20대이므로 28세이다. 따라서 乙은 30세라는 점도 알 수 있다.

丁은 TV드라마감독이다.

戊는 요리사이고 26세이다. 따라서 丁은 34세라는 점도 알 수 있다.

이때, 甲~丙은 남성이고 丁, 戊는 여성이다.

⑤ 옳지 않다. 丁은 34세이고, 의료계에 일하는 甲과 丙 중 나이가 적은 丙은 28세이므로 6살 많다.

오답해설

① 옳다. TV드라마감독은 丁이므로 30세인 乙보다 네 살 더 많다.

② 옳다. 의사와 간호사는 甲과 丙 혹은 丙과 甲이고, 두 사람은 각각 32세와 28세이므로 의사와 간호사 나이의 평균은 30세이다.

③ 옳다. 요리사인 戊는 26세이고 라디오작가인 乙은 30세이므로 두 사람은 네 살 차이이다.

④ 옳다. 甲은 32세이고, 방송업계에서 일하는 乙과 丁은 각각 30세, 34세이므로 두 사람의 나이의 평균과 같다.

+ 합격생 가이드

상황을 다음과 같이 정리해 두고 문제를 풀면 실수의 여지를 줄일 수 있다.

직장인	직업	나이
甲	의사/간호사	32세
乙	라디오작가	30세
丙	간호사/의사	28세
丁	TV드라마감독	34세
戊	요리사	26세

06 수리퀴즈(계산)
답 ⑤

| 난도 | 중

| 출처 | 21년 행시(가) 9번

| 풀이시간 | 2분

정답해설

⑤ 옳지 않다. C의 I안에서의 부담 비용은 전체 건설 비용의 1/30이다. C는 모든 도로 구간을 이용하는 바 C의 III안에서의 부담비용은 $\overline{OA}$ 건설 비용의 1/3, $\overline{AB}$ 건설비용의 1/2, $\overline{BC}$ 건설비용의 전부이다. 2문단에 따라 도로 1km당 건설비용이 동일하고 각 구간의 길이가 동일하기 때문에 C의 부담비용은 전체 건설비의 11/180이다. 그러므로 C의 부담 비용은 III안이 I안의 2배 미만이다.

오답해설

① 옳다. A는 도로 구간 중 $\overline{OA}$ 즉 30km만 이용한다. A의 III안에서의 부담비용은 $\overline{OA}$ 건설 비용의 1/30이다. 즉 전체 건설비의 1/90이다. 이는 I안의 경우 전체 건설비의 1/3, II안의 경우 전체 건설비의 1/6보다 낮다.

② 옳다. B는 도로 구간 중 $\overline{OA}$, $\overline{AB}$ 즉 60km만 이용한다. B의 I안에서의 부담 비용은 전체 건설비의 1/30이다. B의 II안에서의 부담비용은 2/6 즉 전체 건설비의 1/30이다.

③ 옳다. A는 도로 구간 중 $\overline{OA}$ 즉 30km만 이용한다. B는 도로 구간 중 $\overline{OA}$, $\overline{AB}$ 즉 60km만 이용한다. C는 모든 도로 구간을 이용해 90km를 이용한다. 따라서 각자의 부담 비율은 A : B : C = 1 : 2 : 3 이다. 그러므로 A와 B의 부담비용의 합은 C의 부담비용과 같다.

④ 옳다. 각 도시의 분배안 별 전체공사비용 대비 부담비용의 비는 다음과 같다.

A(I, II, III) : (1/3, 1/6, 1/9)

B(I, II, III) : (1/3, 1/3, 5/18)

C(I, II, III) : (1/3, 1/2, 11/18)

그러므로 I안에 비해 II안에서 부담 비용이 낮아지는 도시 수는 1이다. I안에 비해 III안에서 부담 비용이 낮아지는 도시 수는 2이다.

+ 합격생 가이드

구체적인 비용이 주어지지 않기 때문에 전체 공사비 대비 분수로서 각 비용 분담안별 비용을 비교해야 한다. II안과 III안의 경우 각 구간별 거리가 동일해서 두 분담안이 동일하다고 착각할 수 있으나 명확히 다르다는 것을 확인할 수 있도록 각 방법을 대략적으로라도 적용해보는 방법이 정확한 문제 풀이에 도움이 된다.

07 정보확인·추론   답 ④

| 난도 | 중
| 출처 | 19년 행시(가) 7번
| 풀이시간 | 2분

정답해설

ㄴ. 옳다. Y가설에 따르면 흡인력은 각 도시로부터의 거리 제곱에 반비례하므로, 다른 모든 조건이 동일하다면 거리가 가까운 도시일수록 흡인력이 커진다. 흡인력은 소비자를 끌어당기는 힘이므로 흡인력이 클수록 이상적인 점포 입지가 된다.

ㄷ. 옳다. Y가설에 따를 때, C시로부터 B시가 떨어진 거리가 10km에서 5km로 변한다면 B시의 흡인력은 기존 40,000의 4배인 160,000이 된다. 이 때 A시의 흡인력은 20,000이므로 C시 인구의 8/9인 8만 명이 B시로 흡인된다.

오답해설

ㄱ. 옳지 않다. X가설에 따르면 소비자는 유사한 제품을 판매하는 점포들 중 한 점포를 선택할 때 항상 가장 가까운 점포를 선택한다. 즉, 선택에 영향을 미치는 유일한 요인은 거리이고 가격은 점포 선택에 영향을 미치지 않는다.

+ 합격생 가이드

〈보기〉에서 X가설과 Y가설을 완전히 분리해서 묻고 있으므로 글에서 X가설을 읽은 뒤 바로 ㄱ을 판단하고, Y가설을 읽은 뒤 바로 ㄴ과 ㄷ을 판단하는 것이 시간 절약에 도움이 된다. 이때 글의 예 부분을 최대한 활용하여 계산을 최소화하는 것이 중요하다. 즉, ㄷ을 판단하는 데 있어 C시로부터 B시가 떨어진 거리가 1/2이 되면 흡인력은 4배가 된다는 것을 활용하여 시간을 절약할 수 있다.

08 단순계산   답 ④

| 난도 | 중
| 출처 | 17년 행시(가) 8번
| 풀이시간 | 2분

정답해설

④ 옳다. D는 2,000+700=2,700천 원을 받는다.

오답해설

① 옳지 않다. A는 구성원 수가 5명이므로 조건을 충족하지 못한다.
② 옳지 않다. B는 1,500+600=2,100천 원을 받는다.
③ 옳지 않다. C는 (1,500+960)×1.3=3,198천 원을 받는다.
⑤ 옳지 않다. E는 1,500+630=2,130천 원을 받는다.

+ 합격생 가이드

A를 우선 배제하고, C는 구성원 수도 많고 연구 계획 사전평가결과도 상등급을 받았는데 협업 인정 여부까지도 유일하게 인정받고 있으므로 가장 높은 지원금을 받을 것임을 유추 가능하다. 남은 선지들은 차이값을 활용하여 D만 500천 원 더 받고 있음을 포착한다면 더 빠른 풀이가 가능하다.

09 단순계산   답 ⑤

| 난도 | 중
| 출처 | 18년 행시(나) 8번
| 풀이시간 | 2분

정답해설

각 평가대상기관이 받는 점수는 다음과 같다.

· A : 3+3=6점
· B : 5+3=8점
· C : 1+1=2점
· D : 3+5=8점

B, D는 동점이지만 내진보강대상건수가 더 많은 기관은 D이다. 따라서 최상위기관은 D, 최하위기관은 C이다.

+ 합격생 가이드

내진성능평가지수와 내진보강공사지수를 일일이 계산하지 않는다. 분수 비교를 통해 가장 높은 기관과 가장 낮은 기관만 판단하여 5점과 1점을 부여한 후, 나머지 기관에는 3점을 부여하면 된다. 최고점이나 최하점이 동점으로 나오지 않는다면 주어진 조건을 사용하지 못한 것이므로 실수가 없는지 의심해봐야 한다.

10 조건적용   답 ①

| 난도 | 중
| 출처 | 21년 행시(가) 4번
| 풀이시간 | 2분

정답해설

① 옳지 않다. 3문단에 따르면 '선거'에 참여할 수 있는 회원의 자격은 선거일을 기준으로 정회원 자격을 얻은 후 만 1년을 경과한 정회원으로 한정한다. 1문단에 따르면 매년 12월 열리는 정기총회에서 다음 해 협회장을 선출한다. 그러므로 '2020년 협회장' 선출을 위한 '선거'는 2019년 12월에 진행될 것이다. 2020년 10월이 지나야 만 1년이 경과하는 甲은 참여할 수 없을 것이다.

오답해설

② 옳다. 2문단에 따르면 '찬반투표'에 참여할 수 있는 회원의 자격은 투표일 현재까지 A협회의 정회원인 사람이다. 1문단에 따르면 매년 12월 열리는 정기총회에서 다음 해 협회장을 선출한다. 그러므로 '2019년 협회장' 선출을 위한 '찬반투표'는 2018년 12월에 진행될 것이다. 2018년 10월 A협회 정회원 자격을 얻은 乙의 첫 연회비 납부는 2019년 1월 30일까지이므로 연회비 미납부로 정회원 자격이 유보될 가능성은 없다고 할 수 있다.

③ 옳다. 3문단에 따르면 연회비 미납부로 정회원 자격이 유보된 사람도 정회원 자격을 회복한 후 만 1년을 경과하여야 선거에 참여할 수 있다. 1문단에 따르면 매년 12월 열리는 정기총회에서 다음해 협회장을 선출한다. 그러므로 '2020년 협회장' 선출을 위한 '선거'는 2019년 12월에 진행될 것이다. 그러므로 '2020년 협회장' 선출을 위한 '선거' 진행시에 丙은 자격 회복 후 만 1년이 경과하지 않은 상태라고 할 수 있다.

④ 옳다. 2문단에 따르면 A협회의 정회원은 A협회의 준회원으로 만 1년 이상을 활동한 후 정회원 가입 신청을 하고 연회비를 납부한 자를 말한다. 또한 기준에 따라 정회원 가입을 신청하고 연회비를 납부한 그 날부터 정회원 자격이 부여된다. 그러므로 丁은 2018년 10월 정회원 자격을 획득했을 것이다. 1문단에 따르면 매년 12월 열리는 정기총회에서 다음 해 협회장을 선출한다. 그러므로 '2019년 협회장' 선출을 위한 '찬반투표'는 2018년 12월에 진행될 것이다. 2문단에 따르면 '찬반투표'에 참여할 수 있는 회원의 자격은 투표일 현재까지 A협회의 정회원인 사람이다. 그러므로 丁은 참여할 수 있었다.

⑤ 옳다. 3문단에 따르면 '선거'에 참여할 수 있는 회원의 자격은 선거일을 기준으로 정회원 자격을 얻은 후 만 1년을 경과한 정회원으로 한정한다. 2문단에 따르면 정회원은 정회원 자격을 획득한 다음 해부터 매해 1월 30일까지 연회비를 납부하여야 하고, 기한 내에 연회비를 납부하지 않은 정회원은 그 자격이 유보되어 권리를 행사할 수 없다. 또한 2년 연속 연회비를 납부하지 않은 사람은 A협회의 회원 자격이 영구히 박탈된다. 3문단에 따르면 연회비 미납부로 정회원 자격이 유보된 사람도 정회원 자격을 회복한 후 만 1년을 경과하여야 선거에 참여할 수 있다. 그러므로 戊는 2016년 10월 정회원 자격을 얻은 이후 2017년 1월 30일 이후부터 자격 유보 상태라고 할 수 있어, 만 1년을 유지하지 못해 2017 협회장 선출을 위한 선거에 참여하지 못했을 것이다. 나아가 정회원 자격 유보 혹은 회원 자격 영구 박탈 상태로 그 이후 선거에도 참여하지 못했을 것이다.

+ 합격생 가이드

1문단에 매년 12월 다음해 협회장을 선출한다는 것이 선지 해결의 핵심이라고 할 수 있다. 이처럼 단순한 발문으로 보이는 지문에도 조건을 제시하는 경우가 최근 기출에서 많이 늘어나고 있는 추세이다. 선지의 각 선거 혹은 찬반투표가 언제 이루어지는 지를 정확히 파악해 선지를 분석하는 것이 정확한 문제 해결을 가능하게 한다.

11 법조문 답 ③

| 난도 | 중
| 출처 | 19년 행시(가) 5번
| 풀이시간 | 2분

정답해설

임금피크제 지원금을 받기 위해서는 제1조 제1항의 각호 중 하나를 충족하면서 동시에 제2항의 18개월 이상 근무기간 요건과 임금요건을 충족해야 한다.

- 甲 : 제1항 제1호에 해당하며 18개월 이상 근무하였다. 또한 피크임금 4000만 원에 비해 100분의 10 이상 낮아진 3500만 원을 받고 있으므로 지원금의 대상이 된다.
- 乙 : 사업주가 정년을 60세 이상으로 연장하지 않았기 때문에 제1항 제1호에 해당하지 않는다. 또한 재고용 기간이 1년 미만이므로 제2호에 해당하지 않으며, 근로시간을 단축하지 않았으므로 제3호에도 해당하지 않는다. 따라서 지원금의 대상이 될 수 없다.
- 丙 : 제1항 제3호에 해당하며 18개월 이상을 근무하였다. 또한 피크임금 2000만 원에 비해 100분의 30 이상 낮아진 1200만 원을 받고 있으므로 지원금의 대상이 된다.

12 법조문 답 ④

| 난도 | 상
| 출처 | 20년 행시(나) 5번
| 풀이시간 | 3분

정답해설

ㄱ. 옳다. 첫 번째 조문 제2항에 따라 '건의민원'은 10일 이내에 처리하여야 한다. 이때, 두 번째 조문 제3항에 따라 처리기간이 6일 이상인 경우에는 '일' 단위로 계산하고 첫날은 산입하고 동조 제4항에 따라 공휴일과 토요일은 처리기간에 산입되지 않는다. 따라서 8.7(월)에 접수된 민원은 토요일, 일요일 각각 이틀과 광복절 하루를 감안하여 8.21(월)까지 처리되어야 한다. 따라서 정해진 기간 이내에 처리하였다.

ㄷ. 옳다. 첫 번째 조문 제4항에 따라 '기타민원'을 접수한 경우에는 업무시간 내 3시간 안에 처리하여야 한다. 업무시간은 09:00~18:00이므로 8.16(수) 17시에 접수된 기타민원은 8.17(목) 11시까지 처리되어야 한다. 따라서 정해진 기간 이내에 처리하였다.

ㄹ. 옳다. 첫 번째 조문 제1항 제2호에 따라 제도, 절차 등에 관한 설명을 요구하는 '질의민원'은 4일 이내에 처리하여야 한다. 이때, 두 번째 조문 제2항에 따라 처리기간이 5일 이하인 경우에는 민원의 접수시각부터 '시간' 단위로 계산하며 이 경우 1일은 8시간의 근무시간을 기준으로 한다. 따라서 8.17(목) 11시에 접수된 질의민원은 32시간 이내인 8.23(목) 11시까지 처리되어야 한다. 따라서 정해진 기간 이내에 처리하였다.

오답해설

ㄴ. 옳지 않다. 첫 번째 조문 제3항에 따라 '고충민원'은 7일 이내에 처리하여야 한다. 이때, 두 번째 조문 제3항에 따라 6일 이상으로 정한 경우에는 '일' 단위로 계산하고 첫날을 산입한다. 따라서 B부처는 고충민원을 접수한 날로부터 총 17일 이내에 처리하여야 하며 이는 9.6(수)이다. 따라서 정해진 기간 이내에 처리하지 못하였다.

+ 합격생 가이드

법조문에서는 초일 불산입이 원칙이다. 이 문항의 경우 예외적으로 초일 산입을 규정하고 있다. 초일 불산입일 때에는 해당 날짜에 정해진 기간만큼을 그대로 더해주면 되고 초일을 산입할 때에는 해당 날짜에 (정해진 기간 - 1일) 만큼을 더해 주면 된다.

13 정보확인 · 추론 답 ③

| 난도 | 중
| 출처 | 18년 행시(나) 1번
| 풀이시간 | 2분

정답해설

③ 옳지 않다. 세 번째 문단에서는 고려의 경우 각 행정부처들이 독자적인 관례나 규정에 따라 통치를 하였다고 언급하고 있다. 따라서 고려시대의 경우 관례나 규정이 존재하지 않아 사욕의 정치가 나타났다는 설명은 옳지 않다.

오답해설

① 옳다. 첫 번째 문단에서는 공공성의 세 가지 의미를 언급하고 있으며 이에 따르면 공공성은 공동체 전체의 이익뿐만 아니라 이를 대표하여 관리하는 정통성을 지닌 기관이라는 의미가 있다.

② 옳다. 두 번째 문단에서 정도전은 '고려의 정치적 경험에서 자기중심성이 특히 '사욕'의 정치로 나타났다고 생각했다'고 언급하고 있다.

④ 옳다. 정도전은 고려의 정치를 소유 지향적 정치로 보았고, 이에 대한 대안으로 '문덕'의 정치를 제시하였다.

⑤ 옳다. 정도전의 정치사상에서는 정치권력을 공공성의 영역 안에 묶어두려는 의지가 나타나며, 이를 위한 제도적 장치의 마련을 끊임없이 고민하였다는 사실을 확인할 수 있다.

---

14 조건적용 ·   답 ③

| 난도 | 중
| 출처 | 19년 행시(가) 14번
| 풀이시간 | 2분

정답해설

ㄱ. 옳다. 13:00에는 甲과 乙의 감정도가 100으로 초기화되므로 18:00의 감정도를 구하면 다음과 같다.
- 甲: 100 (기본감정도)−20(14:10, Y민원)+㉠+10(17:00, X민원)+20(13:00 이후 네 번의 정각에 5씩 감정도 상승)=110+㉠
- 乙: 100(기본감정도)−20(13:20, Y민원)−20(14:20, Y민원)−20(16:10, Y민원)+㉡+10(17:40, X민원)+20(13:00 이후 네 번의 정각에 5씩 감정도 상승)=70+㉡

이때, 甲 감정도는 ㉠이 Y민원일 때 최솟값을 가지며 그 값은 90이다. 乙 감정도는 ㉡이 X민원일 때 최댓값을 가지며 그 값은 80이다. 따라서 甲의 감정도는 乙의 감정도보다 항상 높다.

ㄷ. 옳다. 12:30의 乙의 감정도를 구하면 다음과 같다.
- 乙: 100(기본감정도)+10(10:00, X민원)+15(9:00 이후 세 번의 정각에 5씩 감정도 상승)=125

오답해설

ㄴ. 옳지 않다. 乙의 감정도는 70+㉡이며, ㉡이 Y민원이라면 감정도는 50이 된다. 따라서 乙은 월차를 부여받을 수 없다.

+ 합격생 가이드

선지 ㄱ을 판단할 때, 반드시 甲과 乙의 감정도를 구해야 하는 것은 아니다. 13:00 이후에 감정도가 초기화 되며, 정각에 감정도가 상승한다는 점은 동일하므로 이에 대해서는 별도로 계산하지 않아도 된다. 이후, 甲과 乙에게 공통적인 민원을 제거하고 남은 것만을 비교하면 빠르게 풀 수 있다.

---

15 수리퀴즈(계산)   답 ⑤

| 난도 | 상
| 출처 | 17년 행시(가) 11번
| 풀이시간 | 2분 30초

정답해설

甲: 휴양림 입장료의 경우 다자녀 가정이므로 면제된다. 또한 숙박시설을 이용하였기 때문에 면제될 수도 있다. 숙박시설 요금의 경우, 성수기인 7월에 3박 4일간 5인실에 머물렀으므로 85,000×3=255,000원이다.

乙 : 휴양림 입장료의 경우 동절기인 12월이므로 면제된다. 야영시설 요금의 경우, 캐빈에서 6박 7일간 머물렀으나, 일행 중 장애인이 있고 비수기이므로 야영시설 요금의 50%가 할인된다. 따라서 야영시설 요금은 30,000×6÷2=90,000원이다.

丙 : 휴양림 입장료의 경우, 만 21세 4명이 10일 간 머문 것으로 어른 요금이 적용되고 면제 조건에 해당하지 않아 1,000×4×10=40,000원이다. 야영시설 요금의 경우 황토테크 1개를 9일 동안 이용하였으므로 10,000×9=90,000원이다. 따라서 총요금은 130,000원이다.

⑤ 甲, 乙, 丙 일행이 각각 지불한 총요금 중 가장 큰 금액은 甲이 지불한 255,000원이고, 가장 작은 금액은 乙이 지불한 90,000원이므로 둘의 차이는 165,000원이다.

+ 합격생 가이드

계산 시 고려해야 할 사항도 많고, 단서 하나만 놓쳐도 실수하기 쉬워 시간이 오래 소요되는 문제이다. 따라서 단서에 항상 유의한다. 예를 들어, 일행 중 장애인이 있거나 다자녀 가정인 경우라도 비수기에만 야영 및 숙박시설 요금이 할인되는 점을 간과해서는 안 된다. 또한 입장료는 머문 일수만큼, 야영 및 숙박 요금은 숙박 일수만큼 계산하는 것도 중요하다. 이때 입장료가 면제되는 조건을 잘 확인한다. 성수기와 비수기, 동절기의 구분도 중요하다. 시간을 절약하기 위해 〈상황〉을 보고 甲~丙 중 총요금이 가장 크거나 작은 일행을 추측하여 값을 계산할 수도 있지만, 이 문항은 조건이 너무 많아 이를 직관적으로 확인하기 어려우므로 甲, 乙, 丙 모두의 총요금을 구하고 대소를 판별하는 것이 좋다.

---

16 조건적용   답 ④

| 난도 | 중
| 출처 | 16년 행시(5) 17번
| 풀이시간 | 2분

정답해설

④ 옳다. 대상자 甲이 연령, 학력, A국 어학능력에서 최고점을 받고, 연간소득 항목에서 최저점을 받는다면 총점은 25+35+20+5=85점이 되므로 총점이 80점 이상이 되어 거주자격을 부여 받을 수 있다.

오답해설

① 옳지 않다. 대상자가 받을 수 있는 최저점수는 가점을 제외하고 55점이다.

② 옳지 않다. 대상자가 가점으로 받을 수 있는 최고점수는 10+5+5=20점이다.

③ 옳지 않다. 연령의 배점 범위는 15~25점이고, 어학능력의 배점 범위는 10~20점이므로, 가점을 제외한 4개의 항목 중 배점이 두 번째로 작은 항목은 어학능력이다.

⑤ 옳지 않다. 대상자 乙의 총점은 25(연령)+35(학력)+10(A국 어학능력)+10(가점: A국 유학경험)=80이 되므로 연간소득이 얼마든 간에 거주자격을 부여 받을 수 있다.

+ 합격생 가이드

선지 하나하나의 정오를 일일이 판정해야 하기 때문에 시간이 소요될 수 있다. 하지만 선지에서 묻는 것을 〈평가표〉에 잘 대입해 상황을 만들어 보면 어렵지 않게 해결할 수 있다.

17 논리퀴즈
답 ③

| 난도 | 중
| 출처 | 21년 행시(가) 15번
| 풀이시간 | 2분

정답해설

도서 \ 직원	甲	乙	丙	丁	戊	발행 수량
법령집	×	○	○	×	○	3
백서	×	○	○	×	○	3
판례집	×	○	×	×	×	1
민원~	○	○	×	×	×	2
교환 수	1	4	2	0	2	

乙의 발언에 따라 乙은 모든 책을 받았다. 丁은 丁의 발언에 따라 책을 받지 못했다. 丙과 戊는 丙과 戊의 발언에 따라 법령집을 받았다. 발행된 도서 수를 고려할 때 갑이 받은 도서는 법령집과 판례집이 아니다. 戊의 발언에 따라 丙과 戊는 민원 사례집을 받을 수 없다. 그러므로 甲이 받은 책은 민원 사례집이다. 甲의 발언에 따라 甲은 백서를 받지 않았고 발행 수량을 고려할 때 丙과 戊 모두 백서를 받았다.

③ 옳지 않다. 甲은 甲의 발언에 따라 1권만 받았다. 戊는 丙과 戊의 발언에 따라 적어도 법령집을 받았다. 나아가 〈대화〉와 제시문상 새로 발행된 도서 수에 따라 백서 역시 받았다. 그러므로 戊가 甲보다 많은 도서를 받았다.

오답해설

① 옳다. 丙과 戊는 丙과 戊의 발언에 따라 법령집을 받았다. 乙의 발언에 따라 乙은 법령집을 받았다. 나아가 〈대화〉와 제시문상 새로 발행된 도서 수에 따라 세 명 모두 백서 역시 받았다.

② 옳다. 민원 사례집의 분배 기준은 민원업무가 많은 순이다. 甲은 민원 사례집을 받았지만, 丙은 민원 사례집을 받지 못했다. 그러므로 甲은 丙보다 민원업무가 많다.

④ 옳다. 백서의 분배 기준은 근속연수가 짧은 순이다. 乙은 백서를 받았지만, 丁은 백서를 받지 못했다. 그러므로 乙은 丁보다 근속연수가 짧다.

⑤ 옳다. 법령집의 분배 기준은 보유하고 있던 법령집의 발행연도가 빠른 순이다. 乙은 법령집을 받았지만 甲은 법령집을 받지 못했다. 그러므로 乙이 보유하고 있던 법령집은 甲이 보유하고 있던 법령집보다 발행연도가 빠르다.

+ 합격생 가이드

모든 선지가 확정적 상태에 대한 내용을 담고 있는 만큼 분배 상태가 하나의 경우로 확정될 확률이 높다. 그러므로 〈대화〉와 신규 발행 도서 수를 바탕으로 분배상태를 확정짓는다면 정확한 문제 풀이가 가능하다.

18 수리퀴즈(추론)
답 ①

| 난도 | 중
| 출처 | 16년 행시(5) 9번
| 풀이시간 | 2분 30초

정답해설

ㄱ. 옳다. 한 장의 투표용지는 8점의 가치를 가진다. 중간집계 점수의 합은 640점이므로 640÷8=80명이 투표했다. 따라서 총 투표인원의 약 66.7%가 투표했다.

오답해설

ㄴ. 옳지 않다. 40명에게서 모두 1순위를 받으면 최대 40×5=200점을 받을 수 있다. 丙이 200점을 추가로 받고, 甲이 10점 미만의 점수를 받게 된다면 丙이 '올해의 체육인상'을 받게 된다.

ㄷ. 옳지 않다. 乙, 丙, 戊를 1순위로 적은 사람은 최소 0명, 1명, 2명이다. 따라서 甲을 1순위로 적은 사람은 최대 80−1−8−2=69명이다.

+ 합격생 가이드

가장 까다로운 선지는 ㄷ이다. ㄷ의 핵심은 乙, 丁, 戊의 점수에서 5씩 빼면서 가장 큰 3의 배수를 찾는 것이다. 총점은 고정되어 있으므로 乙, 丁, 戊에게 2순위 투표를 최대한 몰아준다.

19 수리퀴즈(계산)
답 ①

| 난도 | 중
| 출처 | 20년 행시(나) 33번
| 풀이시간 | 2분 30초

정답해설

화장실과 세면대 이용시간이 짧은 甲과 乙이 우선 샤워실을 이용하도록 하고, 甲과 乙이 샤워실을 이용하는 동안 화장실과 세면대 이용시간이 긴 丙과 丁이 화장실과 세면대를 이용하도록 한다.

샤워실 이용시간이 긴 丁이 빨리 샤워실을 사용할 수 있도록 해줘야 하므로 乙이 먼저 화장실과 세면대를 이용한다.

甲과 乙이 샤워실을 이용하고 있을 때 丙과 丁이 화장실과 세면대를 이용한다. 이때, 상대적으로 샤워실 이용시간이 긴 丁이 먼저 이용할 수 있도록 한다.

이에 따라 화장실, 세면대, 샤워실을 이용하는 시간대를 정리해 보면 다음과 같다.

구분	화장실	세면대	샤워실
乙	1−5	6−10	11−20
甲	6−10	11−13	14−33
丁	11−20	21−23	24−38
丙	21−30	31−35	36−40

따라서 소요되는 최소 시간은 40분이다.

+ 합격생 가이드

샤워실이 2개이므로 화장실과 세면대 이용시간이 짧은 사람과 긴 사람으로 나누어 풀이를 시작한다. 이때, 샤워실 이용시간이 상대적으로 긴 丁이 최대한 빨리 샤워를 시작할 수 있도록 만드는 것이 핵심이다.

20 수리퀴즈(추론)　　　　　　답 ③

| 난도 | 중
| 출처 | 17년 행시(가) 15번
| 풀이시간 | 2분

정답해설

2월 8일 : 수요일의 날씨 예측 점수의 평균은 7점 이하이다. 이때 수요일인 1일
　　　　과 15일의 날씨 예측 점수가 모두 10점이므로 평균이 7점 이하이기
　　　　위해서는 8일의 날씨 예측 점수가 1점 이하가 되어야 한다. 따라서 8
　　　　일의 실제 날씨로 가능한 것은 날씨 예측 점수가 0점이 되는 눈비이다.
2월 16일 : 한 주의 날씨 예측 점수의 평균은 5점 이상이다. 이때 16일을 제외
　　　　한 그 주의 날씨 예측 점수의 총점이 32점이므로 평균이 5점 이상이
　　　　되기 위해서는 16일의 날씨 예측 점수가 3점 이상이 되어야 한다.
　　　　따라서 8일의 실제 날씨로 가능한 것은 날씨 예측 점수가 6점이 되
　　　　는 흐림이다(눈·비도 가능하지만 선지에 없으므로 논하지 않는다).

+ 합격생 가이드

　예측과 실제 결과에 따라 점수가 어떻게 부여되는지 표에서 찾고, 한 주의
주중 날씨 예측 점수의 평균과, 요일별 날씨 예측 점수의 평균을 활용하여
문제를 해결한다.

21 수리퀴즈(계산)　　　　　　답 ③

| 난도 | 중
| 출처 | 18년 행시(나) 12번
| 풀이시간 | 2분

정답해설

ㄱ. 옳다. 현재 검수율이 10%이므로 1일 평균 벌금은 1,000만 원이고, 1일 인건
　　비는 300만 원이다. 따라서 1일 평균 수입은 1,000−300=700만 원이다.
ㄴ. 옳다. 전수조사를 하는 경우의 평균 벌금은 1,000×10=10,000만 원이고,
　　인건비는 300+(20×9×30)=5,700만 원이다. 따라서 평균 수입은 4,300만
　　원이며, 인건비보다 작다.
ㄹ. 옳다. 검수율을 30%로 하는 방안을 선택하면, 1일 평균 벌금은 1,000×3=
　　3,000만 원, 인건비는 300+(20×2×30)=1,500만 원으로 1일 평균 수입은
　　1,500만 원이다. 벌금을 2배로 인상하는 방안을 선택하면 1일 평균 수입은
　　700+1,000=1,700만 원이 되어 더 높다.

오답해설

ㄷ. 옳지 않다. 검수율이 40%일 때 1일 평균 벌금은 1,000×4=4,000만 원이
　　고, 인건비는 300+(20×3×30)=2,100만 원이므로 평균 수입은 1,900만
　　원이다. 검수율이 10%일 때의 평균 수입은 700만 원이므로 4배에 달하지
　　못한다.

+ 합격생 가이드

　수익구조를 파악해야 한다. 검수율이 10% 증가함에 따라 벌금은 1,000만
원, 인건비는 600만 원 증가하므로 1일 평균 수입은 400만 원 증가하는 구
조이다. 따라서 ㄷ은 당연히 옳지 않음을 알 수 있으며, ㄹ은 차이값을 이용
하면 600<1,000이므로 옳다는 것을 쉽게 알 수 있다.

22 단순계산　　　　　　답 ①

| 난도 | 중
| 출처 | 16년 행시(5) 27번
| 풀이시간 | 2분

정답해설

과실상계를 먼저 한 후에 손익상계를 하여야 하므로 손해액 6억 원에서 甲의
과실인 A%만큼을 빼고, 그 금액에서 유족보상금 3억 원을 제한 금액이 1억 8천
만 원이다. 따라서 이를 역으로 계산하면 甲의 배상액 부분은 4억 8천만 원이므
로, 손해액 6억 원에서 1억 2천만 원이 빠진 것이다. 즉, 甲의 과실 부분은 1억
2천만 원이 된다. 따라서 A는 (1.2/6)×100=20%, B는 (4.8/6)×100=80%가
된다.

+ 합격생 가이드

　두 번째 문단에서 '주의할 것은 ~' 이하 부분에 집중해서 읽는다. 이를 활용
해서 선지나 상황을 구성하는 경우가 많으므로 〈상황〉에서 해당 부분을 먼
저 찾는다. 따라서 보험계약에 의한 생명보험금 6천만 원은 공제하지 않고,
유족보상금 3억 원만 공제한다. 이때 과실상계를 먼저 하고 손익상계를 하
여야 하므로 이러한 단서에 유의하며 상황을 해결한다. 이때 甲의 과실부분
이 1억 2천만 원임을 구하지 않더라도, 甲의 배상액부분이 4억 8천만 원임
을 확인하면 이는 곧바로 국가의 과실부분에 해당하므로 B=4.8/6임을 구
할 수 있다.

23 조건적용　　　　　　답 ⑤

| 난도 | 중
| 출처 | 19년 행시(가) 4번
| 풀이시간 | 2분

정답해설

ㄴ. 옳다. 乙은 4인 가구의 가구원이며 신청대상의 제2호에 해당하므로
　　114,000원을 받을 수 있다. 또한 담당 공무원의 대리신청이 가능하므로 丁
　　이 丙을 대리하여 신청서류를 구비하여 제출한다면 아파트 거주자가 아닌
　　乙은 에너지이용권을 실물카드의 형태로 지급받을 수 있다.
ㄷ. 옳다. 丙은 2인 가구의 가구원으로 신청대상 제1호에 해당하는 자로서
　　102,000원을 받을 수 있다. 또한 가상카드 형태로 발급받아 사용할 경우, 사
　　용기간 만료 시 잔액이 발생하면 전기요금이 차감된다.

오답해설

ㄱ. 옳지 않다. 甲은 실업급여 수급자로서 신청대상인 '생계급여 또는 의료급여
　　수급자'에 해당하지 않아 지원금을 지급받을 수 없다.

+ 합격생 가이드

　'신청대상'을 유의할 필요가 있다. 신청대상의 경우, [(생계급여∨의료급여)
∧(1호∨2호∨3호)]의 형식을 취하고 있다. 즉, 급여요건과 각호 요건 중 하
나씩을 동시에 구비하고 있을 것을 요구하고 있으므로 이에 유의하여 풀어
야 한다. ㄱ은 이를 이용하여 만든 오답 선지이다.

24 조건적용 답 ①

| 난도 | 중
| 출처 | 16년 행시(5) 28번
| 풀이시간 | 2분 30초

정답해설

ㄱ. 가능하다. 무농약농산물 인증을 받기 위해서는 농약을 사용하지 않고 화학비료는 권장량의 2분의 1 이하로 사용하여야 한다. 5km²은 500ha이므로 사과 재배기간 내 화학비료 권장량은 50t이다. 따라서 25t 이하로 사용한 甲은 무농약농산물 인증을 받을 수 있다.

ㄹ. 가능하다. 저농약농산물 인증을 받기 위해서는 화학비료는 권장량의 2분의 1 이하로 사용하여야 하고, 농약은 살포시기를 지켜 최대횟수의 2분의 1 이하로 사용하여야 한다. 丁의 재배면적은 5ha로 감 재배기간 내 화학비료의 권장량은 600kg이다. 따라서 총 300kg 이하로 뿌려야 한다. 또한, 농약은 수확 14일 전까지 2회 이하로 뿌려야한다. 丁은 8월 초에 마지막으로 농약을 살포하여 9월 말에 수확하였으므로 모든 요건을 충족하여 저농약농산물 인증을 받을 수 있다.

오답해설

ㄴ. 가능하지 않다. 저농약농산물 인증을 받기 위해서 농약은 살포 시기를 지켜 살포 최대횟수의 2분의 1 이하로 사용하여야 한다. 복숭아는 수확 14일전까지만 농약 살포가 허용되므로 수확 10일 전에 농약을 살포한 乙은 저농약농산물 인증을 받을 수 없다.

ㄷ. 가능하지 않다. 유기농산물 인증을 받기 위해서는 일정기간 이상을 농약과 화학비료를 사용하지 않아야 한다. 丙은 작년에 화학비료를 사용하였으므로 유기농산물 인증을 받을 수 없다.

25 법조문 답 ④

| 난도 | 중
| 출처 | 21년 행시(가) 21번
| 풀이시간 | 2분

정답해설

ㄱ. 옳다. 제2조 제1항 제1호에 따르면 원아수가 200명 이상인 경우 다른 고려 없이 급식을 실시할 유치원에는 영양교사 1명을 둔다. A 유치원 원아수는 223명이다.

ㄴ. 옳다. 제2조 제1항 제2호에 따라 같은 교육지원청의 관할구역에 있는 원아수 각 200명 미만인 유치원은 2개 이내의 유치원에 순회 또는 공동으로 영양교사를 둘 수 있다. B와 C는 각각 원아수가 200명 미만이며 관할 교육지원청이 乙로 같다.

ㄷ. 옳다. 제2조 제2항에 따라 교육감은 급식을 위한 시설과 설비를 갖춘 유치원 중 원아수 100명 미만의 유치원에 대하여 영양관리, 식생활 지도 등의 업무를 지원하기 위하여 교육지원청에 전담직원을 둘 수 있다. 이 경우 교육지원청의 지원을 받는 유치원에는 영양교사를 둔 것으로 본다. D의 원아수는 100명 미만이다.

오답해설

ㄹ. 옳지 않다. 제1조 제2항에 따라 원아수 50명 미만의 사립 유치원은 급식 대상에서 제외한다. 다만 교육감이 필요하다고 인정하는 경우 급식 대상에 포함시킬 수 있다. 그러나 E유치원은 공립 유치원이다.

+ 합격생 가이드

빠르게 읽다보면 공립유치원과 사립유치원을 분리해둔 이유인 ㄹ을 놓치는 문제가 생길 수 있다. 〈상황〉에서와 같이 얼핏보기에 필요 없는 정보라도 일단 문제에서 구별해서 나눠놨다면 쓰일 수 있겠다는 생각을 가지고 법조문 등을 독해하자.

CHAPTER 02

제2회 최종모의고사

01	02	03	04	05	06	07	08	09	10
②	④	④	⑤	①	⑤	④	②	⑤	⑤
11	12	13	14	15	16	17	18	19	20
③	②	④	③	②	③	③	③	①	⑤
21	22	23	24	25					
③	②	②	②	⑤					

01 일치부합 답 ②

| 난도 | 중

| 출처 | 21년 행시(가) 2번

| 풀이시간 | 2분

정답해설

② 옳다. 1문단에 따르면 육조에 대응해 육방이 구성되어 있으며, 중앙과 지방의 모든 국정 업무는 육조를 통해 수합되었고, 육조는 이를 다시 승정원의 해당 방의 승지에게 보고하였다. 해당 승지는 이를 다시 왕에게 보고했다는 정보가 제시되어 있으므로, '형조에서 수집한 지방의 공문서'는 형조가 담당하는 '지방의 국정 업무'라고 할 수 있다.

오답해설

① 옳지 않다. 1문단에 따르면 육조의 국정 업무 자료는 각 방의 승지에 의해 승정원에 보고된다는 것을 알 수 있다. 2문단에 따르면 '승정원에 보고된 육조의 모든 공문서는 승정원의 주서가 받아서 기록하였다'는 것을 알 수 있다. 또한 2문단의 '왕과 신료가 만나 국정을 의논하거나 경연을 할 때 주서는 반드시 참석하여 그 대화 내용을 기록하였다. 즉, 주서는 사관의 역할도 겸하였으며, 주서가 사관으로서 기록한 것을 사초라 하였다.'는 정보와 '자신이 기록한 사초를 정리하여 이것을 승정원에서 처리한 공문서나 상소문과 함께 모두 모아 매일 『승정원일기』를 작성하였다.'는 정보에 비추어 사초가 육조의 국정 업무 자료 선별의 기준이 아니라는 사실을 알 수 있다. 또 모든 정보를 담아 작성했다는 점에서 선별하지 않았을 것이라는 사실을 알 수 있다.

③ 알 수 없다. 1문단에 따르면 육조는 이부, 호부, 예부, 병부, 형부, 공부를 의미한다. 1문단에 따르면 육조의 경우 '왕의 명령이 내려지면 담당 승지가 받아 해당 부서에 전하였다.'는 것을 알 수 있으나 육조 이외의 경우 보고체계에 대한 내용은 지문에 담겨 있지 않다. 선지의 '사간원'이 육조가 아니라는 점에서 알 수 없으며, 육조에 해당한다고 하더라도 '담당 승지'란 승정원에 배치된 직위라는 점에서 옳지 않다고 할 수 있다.

④ 알 수 없다. 2문단의 '주서는 사관의 역할도 겸하였다'는 정보와 '주서는 자신이 기록한 사초를 정리하여 이것을 승정원에서 처리한 공문서나 상소문과 함께 모두 모아 매일 『승정원일기』를 작성했다'는 정보를 바탕으로 주서가 선지의 '사관의 역할을 겸하고 『승정원일기』를 작성했다'는 정보를 알 수 있다. 승지의 경우 관련한 내용을 지문에서 찾을 수 없다.

⑤ 알 수 없다. 3문단에 따라 영조 대의 화재로 소실된 『승정원일기』는 창덕궁의 화재와 관련 있다는 것을 알 수 있으나 당시 어디에 보관되어 있었는 지에 대한 정보를 찾을 수 없다. 3문단에 따라 경복궁에 보관되어 있다가 화재로 소실된 『승정원일기』는 임진왜란 대의 『승정원일기』이다.

+ 합격생 가이드

『승정원일기』와 같이 하나의 주제어에 관한 지문을 다룰 때, 각 문단이 담고 있는 내용에 따라 분류해가며 독해한다면, 향후 선지를 해결함에 있어 용이하다. 사안의 경우 '1문단 – 승정원', '2문단 – 승정원 일기의 작성', 3문단 – 승정원 일기의 소실' 정도로 정리하며 읽는다면 선지에 대응한 근거를 찾기 훨씬 수월하다.

02 일치부합 답 ④

| 난도 | 중

| 출처 | 20년 행시(나) 28번

| 풀이시간 | 2분

정답해설

④ 옳다. 정련 과정을 통해 만들어지는 강은 질기고 외부의 충격에 깨지지 않고 늘어나는 성질이 강하다는 내용을 통해 알 수 있다.

오답해설

① 옳지 않다. 순철이 연성이 높고 온도에 의한 구조 변화와 수축·팽창이 쉽게 일어나는 것은 맞으나, 두 특성 간 인과관계가 성립하는지는 글을 통해 알 수 없다.

② 옳지 않다. 선철이 순철보다 인성과 가단성이 낮다.

③ 옳지 않다. 용선이 가진 탄소를 제거하는 정련 과정을 통해 강을 만드는 것이므로, 용선이 가진 탄소의 양이 저탄소강이 가진 탄소의 양보다 많을 것이다.

⑤ 옳지 않다. 글에 제시되지 않아 서로 비교할 수 없는 내용이다.

+ 합격생 가이드

단단함, 질김, 부드러움, 늘어나는 정도 등의 특성과 강도, 인성, 연성, 가단성 등의 단어를 선지와 글에서 혼합해서 사용하고 있다. 단어들이 의미하는 특성을 첫 번째 문단에서 정확히 숙지하고, 선지의 정오판단 과정에서 자유자재로 치환할 수 있어야 한다.

03 일치부합

답 ④

| 난도 | 상

| 출처 | 19년 행시(가) 23번

| 풀이시간 | 2분 20초

정답해설

④ 옳다. 두 번째 문단에 따르면 근대 중국 지식인들은 신분 질서를 옹호하는 의미가 내포된 예교 규칙인 명교와 삼강을 비판했다. 이름이나 신분, 성별에 따른 우열을 평등과 민주의 이념에 어긋나는 것으로 보았기 때문이다.

오답해설

① 옳지 않다. 세 번째 문단에 따르면 유교와 예교를 분리시켰던 변법유신론자들은 공자의 원래 생각을 중심으로 유교를 재편하고자 했다.

② 옳지 않다. 두 번째 문단에 따르면 '삼강'은 '강상'에 포함되며, '강상'은 예교에 포함되는 개념이다. 예교는 자발적이고 내면적인 규율이므로 삼강이 강제적이고 외재적인 규율이라고 볼 수 없다.

③ 옳지 않다. 두 번째 문단에 따르면 예교와 법은 구분되며, 유교 신봉자들은 예교를 준수하면서 유교적 가치를 체험했을 것이다.

⑤ 옳지 않다. 세 번째 문단에 따르면 예교를 해체하는 작업이 진행되었으나, 명교가 핵심적 가치로 재발견되었다는 것은 확인할 수 없다. 오히려 두 번째 문단을 고려하면 명교는 비판의 대상이 되었을 것이다.

04 일치부합

답 ⑤

| 난도 | 중

| 출처 | 18년 행시(나) 1번

| 풀이시간 | 2분 20초

정답해설

⑤ 옳다. 두 번째 문단에 따르면 헌법재판은 사법적으로 이루어져야 한다. 또한 첫 번째 문단에 따르면 헌법재판은 의회로부터 어느 정도 독립되고, 전문성을 갖춘 재판관들이 담당해야 한다.

오답해설

① 옳지 않다. 첫 번째 문단에 따르면, 헌법재판관들의 임무는 현재 국민들이 헌법을 개정하지 않는 한 헌법에 선언된 과거 국민들의 미래에 대한 약정을 최대한 실현하는 것이다. 만일 현행 헌법이 개정된다면 개정된 헌법에 구속될 것이다.

② 옳지 않다. 첫 번째 문단에 따르면 헌법재판관들은 인권 가치를 수호하기 위하여 의회입법을 위헌이라고 선언할 수 있다. 그리고 두 번째 문단에 따르면 대통령과 대의기관이 관여하여 헌법재판관을 임명함으로써 최소한의 민주적 정당성을 갖춘다.

③ 옳지 않다. 두 번째 문단에 따르면 헌법재판관을 국민이 직접 선출하는 것이 이상적이다. 그러나 이는 현실적으로 용이하지 않아 헌법재판관 선출에 의회와 대통령이 관여하는 것으로 보완하고 있다.

④ 옳지 않다. 첫 번째 문단에 따르면 헌법재판관의 결정은 현재 세대의 의사와 배치될 수도 있다.

+ 합격생 가이드

일치부합 유형 중에서는 난도가 높은 문제이다. 특히 1번으로 배치되어 있기에 실제 시험장에서는 혼자 풀어 보는 것보다 훨씬 압박이 된다. 경험이 부족한 수험생들은 첫 페이지인 1, 2번 문제를 반드시 풀고 넘어가려고 하는데, 때로는 유연하게 넘기고 나중에 차분하게 보는 것도 좋은 전략이 될 수 있다.

05 사례 찾기

답 ①

| 난도 | 상

| 출처 | 17년 행시(가) 8번

| 풀이시간 | 2분 15초

정답해설

ㄱ. 옳지 않다. 폭격행위로 인해 민간인이 죽을 것임을 예상했으며 폭격행위로 인해 민간인이 죽게 되면 전쟁이 끝날 것이라 생각해서 그 행위를 선택하게 된 것이다. 따라서 폭격하는 행위는 민간인 죽음 자체를 의도했기 때문에 허용될 수 없다.

오답해설

ㄴ. 옳다. 사람을 지나친 행위로 인해 심장마비를 일으킨 사람이 죽을 것임을 예상했지만, 지나친 행위는 어머니의 임종을 지키기 위한 것이었지 심장마비를 일으킨 사람이 죽기를 원해서 선택한 행위는 아니다. 따라서 무고한 사람의 죽음 자체를 의도하는 것이라 할 수 없어 허용될 수 있다.

ㄷ. 옳다. 기관차의 진로를 변경하는 행위로 인해 홀로 일하고 있는 인부가 죽을 것임을 예상했지만, 진로를 변경하는 행위는 다섯 명의 어린이를 구하기 위한 것이었지 인부를 죽이고자 선택한 행위는 아니다. 따라서 무고한 사람의 죽음 자체를 의도하는 것이라 할 수 없어 허용될 수 있다.

+ 합격생 가이드

해당하는 사례를 찾는 문제 유형의 경우, 해당 사례에 속하기 위해 필요한 요건들을 적어, 해당 요건을 모두 갖췄는지를 판단하는 방식으로 접근하면 쉽게 풀 수 있다. 이 문항의 경우, ① 행위의 결과가 죽음인 걸 예상했을 것 ② 죽음 자체를 의도하여 그 행위를 했을 것이 요구된다. ㄴ의 경우에는 죽음 자체를 의도하여 지나친 것은 아니기 때문에 허용될 수 있는 행위가 된다.

06 글의 문맥·구조

답 ⑤

| 난도 | 중

| 출처 | 21년 행시(가) 12번

| 풀이시간 | 2분

정답해설

⑤ 적절하다. ⓒ을 참이라고 받아들인다고 가정하자. 즉 '비물질적 실체'라는 용어가 지칭하는 대상이 존재하지 않는다. 이때 ③의 대우에 따라 '비물질적 실체'는 의미 있는 용어가 아니다. 그러한 경우 ⓒ에 따라 비물질적 실체가 존재하는가에 대해 긍정도 부정도 할 수 없다. 하지만 이 결론은 ⓔ과 모순된다. 따라서 최초에 가정한 ⓒ이 거짓이라는 점을 보일 수 있다.

오답해설

① 적절하지 않다. ㉡을 조건언의 형태로 나타내면 다음과 같다; '의미 있는 용어' → '지칭하는 대상 존재'. ㉢이 가정하는 어떤 용어는 의미 있는 용어인 동시에 지칭하는 대상이 존재하지 않는다. 그러므로 ㉢은 ㉡의 반례라고 할 수 있다.

② 적절하지 않다. ㉢이 참이라고 가정하자. ㉡을 조건언의 형태로 나타내면 다음과 같다; '의미 있는 용어' → '지칭하는 대상 존재'. ㉢이 가정하는 어떤 용어는 의미 있는 용어인 동시에 지칭하는 대상이 존재하지 않는다. 그러므로 ㉢은 ㉡의 반례라고 할 수 있다. 따라서 ㉡은 거짓이다. 그 대우도 성립하기 때문에 선지의 진리값 관계가 존재하지 않는다.

③ 적절하지 않다. ㉣이 참이라고 가정하자. ㉢의 대우에 따라 '비물질적 실체'는 의미 있는 용어이다. 이 결론은 ㉣과도 충돌하지 않는다. 따라서 ㉢과 ㉣이 참이면서 ㉣이 거짓이 되지 않는 것이 가능하다.

④ 적절하지 않다. ㉠과 ㉢이 참인 경우 '비물질적 실체'는 의미 없는 단어이다. 이 경우 ㉣에 따라 비물질적 실체가 존재하는가에 대해 긍정도 부정도 할 수 없다. 그러나 이는 ㉤의 부정이다. 따라서 ㉠, ㉡, ㉢이 참이면 ㉤이 반드시 거짓이라고 할 수 있다.

+ 합격생 가이드

'~반드시 거짓이다.' 형식의 선지는 기존 논리문제나 글의 논리적 구조에 관한 문제에서 자주 나오는 선지 형식이 아니라고 할 수 있다. 그 적절성에 대해 판단함에 있어 기호화가 익숙하지 않은 수험생은 결론을 부정하는 가정으로부터 주어진 전제를 결합했을 때 동시에 참인 경우가 가능한지, 즉 일관성이 존재하는 지 확인하는 방식으로 실수를 줄일 수 있다.

---

07 추론 답 ④

| 난도 | 중

| 출처 | 16년 행시(5) 7번

| 풀이시간 | 2분 15초

정답해설

④ 옳다. CDMA에서는 '단절 전 형성 방식'을 사용하며 FDMA에서는 '형성 전 단절 방식'을 사용한다. 따라서 CDMA는 기존 기지국과 단절되지 않은 상태에서 새로운 기지국과 통화채널을 형성하는 반면, FDMA는 기존 기지국과 단절된 상태에서 새로운 기지국과의 통화채널을 형성한다는 것을 추론할 수 있다.

오답해설

① 옳지 않다. '단절 전 형성 방식'은 이동단말기와 기존 기지국 간의 통화 채널이 단절되기 전에 새로운 기지국과의 통화 채널을 형성하는 방식으로 이러한 방식은 각 기지국이 같은 주파수를 사용하고 있을 때 가능하다.

② 옳지 않다. 핸드오버의 명령은 이동단말기와 기지국 사이의 신호세기가 특정값 이하로 떨어지게 될 때 발생한다. 따라서 핸드오버의 방식과 관련이 없어 비교할 수 없다.

③ 옳지 않다. '형성 전 단절 방식'은 이동단말기와 새로운 기지국 간의 통화채널이 형성되기 전에 기존 기지국과의 통화 채널을 단절하는 것을 의미한다. 따라서 이동단말기와 기존 기지국과의 통화채널이 단절된 이후 새로운 기지국과 통화채널이 형성되었는지를 알 수 없어 단절만으로 핸드오버가 성공한 것이라 단정할 수 없다.

⑤ 옳지 않다. 핸드오버의 명령은 이동단말기와 기지국 사이의 신호세기가 특정값 이하로 떨어지게 될 때 발생하는데, 이동단말기 A와 기지국 산의 신호 세기가 약하지만 여전히 특정값 보다 크다면 핸드오버가 명령되지 않는다. 따라서 이동단말기 A에서 핸드오버가 명령될 것이라고 단정할 수 없다.

---

08 밑줄 · 빈칸 채우기 답 ②

| 난도 | 중

| 출처 | 18년 행시(나) 7번

| 풀이시간 | 2분

정답해설

두 번째 문단에 따르면 우리는 한 사건을 설명하기 위해 그 사건 이전에 일어났던 사건에서 원인을 찾는다. 그런데 빅뱅 이전에는 아무 것도 없었다면, 빅뱅의 원인을 찾을 수 없게 된다. 따라서 ㉠에는 "왜 우주가 탄생하게 되었는지를"이 와야 한다.

세 번째 문단에 따르면 ㉡이라고 해석하면 '빅뱅 이전'이라는 개념 자체가 성립하지 않게 되며, 시간의 시작은 빅뱅의 시작으로 정의된다. 즉, 빅뱅으로 비로소 시간이라는 개념이 성립하게 된 것이다. 따라서 ㉡에는 "빅뱅 이전에는 시간도 없었다."가 와야 한다.

---

09 견해 비교 · 대조 답 ⑤

| 난도 | 상

| 출처 | 21년 행시(가) 37번

| 풀이시간 | 2분 30초

정답해설

(1) NT → NT ∨ (CT ∧ 참이다)

(2) NT ∨ (CT ∧ 참이다) → 참일 가능성이 있는 진술

(3) 참일 가능성이 있는 진술 → 거짓일 가능성이 있는 진술

(4) NT → 거짓일 가능성이 있는 진술

㉠ 참일 가능성이 있는 진술 ↔ NT ∨ CT ∨ CF

㉡ 참일 가능성이 있는 진술 ↔ CT ∨ CF

ㄱ. 적절하다. ㉠으로 이해하는 경우 (2)의 주장은 다음과 같이 나타낼 수 있다. NT ∨ (CT ∧ 참이다) → NT ∨ CT ∨ CF. 전건이 참이면서 후건이 거짓이 되는 경우를 상상할 수 없다. 그러므로 (2)는 참인 전제가 된다고 할 수 있다.

ㄴ. 적절하다. ㉡으로 이해하는 경우 (3)의 주장은 다음과 같이 나타낼 수 있다. CT ∨ CF → 거짓일 가능성이 있는 진술. CT와 CF 모두 필연적으로 참이거나 거짓인 경우가 아니다. 상황에 따라 거짓인 경우를 상상할 수 있다. 그러므로 (3)은 참인 전제가 된다고 할 수 있다.

ㄷ. 적절하다. ㉠으로 이해하는 경우 (3)의 주장은 다음과 같이 나타낼 수 있다. NT ∨ CT ∨ CF → 거짓일 가능성이 있는 진술. NT인 경우 즉, 필연적으로 참인 진술을 가정하자. (3)에 따르면 이 필연적으로 참인 진술은 거짓일 가능성이 있는 진술이다. 2문단에 따르면 필연적으로 참인 진술은 거짓일 가능성이 없는 진술이다.

+ 합격생 가이드

제시문상 논증이 가지고 있는 문제의식이 제시문상 참, 거짓의 세분화된 표와 어떻게 연계되는지 파악하는 것이 중요하다. 특히 기호화 과정에서 선언이 가지고 있는 언어적 의미를 바탕으로 (3) 선지와 같은 주장을 헷갈리지 않고 처리하는 정확한 문제 해결에 주효하다고 생각한다.

10 견해 비교 · 대조   답 ⑤

| 난도 | 상

| 출처 | 17년 행시(가) 34번

| 풀이시간 | 2분 45초

정답해설

⑤ 옳다. G는 큰 수로 이루어진 수식이 증명될 수 있다면 작은 수로 이루어진 수식도 증명될 수 있어야 한다고 주장하면서 작은 수로 이루어진 수식은 증명될 수 없다는 F의 주장을 반박한다.

오답해설

① 옳지 않다. B는 A의 주장을 수용하면서도 그러한 수식이 공리와는 달리 일반적이지 않다는 추가적인 주장을 더하고 있다. 따라서 A의 주장을 반박한다고 볼 수 없다.

② 옳지 않다. C는 특정한 수를 다루는 수식이 무한히 많다는 사실을 인정하며, 그러한 수식들은 증명 가능하다고 주장함으로써 B의 주장을 반박한다.

③ 옳지 않다. D는 큰 수로 이루어진 수식이라고 하더라도 참과 거짓을 그 자체로 명백히 알 수 있다고 주장한다.

④ 옳지 않다. F는 작은 수로 이루어진 수식의 경우 증명이 불가능하며 직관을 통해 그 자체로 명백하게 참임을 알 수 있는 반면, 큰 수로 이루어진 수식은 그 자체로 명백하게 알 수는 없지만 증명을 통해 참임을 알 수 있다고 주장하고 있다. 따라서 모든 수식은 증명을 통해 참임을 알 수 있다는 E의 주장과 상충되는 측면이 있어 E의 주장을 옹호한다고 할 수 없다.

11 일치부합   답 ③

| 난도 | 상

| 출처 | 21년 행시(가) 3번

| 풀이시간 | 2분 30초

정답해설

③ 알 수 있다. 3문단에 따르면 이질의 감소는 '생태환경의 측면'에 있다. 3문단의 '한반도의 하천 변에 분포하는 넓은 범람원의 숲이 논으로 개발되면서 뜨거운 여름 동안 습지로 바뀌었고 건조한 환경에 적합한 미생물 생태계가 습한 환경에 적합한 새로운 미생물 생태계로 바뀌었다.'와 4문단의 '17세기 이후 농지 개간의 중심축이 범람원 개간에서 산간 지역 개발로 이동'이라는 정보를 바탕으로 범람원에서 산간 지역으로 논의 환경이 변화함에 따라 다시 미생물 생태계가 변화했고 그에 따라 이질 감소가 나타났다는 것을 알 수 있다.

오답해설

① 알 수 없다. 1문단에 따르면 조선은 『농사직설』을 편찬하여 적극적으로 벼농사를 보급하였다.'라는 정보와 이질이 15~16세기 주요 질병이라는 정보가 제시되어 있다. 그 이전 조선에 수인성 병균에 의한 질병이 없었는지에 대한 정보가 제시되어 있지 않다. 오히려 3문단의 '이질은 15세기 초반 급증하기 시작'이라는 표현에 비추어 이전에도 있었음을 전제하고 있다고 볼 수도 있다.

② 알 수 없다. 3문단에 따르면 '한반도의 하천 변에 분포하는 넓은 범람원의 숲이 논으로 개발되면서 뜨거운 여름 동안 습지로 바뀌었고', '시겔라균은 이러한 습지의 생태계에서 번성'했다. 넓게 해석해 하천 변의 범람원이 선지의 '조선의 하천'에 포함된다고 해석하더라도 17세기 범람원에서의 수인성 세균이나 시겔라균의 생태에 대한 정보가 제시되어 있지 않아 17세기 이후 감소 여부에 대한 판단을 할 수 없다.

④ 알 수 없다. 4문단에 따라 선지의 '17세기 이후 조선에서 개간 대상 지역이 바뀌었다'는 내용은 확인할 수 있다. 그러나 선지의 '인구 밀집 지역'에 대한 정보는 찾을 수 없다.

⑤ 알 수 없다. 4문단에 따라 농법의 변화는 논의 사용법을 변화시켰고, '논에 물을 가둬두는 기간이 줄어서 이질 등 수인성 질병 발생의 감소를 가져왔다.'는 것을 알 수 있다. 그러나 지문에 '17세기 이전에는 건조한 지역에는 농지를 개간할 수 없었다.'거나 '농법의 변화가 건조한 지역의 개발을 가져왔다' 등의 정보를 찾을 수 없다.

+ 합격생 가이드

시대 또는 기간 간 비교가 이루어지는 지문의 경우 각 비교 대상의 특징에 유념한 독해를 하는 것이 정확한 선지 해결에 도움을 준다. 15세기의 3문단과 17세기의 4문단을 중심으로 글의 내용을 파악한다면 ①, ②를 제외한 선지의 해결을 보다 용이하게 할 수 있을 것이다.

12 글의 문맥 · 구조   답 ②

| 난도 | 중

| 출처 | 16년 행시(5) 37번

| 풀이시간 | 2분

정답해설

A주장의 구조를 정리하면 다음과 같다.

물질 없이 영혼 상태로 존재하는 세계를 상상할 수 있다.
↓
영혼은 존재하지만 어떤 물질도 존재하지 않는 세계는 가능하다.
↓
그러한 세계가 가능하다면 나의 본질은 물질이 아니다.
↓
나의 본질은 물질이 아닌 영혼이며, 물질에 대해 연구하는 뇌과학은 인간 본질에 대해 알려줄 수 없다.

B는 이에 대해 아직 증명되지 않은 골드바흐의 명제를 가져와 설명한다. 골드바흐의 명제는 아직 증명되지 않았기 때문에 그 명제가 참인 세계와 거짓인 세계를 모두 상상할 수 있지만 참인 세계와 거짓인 세계 모두가 가능한 것은 아니다. 즉, 둘 중 하나만이 가능하다. 이를 통해 B는 상상할 수 있다고 하여 모두 가능한 것은 아니라는 것을 주장하고 있다.

따라서 둘을 합쳐보았을 때, B는 '물질 없이 영혼 상태로 존재하는 세계를 상상할 수 있다는 것으로부터 그러한 세계가 가능하다는 것을 전제'하고 있는 A를 반박하고 있다. 따라서 정답은 ②이다.

13 견해 비교 · 대조   답 ④

| 난도 | 중

| 출처 | 20년 행시(나) 34번

| 풀이시간 | 2분

정답해설

④ 옳다. 병은 c를 같은 방식으로 던지는 것이 거의 불가능하다고 보고, 정 역시 c를 같은 방식으로 던지는 실제 세계 사례의 수는 무척 작을 것이라는 데에 동의하고 있다.

오답해설

① 옳지 않다. 병이 진술 A의 참거짓 여부에 대해 어떻게 생각하는지는 글의 내용을 통해 확정할 수 없다.

② 옳지 않다. 병 역시 c를 같은 방식으로 여러 차례 던지는 것이 불가능하다는 것에 동의한다.

③ 옳지 않다. 정 역시 c를 던진 결과가 A의 진위에 영향을 끼친다고 본다.

⑤ 옳지 않다. 갑의 경우 c의 물리적 특징을 조사한다고 하더라도, 진술 A에 포함된 '50%의 확률'에 대응하는 특징을 찾을 수 없다고 주장하고 있다.

+ 합격생 가이드

각 진술에서 발화자가 참 거짓에 대해 확실한 입장을 밝히고 있지 않은 부분은 알 수 없는 정보라는 점에 주의해야 한다. 가령 병의 진술에서 병이 '우리는 진술 A가 거짓이라고 말해야 한다. 하지만 이는 받아들일 수 없다'는 내용으로부터, 병이 진술 A의 진위 여부에 대해 어떠한 견해를 가지고 있는지 확정할 수 있다고 착각하지 않아야 한다.

---

14 추론   답 ③

| 난도 | 상

| 출처 | 20년 행시(나) 27번

| 풀이시간 | 2분

정답해설

ㄱ. 옳다. 인간의 성품을 고양하는 법률은 정의로우며, 정의로운 법률은 신의 법, 곧 도덕법에 해당한다.

ㄴ. 옳다. 사람끼리의 규약에 해당하는 법률은 불의하며, 그것이 불의한 이유는 자연법에 기원한 것이 아니기 때문이다.

오답해설

ㄷ. 옳지 않다. 인종차별적 내용을 포함하는 법률은 불의한 법률로 도덕법에 배치되는 것이라는 사실로부터, 인종차별적 내용을 포함하지 않는 모든 법률이 신의 법, 즉 도덕법에 해당한다는 내용이 도출되지는 않는다.

+ 합격생 가이드

이와 같이 특정 개념들의 논리 관계를 서술식으로 풀어 놓은 문제 유형의 경우 논리식으로 치환하며 풀이하는 것이 좋다. 정의로운 법률과 불의한 법률, 도덕법에의 해당 여부 등 핵심 키워드들 간 논리적 관계를 도식으로 정리하면서 읽어나가면 문제 풀이를 보다 수월하게 할 수 있다.

---

15 추론   답 ②

| 난도 | 중

| 출처 | 19년 행시(가) 2번

| 풀이시간 | 2분 10초

정답해설

② 옳다. 마지막 문단에 따르면 세 사람 이상 무리를 이루어 남의 재물을 강탈했을 때에는 처벌로 100대를 때렸다. 두 번째 문단에 따르면 장형은 60대부터 100대까지 때릴 수 있었다.

오답해설

① 옳지 않다. 세 번째 문단에 따르면 매를 때리는 '형문'이나 '본형' 과정에서 피의자가 죽는 경우 책임자로 하여금 장례 비용을 내게 했다. 그러나 '평문' 과정에서 피의자가 죽는 경우는 나타나 있지 않으며, 말로 타일러 자백을 받아내는 '평문' 과정에서 피의자가 죽는 경우를 생각하기도 어렵다.

---

③ 옳지 않다. 두 번째 문단에 따르면 반역죄의 경우 '국장'을 사용하였다. 그러나 '본형' 이전에 우선 자백을 받기 위한 심문을 한다. 반역 혐의가 있는 사람에게 자백을 받지 않고 국장을 때린다는 규정은 나타나 있지 않다.

④ 옳지 않다. 두 번째 문단에 따르면 상전을 다치게 한 경우 '신장'보다 두꺼운 '성장'을 사용한다. 남의 재물을 강탈한 자는 초범일 때에는 60대, 재범일 때에는 100대를 때렸으므로 누가 더 많은 매를 맞았는지는 판단할 수 없다.

⑤ 옳지 않다. 두 번째 문단에 따르면 평문을 통해 범죄 사실이 확정되더라도 '본형'이 집행되며, 이 과정에서 처벌을 받을 수도 있다.

---

16 밑줄 · 빈칸 채우기   답 ③

| 난도 | 중

| 출처 | 18년 행시(나) 29번

| 풀이시간 | 2분

정답해설

기분조정 이론의 핵심 내용을 기분관리 이론과의 비교를 통해 설명하는 지문이다. 기분관리 이론이 '현재 시점에만 초점을 맞추고 있음'을 지적하고, 기분조정 이론으로 이를 보완하려는 것이므로 빈칸의 내용에는 기분조정 이론이 '현재 시점 이외에 다른 시점을 고려한다'는 내용이 들어갈 가능성이 높다는 것을 첫 번째 문단의 내용을 통해 유추할 수 있다. 집단 1과 집단 2의 실험 결과를 모두 설명할 수 있는 선지를 찾아야 한다.

③ 옳다. 집단 1의 경우, 재미있는 놀이를 하기 전 최적 상태 수준에서 즐거운 기분을 유지하기 위해 다소 흥겨운 음악을 선택하였고, 집단 2의 경우 과도하게 흥겨운 음악을 선택했다가 심각한 과제 수행이 임박함에 따라 기분이 가라앉을 것을 예상하여, 차분한 음악으로 바꾸었다고 설명할 수 있다.

오답해설

① 옳지 않다. 집단 2의 경우 과도하게 흥겨운 음악을 선택했다가 과제 시간이 임박하면서 차분한 음악으로 선택을 바꾸었다는 사례에서, 집단 2의 사람들이 현재의 기분을 유지하는 데 도움이 되는 음악을 선택한다고 볼 수 없다.

② 옳지 않다. 이 선지는 집단 2의 경우 과제 시간이 다가옴에 따라 차분한 음악을 선택했다는 실험 결과를 설명할 수 없다.

④ 옳지 않다. 지문의 내용에서 사람들의 선호와 음악 선택과의 관련성은 확인할 수 없다.

⑤ 옳지 않다. 집단 1의 경우, 재미있는 놀이를 하게 된다는 말을 들은 이후 최적 상태 수준에서 즐거운 기분 상태였으나, 다소 즐거운 음악을 선택했으므로 기분이 즐거운 경우 그와 반대되는 음악을 선택한다는 것은 옳지 않다.

+ 합격생 가이드

빈칸의 바로 앞뒤 문장만으로는 곧바로 정답을 도출하기 어려운 문제이다. 최근 출제 경향은 이러한 문제와 같이 시간을 절약하기 위해 빈칸 또는 밑줄의 앞뒤 문장만 읽고 곧바로 선지를 보기보다 지문 전체 내용을 파악해야 확실한 정답을 찾을 수 있는 문제가 출제된다는 점에 유의하도록 하자.

17 논리퀴즈 답 ③

| 난도 | 상
| 출처 | 20년 행시(나) 32번
| 풀이시간 | 2분 15초

정답해설

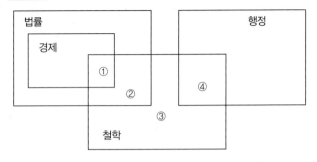

ⓒ 이전의 대화에서 주어진 정보를 바탕으로 각 과목 신청자 분포관계를 도식화하면 위의 그림과 같다. 또한 승민의 첫 번째 대사에서 경제와 법률은 신청하지 않고 철학은 신청한 사람이 있었고(③ 혹은 ④), 바로 이어지는 승범의 대사에서 법률을 신청한 사람 중에 철학을 신청한 사람도 있고(①, ②) 철학은 신청했으나 행정과 경제는 신청하지 않은 사람이 있었으므로(② 혹은 ③)
ⓒ 이후에 이어지는 대사에서 철학 한 과목만 신청한 사람(③)과 행정 외에 모든 과목을 신청한 사람(①)의 존재를 확정하려면, ②의 영역이 삭제되어야 한다.

③ 옳다. 그림에서 ②의 영역을 삭제하면 철학 한 과목만 신청한 사람과 행정 외에 세 과목을 전부 신청한 사람의 존재를 확정할 수 있다.

오답해설

① 옳지 않다. 철학 한 과목만 신청한 사람의 존재를 확정할 수 없다.
② 옳지 않다. 행정 외에 세 과목 모두 신청한 사람의 존재를 확정할 수 없다.
④ 옳지 않다. 철학 한 과목만 신청한 사람의 존재를 확정할 수 없다.
⑤ 옳지 않다. 행정을 신청한 사람 중에 법률을 신청한 사람은 없었다는 대화 내용과 모순된다.

+ 합격생 가이드

난도 높은 논리퀴즈 문제이다. 대화 형식으로 제시된 정보들이 복잡하므로 정답해설과 같이 간단한 도식으로 나타낸 후 선지의 정오를 판단하는 것이 효율적이다. ⓒ 이후에 제시되는 결론이 확실히 도출되기 위해 어느 부분이 배제되어야 하는지 정확히 판단할 수 있어야 한다.

18 논리퀴즈 답 ③

| 난도 | 상
| 출처 | 19년 행시(가) 14번
| 풀이시간 | 2분

정답해설

문제에서 주어진 조건을 요약하면 다음과 같다.

1) ~성격 → 발달∧임상
2) 임상 → 성격
3) ~인지 → ~성격∧발달
4) ~인지∧~발달

우선 영희가 들은 수업의 최소 개수가 무엇인지 알아내기 위해 4)가 옳은 진술이라고 가정하고 모순이 발생하지 않는지 확인해본다. 4)에 따라, 영희는 〈인지

심리학〉과 〈발달심리학〉 모두 수강하지 않는다. 이 경우 1)의 대우에 따라 영희는 〈성격심리학〉은 수강해야 한다. 이때 3)이 그른 진술이라고 가정하면 영희가 〈인지심리학〉을 듣지 않고 〈성격심리학〉만 수강하더라도 모순이 발생하지 않는다. 따라서 영희가 〈성격심리학〉 1개의 수업만 듣는 경우가 가능하다.

다음으로 영희가 들은 수업의 최대 개수가 무엇인지 알아내기 위해 4)가 그른 진술이라고 가정해 보자. 영희가 만약 〈인지심리학〉과 〈발달심리학〉을 모두 수강하고, 나머지 세 진술이 옳은 진술이라고 하면, 〈성격심리학〉과 〈임상심리학〉을 모두 수강하더라도 모순이 발생하지 않는다. 따라서 영희가 4개의 수업을 모두 수강하는 경우가 가능하므로, 영희가 수강할 수 있는 최대 수업 수는 4개이다.

19 논리퀴즈 답 ①

| 난도 | 상
| 출처 | 18년 행시(나) 14번
| 풀이시간 | 2분 15초

정답해설

네 사람의 예측 중, 갑의 예측이 옳았다고 가정해 보자. 그렇다면 가영이는 미국에, 나준이는 프랑스에, 다석이는 중국에 간다. 이 말이 참이라면, 을의 예측은 자동으로 옳은 예측이 되고, 병과 정의 예측은 자동으로 그른 예측이 된다. 그리고 이 경우에 모순이 발생하지 않는다.

다음으로, 갑의 예측이 그른 예측이었다고 가정해 보자. 그리고 을과 병의 예측 중 적어도 한 예측은 그른 예측이므로, 을의 예측 역시 그르다고 가정하면, 가영이는 미국에 가고, 나준이는 중국에 가며, 다석이는 프랑스에 가야 한다. 그러나 이 경우 정의 예측 역시 그른 예측이 되므로, 모순이 발생한다. 마찬가지로 을의 예측은 옳고 병의 예측은 그르다고 가정하면, 나준이는 프랑스에, 다석이는 중국에, 가영이는 미국에 가게 된다. 그러나 이 경우 갑의 예측이 옳은 예측이어야 하므로, 앞서 가정한 것과 모순이 발생한다. 따라서 지문의 내용을 토대로 볼 때 가능한 경우는 갑과 을의 예측이 옳은 예측이고, 병과 정의 예측이 그른 예측이며, 가영이는 미국, 나준이는 프랑스, 다석이는 중국에 가는 경우이다.

따라서 반드시 참인 것은 ㄱ뿐이다.

+ 합격생 가이드

이러한 유형의 경우 갑의 예측과 같이 확정적인 진술이 참, 혹은 거짓인 경우를 각각 가정하는 것으로부터 시작해야 한다. 내용이 비교적 단순하고 확정적인 진술을 참 혹은 거짓으로 우선 가정해 놓고 다른 조건들에 맞게 논리를 전개하다가, 모순을 발견하면 해당 경우는 성립할 수 없으므로 가능한 사례 집합에서 배제한다.

20 추론 답 ⑤

| 난도 | 상
| 출처 | 19년 행시(가) 7번
| 풀이시간 | 2분 15초

정답해설

⑤ 옳다. 별의 질량이 커지면 탈출 속도도 커진다. 이때 빛의 속도는 고정되어 있으므로, 탈출 속도와 빛의 속도가 같게 만들려면 별의 둘레가 증가해서 탈출 속도를 감소시켜야 한다. 별의 질량이 커지면 임계 둘레가 커진다.

오답해설

① 옳지 않다. 임계 둘레보다 큰 둘레를 가진 별에서는 빛이 탈출할 수 있으므로, 임계 둘레 이하의 둘레를 가진 별에 사는 존재라도 다른 별로부터 탈출한 빛은 관찰할 수 있을 것이다.
② 옳지 않다. 초기 속도가 빛보다 빠르다고 해도, 해당 별의 둘레가 임계 둘레보다 매우 작아서 그 입자가 탈출하지 못할 수 있다.
③ 옳지 않다. 탈출 속도는 별 질량을 별의 둘레로 나눈 값의 제곱근에 비례하므로, 둘레가 변하지 않고 별 질량이 커진다면 탈출 속도는 빨라진다.
④ 옳지 않다. 임계 둘레 이하의 둘레를 가진 별의 표면에서 빛 입자를 쏘아 올릴 수 없는 것이 아니라, 쏘아 올릴 수 있더라도 빛이 그 별을 탈출하지 못하는 것이다.

21 강화 · 약화　　답 ③

| 난도 | 중

| 출처 | 17년 행시(가) 17번

| 풀이시간 | 2분

정답해설

ㄱ. 옳다. (가)에서는 우리나라 성인이 탄수화물을 하루 평균 289.1g 섭취하는 것은 필요섭취량의 2~3배에 가깝다고 주장하고 있다. 하지만 아시아 성인 기준 하루 300g 이상의 탄수화물 섭취가 필요하다면 현재 우리나라 성인 탄수화물 섭취는 필요섭취량에 못 미치는 것이 되어 한국인이 탄수화물을 지나치게 많이 섭취한다는 내용의 (가)가 약화된다.
ㄴ. 옳다. (가)에서는 우리나라 성인이 필요섭취량보다 많은 탄수화물을 섭취하고 있음을 근거로 한국인 전체가 탄수화물을 지나치게 많이 섭취하고 있다는 주장을 펼치고 있다. 따라서 성인이 아닌 한국인 역시 탄수화물을 많이 섭취하고 있다는 것이 밝혀지면 근거가 보충되면서 (가)의 설득력이 높아진다.

오답해설

ㄷ. 옳지 않다. (나)는 탄수화물이 부족할 경우 케톤시스 현상이 나타난다는 내용이다. 즉, 탄수화물 부족을 케톤시스 현상의 충분조건으로 보고 있는 것이다. 따라서 이를 약화하기 위해서는 탄수화물이 부족함에도 불구하고 케톤시스 현상이 나타나지 않은 사례가 있어야 한다. 선지의 사례는 탄수화물이 충분한 상황에 케톤시스 현상이 나타나지 않는다는 것으로 탄수화물 부족을 케톤시스 현상의 필요조건으로 보는 것이다. 따라서 해당 선지는 (나)와 무관하여 (나)를 약화하지 않는다.

+ 합격생 가이드

만약 (나)에서 케톤시스 현상의 필요충분조건으로 탄수화물 부족을 언급하고 있다면 보기 ㄷ은 (나)를 강화하게 된다. 필요조건인지, 충분조건인지, 필요충분조건인지에 따라 보기와의 관계가 달라지므로 필요, 충분조건에 대해 미리 숙지해둘 필요가 있다.

22 견해 비교 · 대조　　답 ②

| 난도 | 중

| 출처 | 20년 행시(나) 33번

| 풀이시간 | 2분

정답해설

ㄷ. 옳다. 을은 과거 경험을 기억하려면 자의식이 있어야 하고, 자의식이 있으면 의식이 있다고 보기에 의식은 기억의 충분조건이라고 판단할 것이다. 병은 무언가를 학습할 수 있으려면 기억할 수 있는 능력이 있어야 한다고 하였으므로, 기억이 학습의 필요조건이라고 보고 있다.

오답해설

ㄱ. 옳지 않다. 병은 자의식 없이도 기억하는 행위가 가능하다고 보나, 병이 동물의 자의식 보유 여부에 대해 어떠한 견해를 가지고 있는지는 대화의 내용을 통해 확인할 수 없다.
ㄴ. 옳지 않다. 을은 동물이 의식을 가지고 있다고 보지만, 의식이 없이도 행동할 수 있는지의 여부에 대해서는 입장을 밝히고 있지 않다.

+ 합격생 가이드

일반적인 견해 비교 · 대조 유형의 문제에 형식논리적 요소가 가미된 문항이다. 주어진 갑~병의 견해 설명 내용에 포함된 논리관계를 논리식으로 정리해가면서 읽는 것이 풀이에 유리하다.

23 추론　　답 ②

| 난도 | 중

| 출처 | 17년 행시(가) 26번

| 풀이시간 | 2분

정답해설

ㄷ. 옳다. 만약 '갑이 범인'과 '을의 범인'에 대한 기존 믿음의 정도가 같았다면, 방법 A를 이용하는 경우 '병이 범인'에 대한 믿음의 정도를 절반씩 분배하고, 방법 B를 이용하는 경우에도 동일한 비율로 '병이 범인'에 대한 믿음의 정도를 분배하게 된다. 따라서 두 방법을 사용한 이후 믿음의 정도의 분배 결과가 서로 같다.

오답해설

ㄱ. 옳지 않다. 기존의 믿음의 정도들이 어떠했는지와 관계 없이, 병을 제외한 후 '갑이 범인'이라는 믿음의 정도와 '을이 범인'이라는 믿음의 정도의 합은 항상 1로 동일하다.
ㄴ. 옳지 않다. 방법 A는 기존의 믿음의 정도와 관계 없이 '병이 범인'에 대한 믿음의 정도를 동일하게 '갑이 범인'과 '을이 범인'의 믿음의 정도에 분배하는 방식이고, 방법 B는 '병이 범인'에 대한 믿음의 정도를 '갑이 범인'과 '을이 범인'의 기존의 믿음의 정도에 비례에서 나누어 주는 방식이므로, 방법 B를 사용하는 경우 '갑이 범인'과 '을의 범인'의 믿음의 정도의 차이가 방법 A를 사용하는 경우의 믿음의 정도의 차이보다 항상 크거나 같을 수밖에 없다(기존에 '갑이 범인'과 '을이 범인'의 믿음의 정도가 같았던 경우 두 방법에서 병을 제외한 후 믿음의 정도가 같을 수 있다). 따라서 방법 A를 이용한 결과의 믿음의 정도의 차이가 방법 B를 이용한 결과의 믿음의 정도의 차이보다 클 수 없다.

+ 합격생 가이드

보편적인 추론 유형 문제이나, 약간의 계산을 요한다는 점에서 다른 문제와 구별된다. 이러한 추론 문제의 경우, 이론의 핵심 내용, 또는 필요한 계산식 등을 메모해 놓고 보기나 선지의 정오를 판단하는 데 활용하도록 하자.

24 강화 · 약화 　　　　　　답 ②

| 난도 | 상

| 출처 | 21년 행시(가) 18번

| 풀이시간 | 2분 30초

정답해설

A: 인간에게 인식적 의무가 있다.

B: 자신의 의지만으로 어떤 믿음을 가질지 정할 수 있다.

전제1: A → B

전제2: ~B

결론: ~A

ㄴ. 강화한다. 〈보기〉 상 ㄴ의 '내 의지로는 믿고 싶지 않음에도 불구하고 믿을 수밖에 없는 경우들이 있다.'는 전제2와 같은 주장을 내용으로 하는 선지라고 할 수 있다(~B).

오답해설

ㄱ. 강화하지 않는다. 〈보기〉 상 ㄱ의 '인간에게 인식적 의무가 없다는 것과 어떤 경우에는 자신의 의지만으로 어떤 믿음을 가질지 정할 수 있다는 것은 양립할 수 없다.'는 '인간에게 인식적 의무가 있다는 명제와 자신의 의지만으로 어떤 믿음을 가질지 정할 수 없다는 명제가 거짓이라는 명제는 동시에 참일 수 없다.'라고 표현할 수 있다. 이를 기호화하면 다음과 같다; (~(~A ∧ B)). 이는 (A ∨ ~B)와 동치라고 할 수 있는데 인간에게 인식적 의무가 있다라고 주장하는 경우 논증을 약화하는 한편 ㄱ과 양립할 수 있다.

ㄷ. 강화하지 않는다. 〈보기〉 상 ㄷ의 '인간에게 인식적 의무가 있다는 것과 항상 우리가 자신의 의지만으로 어떤 믿음을 가질지 정할 수 있다는 것은 양립할 수 없다.' 는 '인간에게 인식적 의무가 있다는 명제와 자신의 의지만으로 어떤 믿음을 가질지 정할 수 있다는 명제가 동시에 참일 수 없다.'라고 표현할 수 있다. 이를 기호화한다면 다음과 같다; (~(A∧B)). 이는 (~A ∨ ~B)와 동치이다. 인식적 의무가 있다는 명제가 거짓인 경우 전제1 또는 전제2를 강화하지 않으면서 ㄷ과 양립할 수 있다.

+ 합격생 가이드

논증의 형식으로 강화 및 약화의 대상이 제시되어 있을 때에는 ㄷ과 같은 선지에 주의를 기울여야 한다. 전제와의 내용적 일치가 없이 결론과 동치인 경우 논증을 강화한다고 주장할 수가 없기 때문에 ㄷ은 논증을 강화한다고 할 수 없다. 똑같은 결론을 얘기한다고 해서 논리적 과정이 상이한 두 주장이 서로를 강화한다고 얘기할 수 없다는 점에서 알 수 있다.

25 전제 · 결론 　　　　　　답 ⑤

| 난도 | 중

| 출처 | 18년 행시(나) 26번

| 풀이시간 | 2분

정답해설

⑤ 옳다. 이 글의 논지는 상류층이 소박한 생활을 함으로써 또 다른 방법으로 자신을 과시한다는 것이다.

오답해설

① 옳지 않다. 세 번째 문단에서 상류층이 소박한 생활을 함으로써 서민들에게 친근감을 주는 효과가 있다고 하였으나, 바로 다음 문단에서 이것이 극단적인 위세의 형태라고 설명하고 있다. 이 선지는 지문 전체를 포괄하지 못하는 지엽적 서술이다.

② 옳지 않다. 서민들이 겸손한 태도로 자신을 드러내는지는 나와 있지 않다. 오히려 "상류층을 따라 사치품을 소비하는 서민층은 순진하다고 하지 않을 수 없다."라는 진술을 고려할 때, 이 선지는 틀린 것으로 볼 수 있다.

③ 옳지 않다. 마지막 문단에서 상류층은 경쟁 상대인 다른 상류층이 있을 때 경쟁적으로 고가품을 소비하고 자신을 과시한다고 설명하고 있다.

④ 옳지 않다. 첫 문단에 따르면 과시적 소비는 전근대적 사회에서도 나타나고 있다.

+ 합격생 가이드

글의 논지를 묻는 유형은 세부적인 내용에 주목하기보다는 글 전체의 인상을 빠르게 파악해야 한다. 글의 소재가 쉽다면 예시는 읽지 않아도 된다. '그러나', '그런데'와 같은 접속사를 찾아서 읽으면 시간을 더욱 단축할 수 있을 것이다.

01	02	03	04	05	06	07	08	09	10
③	①	⑤	⑤	④	②	③	⑤	③	④
11	12	13	14	15	16	17	18	19	20
④	⑤	⑤	③	③	②	④	⑤	⑤	①
21	22	23	24	25					
②	①	①	⑤	④					

01 단순확인(표 · 그림)   답 ③

| 난도 | 중

| 출처 | 21년 행시(가) 35번

| 풀이시간 | 2분 15초

정답해설

ㄴ. 옳다. 총 노선 수의 전년 대비 감소폭은 2017년 3개, 2018년 3개, 2019년 4개, 총차량대수의 전년 대비 감소폭은 2018년 3대, 2019년 61대, 2020년 16대이다. 따라서 전년 대비 감소폭은 2019년이 총노선 수와 총차량대수 모두 가장 크다.

ㄷ. 옳다. 2019년 심야버스만 전년에 비해 차량대수가 23대 증가했고 전년 대비 차량대수 증가율은 $\frac{23}{47} \times 100 = 49\%$이므로 45% 이상이다.

ㄹ. 옳다. 2016~2020년 노선 수 대비 차량대수 비는 간선버스가 지속적으로 30에 가깝고 이는 지선버스와 광역버스보다 압도적으로 큰 바이다.

오답해설

ㄱ. 옳지 않다. A시 버스 총 노선 수는 2019년에 351개에서 2020년에 354개로 증가한다.

ㅁ. 옳지 않다. 2016년 심야버스의 노선 수 대비 차량대수비는 5인 반면, 순환버스는 6.25이다.

+ 합격생 가이드

문제를 이해하는데 많은 노력이 필요 없으나 지속적인 계산을 요구하고 있다. 따라서 눈대중을 통한 암산을 강화할 필요성이 있다.

02 단순확인(표 · 그림)   답 ①

| 난도 | 중

| 출처 | 19년 행시(가) 7번

| 풀이시간 | 1분 45초

정답해설

ㄱ. 옳다. 사업체당 종사자 수가 100명 미만인 지역은 'H'와 'J' 2개이다.

ㄷ. 옳다. 'I' 지역의 매출액을 종사자 수로 나누면 600이 넘지만, 'E' 지역은 600이 안 된다. 즉, 600을 기준으로 하여 정확한 계산 없이도 답을 도출할 수 있다. 정확히 계산해 보면 'I' 지역의 종사자당 매출액은 약 625만 원, 'E' 지역의 종사자당 매출액은 약 572만 원이므로 'I' 지역의 종사자당 매출액이 'E' 지역의 종사자당 매출액보다 크다.

오답해설

ㄴ. 옳지 않다. 'G' 지역의 사업체당 매출액은 약 790억이지만 'A'지역의 사업체당 매출액은 1,000억이 넘는다. 따라서 'G'지역의 사업체당 매출액이 가장 크지는 않다.

ㄹ. 옳지 않다. 건물 연면적이 가장 작은 지역은 'J'이지만, 매출액이 가장 작은 지역은 'H'이다.

+ 합격생 가이드

ㄴ을 해결할 때 'A'부터 'J'까지 전부 계산해서는 안 되고 'G'에 견줄만한 보기만 선별하여 계산하여야 한다. 'G'의 경우 매출액을 사업체 수로 나누면 100,000이 안 되지만 'A'는 일단 100,000이 넘는다는 걸 알 수 있다. 가늠으로 확신하지 못하는 경우에만 정확하게 계산하여 비교하도록 한다.

ㄱ은 옳고 ㄴ은 옳지 않은 것이 확인되면 가능한 답안은 ①과 ②이다. 이 때 ㄷ은 계산을 필요로 하는 반면 ㄹ은 단순 비교로 빠르게 답을 찾을 수 있다. 이 경우 ㄹ만 확인하면 ㄷ은 풀지 않고도 정답을 찾을 수 있다.

03 복수의 표   답 ⑤

| 난도 | 중

| 출처 | 18년 행시(나) 5번

| 풀이시간 | 2분 10초

정답해설

ㄴ. 필요하다. 〈보고서〉의 두 번째 문단에서 2016년 중국인 관광객을 제외한 외국인 관광객수, 중국인 관광객 지출액을 제외한 외국인 관광객 총 지출액을 계산하기 위해서는 전체 방한 외국인 관광객수 및 지출액 현황이 필요하다. 〈표 1〉과 〈표 2〉에 중국인 관광객수 및 지출액에 대한 자료가 제시되어 있으므로 이를 고려하여 계산할 수 있다.

ㄷ. 필요하다. 〈보고서〉의 세 번째 문단에서 2016년 산업부문별 매출액과 2017년 산업부문별 추정 매출액을 비교하고 있다.

ㄹ. 필요하다. 〈보고서〉의 세 번째 문단에서 2016년 산업부문별 매출액과 2017년 산업부문별 추정 매출액을 비교하고 있다

오답해설

ㄱ. 필요하지 않다. 2016년 방한 외국인 관광객의 구체적인 국적까지 필요하지는 않다.

+ 합격생 가이드

〈보고서〉의 두 번째 문단을 작성하기 위해서는 방한 외국인 관광객 수와 지출액에 대한 자료가 추가로 필요하다. ㄱ은 이와 유사하지만 국적별 관광객 수가 제시되어 있지 않다. 유사한 자료가 선지로 제시되었을 때 주의하자.

04 매칭형 답 ⑤

| 난도 | 중
| 출처 | 20년 행시(나) 11번
| 풀이시간 | 2분 15초

정답해설

2018년 화학제품 매출액이 해당 기업의 2019년 화학제품 매출액의 80% 미만이 되려면, 2019년의 화학제품 매출액을 100%로 놓고 2018의 화학제품 매출액을 80%로 놓았을 때 2019년의 화학제품 매출액에 대한 전년 대비 증가율 x는 80%x=100%에서 1.25가 되므로 25% 넘게 증가해야 한다. 따라서 D기업은 '드폰'과 'KR화학'이 될 수 없다.

화학제품 매출액이 총매출액에서 화학제품을 제외한 매출액의 2배 미만이라면, 화학제품 매출액 비율은 66.6% 이하이다. 따라서 A기업과 C기업은 '벡슨모빌'과 '시노텍'이 될 수 없다.

2019년 총매출액은 '포르오사'가 'KR화학'보다 작으므로, A기업이 'KR화학'이고 C기업이 '드폰'이다.

2018년 화학제품 매출액은 '자빅'이 '시노텍'보다 크다. 2018년 화학제품 매출액은 B기업이 D기업보다 크므로, D기업이 '시노텍'이 된다.

╋ 합격생 가이드

3번째 조건과 4번째 조건을 적용할 때, '포르오사'와 '자빅'의 매출액을 A, B, C, D 각 기업의 매출액과 비교하지 않아도 된다. 가령 4번째 조건의 경우 2018년 화학제품 매출액은 '시노텍'이 '자빅'보다 작다. 이 조건으로 문제가 해결되려면 '시노텍' 매출액은 '자빅'보다 작고, '벡슨모빌'은 '자빅'보다 커야 한다. 따라서 '자빅'을 계산하지 않고 '시노텍'과 '벡슨모빌'을 비교하여 더 작은 기업이 D기업이 된다. 제한된 조건으로 문제가 명확히 해결되어야 하므로, 각 조건을 적용할 때 조금이라도 계산이 쉬운 방향으로 접근하면 된다.

05 복수의 표 답 ④

| 난도 | 상
| 출처 | 20년 행시(나) 20번
| 풀이시간 | 2분 30초

정답해설

ㄱ. 옳다. '만 1세 초과 만 2세 이하'인 원아는 총 120명이다. 이 중 '이든샘' 어린이집 원아는 40명으로, 전체의 1/30이다.

ㄷ. 옳다. 현재 원아수는 '만 5세 이하'인 원아와 '만 5세 초과'인 원아를 합하면 된다. '아이온'의 정원은 160명, 현재 원아수는 150명으로, 정원 대비 현재 원아수의 비율이 가장 낮다.

ㄹ. 옳다. 현재 '윤빛' 어린이집의 '만 3세 초과 만 4세 이하'인 원아는 51명이다. 해당 연령의 보육교사 1인당 최대 보육가능 원아수는 15명으로, 현재 4명 고용되어 있다. 따라서 추가로 보육교사를 고용하지 않더라도 9명을 더 충원할 수 있다. 그러나 '윤빛'은 정원이 186명이고, 현재 원아수가 181명이므로 최대 5명까지만 받을 수 있다.

오답해설

ㄴ. 옳지 않다. '만 1세 이하'인 원아에 대해서는 보육교사가 2명 필요하다. '만 1세 초과 만2세 이하'인 원아에 대해서는 보육교사가 4명 필요하다. '만 2세 초과 만3세 이하'인 원아에 대해서는 4명 필요하다. '만 3세 초과 만4세 이하'인 원아에 대해서는 4명 필요하다. '만 4세 초과'인 원아에 대해서는 5명이 필요하다. 따라서 '올고운' 어린이집의 현재 보육교사수는 19명이다.

06 빈칸형 답 ②

| 난도 | 중
| 출처 | 16년 행시(5) 35번
| 풀이시간 | 1분 30초

정답해설

ㄱ. 옳다. 철민의 A점수는 18점이고, 영희의 A점수는 16점이다. 영희의 E과목 점수가 17점 이상이면, 평균은 15점 이상이 되므로 '우수수준'이 될 수 있다.

ㄷ. 옳다. 상욱의 D점수를 알기 위해 수민의 D점수를 구하면 10점이다. 상욱의 B점수는 학생 전체 평균을 통해, 상욱의 D점수는 학생 전체 계를 통해 구하면 각각 13점과 15점이고 상욱의 평균은 14점으로 '보통수준'에 해당한다.

오답해설

ㄴ. 옳지 않다. 민수의 C점수는 15점이고, 은경의 C점수는 15점이다. 은경의 E과목 시험 점수가 0점이라 하더라도 평균이 12점으로 '기초수준'은 될 수 없다.

ㄹ. 옳지 않다. 민수의 C점수는 15점이고 철민의 A점수는 18점이다.

07 공식·조건 답 ③

| 난도 | 중
| 출처 | 20년 행시(나) 18번
| 풀이시간 | 2분 15초

정답해설

③ 옳다. 2018년 10월부터 2019년 6월까지 'E현상'이 있었으며, 2017년 10월부터 2018년 3월까지 'L현상'이 있었다.

오답해설

① 옳지 않다. 기준 해수면 온도는 5월이 27.9도로 가장 높다.

② 옳지 않다. α지수는 전월, 해당월, 익월의 '해수면온도 지표'의 평균값이다. 〈그림〉에 2019년 6월의 α지수가 제시되어 있으므로, 적어도 2019년 7월에 해수면온도가 측정되었음을 알 수 있다.

④ 옳지 않다. 'E현상' α지수가 0.5 이상인 첫 달부터 마지막 달까지 있었던 것으로 판단한다. 따라서 'E현상'은 9개월간 있었다. 한편 'L현상'은 α지수가 −0.5 이하인 첫 달부터 마지막 달까지 있었던 것으로 판단한다. 따라서 'L현상'은 6개월간 있었다.

⑤ 옳지 않다. 월별 '기준 해수면온도'가 1℃ 낮다면 '해수면온도 지표'는 1℃씩 높아진다. 이 경우 〈그림〉에 제시된 모든 기간의 α지수는 0.0 이상이 된다.

08 표와 그림 답 ⑤

| 난도 | 중
| 출처 | 21년 행시(가) 36번
| 풀이시간 | 2분 15초

정답해설

ㄱ. 옳다. 2020년에 관리운영비는 309억 원이며 임직원 수는 305명이므로 임직원당 관리운영비는 $\frac{309}{305}>1$억 원 이상이다.

ㄷ. 옳다. 중앙회 상임위원회의 여성 위원은 총 5명이다. 또한 중앙회 분과실행위원회의 여성 위원은 총 32명이다. 이들 모두가 동시에 중앙회 분과실행위원회 의원이기 때문에 중앙회의 여성 위원은 총 32명이다.

ㄹ. 옳다. 지회 분과실행위원회의 50대 위원의 수는 총 199명이다. 또한 지회 분과실행위원회의 학계 위원 수는 285명이다. 따라서 50대이며 동시에 학계 위원이 되는 최소 인원은 199+285-391=93명이다.

오답해설

ㄴ. 옳지 않다. 중앙회의 분과실행위원회의 현장위원은 85×71%=60명이다. 반면 지회의 분과실행위원회의 현장위원은 391×27%=105명이다. 따라서 중앙회의 현장위원 수가 지회의 현장위원 수보다 적다.

+ 합격생 **가이드**

중복하여 발생하는 인원의 숫자를 구하는 방법을 정확하게 아는지 물은 문제이다. 또한 사람이 나오는 문제의 경우에는 사람은 소수점으로 나눠지지 않기 때문에 소수점자리부분을 버림하고 인원을 정확하게 구해주는 것이 문제를 풀 때 틀리지 않는 방법일 것이다.

---

09 매칭형 답 ③

| 난도 | 상
| 출처 | 18년 행시(나) 18번
| 풀이시간 | 3분

정답해설

해당 문항은 조건을 연속적으로 적용하는 방식으로 조합을 줄여나가야 한다.
첫 번째 조건을 적용하면, 세종은 A B가 될 수 없다.
두 번째 조건을 적용하면, A가 서울일 때 B는 부산, 대구, 인천, 광주, 대전, 울산이 될 수 있으며, A가 부산일 때 B는 광주, 대전, 울산이 될 수 있다.
세 번째 조건을 적용하면, A가 서울일 때 B는 광주, 대전이 될 수 있으며 A가 부산일 때 광주, 대전이 될 수 있다.
네 번째 조건을 적용하면, A가 서울, B가 광주이다.
이를 바탕으로 수치를 비교하면 답은 ③이 된다.

+ 합격생 **가이드**

해당 문제는 보이는 것보다 더 어려운 문제이며, 새로운 유형의 매칭형이다. 순서대로 단계를 적용해 보면서 A와 B 조합을 소거해야 한다. 당시 새로운 유형이었고 기존의 매칭형보다 까다롭기 때문에, 실전에서 이처럼 까다로운 신유형을 만난다면 풀지 않고 넘어가는 것도 좋은 전략이다.

---

10 복수의 표 답 ④

| 난도 | 중
| 출처 | 17년 행시(가) 9번
| 풀이시간 | 2분

정답해설

ㄴ. 옳다. 2008~2011년 화훼 생산액은 각각 111,056억 원, 119,096억 원, 127,958억 원, 130,074억 원으로 매년 증가한다. 2012~2013년은 농·임업 생산액과 화훼의 비중이 전년대비 모두 증가하므로 화훼 생산액은 매년 증가한다.

ㄹ. 옳다. 〈표 2〉에서 확인할 수 있다. 매년 임업 대비 농업의 GDP대비 비중은 10배 이상이기 때문에 10/11=90.9% 이상이다.

오답해설

ㄱ. 옳지 않다. 농·임업 생산액이 전년보다 작은 해는 2011년이 유일한데, 2011년 농·임업 부가가치는 전년도보다 크다.

ㄷ. 옳지 않다. 〈표 1〉에서 비중만 확인하여 알 수 있다. 2010년 곡물의 비중은 15.6%이고 과수의 비중은 40.2%이기 때문에 곡물 생산액은 과수 생산액의 50% 미만이다.

+ 합격생 **가이드**

계산을 수반하지 않는 보기부터 풀면 빠르게 문제를 풀 수 있다. 이번 문항의 경우 ㄱ과 ㄷ은 계산 없이 파악할 수 있다. 마침 ㄱ과 ㄷ이 모두 옳지 않으므로, 남은 보기를 판별하지 않고도 문제를 빠르게 풀 수 있다.

---

11 추가로 필요한 자료 답 ④

| 난도 | 중
| 출처 | 20년 행시(나) 25번
| 풀이시간 | 2분 10초

정답해설

ㄱ. 부합한다. 〈보고서〉의 첫 번째 문단에서 매출액 및 관객수를 제시하고 있다. 2018년 매출액은 전년 대비 2배 이상으로 증가했으며, 2014년 이후 매출액과 관객수 모두 매년 증가하고 있다.

ㄴ. 부합한다. 〈보고서〉의 두 번째 문단에서 2017년 개막편수 및 공연횟수를 제시하고 있다. 전체 개막편수는 5,288건으로, 유일하게 3월만 528건을 넘게 개막하였다. 또한 전체 공연횟수는 52,131건으로, 유일하게 8월만 5,213건 넘게 공연하였다.

ㄹ. 부합한다. 〈보고서〉의 네 번째 문단에서 입장권 가격대별 관객수를 제시하고 있다. '3만 원 미만' 입장권 관객수는 절반 이상(57%)을 차지하였으며, 이는 '7만 원 이상' 입장권 관객수는 14.5%의 3.5배 이상이다.

오답해설

ㄷ. 부합하지 않는다. 〈보고서〉의 세 번째 문단에서 장르별 매출액 및 관객수를 제시하고 있다. 〈보고서〉에서는 관객수 상위 3개 장르가 공연예술계 전체 관객수의 90% 이상을 차지하는 것이라고 밝혔는데, 선지의 자료에서는 하위 2개 장르의 관객 수가 516명으로 전체의 10% 이상을 차지한다.

+ 합격생 **가이드**

실전 문제를 풀면서, 또 복습을 하면서 항상 어떻게든 계산을 줄이려고 노력하자. ㄷ에서 상위 3개 장르 관객수가 90%를 넘는지 확인하는 것보다, 하위 2개 장르 관객수가 10% 이하인지를 확인하는 것이 훨씬 빠르다.

12 복수의 표 　　　　　　　　답 ⑤

| 난도 | 상
| 출처 | 17년 행시(가) 35번
| 풀이시간 | 2분

정답해설

ㄱ. 옳다. 각 지역의 전출자는 가로축을 더한 것이다. A지역 725, B지역 685, C지역 460, D지역 660명이다. A지역이 가장 많다.

ㄷ. 옳다. C지역은 117명 늘고, D지역은 100명 늘어서 이를 더하면 D지역 인구가 가장 많다.

ㄹ. 옳다. C지역은 117명 증가했는데 A지역은 127명 감소해서 A지역이 가장 많이 변화했다.

오답해설

ㄴ. 옳지 않다. 각 지역의 전입자는 세로축을 더한 것이다. A지역 598, B지역 595, C지역 577, D지역 7600이다. D지역이 가장 많다.

+ 합격생 가이드

ㄱ과 같은 경우 실전에서 각 값을 계산하는 것은 비효율적이다. C의 경우 모든 값이 200 미만이므로 다른 지역보다 현저히 전출자가 적다. A, B, D 중에선 가장 큰 값이 300단위들의 차이를 구하고(각 값에서 300을 빼면 편하다). 그 차이값과 다른 지역 전출자들의 합을 비교하면 보다 용이하게 찾을 수 있다. 가평균을 사용하는 것도 좋은 방법이다.

ㄴ과 같은 경우에도 ㄱ과 같이 접근해도 되지만, C지역의 전입자가 실제로 577명인지 확인한다면, 옆에 D지역이 한눈에 봐도 그것보다 크므로 옳지 않음을 쉽게 파악할 수 있다.

13 표와 그림 　　　　　　　　답 ⑤

| 난도 | 상
| 출처 | 18년 행시(나) 31번
| 풀이시간 | 2분 30초

정답해설

A의 연비가 12이므로, A의 연료소비량은 20L가 된다. 즉, A와 B의 연료비는 같다. 통행료의 경우 A만 8000원 들었고, 시간 가치의 경우 B는 주행시간이 5시간이기 때문에 B가 3.5시간 더 많이 들었다. 이에 1500원을 곱한 것은 8000보다 적기 때문에 B가 A보다 저렴하다. 이에 반하는 ①, ④가 소거된다.

B와 C의 경우 C의 주행시간 빈칸에는 2가 들어가고, 연료소비량에는 8이 들어간다. 이를 고려하면 연료소비량은 B가 4.5L 많다. 시간의 경우 B가 2 많다. 시간과 연료비는 단위당 가격이 같으므로 6.5×1500원만큼 B가 연료비, 시간가치에서 더 많이 나왔다. 통행료는 C가 5000원 더 나왔다. 결과적으로 C가 B보다 저렴하고 ②, ③이 소거된다. 그러므로 ⑤가 정답이다.

+ 합격생 가이드

해당 문제는 빈칸을 채워야 하며, 처음에 대소비교 대상을 잘못 삼으면 어차피 세 번 비교를 해야 하는 상황이 올 수 있다. 따라서 이 경우에는 해설의 소거법 말고 실제로 전부 계산하는 것도 방법일 수 있다.

14 빈칸형 　　　　　　　　답 ③

| 난도 | 중
| 출처 | 21년 행시(가) 27번
| 풀이시간 | 1분 30초

정답해설

ㄴ. 옳다. 기술인력 비중이 50% 이상인 산업은 기계, 디스플레이, 반도체, 조선, 철강, 소프트웨어로 총 6개이다.

ㄷ. 옳다. 소프트웨어 산업의 기술인력 부족률은 $\frac{6,205}{(139,454+6,205)} \times 100 = 4.25\%$으로 5% 미만이다.

오답해설

ㄱ. 옳지 않다. 디스플레이 산업의 기술인력 비중은 $\frac{50,100}{61,855} \times 100 = 81\%$으로 80% 이상이다.

ㄹ. 옳지 않다. 기술인력 부족률이 두 번째로 낮은 산업은 반도체 산업이 아니라 IT 비즈니스 산업이다.

+ 합격생 가이드

디스플레이 산업의 기술인력 비중을 구할 때 분모를 62,000으로 올림 한 후에 20%를 감소시키면 분자는 49,600이 된다. 즉, $\frac{49,600}{62,000} < \frac{50,100}{61,855}$는 당연히 성립하므로 당연히 80%보다 큼을 알 수 있다. 또한, ㄹ의 경우 반도체 산업의 기술인력 부족률 1.6%에 집중하여 계산하는 것이 아니라 반도체 산업의 현원과 부족인원의 비율을 기준으로 12대 주요 산업을 분석하여야 시간을 단축할 수 있다.

15 공식·조건 　　　　　　　　답 ③

| 난도 | 상
| 출처 | 19년 행시(가) 17번
| 풀이시간 | 2분 15초

정답해설

③ 옳다. 6월 1일 여름철 중간부하 시간대와 12월 1일 겨울철의 중간부하 시간대는 총 8시간으로 동일하다.

오답해설

① 옳지 않다. 경부하 시간대에서는 여름의 전력량 요율이 가장 낮다.

② 옳지 않다. 월 100kWh 충전요금의 최댓값은 여름철 최대부하에서의 요금으로 2,390+232.5×100=25,640원이고, 최솟값은 여름철 경부하에서의 요금으로 2,390+57.6×100=8,150원으로 그 차이는 17,490원이다.

　이때 월 기본요금은 동일하므로, 최댓값과 최솟값의 차이를 계산할 때 (232.5-57.6)×100=17,490원으로 계산하는 것이 더 영리한 방법이다.

④ 옳지 않다. 22시 30분은 여름철 기준으로는 중간부하에 속하지만, 겨울철 기준으로는 최대부하에 해당하여 겨울의 전력량 요율이 더 높다.

⑤ 옳지 않다. 12월 겨울철 중간부하 시간대의 100kWh 충전요금은 2,390+128.2×100=15,210원, 6월 여름철 경부하 시간대의 100kWh 충전요금은 앞서 구했듯이 8,150원이다. 2배 이하의 차이가 난다.

+ 합격생 가이드

복잡해 보이는 표가 2개에 조건도 많아 언뜻 난이도가 굉장히 높아 보이지만, ①부터 차분히 문제를 풀면 의외로 쉽게 풀 수 있는 문항이다.

16 종합 답 ②

| 난도 | 중
| 출처 | 16년 행시(5) 39번
| 풀이시간 | 1분 30초

정답해설

ㄱ. 옳다. 〈보고서〉 2번째 단락에서 '호수 내 질소의 농도와 인의 농도를 월일별로 살펴보면 밀접한 상관관계가 있었다.'고 하였기 때문에, 해당기간 호수 A와 B의 월일별 질소 및 인 농도가 추가적으로 필요하다.

ㄷ. 옳다. 〈보고서〉 3번째 단락에서 '주의보가 발령되는 시기는 주로 8월에서 10월까지 집중되어 있으며, 동절기인 12월에는 주의보 발령이 없었다.'라고 하였다. 해당 내용은 주어진 〈표〉만으로 파악할 수 없기 때문에 월일별 조류예보 발령 현황이 추가적으로 필요하다.

ㅁ. 옳다. 〈보고서〉의 2번째 단락에서 '클로로필 농도와 남조류 세포수의 월일별 증감 방향은 일치하지 않았으나'라고 하였고, 이는 〈표〉만으로는 추론할 수 없으므로 필요하다.

오답해설

ㄴ. 옳지 않다. 수위에 관한 내용은 〈보고서〉에 없다.

ㄹ. 옳지 않다. 〈보고서〉에 수온에 관한 내용이 있지만, 해당 내용은 제시된 〈표〉에서 찾을 수 있다.

+ 합격생 가이드

이런 유형의 문제는 〈보고서〉를 먼저 읽기보다는 〈보기〉를 먼저 읽고, 관련된 내용이 〈보고서〉에 제시되는지를 살펴보는 것이 좋다. 만약 〈보기〉의 내용이 〈보고서〉에 있다면, 미리 주어진 표에서 그 내용을 추론할 수 있는지만 판별함으로써 문제를 해결할 수 있다.

17 종합 답 ④

| 난도 | 중
| 출처 | 16년 행시(5) 40번
| 풀이시간 | 1분 45초

정답해설

8월 12~15일 호수 B의 수질측정항목을 표로 나타내면 다음과 같다

구분	클로로필 농도	남조류 세포수	조류예보
8월 12일	경보	경보	주의보
8월 13일	주의보	주의보	?
8월 14일	주의보	–	?
8월 15일	–	주의보	?

- 8월 13일 : 조건3) 측정수치 4개가 모두 주의보 이상이므로 → 주의보
- 8월 14일 : 조건5) 측정수치 3개 주의보 이상 → 13일과 동일. 주의보
- 8월 15일 : 조건4) 측정수치 2개가 (2개도 2개 이상) 주의보 단계 기준을 만족하지 못함 → 해제

+ 합격생 가이드

조건이 조금 까다로워 보이지만, 위와 같이 표로 정리한다면 어렵지 않게 문제를 풀 수 있다.

18 복수의 표 답 ⑤

| 난도 | 상
| 출처 | 18년 행시(나) 38번
| 풀이시간 | 2분 15초

정답해설

ㄴ. 옳다. 2016년 노령화지수는 119.3%로 100% 이상이므로, 노인인구가 유소년인구보다 많다는 것을 알 수 있다.

ㄷ. 옳다. 2016년 유소년인구는 6,857.5천명, 생산가능인구는 36,207.5천 명이고, 노년부양비는 8,181÷36,207.5×100=22.6%이다.

ㄹ. 옳다. 2020년의 생산가능인구는 9,219÷25.6×100=36,011.7천 명으로 예상되므로, 2030년의 2020년 대비 생산가능인구 감소폭은 600만 명 이상일 것으로 예상된다.

오답해설

ㄱ. 옳지 않다. 2030년 노인인구 인구수는 48,941×0.28=13,703.5천 명으로, 2020년에 비해 약 48.6% 증가할 것으로 예상된다. 즉, 증가율은 55%가 되지 않을 것이다.

+ 합격생 가이드

노년부양비와 노령화지수의 계산식으로부터 인구수를 이끌어내야 하며, ㄱ, ㄷ, ㄹ은 어림 계산으로는 풀기 힘든 까다로운 문제이다. 다만 ㄴ의 경우는 노령화지수가 의미하는 바만 파악한다면 바로 풀 수 있기 때문에 ㄴ에서 시간을 줄여야 한다.

19 빈칸형 답 ⑤

| 난도 | 중
| 출처 | 21년 행시(가) 13번
| 풀이시간 | 2분

정답해설

⑤ 옳다. 전월 대비 11월 발병 두수가 A 지역이 100% 증가하면 발병 두수는 6,000마리이며, 발병률은 $\frac{6,000}{200,000}×1,000=30\%$, B 지역이 400% 증가하면 발병 두수가 3,000마리이며, 발병률은 $\frac{3,000}{100,000}×1,000=30\%$으로 A, B 지역의 11월 발병률은 같다.

오답해설

① 옳지 않다. 사육 두수는 발병과 발병률을 통해 계산할 수 있다. 따라서, A 지역은 200,000마리이며 B 지역은 100,000마리이므로 A 지역의 사육 두수가 더 많다.

② 옳지 않다. 전체 폐사 두수는 A 지역이 400마리이며 B 지역은 30+50+60+20+40=200마리이다. 따라서 A 지역이 B 지역의 2배이다.

③ 옳지 않다. 전체 폐사율은 A 지역의 경우 발병이 8,000마리, 폐사가 400마리이므로 폐사율이 5%이다. B 지역은 발병이 5,800마리, 폐사가 200마리이므로 3.45%이다. 따라서, A 지역이 B 지역보다 높다.

④ 옳지 않다. B 지역의 폐사 두수가 가장 작은 월은 9월이다. 9월에 A 지역의 발병 두수는 전월 대비 50% 증가했다.

+ 합격생 가이드

각주를 자세히 봐서 사육두수를 정확하게 구해야 한다. 각주의 내용을 빠르기 이해하지 못한다면 숫자를 있는 그대로를 바로 대입함으로써 시간을 단축하려 해야 한다.

20 전환형   답 ①

| 난도 | 중
| 출처 | 21년 행시(가) 26번
| 풀이시간 | 1분 30초

정답해설

ㄱ. 옳다. 〈보기〉의 지역별 내진율이 옳은지 〈표〉와 자세히 비교한다.

ㄴ. 옳다. 내진대상 건축물은 1,439,547개이다. 따라서 단독주택은 $\frac{445,236}{1,439,547}$ ×100＝30.9%, 공동주택은 $\frac{360,989}{1,439,547}$ ×100＝25.1%, 학교는 $\frac{31,638}{1,439,547}$ ×100＝2.2%, 의료시설은 $\frac{5,079}{1,439,547}$ ×100＝0.4%, 공공업무시설은 $\frac{15,003}{1,439,547}$ ×100＝1.0%, 기타는 $\frac{581,602}{1,439,547}$ ×100＝40.4%이다.

오답해설

ㄷ. 옳지 않다. 주택의 건축물의 용도별 내진확보 건축물의 비율은 단독주택의 경우 $\frac{143,204}{314,706}$ ×100＝45.6%, 공동주택의 경우 $\frac{171,172}{314,376}$ ×100＝54.4%이며, 주택이외 건축물의 용도별 내진확보 건축물의 비율은 학교 $\frac{7,336}{160,959}$ ×100＝4.56%이다.

ㄹ. 옳지 않다. 주택 이외 건축물 용도별 내진율은 학교가 23.2%이나 〈보기〉에는 15.8%로 나와 있으므로 틀린 보기이다.

+ 합격생 가이드

전환형 유형의 경우 학생들이 많이 까다로워 하는 부분 중 하나이다. 이는 다른 문제에 비해서는 많은 계산을 요구하기 때문이다. 눈대중으로 계산하는 방법을 터득해야 하며, ㄷ과 같은 보기에서 주택이외 건축물에서 기타를 빼서 계산을 한다든지 방식으로 오답을 만드는 경우가 많으므로 이를 고려하여 푼다면 전환형 문제더라도 시간을 단축할 수 있다.

21 공식·조건   답 ②

| 난도 | 중
| 출처 | 17년 행시(가) 13번
| 풀이시간 | 1분 30초

정답해설

ㄴ. 옳다. A－D의 기울기가 A－F의 기울기보다 크다. 따라서 F의 소독효율은 D의 소독효율보다 낮다.

오답해설

ㄱ. 옳지 않다. 실험시작 후 1시간이 경과한 시점(B)에서 A와의 기울기가 가장 가파르다. 따라서 소독효율은 실험시작 1시간이 경과한 시점에서 가장 높다.

ㄷ. 옳지 않다. B~C 구간의 병원물미생물 개체수 차이가 E~F의 병원물미생물 개체수 차이보다 크다. 따라서 B~C 구간의 구간 소독속도가 E~F 구간의 구간 소독속도보다 더 높다.

+ 합격생 가이드

소독효율은 A점과 해당 시점까지의 기울기, 구간 소독속도는 구간 사이의 병원성미생물 개체수 차이에 해당한다(1시간 기준으로 분모가 같으므로).

22 단순확인(표·그림)   답 ①

| 난도 | 상
| 출처 | 16년 행시(5) 38번
| 풀이시간 | 2분 45초

정답해설

ㄱ. 옳다. 업무목적 통행 비율이 하루 중 가장 높은 시간대와 전체통행 횟수가 하루 중 가장 많은 시간대는 06:00~09:00으로 동일하다.

ㄴ. 옳다. 업무, 여가, 쇼핑의 비율을 각각 x, y, z로 정의하고 연립방정식을 세워보면 x＋y＋z＝1, 3x＋1y＋1.5z＝2.25, 4.5x＋1.5y＋1.5z＝3.150이다. 이를 풀면 x＝0.55, y＝0.15, z＝0.30이므로, '업무', '쇼핑', '여가'순으로 통행 횟수가 많다는 것을 알 수 있다.

오답해설

ㄷ. 옳지 않다. 여가목적 통행 비율이 하루 중 가장 높은 시간대는 18:00~21:00으로 50%의 비율을 차지한다. 전체 통행횟수를 100이라고 하면, 이 시간대의 여가목적 통행 횟수는 100×0.15×0.5＝7.5회이다. 09:00~12:00시간대의 전체통행 횟수는 100×0.243＝24.3회 이므로 옳지 않다.

ㄹ. 옳지 않다. 쇼핑목적 통행 비율이 하루 중 가장 높은 시간대는 12:00~15:00시간대로 31.5%의 비율을 차지한다. 전체통행 횟수를 100이라고 하면, 이 시간대의 쇼핑목적 통행 횟수는 100×0.3×0.315＝9.45회이고 같은 시간대의 업무목적 통행 횟수는 100×0.55×0.08＝4.4회이다. 9.45÷4.4＝2.1477배로 2.5배가 되지 않는다.

+ 합격생 가이드

고난도의 문제다. 업무, 여가, 쇼핑 3가지가 합쳐져 전체통행을 이루고, 이들의 비율을 알기 위해서는 연립방정식을 세워 풀 줄 알아야 한다. 이런 유형을 처음 접한다면 당황할 수 있지만, 앞으로 이런 유형을 만난다면 침착하게 연립방정식을 세워 문제를 풀기 바란다.

23 공식 · 조건 답 ①

| 난도 | 중

| 출처 | 19년 행시(가) 30번

| 풀이시간 | 2분

정답해설

A 63점, B 69점, C 51점, D 57점

ㄱ. 옳다. A의 점수가 4점, D의 점수가 3점 증가하여도 순위는 같다.

ㄴ. 옳다. A와 B의 종합점수 차이는 10%내외인데, B의 '향' 항목 점수는 A의 '색상' 항목 점수보다 30%이상 크다.

오답해설

ㄷ. 옳지 않다. 참가자 C가 모든 항목에서 1점씩 더 득점하면 종합점수 71점으로 1위를 차지하게 된다.

ㄹ. 옳지 않다. B가 1위이지만 '맛' 항목 점수는 A가 더 높다.

+ 합격생 가이드

ㄱ과 ㄷ을 구할 때 종합점수를 통째로 다시 구하지는 않도록 하자.

24 표와 그림 답 ⑤

| 난도 | 중

| 출처 | 17년 행시(가) 32번

| 풀이시간 | 2분

정답해설

⑤ 옳지 않다. 2011년 여성공무원 비율 차이는 17.0%p였으나, 2012년 여성 비율 차이는 17.4%p로 증가하였다.

오답해설

① 옳다. 매년 국가공무원 수는 지방자치단체공무원 수의 2배 이상이고, 국가공무원 중 여성 비율은 지방자치단체공무원 중 여성 비율의 약 1.5배이다. 따라서 매년 국가공무원 중 여성 수는 지방자치단체 공무원 중 여성 수의 3배 이상이다.

② 옳다. 지방자치단체공무원 수는 매년 증가했고, 지방자치단체공무원 중 여성 비율도 매년 증가했다. 따라서 지방자치단체공무원 중 여성 수는 매년 증가했다.

③ 옳다. 매년 국가공무원 중 여성 비율은 50% 정도이다. 국가공무원 수가 지방자치단체 공무원 수보다 2배 이상 많으므로 국가공무원 중 여성 수는 지방자치단체공무원 수보다 많다.

④ 옳다. 2012년과 2013년의 국가공무원 중 여성 비율이 동일하다. 따라서 2012년과 2013년의 국가공무원 중 남성 비율도 동일하다. 한편 국가공무원 수는 2012년에 비해 2013년에 감소하였다. 결국 국가공무원 중 남성 수는 2013년이 2012년보다 적다.

+ 합격생 가이드

①의 경우 정확한 값을 도출할 필요가 전혀 없다. 곱셈비교 시에 동일한 수로 나눌 수 있는지 확인해보자. ⑤에서는 매년 비율 차이를 계산하기보다는, 국가공무원 중 여성 비율과 지방자치단체공무원 중 여성 비율이 각각 얼마나 증가했는지를 비교하는 것이 낫다.

25 전환형 답 ④

| 난도 | 상

| 출처 | 19년 행시(가) 24번

| 풀이시간 | 2분 30초

정답해설

④ 옳지 않다. 2015~2018년 A국 조성물의 건수는 55건이 아니라 35건이다.

+ 합격생 가이드

옳은 선지의 경우 정확한 계산을 많이 필요로 하는 난이도가 높은 문항이다. 복잡한 계산을 필요로 하지 않는, 정오를 빠르게 판별할 수 있는 선지부터 체크하면 정답을 빨리 찾을 수 있다.

01	02	03	04	05	06	07	08	09	10
⑤	④	④	③	①	④	⑤	⑤	②	①
11	12	13	14	15	16	17	18	19	20
⑤	②	④	②	②	①	⑤	③	③	②
21	22	23	24	25					
①	③	②	①	⑤					

01 법조문　　　　답 ⑤

| 난도 | 중

| 출처 | 18년 행시(나) 24번

| 풀이시간 | 2분 15초

정답해설

⑤ 옳다. 두 번째 조문 제2항 단서에서는 산지전용타당성조사를 받은 경우에는 현지조사를 않고 심사할 수 있다고 규정하고 있다.

오답해설

① 옳지 않다. 甲은 첫 번째 조문 제1항 제3호 나목에 따라 시도지사에게 신청서를 제출하여야 한다.

② 옳지 않다. 乙은 첫 번째 조문 제1항 제1호에 따라 산림청장에게 신청서를 제출하여야 한다.

③ 옳지 않다. 산지전용허가 신청서에는 첫 번째 조문 제3항 각 호의 서류를 모두 첨부하여야 한다. 따라서 토지등기사항증명서를 첨부하더라도 사업계획서를 제출하여야 한다.

④ 옳지 않다. 첫 번째 조문 제3항 제4호의 산림조사서는 전용하려는 산지의 면적이 65만m² 미만인 경우에는 제외한다. 따라서 丁은 산림조사서를 제외한 나머지 서류를 첨부하여 산림청장에게 제출하면 된다.

02 법조문　　　　답 ④

| 난도 | 중

| 출처 | 16년 행시(5) 5번

| 풀이시간 | 2분

정답해설

④ 옳지 않다. 첫 번째 조문 제1항에 의하여 종전부지 지방자치단체의 장은 주민투표 없이 국방부장관에게 군 공항 이전을 건의할 수 있다.

오답해설

① 옳다. 세 번째 조문 제2항 제4조에 의하여 종전부지를 관할하는 광역시장은 선정위원이 되며 동조 제3항 제1호에 따른 이전부지 선정을 심의한다.

② 옳다. 첫 번째 조문 제2항에 의하여 제1항의 건의를 받은 국방부장관은 단독으로 예비이전후보지를 선정할 수 있다.

③ 옳다. 세 번째 조문 제3항 제2호를 통해 알 수 있다.

⑤ 옳다. 두 번째 조문에서는 한 곳 이상의 예비이전후보지 중에서 군 공항 이전후보지를 선정함에 있어서 선정위원회의 심의를 거쳐야 한다고 규정하고 있다. 따라서 한 곳이라고 하더라도 선정위원회를 거쳐야 이전후보지로 선정될 수 있다.

+ 합격생 가이드

심의를 거쳐야 하는지, 아니면 단독으로 할 수 있는지를 구분하여 풀었다면 어렵지 않았을 것으로 생각된다. 또한, 법조문에서 이전부지와 종전부지, 이전후보지와 예비이전후보지와 같은 비슷한 용어가 나오는 경우 이를 이용하여 오답 선지를 만들 가능성이 높기 때문에 이에 유의하여야 한다.

03 법조문　　　　답 ④

| 난도 | 중

| 출처 | 21년 행시(가) 3번

| 풀이시간 | 2분

정답해설

④ 옳다. 두 번째 조문 제2항에 따르면 비축용 농산물은 생산자 또는 생산자단체로부터 수매할 수 있다. 동조 제3항에 따르면 이 수매의 주체가 농림축산식품부장관인 사실을 확인할 수 있다.

오답해설

① 옳지 않다. 첫 번째 조문 제1항에 따르면 저장성이 없는 농산물의 가격안정을 위해 해당 농산물을 수매할 수 있다. 동조 제3항에 따르면 해당 사업을 한국농수산식품유통공사가 위탁받을 수 있다. 그러나 수출 제한에 대한 정보는 주어진 법조문 상 제시되어 있지 않다.

② 옳지 않다. 첫 번째 조문 제1항에 따르면 채소류 등 저장성이 없는 농산물의 가격안정을 위해 해당 농산물을 수매할 수 있다. 동조 제3항에 따르면 해당 사업을 농림협중앙회가 위탁받을 수 있다. 그러나 첫 번째 조문 제1항 단서에 따르면 특히 도매시장에서 수매하는 것도 가능하다.

③ 옳지 않다. 두 번째 조문 제1항에 따르면 수급조절과 가격안정을 위한 비축용 농산물의 수매 대상에서 쌀과 보리는 제외하고 있다. 그러므로 보리는 대상이 될 수 없다.

⑤ 옳지 않다. 두 번째 조문 제4항에 따르면 농림축산식품부장관은 비축용 농산물을 수입하는 경우, 국제가격의 급격한 변동에 대비하여야 할 필요가 있다고 인정할 때에는 선물거래(先物去來)를 할 수 있다.

+ 합격생 가이드

이 문제의 조문 구조 상 첫 번째 조문은 저장성 없는 농산물, 두 번째 조문은 비축용 농산물에 대한 내용임을 파악하는 것이 중요하다. 각 조문의 단서나 괄호 상 예외사항은 ② · ③과 같이 선지로 자주 이용되기 때문에 특별히 주의해서 정리한다면 정확한 문제 풀이가 가능하다.

04 수리퀴즈(계산) 답 ③

| 난도 | 중
| 출처 | 17년 행시(가) 29번
| 풀이시간 | 2분

정답해설

- 방송광고: 1분×2매체×15회=30분
- 방송연설: 지역구 : 10분×2매체×100명×2회=4,000분
- 비례대표: 10분×2매체×2명(대표)=40분

이를 모두 더하면 甲정당과 그 소속 후보자들이 최대로 실시할 수 있는 선거방송 시간의 총합은 4,070분이 된다.

+ 합격생 가이드

방송광고와 방송연설을 구분하고, 방송연설에서 지역구와 비례대표를 구분하여 최대로 실시할 수 있는 방송 시간을 각각 구한다. 이때 비례대표의 방송연설의 경우, 비례대표의원 후보 10명이 모두 실시하는 것이 아니라 후보자 중 선임된 대표 2인이 실시한다는 점에 주의해야 한다.

05 논리퀴즈 답 ①

| 난도 | 상
| 출처 | 18년 행시(나) 13번
| 풀이시간 | 2분 30초

정답해설

甲은 사과 사탕 1개와 딸기 사탕 1개, 乙은 사과 사탕 1개. 戊는 포도 사탕 1개를 먹었고, 丙과 丁이 먹은 사탕은 알 수 없다.

+ 합격생 가이드

구분	사과, 딸기	사과	딸기	포도	포도
甲		×		×	×
乙	×	○	×	×	×
丙	×	×			
丁	×	×			
戊		×			

×인 상태에서 딸기 사탕을 먹은 사람 두 명을 모두 알 수 없는 상황을 도출해내면 된다. 戊가 사과 사탕과 딸기 사탕을 모두 먹었다면 甲은 딸기 사탕, 丙과 丁은 포도 사탕을 먹은 상황이 확정되므로 답이 될 수 없다. 戊가 딸기 사탕만을 먹었다면 甲은 사과 사탕과 딸기 사탕, 丙과 丁은 포도 사탕을 먹은 상황이 확정되므로 답이 될 수 없다. 따라서 戊는 포도 사탕을 먹었다.

06 단순계산 답 ④

| 난도 | 중
| 출처 | 20년 행시(나) 8번
| 풀이시간 | 2분

정답해설

개별 물품 할인은 자동 적용되므로 개별 물품 할인이 이루어진 이후의 모든 물품 결제 금액은 150×0.9+100×0.7+50×0.8=250달러이다. 이달의 할인 쿠폰을 적용한다면 모든 물품의 결제 금액은 250×0.8=200달러가 되므로 추가 할인 쿠폰을 사용할 수 없다. 이달의 할인 쿠폰을 사용하지 않고 추가 할인 쿠폰을 사용한다면 20,000원은 20달러이므로 모든 물품의 결제 금액은 250-20=230달러이다. 따라서 창렬이가 결제할 최소 금액은 200달러, 즉 200,000원이다.

+ 합격생 가이드

필수적으로 적용해야 하는 조건을 모두 적용한 이후 경우의 수를 따진다. 적용에 선택의 여지가 있는 조건은 두 가지뿐이므로, 두 가지를 각각 적용한 후에 더 낮은 금액을 고르면 된다.

07 정보확인·추론 답 ⑤

| 난도 | 중
| 출처 | 21년 행시(가) 24번
| 풀이시간 | 2분

정답해설

⑤ 옳다. 1문단에 따르면 피상속인의 5촌 이내 방계혈족은 4순위 혈족상속인이다. 4문단에 따르면 유류분 권리자는 피상속인의 직계비속, 배우자, 직계존속 및 형제자매이다. 그러므로 3촌 방계혈족은 유류분 권리자가 될 수 없다.

오답해설

① 옳지 않다. 3문단에 따르면 법률은 상속재산의 전부가 타인에게 넘어가 상속인의 생활기반이 붕괴될 우려를 고려해 유류분을 인정하고 있다. 4문단에 따르면 유류분 권리자는 피상속인의 직계비속, 배우자, 직계존속 및 형제자매이다. 그러므로 직계비속인 피상속인의 자녀는 유류분 권리자가 될 수 있다.

② 옳지 않다. 4문단에 따르면 유류분은 피상속인의 배우자 또는 직계비속의 경우 그 법정상속분의 2분의 1이다. 2문단에 따르면 그 배우자의 법정상속분은 직계비속과 공동으로 상속하는 때에는 직계비속 상속분의 5할을 가산한다. 그러므로 피상속인의 자녀와 배우자의 유류분 산정액은 같지 않다.

③ 옳지 않다. 1문단에 따르면 후순위 상속인은 선순위 상속인이 없는 경우에 상속재산을 상속할 수 있다. 1순위 혈족상속인은 직계비속이며, 2순위 혈족상속인은 직계존속이다. 그러므로 피상속인의 직계존속인 부모는 1순위 혈족상속인인 피상속인의 자녀와 공동 상속할 수 없다.

④ 옳지 않다. 5문단에 따르면 유류분반환청구권은 상속이 개시된 때부터 10년이 경과하면 시효에 의하여 소멸한다. 그러므로 상속이 개시한 때부터 10년이 경과하였다면 유류분반환청구권은 이미 소멸되어 소를 제기할 수 없다.

+ 합격생 가이드

제시문이 짧고 간단한 여러 문단으로 나누어져 있어 선지에 대응해 필요한 정보를 얻기 매우 쉽다. 혈족상속, 배우자상속, 유류분 청구 등 여러 제도와 그 설명이 서로 교차되어 오답선지가 구성될 것으로 예상되므로 각각의 특징에 집중하여 제시문을 분석하는 것이 정확한 풀이를 보장한다.

08 게임 · 규칙

답 ⑤

| 난도 | 중

| 출처 | 16년 행시(5) 13번

| 풀이시간 | 2분

정답해설

ㄴ. 옳다. 직원 甲이 1장을 응모하고, 乙이 3장을 응모했으면 甲은 최소 25개의 사과를 받을 수 있다.

ㄷ. 옳다. 응모한 직원이 甲밖에 없다면 $(100/n) \times n$ $(n = 1, 3)$ 개수의 사과를 받게 되므로 어떤 경우이든 100개의 사과를 받는다.

오답해설

ㄱ. 옳지 않다. 직원 甲과 乙이 함께 당첨되더라도 직원 甲이 3장을 응모하고, 乙이 1장을 응모했으면 甲은 최대 75개의 사과를 받을 수 있다.

+ 합격생 가이드

당첨되더라도 사과를 똑같이 나누어 갖는 것이 아니라 응모 용지의 개수에 따라 사과를 받는 것임에 유의해야 한다. ㄱ과 ㄴ은 이 구조를 활용하여 선지를 구성하고 있으므로 하나만 판단하면 다른 보기도 저절로 판단된다. 직원 둘 중 한 명이 최대 75개의 사과를 받는다면 다른 직원은 최소 25개의 사과를 받기 때문이다.

09 단순계산

답 ②

| 난도 | 상

| 출처 | 18년 행시(나) 32번

| 풀이시간 | 2분 30초

정답해설

- A안 : $1,500 \times 0.2 = 300$가구에 $200 \times 0.25 = 50$만 원을 지급하므로 총 $300 \times 50 = 15,000$만 원이 든다.
- B안 : 600가구에 10만 원, 500가구에 20만 원, 100가구에 30만 원을 지급하므로 총 $6,000 + 10,000 + 3,000 = 19,000$만 원이 든다.
- C안 : 한 자녀 가구에 $600 \times 30 \times 0.3 = 5,400$만 원, 두 자녀 가구에 $500 \times 60 \times 0.3 = 9,000$만 원, $100 \times 100 \times 0.3 = 3,000$만 원을 지급하므로 총 $5,400 + 9,000 + 3,000 = 17,400$만 원이 든다.

즉, A<C<B이다.

+ 합격생 가이드

주어진 조건들을 묶어서 계산하면 더 빠른 풀이가 가능하다. 예컨대, C안은 한 자녀 가구와 두 자녀 가구를 묶어 30만 원$\times$(600가구$+$500$\times$2가구)$\times$0.3으로 계산할 수 있다. 또한 맞벌이 가구와 빈곤 가구는 모든 가구 유형에 대해 동일한 비중을 차지하므로 0.3과 0.2는 가장 마지막에 곱해주면 계산이 편하다.

10 조건적용

답 ①

| 난도 | 중

| 출처 | 20년 행시(나) 7번

| 풀이시간 | 2분

정답해설

ㄱ. 옳다. 18세 이하 자녀 3명만 있는 경우, A안에 따라 지급받는 월 수당액은 $15 + 15 + 30 = 60$만 원이다. B안에 따라 지급받는 월 수당액은 $20 + 20 + 22 = 62$만 원이다.

ㄷ. 옳다. 중학생 자녀 2명만 있는 가정은 A안에 따르면 매달 $15 + 15 = 30$만 원을 지급받는다. 한편, C안의 수당을 50% 증액하더라도 C안에 따라 받는 월 수당액은 $12 + 12 = 24$만 원이다.

오답해설

ㄴ. 옳지 않다. 자녀가 18세 이하 1명만 있는 가정은 '자녀가 둘 이상인 경우에 한한다.'는 조건을 충족시키지 못하므로, A안에 따르면 수당을 지급받을 수 없다.

ㄹ. 옳지 않다. C안에 따르면 첫째와 둘째는 성장함에 따라 10만 원, 8만 원, 8만 원을 받게 되고, 셋째부터는 성장함에 따라 10만 원, 10만 원, 8만 원을 받게 된다. 따라서 C안을 적용하면 한 자녀에 대해 지급되는 월 수당액은 그 자녀가 성장하면서 오히려 감소한다.

+ 합격생 가이드

'옳지 않음'을 판단하기 위해 필요한 것은 하나의 예외 사례로 족하다. ㄹ은 첫째에 대해 거짓임이 판단된다면 바로 옳지 않은 선지라고 판단하고 넘기면 된다.

11 법조문

답 ⑤

| 난도 | 상

| 출처 | 16년 행시(5) 7번

| 풀이시간 | 2분

정답해설

국고보조금을 산정하는 기준은 다음과 같다.

국고보조금 = 국회의원선거의 선거권자 총수 × 보조금 계상단가

최근 실시한 임기만료에 의한 국회의원선거의 선거권자 총수는 3천만 명이며, 물가 변동률을 적용한 2016년의 보조금 계상단가는 1,030원이다. 또한, 2016년에는 대통령선거와 임기만료에 의한 동시 지방선거가 있으므로 1,030원×2회 = 2,060원의 보조금 계상단가를 추가하여야 한다. 따라서 2016년 정당에 지급할 국고보조금의 총액은 3,000만 원×(1,030원 + 2,060원) = 927억 원이다.

+ 합격생 가이드

총 국고보조금은 선거실시 여부와 관계없이 매년 계상되는 부분과 선거 실시 여부에 따라 계상되는 부분으로 구분된다는 점을 인지하였다면 쉽게 풀 수 있었으나 법조문의 표현이 무엇을 의미하는지 이해하기가 까다로울 수 있었던 문항이다. 숫자를 계산해야 하는 법조문이 출제되었을 때는 글로 되어 있는 계산방식을 식으로 변형하여 적어 둔 뒤, 해당하는 숫자를 대입하여 푼다면 실수를 줄일 수 있다.

12 법조문   답 ③

| 난도 | 중
| 출처 | 21년 행시(가) 22번
| 풀이시간 | 2분

정답해설

③ 옳다. 제5항에 따라 위원의 임기는 2년이고 1차례 연임할 수 있다. 제5항 단서에 따라 임기가 만료된 위원은 그 후임자가 임명되거나 위촉될 때까지 해당 직무를 수행한다. 그러므로 후임자의 임명이 지연된다면 4년을 초과하여 직무를 수행할 수 있다.

오답해설

① 옳지 않다. 위원장의 호선 방식에 대한 정보가 제시되어 있지 않다.
② 옳지 않다. 제3항에 따라 위원장 및 위은은 대통령이 임명하거나 위촉한다. 국회는 위원 중 3명을 추천할 뿐이다.
④ 옳지 않다. 제6항에 따르면 주식의 직무관련성은 주식 관련 정보에 관한 직접적 · 간접적인 접근 가능성, 영향력 행사 가능성 등을 기준으로 판단하여야 한다. 그러므로 주식 관련 정보에 대한 간접적인 접근 가능성 역시 주식의 직무 관련성 판단 기준이다.
⑤ 옳지 않다. 제4항에 따르면 위원의 자격 요건은 각 호의 어느 하나이다. 그러므로 금융 관련 분야에 5년 이상 근무하였다면 제4항 제3호를 충족시키는 바 부교수직 근무 없이도 심사위원회의 위원이 될 수 있다.

+ 합격생 가이드

쉽게 구성된 법조문 문제인 만큼 틀리지 않는 것이 중요하다. 기존 기출 문제에서 위원 위촉과 관련된 문제가 으레 위원장의 선출 방식에 대해 담고 있었던 반면, 해당 법조문에서는 제시되지 않고 있다. 따라서 잘못 읽고 ①을 옳다고 판단하는 등의 실수를 방지해야 한다.

13 정보확인 · 추론   답 ④

| 난도 | 상
| 출처 | 17년 행시(가) 5번
| 풀이시간 | 3분

정답해설

④ 옳다. 화가인 丙이 고객 丁으로부터 위탁을 받아 완성한 초상화의 경우, 丙은 丁의 허락이 있어야 이를 전시, 복제할 수 있다.

오답해설

① 옳지 않다. 공중에게 개방된 장소에 항시 전시하는 것이 아닌 한, 원본의 소유자인 乙은 자유로이 회화 원본을 전시할 수 있다.
② 옳지 않다. 거실은 공중에게 개방된 장소가 아니므로 소유자인 乙은 자유로이 원본을 전시할 수 있다.
③ 옳지 않다. 제3자인 A가 「군마」를 회화로 복제하는 것은 회화를 회화로 복제하는 경우에 해당하여 저작자인 甲의 허락을 얻어야 한다.
⑤ 옳지 않다. 제3자인 B가 초상화를 판매목적으로 복제하는 경우에는 저작자인 丙의 허락을 얻어야 한다.

+ 합격생 가이드

제시된 글은 저작자와 소유자의 권리가 충돌하는 경우 어떻게 해결해야 하는지에 대해 설명하고 있다. 따라서 〈상황〉에서 저작자와 소유자가 누구인지부터 적어두고 접근하는 것이 바람직하다. 정리하면 아래와 같다.
• 甲 : 저작자, 乙 : 소유자
• 丙 : 저작자, 丁 : 위탁자, 소유자
이후에는 선지를 보면서 전시 혹은 복제하려는 상황인지, 위탁받은 작품에 관한 상황인지를 구분하여 접근한다면 실수 없이 판단할 수 있다.

14 조건적용   답 ②

| 난도 | 중
| 출처 | 21년 행시(가) 16번
| 풀이시간 | 2분

정답해설

② 910만 원. 乙에 의해 절약된 금액은 3,500만 원이다. 乙의 사례는 주요사업비 예산절감 항목이다. 乙의 기여는 전 부처로 확산되어 가산 지급 대상이다. 그러므로 乙의 예산성과금은 다음과 같이 도출된다.
$$3,500 \times 20\% \times 1.3 = 910 \text{만 원}$$

오답해설

① 지급대상이 아님. 지급요건에 따르면 발생시기가 2020년 1월 1일부터 2020년 12월 31일까지인 예산절감 및 수입증대가 예산성과금 지급 대상이다. 甲의 예산절감은 2019년 이루어졌다.
③ 800만 원. 丙에 의해 절약된 금액은 8,000만 원이다. 丙의 사례는 수입증대 항목이다. 그러므로 丙의 예산성과금은 다음과 같이 도출된다.
$$8,000 \times 10\% = 800 \text{만 원}$$
④ 900만 원. 丁에 의해 절약된 금액은 1800만 원이다. 丁의 사례는 경상적 경비 예산절감 항목이다. 그러므로 丁의 예산성과금은 다음과 같이 도출된다.
$$1,800 \times 50\% = 900 \text{만 원}$$
⑤ 500만 원. 戊에 의해 절약된 금액은 1000만 원이다. 戊의 사례는 경상적 경비 예산절감 항목이다. 그러므로 戊의 예산성과금은 다음과 같이 도출된다.
$$1,000 \times 50\% = 500 \text{만 원}$$

+ 합격생 가이드

①과 같이 계산 이외의 조건을 적용해서 제외하는 대상이 없는지 먼저 파악하자. 계산을 하나 더 하는 것이 조건을 찾아보는 시간보다 오래 걸린다. 확산 시 가산 조건과 같이 다른 선지와 구별되는 예외적 계산 사항에 대해 주의를 기울이자. 조건을 놓쳐서 오답을 선택하도록 유도한 기출 문제가 상당수 있다.

15 수리퀴즈(추론) 답 ②

| 난도 | 중
| 출처 | 16년 행시(5) 15번
| 풀이시간 | 2분

정답해설

ㄱ. 옳다. 총 상금이 132,000천 원이고, 결선 순위별 상금의 총합이 114,000천 원이므로 특별상 부문별 상금의 총합은 18,000천 원이다. 따라서 감동상, 창의상이 시상되었고 인기상과 기교상 중 하나만 시상되었다.

ㄹ. 옳다. A가 2위가 아니라면 A는 1위여야 한다. A가 1위인 경우 B는 3위가 되어야 하므로 C는 2위가 된다.

오답해설

ㄴ. 옳지 않다. B가 2위를 한 경우 감동상과 인기상 혹은 기교상을 함께 시상한 경우가 존재할 수 있다.

ㄷ. 옳지 않다. C와 D의 총 상금이 20,000천 원으로 같은 경우 C는 4위 상금과 감동상 상금을 받을 수 있다.

+ 합격생 가이드

A~G의 가능한 순위로는 (1, 3, 2, 4, 5, 6, 7), (2, 1, 3, 4, 5, 6, 7), (2, 1, 4, 3, 5, 6, 7)이 있다. E, F, G는 총 상금에 따라 5, 6, 7위임이 바로 확정된다는 점을 활용하면 쉽게 판단 가능하다.

16 게임 · 규칙 답 ①

| 난도 | 상
| 출처 | 19년 행시(가) 10번
| 풀이시간 | 2분 30초

정답해설

ㄱ. 옳다. A부족의 셈법에 따르면 손바닥이 보이는 채로 손가락 다섯 개가 세 번 모두 펴져 있는 경우 펴져 있는 손가락 개수만큼 더하기 때문에 셈의 합은 15가 되고, B부족의 셈법에 따르면 세 번 모두 엄지가 펴져 있으므로 엄지를 제외하고 펴져 있는 손가락 개수만큼 더하기 때문에 셈의 합은 12가 된다.

ㄴ. 옳다. B부족의 셈법에 따르면 세 번 다 엄지만 펴져 있는 경우 엄지를 제외하고 펴져 있는 손가락이 0개이므로 셈의 합은 0이 되고, 세 번 다 주먹이 쥐어져 있는 경우 엄지가 접혀 있고 펴져 있는 손가락이 0개이므로 셈의 합은 0이 된다.

오답해설

ㄷ. 옳지 않다. A부족의 셈법에 따르면 손바닥이 보이는 채로 세 손가락이 펴져 있고, 두 손가락이 펴져 있고, 한 손가락이 펴져 있으므로 셈의 합은 6이 되고, B부족의 셈법에 따르면 엄지가 펴져 있을 때 나머지 두 손가락을 더하고, 엄지가 접혀 있을 때 두 손가락을 빼고, 엄지만 펴져 있을 때 0을 더하면 셈의 합은 0이 된다.

ㄹ. 옳지 않다. 세 번 내내 엄지가 펴져 있었다면 B부족의 셈법에 따르면 세 수를 더해서 9가 나와야 한다. 따라서 가능한 경우로는 엄지를 제외하고 펴져 있는 손가락 수가 (i) 1+4+4, (ii) 2+3+4, (iii) 3+3+3인 경우가 있다. 위의 경우들을 A부족의 셈법으로 계산해 보면 다음과 같다.

(i) 1+4+4인 경우 : 펴져 있는 엄지의 수를 고려하면 2±5±5가 된다. 이를 더하거나 빼서 9를 도출할 수 없으므로 제외한다.

(ii) 2+3+4인 경우 : 펴져 있는 엄지의 수를 고려하면 3±4±5가 된다. 이를 더하거나 빼서 9를 도출할 수 없으므로 제외한다.

(iii) 3+3+3인 경우 : 펴져 있는 엄지의 수를 고려하면 4±4±4가 된다. 이를 더하거나 빼서 9를 도출할 수 없으므로 제외한다. 따라서 어떤 경우에도 A부족과 B부족 셈의 합이 똑같이 9가 나올 수 없다.

+ 합격생 가이드

ㄱ, ㄴ, ㄷ은 시키는 대로 셈을 하면 비교적 간단히 풀 수 있지만, ㄹ의 판단에 사고를 요한다. 하지만 ㄱ, ㄴ을 옳다고 도출하더라도 ㄹ을 반드시 판정해야만 정답을 고를 수 있기 때문에 ㄹ 판단에 시간이 많이 소요될 것 같다면 포기하는 것도 전략이다. 따라서 이런 경우 ①과 ④만을 남겨 놓고 남은 문제를 푼 뒤, OCR 카드의 정답 선지 분포를 세고 적은 번호의 선지를 선택한다면 정답 확률을 높일 수 있을 것이다.

17 논리퀴즈 답 ⑤

| 난도 | 중
| 출처 | 17년 행시(가) 12번
| 풀이시간 | 2분 30초

정답해설

구분	甲	乙	丙	丁
밀가루	×	×	×	×
우유	○	×	×	×
옥수수가루	×	?	×	×
아몬드	×	?	×	×
달걀	×	×	×	○
식용유	×	×	○	×

ㄴ. 옳다. 甲은 우유, 乙은 옥수수가루나 아몬드, 丙은 식용유에 대하여 알레르기 증상을 보였다.

ㄷ. 옳다. 화요일에 제공된 빵의 확인되지 않은 재료 중 하나는 달걀이고, 나머지 하나는 옥수수가루, 아몬드 중 乙이 알레르기 증상을 보이지 않은 재료이다.

ㄹ. 옳다. 화요일에 제공된 빵에 포함된 재료 중 한 가지가 아몬드라면 乙의 알레르기 증상은 옥수수가루 때문이고, 재료가 옥수수가루라면 乙의 알레르기 증상은 아몬드 때문이다.

오답해설

ㄱ. 옳지 않다. 甲이 알레르기 증상을 보인 것은 우유 때문이다.

+ 합격생 가이드

문항의 핵심은 해당 요일에 알레르기가 일어났다면 그날 제공된 빵에 들어간 재료에 의해 알레르기가 일어났다는 것을 알 수 있다는 점, 그리고 해당 요일에 알레르기가 일어나지 않았다면 그날 제공된 빵에 들어간 재료들은 모두 알레르기를 일으키지 않는다는 것을 알 수 있다는 점 총 두 가지이다. 후자를 놓치지 않도록 유의한다.

18 게임·규칙   답 ③

| 난도 | 상
| 출처 | 20년 행시(나) 13번
| 풀이시간 | 2분

정답해설

ㄴ. 옳다. 말의 최종 위치가 4시라면 주사위를 던져 짝수가 4번 더 나온 것이고, 말의 최종 위치가 8시라면 주사위를 던져 홀수가 4번 더 나온 것이다. 즉, 확률은 $_{24}C_{10} \times \left(\frac{1}{2}\right)^{24} = {}_{24}C_{14} \times \left(\frac{1}{2}\right)^{24}$로 같다.

ㄹ. 옳다. 말의 위치가 12시일 때, 주사위를 2번 더 던질 경우 말이 2나 10에 위치하게 될 확률이 각각 $\frac{1}{4}$이고 12에 위치하게 될 확률이 $\frac{1}{2}$이다. 따라서 甲이 승리할 확률은 $\frac{1}{4}$로, 무승부가 될 확률인 $\frac{1}{2}$보다 낮다.

오답해설

ㄱ. 옳지 않다. 짝수 번 주사위를 던질 경우 말의 최종 위치는 짝수 시만 가능하다. 따라서 말의 최종 위치가 3시일 확률은 0이다.

ㄷ. 옳지 않다. 乙이 마지막 주사위를 던지기 전에 말의 위치가 10이나 11에 있었을 경우 짝수가 나오는 것이 甲에게 유리하다. 그러나 말의 위치가 5나 7에 있었을 경우 짝수가 나오는 것이 甲에게 불리하며, 3이나 9에 있었을 경우 무차별하다.

+ 합격생 가이드
주사위를 홀수 번 던질 경우 최종 위치는 홀수 시가 되고, 주사위를 짝수 번 던질 경우 최종 위치는 짝수 시가 된다는 점을 활용한다. 이때 ㄱ과 ㄴ은 계산 없이도 정오 판단이 가능하므로 우선적으로 판단하면 ㄷ과 ㄹ 중 하나만 풀어보아도 답을 도출할 수 있다.

19 시간·공간   답 ③

| 난도 | 상
| 출처 | 19년 행시(가) 17번
| 풀이시간 | 2분 30초

정답해설
백화점 영업일을 최대로 하기 위하여 11월 1일을 목요일로 두고 달력을 전개하면 다음과 같다.

월	화	수	목	금	토	일
11월						
			1			
		7	8			
		15				
		22				
		28	29	30		

월	화	수	목	금	토	일
12월						
						1
		5				8
						15
					22	23
24	25	26				

백화점은 색칠된 칸만큼 캐롤을 튼다. 따라서 29일 동안 캐롤을 틀게 되므로 최대 58만 원을 지불해야 한다.

+ 합격생 가이드
주어진 글에서 두 가지 단서를 잡고 문제를 풀어나가야 한다.
1. 네 번째 목요일 이후 돌아오는 첫 월요일부터 캐롤을 틀기 때문에, 네 번째 목요일이 최대한 빠른 것이 좋다.
2. 백화점 휴점일이 네 번째 수요일이기 때문에, 크리스마스는 네 번째 수요일 이전이거나 당일인 것이 좋다.

이를 기준으로 달력을 전개하면 해설과 같은 달력을 전개할 수 있다. 이때 주의해야 할 것은 백화점 수요일이 네 번째 수요일이기 때문에 11월 28일을 영업일에서 빼주어야 한다는 것이다. 또한 백화점 점등식과 휴점일이 넷째 주 수/목요일이 아니라, 네 번째 수/목요일이라는 것이다. 그리고 시간을 절약하기 위하여 달력의 일 숫자는 최소한으로 채운다. 달력 문제의 경우 고려해야 할 것이 많고, 실수하기도 쉬워 풀지 않는 것이 좋은 전략이지만, 만약 풀기로 마음먹었다면 달력을 그리되 최대한 시간을 절약할 수 있는 방향으로 전개한다.

20 수리퀴즈(추론)   답 ②

| 난도 | 중
| 출처 | 21년 행시(가) 12번
| 풀이시간 | 2분

정답해설
② 처음 점등된 이후 2분 30초 내에 새로운 인원이 도착한다면 보행신호가 끝난 이후 3분 30초가 지나 다시 보행신호가 점등된다. 2분 30초 내에 도착 인원이 없다면 다음 도착 시각으로부터 1분 30초 후 새롭게 점등된다. 이에 따라 횡단보도는 다음의 시각에 보행신호가 점등된다. (18:26:30~18:27:00), (18:30:30~18:31:00), (18:34:30~18:35:00), (18:44:30~18:45:00), (19:00:30~19:01:00), (19:04:30~19:05:00), (19:49:30~19:50:00)이므로, 총 7회이다.

+ 합격생 가이드
보행신호 점등의 기준이 보행자가 도착한 시점에 따라 다르다는 점이 문제 해결에 핵심이다. 중요한 것은 '보행신호'인 만큼 점등 대기 시간과 차량통행 보장 시간을 최대한 간단하게 처리할 방법이 필요하다. 최초 점등 시간을 구한 이후 2분 30초씩 더해 보면서 해당 시간 동안 보행자가 도착하는지 여부를 확인한다면 일일이 다 시간을 구하지 않고도 점등 횟수를 도출할 수 있다.

21 수리퀴즈(계산) 답 ①

| 난도 | 중
| 출처 | 17년 행시(가) 27번
| 풀이시간 | 2분

정답해설

ㄱ. 옳다. 종합 선호도에 따른 우선순위 상위 3가지는 스튜디오 촬영, 신혼집, 예식장이다.

ㄴ. 옳다. 결혼 당사자의 우선순위 상위 3가지는 신혼집, 신혼여행, 스튜디오 촬영이고, 양가 부모의 우선순위 상위 3가지는 신혼집, 예단, 예식장이다. 따라서 일치하는 항목은 신혼집이다.

오답해설

ㄷ. 옳지 않다. 예물은 양가 부모의 선호도보다 결혼 당사자의 선호도가 더 높다.

ㄹ. 옳지 않다. 양가 부모에게 우선순위가 가장 낮은 항목은 신혼여행이다.

+ 합격생 가이드

종합 선호도의 산출이 제일 복잡하므로 ㄱ의 판정은 일단 뒤로 미룬다. 투입 대비 만족도를 계산하여 ㄹ을 옳지 않다고 판정하고, ㄷ을 옳지 않다고 판정하고 나서 ①을 정답으로 고르면 시간을 절약할 수 있다.

22 수리퀴즈(계산) 답 ③

| 난도 | 중
| 출처 | 19년 행시(가) 18번
| 풀이시간 | 2분

정답해설

원석채굴 비용은 300만 원, 400만 원, 500만 원 순으로 증가한다. 원석 1개당 1차 가공의 비용은 250만 원이고, 수입은 목걸이용 보석은 $7 \times 60 = 420$만 원, 반지용 보석은 $5 \times 40 = 200$만 원이다. 목걸이용 보석을 2차 가공하면 $50 - 40 = 10$만 원의 이익을 보고, 반지용 보석을 2차 가공하면 $20 - 15 = 5$만 원의 손해를 본다. 따라서 목걸이용 보석은 2차 가공하고 반지용 보석은 1차 가공하여 판매할 때 이윤이 극대화된다.

원석 1개를 가공할 때의 수입은 $(60 \times 50) + (40 \times 5) = 3,200$만 원으로 일정하다. 원석 1개를 가공할 때의 비용은 $300 + 250 + (60 \times 40) = 2,950$만 원, 3,050만 원, 3,150만 원으로 증가한다. 결론적으로 원석을 3개 가공하면 최대 이윤을 얻을 수 있고, 이때의 이윤은 $250 + 150 + 50 = 450$만 원이다.

+ 합격생 가이드

판매를 위해서는 1차 가공은 반드시 해야 하므로, 2차 가공을 할 것인지 선택하는 것이 관건이다. 이때, 목걸이용 보석은 2차 가공을 할 때 양의 이윤을 얻고 반지용 보석은 2차 가공을 할 때 음의 이윤을 얻으므로, 목걸이용 보석은 2차 가공을 하여 판매하고 반지용 보석은 1차 가공을 하여 판매해야 한다는 결론을 얻을 수 있다.

한편, 계산의 단순화를 위해 원석 채굴량에 따라 이윤의 변이 있는 부분과 이윤이 일정한 부분을 분리하여 생각하면 편하다. 첫째, 채굴 시 이윤은 -300만 원, -400만 원, -500만 원 순으로 증가한다. 둘째, 1, 2차 가공 시 이윤은 $-250 + 200 + 60 \times (50 - 40) = 550$만 원으로 일정하다. 따라서 총 이윤은 250만 원, 150만 원, 50만 원으로 감소한다는 것을 알 수 있다.

23 조건적용 답 ②

| 난도 | 중
| 출처 | 20년 행시(나) 24번
| 풀이시간 | 2분

정답해설

② 옳다. 丙은 A회사의 주주이다. 두 번째 문단에 따르면, 회사가 피고가 된 소송에서는 회사의 대표이사가 회사를 대표하여 소송을 수행하며, 그 대표이사 乙이 결의취소의 소 대상이 된 주주총회의 결의로 선임된 경우라 하더라도 마찬가지이다.

오답해설

① 옳지 않다. 甲은 이 회사의 주주가 아니다. 첫 번째 문단에 따르면, 결의취소의 소를 제기할 수 있는 사람은 해당 회사의 주주, 이사 또는 감사이다. 소가 각하되면 법원의 판단 없이 소송은 그대로 종료하게 된다.

③ 옳지 않다. 丁은 A회사의 주주이다. 두 번째 문단에 따르면, 회사가 아닌 사람을 공동피고로 한 경우 그 사람에 대한 소는 각하되지만 회사에 대한 소송은 각하되지 않고 진행된다.

④ 옳지 않다. 戊는 A회사의 이사이다. 두 번째 문단에 따르면, 이사가 결의취소의 소를 제기한 때에는 이사와 대표이사의 공모를 막기 위해서 감사가 회사를 대표하여 소송을 수행한다. 따라서 甲이 아닌 乙이 A회사를 대표하여 소송을 수행한다.

⑤ 옳지 않다. 乙은 A회사의 감사이다. 첫 번째 문단에 따르면, 결의취소의 소를 제기한 감사는 변론이 종결될 때까지 그 자격을 유지하여야 한다. 따라서 변론종결 후에 乙의 임기가 만료되더라도 소는 적법하다.

+ 합격생 가이드

후속 상황을 판단하기에 앞서 각 주체가 소 제기의 자격이 있는지를 반드시 먼저 판단해야 한다.

24 조건적용 답 ①

| 난도 | 중
| 출처 | 18년 행시(나) 29번
| 풀이시간 | 1분 45초

정답해설

甲은 승차 정원이 4명 이상이고 주행거리가 200km 이상인 전기자동차를 구매하려고 한다. 따라서 승차 정원이 2명인 차량 C는 제외된다. 이후의 조건을 정리하여 실구매비용을 정리하면 아래와 같다.

구분	가격	지원금(−)	충전기	총 가격
A	5000	2000	2000	5000
B	6000	1000	0	5000
D	8000	2000	0	6000
E	8000	2000	0	6000

따라서 실구매 비용이 동일한 A와 B가 남게 된다.

이때 점수 계산 방식에 따라 A는 승차 정원에서 +2점을 받아 총점 2점이 되고, B는 최고속도에서 −4점과 승차 정원에서 +4점을 받아 총점 0점이 된다. 따라서 최종적으로 甲은 차량 A를 구매할 것이다.

조건적용 유형에서는 '어떠한 경우에도 선택될 수 없는 경우'와 '반드시 선택해야 하는 경우'를 유의하여 푸는 것이 중요하다. 이 문항에서는 첫 문단의 승차 정원과 주행거리가 이에 해당한다. 따라서 C를 먼저 제외하고 풀었다면 시간을 절약할 수 있었을 것이다.

25 법조문 답 ⑤

| 난도 | 중

| 출처 | 19년 행시(가) 6번

| 풀이시간 | 2분

정답해설

⑤ 옳다. 기존에는 C회사의 주권 200주를 거래하기 위해 5만 원(=50,000원×200주×5/1000)을 납부해야 했으나, 만약 C회사의 주권을 Y증권시장을 통해 거래한다면 탄력세율을 적용받게 되므로 3만 원(=50,000원×200주×3/1000)을 납부하게 된다. 따라서 2만 원 감소한다.

오답해설

① 옳지 않다. 제2조에 따라 금융투자업자 乙이 증권거래세 납세의무자이다.

② 옳지 않다. A회사의 증권거래세액은 4,500원(=30,000원×100주×1.5/1,000)이며 B회사의 증권거래세액은 6,000원(=10,000원×200주×3/1000), C회사의 증권거래세액은 50,000원(=50,000원×200주×5/1000)이다. 따라서 총 합은 60,500원이므로 6만 원을 넘는다.

③ 옳지 않다. 제5조에 따를 때, X 또는 Y증권시장에서 양도되는 주권에 대하여 탄력세율이 적용된다. 하지만 C회사의 주권 200주는 X 및 Y증권시장을 거치지 않았으므로 이에 대해서는 탄력세율을 적용받지 못한다.

④ 옳지 않다. 제3조에 따르면, 과세표준은 양도가액을 기준으로 한다. 따라서 양도가액 30,000원에 100주를 곱한 300만 원이 과세표준이 된다.

CHAPTER 03

제3회 최종모의고사

01	02	03	04	05	06	07	08	09	10
⑤	⑤	④	⑤	②	④	⑤	①	②	④
11	12	13	14	15	16	17	18	19	20
④	⑤	②	①	①	③	①	①	④	④
21	22	23	24	25					
①	①	③	④	④					

+ 합격생 가이드

④, ⑤의 해결에 있어 발췌독을 통해 문제를 해결할 경우 선지를 분석할 수 없거나, 잘못 판단하게 될 위험성이 존재한다. 그렇기 때문에 특히 최근 기출을 해결함에 있어 지문을 위에서부터 독해하며 주제에 따라 각 문단을 정리하는 것이 정확한 선지 해결에 유리하다.

01 일치부합
답 ⑤

| 난도 | 중

| 출처 | 21년 행시(가) 4번

| 풀이시간 | 2분

정답해설

⑤ 알 수 있다. 2문단에 따르면 정액제란 일정액을 지불하는 소작료 제도이고 분익제란 수확량의 절반을 지불하는 소작료 제도이다. 이전 연도의 수확량의 절반을 n이라고 할 때, 정액제의 이윤은 3n(=4n−n)인 반면, 분익제의 이윤은 2n(=4n×½)이다.

오답해설

① 알 수 없다. 1문단에서는 '겨우 생계를 유지하는 전(前)자본주의 농업사회 농민들에게, 신고전주의 경제학에서 말하는 '이윤의 극대화'를 위한 계산의 여지는 거의 없다.'라며, 이윤극대화 대신 '삶의 거의 모든 측면에서 안전 추구를 최우선으로 여기는 성향'인 안전 제일의 원칙을 제시하고 있다. 선지의 '이윤 극대화를 위한 계산 논리에 부합한다.'는 지문의 내용과 반대되는 서술이라고 할 수 있다.

② 알 수 없다. 1문단의 '정상적인 농민이라면 큰 벌이는 되지만 모험적인 것을 시도하기보다는 자신과 자신의 가족들을 파멸시킬 수도 있는 실패를 피하려고 하기 마련이다.'와 3문단의 필리핀 정부의 사례에서 '소작인은 대략적으로 이전 연평균 수입의 두 배, 새로운 종자를 채택할 경우는 그 이상의 수입을 실현할 수 있으리라는 기대를 가질 수 있었다.'는 정보에 비추어 농민들이 큰 벌이로 이어질 수 있다는 사실을 인식하고 있었다는 사실을 알 수 있다.

③ 알 수 없다. 1문단에 따르면 '안전 제일의 원칙'을 추구하기 위해 기술적 장치와 사회적 장치 모두가 필요하다는 정보가 제시되어 있다. 그러나 선지의 '기술적 장치는, 사회적 장치들이 최소한의 생존을 보장하는 환경하에 발달했다.'는 정보는 지문에 제시되어 있지 않다.

④ 알 수 없다. 3문단의 '새로운 체제가 제시하는 기대 수입에서의 상당한 이득에도 불구하고, 많은 농민들은 정액제 자체에 내포되어 있는 생계에 관련된 위험성 때문에 전환을 꺼렸다.'에 비추어 루손 지역의 농민들이 정액제의 위험성이 더 크다고 느꼈기 때문에 전환을 꺼렸다는 것을 알 수 있다. 2문단의 '정액제에서는 벼 한 포기 자라지 않았어도 의무 수행을 요구'라는 정보에서 그 위험성을 명시적으로 확인할 수 있다.

02 일치부합
답 ⑤

| 난도 | 중

| 출처 | 20년 행시(나) 2번

| 풀이시간 | 2분

정답해설

⑤ 옳다. 오늘날 종묘제례 행사는 1960년에 복원된 것을 그대로 따르고 있으므로, 문무를 추는 사람들이 드는 무구는 조선 시대의 것과 동일하게 약과 적 2종의 무구를 손에 들고 춤을 출 것이다.

오답해설

① 옳지 않다. 검과 창을 들고 추는 것은 문무가 아닌 무무이다.

② 옳지 않다. 동일한 수의 인원이 먼저 문무를 추고 이어서 무무를 추는 것이므로, 일제강점기에는 문무와 무무 모두 육일무로 추었을 것이다.

③ 옳지 않다. 조선 시대에는 무무를 출 때 앞쪽 세 줄에 선 사람들은 검 하나씩만, 뒤쪽 세 줄의 사람들은 창 하나씩만 들고 춤을 추게 했다.

④ 옳지 않다. 조선 시대에 종묘제례 거행시에는 육일무를 거행하되 문무와 무무 모두 추었다.

+ 합격생 가이드

조선 시대, 대한제국, 일제 강점기, 오늘날에 이르는 과정에서 종묘제례악의 일무가 어떠한 방식으로 변화해왔는지가 글의 핵심 내용이므로, 이에 주목하며 읽어야 한다. 문무와 무무의 형태, 무구의 종류 등의 세부적인 내용을 혼동하지 않아야 정답을 정확히 찾을 수 있다.

03 일치부합   답 ④

| 난도 | 중

| 출처 | 18년 행시(나) 4번

| 풀이시간 | 2분 20초

정답해설

④ 옳다. 첫 번째 문단에 따르면 만동묘에서는 명나라 신종과 의종의 제사를 지냈다. 두 번째 문단에 따르면 영조 때부터 대보단에서도 신종과 의종의 제사를 지냈다.

오답해설

① 옳지 않다. 세 번째 문단에 따르면 영조는 만동묘에 전답을 하사하여 제사 비용을 조달하도록 하였다.

② 옳지 않다. 두 번째 문단에 따르면 국왕이 직접 주관하는 것이 원칙인 것은 대보단의 제례였다.

③ 옳지 않다. 세 번째 문단에 따르면 현종 때부터 만동묘에서 제사를 지낼 때마다 충청도 관찰사가 참석하였다.

⑤ 옳지 않다. 첫 번째 문단에 따르면 만동묘는 선조의 어필에서 따온 것이기는 하지만, 선조가 그 건립을 기념하기 위해 내린 것은 아니다.

04 일치부합   답 ⑤

| 난도 | 상

| 출처 | 17년 행시(가) 6번

| 풀이시간 | 2분 45초

정답해설

⑤ 옳지 않다. 글에서는 자기 혈액을 이용한 혈액 도핑과 합성 에리트로포이어틴을 이용한 혈액 도핑 간의 점성 차이에 대해 언급하고 있지 않다. 따라서 알 수 없다.

오답해설

① 옳다. 혈액 도핑을 받아 적혈구 수가 증가한 선수는 그렇지 않은 경우와 비교해 유산소 운동 능력이 5~13% 증가한다. 따라서 적혈구가 많아지는 것은 운동선수의 유산소 운동능력 향상에 도움이 된다.

② 옳다. 세 번째 문단에서는 '혈액을 뽑아내면 시합 때까지 적혈구 조혈이 왕성해져서 근육 내 산소 농도는 피를 뽑기 전의 정상수준으로 증가한다'고 언급하고 있다. 따라서 일시적으로 근육 내 산소 농도는 감소했다가 일정 기간이 지나면 다시 정상수준을 회복하게 된다.

③ 옳다. 출혈이 생기면 적혈구 조혈이 왕성해지면서 성숙하지 못한 망상적혈구가 골수에서 혈액으로 들어가게 된다. 따라서 혈액을 뽑고 난 이후에 운동선수의 혈관 내 혈액에서는 망상적혈구가 관찰될 것이다.

④ 옳다. 에리트로포이어틴은 혈액에 적혈구 수를 늘려서 조직에 충분한 양의 산소가 공급되도록 하는 호르몬이다. 따라서 합성 에리트로포이어틴을 이용하여 혈액 도핑을 할 경우 적혈구 수가 증가할 것이다.

05 밑줄·빈칸 채우기   답 ②

| 난도 | 중

| 출처 | 19년 행시(가) 8번

| 풀이시간 | 2분

정답해설

ㄴ. 옳다. 예를 들어 영희의 믿음의 문턱이 0.5라고 하고, 내일 비가 온다는 명제가 참이라고 영희가 기존에 0.6의 확률로 믿고 있었다면 영희는 내일 비가 온다는 명제가 참이라고 믿는 것이다. 이때 영희의 섬세한 믿음의 태도가 0.7로 변화하더라도 영희는 여전히 내일 비가 온다는 명제를 참이라고 믿는 것이므로, 영희의 거친 믿음 태도는 변하지 않았다.

오답해설

ㄱ. 옳지 않다. 철수의 믿음의 문턱이 0.5인 경우, 철수가 특정 명제를 0.5보다 큰 확률로 참 혹은 거짓이라고 믿기만 한다면 철수가 참 혹은 거짓이라고 믿는 명제가 존재할 수 있다.

ㄷ. 옳지 않다. 철수와 영희가 동일한 수치의 믿음의 문턱을 가지고 있고, 두 사람 모두 내일 비가 온다는 명제를 참이라고 믿고 있지 않다고 해도, 두 사람 모두 내일 비가 온다는 명제를 거짓이라고 믿는지는 알 수 없다. 지문의 내용에 따라 특정 명제를 참이라고 믿지도 않고 거짓이라고 믿지도 않는 경우도 가능하기 때문이다.

06 글의 문맥·구조   답 ④

| 난도 | 상

| 출처 | 18년 행시(나) 31번

| 풀이시간 | 2분 25초

정답해설

④ 옳다. ⑩은 언어에 대해, ⑪은 사고에 대해 이야기하고 있다. 언어와 사고가 모두 체계성과 생산성을 가지고 있다고 해서, 반드시 사고도 언어처럼 구조를 가진다고 볼 수 없다. 즉, ⑩과 ⑪에서 ㉘이 논리적으로 도출되지 않는다.

오답해설

① 옳지 않다. ㉠은 "A이면 B이다.", ㉡은 "B이면 C이다."로 치환할 수 있다. ㉠과 ㉡은 지지나 반박 관계가 아니다.

② 옳지 않다. ⑩은 언어에 대해, ⑪은 사고에 대해 이야기하고 있다. ⑩, ⑪은 어떠한 논리적 관계를 가지고 있지 않다.

③ 옳지 않다. ㉢은 언어의 체계성이 언어가 구조를 가지고 있을 때에만 보장됨을, ㉣은 언어의 생산성이 언어가 구조를 가지고 있을 때에만 보장됨을 말하고 있다. 따라서 ㉢, ㉣에서 언어의 체계성과 생산성이 언어가 구조를 가지고 있을 때에만 보장된다는 것이 도출된다. 결국 ㉢과 ㉣이 참이면 ⑩이 참이다.

⑤ 옳지 않다. Ⓐ과 ⑩은 각각 사고의 체계성과 생산성을 보여준다. 따라서 ⑪이 참이라면, Ⓐ과 ⑩은 참이다.

＋합격생 가이드

밑줄 친 문장의 수가 많고, 밑줄 친 문장 외에도 글 전체를 읽어야 선지를 고를 수 있다. 또한 기호화하여 치환하기도 어렵다. 특히 "XX는 XX인 경우에만 보장된다."를 기호로 치환하려면 더 헷갈릴 수 있다. 오히려 단순하게 내용만 이해하고 넘어갔다면 쉽게 답을 고를 수 있다. 글의 구조를 묻는 문제에 대해 기본적인 전략은 세워두되, 때로는 유연하게 접근할 수 있어야 한다.

안심Touch

07 밑줄·빈칸 채우기 답 ⑤

| 난도 | 중
| 출처 | 21년 행시(가) 33번
| 풀이시간 | 2분

정답해설

㉠ 1문단에 따르면 X 또는 Y의 내용은 쓰레기를 집으로 가져가는 것과 쓰레기를 해변에 버리고 가는 것이다. 3문단에 따르면 '쓰레기를 집으로 가지고 가는 번거로운 행동이 해변의 상태에 유의미한 변화를 가져오지 않는다면 그 번거로운 행동을 피하는 것을 선호하는 생각이 전제되어 있다.'라는 정보가 제시되어 있다. Y가 쓰레기를 집으로 가져가는 것이라고 가정하자. 이 경우 다른 사람들이 Y를 행할 경우 2문단에 따라 선택자의 행위와 상관없이 해변에는 쓰레기가 없을 것이다. 그러므로 선택자의 행위는 유의미한 변화를 가져오지 않아 번거로운 Y를 피하고 쓰레기를 버리는 X를 선택할 것이다. 그러나 질문 (2)에 대한 대답으로 Y가 제시되어 있다. 그러므로 Y는 쓰레기를 해변에 버리고 가는 것이며, ㉠에 적절한 것도 번거로운 행동을 피하는 선택인 Y가 적절하다고 할 수 있다.

㉡ 1, 2, 3 문단에 따라 X는 쓰레기를 집으로 가져가는 것, Y는 쓰레기를 해변에 버리고 가는 것이라는 사실을 알 수 있다. 3문단에 따라 '당신이 다른 조건이 모두 동등할 경우 해변이 버려진 쓰레기로 난장판이 되는 것보다 그렇게 되지 않는 것을 선호한다면' 해변의 상태가 쓰레기가 없는 한편 3문단에 따라 번거로운 행동인 X를 하지 않는 경우를 가장 선호하게 되며 그 내용이 ㉡에 적합하다는 것을 알 수 있다. 그러므로 (다)가 가장 적절하다고 할 수 있다.

+ 합격생 가이드

X와 Y가 각각 무엇인지 알아내는 것이 정확한 해결의 핵심이라고 할 수 있으나 알지 못하더라도 ㉠을 해결할 수 있다. (1), (2)에 대하여 3문단의 내용을 제대로 파악한다면 선택자는 다른 사람들의 행동과 상관없이 번거로운 행동을 피하는 선택을 할 것이라는 점에서 ㉠에는 (2)에 대한 답변과 마찬가지로 Y가 무조건 위치할 것이다. 이처럼 단순화해서 사고한다면 용이한 문제 풀이가 가능한 경우가 있다.

08 밑줄·빈칸 채우기 답 ①

| 난도 | 중
| 출처 | 18년 행시(나) 12번
| 풀이시간 | 2분 10초

정답해설

ㄱ. 옳다. 운동으로 땀을 흘리면 체내 혈장의 물이 외부로 유출된다. 이 경우 적혈구의 양은 동일하더라도 전체 혈액의 양이 줄어들게 되므로 적혈구가 차지하는 비율이 높아지게 된다.

오답해설

ㄴ. 옳지 않다. 유입되는 산소의 농도가 높아진다고 해서 적혈구의 양이 달라지는 것은 아니다.

ㄷ. 옳지 않다. 진성적혈구증가증에 걸리면 적혈구가 많이 생산되므로 비율이 높아질 것이다. 한편 가성적혈구증가증에 걸리면 적혈구 총량에는 변동 없이 혈장이 감소하므로 결국 적혈구의 비율은 증가할 것이다.

+ 합격생 가이드

글의 구조, 내용을 빠르게 파악하기 위해 도식화나 그림을 그리면 유용한 경우가 있다. 특히 과학 지문의 경우 생소한 개념이나 실험을 다룬다면 그림을 그리면 헷갈릴 위험이 적다.

09 견해 비교·대조 답 ②

| 난도 | 중
| 출처 | 20년 행시(나) 13번
| 풀이시간 | 2분

정답해설

ㄴ. 옳다. 을은 근대 과학혁명 이후 등장한 과학이 개입한 것들만을 기술로 한정하며, 병은 기술을 만들어내기 위해 과학의 개입이 꼭 필요한 것은 아니라고 본다.

오답해설

ㄱ. 옳지 않다. 갑의 경우, 물질로 구현된 것만을 기술로 인정하며, 병의 경우 지식이 개입된 것들을 과학으로 인정한다. 갑과 을의 경우 기술을 정의하는 기준 자체가 다르므로 둘 중 누구의 범위가 더 넓은지에 대해 정의할 수 없다.

ㄷ. 옳지 않다. 옷감 제작법의 경우 물질을 소재 삼아 물질적인 결과물을 산출하는 것에 해당하므로, 갑 역시 이를 기술로 인정할 여지가 있다.

+ 합격생 가이드

이러한 유형의 경우 은연중에 세 가지 주장의 범주를 동일선상에서 비교하기 쉬우나, 갑과 병의 경우 기술을 정의함에 있어 다른 기준을 사용하고 있으므로, 둘 중 어느 쪽이 더 기술의 범주를 넓게 정의하고 있는지 동일선상에서의 비교가 불가능하다는 점에 주의해야 한다.

10 종합 답 ④

| 난도 | 상
| 출처 | 19년 행시(가) 19번
| 풀이시간 | 4분 30초

정답해설

ㄴ. 옳다. 알로트로핀은 유충호르몬을 촉진하는 역할을 수행하므로, 알로트로핀의 주입으로 유충호르몬의 방출량이 증가할 경우 탈피 이후 성체로 발생하지 않고 유충으로 남아있을 수 있다.

ㄷ. 옳다. 유충호르몬은 탈피 촉진과는 무관하기 때문에 유충호르몬이 없더라도 탈피호르몬이 분비된다면 탈피가 시작될 수 있다.

오답해설

ㄱ. 옳지 않다. 전흉선을 제거할 경우 탈피호르몬이 분비되지 않을 뿐이며, 전흉선자극호르몬이 전흉선으로 도달하기 전에 이루어지는 일련의 과정들은 여전히 일어난다.

과학지문 중에서도 일련의 '과정'이 서술되어 있는 지문은 해당 과정을 이용하여 선지를 만든다. 따라서 읽으면서 해당 '과정'을 시각화하여 적어두는 것이 좋다.

가령, 탈피호르몬의 경우 (먹이 섭취 자극 → 뇌 → 전흉선자극호르몬 분비 촉진 → 전흉선자극호르몬의 전흉선 이동 → 탈피호르몬 분비→ 탈피 시작)의 과정을 거치게 된다.

그에 따라 ㄷ을 빠르게 판단할 수 있다. 또한 '과정'에서의 일부가 차단된다고 하더라도 차단되기 이전의 과정은 여전히 일어날 수 있다는 점을 염두하여야 한다. 이를 이용해 ㄱ을 판단할 수 있다.

---

11 종합   답 ④

| 난도 | 상

| 출처 | 19년 행시(가) 20번

| 풀이시간 | 4분 30초

정답해설

ㄴ. 옳다. 결과2와 ㉠이 동시에 성립한다면 이는 '유충에서 성체로 탈피가 이뤄지는 동안에는 탈피호르몬이 존재하였고, 마지막 탈피를 거친 성체가 되면 탈피호르몬이 없어진다'는 것으로 요약될 수 있다. 이때 전흉선에서 탈피호르몬이 분비되므로, 해당 가설은 전흉선이 유충에서 성체가 되는 과정에는 존재하였다가 최종 탈피를 거친 성체가 되면 전흉선이 사라진다는 것을 암시하게 된다. 따라서 해당 가설은 결과2와 ㉠이 동시에 성립하는 것을 설명할 수 있다.

ㄷ. 옳다. 결과2에 의해 탈피호르몬은 일정하게 분비됨을 알 수 있으며, 결과1에 의해 유충호르몬은 유충에서 성체가 될수록 분비되는 유충호르몬이 점차 감소함을 알 수 있다. 따라서 두 결과를 합친다면, 탈피호르몬 대비 유충호르몬의 비율은 성체가 될수록 작아진다는 결론이 도출되며 이는 해당 가설과 일치하므로 가설을 지지하게 된다.

오답해설

ㄱ. 옳지 않다. 유충호르몬에스터라제의 양이 많으면 유충호르몬이 분해되어 혈중 유충호르몬의 농도가 낮아지므로 결과1은 해당 가설에 의해서 설명될 수 없다.

---

12 추론   답 ⑤

| 난도 | 중

| 출처 | 18년 행시(나) 18번

| 풀이시간 | 2분 20초

정답해설

• 가람의 증언이 참일 확률＝99.9%

• 가람의 증언이 거짓일 확률＝0.1%

• 나래의 증언이 참일 확률＝99.999%

• 나래의 증언이 거짓일 확률＝0.001%

• 기적이 실제로 일어날 확률＝0.01%

---

⑤ 옳다. 프라이스의 이론에 따르면 나래의 증언이 참일 확률과 기적이 일어날 확률을 비교해야 한다. 나래의 증언이 참일 확률이 기적이 일어날 확률보다 훨씬 높으므로 나래의 증언이 참이라고 판단해야 한다. 흄의 이론을 따르는 경우에도 나래의 증언은 참이라고 판단해야 한다.

오답해설

① 옳지 않다. 흄의 이론에 따르면 나래의 증언이 거짓일 확률과 기적이 실제로 일어날 확률을 비교해야 한다. 전자가 더 낮으므로 우리는 그 증언이 거짓이 아니라고 판단해야 한다.

② 옳지 않다. 흄의 이론에 따르면 가람의 증언이 거짓일 확률과 기적이 실제로 일어날 확률을 비교해야 한다. 후자가 더 낮으므로 우리는 기적 사건이 일어나지 않았다고 (가람의 증언이 거짓이라고) 판단해야 한다.

③ 옳지 않다. 프라이스의 이론에 따르면 가람의 증언이 참일 확률과 기적이 일어날 확률을 비교해야 한다. 가람의 증언이 참일 확률이 기적이 일어날 확률보다 훨씬 높으므로 가람의 증언이 참이라고 판단해야 한다.

④ 옳지 않다. 흄의 이론에 따르면 가람의 증언은 거짓으로, 프라이스의 이론에 따르면 가람의 증언은 참으로 판단해야 한다.

매번 증언이 참일 확률, 거짓일 확률, 기적이 실제로 일어날 확률을 일일이 계산하면 시간이 너무 많이 소요된다. 한 번 계산한 항목은 정리해 두자.

---

13 견해 비교 · 대조   답 ②

| 난도 | 상

| 출처 | 17년 행시(가) 14번

| 풀이시간 | 2분 20초

정답해설

② 옳다. A1에서는 강력한 시장 자유화의 필요성을 역설하면서, 그 근거로 정보통신기술 혁명으로 인한 자본, 노동, 상품에 대한 규제가 철폐될 수밖에 없는 사회가 되었음을 들고 있다.

오답해설

① 옳지 않다. 이 논쟁의 핵심 쟁점은 정보통신기술 혁명 이후 개인, 기업, 국가가 취해야 할 자세이다. A1은 이에 대해 각 주체들이 더욱 유연한 자세를 취해야 하고, 시장 자유화가 필요하다고 본다. 반면 B1은 A1의 전제를 비판하며, 각 주체들이 잘못된 결정을 내리게 될 것이라고 본다.

③ 옳지 않다. B1은 A1이 제시한 근거가 잘못되었고, 따라서 A1의 주장을 받아들일 수 없다고 주장하고 있다.

④ 옳지 않다. B1은 가전제품의 영향력을, A2는 인터넷의 영향력을 각각 강조하고 있다.

⑤ 옳지 않다. B2는 A2가 특정 결과(세계화)에 대해 잘못된 원인(정보통신기술 혁명)을 들고 있다고 주장한다. 원인과 결과를 뒤바꾸어 해석한 것은 아니다.

14 사례 찾기·적용   답 ①

| 난도 | 상

| 출처 | 21년 행시(가) 10번

| 풀이시간 | 2분 30초

정답해설

ㄱ. 적절하다. 지문에 따르면 B곤충은 A식물의 잎을 갉아먹어 광합성산물의 생산량을 감소시킨다. 또한 지문에 따르면 'A식물이 만들어내는 종자의 수는 광합성 산물의 양에 비례'한다. 〈실험〉에 따르면 B곤충을 차단한 실험에서 '끈적한 개체가 매끄러운 개체보다 종자를 45% 더 적게 생산'했으나 B곤충이 침입하는 실험에서는 '매끄러운 개체와 끈적한 개체가 생산한 종자의 수 사이에 의미 있는 차이는 나타나지 않았다.'라고 한다. 이를 종합하면 B곤충의 침입이라는 결과로 B곤충은 매끄러운 식물을 더 많이 갉아먹었고 그 결과 상대적으로 많은 양의 광합성 산물이 감소해 종자 수 역시 더 큰 폭으로 감소했다고 볼 수 있다.

오답해설

ㄴ. 적절하지 않다. 지문에 따르면 B곤충은 A식물의 잎을 갉아먹어 광합성산물의 생산량을 감소시킨다. 〈실험〉의 'B곤충이 침입하는 조건에서 매끄러운 개체는 끈적한 개체보다 잎이 더 많이 갉아먹혔다.'에서 매끄러운 식물의 잎이 B곤충에게 갉아먹혔다는 사실을 알 수 있다. 그러므로 B곤충이 있는 환경에서 광합성 산물이 더 적다고 할 것이다.

ㄷ. 적절하지 않다. 지문에 따르면 'A식물이 만들어내는 종자의 수는 광합성 산물의 양에 비례'한다. 또한 '끈적한 식물은 종자 생산에 사용해야 할 광합성 산물의 일정량을 끈적한 당액의 분비에 소모한다.'는 정보가 제시되어 있다. 따라서 다른 모든 조건이 동일한 경우 끈적한 A식물이 생산한 종자 수는 매끈한 A식물이 생산한 종자 수보다 적다고 할 수 있다. 이는 〈실험〉의 B곤충이 차단된 경우에서 확인된다. 하지만 〈실험〉의 B곤충이 있는 환경에서는 위 관계가 성립하지 않는다. 오히려 '매끄러운 개체와 끈적한 개체가 생산한 종자의 수 사이에 의미 있는 차이는 나타나지 않았다.'라는 정보와 지문의 정보를 결합하여 양자의 종자 생산에 소모한 광합성 산물의 양이 유사하다는 사실을 알 수 있다.

> **+ 합격생 가이드**
>
> 실험에 대한 문제에 있어 가장 중요한 것은 비교집단과 대상집단 사이 존재하는 유의미한 차이점이 무엇인지 찾는 것이다. 문제의 〈실험〉에서 식물의 종류와 B곤충의 존재 여부에 따라 총 4가지 실험 집단으로 구분되며, 그에 따라 종자 수의 차이가 나타난다는 사실을 유념하여 선지에 접근한다면 보다 정확한 해결이 가능할 것이다.

15 추론   답 ①

| 난도 | 중

| 출처 | 21년 행시(가) 27번

| 풀이시간 | 2분

정답해설

① 추론할 수 있다. 1문단에 따르면 '공기가 최대한 가질 수 있는 수증기량은 온도가 내려갈수록 줄어들고, 공기의 수증기가 포화상태에 이르는 온도인 이슬점 온도보다 더 낮은 온도에서는 수증기가 응결하여 구름이 생성되거나 비가 내리게 된다.'는 정보가 제시되어 있다. 2문단에 따르면 '공기가 일정 높이까지 상승하여 온도가 이슬점 온도에 도달한 후에는 공기 내 수증기가 포화하

면 습윤 기온감률에 따라 온도가 내려간다. 공기의 상승 과정에서 공기 속 수증기는 구름을 형성하거나 비를 내리며 소모'된다는 정보가 제시되어 있다.

오답해설

② 추론할 수 없다. 1문단에 따르면 '공기가 상승할 때 고도에 따른 온도 하강률을 기온감률'이라는 정보가 제시되어 있고, '공기의 수증기가 포화상태일 경우에는 습윤 기온감률이 적용되고, 불포화상태일 경우에는 건조 기온감률이 적용되는데, 건조 기온감률은 습윤 기온감률에 비해 고도 차이에 따라 온도가 더 크게 변한다.'는 정보 역시 제시되어 있다. 그러므로 같은 고도라도 공기가 가지고 있는 수증기의 양에 따라 고도가 달라질 수 있다는 것을 추론할 수 있다.

③ 추론할 수 없다. 3문단에 따르면 높새바람은 우리나라의 대표적인 푄 현상이다. 또한 3문단에 따르면 한랭 다습한 오호츠크해 고기압에서 불어오는 북동풍이 고온 건조한 성질의 바람으로 바뀐다.

④ 추론할 수 없다. 1문단에 따르면 습윤 기온감률은 공기의 수증기가 포화상태일 경우 적용되는 기온감률이다. 또한 1문단에 따르면 '공기가 최대한 가질 수 있는 수증기량은 온도가 내려갈수록 줄어'든다. 그러므로 공기 내 수증기량 증가는 습윤 기온감률이 적용되기 시작하는 고도가 낮아진다고 할 수 있다.

⑤ 추론할 수 없다. 1문단에 따르면 '공기가 상승하게 되면 기압이 낮아져 공기가 팽창하는 단열팽창 현상 때문에 공기 온도가 내려간다.'는 정보가 제시되어 있다.

> **+ 합격생 가이드**
>
> 추론 문제임에도 각 선지의 근거가 비교적 명확하게 제시되어 있다. 문제와 같은 과학적 원리에 대한 지문의 경우 고도의 변화와 같은 조건이나 상태의 변화가 어떤 결과를 가져오는 지 확인하고, 주된 논의의 대상이 되는 조건이 무엇인지 정리하면서 지문을 독해한다면 정확한 해결이 가능하다.

16 밑줄·빈칸 채우기   답 ③

| 난도 | 중

| 출처 | 18년 행시(나) 30번

| 풀이시간 | 2분

정답해설

⊙ [x]를 들어도 [y]로 인식한다면 [x]는 [y]의 변이음이다.

　지문의 내용에 따르면, 변별적으로 인식할 수 있는 소리를 음소, 변별적으로 인식하지 못하는 소리를 이음 또는 변이음이라고 한다. ⊙의 바로 앞 문장에서, [x]와 [y] 가운데 하나는 음소이고 다른 하나가 음소가 아니라면, 두 가지를 서로 변별적으로 인식하지 못한다고 하였다. 이때 음소만이 변별적으로 인식될 수 있는 소리이므로, 서로 유사하게 들리는 변이음인 음성과 음소인 음성을 각각 듣게 되면, 두 가지 소리 모두 동일한 음소인 음성으로 인식할 것이라고 예상할 수 있다. 따라서 ⊙에는 '[x]를 들어도 [y]로 인식한다면 [x]는 [y]의 변이음이다.'가 들어가야 한다.

ⓒ 그 소리를 모국어에 존재하는 음소 중의 하나로 인식하게 된다.

　ⓒ의 경우, '모국어의 음소 목록에 포함되어 있지 않은 소리를 들었다면' 이후에 들어갈 내용을 추측해야 한다. 지문의 내용에 따라, 모국어의 음소 목록에 포함되어 있지 않은 소리를 들었다면, 청자는 해당 소리를 변별하지 못할 것이고, 음소만이 변별적으로 인식될 수 있으므로, 그 소리를 자신이 알고 있는 음소 중 하나로 치환하여 듣게 될 것이다. 따라서 ⓒ에는 '그 소리를 모국어에 존재하는 음소 중의 하나로 인식하게 된다.'가 들어가야 한다.

+ 합격생 **가이드**

변별적으로 인식하는 소리를 음소, 그렇지 못한 소리를 변이음이라고 한다는 핵심 내용만 이해하면 빈칸의 바로 앞 문장만 보고도 쉽게 풀이할 수 있는 문제이다. 또한 '중간음' 등의 단어나 개념은 지문에서 전혀 제시되지 않았으므로, 내용상 ④, ⑤와 같은 선지는 쉽게 정답에서 배제할 수 있다.

17 논리퀴즈　　　　　　　　답 ①

| 난도 | 중
| 출처 | 21년 행시(가) 14번
| 풀이시간 | 2분

정답해설

① 반드시 참이다. 첫 번째, 세 번째 조건을 통해 목요일에 을 또는 정이 태어난다는 사실을 알 수 있다. 을이 목요일에 태어났다고 가정하자. 네 번째 조건에 의해 수요일에 태어난 아이는 B의 아이이다. 첫 번째와 다섯 번째 조건에 의해 정은 월요일에 태어날 수 없다. 두 번째 조건에 의해 갑은 월요일에 태어났고 병은 수요일에 태어났다. 한편 정이 목요일에 태어났다고 가정하자. 네 번째와 다섯 번째 조건에 따라 B의 아이는 화요일에 태어났고 A의 아이는 월요일에 태어났다. 따라서 D의 아이인 을은 수요일에 태어났다.

오답해설

② 반드시 참인 것은 아니다. 첫 번째, 세 번째 조건을 통해 목요일에 을 또는 정이 태어난다는 사실을 알 수 있다. 정이 목요일에 태어났다고 가정하자. 네 번째와 다섯 번째 조건에 따라 B의 아이는 화요일에 태어났고 A의 아이는 월요일에 태어났다. 따라서 D의 아이인 을은 수요일에 태어났다. A와 B의 아이는 갑 또는 병이다. A의 아이가 병이라고 하더라도 주어진 다른 조건에 위배되지 않는다. 이 경우 병은 을보다 이틀 일찍 태어났다.

③ 반드시 참인 것은 아니다. 첫 번째, 세 번째 조건을 통해 목요일에 을 또는 정이 태어난다는 사실을 알 수 있다. 정이 목요일에 태어났다고 가정하자. 네 번째와 다섯 번째 조건에 따라 B의 아이는 화요일에 태어났고 A의 아이는 월요일에 태어났다. 따라서 D의 아이인 을은 수요일에 태어났다.

④ 반드시 참인 것은 아니다. 첫 번째, 세 번째 조건을 통해 목요일에 을 또는 정이 태어난다는 사실을 알 수 있다. 정이 목요일에 태어났다고 가정하자. 네 번째와 다섯 번째 조건에 따라 B의 아이는 화요일에 태어났고 A의 아이는 월요일에 태어났다. 따라서 D의 아이인 을은 수요일에 태어났다. A와 B의 아이는 갑 또는 병이다. A의 아이가 병이라고 하더라도 주어진 다른 조건에 위배되지 않는다.

⑤ 반드시 참인 것은 아니다. 첫 번째, 세 번째 조건을 통해 목요일에 을 또는 정이 태어난다는 사실을 알 수 있다. 을이 목요일에 태어났다고 가정하자. 네 번째 조건에 의해 수요일에 태어난 아이는 B의 아이이다.

+ 합격생 **가이드**

표를 활용해서 해결하는 방식이 가장 정답률을 높일 수 있다고 생각한다. 기출 속 논리문제의 분량상 시험지 문제 하단에는 항상 상당한 여백이 있으니 이를 활용하여 조건을 해석해 아래와 같은 표를 작성한다면 보다 용이한 해결이 가능하다.

구분	월	화	수	목
A		✕	✕	갑 ∨ 병
B	✕	✕	✕	갑 ∨ 병
C		✕	✕	정
D	✕	✕		을

18 논리퀴즈　　　　　　　　답 ①

| 난도 | 상
| 출처 | 20년 행시(나) 35번
| 풀이시간 | 2분 15초

정답해설

ㄱ. 옳다. ㉠과 ㉢으로부터 형상은 물질적 대상이 아니므로 물질적 대상은 형상을 이해할 수 없다는 것이 도출되고, 따라서 형상을 이해할 수 있다면 물질적인 것이 아니라는 것을 알 수 있다. 따라서 이성이 형상을 이해할 수 있다는 것이 전제된다면, 이성은 물질적인 것이 아니라는 사실을 도출할 수 있다.

오답해설

ㄴ. 옳지 않다. 이성은 물질적인 것이 아니라는 사실과 불멸하는 이성만이 비물질적이라는 사실이 전제되어도, 영혼은 불멸한다는 사실이 도출되지 않는다. 영혼이 불멸한다는 사실이 도출되기 위해서는 영혼과 이성이 같다는 전제가 추가되어야 한다.

ㄷ. 옳지 않다. ㉤과 ㉥으로부터 ㉣을 도출하기 위해서는, 불멸하는 것만이 불멸하는 것을 이해할 수 있다는 것 외에 이성이 형상을 이해할 수 있다는 사실이 추가로 전제되어야 한다.

+ 합격생 **가이드**

각 보기들이 서로 독립적인 경우라는 것에 주의해야 하는 문제이다. 글에서 ㉠~㉥의 내용이 제시되어 있으나 각 보기에서 '실제로 성립한다고' 제시하는 것은 별개라는 것에 주의하자. 가령 ㄴ의 경우, 글에서는 ㉤이 제시되어 있으나 ㄴ에서는 영혼과 이성이 같은 경우를 가정하는지 확정적으로 주어지지 않았으므로 임의로 ㉤이 성립한다고 착각하여 ㄴ이 옳다고 잘못 판단하지 않도록 한다.

19 논리퀴즈　　　　　　　　답 ④

| 난도 | 상
| 출처 | 17년 행시(가) 11번
| 풀이시간 | 2분 15초

정답해설

지문에서 제시된 관계들을 간략하게 정리하면 다음과 같다.

1) 양적완화 → 달러화 가치 하락
2) 양적완화 → 달러 환율 하락 → 수출 감소 → ~경제 주요지표 개선
3) ~양적완화 → 미국 금리 상승 → 우리 금리 상승 → 외국인 투자 증가
4) ~양적완화 → 미국 금리 상승 → 우리 금리 상승 → 가계부채 심화 → 국내 소비 감소 → 경제 전망 어두움

④ 옳다. 2)의 대우에 의해, 우리나라 경제 주요지표가 개선되었다면 수출이 감소하지 않았을 것이고, 그에 따라 달러 환율도 하락하지 않았을 것임을 알 수 있다.

오답해설

① 옳지 않다. 2)로부터 우리나라 수출이 증가한 경우, 달러 환율이 하락하지 않았으며, 미국이 양적완화를 시행하지 않았다는 것은 알 수 있으나, 미국이 양적완화를 시행하지 않은 것으로부터 달러화 가치 하락 여부는 알 수 없다.

② 옳지 않다. 4)에 따라 미국이 양적완화를 중단하는 경우 우리나라의 가계부채 문제가 심화되나, 그 역의 관계가 성립하는지는 알 수 없다.

③ 옳지 않다. 3)에 따라 외국인 투자가 감소하는 경우, 미국이 양적완화를 중단하지 않은 것은 알 수 있으나, 이로부터 우리나라 경제전망이 어두워진다는 것은 도출할 수 없다.

⑤ 옳지 않다. 4)의 대우에 의해 우리나라의 국내소비가 감소하지 않았다는 것으로부터 우리나라의 금리가 상승하지 않았다는 것은 도출할 수 있으나, 외국인 투자가 감소하지 않았는지는 알 수 없다.

+ 합격생 가이드

1)과 2), 그리고 3)과 4)의 경우 각각 미국이 양적완화를 시행하는 경우, 중단하는 경우로 시작하여 서로 연결되는 조건으로 착각하기 쉬우나, 서로 별개의 조건임을 인지해야 한다. 예를 들어 1)과 2)를 하나의 조건으로 착각하는 경우, 2)에 따라 수출이 감소하지 않는다면 달러 환율이 하락하지 않으며, 달러화 가치 역시 하락하지 않는 것으로 착각하지 않도록 주의해야 한다.

20 추론 답 ④

| 난도 | 중

| 출처 | 20년 행시(나) 15번

| 풀이시간 | 2분

정답해설

문제에서 주어진 조건을 간단히 나타내면 다음과 같다.

우선 장수 노인의 경우 모두 '행복∧규칙∧~짜거나 기름진'의 조건을 충족한다.

~행복 → 면역↓, 조기 → 면역↓

~짜거나 기름진 → 콜레스테롤↓, 조기 → ~콜레스테롤↓

~규칙 → β↓ → 체지방 정상↑, 조기 → ~체지방 정상↑

④ 옳지 않다. X에 속한 장수 노인은 모두 규칙적인 운동을 하였으므로 이들의 β호르몬 분비 정도에 대해 알 수 없고, 따라서 주어진 조건들로부터 이들의 체지방 비율이 정상 범위를 넘어섰는지 그렇지 않은지에 대해 알 수 없다.

오답해설

① 옳다. 장수 노인의 경우 모두 규칙적인 운동을 했고, 조기 사망자의 경우 체지방 비율이 정상 범위를 넘어서지 않았다는 것으로부터 모두 규칙적인 운동을 했음을 추론할 수 있다.

② 옳다. X에 속한 장수 노인은 모두 짜거나 기름진 음식을 즐겨 먹지 않았다는 사실로부터 이들 중 혈중 콜레스테롤 지수가 높은 사람은 없을 것임을 추론할 수 있다.

③ 옳다. 조기 사망자는 모두 콜레스테롤 지수가 높았으므로, 짜거나 기름진 음식을 즐겨 먹었을 것임을 추론할 수 있다.

⑤ 옳다. X에 속한 조기 사망자는 모두 체지방 비율이 정상 범위를 넘어서지 않았으므로, 이들은 모두 β호르몬이 평균치보다 적게 분비되지 않았을 것임을 추론할 수 있다.

+ 합격생 가이드

주어진 조건을 간단한 식으로 치환하고 조건에 따라 선지의 정오를 판단하면 쉽게 정답을 찾을 수 있는 비교적 간단한 논리 문제이다. 이러한 유형의 경우 주어진 조건을 빠르고 정확하게 기호화시키는 연습을 평소에 해 두는 것이 실전 문제 풀이에 도움이 된다.

21 강화·약화 답 ①

| 난도 | 상

| 출처 | 17년 행시(가) 35번

| 풀이시간 | 2분 15초

정답해설

ㄱ. 옳다. 제시된 논증에서는 '환경에 미치는 영향의 도덕성에 따라 의도성을 달리 판단한다.'는 것을 결론으로 하고 있다. 하지만 만약 설문조사에 응한 사람들이 환경에 미치는 영향과 도덕성을 분리하여 생각한다면 제시된 논증이 수용하고 있는 전제가 부정되므로 제시된 논증은 약화된다.

오답해설

ㄴ. 옳지 않다. 제시된 설문조사 결과는 수익극대화라는 동일한 의도를 가졌지만 다른 결과를 낳은 행위자 간의 비교만을 가능하게 한다. 따라서 의도가 달랐지만 같은 결과를 낳은 행위자 간의 비교는 불가능하며 제시된 설문조사의 결과가 이를 지지한다고 할 수 없다.

ㄷ. 옳지 않다. 글에는 두 행위자가 동일한 부도덕한 결과를 의도했음이 분명한 경우에 대해 나와 있지 않기 때문에 제시된 논증과 무관하여 논증을 강화하지 못한다.

22 견해 비교·대조 답 ①

| 난도 | 상

| 출처 | 19년 행시(가) 36번

| 풀이시간 | 2분 25초

정답해설

ㄱ. 옳다. A는 옛 음악을 똑같이 재연하는 것이 가능하고, 이를 통해 당시와 똑같은 느낌을 구현할 수 있다고 본다. 한편 C는 똑같이 재연하지 못하더라도 정격연주가 가능하다고 보고 있다. 즉, 적어도 옛 음악을 과거와 똑같이 재연한다면 과거 연주 느낌이 구현될 수 있다는 것을 부정하는 것은 아니다.

오답해설

ㄴ. 옳지 않다. B는 과거와 현재의 연주 관습상 차이 때문에 옛 음악을 똑같이 재연하는 것이 불가능하다고 본다. 한편 D는 정격연주를 실현하려면 작곡자의 의도와 연주 관습을 모두 고려해야 한다고 말했을 뿐, 과거 연주 관습이 재현될 수 있는지 여부는 언급하지 않았다.

ㄷ. 옳지 않다. C는 명확히 작곡자의 의도를 파악할 수 있다면 정격연주를 할 수 있다고 본다. 한편 D는 "작곡자의 의도대로 한 연주가 작곡된 시대에 연주된 느낌을 정확하게 구현하지 못할 수 있다."고 하여, 작곡자의 의도뿐만 아니라 연주 관습을 강조하고 있다. 따라서 작곡자의 의도를 파악하는 것이 곧 정격연주를 가능하게 한다는 것에 동의하지 않는다.

+ 합격생 가이드

글 자체는 매우 쉽고 술술 읽힌다. "정격연주", "작곡자의 의도", "연주 관습" 등에 유의하며 읽도록 하자. 다만 선지의 표현을 조심해야 한다. 누가 무엇을 주장했는지, 각 주장을 과대해석하지는 않았는지 점검해 보자. 헷갈린다면 논리 문제를 풀 때처럼 구조화하는 것도 도움이 된다.

23 추론 답 ③

| 난도 | 중
| 출처 | 19년 행시(가) 3번
| 풀이시간 | 2분 10초

정답해설

③ 옳다. 『조선팔도지도』에서는 오늘날과 동일하게 설악산의 범위가 표시되어 있으므로 한계령이 있는 봉우리가 여기에 포함될 것이다.

오답해설

① 옳지 않다. 두 번째 문단에 따르면 『여지도』에서는 한계산과 설악산을 구분하였다. 그러나 세 번째 문단에 따르면 『대동지지』에서는 한계산을 설악산의 일부로 보았다.

② 옳지 않다. 세 번째 문단에 따르면 『동국여지지』에서는 한계산을 설악산의 일부로 보지만, 울산바위가 있는 봉우리에 대해서는 어떻게 보는지 나타나 있지 않다. 한편 『조선팔도지도』에서는 오늘날과 동일하게 설악산의 범위가 표시되어 있다.

④ 옳지 않다. 세 번째 문단에 따르면 『대동지지』에서는 한계산을 설악산의 일부로 보았다. 한편 두 번째 문단에 따르면 『비변사인 방안지도 양양부도엽』에서는 설악산, 천후산, 한계산의 범위를 모두 구분하였다.

⑤ 옳지 않다. 『비변사인 방안지도 양양부도엽』에서는 설악산, 천후산, 한계산의 범위를 모두 구분하였으나, 『여지도』에서는 설악산, 한계산만을 구분하였다. 따라서 후자에는 천후산이 표시되어 있지 않을 것이다.

24 강화 · 약화 답 ④

| 난도 | 중
| 출처 | 16년 행시(5) 15번
| 풀이시간 | 1분 45초

정답해설

글에 나타난 논증을 정리하면 다음과 같다.

5억 년 전부터 지금까지 출현한 생물종은 1억 종이며, 5억 년은 100년 단위로 자를 경우 500만 개의 단위로 나누어진다. 따라서 1억 종을 500만으로 나누면, 100년 단위마다 평균적으로 약 20종씩 출현한다는 결론을 도출할 수 있다. 하지만 지난 100년간 새롭게 출현한 종은 없다. 따라서 진화론은 거짓이다.

④ 옳지 않다. 인간에 의해 유발된 대멸종이 발생하고 있다는 주장은 새롭게 출현한 종이 없기 때문에 진화론이 거짓이라는 주장과 무관하다. 따라서 글의 논증을 약화시키지 않아 비판으로 적절하지 않다.

오답해설

① 옳다. 글의 논증은 평균적인 수치에 근거하고 있으므로, 종의 출현 빈도가 균일하게 분포되어 있지 않다고 주장하는 것은 적절한 비판이다.

② 옳다. 지금까지 출현한 생물종이 1억 종이라는 전제를 반박하는 선지로, 글의 논증을 약화시키는 적절한 비판이 된다.

③ 옳다. 글의 논증에서는 새롭게 출현한 종이 없음을 이유로 진화론을 거짓이라고 결론내리고 있지만, 생물학자가 새로 발견한 종이 신생 종인지 아니면 기존의 종인지를 판단할 수 없다면, 새롭게 출현한 종이 없다고 확신할 수 없게 된다. 따라서 신생 종의 부재로 진화론을 부정하는 위 논증을 약화시키는 적절한 비판이 된다.

⑤ 옳다. 글의 논증은 새롭게 출현한 종이 없음을 이유로 진화론을 거짓이라고 결론내리고 있지만, 만약 생물학자들이 발견한 몇몇 종이 100년 내에 출현한 종이라면 이는 '새롭게 출현한 종이 없다'는 논증의 전제를 반박하는 사실이 된다. 따라서 위 논증을 약화시키는 적절한 비판이 된다.

25 전제 · 결론 답 ④

| 난도 | 상
| 출처 | 19년 행시(가) 30번
| 풀이시간 | 2분 25초

정답해설

이 글에서 '나'가 내린 결론은 "최근에 수집한 암석이 생명체가 화성에서 실재하였음을 나타내는 증거"라는 것이다.

ㄴ. 옳다. 수집한 암석에서 발견된 산소가 지구의 암석에 있는 것과 동위원소 조성이 다르고, 대신 화성에서 기원한 다른 운석에서 나타나는 동위원소 조성과 일치하였다. '나'는 이를 토대로 이 암석이 화성에서 온 것이라는 결론을 내린다. 이 논증이 타당하려면 산소의 동위원소 조성은 행성마다 달라서, 산소의 동위원소 조성을 통해 암석의 출신지를 구별할 수 있어야 한다.

ㄷ. 옳다. '나'는 지구에서 A 종류의 박테리아가 특이한 자철석 결정을 생성하고, 수집한 암석에서도 이와 같은 자철석이 발견된다는 것을 근거로 화성에서도 A 종류의 박테리아와 같은 생명체가 있을 것이라고 주장한다. 이 논증이 타당하려면 특이한 자철석 결정이 나타났다면 A 종류의 박테리아가 있는 것이라는 전제가 필요하다.

오답해설

ㄱ. 옳지 않다. 암석에서 발견된 작은 세포구조의 크기가 100나노미터이다. 그러나 '나'는 이것이 생명체인지 여부를 판단할 때 그 크기를 전혀 고려하고 있지 않다. 오히려 '나'는 이 세포구조를 생명체로 여기는 것처럼 보인다.

+ 합격생 가이드

이 문제는 결론을 제시하고, 이를 도출하기 위해 추가되어야 할 전제를 묻고 있다. 전제를 묻는 문제는 빈출되는 유형이 아니지만, 전제를 주고 결론을 도출하는 문제보다 훨씬 까다롭다. 문제를 빠르게 풀기 위해서는 우선 결론을 찾고, 그 다음 선지를 확인하자. 결론에서 역으로 필요한 전제를 도출하고 선지에서 고르면 된다.

01	02	03	04	05	06	07	08	09	10
①	①	③	①	①	②	②	②	④	④
11	12	13	14	15	16	17	18	19	20
②	③	④	④	⑤	③	②	②	⑤	①
21	22	23	24	25
④	④	①	①	①

01 단순확인(표 · 그림)　답 ①

| 난도 | 중

| 출처 | 20년 행시(나) 8번

| 풀이시간 | 2분 15초

정답해설

ㄱ. 옳다. 신소재 산업분야에서 중요도 상위 2개 직무역량은 4.58점인 '문제 해결능력'과 4.46점인 '수리능력'이다.

ㄴ. 옳다. '미디어'의 산업분야별 직무역량 중요도의 최댓값은 4.59점, 최솟값은 3.68점이다. 최댓값과 최솟값의 차이는 0.91점이다. '신소재'와 '식품'은 최댓값이 4.59점보다 작고, 최솟값은 3.68점보다 크므로 최댓값과 최솟값의 차이는 0.91점보다 작다. '게임'의 최댓값은 4.66점, 최솟값은 3.78점으로 양자의 차이는 0.88점이다.

오답해설

ㄷ. 옳지 않다. '미디어'에서 중요도가 가장 낮은 직무역량은 '기술능력'이다.

ㄹ. 옳지 않다. '문제 해결능력'의 중요도 평균값은 4.51점, '직업윤리'의 중요도 평균값은 4.52점이다.

+ 합격생 가이드

ㄴ. 선지를 해결하기 위해 각 산업분야의 최댓값과 최솟값 차이를 일일이 계산하지 않아도 된다. '미디어'를 기준으로 '미디어'의 최댓값보다 최댓값이 작고, '미디어'의 최솟값보다 최솟값이 크다면 양자의 차이는 당연히 '미디어'보다 작을 것이다.

ㄹ. 선지에서도 '문제 해결능력'의 중요도 평균값을 계산할 필요가 없다. 일부 산업분야에서 '문제 해결능력'보다 중요도가 높은 직무역량은 '직업윤리'가 있는데, 각 분야의 차이를 확인하면 된다. '직업윤리'는 '신소재'에서 0.14점 낮고, '게임'에서 0.14점 높고, '미디어'에서 0.14점 높으며, '식품'에서 0.11점 낮다. 결과적으로 '직업윤리'는 중요도 합이 0.03점 높다.

02 복수의 표　답 ①

| 난도 | 중

| 출처 | 18년 행시(나) 9번

| 풀이시간 | 1분 50초

정답해설

ㄱ. 옳다. 통합대기환경지수는 오염물질별 대기환경지수 중 최댓값이므로 용산구, 성동구의 미세먼지, 초미세먼지, 이산화질소의 오염물질별로 큰 값만 구해 비교하면 된다. 같은 오염물질에서 작을 경우, 애초에 해당 대기환경지수가 더 작을 것이기 때문이다. 미세먼지의 경우 성동구가 용산구보다 크므로, 이때 대기환경지수는 67이다. 초미세먼지의 경우 용산구가 더 크며 이때 대기환경지수는 66이다. 이산화질소의 경우 용산구가 더 크며 대기환경지수는 40.8이다. 따라서 용산구의 통합대기환경지수가 성동구보다 작다.

ㄴ. 옳다. 평균과 중랑구의 각 오염물질 농도 비교시 선지가 맞다.

오답해설

ㄷ. 옳지 않다. 중랑구의 미세먼지 대기환경지수는 43.2, 초미세먼지 대기환경지수는 44이다. 따라서 미세먼지 대기환경지수는 통합대기 환경 지수보다 무조건 더 작다.

ㄹ. 옳지 않다. 동대문구 한 곳이다.

+ 합격생 가이드

각주에서 통합대기환경지수의 의미를 파악한다면 쉽게 풀 수 있다. 또한 ㄹ의 경우 하나의 오염물질을 먼저 비교하여 조건에 맞지 않는 것을 소거해 간다면 쉽게 찾을 수 있다.

03 단순확인(표 · 그림)　답 ③

| 난도 | 중

| 출처 | 17년 행시(가) 34번

| 풀이시간 | 2분

정답해설

③ 옳지 않다. '실수령액'은 300만 원이다. '봉급'의 6/5, 즉 1.2배는 최소 300만 원 이상이므로(250×1.2=300), '봉급'의 1.3배는 300만 원을 훨씬 웃돈다.

오답해설

① 옳다. '보수총액' 3,570,000원의 70%인 2,499,000원보다 '봉급'이 더 크다.

② 옳다. '공제총액'은 현재 57만 원이다. '일반기여금'의 15%는 3만 원 이상이므로, 57만 원에서 3만 원 이상이 증가하면 '공제총액'은 60만 원 이상이 된다.

④ 옳다. '장기요양보험료'의 15배는 105,000원이다.

⑤ 옳다. '공제총액'에서 '일반기여금'이 차지하는 비중은 약 50%인데, '직급보조비'의 6배인 150만 원은 '보수총액'인 357만 원의 50%에 미치지 못한다.

+ 합격생 가이드

모든 선지에서 정확한 계산보다는 비율을 통한 빠른 계산을 할 수 있도록 하자.

04 복수의 표 답 ①

| 난도 | 중

| 출처 | 16년 행시(5) 17번

| 풀이시간 | 2분

정답해설

ㄱ. 옳다. 비례대표에서 여성 의원 비율이 42.2, 지역구에서 8%이다. 비례대표 의석이 185석, 지역구 의석이 926석이므로 지역구 의석이 5배보다 약간 더 많으므로 1:5로 볼 수 있다. 가중평균을 구하면 15보다 작게 나온다.

ㄴ. 옳다. 지역구 의원에서 라 정당의 경우 전체 의원 수가 여성 의원 수보다 약 7배 많은 반면, 다른 정당들은 그것보다 훨씬 차이가 많이 나므로 라 정당의 지역구의석 내 여성 의원 비율이 가장 높다.

오답해설

ㄷ. 옳지 않다. 44의 40%는 17.6이므로 2008년 비례대표의석에서 여성 의원 비율은 41보다 클 것을 유추할 수 있다. 지역구의 경우에는 2012년에 여성 의원 수가 줄어든 것이 맞다. 반면 230명의 7%는 17.1명으로 2008년 당시 지역구 내 여성 의원 비율은 7%가 되지 않는다. 따라서 2012년에 오히려 가 정당의 지역구 내 여성 의원 비율이 증가했다.

ㄹ. 옳지 않다. 222의 7%는 16이 되지 않고 추가적으로 0.2%를 고려하면 16명 일 것을 예상할 수 있다. 이는 가 정당의 2008년 지역구 여성 의원수와 동일 하기 때문에 가 정당의 지역구 여성 의원 수는 증가하지 않았다.

+ 합격생 가이드

가중평균은 매우 많이 쓰이는 개념이므로 반드시 알아야 한다. 또한 의석수 의 경우 반드시 정수일 것이므로 소수점을 일일이 계산하기보단 가장 근접 한 더 큰 정수로 수렴될 것을 예상하면 간단하게 풀 수 있다.

05 단순확인(표 · 그림) 답 ①

| 난도 | 중

| 출처 | 21년 행시(가) 33번

| 풀이시간 | 1분 45초

정답해설

ㄱ. 옳다. 화물차의 오염물질 CO, NOx, SOx, VOC 배출량 합은 2,828+7,427+3+645=10,903이며, 건설장비의 오염물질 CO, NOx, SOx, VOC 배출량 합은 2,278+4,915+2+649=7,844이다.

ㄴ. 옳다. 현재 표에 주어진 PM2.5의 배출비중은 91.7이다. 따라서 PM2.5 기준 배출량 상위 5개 배출원의 PM2.5 배출비중의 합은 최소 91.7이므로 90% 이상이다.

오답해설

ㄷ. 옳지 않다. 현재 표에 주어진 NOx의 배출비중의 합은 82이다. 따라서 알지 못하는 산업에서 NOx의 배출비중이 9.0보다 클 가능성이 있다.

ㄹ. 옳지 않다. PM10의 전체 배출량은 $\frac{163}{5.2} \times 100 = 3,134.6$이다. 반면, VOC의 전체 배출량은 $\frac{200}{0.5} \times 100 = 40,000$이다.

+ 합격생 가이드

표에서 주어지지 않은 부분까지 생각하면서 풀어야 하는 문제이다. 특히 ㄴ과 ㄷ을 풀 때 배출비중을 활용하여 계산하지 않는다면 알 수 있는지 없 는지 헷갈리게 될 것이다.

06 공식 · 조건 답 ②

| 난도 | 상

| 출처 | 16년 행시(5) 18번

| 풀이시간 | 2분 30초

정답해설

연비, 휘발유 가격, 경제속도 등을 모두 고려하면 계산이 매우 복잡하게 느껴질 수 있다. 접근하는 다양한 방법이 있으나, 여기선 각 차량의 경제속도 주행거리 를 구하는 방법으로 풀이했다. 문제에 따르면 주행속도에 따라 연비가 달라지는 데, 기본적으로 주어진 연비는 경제속도 연비이다. 따라서 경제속도로만 달린다 고 가정했을 때 주행거리가 얼마인지 계산한다면 보다 쉽게 풀 수 있다.

A의 경우 1구간에서는 경제속도연비의 50%가 적용되므로 경제속도로 달린다 면 200km를 달리는 것과 같다. 2구간은 40km 그대로 적용되고 3구간은 연비 적용률이 80%이므로 75km와 같다. 즉 실질적으로 경제속도로 315km 달린 것 과 같다. 같은 방식으로 B는 280km, C는 320km 달린 것과 같다.

이제 연비와 리터당 가격을 고려하면 A차량은 31500원, B차량은 35,000원, C 차량은 25,600원이 된다. 두 번째로 높은 연료비가 소요되는 것은 A차량이고 금액은 31,500원이다.

+ 합격생 가이드

풀이법이 쉽게 생각나지 않고 너무 오랜 시간을 잡아먹을 것 같다면 넘기는 것도 좋은 방법이다.

07 단순확인(표 · 그림) 답 ②

| 난도 | 중

| 출처 | 17년 행시(가) 14번

| 풀이시간 | 2분 15초

정답해설

② 옳다. 2007년 이후 연도별 전시건수 중 미국 전시건수 비중이 가장 작은 해 는 2010년이다. 2010년에는 프랑스에서도 전시가 있었다.

오답해설

① 옳지 않다. 국외반출 허가 문화재 수량 중 지정문화재 수량의 비중은 2011년 에 2.1%인 반면 2008년에는 4.5%이다.

③ 옳지 않다. 중국도 국가별 전시건수의 합이 10건 이상이다.

④ 옳지 않다. 보물의 국외반출 허가 지정문화재의 수량이 가장 많은 해는 2009 년인 반면, 전시건 당 국외반출 허가 문화재 수량이 가장 많은 해는 2011년 이다.

⑤ 옳지 않다. 2010년 전시건수는 2012년의 전시건수보다 많지만, 국외반출 허 가 문화재 수량은 적다.

08 단순확인(표·그림) 답 ②

| 난도 | 중
| 출처 | 19년 행시(가) 9번
| 풀이시간 | 1분 45초

정답해설

② 옳다. '정보탐색 시도율'×'정보탐색 성공률'이 가장 낮은 지역은 H 지역이다.

오답해설

① 옳지 않다. 인구수 대비 정보탐색 성공자수의 비율은 '정보탐색 시도율'×'정보탐색 성공률'을 통해 대소를 비교할 수 있다. 이 값은 D 지역이 B 지역보다 높다.
③ 옳지 않다. E 지역은 정보탐색 시도율은 가장 높지만 정보탐색 성공률은 가장 낮다.
④ 옳지 않다. 인구수는 B 지역이 가장 낮지만 남성 정보탐색 성공자수는 H 지역이 가장 낮다.
⑤ 옳지 않다. C 지역과 D 지역의 '여성 인구수×정보탐색 시도율×정보탐색 성공률'은 2배 이상 차이가 나지 않는다.

+ 합격생 가이드

문제에 주어진 데이터를 간단 가공하여 선지에서 묻는 데이터를 쉽게 추출할 수 있도록 하자. 이 문제를 예로 들면, 남성(여성) 정보탐색 성공자수는 '남성(여성)인구수×정보탐색 시도율×정보탐색 성공률÷10,000'을 계산하여 알 수 있다. 대소 비교를 위해서는 10,000으로 나누지 않아도 가능하기 때문이다.

09 매칭형 답 ④

| 난도 | 중
| 출처 | 18년 행시(나) 22번
| 풀이시간 | 1분 40초

정답해설

첫 번째 조건에서 전체 기업수 대비 서비스업 기업이 가장 많은 것은 D이므로 D가 갑국임을 알 수 있다. ①, ③이 소거된다.
두 번째 조건에서 정국이 을국보다 제조업 기업수가 많아야 하므로, ⑤가 소거된다.
세 번째 조건에서 을국은 병국보다 전체 기업수는 많지만 GDP는 낮아야 하므로 ②가 소거된다. 답은 ④가 된다.

+ 합격생 가이드

각 조건에 따라 매칭하기보단 해당하지 않는 것들을 지우는 것이 훨씬 빨리 풀 수 있다. 첫 번째 조건의 경우에도 갑국을 확인하지 않고, 절대 갑국이 될 수 없는 것을 지운다는 접근을 해도 무방하다.

10 단순확인(표·그림) 답 ④

| 난도 | 상
| 출처 | 21년 행시(가) 39번
| 풀이시간 | 2분 30초

정답해설

ㄱ. 옳다. 배송업체 A를 이용하면 다음과 같다.
   갑: 300×500+120×17=152,010(천 원)
   을: 200×500+110×1.1×10=126,210(천 원)
   병: 320×500+130×0.7×8=160,728(천 원)
   정: 400×500+80×0.8×13=200,832(천 원)
   무: 270×500+150×0.5×20=136,500(천 원)
ㄴ. 옳다. ㄱ에서 보았듯이 의자 제작비용이 저렴할수록 유리하다. 따라서 '을'을 기준으로 살펴보면 250×300+110×1.1×6=75,726(천 원)이므로 소요비용이 1억 원 미만이다.
ㄹ. 옳다. 의자를 590개 설치할 경우에 제작비용이 가장 싼 '을'은 250×590+110×0.9×12=148,688(천 원)이므로 소요비용이 1.5억 원 미만이다.

오답해설

ㄷ. 옳지 않다. 배송업체 B를 이용하더라도 ㄱ에서 보았듯이 의자 제작비용이 차이가 많이 나는 것이며 배송비용은 차이가 많이 나지 않는 것을 고려하여 '을'과 '무'만 비교한다.
   '을': 250×300+110×0.9×6=75,594(천 원)
   '무': 270×300+150×0.3×12=81,540(천 원)이다.

+ 합격생 가이드

단위를 주목하여 계산해야 한다. 또한 많은 계산을 요구하는 것처럼 보이나 동일한 개수의 의자를 설치하기 때문에 의자 제작비용이 가장 싼 기업이 당연히 유리할 것임을 고려한다면 쉽게 풀 수 있다.

11 표와 그림 답 ②

| 난도 | 중
| 출처 | 21년 행시(가) 40번
| 풀이시간 | 2분

정답해설

② 옳지 않다. 2016년에 농민 가는 작물 A를 50kg 생산하였고 작물 B를 100kg 생산하였다. 또한 2016년의 작물 A의 총생산량은 150kg이며 작물 B의 총생산량은 150kg이다. 따라서 농민 '가'의 작물 총판매액은 1,500×50+1,000×100=175,000원이다.

오답해설

① 옳다. 농민 '가'는 경작지 1에서 A의 생산량 감소 및 경작지 2에서 B의 생산량 감소를 보았으며 농민 '나'는 경작지 3에서 B와 C의 생산량 감소를 보았다.
③ 옳다. 작물 E가 동일 경작지에서 다년간 연속 재배된 경우는 경작지 4와 경작지 6인데 모두 생산량이 감소하지 않았다.
④ 옳다. 농민 '가'의 경작지 1에서 A작물을 3개년 연속 재배하고 B작물을 재배한 후 다시 A작물을 재배한 경우 경작지당 연간 최대 생산량인 100kg가 생산되었다.

⑤ 옳다. 2016년 D작물은 총 200kg 생산되었고 이때의 가격은 1,000원이며, 2019년 D작물은 총 400kg 생산되었고 이때의 가격은 250원이다. 따라서 D작물의 2016년과 2019년의 판매가격 차이는 750원이다. E작물은 2016년 총 50kg 생산되었고 이때의 가격은 2,000원이며 2019년에는 총 100kg 생산되었고 이때의 가격은 500원이다. 따라서 E작물의 2016년과 2019년의 판매가격 차이는 1,500원이다.

+ 합격생 가이드

구체적 계산을 하다보면 문제가 너무 복잡해진다. 먼저 선지의 수치인 400원이 옳다고 가정하고 문제를 풀어 보면 쉽게 답을 낼 수 있다. 이후로도 구체적 계산보다는 차이값 위주로 문제를 풀어가는 것이 효율적이다.

---

12 단순확인(표·그림) 답 ③

| 난도 | 중
| 출처 | 19년 행시(가) 14번
| 풀이시간 | 2분

정답해설

ⓒ 옳지 않다. 선지에서 묻는 것은 '수입맥주 소비량의 전년대비 증가율'이다. 2014~2018년 수입맥주 소비량은 매년 증가하지만, 수입맥주 소비량의 증가율은 2017년 전년대비 하락한다.

오답해설

ⓝ 옳다. 〈그림〉에서 '갑'국의 맥주 소비량이 매년 증가한다.
ⓛ 옳다. 2010년 '갑'국의 수입맥주 소비량 비중은 1.765%이었지만 2018년에는 7.58%이다.
ⓔ 옳다. 2017년에는 3.3+3.2+3.0+2.0+1.3=12.8%이었지만 2018년에는 4.0+3.8+3.4+1.9=13.1%로 증가하였다.
ⓜ 옳다. 상위 5개 브랜드가 차지하는 비중은 2017년 73.2%에서 2018년 64.7%로 작아졌다.

---

13 복수의 표 답 ④

| 난도 | 상
| 출처 | 18년 행시(나) 37번
| 풀이시간 | 2분

정답해설

④ 옳지 않다. 보병의 연봉의 2배와 상궁의 연봉을 비교하면 상궁은 쌀이 5섬 더 많고 콩이 1섬 많으며 보병은 면포가 18필 많다. 면포 18필은 쌀 9섬이므로 이를 고려하면 보병의 연봉 2배가 더 크다.

오답해설

① 옳다. 가장 간단해 보이는 보병을 기준으로 보병 연봉은 37냥 5전이다. 여기에 1푼을 400원으로 가정하여 대입하면 현재 원화가치와 일치한다.
② 옳다. 기병이 종9품보다 콩과 면포를 더 받기 때문에 연봉이 더 높다. 종4품보다는 쌀 10섬을 덜 받고 콩을 1섬 더 받으며 면포를 9필 더 받는다. 쌀이 면포의 2배 가격이므로 이를 고려하면 정5품 연봉보다 적다.
③ 옳다. 앞서 1푼이 400원임을 알았기 때문에, 기와집의 금액을 현재 가치로 바꾸면 80,000,000이 넘는 것을 확인할 수 있다. 정1품의 연봉을 6,000,000으로 올려 계산해도 12를 곱한 것보다 기와집이 더 비싸다.
⑤ 옳다. 소고기의 가격을 현재 원화가치로 바꾸면 280,0000이다. 40근이면 11,200,000원이 된다. 나인의 연봉이 1,284,800임을 고려하면 12년치 연봉이 이보다 크다.

---

14 빈칸형 답 ④

| 난도 | 중
| 출처 | 20년 행시(나) 10번
| 풀이시간 | 2분 15초

정답해설

ㄴ. 옳다. 필기 응시자가 가장 많은 등급은 '기능사'로, 합격률도 46.2%로 가장 높다. '기능장'의 필기 합격률은 약 45.7%이다.
ㄹ. 옳다. 필기 응시자는 '기능사', '기사', '산업기사', '기능장', '기술사' 순으로 많으며, 실기 응시자도 이 순서대로 많다.

오답해설

ㄱ. 옳지 않다. '기능장'의 필기 합격률은 40%보다 높다. 그러나 '기사'의 필기 합격률은 39.1%로, 실기 합격률 42.6%에 비해 낮다.
ㄷ. 옳지 않다. 실기 합격률이 필기 합격률보다 높은 등급은 '기술사', '기사', '산업기사', '기능사'로 4개이다. '산업기사'의 실기 합격률은 약 50%에 이른다.

---

15 공식·조건 답 ⑤

| 난도 | 상
| 출처 | 20년 행시(나) 12번
| 풀이시간 | 2분 30초

정답해설

〈표〉 지목별 토지수용 면적, 면적당 지가 및 보상 배율

(단위 : m², 만 원/m²)

지목	면적×면적당 지가	보상 배율	
		감정가 기준	실거래가 기준
전	3×2500	1.8	3.2
답	2×2500	1.8	3.0
대지	8×2500	1.6	4.8
임야	2×2500	2.5	6.1
공장	6×2500	1.6	4.8
창고	2×2500	1.6	4.8

- 보상비 = 용지 구입비 + 지장물 보상비
- 용지 구입비 = 면적 × 면적당 지가 × 보상 배율
- 지장물 보상비 = 용지 구입비 × 20%
- ∴ 보상비 = 면적 × 면적당 지가 × 보상 배율 × 1.2

ㄱ. 옳다. 감정가 기준 총보상비는 39.6×2,500×1.2, 실거래가 기준 총보상비는 104.6×2,500×1.20이다.
ㄴ. 옳다. 대지는 보상비가 8×2,500×3.2만큼 증가한다. 임야는 2×2,500×3.6만큼, 공장은 6×2,500×3.2만큼 증가하여 대지보다 증가폭이 작다.
ㄹ. 옳다. '공장'의 감정가 기준 보상비는 6×2,500×1.6×1.2, '전'의 실거래가 기준 보상비는 3×2,500×3.2×1.2로 같다.

오답해설

ㄷ. 옳지 않다. 기준과 무관하게 지목별 보상비에서 용지 구입비가 차지하는 비율은 1/1.2로 일정하다.

+ 합격생 가이드

면적과 면적당 지가는 모두 50의 배수이므로, 일일이 계산하기보다 50으로 일률적으로 나누어 계산하면 편하다.

16 공식 · 조건 　答 ③

| 난도 | 중

| 출처 | 16년 행시(5) 14번

| 풀이시간 | 2분

정답해설

주어진 〈조건〉을 방정식으로 나타내면 다음과 같다.

- A=1.5E, D=A+B, D=3B+C, E=2C+B
  외사국의 직원 수는 총 7명이므로, C+3+3=7, 즉 C=1이다.
  이를 방정식에 대입하여 A, B, C, D, E를 모두 구하면, 다음과 같다.
- A=9, B=4, C=1, D=13, E=6

ㄱ. 옳다. 표훈원 직원 수는 11명으로, 전체 직원 수의 1/9이다.

ㄹ. 옳다. A+B+C+D=27이다.

오답해설

ㄴ. 옳지 않다. 법전조사국 서무과 직원 수 6명과 표훈원 서무과 직원 수 4명의 합은 10명으로, 법전조사국 조사과 직원 수인 12명보다 작다.

ㄷ. 옳지 않다. 법전조사국의 직원 수는 D+E+5+12=36이므로, 전체 직원 수의 30% 이상을 차지한다.

+ 합격생 가이드

미지수는 총 5개, 〈조건〉을 통한 방정식은 4개이므로 추가적인 방정식 하나만 더 세운다면 연립방정식을 통해 5개의 미지수를 풀어낼 수 있다. A~E의 미지수만 풀면 문제 자체는 쉽게 풀 수 있다.

17 복수의 표 　答 ②

| 난도 | 중

| 출처 | 18년 행시(나) 19번

| 풀이시간 | 2분

정답해설

ㄱ. 옳다. 갑의 기능을 모두 제공하는 것은 A와 E이며 E가 더 저렴하다.

ㄴ. 옳다. B의 경우 1, 5, 7, 8이 없고 C의 경우 7, 10이 없다. 따라서 둘의 가격 차이는 1, 5, 8의 합과 10의 가격 차이가 되며 이는 4,000원이다.

오답해설

ㄷ. 옳지 않다. 을이 B를 소유했고 여기서 부족한 기능은 1, 5, 7, 8이다. 이들을 포함하며 병이 필요로 하는 기능을 포함한 소프트웨어는 A와 E가 있다.

+ 합격생 가이드

이런 유형의 경우 각 기능의 가격을 찾는 것은 불가능하거나 매우 어렵다. 따라서 각 소프트웨어 간의 공통점, 차이점을 통해 일치법, 차이법을 활용해야 한다.

18 빈칸형 　答 ②

| 난도 | 상

| 출처 | 17년 행시(가) 36번

| 풀이시간 | 2분 15초

정답해설

② 옳지 않다. '갑' 기업의 확정세액은 2014년 6,500원, 2015년에는 17,000-7,000-0-3,500=6,500원으로 동일하다.

오답해설

① 옳다. 2014년과 2015년 매출세액은 과세표준의 0.1배이다(매출세율=매출세액÷과세표준).

③ 옳다. 2015년 '을' 기업의 확정세액은 -300만 원으로 300만 원을 환급받는다.

④ 옳다. 2015년 '갑' 기업의 납부예정세액은 10,000천 원으로 8,000천 원에 비해 20% 이상 증가하였다.

⑤ 옳다. 2015년 매출세율이 15%라면, '갑' 기업의 확정세액은 15,000천 원, '을' 기업의 확정세액은 3,500천 원이다.

+ 합격생 가이드

자잘한 계산이 조금 까다로운 편이지만, ②에서 답을 확신하고 검토없이 넘어가면 시간을 단축할 수 있을 것이다.

19 전환형 　答 ⑤

| 난도 | 중

| 출처 | 21년 행시(가) 32번

| 풀이시간 | 1분 45초

정답해설

ㄱ. 옳나. 무농산 자산 중 거주주택 자산 비중은 30세 미만 : 68.31, 30~39세 : 68.14, 40~49세 : 62.5, 50~59세 : 57.26, 60세 이상 : 56.35이므로 반올림 하면 ㄱ의 비중이 나온다.

ㄴ. 옳다. 상용근로자의 경우 금융자산은 $\frac{13,870}{48,531} \times 100 = 28.65\%$, 부동산 : $\frac{32,981}{48,531} \times 100 = 68.0\%$, 기타 : $\frac{1,680}{48,531} \times 100 = 3.5\%$이며, 자영업자의 경우 금융자산 : $\frac{10,676}{54,869} \times 100 = 19.55\%$, 부동산 : $\frac{38,361}{54,869} \times 100 = 69.9\%$, 기타 : $\frac{5,832}{54,869} \times 100 = 10.6\%$이다.

ㄹ. 옳다. 가구주 종사상 지위별 가구당 실물자산 규모는 부동산과 기타를 더해서 계산한다. 상용근로자 : 32,981+1,680=34,661, 임시·일용근로자 : 13,848+633=14,511, 자영업자 : 38,361+5,832=44,193, 기타(무직 등) : 26,432+518=26,950

오답해설

ㄷ. 옳지 않다. ㄷ의 구성비 숫자는 전체 자산을 10,994+32,638+46,967+49,346+42,025로 보아서 나눈 것이다. 하지만, 가구 구성비까지 고려하여 전체 자산을 구해야 하므로 이는 틀린 수치이다. 예를 들어 30세 미만의 구성비는 $\frac{10,994 \times 2.0}{42,191 \times 100}$ =0.51%가 될 것이다.

+ 합격생 가이드

전환형의 대표적인 문제다. ㄹ 같은 보기를 풀 때 직접 두 개를 덧셈하는 것이 정석적인 방법이나 앞자리와 끝자리만의 합을 통해서 맞는지를 확인하는 것도 사용할 수 있는 방법이다.

---

20 단순확인(표·그림) 답 ①

| 난도 | 상
| 출처 | 20년 행시(나) 30번
| 풀이시간 | 2분 20초

정답해설

① 옳다. A기관이 밭으로 분류한 대상지 중 B기관이 혼합림으로 분류한 대상지 비율은 30/460이다. B 기관이 밭으로 분류한 대상지 중 A기관이 혼합림으로 분류한 대상지의 비율 또한 30/460으로 같다.

오답해설

② 옳지 않다. B기관이 침엽수림으로 분류한 대상지 중 A기관 또한 침엽수림으로 분류한 대상지는 5,230/5,525이다. 이 비중은 90% 이상으로, B기관이 침엽수림으로 분류한 대상지 중 A기관이 다른 세부분류로 분류한 비중은 10%보다 작다.

③ 옳지 않다. B기관이 논으로 분류한 대상지 중 A기관도 논으로 분류한 대상지의 비율은 840/1,050이다. 한편 A기관이 논으로 분류한 대상지 중 B기관도 논으로 분류한 대상지의 비율은 840/1,030이다. 후자의 크기가 더 크다.

④ 옳지 않다. 두 기관 모두 삼림지역으로 분류한 대상지는 약 15,000개이다. 한편 두 기관 모두 활엽수림으로 분류한 대상지는 3,680개이다. 따라서 비율은 30% 미만이다.

⑤ 옳지 않다. 두 기관 모두 농업지역으로 분류한 대상지 중 두 기관이 서로 다른 세부분류로 분류한 대상지가 차지하는 비율은 75/1,230이다. 한편 A 또는 B기관이 하천으로 분류한 대상지는 341+396-281=456개, 두 기관이 모두 하천으로 분류한 대상지는 281개로 그 비율은 281/456이다. 따라서 후자가 압도적으로 크다.

---

21 공식·조건 답 ④

| 난도 | 상
| 출처 | 16년 행시(5) 36번
| 풀이시간 | 2분 30초

정답해설

출장국가의 숙박비, 식비 상한액을 보면 A, B, C, D, E 순으로 큰 것을 알 수 있다. 따라서 큰 변동이 없다면 상한액이 높은 국가를 간 출장자가 높은 비용을 지출했을 것이므로, 갑과 을을 먼저 비교한다. 을은 정액지급을 받았으므로 136만 원을 받는데, 갑은 145만 원이므로 3박 동안 갑이 27만 원 더 받았다. 식사

비의 경우 을이 마일리지를 사용하였으므로, 4일 동안 56만 원 넘게 더 받았다. 따라서 을이 갑보다 많이 받았다.

병은 숙박비 330만 원에 마일리지를 고려한 식비 360만 원을 더하여 690만 원을 받았다. 정은 숙박비 320만 원에 식비 270만 원을 더하여 590만 원을 받았으며, 무는 숙박비 375만 원에 마일리지를 고려한 식비 252만 원을 받아 627만 원을 받았다.

따라서 을, 갑, 병, 무, 정순으로 돈을 받았으며 정답은 ④가 된다.

+ 합격생 가이드

실비와 정액의 차이를 생각하고, 정액의 경우에는 상한액의 80% 지급임을 기억해야 한다.

---

22 공식·조건 답 ④

| 난도 | 상
| 출처 | 19년 행시(가) 10번
| 풀이시간 | 2분 30초

정답해설

표들의 형태를 보면 각 분야별로 코치들이 3명씩 참가한다. 세 번째 조건에 따라 투입 능력의 합이 24 이상이어야 하므로, 코치 한 명당 8의 투입능력을 차지해야 한다.

이후 A~F까지 가장 낮은 점수를 가진 분야를 체크한다. 이 분야에 투입될 경우 이들은 그들의 할당 투입능력을 채울 가능성이 낮기 때문에, 취약 분야에 투입된 표부터 보면서 소거하는 방법이 필요하다.

A의 경우 공격, B의 경우 수비, C의 경우 공격, D의 경우 수비, E의 경우 공격, F의 경우 전술이 취약 분야이다.

①의 경우 A가 공격에 들어갔으므로 체크해 보면, A는 공격에 5, E는 7.5, F는 10을 투입하므로 투입능력 24에 모자란다. (① 소거)

②의 경우 B가 수비에 들어갔으므로 체크해 보면, B는 수비에 5, C는 수비에 10, F는 수비에 20 투입하여 수비 투입 요건을 만족시킨다. 그런데 ②는 E가 취약한 공격에도 투입되었으므로 공격도 검토해야 한다. 공격의 경우 B가 6.67, D가 6, E가 7.5로 그 합이 24보다 작다. (② 소거)

③의 경우 C가 자신의 취약분야인 공격에 투입되었으므로 이를 검토한다. 공격에 있어 B가 20을 투입하므로, 뒤에 것들은 계산하지 않아도 24가 넘을 것임이 유추 가능하다. 또한 D가 취약 분야인 수비에 투입되었으므로 이도 검토가 필요하다. 수비의 경우 A가 9, D가 7.5, F가 10을 투입하므로 총 투입이 24를 넘는다. 그런데 남은 분야를 살펴보면 체력이 C에서 5.33, D에서 10, E에서 8로 24에 못 미친다. (③ 소거)

④의 경우 모든 조건을 만족한다.

⑤의 경우 전술과 수비에서 조건을 맞추지 못해 소거된다.

+ 합격생 가이드

문제의 난도가 어렵다기보다 시간을 잡아먹는 문제이다. 해당 해설의 경우 취약 부분을 살펴보는 방식으로 접근했다. 이런 유형은 자신만의 기준이 필요하다. 가장 먼저 봐야 할 것은 가장 쉬운 조건인 각 코치가 하나 이상의 분야를 맡지 않은 것이 있냐이다. 그다음부터는 항상 취약부분을 위주로 살펴보는 것이 최선인 것은 아니며, 본인의 취향에 따라 다양한 기준을 적용할 수 있다. 그러나 일관된 기준으로 하는 것이 심리적 안정감을 줄 가능성이 높다.

23 복수의 표 답 ①

| 난도 | 중
| 출처 | 21년 행시(가) 34번
| 풀이시간 | 2분 15초

정답해설

ㄱ. 옳다. 2020년 5월 음원차트 상위 15위를 기준으로 4월 음원차트에도 상위 15위에 포함되었는지를 확인하면 2020년 5월의 순위를 기준으로 2, 5, 6, 7, 8, 10, 11, 13, 14등이다. 다시 이 곡들이 2020년 6월 상위 15위에 있는지를 살펴보면 2, 7, 10, 5등이다. 즉, 알로에, 좋은 사람 있으면 만나, 흔들리는 풀잎 속에서, 마무리로 총 4곡이 2020년 4~6월간 매월 상위 15위에 포함된 음원이다.

ㄴ. 옳다. 'Whale'은 2020년 5월 음원차트 상위 15위에 들지 못했으므로 GA의 최대 점수는 66,486점일 것이다. 이는 6월에 73,333점이 되었으므로 전월에 비해 6,000점 이상 증가했다고 볼 수 있다.

오답해설

ㄷ. 옳지 않다. 2020년 6월 음원차트 상위 15위 음원 중 6월 발매 신곡을 제외하고 전월 대비 순위 상승폭이 세 번째로 큰 음원은 "미워하게 될 줄 알았어"이다. 이 곡은 6월 GA 점수는 127,995이고 5월 GA 점수는 66,487이므로 두 배 이하이다.

ㄹ. 옳지 않다. 2020년 6월 음원차트 상위 15위 음원 중 6월 발매 신곡을 제외하고 전월 대비 순위가 상승한 음원은 4개이고 전월 대비 순위가 하락한 음원은 6개이다.

+ 합격생 가이드

만일 시험장에서 푼다면 ㄱ이 매우 헷갈릴 수 있다. 이럴 때에는 ㄱ을 평가하지 않고 ㄴ, ㄷ, ㄹ 이 세 개만을 정확하게 해결해 준다면 헷갈림을 어느 정도 방지한 채로 답을 틀리지 않을 것이다.

24 단순확인(표 · 그림) 답 ①

| 난도 | 중
| 출처 | 17년 행시(가) 38번
| 풀이시간 | 2분

정답해설

ㄱ. 옳다. 2011년과 2012년 순위가 동일한 항목은 유형자산(1위), 단기금융상품(3위), 기타비유동자산(5위), 재고자산(8위) 총 4개이다.

ㄴ. 옳다. 2011년 유동자산은 그래프 상위 4개 품목으로 전체의 34.3%이고 '단기금융상품'은 전체의 15%이다. 유동자산의 45%는 전체의 15.435% 이므로 '단기금융상품'은 유동자산의 45% 미만이다.

오답해설

ㄷ. 옳지 않다. '현금및현금성자산' 금액은 2011년이 2012년보다 크다(3,400×7%=238>2,850×8%=228).

ㄹ. 옳지 않다. '무형자산'이 차지하는 비율은 4.3% 감소하였지만, 자산총액이 다르므로 옳지 않은 보기이다.

25 전환형 답 ①

| 난도 | 중
| 출처 | 19년 행시(가) 4번
| 풀이시간 | 2분

정답해설

① 옳지 않다. 점포수 증가폭이 주어진 자료와 다르다.

+ 합격생 가이드

②, ③, ⑤ 모두 정확한 계산을 필요로 하는 선지인데, ①은 단순한 뺄셈만으로 틀린 것을 알 수 있다. 전체 선지의 정오판별을 하기에는 어려운 문제이지만 답을 찾기에는 평이한 문항이다.

01	02	03	04	05	06	07	08	09	10
⑤	⑤	①	③	⑤	⑤	②	⑤	⑤	③
11	12	13	14	15	16	17	18	19	20
③	①	⑤	①	②	②	④	①	②	②
21	22	23	24	25					
①	③	②	⑤	④					

01 법조문 　　　　　　　　　　　　　　　　답 ⑤

| 난도 | 중

| 출처 | 20년 행시(나) 22번

| 풀이시간 | 2분

정답해설

⑤ 옳다. 제3항에 따라 시장은 제1항에 따라 빈집의 철거를 명한 경우 그 빈집 소유자가 특별한 사유 없이 제2항의 기간 내에 철거하지 아니하면 직권으로 그 빈집을 철거할 수 있다.

오답해설

① 옳지 않다. 제1항에 따라 자치구의 구청장은 제2호에 해당하면 빈집정비계획에서 정하는 바에 따라 철거를 명할 수 있다. 따라서 주거환경에 현저한 장애가 되는 경우 A자치구 구청장은 철거를 명할 수 있다.

② 옳지 않다. 제4항에 따라 군수는 철거할 빈집 소유자의 소재를 알 수 없는 경우 일간신문에 공고한 날부터 60일이 지난 날까지 빈집 소유자가 빈집을 철거하지 아니하면 직권으로 철거할 수 있다. 따라서 반드시 철거해야 하는 것은 아니다.

③ 옳지 않다. 제1항에 따라 특별자치시 시장은 '시장·군수 등'에 해당한다. 또한 제5항에 따라 특별자치시 시장은 보상비에서 철거에 소요된 비용은 빼고 지급할 수 있다. 따라서 반드시 보상비 전액을 지급해야 하는 것은 아니다.

④ 옳지 않다. 제6항 제1호에 따라 빈집 소유자가 보상비 수령을 거부하는 경우 보상비를 법원에 공탁해야 한다. 따라서 보상비 지급 의무는 공탁이 이루어져야 소멸한다.

+ 합격생 가이드

선지의 주체가 자치구 구청장, 군수, 특별자치시 시장 등으로 바뀌는 경우 해당 주체에게 권한이 있는지 우선 확인한 후에 구체적인 내용을 판단해야 함에 유의한다.

02 법조문 　　　　　　　　　　　　　　　　답 ⑤

| 난도 | 중

| 출처 | 16년 행시(5) 25번

| 풀이시간 | 2분

정답해설

⑤ 옳다. 지역구국회의원선거에 출마하는 경우 후보자는 선거운동을 위하여 책자형 선거공보 1종을 작성할 수 있다. 책자형 선거공보 작성은 의무사항이 아니므로 책자형 선거공보를 제작하지 않고 선거운동을 할 수 있다.

오답해설

① 옳지 않다. 지역구지방의회의원선거에 있어서는 책자형 선거공보를 8면 이내로 작성한다.

② 옳지 않다. 지역구국회의원 선거의 후보자는 책자형 선거공보 제작시 점자형 선거공보를 함께 작성·제출하여야 한다.

③ 옳지 않다. 지역구지방의회의원선거에 출마하며 책자형 선거공보를 제작하는 경우 후보자의 직계비속인 친손녀의 재산증액을 게재하여야 한다.

④ 옳지 않다. 지역구국회의원선거에 출마하는 경우 책자형 선거공보에 후보자 및 후보자의 직계비속의 병역사항을 표시해야 하므로, 아버지의 병역사항은 표시할 필요가 없다.

+ 합격생 가이드

선지를 먼저 읽고 해당하는 부분을 글에서 찾아 옳지 않은 것을 소거하면서 푼다. 정답인 ⑤가 옳다는 확신이 없다면 다른 선지가 옳지 않은 것을 확실하게 하고 다음 문제로 넘어가자. 그리고 선지를 읽을 때 국회의원, 지방의회 의원을 잘 구분하고, 직계 존속과 비속을 잘 구분해야 한다. 존속과 비속의 개념을 활용한 선지는 종종 기출되므로 정의를 확실히 알아두는 것이 좋다.

03 법조문 　　　　　　　　　　　　　　　　답 ①

| 난도 | 중

| 출처 | 21년 행시(가) 25번

| 풀이시간 | 2분

정답해설

ㄴ. 옳다. 제1조 제2호에 따라 '연명의료계획서'란 말기환자 등의 의사에 따라 담당의사가 환자에 대한 연명의료중단결정 및 호스피스에 관한 사항을 계획하여 문서로 작성한 것을 의미한다. 제3조 제1항 제1호에 따르면 의료기관에서 작성된 연명의료계획서가 있는 경우 이를 환자의 의사로 보아 연명의료중단결정을 원하는 환자의 의사가 있는 것으로 볼 수 있다.

오답해설

ㄱ. 옳지 않다. 제1조 제3호에 따르면 '사전연명의료의향서'란 19세 이상인 사람이 자신의 연명의료중단결정 및 호스피스에 관한 의사를 직접 문서(전자문서를 포함한다)로 작성한 것을 말한다. 그러므로 17세 환자가 작성한 문서는 사전연명의료의향서라고 할 수 없다.

ㄷ. 옳지 않다. 제3조 제1항 제2호에 따르면 담당의사가 사전연명의료의향서의 내용을 환자에게 확인하는 경우 이를 환자의 연명의료중단결정 의사로 본다. 제3조 제2항에 따르면 환자의 의사를 확인할 수 없고 환자가 의사표현을 할 수 없는 의학적 상태인 경우 어떤 방법이더라도 담당의사와 해당 분야 전문의 1명의 확인이 필요하다. 그러므로 21세 환자가 의사를 표현할 수 없는 의학적 상태인 경우, 환자가 1년 전 작성해 둔 사전연명의료의향서가 있더라도 제3조 제2항의 적용대상이 되어 연명의료중단결정을 원하는 환자의 의사 확인을 위해서는 담당의사의 확인이 필요하다.

ㄹ. 옳지 않다. 제3조 제2항 제2호에 따라 환자가족 중 배우자 및 1촌 이내 직계 존비속 전원의 합의로 연명의료중단결정의 의사표시를 하고 담당의사 등의 확인을 통해 해당 환자를 위한 연명의료중단결정이 있는 것으로 볼 수 있다. 그러나 손자녀는 1촌 이내 직계 비속이 아니다.

제1조에 각 용어의 정의는 일견 무의미해 보일 수도 있으나 ㄷ 등의 해결을 위해 활용되는 만큼 주의가 필요하다. 하지만 일일이 정리하고 선지 해결에 들어가기에는 지나치게 유사하고 양이 많으므로 선지에 따라 돌아와 참고한다면 정확한 선지 해결에 도움이 될 수 있다.

04 시간 · 공간   답 ③

| 난도 | 상
| 출처 | 19년 행시(가) 37번
| 풀이시간 | 2분 30초

정답해설

제시된 조건들을 정리해 표로 나타내면 다음과 같다.

도서명	분류	출간일	대출일	반납예정일
원○○	만화	2018.1.10	2018.10.10	2018.10.16
입 속의 검은 △	시	2018.9.10.	2018.10.20	2018.10.26
□의 노래	소설	2017.10.30	2018.10.5	2018.10.18
☆☆ 문화유산 답사기	수필	2018.4.15	2018.10.10	2018.10.23
햄◇	희곡	2018.6.10	2018.10.5	2018.10.18

이때, 대출일 기준으로 출간일이 6개월 이내인 신간은 '입 속의 검은 △'와 '☆☆ 문화유산 답사기', '햄◇'이다. 따라서 이 세 권은 연체료 2배가 된다.

또한 만화와 시로 분류되는 도서의 경우 대출 기간이 7일이며 연장도 불가능하기 때문에 '원○○'와 '입 속의 검은 △'의 연체료는 확정된다. '원○○'은 17일부터 30일까지 연체되었기 때문에 연체료는 1,400원이며 '입 속의 검은 △'는 27일부터 30일까지 연체되었고 연체료가 2배이기 때문에 800원이다.

한편, 甲은 2권의 대출 기간을 연장하였는데 연체료의 최솟값을 구하기 위해서는 하루 당 연체료가 비싼 책의 대출기간을 연장해야 한다. 즉, 연체료가 2배인 '☆☆ 문화유산 답사기'와 '햄◇'을 7일 연장한다면 '☆☆문화유산 답사기'의 반납예정일은 2018.10.30일이 되면서 연체료가 발생하지 않게 되고, '햄◇'은 26일부터 30일까지의 5일 간 연체료로 1,000원이 발생한다. '□의 노래'의 경우 19일부터 30일까지의 연체료인 1,200원이 발생한다.

따라서 연체료의 최솟값은 4,400원이다.

시간을 가지고 풀면 쉽게 풀리는 문제였으나 대출일 산정기준이나 연체료 산정일 등에 대한 기준을 실전에서 실수 없이 적용하기는 어려웠을 것으로 보인다. 따라서 실전에서는 넘기는 것이 좋은 문제였다.

05 논리퀴즈   답 ⑤

| 난도 | 중
| 출처 | 17년 행시(가) 36번
| 풀이시간 | 2분

오답해설

① 옳지 않다. A는 근무평정이 65점이므로 선발될 수 없다.
② 옳지 않다. 과학기술과 직원은 1명 이상 선발해야 한다.
③ 옳지 않다. 과장을 선발하는 경우 동일 부서인 자치행정과에 근무하는 직원을 1명 이상 함께 선발해야 한다.
④ 옳지 않다. C는 직전 인사 파견이 종료된 이후 2년 이상 경과하지 않았으므로 선발될 수 없다.

조건을 보고 확실하게 선발될 수 없는 직원이 포함된 선지부터 소거한다. 우선 눈에 띄는 조건은 근무 평정이다. 따라서 A를 포함한 ①을 지운다. 이후 인사 파견 기간 조건을 따져본다. C를 포함한 ④를 지운다. 이후 과학기술과 직원 조건에 따라 과학기술과 직원이 없는 조합인 ②를 지운다. 이제 남은 선지는 ③과 ⑤ 두 개이므로 둘 조합의 차이를 찾아 원하는 선지의 정오를 확인한다.

06 수리퀴즈(계산)   답 ⑤

| 난도 | 중
| 출처 | 21년 행시(가) 31번
| 풀이시간 | 2분

정답해설

㉠ 제시문에 따르면 하나의 창고 안에 있는 재고인 150개만이 그을렸고 나머지 재고인 ㉠는 불에 그을리지 않았다. 그러므로 모든 입고기록과 출고기록 및 기존 재고를 고려했을 때의 수량은 150+㉠개일 것이다. 도출과정은 다음과 같다. ㉠은 300이다.

㉡ 불에 그을린 개수에 대한 정보를 바탕으로 적어도 한 창고에는 모든 기록을 처리한 후 150개가 남아야 한다는 것을 알 수 있다. 입고 기록과 1월 1일자 재고를 고려한 각 창고별 재고는 다음과 같다. (A, B, C)=(230, 205, 210). 각 창고별 출고기록의 합은 다음과 같다. (A, B, C)=(60, 50, 85). 이때 주어진 조건하에서 150개 재고가 남아 있는 재고를 만들 수 있는 경우는 C의 입고 기록 및 1월1일자 재고에서 A창고 출고기록을 제외하는 경우뿐이나(210-60=150). 그러므로 맞바뀐 창고는 A와 C이다.

㉠을 도출하는 과정에서 전체 개수를 더해서 구할 수 있다는 발상이 중요하다. 계산과정에서는 출고기록과 입고기록 사이 적절히 대응시켜 소거를 하는 것이 계산을 정확하고 간편하게 하는 데 도움이 된다. ㉡의 해결 과정은 주어진 정보를 바탕으로 출고기록을 검증할 수 있는 방법을 찾아 이루어진다. 이처럼 주어진 정보를 최대한 활용할 방법을 찾는 것이 문제가 유도하고 있는 풀이를 찾는 방법이라고 생각한다.

07 정보확인 · 추론　　　　　답 ②

| 난도 | 중

| 출처 | 17년 행시(가) 2번

| 풀이시간 | 2분

정답해설

② 옳다. 선체가 높은 판옥선의 2층 구조는 일본군의 승선전투전술 활용을 어렵게 하여 조선 수군 승리의 원동력이 되었다는 정보가 제시되어 있다.

오답해설

① 옳지 않다. 판옥선은 갑판 구조가 2층 구조이며, 선체의 길이가 20 ～ 30m에 달한다.

③ 옳지 않다. 판옥선의 사수와 격군을 합친 수가 최소 125명이다.

④ 옳지 않다. 판옥선은 왜구를 제압하기 위해 개발된 것이지 일본의 수군을 격파하기 위해 임진왜란 때 최초로 개발되었다고는 볼 수 없다.

⑤ 옳지 않다. 판옥선이 거북선으로 대체되었다는 정보는 나타나 있지 않다.

+ 합격생 가이드

제시문을 읽고 모든 정보를 기억하기란 쉽지 않다. 따라서 선지를 먼저 읽고 정보가 주어진 부분을 찾아 정오를 판정하는 것이 시간을 줄이는 방법이다. 특히 숫자나 눈에 띄는 키워드가 제시되는 선지의 경우 제시문에서 해당 정보의 위치를 파악하기 용이하므로 먼저 판별한다. ①의 경우 선체의 높이가 아닌 길이가 20～30m임을, ③의 경우 125명을 격군으로 한정할 수 없음을 확인한 뒤 선지를 소거한다. ④에서 나타나는 "~위해"와 같은 인과 관계나 "처음"과 같은 단정적인 키워드는 판별하기 쉬운 경우가 많으므로 해당 정보를 찾는다. 이후 나머지 선지의 정보가 나타나는 부분을 찾으면서 정오를 판단한다.

08 수리퀴즈(계산)　　　　　답 ⑤

| 난도 | 상

| 출처 | 20년 행시(나) 9번

| 풀이시간 | 2분

정답해설

오늘날 4구(區)는 1부(釜)이고 4승(升)은 1구(區)이므로, 1부(釜)＝4구(區)＝16승(升)이다. 또한 1부(釜)는 1두(豆) 6승(升)이므로, 1두(豆) 6승(升)＝16승(升)이다. 이를 정리하면 1두(豆)＝10승(升)이다.

이제, 1종(鐘)은 16두(豆)이고 1석(石)은 1종(鐘)에 비해 1두(豆)가 적으므로 1석(石)은 15두(豆)이다.

그러므로 1석(石)＝15두(豆)＝150승(升)이 된다.

+ 합격생 가이드

글의 전반부에 나오는 조건들은 문제의 풀이에 필요한 조건이 아니다. '오늘날을 기준으로' 1석(石)의 크기를 구하라는 문제이므로 오늘날의 도량형과 관련된 조건들을 우선 정리한 뒤, 필요한 경우에만 옛날 도량에 관한 조건도 고려한다.

09 정보확인 · 추론　　　　　답 ⑤

| 난도 | 중

| 출처 | 16년 행시(5) 23번

| 풀이시간 | 1분 30초

정답해설

ㄷ. 옳다. 중등 요호 7급에게 정해진 권분량은 40석이므로 대여시점인 봄의 시가는 240냥이고, 상환시점인 가을의 시가는 60냥이다. 따라서 그 시가 차액은 180냥이었을 것이다.

ㄹ. 옳다. 상등 요호 9급에게 정해진 권분량은 200석이므로 권분 당시인 봄의 시가 6냥을 곱하면 권분 당시 시가는 1,200냥이었을 것이다.

오답해설

ㄱ. 옳지 않다. 상등 요호 1급에게 정해진 권분량은 진희 벼 1,000석이고 하등 요호 9급에게 정해진 권분량은 벼 2석이므로 그 차이는 벼 998석이다.

ㄴ. 옳지 않다. 중등 요호 6급이 권분을 다한다면 50석을 행하게 되므로 벼 50석 이상 권분을 행한 자부터 시상할 수 있도록 규정한 조선시대 국법에 의하면 시상할 수 있다.

+ 합격생 가이드

〈보기〉에서 제시된 등급을 일일이 찾아 권분량을 계산해야 하므로 시간이 소요될 수 있다.

ㄱ. 얼핏 보면 하등 요호 9급에게 정해진 권분량을 1석으로 착각할 수 있지만, 1급과 9급은 8등급 차이가 나므로 10-8=2라는 것을 놓쳐서는 안 된다.

ㄷ. 권분량의 대여시점과 상환시점의 시가 차액을 일일이 구해 빼도 되지만, 〈조건〉에 따르면 계절 간 시가가 4.5냥이 차이 나므로 4.5×40=180냥으로 값을 구할 수 있다.

10 조건적용　　　　　답 ③

| 난도 | 중

| 출처 | 21년 행시(가) 5번

| 풀이시간 | 2분

정답해설

③ 옳다. 4문단에 따르면 공소가 먼저 제기된 사람이 범죄혐의 없음을 이유로 무죄판결을 받은 경우, 다른 공범에 대한 공소시효는 정지되지 않는다. 그러므로 乙의 재판기간 동안 丙의 공소시효가 정지되지 않는다. 3문단에 따르면 범인이 형사처벌을 면할 목적으로 1년간 국외에 있다가 귀국하였다면 공소시효의 계산에서 1년을 제외한다. 그러므로 별다른 사유가 없다면 丙의 공소 제기 전 정지된 공소시효 기간은 1년이다.

오답해설

① 옳지 않다. 2문단에 따르면 공소시효는 범죄행위가 종료된 때를 기준으로 계산한다. 甲의 범죄행위는 2016년 5월 2일에 종료된다. 그러므로 2016년 5월 1일까지의 국외 도피는 공소시효 개시 전으로 정지될 공소시효가 존재하지 않는다고 할 수 있다.

② 옳지 않다. 2문단에 따르면 공소시효는 범죄행위가 종료된 때를 기준으로 계산하고 초일은 1일로 산입한다. 甲의 범죄행위는 2016년 5월 2일에 종료된다. 〈상황〉에 따르면 甲의 범죄행위가 종료된 것은 2016년 5월 2일이고 감금죄의 공소시효는 7년이다. 별도의 공소시효 기간 정지가 없다고 가정할 때, 공소시효는 2023년 5월 1일 24시에 완성된다.

④ 옳지 않다. 3문단에 따르면 공범이 있는 경우 국외로 출국하지 않은 공범은 그 기간에도 공소시효가 정지되지 않는다. 〈상황〉의 丁은 2015년 2월 1일 이후 국내에서 도주 중이다. 그러므로 丁의 공소시효는 정지되지 않는다.

⑤ 옳지 않다. 4문단에 따르면 공소가 먼저 제기된 사람이 범죄혐의 없음을 이유로 무죄판결을 받은 경우, 다른 공범에 대한 공소시효는 정지되지 않는다. 그러므로 乙의 재판기간 동안 丁의 공소시효가 정지되지 않는다. 3문단에 따르면 범인이 형사처벌을 면할 목적으로 1년간 국외에 있다가 귀국하였다면 공소시효의 계산에서 1년을 제외하지만 국외로 출국하지 않은 공범은 그 기간에도 공소시효가 정지되지 않는다. 4문단에 따르면 공범 1인에 대하여 공소가 제기되면 그날부터 다른 공범의 공소시효도 정지되었다가 공범이 재판에서 유죄로 확정된 날부터 다른 공범에 대한 나머지 공소시효 기간이 진행된다. 따라서 丙의 재판기간 1년 동안 丁의 공소시효는 정지된다. A죄의 공소시효는 5년이다. 즉 丁에 대한 공소시효는 2021년 1월 31일 24시에 완성된다. 그러므로 2022년 1월 31일 丁에 대한 공소가 제기된다면 1문단에 따라 공소시효가 완성된 범죄에 대한 검사의 공소제기로 위법하다.

+ 합격생 가이드

초일 산입 등 날짜 계산에 대한 예시가 제시문에 많이 주어져 있는 만큼 예시를 적극적으로 활용하는 것이 문제 풀이에 유리하다. 또한 甲~丁 각자 공소시효가 있는 만큼 〈상황〉 상 날짜나 사건이 어떻게 각자에게 적용되는지 따로따로 정리하는 것이 정확한 문제 풀이에 도움이 된다.

---

11 조건적용 답 ③

| 난도 | 상
| 출처 | 16년 행시(5) 30번
| 풀이시간 | 2분 30초

정답해설

ㄷ. 옳다. 공물을 보내는 양이 더 많은 C국과 D국의 경우만 살펴본다. C국의 경우 25,000가마의 쌀을 생산하여 10,000가마를 공물로 보내므로 2016년 1월 1일 쌀 보유량은 15,000가마가 된다. D국의 경우 35,000가마의 쌀을 생산하여 30,000가마를 공물로 보내므로 2016년 1월 1일 쌀 보유량은 5,000가마가 된다. 따라서 각 국가의 쌀 보유량은 0보다 크다(기존 쌀 보유량과 소비량은 10,000가마로 같으므로 상쇄).

오답해설

ㄱ. 옳지 않다. D국의 경우 2015년에 기존에 보유하던 쌀 10,000가마에 더하여 70,000가마를 생산하고, 10,000가마를 소비하고, 30,000가마를 공물로 보내면 2016년 1월 1일의 쌀 보유량은 10,000+70,000-10,000-30,000=40,000가마가 된다. 따라서 쌀 보유량은 줄어들지 않았다.

ㄴ. 옳지 않다. 2017년 1월 1일 4개국의 쌀 보유량은 70,000가마로 모두 같다.

+ 합격생 가이드

쌀 생산량, 소비량, 공물로 받거나 보내는 양을 모두 고려해야 하므로 시간이 오래 소요된다. 특히 쌀 생산량은 영토의 면적에 비례하므로 A국 영토의 크기와 생산량을 기준으로 각 국가의 영토와 쌀 생산량을 잘 계산해야 한다. 글에서 시키는 대로 삼각형 그림을 그리면 영토의 크기가 1:3:5:7이므로 쌀 생산량이 10,000, 30,000, 50,000, 70,000임을 구할 수 있다. 또한 공물을 받거나 보내는 양은 30,000, 10,000, -10,000, -30,000이 됨을 알 수 있다. 따라서 표를 그려 실수 없이 이를 연마다 잘 계산해야 한다.

---

12 정보확인 · 추론 답 ①

| 난도 | 중
| 출처 | 18년 행시(나) 7번
| 풀이시간 | 2분 30초

정답해설

ㄱ. 옳다. 특별한 사정이 없는 한 2자와 6자가 들어가는 날에 정기적인 연습이 이뤄졌다. 이러한 날은 매달 여섯 번씩 존재하므로 6×12=72이다. 여기에 부정기적 연습도 존재하므로 연간 최소 72회의 습악이 있었을 것이다.

ㄴ. 옳다. 상금을 받는 악생 수는 15명이며, 상금을 받는 악공 수는 30명이다.

오답해설

ㄷ. 옳지 않다. 『경국대전』에 의하면 2명의 당상관, 정3품과 종4품, 종6품, 종7품이 각각 한 명씩 장악원의 관리로 소속되어 있었다. 또한 이들은 모두 음악과 관련된 행정업무를 담당하였다고 하였으므로 이를 담당하는 관리들은 총 6명이다.

ㄹ. 옳지 않다. 총 상금액을 구하면 다음과 같다.

$[(1×2)+(2×1.5)+(3×1)+9×0.5)+(1×2)+(3×1.5)+(5×1)+(21×0.5)]$
$=34.5$냥으로 40냥 미만이다.

---

13 단순계산 답 ⑤

| 난도 | 중
| 출처 | 16년 행시(5) 33번
| 풀이시간 | 1분 30초

정답해설

ㄷ. 옳다. 141명이 찬성하면 최대 기권표는 69명이 되므로 전체의 3분의 1미만으로 가결된다.

ㄹ. 옳다. 69명이 기권하고, 70명이 반대한다면 71명의 찬성으로 안건이 가결될 수 있다.

오답해설

ㄱ. 옳지 않다. 70명이 기권하면 기권표가 전체의 3분의 1이 되므로 안건은 부결된다.

ㄴ. 옳지 않다. 104명이 반대하더라도 찬성표가 105표, 106표라면 안건은 가결된다.

+ 합격생 가이드

이상이 당해 숫자를 포함하는 개념임을 놓치면 실수하기 쉽다. 이상, 이하, 초과, 미만 등을 활용한 함정은 자주 기출되므로 이러한 단어가 보인다면 항상 염두에 두어야 한다. 규칙이 복잡하지 않으므로 〈보기〉에서 주어진 상황이 가능한지 찬성, 반대, 기권의 가능성을 잘 따져본다.

14 수리퀴즈(추론) 답 ①

| 난도 | 중
| 출처 | 20년 행시(나) 10번
| 풀이시간 | 2분

정답해설

주어진 조건을 정리하면 다음과 같다.

투표결과	인원	투표결과	인원	투표결과	인원
A → A	20	B → A		C → A	
A → B		B → B		C → B	
A → C		B → C		C → C	

이때, B → A와 C → A의 합은 5명, A → B와 A → C의 합은 10명이다. 또한, B → A, B → B, B → C의 합은 50명, C → A, C → B, C → C의 합은 20명이며 A → C, B → C, C → C의 합은 35명이다.

주어진 조건 하에서 B → B를 최소로 만들기 위해서는 B → A와 B → C에 최대한 많은 인원이 들어가야 한다. 따라서 B→A와 C → A의 합은 5명이므로 B → A에 5명, A → C, B → C, C → C의 합은 35명이므로 B → C에 35명을 각각 넣으면 다음과 같이 결정된다.

투표결과	인원	투표결과	인원	투표결과	인원
A → A	20	B → A	5	C → A	0
A → B	10	B → B	10	C → B	20
A → C	0	B → C	35	C → C	0

따라서 1차 투표와 2차 투표에서 모두 B안에 투표한 주민 수의 최솟값은 10이다.

+ 합격생 가이드

주어진 조건들이 많을 때는 결론적으로 구하고자 하는 값과 직접 관련된 조건부터 풀이를 시작한다. 찾고자 하는 B → B와 관련된 조건은 하나뿐이다. 따라서 해당 조건인 'B → A, B → B, B → C의 합은 50명'에서 풀이를 시작한다. 이제 B → A와 B → C를 확정하는 것이 문제되므로, 각 투표결과와 관련된 조건 둘을 모두 고려해서 최대의 수를 배정하면 된다.

15 수리퀴즈(추론) 답 ②

| 난도 | 중
| 출처 | 21년 행시(가) 33번
| 풀이시간 | 2분

정답해설

② 〈잃어버리기 전〉 조건1에 따라 여성 인물카드 장 수를 n이라고 할 때, 甲은 총 2n+2장을 가지고 있을 것이다. 〈잃어버리기 전〉 조건2와 3에 따라 가능한 보유 장수는 5~9장이다. 그러므로 기존 인물카드 수로 가능한 것은 6장 혹은 8장이다. 〈잃어버린 후〉 조건1과 3에 따라 모든 소방관 카드를 잃어버렸다는 것을 알 수 있고 그 장수가 2장이라는 것 역시 알 수 있다. 이때 기존 인물카드 수가 6장이라면 소방관 카드를 잃어버린 것만으로 잔여 카드 수가 4장이어야 하지만 〈잃어버린 후〉 조건 3에 따라 이는 조건에 위배된다. 그러므로 기존 인물카드 수는 8장이며 잃어버린 후 카드 수는 5장인 바, 잃어버리는 인물카드의 수는 3장이다.

+ 합격생 가이드

조건이 잃어버리기 전 후의 상황으로 나누어져 제시된 만큼, 각 상황별 조건만을 조합해서 얻을 수 있는 정보를 찾아보는 것이 문제 해결의 핵심이다. 적어도 〈잃어버리기 전〉 조건1을 통해 기존 인물카드의 수가 짝수이고 〈잃어버린 후〉 조건3에 따라 홀수 장수가 됐다는 점에서 ② 혹은 ④로 선지를 줄일 수 있어야 한다고 생각한다.

16 수리퀴즈(계산) 답 ②

| 난도 | 상
| 출처 | 19년 행시(가) 16번
| 풀이시간 | 2분

정답해설

만족도가 가장 높은 조합은 A구에 복지회관을 2개, B구에 어린이집을 2개 신축하는 것이다.
② 옳지 않다. A구에는 복지회관만 신설된다.

오답해설

① 옳다. 총 건축비는 15+15+15+15=60억 원이므로, 예산은 모두 사용된다.
③ 옳다. B구에는 어린이집이 2개 신설된다.
④ 옳다. A구 2개, B구 2개 총 4개 신설된다.
⑤ 옳다. 〈조건〉에서 5)가 사라진다면 A구의 복지회관과 B구의 어린이집을 2번째 지었을 때 얻는 만족도는 오히려 증가한다. 따라서 따져볼 필요도 없이 당연히 신축되는 시설은 그대로이다.

+ 합격생 가이드

각 시설은 최대 2개 신설할 수 있으므로, 건축비 대비 만족도를 구해두고 따져본다. 이때 A구의 어린이집 건축비는 복지회관의 1/3만큼 더 높지만 만족도의 증가는 그에 미치지 못하므로 복지회관이 우선 신설된다. B구에서도 마찬가지로 어린이집이 하나 신설된다. 이제 남은 예산 30억 원으로 최대의 만족도를 얻는 조합을 찾는다.

17 논리퀴즈 답 ④

| 난도 | 중
| 출처 | 18년 행시(나) 30번
| 풀이시간 | 2분

정답해설

각 실험에서의 '코돈'과 아미노산을 정리하면 다음과 같다.

구분	코돈	아미노산
실험1	ACA, CAC	히스티딘, 트레오닌
실험2	ACC, CCA, CAC	히스티딘, 트레오닌, 프롤린
실험3	CAA, AAC, ACA	트레오닌, 글루타민, 아스파라긴

위 표를 통해, 실험1과 실험3에서 공통적으로 합성되는 아미노산은 트레오닌이며 공통적인 코돈은 ACA임을 알 수 있다. 따라서 ACA는 트레오닌을 합성하게 하는 코돈이다.

하나의 코돈은 하나의 아미노산만을 합성하므로 실험1에서 CAC는 히스티딘을 합성함을 유추할 수 있다.

따라서 정답은 ④이다.

18 수리퀴즈(계산)　　　　　　　　　　답 ①

| 난도 | 중

| 출처 | 19년 행시(가) 30번

| 풀이시간 | 2분 15초

정답해설

① 포함될 수 없다. 세수(4분)를 할 경우 21분이 남는데, 나머지 것들을 조합했을 때 21이 되는 경우는 없다.

오답해설

② 포함될 수 있다. 머리감기(3분)를 할 경우 머리 말리기(5분) 역시 반드시 해야 하므로 17분이 남는다. 이때 샤워(10분)와 몸치장 하기(7분)를 한다면 남김없이 시간을 사용할 수 있다.

③ 포함될 수 있다. 구두 닦기(5분)를 할 경우 20분이 남는다. 이때, 머리 감기(3분)와 머리 말리기(5분), 샤워(10분), 양말 신기(2분)를 한다면 남김없이 시간을 사용할 수 있다.

④ 포함될 수 있다. 몸치장 하기(7분)를 할 경우 18분이 남는다. 이때, 샤워(10분)와 머리 감기(3분), 머리 말리기(5분)를 한다면 남김없이 시간을 사용할 수 있다.

⑤ 포함될 수 있다. 주스 만들기(15분)를 할 경우 10분이 남는다. 이때, 샤워(10분)를 한다면 남김없이 시간을 사용할 수 있다.

+ 합격생 가이드

이런 유형의 문제를 빨리 풀기 위해서는 선지를 대입하면서 해당 선지가 가능한지를 보아야 한다. 또한 머리를 감은 경우 머리를 반드시 말려야 하기 때문에 사실상 두 개의 일과를 합쳐 소요시간을 8분으로 두고 문제를 풀어야한다.

19 시간·공간　　　　　　　　　　답 ②

| 난도 | 상

| 출처 | 17년 행시(가) 37번

| 풀이시간 | 2분 30초

정답해설

② 옳다. 공연일 오전 8:30에 도착한 관람객까지 좌석에 앉고, 9:00부터 10:00까지 도착한 관람객은 9:00에 도착한 관람객, 9:30에 도착한 관람객, 10:00에 도착한 관람객으로 총 세 명이다. 이후 11:30까지 세 명의 관람객이 더 도착하므로, 초과인원 중 먼저 도착한 절반인 세 명은 좌측 계단에 앉는다.

오답해설

① 옳지 않다. 우측 계단에 앉은 관람객은 오전 10:30~11:30에 도착한 관람객이다. 이들이 중앙 좌석에 앉기 위해서는 오전 3:10~4:30에 도착하거나 오전 5:40~7:00에 도착하여야 한다. 따라서 우측 계단에 앉은 관람객이 중앙 좌석에 앉기 위해서는 적어도 3시간 30분, 최대 8시간 30분 일찍 도착해야 한다.

③ 옳지 않다. A에 앉은 관람객과 B에 앉은 관람객의 도착시간은 40분 차이가 난다.

④ 옳지 않다. 공연일 오전 6:00에 도착한 관람객은 뒷줄 좌석에 앉는다.

⑤ 옳지 않다. 총 28명의 관람객이 공연장에 도착하였다.

+ 합격생 가이드

공연장 좌석에 〈상황〉에 맞게 관람객이 도착한 시간을 적는 것이 실수하지 않고 가장 정확하게 풀 수 있는 방법이다.

20 수리퀴즈(추론)　　　　　　　　　　답 ②

| 난도 | 중

| 출처 | 21년 행시(가) 13번

| 풀이시간 | 2분

정답해설

고장난 시계가 정확한 시계와 일치하기 위해서는 정확히 12시간의 오차가 발생하는 경우뿐이다. 이를 바탕으로 각 시계가 1년 동안 각 정확한 시계와 일치하게 되는 횟수는 다음과 같다. A(하루 2회) : 730회, B(720일에 1회) : 0회, C(12일에 1회) : 30회, D(6일에 1회) : 60회, E(144일에 1회) : 2회. 따라서 가장 먼저 교체될 시계는 B이고, 가장 나중에 교체될 시계는 A이다.

+ 합격생 가이드

고장난 시계도 하루에 두 번은 맞다. 가장 나중에 교체될 시계를 바로 도출한다면 규칙성을 찾지 못하더라도 단순 비교를 통해 답을 도출할 수 있다. 느려지거나 빨라지는 기준이 모두 하루라는 점에 주목해서 규칙성을 찾아 문제를 해결한다면 더욱 정확하게 해결하는 것 역시 가능하다.

21 수리퀴즈(추론)　　　　　　　　　　답 ①

| 난도 | 중

| 출처 | 18년 행시(나) 18번

| 풀이시간 | 2분

정답해설

ㄱ. 옳다. 1번째, 2번째 종목의 승점이 각각 10, 20점이라면 8번째 종목의 승점은 1,280점이므로 1,000점을 넘는다.

ㄷ. 옳다. 6번째 종목의 승점은 1~5번째 종목의 승점의 합이다. 7번째 종목의 승점은 1~5번째 종목 승점의 합에 6번째 종목 승점의 합을 더한 것이므로 1~5번째 종목 승점의 합의 2배이다. 따라서 8번째 종목의 승점은 1~5번째 종목 승점의 합의 4배이다.

오답해설

ㄴ. 옳지 않다. 1번째, 2번째 종목의 승점이 각각 100, 200점이라면 8번째 종목의 승점은 9,920점이므로 10,000점을 넘지 못한다.

ㄹ. 옳지 않다. 10점을 더 주는 경우와 10점을 덜 주는 경우는 결국 본질에 있어서 같은 것이다. 따라서 8번째 종목의 승점은 6번째 종목의 승점의 4배이다.

+ 합격생 가이드

1~8번째 종목의 승점은 1번째, 2번째를 각각 a, b라고 했을 때 a, b, a+b+10, 2(a+b+10), 4(a+b+10), 8(a+b+10), 16(a+b+10), 32(a+b+10)이다. ㄱ을 판단하면서 4~5번째까지 계산해 보면 a+b+10에 2의 제곱수를 곱하는 규칙이 있다는 점을 파악할 수 있다.

22 수리퀴즈(계산) 답 ③

| 난도 | 중
| 출처 | 20년 행시(나) 27번
| 풀이시간 | 2분

정답해설

포상금 5,000만 원 중 40%인 2,000만 원 이상은 반드시 현금으로 배분되어야 한다. 그런데 우수부서는 최소한으로 선정해야 하므로 2,000만 원에 맞춰 우수부서를 선정한다. 이때 우수부서를 10개, 보통부서를 5개 선정하면 150×10+100×5=2,000만 원이 된다.

현금으로 2,000만 원을 배분하고, 2,900만 원은 직원 복지 시설을 확충하는 데 사용하므로 5,000-2,000-2,900=100만 원이 남는다. 따라서 개당 1만 원의 기념품을 100개 구입할 수 있다.

+ 합격생 가이드

우수부서의 수를 구하는 것이 관건이다. 이때, 우수부서와 보통부서에 배분되는 포상금의 차이는 50만 원이다. 따라서 모든 부서가 보통부서일 경우 1500만 원이 배분된다는 점에서 시작한다. 2,000-1,500=500만 원이 부족하므로 우수부서를 10개 선정해야 2,000만 원을 채울 수 있다.

23 조건적용 답 ②

| 난도 | 중
| 출처 | 18년 행시(나) 34번
| 풀이시간 | 2분

정답해설

ㄱ. 옳다. 甲팀은 1라운드에서 마지막 순위로 선수를 선발하였으므로, 1라운드 순위의 역순으로 선수를 선발하는 2라운드에서는 甲팀이 가장 먼저 선수를 선발할 것이다.

ㄷ. 옳다. 팀당 60경기를 치르며, 현재 모든 팀은 59경기를 치렀기 때문에 丙이 2등이 된다면 乙이 3등이 되고 甲과 丁의 등수는 변하지 않아 각각 1등과 4등에 해당한다. 이러한 등수를 바탕으로 선수를 선발할 경우, 甲은 B와 D를 선발하며 乙은 H와 G를 선발하고 丙은 C와 F를 선발, 丁은 A와 E를 선발하게 된다.

오답해설

ㄴ. 옳지 않다. 1라운드에서 2순위 선발권을 가진 丙팀에서 H선수를 선발하였으므로 乙팀은 H선수를 선발할 수 없다.

ㄹ. 옳지 않다. 현재 한 경기가 남은 상태이므로 丁팀의 승패 여부와 관계없이 丁팀은 4등에 해당한다. 따라서 반드시 1라운드 1순위로 선발할 수 있다.

24 조건적용 답 ⑤

| 난도 | 중
| 출처 | 17년 행시(가) 9번
| 풀이시간 | 1분 30초

정답해설

⑤ 옳다. B정당이 4명의 당선자를 배출하여 가장 많은 당선자를 냈다.

오답해설

① 옳지 않다. A정당은 제3선거구에서 의석을 차지하지 못하였다.

② 옳지 않다. B정당은 제4선거구에서 의석을 차지하지 못하였다.

③ 옳지 않다. C정당 후보가 당선된 곳은 제4선거구이다.

④ 옳지 않다. 제4선거구에서는 B정당의 1번 후보가 최다 득표를 하였지만 당선되지 못하였다.

+ 합격생 가이드

선지를 보고 일일이 정오를 판정하기보다 글의 선거제도에 따라 선거결과를 표로 정리한 뒤 문제를 해결한다.

구분	제1선거구	제2선거구	제3선거구	제4선거구
A	1위	1위		1위
B	2위	2위	1위, 2위	
C				2위

25 법조문 답 ④

| 난도 | 상
| 출처 | 19년 행시(가) 26번
| 풀이시간 | 2분 30초

정답해설

甲과 乙에게 부과된 과태료는 각각 다음과 같다.

- 甲 : 매도인 甲은 2018.1.15. 매수인 丙에게 X토지를 5억 원에 매도하였고 그에 따라 甲은 5억을 2018.3.16. 이내에 관할관청에 신고할 신고의무를 부담한다. 하지만 2018.4.2.에 3억 원을 신고하였고 그에 따라 신고의무 해태에 따른 과태료와 거짓신고에 따른 과태료를 부담한다. 신고의무 해태에 따른 과태료는 제00조 제1항 제1호 나목에 해당하여 100만 원이다. 또한 거짓신고에 따른 과태료는 제00조 제2항 제1호 나목의 실제 거래가격이 5억 원 이하인 경우에 해당하여 취득세의 3배인 1,500만 원이다. 한편, 동조 제3항에 따라 해당 과태료는 병과되어 甲은 총 1,600만 원의 과태료를 부담한다.

- 乙 : 매도인 乙은 2018.2.1. 매수인 丁에게 부동산을 취득할 수 있는 권리를 2억 원에 매도하였고 그에 따라 乙은 2억 원을 2018.3.31 이내에 관할관청에 신고할 신고의무를 부담한다. 하지만 乙은 2018.2.5.에 1억 원을 신고하였고 그에 따라 거짓신고에 따른 과태료만을 부담한다. 거짓신고에 따른 과태료는 제00조 제2항 제2호 나목에 해당하여 총 800만 원의 과태료를 부담한다.

따라서 甲과 乙에게 부과된 과태료의 합은 2,400만 원이다.

+ 합격생 가이드

〈상황〉이 주어진 법조문의 경우에는 먼저 상황을 읽은 후, 법조문을 처음부터 조금씩 읽어나가면서 법조문에 있는 용어로 상황을 재정의하는 것이 필요하다. 가령 이 문항에서는 甲과 乙은 매도인, 丙과 丁은 매수인, 5억 원과 2억 원은 실제 거래가격, 3억 원과 1억 원은 신고가격이 되는데, 이는 법조문을 읽고 〈상황〉을 재정의한 것에 해당한다. 〈상황〉을 법조문에 나타난 법 용어로 재정의한 이후에는 법조문을 다 읽을 것이 아니라, 각 〈상황〉에 부합하는 항목을 찾아서 발췌하는 방식으로 읽는 것이 시간 절약에 바람직하다. 법조문의 길이가 길어 실전에서 시간압박이 상당하다는 점과 甲과 乙의 과태료 총계를 구해야 하기 때문에 둘 중 한 명이라도 계산 오류가 나면 답이 달라진다는 점을 고려해볼 때 개인적으로는 일단 넘기고 와서 이후에 다시 푸는 것도 나쁘지 않다고 생각한다.

MEMO

20○○년도 국가공무원 5급 및 7급 민간경력자 일괄채용 제1차시험 답안지(1교시)

책형

가

나

다

라

마

[필적감정용 기재]
*아래 예시문을 옮겨 적으시오
본인은 ○○○(응시자성명)임을 확인함

기 재 란

성명	
자필성명	본인 성명 기재
시험장소	

응시번호

⑤ ⑥ ⑦
⓪ ① ② ③ ④ ⑤ ⑥ ⑦ ⑧ ⑨
⓪ ① ② ③ ④ ⑤ ⑥ ⑦ ⑧ ⑨
⓪ ① ② ③ ④ ⑤ ⑥ ⑦ ⑧ ⑨
⓪ ① ② ③ ④ ⑤ ⑥ ⑦ ⑧ ⑨
⓪ ① ② ③ ④ ⑤ ⑥ ⑦ ⑧ ⑨
⓪ ① ② ③ ④ ⑤ ⑥ ⑦ ⑧ ⑨

생년월일

⓪ ① ② ③ ④ ⑤ ⑥ ⑦ ⑧ ⑨
⓪ ① ② ③ ④ ⑤ ⑥ ⑦ ⑧ ⑨
① ②
① ②
⓪ ① ② ③ ④ ⑤ ⑥ ⑦ ⑧ ⑨
⓪ ① ② ③ ④ ⑤ ⑥ ⑦ ⑧ ⑨

※ 시험감독관 서명
(성명을 정자로 기재할 것)

적색 볼펜만 사용

언어논리 영역(1~10번)

1	①	②	③	④	⑤
2	①	②	③	④	⑤
3	①	②	③	④	⑤
4	①	②	③	④	⑤
5	①	②	③	④	⑤
6	①	②	③	④	⑤
7	①	②	③	④	⑤
8	①	②	③	④	⑤
9	①	②	③	④	⑤
10	①	②	③	④	⑤

언어논리 영역(11~20번)

11	①	②	③	④	⑤
12	①	②	③	④	⑤
13	①	②	③	④	⑤
14	①	②	③	④	⑤
15	①	②	③	④	⑤
16	①	②	③	④	⑤
17	①	②	③	④	⑤
18	①	②	③	④	⑤
19	①	②	③	④	⑤
20	①	②	③	④	⑤

언어논리 영역(21~25번)

21	①	②	③	④	⑤
22	①	②	③	④	⑤
23	①	②	③	④	⑤
24	①	②	③	④	⑤
25	①	②	③	④	⑤

20○○년도 국가공무원 5급 및 7급 민간경력자 일괄채용 제1차시험 답안지(1교시)

컴퓨터용 흑색사인펜만 사용

책 형

○ 가 ○ 나 ○ 다 ○ 라 ○ 마

[필적감정용 기재]
* 아래 예시문을 옮겨 적으시오

본인은 ○○○(응시자성명)임을 확인함

기 재 란

성 명	본인 성명 기재
자필성명	
시험장소	

응시번호

생년월일

※ 시험감독관 서명
(성명을 정자로 기재할 것)

감독관 확인란

언어논리 영역(1~10번)

1	①	②	③	④	⑤
2	①	②	③	④	⑤
3	①	②	③	④	⑤
4	①	②	③	④	⑤
5	①	②	③	④	⑤
6	①	②	③	④	⑤
7	①	②	③	④	⑤
8	①	②	③	④	⑤
9	①	②	③	④	⑤
10	①	②	③	④	⑤

언어논리 영역(11~20번)

11	①	②	③	④	⑤
12	①	②	③	④	⑤
13	①	②	③	④	⑤
14	①	②	③	④	⑤
15	①	②	③	④	⑤
16	①	②	③	④	⑤
17	①	②	③	④	⑤
18	①	②	③	④	⑤
19	①	②	③	④	⑤
20	①	②	③	④	⑤

언어논리 영역(21~25번)

21	①	②	③	④	⑤
22	①	②	③	④	⑤
23	①	②	③	④	⑤
24	①	②	③	④	⑤
25	①	②	③	④	⑤

20○○년도 국가공무원 5급 및 7급 민간경력자 일괄채용 제1차시험 답안지(1교시)

컴퓨터용 흑색사인펜만 사용

[필적감정용 기재]
* 아래 예시문을 옮겨 적으시오
본인은 ○○○(응시자성명)임을 확인함

기 재 란

책형		
㉯	㉮	㉰
㉱	㉲	

성 명	
자필성명	본인 성명 기재
시험장소	

	응시번호							

	생년월일					

언어논리 영역(1~10번)

1	①	②	③	④	⑤
2	①	②	③	④	⑤
3	①	②	③	④	⑤
4	①	②	③	④	⑤
5	①	②	③	④	⑤
6	①	②	③	④	⑤
7	①	②	③	④	⑤
8	①	②	③	④	⑤
9	①	②	③	④	⑤
10	①	②	③	④	⑤

언어논리 영역(11~20번)

11	①	②	③	④	⑤
12	①	②	③	④	⑤
13	①	②	③	④	⑤
14	①	②	③	④	⑤
15	①	②	③	④	⑤
16	①	②	③	④	⑤
17	①	②	③	④	⑤
18	①	②	③	④	⑤
19	①	②	③	④	⑤
20	①	②	③	④	⑤

언어논리 영역(21~25번)

21	①	②	③	④	⑤
22	①	②	③	④	⑤
23	①	②	③	④	⑤
24	①	②	③	④	⑤
25	①	②	③	④	⑤

※ 시험감독관 서명
(성명을 정자로 기재할 것)

적색 볼펜만 사용

20○○년도 국가공무원 5급 및 7급 민간경력자 일괄채용 제1차시험 답안지(1교시)

컴퓨터용 흑색사인펜만 사용

책 형

㉠ 가 ㉡ 나 ㉢ 다 ㉣ 라 ㉤ 마

[필적감정용 기재]

*아래 예시문을 옮겨 적으시오

본인은 ○○○(응시자성명)임을 확인함

기 재 란

성 명	본인 성명 기재
자필성명	
시험장소	

생년월일

⓪ ① ② ③ ④ ⑤ ⑥ ⑦ ⑧ ⑨

응시번호

⓪ ① ② ③ ④ ⑤ ⑥ ⑦ ⑧ ⑨

책 형 응당란

※ 시험감독관 서명
(성명을 정자로 기재할 것)

감독관 확인란

언어논리 영역(1~10번)

1	①	②	③	④	⑤
2	①	②	③	④	⑤
3	①	②	③	④	⑤
4	①	②	③	④	⑤
5	①	②	③	④	⑤
6	①	②	③	④	⑤
7	①	②	③	④	⑤
8	①	②	③	④	⑤
9	①	②	③	④	⑤
10	①	②	③	④	⑤

언어논리 영역(11~20번)

11	①	②	③	④	⑤
12	①	②	③	④	⑤
13	①	②	③	④	⑤
14	①	②	③	④	⑤
15	①	②	③	④	⑤
16	①	②	③	④	⑤
17	①	②	③	④	⑤
18	①	②	③	④	⑤
19	①	②	③	④	⑤
20	①	②	③	④	⑤

언어논리 영역(21~25번)

21	①	②	③	④	⑤
22	①	②	③	④	⑤
23	①	②	③	④	⑤
24	①	②	③	④	⑤
25	①	②	③	④	⑤

컴퓨터용 흑색사인펜만 사용

책 형

㉮ ㉯
㉰ ㉱ ㉲

[필적감정용 기재]
* 아래 예시문을 옮겨 적으시오

본인은 ○○○(응시자성명)임을 확인함

기 재 란

성 명	
자필성명	본인 성명 기재
시험장소	

응시번호

생년월일

※ 시험감독관 서명
(성명을 정자로 기재할 것)

적색 볼펜만 사용

자료해석 영역(1~10번)

1	① ② ③ ④ ⑤
2	① ② ③ ④ ⑤
3	① ② ③ ④ ⑤
4	① ② ③ ④ ⑤
5	① ② ③ ④ ⑤
6	① ② ③ ④ ⑤
7	① ② ③ ④ ⑤
8	① ② ③ ④ ⑤
9	① ② ③ ④ ⑤
10	① ② ③ ④ ⑤

자료해석 영역(11~20번)

11	① ② ③ ④ ⑤
12	① ② ③ ④ ⑤
13	① ② ③ ④ ⑤
14	① ② ③ ④ ⑤
15	① ② ③ ④ ⑤
16	① ② ③ ④ ⑤
17	① ② ③ ④ ⑤
18	① ② ③ ④ ⑤
19	① ② ③ ④ ⑤
20	① ② ③ ④ ⑤

자료해석 영역(21~25번)

21	① ② ③ ④ ⑤
22	① ② ③ ④ ⑤
23	① ② ③ ④ ⑤
24	① ② ③ ④ ⑤
25	① ② ③ ④ ⑤

20○○년도 국가공무원 5급 및 7급 민간경력자 일괄채용 제1차시험 답안지(2교시)

컴퓨터용 흑색사인펜만 사용

책 형

ⓐ ⓑ ⓒ ⓓ ⓔ

가 나 다 라 마

[필적감정용 기재]

*아래 예시문을 옮겨 적으시오

본인은 ○○○(응시자성명)임을 확인함

기 재 란

성 명	
자필성명	본인 성명 기재
시험장소	

※ 시험감독관 서명
(성명을 정자로 기재할 것)

감독관 확인란 사용

응시번호

⓪ ⓪ ⓪ ⓪ ⓪ ⓪ ⓪ ⓪
① ① ① ① ① ① ① ①
② ② ② ② ② ② ② ②
③ ③ ③ ③ ③ ③ ③ ③
④ ④ ④ ④ ④ ④ ④ ④
⑤ ⑤ ⑤ ⑤ ⑤ ⑤ ⑤ ⑤
⑥ ⑥ ⑥ ⑥ ⑥ ⑥ ⑥ ⑥
⑦ ⑦ ⑦ ⑦ ⑦ ⑦ ⑦ ⑦
⑧ ⑧ ⑧ ⑧ ⑧ ⑧ ⑧
⑨ ⑨ ⑨ ⑨ ⑨ ⑨ ⑨

생년월일

⓪ ⓪ ⓪ ⓪ ⓪ ⓪
① ① ① ① ① ①
② ② ② ② ②
③ ③ ③ ③
④ ④ ④ ④
⑤ ⑤ ⑤ ⑤
⑥ ⑥ ⑥ ⑥
⑦ ⑦ ⑦ ⑦
⑧ ⑧ ⑧ ⑧
⑨ ⑨ ⑨ ⑨

자료해석 영역(1~10번)

1	①	②	③	④	⑤
2	①	②	③	④	⑤
3	①	②	③	④	⑤
4	①	②	③	④	⑤
5	①	②	③	④	⑤
6	①	②	③	④	⑤
7	①	②	③	④	⑤
8	①	②	③	④	⑤
9	①	②	③	④	⑤
10	①	②	③	④	⑤

자료해석 영역(11~20번)

11	①	②	③	④	⑤
12	①	②	③	④	⑤
13	①	②	③	④	⑤
14	①	②	③	④	⑤
15	①	②	③	④	⑤
16	①	②	③	④	⑤
17	①	②	③	④	⑤
18	①	②	③	④	⑤
19	①	②	③	④	⑤
20	①	②	③	④	⑤

자료해석 영역(21~25번)

21	①	②	③	④	⑤
22	①	②	③	④	⑤
23	①	②	③	④	⑤
24	①	②	③	④	⑤
25	①	②	③	④	⑤

20○○년도 국가공무원 5급 및 7급 민간경력자 일괄채용 제1차시험 답안지(2교시)

책형		
	㉮	
㉯		
㉰	㉱	㉲

[필적감정용 기재]
* 아래 예시문을 옮겨 적으시오
본인은 ○○○(응시자성명)임을 확인함

기 재 란

성명	
자필성명	본인 성명 기재
시험장소	

		응시번호				
㉤						
㉥						
㉦						
⓪	⓪	⓪	⓪	⓪	⓪	⓪
①	①	①	①	①	①	①
②	②	②	②	②	②	②
③	③	③	③	③	③	③
④	④	④	④	④	④	④
⑤	⑤	⑤	⑤	⑤	⑤	⑤
⑥	⑥	⑥	⑥	⑥	⑥	⑥
⑦	⑦	⑦	⑦	⑦	⑦	⑦
⑧	⑧	⑧	⑧	⑧	⑧	⑧
⑨	⑨	⑨	⑨	⑨	⑨	⑨

생년월일					
⓪	⓪	⓪		⓪	⓪
①	①	①		①	①
②	②	②		②	②
③	③				③
④	④				④
⑤	⑤				⑤
⑥	⑥				⑥
⑦	⑦				⑦
⑧	⑧				⑧
⑨	⑨				⑨

※ 시험감독관 서명
(성명을 정자로 기재할 것)

적색 볼펜만 사용

자료해석 영역(1~10번)

1	① ② ③ ④ ⑤
2	① ② ③ ④ ⑤
3	① ② ③ ④ ⑤
4	① ② ③ ④ ⑤
5	① ② ③ ④ ⑤
6	① ② ③ ④ ⑤
7	① ② ③ ④ ⑤
8	① ② ③ ④ ⑤
9	① ② ③ ④ ⑤
10	① ② ③ ④ ⑤

자료해석 영역(11~20번)

11	① ② ③ ④ ⑤
12	① ② ③ ④ ⑤
13	① ② ③ ④ ⑤
14	① ② ③ ④ ⑤
15	① ② ③ ④ ⑤
16	① ② ③ ④ ⑤
17	① ② ③ ④ ⑤
18	① ② ③ ④ ⑤
19	① ② ③ ④ ⑤
20	① ② ③ ④ ⑤

자료해석 영역(21~25번)

21	① ② ③ ④ ⑤
22	① ② ③ ④ ⑤
23	① ② ③ ④ ⑤
24	① ② ③ ④ ⑤
25	① ② ③ ④ ⑤

20○○년도 국가공무원 5급 및 7급 민간경력자 일괄채용 제1차시험 답안지(2교시)

컴퓨터용 흑색사인펜만 사용

책 형

㉮ 가 ㉯ 나 ㉰ 다 ㉱ 라 ㉲ 마

[필적감정용 기재]
* 아래 예시문을 옮겨 적으시오
본인은 ○○○(응시자성명)임을 확인함

기 재 란

성 명	
자필성명	본인 성명 기재
시험장소	

응시번호

생년월일

※ 시험감독관 서명
(성명을 정자로 기재할 것)

감독관 확인란
서명 또는 날인

자료해석 영역(1~10번)

자료해석 영역(11~20번)

자료해석 영역(21~25번)

20○○년도 국가공무원 5급 및 7급 민간경력자 일괄채용 제1차시험 답안지(3교시)

책형

| ㉮ | ㉯ | ㉰ |
| ㉱ | ㉲ | |

[필적감정용 기재]
* 아래 예시문을 옮겨 적으시오
본인은 ○○○(응시자성명)임을 확인함

기 재 란

성 명	
자필성명	본인 성명 기재
시험장소	

응시번호

		⑤	⑥	⑦		
⓪	①	②	③	⑤	⑥	⑦	⑧	⑨
⓪	①	②	③	⑤	⑥	⑦	⑧	⑨
⓪	①	②	③	⑤	⑥	⑦	⑧	⑨
⓪	①	②	③	⑤	⑥	⑦	⑧	⑨
⓪	①	②	③	⑤	⑥	⑦	⑧	⑨
⓪	①	②	③	⑤	⑥	⑦	⑧	⑨

생년월일

⓪	①	②	③	⑤	⑥	⑦	⑧	⑨
⓪	①	②	③	⑤	⑥	⑦	⑧	⑨
	①							
	①							
⓪	①	②	③	⑤	⑥	⑦	⑧	⑨
⓪	①	②	③	⑤	⑥	⑦	⑧	⑨

※ 시험감독관 서명
(성명을 정자로 기재할 것)

적색 볼펜만 사용

상형판단 영역(1~10번)

	①	②	③	④	⑤
1	①	②	③	④	⑤
2	①	②	③	④	⑤
3	①	②	③	④	⑤
4	①	②	③	④	⑤
5	①	②	③	④	⑤
6	①	②	③	④	⑤
7	①	②	③	④	⑤
8	①	②	③	④	⑤
9	①	②	③	④	⑤
10	①	②	③	④	⑤

상형판단 영역(11~20번)

	①	②	③	④	⑤
11	①	②	③	④	⑤
12	①	②	③	④	⑤
13	①	②	③	④	⑤
14	①	②	③	④	⑤
15	①	②	③	④	⑤
16	①	②	③	④	⑤
17	①	②	③	④	⑤
18	①	②	③	④	⑤
19	①	②	③	④	⑤
20	①	②	③	④	⑤

상형판단 영역(21~25번)

	①	②	③	④	⑤
21	①	②	③	④	⑤
22	①	②	③	④	⑤
23	①	②	③	④	⑤
24	①	②	③	④	⑤
25	①	②	③	④	⑤

20○○년도 국가공무원 5급 및 7급 민간경력자 일괄채용 제1차시험 답안지(3교시)

컴퓨터용 흑색사인펜만 사용

성 명	본인 성명 기재
자필성명	
시험장소	

감독관만 사용

[필적감정용 기재]
* 아래 예시문을 옮겨 적으시오

본인은 ○○○(응시자성명)임을 확인함

기 재 란

책 형

- ㉮
- ㉯
- ㉰
- ㉱

생년월일

⓪	⓪	⓪	⓪	⓪	⓪
①	①	①	①	①	①
②	②	②	②	②	②
③	③	③	③	③	③
④	④	④	④	④	④
⑤	⑤	⑤	⑤	⑤	⑤
⑥	⑥	⑥	⑥	⑥	⑥
⑦	⑦	⑦	⑦	⑦	⑦
⑧	⑧	⑧	⑧	⑧	⑧
⑨	⑨	⑨	⑨	⑨	⑨

응시번호

⓪	⓪	⓪	⓪	⓪	⓪	⓪	⓪	⓪
①	①	①	①	①	①	①	①	①
②	②	②	②	②	②	②	②	②
③	③	③	③	③	③	③	③	③
④	④	④	④	④	④	④	④	④
⑤	⑤	⑤	⑤	⑤	⑤	⑤	⑤	⑤
⑥	⑥	⑥	⑥	⑥	⑥	⑥	⑥	⑥
⑦	⑦	⑦	⑦	⑦	⑦	⑦	⑦	⑦
⑧	⑧	⑧	⑧	⑧	⑧	⑧	⑧	⑧
⑨	⑨	⑨	⑨	⑨	⑨	⑨	⑨	⑨

※ 시험감독관 서명
(성명을 정자로 기재할 것)

책임 감독관 서명 기재용

상황판단 영역(1~10번)

1	① ② ③ ④ ⑤
2	① ② ③ ④ ⑤
3	① ② ③ ④ ⑤
4	① ② ③ ④ ⑤
5	① ② ③ ④ ⑤
6	① ② ③ ④ ⑤
7	① ② ③ ④ ⑤
8	① ② ③ ④ ⑤
9	① ② ③ ④ ⑤
10	① ② ③ ④ ⑤

상황판단 영역(11~20번)

11	① ② ③ ④ ⑤
12	① ② ③ ④ ⑤
13	① ② ③ ④ ⑤
14	① ② ③ ④ ⑤
15	① ② ③ ④ ⑤
16	① ② ③ ④ ⑤
17	① ② ③ ④ ⑤
18	① ② ③ ④ ⑤
19	① ② ③ ④ ⑤
20	① ② ③ ④ ⑤

상황판단 영역(21~25번)

21	① ② ③ ④ ⑤
22	① ② ③ ④ ⑤
23	① ② ③ ④ ⑤
24	① ② ③ ④ ⑤
25	① ② ③ ④ ⑤

20○○년도 국가공무원 5급 및 7급 민간경력자 일괄채용 제1차시험 답안지(3교시)

컴퓨터용 흑색사인펜만 사용

책 형

㉮
㉯

㉰
㉱
㉲

성 명	
자필성명	본인 성명 기재
시험장소	

	응시번호							
	⑤ ⑥ ⑦							
	⓪ ① ② ③ ④ ⑤ ⑥ ⑦ ⑧ ⑨	⓪ ① ② ③ ④ ⑤ ⑥ ⑦ ⑧ ⑨	⓪ ① ② ③ ④ ⑤ ⑥ ⑦ ⑧ ⑨	⓪ ① ② ③ ④ ⑤ ⑥ ⑦ ⑧ ⑨	⓪ ① ② ③ ④ ⑤ ⑥ ⑦ ⑧ ⑨	⓪ ① ② ③ ④ ⑤ ⑥ ⑦ ⑧ ⑨	⓪ ① ② ③ ④ ⑤ ⑥ ⑦ ⑧ ⑨

	생년월일						
	⓪ ① ② ③ ④ ⑤ ⑥ ⑦ ⑧ ⑨	⓪ ① ② ③ ④ ⑤ ⑥ ⑦ ⑧ ⑨	①	①	⓪ ① ② ③ ④ ⑤ ⑥ ⑦ ⑧ ⑨	⓪ ① ② ③ ④ ⑤ ⑥ ⑦ ⑧ ⑨

※ 시험감독관 서명
(성명을 정자로 기재할 것)

적색 볼펜만 사용

상황판단 영역(1~10번)

1	①	②	③	④	⑤
2	①	②	③	④	⑤
3	①	②	③	④	⑤
4	①	②	③	④	⑤
5	①	②	③	④	⑤
6	①	②	③	④	⑤
7	①	②	③	④	⑤
8	①	②	③	④	⑤
9	①	②	③	④	⑤
10	①	②	③	④	⑤

상황판단 영역(11~20번)

11	①	②	③	④	⑤
12	①	②	③	④	⑤
13	①	②	③	④	⑤
14	①	②	③	④	⑤
15	①	②	③	④	⑤
16	①	②	③	④	⑤
17	①	②	③	④	⑤
18	①	②	③	④	⑤
19	①	②	③	④	⑤
20	①	②	③	④	⑤

상황판단 영역(21~25번)

21	①	②	③	④	⑤
22	①	②	③	④	⑤
23	①	②	③	④	⑤
24	①	②	③	④	⑤
25	①	②	③	④	⑤

20○○년도 국가공무원 5급 및 7급 민간경력자 일괄채용 제1차시험 답안지(3교시)

컴퓨터용 흑색사인펜만 사용

생년월일

응시번호

※ 시험감독관 서명
(응답불가 성명과 서명 기재)

감독 확인란 기재 사용

성 명	
자필성명	본인 성명 기재
시험장소	

[필적감정용 기재]
* 아래 예시문을 옮겨 적으시오
본인은 ○○○(응시자성명)임을 확인함

기 재 란

책 형

㉮ ㉯ ㉰ ㉱ ㉲

상황판단 영역(1~10번)

1	①	②	③	④	⑤
2	①	②	③	④	⑤
3	①	②	③	④	⑤
4	①	②	③	④	⑤
5	①	②	③	④	⑤
6	①	②	③	④	⑤
7	①	②	③	④	⑤
8	①	②	③	④	⑤
9	①	②	③	④	⑤
10	①	②	③	④	⑤

상황판단 영역(11~20번)

11	①	②	③	④	⑤
12	①	②	③	④	⑤
13	①	②	③	④	⑤
14	①	②	③	④	⑤
15	①	②	③	④	⑤
16	①	②	③	④	⑤
17	①	②	③	④	⑤
18	①	②	③	④	⑤
19	①	②	③	④	⑤
20	①	②	③	④	⑤

상황판단 영역(21~25번)

21	①	②	③	④	⑤
22	①	②	③	④	⑤
23	①	②	③	④	⑤
24	①	②	③	④	⑤
25	①	②	③	④	⑤

좋은 책을 만드는 길
독자님과 함께하겠습니다.

도서나 동영상에 궁금한 점, 아쉬운 점, 만족스러운 점이
있으시다면 어떤 의견이라도 말씀해 주세요.
SD에듀는 독자님의 의견을 모아 더 좋은 책으로 보답하겠습니다.

www.sdedu.co.kr

2023 행시 최종합격생 7인의 민간경력자 PSAT 고난도 최종모의고사

개정1판1쇄 발행	2023년 01월 05일 (인쇄 2022년 09월 21일)
초 판 발 행	2022년 01월 05일 (인쇄 2021년 10월 20일)
발 행 인	박영일
책 임 편 집	이해욱
저 자	행시 최종합격생 7인
편 집 진 행	한성윤
표 지 디 자 인	박종우
편 집 디 자 인	김예슬 · 채현주
발 행 처	(주)시대고시기획
출 판 등 록	제 10-1521호
주 소	서울시 마포구 큰우물로 75 [도화동 538 성지 B/D] 9F
전 화	1600-3600
팩 스	02-701-8823
홈 페 이 지	www.sdedu.co.kr
I S B N	979-11-383-3263-7 (13350)
정 가	24,000원